巻頭特集

大相撲お宝写真

― 米国出身力士 ―

「黒船襲来」と恐れられた小錦＝１９９０（平成２）年2月、東京・両国国技館

外国人初の横綱となった曙＝１９９３（平成５）年１月、東京・東関部屋

巻頭特集

大相撲お宝写真

― 米国出身力士 ―

太刀持ち出島、露払い武双山を従えた横綱・武蔵丸＝１９９９（平成１１）年7月、愛知県体育館

巻頭特集

大相撲お宝写真

― 米国出身力士 ―

ハワイ出身５人目の幕内・大和＝１９９７（平成9）年5月、東京・両国国技館

米国本土セントルイス出身の幕内・戦闘竜＝１９９４（平成６）年９月、東京・友綱部屋

令和六年版

大相撲名鑑

京須利敏・水野尚文
編著

共同通信社

本書について

1. 「大相撲歴代幕内全力士名鑑」は全体を6部構成とし、旧両国国技館が開館した明治42年6月場所から令和5年11月場所までに幕内に在籍した全力士898人を収録した。
2. 力士は入幕順に掲載した。
3. 掲載した四股名のうち改名した力士は最も親しまれた四股名を記載した。
4. 現役力士の最高位、幕内在位場所数、成績などについては、令和5年11月場所現在で記載した。
5. 勝率は幕内在位中の成績で算出した。不戦勝・不戦敗は勝率に算入したが、引き分け・預かり・休みは除外した。
6. 身長・体重は、概ね当該力士の全盛時代の記録を記載した。まだ尺貫法に親しみのあった昭和時代入幕までの力士は読者の便宜のためメートル法と尺貫法を併記し、実際の換算の意味が薄れた平成以降の力士についてはメートル法のみとした。
7. 力士の初土俵は可能な限り確認したが、一部明確でないものは、番付に登場した場所を「明治○年○月序ノ口」というように記載した。
8. 力士の出身地は原則として本籍地とし、現在の市区町村名で統一した。
9. 力士の生・没年月日は可能な限り確認したが、一部判明しないものがある。
10. 現代表記を原則としたが、力士の四股名については番付上の表記に従った。
11. 「歴代立行司名鑑」は、旧国技館開館以降の歴代木村庄之助・式守伊之助を記載した。

目　次

題　字　30代木村庄之助
カバー写真・口絵　共同通信イメージズ
装丁・本文デザイン　奥冨デザイン室

大相撲歴代幕内全力士名鑑　明治編

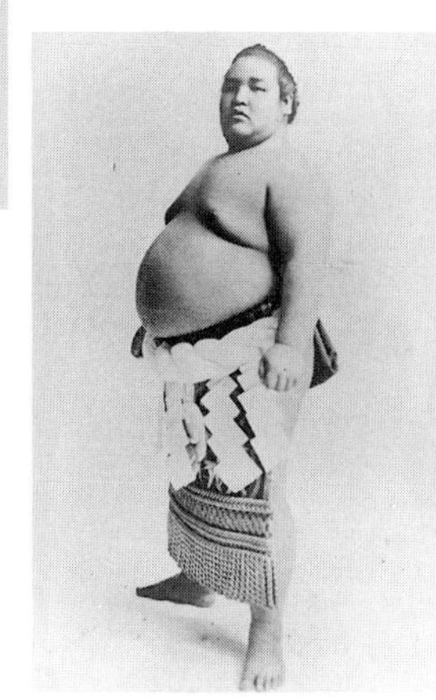

うめがたに とうたろう
梅ヶ谷 藤太郎(横綱)

本　名	押田→小江音次郎	最終場所	大正４年６月場所
生年月日	明治11年３月11日	幕内在位	36場所
没年月日	昭和２年９月２日	幕内成績	168勝27敗49分預116休
出身地	富山県富山市水橋大町	勝　率	0.862
四股名	梅ノ谷→梅ヶ谷	優　勝	(優勝相当成績４回)
所属部屋	雷	身　長	168cm(５尺５寸５分)
初土俵	明治25年６月場所序ノ口	体　重	158kg(42貫)
十両昇進	明治30年１月場所	得意手	突き出し、左四つ、つり出し
入　幕	明治31年１月場所	年寄名	雷

入門時から英才教育を受け、巨漢にありがちなもろさを克服、梅ノ谷から師匠であり、かつ養父である梅ヶ谷を襲名。東西の大関が全勝で対戦した明治36年夏場所の常陸山との一番は満都の人気を集め、場所後に同時に横綱を許された。生活環境、性格、行動など、すべての面で常陸山とは好対照で、よきライバルとして相撲界の黄金期を築き上げた。「梅・常陸」の対立は現在でも語り草となっている。雷部屋を継いだが、弟子運には恵まれなかった。

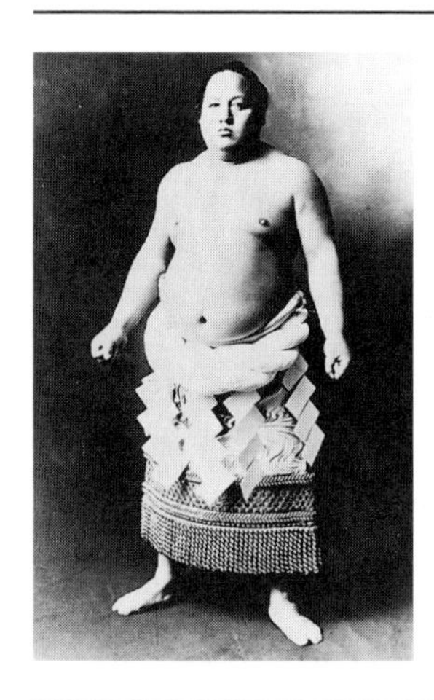

ひたちやま たにえもん
常陸山 谷右ヱ門(横綱)

本　名	市毛谷(谷右衛門)	最終場所	大正３年５月場所
生年月日	明治７年１月19日	幕内在位	32場所
没年月日	大正11年６月19日	幕内成績	150勝15敗24分預131休
出身地	茨城県水戸市城東	勝　率	0.909
四股名	御西山→常陸山	優　勝	１回(優勝相当成績６回)
所属部屋	入間川→出羽海→中村(大阪)→出羽海	身　長	175cm(５尺７寸５分)
初土俵	明治25年６月場所序ノ口	体　重	146kg(39貫)
十両昇進	明治31年５月場所	得意手	泉川、つり出し
入　幕	明治32年１月場所	年寄名	出羽海

水戸士族の出身。「角聖」といわれた。明治後期の黄金時代の中心となり、相撲の地位を高め、多数の力士を指導育成した大功労者。ライバル梅ヶ谷とともに横綱となり、有望力士には部屋の内外を問わず目をかけた古今独歩の大横綱。小部屋の出羽海部屋を一代で大部屋に育て上げ、大錦、栃木山、常ノ花ら、多くの力士を送り出した。米国大統領表敬訪問、国技館建設など、その功績は大きい。

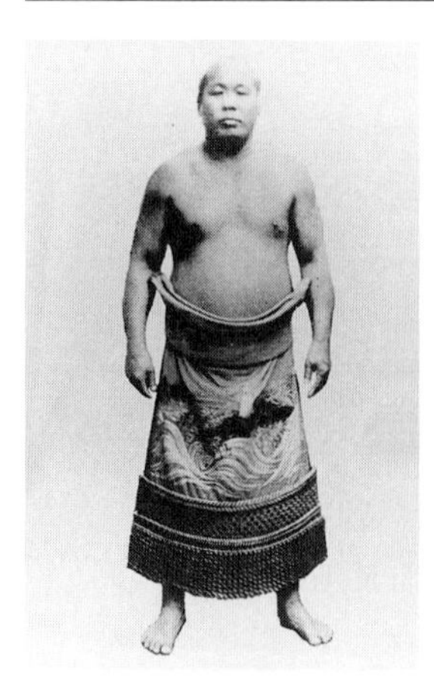

いなせがわ えいじろう
稲瀬川 栄治郎(前頭筆頭)

本　名	小幡栄治郎	最終場所	明治43年６月場所
生年月日	元治元年８月17日	幕内在位	17場所
没年月日	不詳	幕内成績	43勝50敗35分預42休
出身地	茨城県笠間市友部町	勝　率	0.462
四股名	稲瀬川→頂→稲瀬川	身　長	173cm(５尺７寸)
所属部屋	入間川	体　重	98kg(26貫)
初土俵	明治22年５月場所幕下付出	得意手	押し、はたき込み
十両昇進	明治30年５月場所		
入　幕	明治32年１月場所		

常陸山と同じ場所の新入幕。その常陸山には幕内に上がる前の場所（明治31年夏場所）千秋楽に対戦。９戦全勝の常陸山に善戦して引き分け相撲を取っている。幕下付出で初土俵を踏んだ。その場所負け越して序二段に落とされたが、徐々に盛り返して前頭筆頭まで番付を上げた。取り口は激しく、立ち合いの押しからはたき込み、組めばしぶとく、相手としては取りにくい相撲っぷりだった。引退後は角界に残らず、男爵古川家に抱えられ、相撲の指導をした。

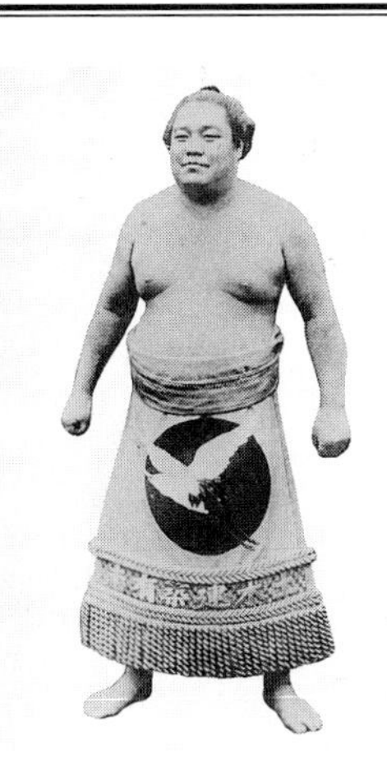

國見山 悦吉（大関）

くにみやま　えつきち

本　名　松下→河野→松下悦吉
生年月日　明治９年３月28日
没年月日　大正13年９月25日
出身地　高知県高知市役知町
四股名　鏡川→國見山
所属部屋　友綱
初土俵　明治28年１月場所序ノ口
十両昇進　明治32年１月場所
入　幕　明治33年１月場所
最終場所　明治45年５月場所
幕内在位　26場所
幕内成績　111勝29敗29分預91休
勝　率　0.793
優　勝　（優勝相当成績２回）
身　長　178cm（５尺９寸）
体　重　132kg（35貫）
得意手　上突っ張り、右四つ、寄り
年寄名　放駒（大正９年５月廃業）

恰幅がよく均整のとれた体格で、離れてよし組んでよしの取り口。非力だったが、上突っ張りを得意として、右四つに渡っての寄り身も鋭く、投げ技もあった。入幕５場所目に小結となり、関脇５場所目の明治38年夏場所９戦全勝で大関に昇進、８年19場所にわたって大関を務めた。常陸山には分が悪かったが、小兵を扱うのが実にうまく、下位力士には取りこぼさなかった。温厚な人柄で人気があり、実力、風格、品位を備えた力士だった。

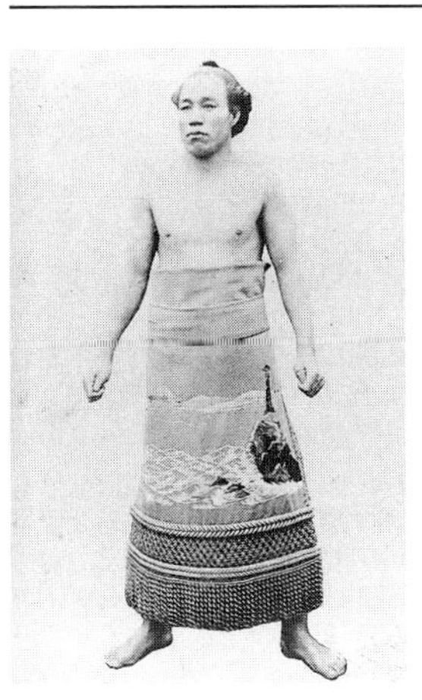

尼ヶ崎 清吉（小結）

あまがさき　せいきち

本　名　半田清吉
生年月日　明治４年11月13日
没年月日　昭和22年３月４日
出身地　大阪府大阪市西淀川区福町
四股名　天ヶ崎→尼ヶ崎
所属部屋　高砂
初土俵　明治29年１月場所序ノ口
十両昇進　明治32年５月場所
入　幕　明治33年１月場所
最終場所　明治45年１月場所
幕内在位　22場所
幕内成績　72勝73敗20分預55休
勝　率　0.497
身　長　170cm（５尺６寸）
体　重　79kg（21貫）
得意手　押し
年寄名　振分→間垣

体格に恵まれなかったが、取り口を熱心に研究。相撲名人といわれた逆鉾から押し相撲の極意を教えられ、押し手の工夫をして、その妙を得たという。明治29年、24歳で序ノ口に付き、33年春場所28歳で入幕、続く夏場所、前頭13枚目で６勝２敗１預の好成績を挙げ、39年春場所と40年夏場所には横綱大砲と引き分けを演じた。41年春場所には満36歳で小結に昇進。その後は病気がちとなり、幕下まで落ちて引退、年寄振分から間垣となり、長年、協会に在籍した。

有明 吾郎（小結）

ありあけ　ごろう

本　名　山中→大家八五郎
生年月日　明治８年３月23日
没年月日　昭和18年２月19日
出身地　長崎県島原市宇土町
所属部屋　伊勢ノ海
初土俵　明治27年５月場所序ノ口
十両昇進　明治32年５月場所
入　幕　明治34年５月場所
最終場所　大正２年５月場所
幕内在位　23場所
幕内成績　70勝98敗24分預38休
勝　率　0.417
身　長　165cm（５尺４寸５分）
体　重　123kg（33貫）
得意手　突っ張り、右四つ
年寄名　式秀

上背には恵まれなかったが、アンコ型で突っ張りを得意とした。技量はあまりなく、四つに組むと勝手が悪かった。明朗で心優しく愛嬌があり、ひいきにする者が多かった。大食漢としても有名で、板垣退助伯の面前で鰻飯を７杯も食べ驚かせたことがある。明治36年６月の東西合併相撲で10戦全勝の好成績を挙げ、37年夏場所には新進気鋭の太刀山を倒し、39年夏場所に小結となった。引退後は養父の後を継ぎ、年寄式守秀五郎となった。

緑嶋 友之助（小結）

みどりしま とものすけ

本名 高木友之助（弥右衛門）
生年月日 明治11年1月12日
没年月日 昭和27年12月16日
出身地 富山県滑川市横道
所属部屋 草風（京都）→春日山
初土俵 明治31年1月場所幕下付出
十両昇進 明治34年5月場所
入幕 明治35年5月場所
最終場所 大正4年6月場所

幕内在位 27場所
幕内成績 78勝120敗26分預46休
勝率 0.394
身長 166cm（5尺5寸）
体重 90kg（24貫）
得意手 左四つ、押し、ひねり
年寄名 立浪

横綱双葉山、羽黒山らを育て上げた立浪親方である。はじめは京都力士となったが、東上して幕下付出で登場。取り口は精悍で力もあり腰も強く、出足も鋭く、正攻法の真っ向からの押しに威力があった。明治36年6月の東西合併相撲初日に、大阪随一の強豪若嶋を倒し、9勝1敗の好成績を挙げている。41年夏場所に小結となり、大正3年春場所初日には常陸山を破っている。角界きっての雄弁家で、引退後に協会取締となった。長男は元中央大学総長。

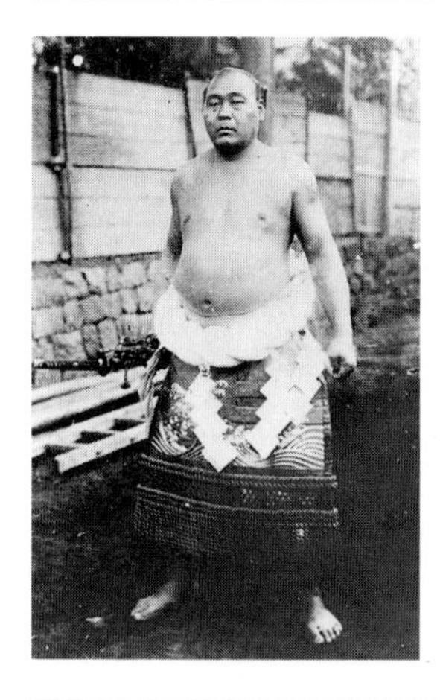

太刀山 峰右ヱ門（横綱）

たちやま みねえもん

本名 老本弥次郎
生年月日 明治10年8月15日
没年月日 昭和16年4月3日
出身地 富山県富山市吉作
所属部屋 友綱
初土俵 明治33年5月場所幕下付出
十両昇進 明治35年1月場所
入幕 明治36年1月場所
最終場所 大正7年1月場所

幕内在位 31場所
幕内成績 195勝27敗15分預73休
勝率 0.878
優勝 9回（優勝相当成績2回）
身長 185cm（6尺1寸）
体重 139kg（37貫）
得意手 突っ張り
年寄名 東関（大正8年5月廃業）

「四十五日（一月半＝一突き半）の鉄砲」と呼ばれた突っ張りの威力、「仏壇返し」といわれた呼び戻しの荒技で順調に出世した。明治末期から大正初めにかけて無敵横綱と称された。板垣退助伯の勧めで入門、胃腸が悪くなかなか太れなかった。大関昇進後に全快して、明治42年夏場所8日目から45年春場所8日目に西ノ海に敗れるまで43連勝。その後、大正5年夏場所8日目に栃木山に負けるまで再び56連勝を記録している。引退後は検査役選出に漏れて、廃業した。

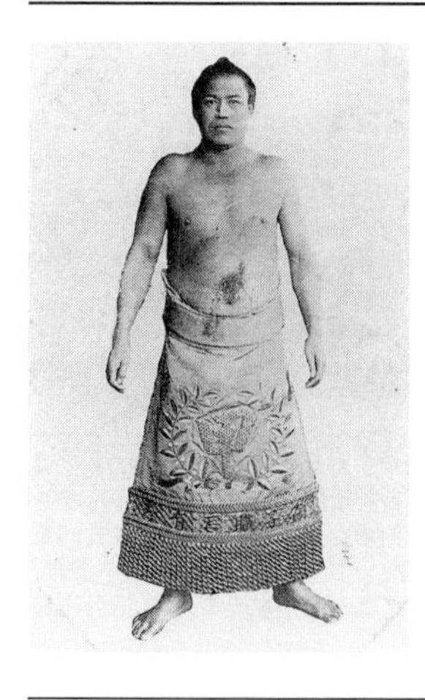

甲 吾郎（前頭4枚目）

かぶと ごろう

本名 五味安吉
生年月日 明治2年12月4日
没年月日 大正12年1月9日
出身地 山梨県南アルプス市若草町
四股名 甲→甲斐ノ山→甲（兜）→立川
所属部屋 立川→中村（大阪）→立川
初土俵 明治26年1月場所序ノ口
十両昇進 明治30年5月場所
入幕 明治36年1月場所
最終場所 大正2年1月場所

幕内在位 21場所
幕内成績 59勝77敗30分預44休
勝率 0.434
身長 168cm（5尺5寸5分）
体重 90kg（24貫）
得意手 押し、突っ張り、張り手
年寄名 立川

筋肉質の体格で、押しが強く、張り手と突っ張りもあり、右四つからの下手投げも得意とした。気性の激しい一面があり、若いころは問題をしばしば起こしたが、人柄は大胆で人情深かった。入幕以前に、一度大阪相撲に脱走して、甲斐ノ山と名乗ったが、直ぐに復帰している。新入幕の明治36年春場所に荒岩、太刀山を破っている。42年春場所、立川と改め二枚鑑札で土俵を務めた。

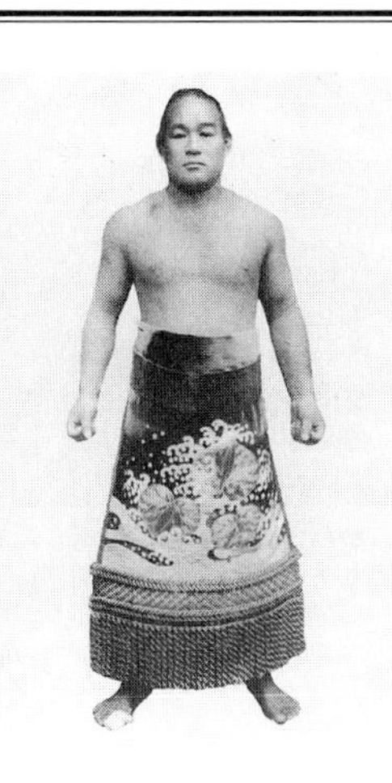

両國(りょうごく) 梶之助(かじのすけ)(小結)

本　名　古川九八
生年月日　明治7年3月25日
没年月日　昭和24年1月11日
出身地　長崎県諫早市貝津町
四股名　九→一軸→国岩→両國
所属部屋　時津風→不知火(大阪)→出羽海
初土俵　明治36年1月場所幕内格付出
入　幕　明治36年1月場所付出
最終場所　明治45年1月場所
幕内在位　19場所
幕内成績　48勝48敗25分預69休
勝　率　0.500
身　長　165cm(5尺5寸)
体　重　90kg(24貫)
得意手　一本背負い、たすき反り
年寄名　入間川→出羽海

手取り力士で一本背負い、たすき反りなどの奇手に巧みであった。大阪で九（いちじく）の名で取り進み、一軸から国岩と改めたころは、摩利支天の再来と称されていた東京相撲の荒岩と並んで、「東西の両岩」といわれていた。明治36年春場所に東上して両國と改名。太刀山とは4勝4敗の互角で、常陸山の懐刀として働き、引退後入間川部屋を創設。常陸山の出羽海親方の没後は出羽海部屋を引き継ぎ、部屋の興隆に力を注ぎ、角界繁栄の基礎をつくり上げた功労者だ。

駒ヶ嶽(こまがたけ) 國力(くにりき)(大関)

本　名　菊地國力
生年月日　明治13年12月13日
没年月日　大正3年4月11日(現役中)
出身地　宮城県遠田郡湧谷町六軒町
所属部屋　井筒→関ノ戸→井筒
初土俵　明治31年1月場所
十両昇進　明治35年1月場所
入　幕　明治36年5月場所
最終場所　大正3年1月場所
幕内在位　22場所
幕内成績　105勝41敗29分預45休
勝　率　0.719
身　長　188cm(6尺2寸)
体　重　135kg(36貫)
得意手　左四つ、上手投げ

筋肉質の見事な体をしており、取り口は豪快で、すこぶる人気があった。梅ヶ谷・常陸山の全盛時代に次代を担う大剛として、太刀山との取組は満都の好角家を熱狂させた。太刀山より先に大関に昇進し、明治44年ころまでは互角に渡り合った。左四つ、長身から繰り出す上手投げを得意としたが、緑嶋を苦手として度々不覚をとった。横綱を期待され、郷里の大先輩「谷風」襲名もうわさされたものの、晩年は深酒がたたって生活が荒れ、巡業先で急逝した。

玉椿(たまつばき) 憲太郎(けんたろう)(関脇)

本　名　森野健次郎
生年月日　明治16年11月10日
没年月日　昭和3年9月19日
出身地　富山県富山市水橋上砂子坂
四股名　湊山→玉ヶ関→玉椿
所属部屋　雷
初土俵　明治30年1月場所
十両昇進　明治35年5月場所
入　幕　明治36年5月場所
最終場所　大正5年1月場所
幕内在位　26場所
幕内成績　80勝79敗49分預52休
勝　率　0.503
身　長　158cm(5尺2寸)
体　重　90kg(24貫)
得意手　ずぶねり、足癖
年寄名　白玉

160センチに満たない小兵ながら、左差し相手の胸に頭を付けて食い下がるとしぶとく、「ダニ」と称された。上位力士にとっては非常に取りにくい存在で、横綱常陸山でさえ手こずり、3回も引き分けている。この小さな体で年2場所時代に関脇4場所、小結7場所も務めている。明治44年春場所、相撲界紛擾（新橋倶楽部事件）の際、玉椿一人だけ加入せず、引退後は平年寄で終始した。「白玉相撲道場」をつくって、青少年の育成に貢献した。

藤見嶽 虎之助(前頭３枚目)

ふじみだけ とらのすけ

本名	神田久助	最終場所	明治43年６月場所
生年月日	明治11年６月18日	幕内在位	13場所
没年月日	大正12年７月15日	幕内成績	29勝54敗19分預28休
出身地	福島県二本松市本町	勝率	0.349
四股名	藤見嶽→藤嶋	身長	164cm(５尺４寸)
所属部屋	藤嶋→尾車→藤嶋	体重	71kg(19貫)
初土俵	明治28年５月場所序ノ口	得意手	突き、押し
十両昇進	明治34年１月場所	年寄名	藤嶋
入幕	明治37年１月場所		

元行司11代木村庄太郎の藤嶋の弟子。体に柔らかみがあり、出足、引き足とも速く、動きに無駄のない手取り力士だった。入門したてのころ、尾車部屋に通って名力士荒岩の指導を受けて徐々に頭角を現した。明治34年夏場所、十両で若き日の太刀山と引き分け、37年春場所に入幕している。小さな体で毎場所健闘、38年夏場所６日目には横綱大砲と体格差を克服して引き分けている。現役中に年寄との二枚鑑札となり、引退後は後進の指導に当たった。

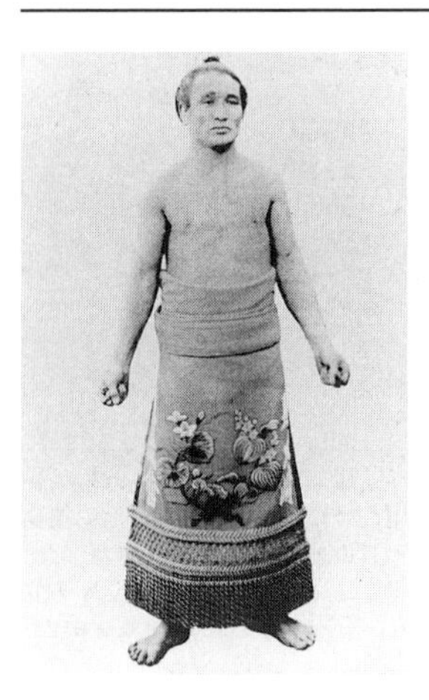

大崎 為之助(前頭５枚目)

おおさき ためのすけ

本名	佐々木為之助	最終場所	大正４年１月場所
生年月日	明治７年９月	幕内在位	11場所
没年月日	昭和４年６月23日	幕内成績	22勝55敗10分預23休
出身地	宮城県大崎市古川西荒井	勝率	0.286
四股名	荒川→大崎	身長	164cm(５尺４寸)
所属部屋	尾車→朝日山(大阪)→尾車	体重	75kg(20貫)
初土俵	明治26年５月場所序ノ口	得意手	突き、押し
十両昇進	明治33年５月場所		
入幕	明治38年１月場所		

軽妙な取り口で、仕切りの際に鼻をつまみ、尻をたたく癖があり、いつも鼻が赤くなっていた名物力士。入幕以前に大阪相撲に加入したが、復帰を許されて明治38年春場所に入幕している。同場所は１点勝ち越したが、以後は全場所負け越しているものの、十両に落ちなかったという幸運な力士。横綱大砲の太刀持ち、露払いを務めた。43年春場所限りで１度廃業したが、事業がうまくいかず、ほかに適職がなく、再び土俵に上がった。引退後は協会世話人となった。

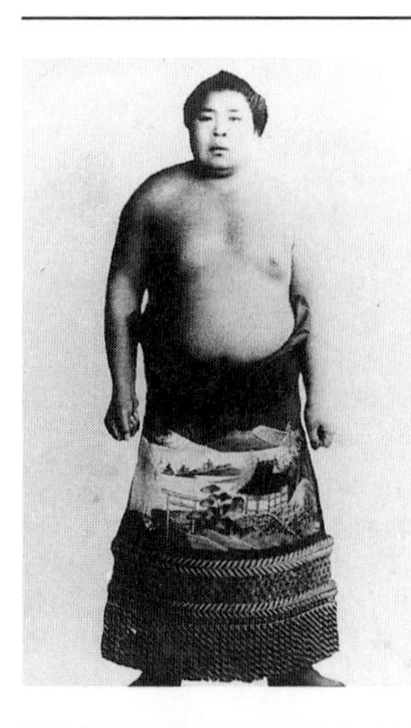

小柳 芦太郎(前頭２枚目)

こやなぎ あしたろう

本名	安ヶ川芳太郎	最終場所	明治44年２月場所
生年月日	明治11年７月１日	幕内在位	12場所
没年月日	昭和21年４月20日	幕内成績	34勝41敗12分預33休
出身地	富山県砺波市増山	勝率	0.453
四股名	立岩→小柳	身長	164cm(５尺４寸)
所属部屋	高砂	体重	109kg(29貫)
初土俵	明治31年１月場所序ノ口	得意手	はず押し
十両昇進	明治36年１月場所		
入幕	明治38年１月場所		

はず押しを得意とし、入幕以前に立岩を名乗っていたころは将来の役力士と期待された。体格は部屋の大先輩である横綱小錦に似ていたが、立ち合いが悪く、待ったが数十回に及ぶことも少なくなかった。明治40年春場所３日目、横綱大砲を倒し、翌夏場所には大関國見山を破っている。病気がちとなってからは振るわず、44年春場所に十両に落ちて廃業した。その後は郷里に戻り草相撲の大関となり、北陸路を中心に相撲指導に当たった。

大湊（おおみなと） 徳松（とくまつ）（前頭３枚目）

本　名　阪本→芝松次朗
生年月日　明治９年１月３日
没年月日　昭和12年１月９日
出身地　和歌山県御坊市名田町楠井
四股名　浦勇→大湊
所属部屋　小野川（大阪）→出羽海
初土俵　明治38年１月場所幕内格付出
入　幕　明治38年１月場所付出
最終場所　明治44年６月場所
幕内在位　14場所
幕内成績　37勝48敗31分預24休
勝　率　0.435
身　長　170cm（５尺６寸）
体　重　90kg（24貫）
得意手　左四つ、つり出し

初め大阪力士となり浦勇と名乗って、後に大湊と改めて明治36年夏に入幕した。有望力士の少ない大阪で将来を期待され、37年５月には五条家免許の横綱若嶋と引き分けている。かねてから常陸山の人望にひかれ東京力士になる望みを抱いていたが、38年春場所にその望みがかなって東上、幕内付出で出場した。40年夏場所２日目に横綱大砲と引き分け、41年夏場所には５勝２敗２分の成績を残している。廃業後は電気器具の貸出業を営んで成功した。

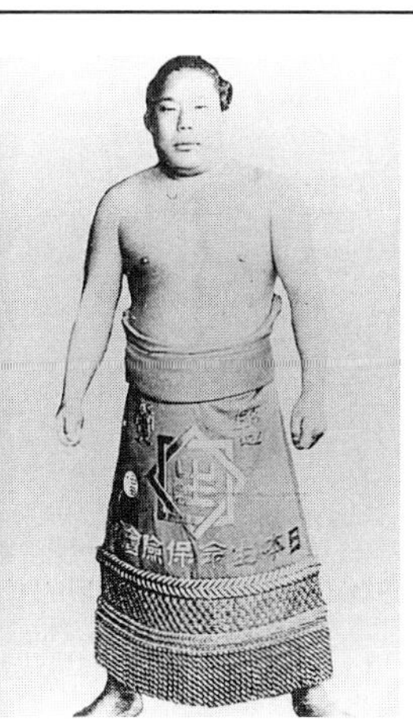

有村（ありむら） 直吉（なおきち）（前頭３枚目）

本　名　小池直吉
生年月日　明治４年１月25日
没年月日　明治44年５月７日
出身地　茨城県桜川市岩瀬町
四股名　小池川→有村→入間川
所属部屋　入間川
初土俵　明治27年５月場所序ノ口
十両昇進　明治36年１月場所
入　幕　明治38年５月場所
最終場所　明治43年６月場所
幕内在位　８場所
幕内成績　21勝35敗７分預16休
勝　率　0.375
身　長　165cm（５尺４寸５分）
体　重　109kg（29貫）
得意手　押し
年寄名　入間川

中アンコの体格で、押しを得意とした。初め小池川と名乗っていたが有村と改名。その由来は、幕末の桜田門外の変に加わった薩摩藩義士有村権三朗から取ったといわれる。明治30年１月序二段のころ、大月との対戦で37回待ったを記録した。同郷出身の常陸山に鍛えられ、無邪気で愛嬌があり、ひいきにする者が多かった。幕内在位中は連敗癖があり、思うように活躍できずに終わった。引退後、入間川を襲名したが、婚礼の当日に亡くなった悲劇の主人公でもあった。

浪ノ音（なみのおと） 健蔵（けんぞう）（関脇）

本　名　鎌田健蔵
生年月日　明治15年３月14日
没年月日　昭和42年11月25日
出身地　青森県青森市浪岡町本郷
四股名　浪ノ音→岩木山→浪ノ音
所属部屋　高砂
初土俵　明治31年１月場所
十両昇進　明治38年１月場所
入　幕　明治39年１月場所
最終場所　大正３年５月場所
幕内在位　16場所
幕内成績　55勝56敗19分預30休
勝　率　0.495
身　長　167cm（５尺５寸）
体　重　79kg（21貫）
得意手　右四つ、巻き落とし
年寄名　振分（昭和36年１月定年退職）

小柄な体格ながら前さばきがよかった。初代高砂の弟子となり、順次昇進して明治38年春場所に十両、翌夏場所に６勝３分１預の好成績を挙げ39年春場所に入幕、４場所目の40年夏場所には関脇に上がるスピード出世だった。しかし、以後は幕内を上下して晩年は幕下に陥落した。右四つ、巻き落としを得意とした技の多い力士で、荒岩、國見山にも勝っている。引退後は検査役となり、振分部屋を創設、大ノ高などの幕内力士を育て、同時に宿禰神社の社務をこなしていた。

伊勢ノ濱 慶太郎（大関）
（いせのはま けいたろう）

本　名　中立慶太郎
生年月日　明治16年11月9日
没年月日　昭和3年5月17日
出身地　東京都墨田区両国
所属部屋　友綱→根岸→友綱→根岸
初土俵　明治35年1月場所
十両昇進　明治38年5月場所
入　幕　明治39年5月場所
最終場所　大正8年1月場所
幕内在位　26場所
幕内成績　98勝82敗22分預58休
勝　率　0.544
身　長　168cm（5尺5寸5分）
体　重　105kg（28貫）
得意手　左四つ、寄り、上手投げ
年寄名　中立

父親は明治10年代に活躍した幕内力士の伊勢ノ濱荻右ヱ門で、親子関取として知られている。小兵だったが力が強く、得意は左四つ、つり、上手投げ。きびきびとした取り口で江戸っ子大関として人気があった。力水は1度しかつけず、土俵態度も立派。半面、土俵度胸が良過ぎて慎重さに欠ける場面も見られた。頭脳明晰で引退後は協会役員となり、衆望を集めていたが、不幸にも自殺を遂げた。現役時代は、趣味で小説を書き雑誌に発表している。

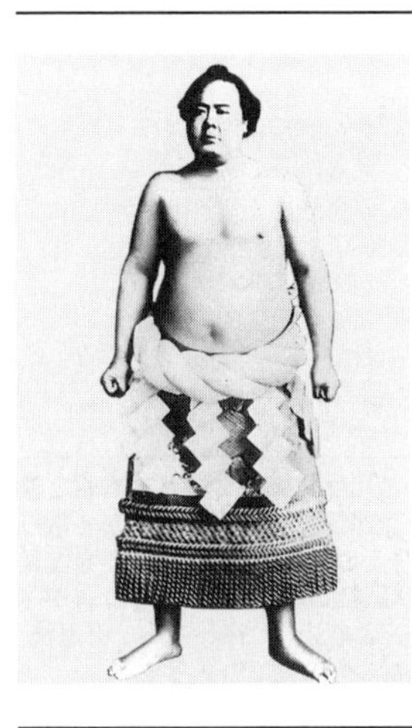

西ノ海 嘉治郎（横綱）
（にしのうみ かじろう）

本　名　牧瀬→近藤休八
生年月日　明治13年2月6日
没年月日　昭和6年1月27日
出身地　鹿児島県西之表市西之表
四股名　種ヶ島→星甲→錦洋→西ノ海
所属部屋　井筒
初土俵　明治33年1月場所
十両昇進　明治38年5月場所
入　幕　明治39年5月場所
最終場所　大正7年5月場所
幕内在位　25場所
幕内成績　106勝38敗36分預70休
勝　率　0.736
優　勝　1回
身　長　185cm（6尺1寸）
体　重　139kg（37貫）
得意手　左四つ、寄り切り
年寄名　井筒

鉄砲伝来の種子島の出身。錦洋と名乗って入幕、後に師匠名を継いで西ノ海（2代目）となり、年寄井筒の二枚鑑札も兼ねていた。性質温順、堂々とした土俵態度で知られ、「長者」の風格があった。組んで良し、離れて良しの幅のある力士だが、勝ちみが遅く、小兵の玉椿を苦手とした。大正5年春場所、8勝1分1休で優勝、横綱に。横綱在位は5場所で引退、門弟の育成に力を注いだ。協会取締に選ばれ三河島事件の解決、東西合併の実現に尽力したが、自ら命を断った。

朝潮 太郎（大関）
（あさしお たろう）

本　名　薦田→坪井長吉
生年月日　明治12年4月19日
没年月日　昭和36年4月30日
出身地　愛媛県西条市朔日市
四股名　朝嵐→朝汐→朝潮
所属部屋　高砂→佐ノ山→高砂
初土俵　明治34年5月場所新序
十両昇進　明治39年1月場所
入　幕　明治40年1月場所
最終場所　大正8年5月場所
幕内在位　26場所
幕内成績　98勝64敗32分預66休
勝　率　0.605
身　長　176cm（5尺8寸）
体　重　113kg（30貫）
得意手　右四つ、下手投げ
年寄名　高砂（昭和16年5月廃業）

先代朝汐の佐ノ山の門人となり、朝嵐と名乗って入幕、後に朝潮と改めた。古武士のような風貌で、土俵態度も堂々とし、右を差せば強みを発揮、「右差し百万石」といわれた。大正3年夏場所9日目、横綱太刀山と大熱戦の末に同体で落ち、預かりとなっている。栃木山には分がよく3勝1敗と勝ち越している。現役時代から二枚鑑札となり、門下から男女ノ川、高登、前田山ら多数の幕内力士を育成、協会取締として貢献した。晩年は部屋を前田山に譲って角界を離れた。

碇潟（いかりがた） 卯三郎（うさぶろう）（前頭筆頭）

本名	的場→山口卯三郎	最終場所	大正３年５月場所
生年月日	明治12年８月	幕内在位	16場所
没年月日	昭和３年３月18日	幕内成績	49勝46敗７分預58休
出身地	大阪府大阪市中央区日本橋	勝率	0.516
四股名	糸柳→碇潟	身長	167cm（５尺５寸）
所属部屋	草風（京都）→出羽海	体重	88kg（23貫500）
初土俵	明治34年５月場所三段目付出	得意手	下手投げ、掻っ撥き
十両昇進	明治38年５月場所	年寄名	山響→佐ノ山
入幕	明治40年１月場所		

初めは京都相撲で糸柳と名乗り、後に碇潟と改めた。明治34年夏、東上して常陸山の弟子となっている。きびきびした取り口で、機に応じた駆け引きがうまく、「雷獣」の異名をとった。下手投げ、はたき込みが得意で、特に掻っ撥き（かっぱじき）は最もうまく、41年夏場所に大関國見山を、42年春・夏の両場所には強豪太刀山を倒している。横綱常陸山の土俵入りでは太刀持ち、露払いを務めた。引退後は山響から佐ノ山を襲名した。

高見山（たかみやま） 酉之助（とりのすけ）（関脇）

本名	吉岡酉之助	入幕	明治40年１月場所
生年月日	明治６年10月25日	最終場所	大正２年５月場所
没年月日	大正13年１月11日	幕内在位	14場所
出身地	千葉県銚子市若宮町	幕内成績	43勝29敗13分預55休
四股名	加増山→大海→加増山→高見山	勝率	0.597
		優勝	１回
所属部屋	高砂	身長	173cm（５尺７寸）
初土俵	明治28年５月場所序ノ口	体重	139kg（37貫）
十両昇進	明治37年１月場所	得意手	左四つ、寄り切り

色黒で便々とした巨腹の大兵肥満型の力士で、「稽古場大関」。勝つときは堂々としていたが、勝ちみが遅く、手取り力士を苦手として「鈍州」とあだ名されていた。前頭７枚目だった明治42年夏場所、旧両国国技館開館の場所に、大関太刀山を左四つからの寄り切りで破ったのをはじめ、横綱梅ヶ谷、大関國見山と引き分け、７勝３分の土付かずで優勝、第１回の優勝掲額と旗手の栄誉に輝いた。小兵の玉椿を苦手とし、取り組む前からブルブル震えていたという。

大ノ川（おおのがわ） 甚太郎（じんたろう）（小結）

本名	木越甚太郎	最終場所	大正６年１月場所
生年月日	明治13年10月25日	幕内在位	20場所
没年月日	大正６年１月20日（現役中）	幕内成績	73勝83敗13分預31休
出身地	石川県金沢市大場町	勝率	0.468
四股名	大ノ川→君ヶ濱	身長	167cm（５尺５寸）
所属部屋	君ヶ濱→出羽海	体重	94kg（25貫）
初土俵	明治34年５月場所序ノ口	得意手	突っ張り、引き落とし
十両昇進	明治38年５月場所	年寄名	君ヶ濱（二枚鑑札）
入幕	明治40年５月場所		

腕力が強く両肩に力こぶが隆起して、「コブさん」の異名で親しまれた。突っ張りからの引き落とし、はたき込みが得意で、大阪相撲の大錦大五郎は東西合併相撲で大の苦手とした。前頭６枚目だった明治45年春場所、横綱梅ヶ谷と引き分けるなど６勝３敗１分の好成績を収めて、翌夏場所に小結に昇進した。大正６年春場所、年寄二枚鑑札となり君ヶ濱と改名したが、同場所４日目の朝稽古で腹を強打して腸を傷め入院、手当ての甲斐なく５日後に他界した。

紫雲竜 吉之助(前頭筆頭)
しうんりゅう きちのすけ

本　名　斎藤吉次郎
生年月日　明治15年1月7日
没年月日　昭和21年4月28日
出身地　千葉県大網白里市四天木
所属部屋　高砂→阿武松
初土俵　明治31年1月場所序ノ口
十両昇進　明治37年1月場所
入　幕　明治40年5月場所
最終場所　大正6年1月場所
幕内在位　16場所
幕内成績　52勝66敗17分預25休
勝　率　0.441
優　勝　(優勝相当成績1回)
身　長　173cm(5尺7寸)
体　重　86kg(23貫)
得意手　右四つ、引き落とし
年寄名　出来山→阿武松

師匠阿武松（元大見崎）の甥で、右四つ、引き落としを得意とした。旧両国国技館開設以前の明治41年夏場所に前頭9枚目で7勝2預の土付かず、優勝に相当する最優秀成績を挙げた。以後、しばらく幕内と十両を往復していたが、前頭4枚目だった大正3年夏場所に6勝4敗の成績を残し、翌4年春場所には自己最高位の筆頭となっている。典型的な中堅力士で、引退後は出来山を襲名して出羽一門に所属、昭和15年春には他界した伯父の阿武松を継承した。

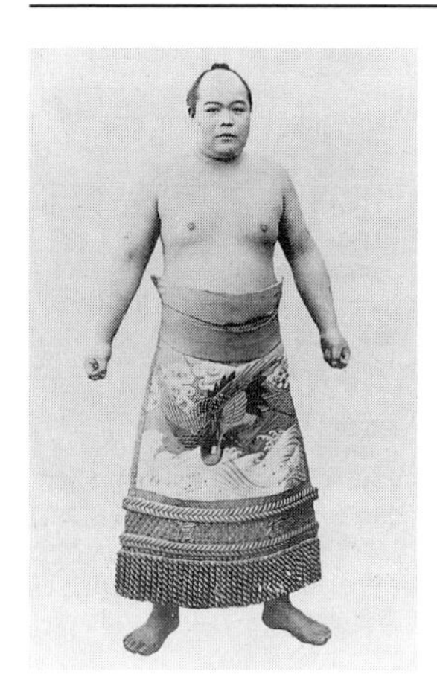

鶴渡 清治郎(前頭筆頭)
つるわたり せいじろう

本　名　田口清治郎
生年月日　明治19年6月7日
没年月日　昭和11年11月1日
出身地　東京都江東区深川
所属部屋　中立
初土俵　明治34年5月場所新序
十両昇進　明治39年5月場所
入　幕　明治40年5月場所
最終場所　大正8年1月場所
幕内在位　22場所
幕内成績　73勝113敗16分預18休
勝　率　0.392
身　長　176cm(5尺8寸)
体　重　113kg(30貫)
得意手　右四つ、寄り
年寄名　中立(二枚鑑札)→荒磯

江戸っ子力士。勝負に対して至極無頓着。勝っても負けても構わない性格で、三役級の実力がありながら稽古嫌いで名を売った。巨体を利しての右四つ、寄り切りが得意。前頭上位から中位を上下した中堅力士で終わったが、大関時代の西ノ海、新進のころの栃木山を破り、大正5年夏場所6日目には大関大錦を右四つから寄り立て、すくい投げ気味に寄り倒している。引退後は荒磯となり、門下から平幕優勝した鶴ヶ濱を送り出した。

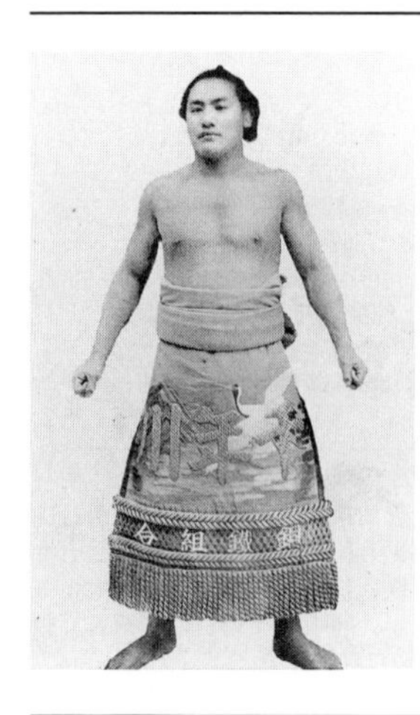

千年川 亀之助(小結)
ちとせがわ かめのすけ

本　名　小島佐兵衛
生年月日　明治17年1月21日
没年月日　昭和11年3月4日
出身地　青森県つがる市木造町豊田
四股名　豊川→千年川
所属部屋　立田山
初土俵　明治33年5月場所序ノ口
十両昇進　明治40年1月場所
入　幕　明治41年1月場所
最終場所　大正6年1月場所
幕内在位　19場所
幕内成績　66勝62敗31分預31休
勝　率　0.516
身　長　170cm(5尺6寸)
体　重　94kg(25貫)
得意手　左四つ、高無双
年寄名　立田山(昭和2年5月廃業)

前さばきがよく、豪放大胆な取り口で相手を悩ませた。入幕2場所目に大関駒ヶ嶽を高無双の快技で破ったのをはじめ、横綱梅ヶ谷とは1勝1敗3分の5分、常陸山とも引き分けたこともあり、鳳、栃木山を破ったこともある。明治45年夏場所3日目、横綱太刀山を相手に仕切り直すこと三十数回、約1時間を費やしたものの勝負はあっけなく2突きで負けてしまった。奇行に富み、人を食った行動を時折みせた。長男は力士で幕下までいった。

男嶋（おとこじま） 舟蔵（せんぞう）（前頭12枚目）

本　名　三船専造
生年月日　明治11年2月18日
没年月日　昭和18年12月1日
出身地　秋田県由利本庄市鳥海町
所属部屋　秀ノ山→出羽海
初土俵　明治33年5月場所序ノ口
十両昇進　明治38年5月場所
入　幕　明治41年1月場所
最終場所　大正13年1月場所
幕内在位　4場所
幕内成績　12勝18敗6分預4休
勝　率　0.400
身　長　176cm（5尺8寸）
体　重　98kg（26貫）
得意手　左四つ、寄り切り

晩年は序二段まで落ちたが、初土俵から1場所も休まずに出場した珍しい力士。十両昇進までの10場所の間に負け越したのは1場所だけで、一時は太刀山の再来かと評価された。幕内在位は4場所で、これといった活躍もなく、十両と幕下を上下して下降線をたどった。大正6年夏場所3日目、幕下の友ノ山との対戦で、ヒョンなはずみで前袋が外れ、大事なモノをさらけ出して負けとなった。男嶋を名乗るだけあって、なかなか立派なモノであったという。

柏山（かしわやま） 吾郎（ごろう）（前頭7枚目）

本　名　齋藤→相澤→齋藤定五郎
生年月日　明治12年12月8日
没年月日　昭和8年1月8日
出身地　山形県西村山郡河北町谷地
四股名　最上潟→柏山
所属部屋　伊勢ノ海
初土俵　明治32年1月場所序ノ口
十両昇進　明治40年1月場所
入　幕　明治41年5月場所
最終場所　大正2年1月場所
幕内在位　5場所
幕内成績　7勝20敗2分21休
勝　率　0.259
身　長　164cm（5尺4寸）
体　重　90kg（24貫）
得意手　左四つ、上突っ張り
年寄名　山科

左四つ、上突っ張りを得意とした。伊勢ノ海の弟子となり最上潟と名乗っていたが、後に柏山と改めた。十両に昇進するまでに時間がかかったが、十両は3場所で通過して幕内に。しかし、幕内では1度も勝ち越せず、幕下まで落ちて引退。年寄山科となって門下より越ノ嶽（後の柏山）を育てた。愛娘は双葉山時代に活躍した大邱山に嫁いだ。人望が厚く、長年にわたり検査役、理事を務め、協会興隆に尽力した。弟は幕下力士の鉄（くろがね）で現役中に亡くなった。

鏡川（かがみがわ） 正光（まさみつ）（前頭2枚目）

本　名　大野正光
生年月日　明治12年11月1日
没年月日　昭和16年4月20日
出身地　高知県吾川郡仁淀川町峠ノ越
四股名　鏡川→八幡山→鏡川
所属部屋　友綱
初土俵　明治34年5月場所序ノ口
十両昇進　明治40年1月場所
入　幕　明治41年5月場所
最終場所　大正3年1月場所
幕内在位　12場所
幕内成績　25勝51敗8分預36休
勝　率　0.329
身　長　173cm（5尺7寸）
体　重　90kg（24貫）
得意手　突っ張り、押し
年寄名　鳴戸（昭和2年5月廃業）

板垣退助に勧められ、同郷の元海山の友綱部屋に入門。鏡川の四股名も板垣伯が命名したもの。名力士の玉椿が「お前ほど稽古をしたら、体がもたんだろう」といったほどの稽古熱心だった。稽古のため前髪がいつも擦り切れていた。きびきびした土俵態度で突っ張り、押しを中心とした正攻法を体得していた。酒は飲まず、非常に真面目な性格で、温厚な人柄、なかなか徳望があった。年寄廃業後、東京・日本橋浜町で料亭を経営していた。

おおみどり　にきち
大緑 仁吉（前頭３枚目）

本　名	帰山仁吉
生年月日	明治13年１月３日
没年月日	昭和29年７月19日
出身地	福井県福井市東郷二ヶ町
所属部屋	高砂
初土俵	明治34年１月場所序ノ口
十両昇進	明治40年１月場所
入　幕	明治41年５月場所
最終場所	明治45年５月場所
幕内在位	７場所
幕内成績	24勝22敗14分預10休
勝　率	0.522
身　長	179cm（５尺９寸）
体　重	94kg（25貫）
得意手	左四つ、食い下がり
年寄名	大山（昭和13年５月廃業）

手足が長く細身だった。地味で真面目な性格は力士の間で評価が高く、相手が不義理をしても決して責めたりしない剛腹な面も持ち合わせていた。相撲は左四つに食い下がっての寄りを得意とし、明治41年春場所に十両で６勝２分の土付かずの成績で翌夏場所に入幕。好成績を３場所続け、43年春場所には３枚目に昇進。しかし、以後は下降線をたどり十両に落ちて引退、年寄となったが廃業した。後に瀬戸物業で財をなし、簡易宿泊所を建てて多くの流浪者を救済した。

こひたち　よしたろう
小常陸 由太郎（関脇）

本　名	吉田→市毛与四郎
生年月日	明治19年２月９日
没年月日	昭和２年９月15日
出身地	東京都新宿区内藤町
所属部屋	出羽海
初土俵	明治35年５月場所序ノ口
十両昇進	明治40年５月場所
入　幕	明治41年５月場所
最終場所	大正７年１月場所
幕内在位	20場所
幕内成績	70勝77敗６分預47休
勝　率	0.476
身　長	159cm（５尺２寸５分）
体　重	124kg（33貫）
得意手	押し
年寄名	秀ノ山

短躯肥満型で、非常に稽古熱心だった。出足が速く、前に落ちることはまれで、相手の胸板に顔を付けて押し立てるのを得意とした。常陸山の養子となり、幕下のころに少年有望力士として化粧まわしを締め、一人土俵入りを演じたこともあり人気があった。明治43年夏場所、太刀山の猛突っ張りをまともに受け桟敷まで飛ばされたことは有名。また、古瓦を収集するのが趣味であった。引退後は年寄秀ノ山として検査役となったが、41歳の若さで亡くなった。

かんざき　じゅうたろう
神崎 重太郎（前頭13枚目）

本　名	寺内重三郎
生年月日	明治15年９月13日
没年月日	昭和17年５月22日
出身地	兵庫県尼崎市大物町
四股名	ハツ勇→神崎
所属部屋	猪名川（大阪）→高砂
初土俵	明治34年１月場所序ノ口
十両昇進	明治40年１月場所
入　幕	明治41年５月場所
最終場所	大正４年６月場所
幕内在位	３場所
幕内成績	13勝12敗３分預２休
勝　率	0.520
身　長	167cm（５尺５寸）
体　重	75kg（20貫）
得意手	上突っ張り

“重太”と呼ばれた愛嬌のある名物男。幕下のとき、日露戦争に従軍出征して兵士に相撲を指導、丸坊主姿で横綱土俵入りを行い、「満州横綱」を自負していた。凱旋後、勲８等白色桐葉章を授けられ、断髪姿で土俵に上がり好評を得た。上突っ張りを武器に玉砕的な相撲ぶりで、幕内在位は短かったが十両に落ちてから長く取って、大正４年夏場所、幕下を限りに廃業した。後に旧両国国技館内に売店を出し、現役時代と変わらない人柄で親しまれた。

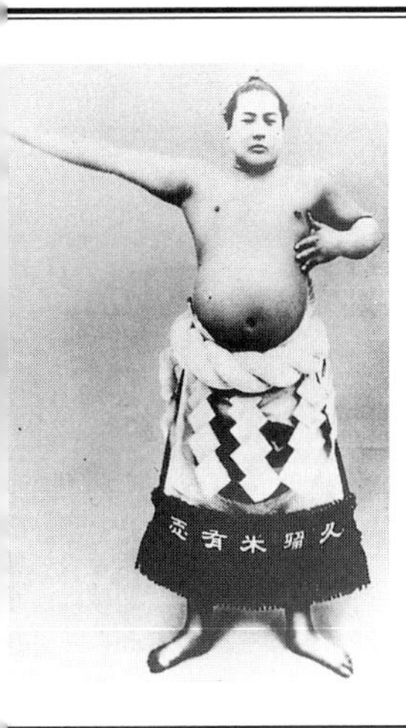

おおとり たにごろう

鳳 谷五郎（横綱）

本　名	滝田明	最終場所	大正９年５月場所
生年月日	明治20年４月３日	幕内在位	24場所
没年月日	昭和31年11月16日	幕内成績	108勝49敗15分預68休
出身地	千葉県印西市大森	勝　率	0.688
四股名	大鳥→鳳	優　勝	２回
所属部屋	宮城野→勝ノ浦→宮城野	身　長	174cm（５尺７寸５分）
初土俵	明治36年５月場所序ノ口	体　重	113kg（30貫）
十両昇進	明治41年５月場所	得意手	掛け投げ、すくい投げ、小手投げ
入　幕	明治42年１月場所	年寄名	宮城野

強靱な足腰を利用して連発する掛け投げは鮮やかで、「鳳のケンケン」といわれて一世を風靡。師匠が早く亡くなり、小部屋の苦労を背負いながらも、稽古に専念、努力が実り大正２年春場所に大関に昇進して初優勝。左四つからのすくい投げ、小手投げ、はず押しにも磨きがかかり、４年春場所には10戦全勝して横綱昇進を果たした。しかし、横綱になってからは受け身の相撲となり振るわなかった。美男子で「久松」と呼ばれ人気があった。俳優の滝田栄は兄の孫に当たる。

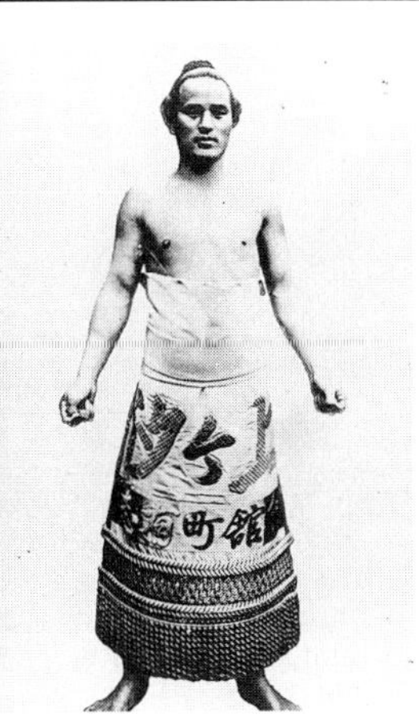

あげしお ふくじろう

上ヶ汐 福治郎（前頭３枚目）

本　名	渡辺福次郎	最終場所	大正２年５月場所
生年月日	明治14年３月５日	幕内在位	７場所
没年月日	昭和10年６月12日	幕内成績	18勝37敗８分預７休
出身地	茨城県筑西市野	勝　率	0.327
四股名	若汐→上ヶ汐→若藤	身　長	171cm（５尺６寸５分）
所属部屋	若藤	体　重	79kg（21貫）
初土俵	明治32年５月場所序ノ口	得意手	右四つ、上手投げ、すくい投げ
十両昇進	明治40年５月場所		
入　幕	明治42年１月場所	年寄名	若藤

先代上ヶ汐の若藤の弟子となり、幕下のときに日露戦争に出征した。凱旋後は断髪姿で出場して人気を博した。花相撲などでは、同じ“出征兵士”の神崎との対戦が組まれ好評を得た。立ち合いがうまく、右四つからの上手投げ、すくい投げを得意にしていた。現役時代は華々しい活躍はなかったが、年寄になって手腕を見せ、検査役から理事となった。有望力士沖ツ海を育てたが、沖ツ海がフグ中毒で急逝した後、気落ちして間もなく亡くなった。

ひみがはま やたろう

氷見ヶ濱 弥太郎（前頭13枚目）

本　名	白石弥之助	最終場所	明治44年６月場所
生年月日	明治15年９月２日	幕内在位	３場所
没年月日	昭和17年６月27日	幕内成績	8勝15敗５分預２休
出身地	富山県氷見市薮田	勝　率	0.348
四股名	浦島→氷見ヶ濱	身　長	167cm（５尺５寸）
所属部屋	稲川	体　重	79kg（21貫）
初土俵	明治34年１月場所序ノ口	得意手	左四つ、上手投げ、引き落とし
十両昇進	明治41年５月場所		
入　幕	明治42年１月場所		

小兵ながら腰が強く、前さばきが巧みだった。左四つからの投げ、組んでからの引き落としを得意とした。元関脇玉風改め稲川の弟子となり、浦島から郷里の名を取って氷見ヶ濱と改めた。167㌢、79㌔の小さな体格だが、明治41年夏場所に十両となり６勝２敗２預の好成績を収め、十両を１場所で通過、翌42年春場所に入幕を果たした。しかし、幕内では１度も勝ち越せず、３場所務めただけで、十両、さらに幕下に落ちて廃業している。

八嶋山 平八郎（前頭２枚目）
やしまやま へいはちろう

本　名　平見熊太郎
生年月日　明治７年10月19日
没年月日　昭和２年５月16日
出身地　香川県高松市牟礼町大町
四股名　錦熊→平ノ山→八嶋山
所属部屋　時津風（大阪）→井筒
初土俵　明治31年５月場所三段目付出
十両昇進　明治40年１月場所
入　幕　明治42年１月場所
最終場所　大正２年１月場所
幕内在位　８場所
幕内成績　24勝42敗３分預11休
勝　率　0.364
身　長　167cm（５尺５寸）
体　重　83kg（22貫）
得意手　もろはず押し
年寄名　浅香山

元大阪力士で平ノ山と名乗って三段目まで進んだ。東上して井筒の弟子となり、後に八嶋山と改めている。小兵で額のはげ上がった地味な力士で、もろはず押しを得意とした。明治43年夏場所８日目、当時日の出の勢いだった大関太刀山と対戦、強烈な突っ張りを恐れるあまり、１度も体が触れることなく、相撲技にない「にらみ出し」で自ら土俵を割った。引退後は木戸部長、検査役を務め井筒部屋の参謀として活躍した。興行事務にも明るかった。

黒瀬川 浪之助（関脇）
くろせがわ なみのすけ

本　名　本川竹松
生年月日　明治18年３月20日
没年月日　昭和32年12月30日
出身地　富山県氷見市比美町
所属部屋　友綱
初土俵　明治36年５月場所
十両昇進　明治41年５月場所
入　幕　明治42年６月場所
最終場所　大正11年１月場所
幕内在位　26場所
幕内成績　96勝109敗24分預31休
勝　率　0.468
身　長　179cm（５尺９寸）
体　重　105kg（28貫）
得意手　左四つ、つり出し、二丁投げ
年寄名　谷川（昭和21年11月廃業）

18歳のときに同郷の太刀山を頼って友綱部屋に入門、猛稽古で地力を付け有望視された。上背があって組んで良し離れても良し。つり、上手投げ、二枚げりを得意とし、力量もあった。色白の美男子としても知られた。常陸山と引き分け、西ノ海に勝つなどの大物食いとして活躍。大正４年夏場所、５年春場所には新進気鋭の栃木山を連破している。人物重厚、熟慮に富み、引退後は協会役員となった。また、熱心な宗教信者でもあった。

小錦 八十吉（小結）
こにしき やそきち

本　名　後藤鶴松
生年月日　明治20年７月18日
没年月日　昭和18年３月３日
出身地　山形県寒河江市中河原
四股名　山泉→小錦→二十山
所属部屋　二十山
初土俵　明治34年５月場所
十両昇進　明治41年５月場所
入　幕　明治42年６月場所
最終場所　大正６年１月場所
幕内在位　13場所
幕内成績　50勝59敗８分預13休
勝　率　0.459
身　長　167cm（５尺５寸）
体　重　101kg（27貫）
得意手　押し、右四つ
年寄名　二十山

短躯肥満型の押し相撲。初めは山泉と名乗り、明治45年春場所に小結になった際に師匠の名を許され小錦と改めた。入幕２場所目43年春場所初日、横綱梅ヶ谷をはたき込みで破っている。小結昇進以後は振るわず、十両に落ちてから年寄二枚鑑札となり、四股名も二十山と改名、大正６年春場所には幕下に陥落して引退した。門下からは大関千葉ヶ崎、清水川、関脇若葉山らを育て、検査役から理事となった。息子も山泉と名乗って力士になったが大成しなかった。

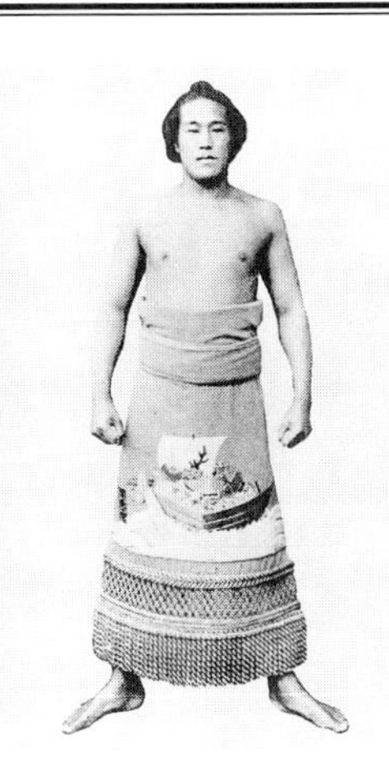

大鳴門 灘右ヱ門（関脇）
おおなると なだえもん

本名	川合文治郎	最終場所	大正10年5月場所
生年月日	明治20年10月5日	幕内在位	24場所
没年月日	昭和17年7月12日	幕内成績	72勝83敗15分預70休
出身地	滋賀県草津市矢橋町	勝率	0.465
四股名	司天龍→大鳴門	身長	177cm（5尺8寸5分）
所属部屋	八角	体重	101kg（27貫）
初土俵	明治35年5月場所新序	得意手	突っ張り、右四つ、上手投げ
十両昇進	明治41年5月場所	年寄名	八角
入幕	明治42年6月場所		

均整の取れた体格で、組んで良し離れて良しの取り口。力も強く、突っ張りの威力は相当なものだった。右四つからの上手投げとともに、その勝ちっぷりの鮮やかさで評判となり、穏やかな容貌と合わせて女性に人気があった。入幕2場所目に大鳴門と改名、3場所目には小結に昇進した。けがや病気が続き、十両に転落したが、再入幕後も上位で奮闘、大正7年春場所には関脇になっている。入幕前に師匠が亡くなり、二枚鑑札で土俵を務めていた。

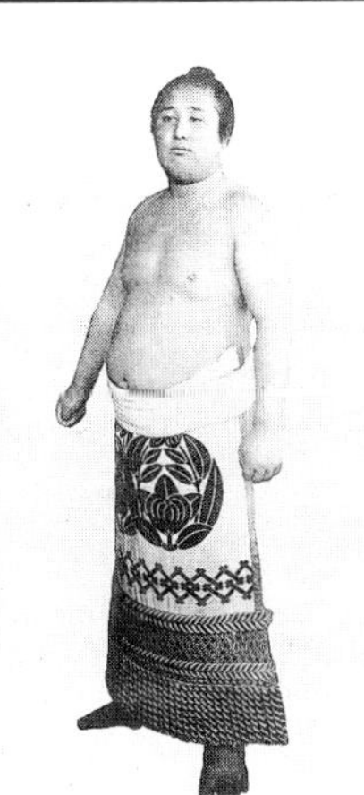

梅ノ花 市五郎（前頭4枚目）
うめのはな いちごろう

本名	山田市五郎	幕内在位	10場所
生年月日	明治20年6月10日	幕内成績	27勝44敗7分預22休
没年月日	大正15年4月5日	勝率	0.380
出身地	福井県福井市常盤木町	身長	164cm（5尺4寸）
所属部屋	雷	体重	105kg（28貫）
初土俵	明治36年5月場所序ノ口	得意手	右四つ、押し
十両昇進	明治41年5月場所		
入幕	明治42年6月場所		
最終場所	大正4年1月場所		

梅ヶ谷に地方巡業の際見出され雷に入門。そのころから有望視され、小常陸らとともに一人土俵入りを行っていた。右四つからの寄り、押しを得意とした。色白で顔立ちがよく女性に人気があったが相撲ぶりはいまひとつ。幕内下位を上下して、これといった活躍もできないうちに病気になり、大正3年夏場所に十両に陥落して間もなく廃業した。横綱梅ヶ谷の土俵入りで露払いを務めたこともある。三役級の素質がありながら、相撲に専念できずに挫折したことは惜しまれる。

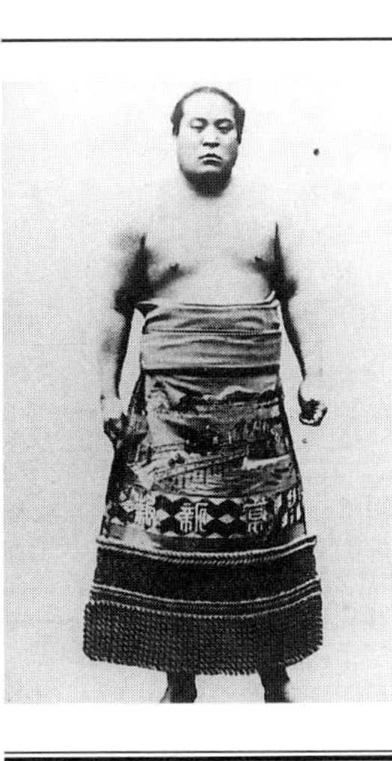

錦戸 春吉（前頭15枚目）
にしきど はるきち

本名	大場→吉沢春吉	最終場所	明治44年6月場所
生年月日	明治5年3月14日	幕内在位	1場所
没年月日	昭和20年4月24日	幕内成績	3勝7敗
出身地	愛知県豊川市赤坂町	勝率	0.300
四股名	若左倉→招猫→小左倉→錦戸	身長	164cm（5尺4寸）
所属部屋	錦戸	体重	96kg（25貫500）
初土俵	明治24年5月場所序ノ口	得意手	押し、上手投げ
十両昇進	明治34年5月場所	年寄名	錦戸
入幕	明治42年6月場所		

草相撲の盛んな静岡県内で素人集団に入って、若桜の名で活躍していた。後に上京して若左倉と名乗って取り進み、四股名を招猫から小左倉と改め、明治42年夏場所に錦戸を襲名した。序ノ口から18年、37場所目、旧両国国技館が開館した場所で入幕を果たしている。小柄な体格で、押し、上手投げを得意とし、また高無双の技もみせた。しかし、幕内在位はわずかに1場所で、幕下まで落ちて引退した。現役時代に、既に二枚鑑札となっていた。

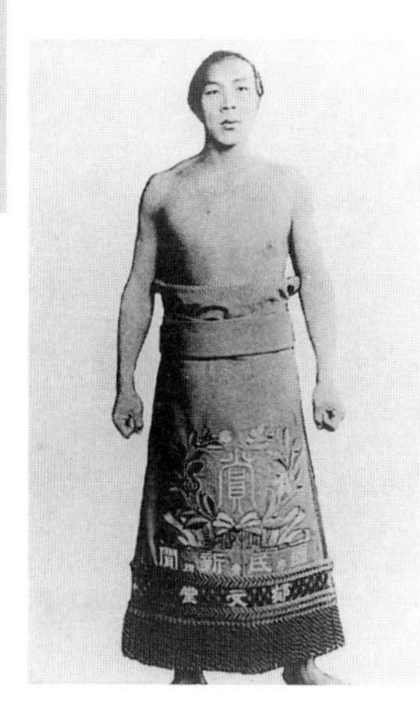

かしわど　そうごろう
柏戸 宗五郎（小結）

本　名　江口→伊勢ノ海富太郎
生年月日　明治14年10月10日
没年月日　昭和21年8月13日
出身地　新潟県上越市大島区
四股名　八國山→柏戸
所属部屋　伊勢ノ海
初土俵　明治40年1月場所幕下付出
十両昇進　明治42年6月場所
入　幕　明治43年1月場所

最終場所　大正7年5月場所
幕内在位　16場所
幕内成績　41勝29敗13分預77休
勝　率　0.586
身　長　189cm（6尺2寸5分）
体　重　116kg（31貫）
得意手　上突っ張り
年寄名　伊勢ノ海

日露戦争に砲兵として従軍し、勲8等白色桐葉章を受けた後に伊勢ノ海の弟子となり、八國山と名乗り幕下付出で取り進む。入幕した明治43年春場所に師匠名の柏戸を継ぎ、同時に年寄伊勢ノ海の二枚鑑札となった。恵まれた体から繰り出す上突っ張りを武器に、名門伊勢ノ海部屋の救世主として大関を期待されたが、病気がちで休場することが多く大成できなかった。引退後は検査役、理事を務め、協会のために尽力したが、力士養成はうまくいかなかった。

いそあらし　けいのすけ
五十嵐 敬之助（前頭4枚目）

本　名　椎名→宮沢啓助
生年月日　明治17年11月1日
没年月日　昭和39年2月12日
出身地　千葉県印西市大森
四股名　荒獅子→滝ノ戸→滝ノ音→五十嵐→御舟潟
所属部屋　勝ノ浦
初土俵　明治35年5月場所新序
十両昇進　明治42年1月場所
入　幕　明治43年1月場所

最終場所　大正6年5月場所
幕内在位　10場所
幕内成績　30勝45敗9分預16休
勝　率　0.400
身　長　164cm（5尺4寸）
体　重　83kg（22貫）
得意手　右四つ、押し
年寄名　勝ノ浦（昭和36年1月定年退職）

体格には恵まれなかったが、取り口は機敏。右四つからの小手投げ、押しを得意とし、時にやぐら投げや内無双もみせた。横綱鳳とは同じ町内の出身。明治43年春場所に滝ノ音の名で入幕、4勝1敗2分2預1休の好成績を挙げ、44年春場所には後援者の名をもらって五十嵐と改名。後に師匠の名である御舟潟と改め、引退後には養父でもあった勝ノ浦を継ぎ、定年制実施まで協会に在籍した。

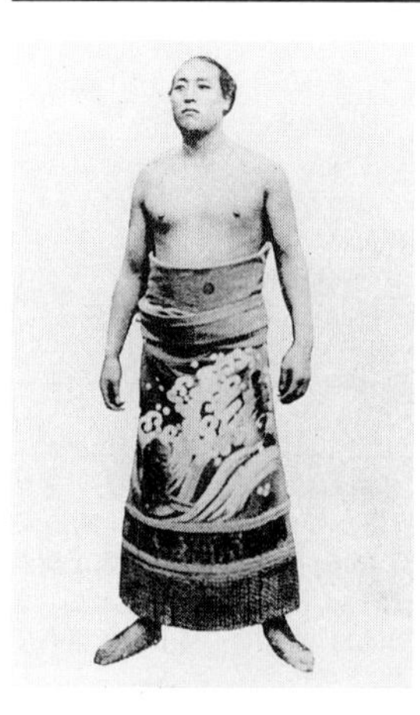

あやなみ　げんいつ
綾浪 源逸（関脇）

本　名　一戸源逸
生年月日　明治14年7月6日
没年月日　昭和2年10月27日
出身地　青森県青森市浪岡銀
四股名　雲竜→綾浪
所属部屋　追手風→高砂→追手風
初土俵　明治33年5月場所序ノ口
十両昇進　明治42年1月場所
入　幕　明治43年1月場所

最終場所　大正5年1月場所
幕内在位　13場所
幕内成績　47勝43敗25分預15休
勝　率　0.522
身　長　179cm（5尺9寸）
体　重　101kg（27貫）
得意手　左四つ、つり出し、外掛け
年寄名　湊川

幕下に進んだ明治37年春、日露戦争に出征。満州（中国東北部）各地に転戦して武勲を挙げ、戦功により金鵄勲章功6級、勲8等白色桐葉章を受章している。堅実な四つ相撲で、左四つから強みを発揮し、伊勢ノ濱、鳳、栃木山を倒したことがある。また、力士会のために常に尽力し、新橋倶楽部事件では参謀格として活躍した。土俵入りの際に、受章した勲章を化粧まわしに付けて人気を博した。引退後は検査役を務め、門下から綾錦、楯錦を育てた。

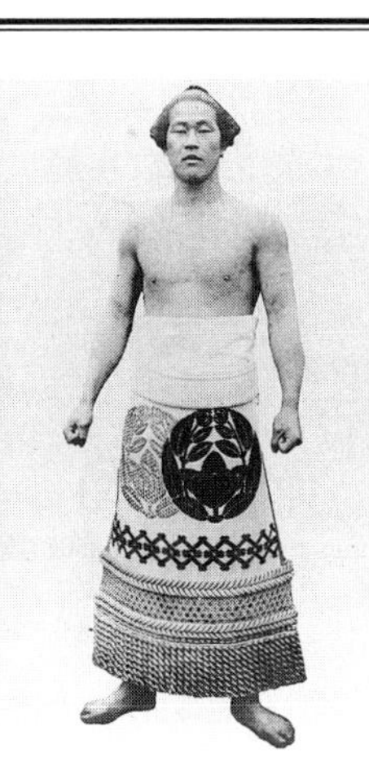

土州山 役太郎(前頭筆頭)
としゅうざん やくたろう

本　名　岡本→永森役太郎
生年月日　明治21年10月5日
没年月日　昭和35年3月26日
出身地　高知県香南市赤岡町
所属部屋　友綱
初土俵　明治40年1月場所幕下付出
十両昇進　明治41年5月場所
入　幕　明治43年1月場所
最終場所　大正10年5月場所
幕内在位　24場所
幕内成績　76勝114敗11分預39休
勝　率　0.400
身　長　164cm(5尺4寸)
体　重　94kg(25貫)
得意手　左四つ、寄り切り、すくい投げ
年寄名　二子山

黒髪豊かで大銀杏のよく似合う好男子。花形力士として人気があった。二字口(徳俵)いっぱいに下がって仕切り、立ち合いから鋭く相手の懐に飛び込んで攻め立てた。臨機応変の取り口で次々と奇手を繰り出して強敵を悩ませた。明治44年春場所、常陸山を相手に互角に渡り合い、秘術を尽くして大いに苦しめた。結局、力尽きて敗れたが、その善戦健闘ぶりは称賛を博した。年寄二子山として二所ノ関を助けるかたわら、東京・呉服橋で料亭「永森」を営んでいた。

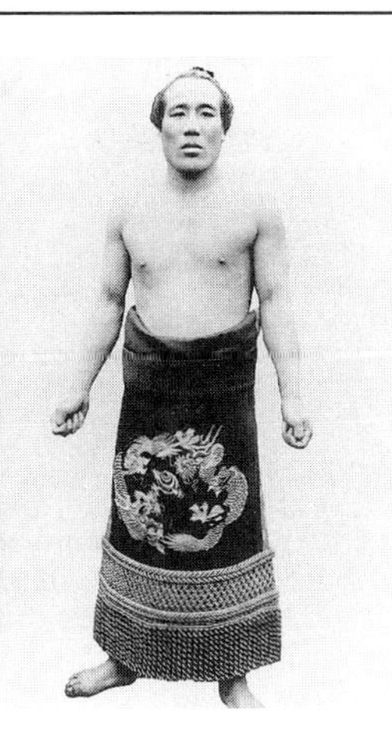

竜ヶ崎 松太郎(小結)
りゅうがさき まつたろう

本　名　齋藤松太郎
生年月日　明治17年1月20日
没年月日　昭和22年2月19日
出身地　千葉県大網白里市四天木
所属部屋　阿武松→出羽海
初土俵　明治37年5月場所序ノ口
十両昇進　明治42年6月場所
入　幕　明治43年1月場所
最終場所　大正7年1月場所
幕内在位　17場所
幕内成績　55勝69敗15分預31休
勝　率　0.444
身　長　167cm(5尺5寸)
体　重　90kg(24貫)
得意手　突っ張り

序二段のころに日露戦争に出征し、その戦功によって勲8等瑞宝章を受章している。小兵で変わり身が速く、奇手に富む手取り力士。突っ張り、左四つからの押しを得意とした。同郷出身の阿武松(元大見崎)部屋に所属し、大正2年春場所、前頭4枚目で大関伊勢ノ濱を破って5勝4敗1分と勝ち越し、翌夏場所に小結に昇進した。しかし、その後は振るわず、前頭中位を上下して廃業した。年寄とならずに満州(中国東北部)に渡って料亭を営んだ。

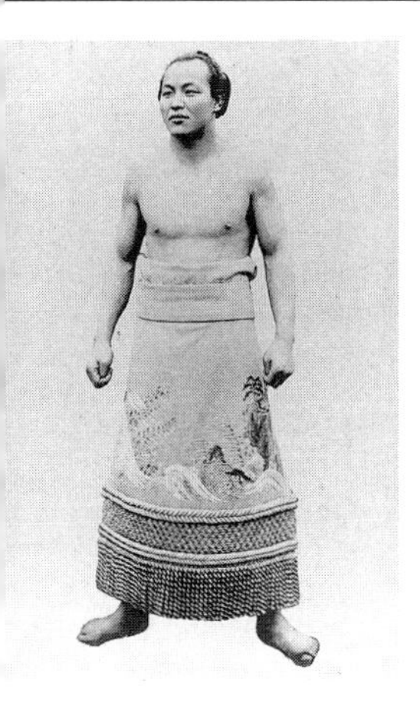

陣立 勘五郎(前頭6枚目)
じんだち かんごろう

本　名　笠原嘉三
生年月日　明治15年5月8日
没年月日　大正15年8月5日
出身地　新潟県糸魚川市能生町
四股名　陣立→桂山→陣立
所属部屋　尾車→朝日山(大阪)→尾車
初土俵　明治33年5月場所序ノ口
十両昇進　明治42年6月場所
入　幕　明治43年1月場所
最終場所　大正4年6月場所
幕内在位　11場所
幕内成績　33勝58敗13分預6休
勝　率　0.363
身　長　165cm(5尺4寸5分)
体　重　79kg(21貫)
得意手　もろはず押し出し

入門前は、金融業に勤めていたという変わり種。元大関大戸平の尾車門人となり、陣立を名乗った。もろはず押しを得意とし、手取り力士に対して勝ちみがあった。新十両の明治42年夏場所、4勝1預の土付かずの好成績を挙げ、43年春場所に入幕。翌夏場所4日目に大関駒ヶ嶽を足取りで倒した。44年10月に大阪相撲に加入して6勝2敗2休の好成績を残した後に再び復帰、桂山と改名。さらに陣立に四股名を戻し、中堅力士として幕内を通算11場所務めている。

おろちがた　くめぞう
大蛇潟 粂蔵（関脇）

本　名	宮腰→錦嶋粂蔵	最終場所	大正８年５月場所
生年月日	明治24年４月15日	幕内在位	19場所
没年月日	昭和８年５月15日	幕内成績	69勝76敗13分預32休
出身地	秋田県能代市万町	勝　率	0.476
四股名	能代潟→大蛇潟→大響→錦嶋	身　長	174cm（５尺７寸５分）
所属部屋	錦嶋	体　重	113kg（30貫）
初土俵	明治38年１月場所序ノ口	得意手	左四つ、寄り切り
十両昇進	明治42年６月場所	年寄名	錦嶋
入　幕	明治43年６月場所		

黒糸縅（くろいとおどし）といわれたほど色が黒かった。体に恵まれ力量も備わって、堂々とした正攻法の取り口をみせた。18歳２カ月で十両、19歳１カ月の若さで入幕している。大正３年春場所には横綱常陸山、大関西ノ海を倒して７勝３敗の好成績を挙げ、翌夏場所に関脇に昇進。その後も三役と幕内上位を往復して活躍した。師匠の没後、二枚鑑札となり、本名も年寄と同じ錦嶋とした。温厚、篤実の性格で人望があり、能代潟や大蛇山らを育て、取締となった。

おうみふじ　はつじろう
近江冨士 初治郎（小結）

本　名	徳田初次郎	入　幕	明治43年６月場所
生年月日	明治14年２月２日	最終場所	大正６年１月場所
没年月日	昭和15年10月30日	幕内在位	14場所
出身地	滋賀県彦根市新海町	幕内成績	52勝62敗７分預19休
四股名	長濱→長ノ濱→近江冨士→相生→近江冨士	勝　率	0.456
所属部屋	枝川（大阪）→出羽海	身　長	173cm（５尺７寸）
初土俵	明治36年１月場所三段目付出	体　重	90kg（24貫）
十両昇進	明治41年１月場所	得意手	右四つ、下手投げ

初め大阪相撲の枝川の門人となって長濱と名乗り、三段目のときに東上して近江冨士と改めた。１度大阪に脱走して相生の四股名で十両となる。明治40年８月に常陸山の欧米漫遊の際に随行したこともある。非力ながら、なかなかの相撲巧者で、特に小兵力士をこなすのがうまかった。明治45年春場所に７勝２敗１分で優勝旗手となり、大正２年夏場所には横綱梅ヶ谷を足取りから寄り切り、さらに黒瀬川、玉椿、大蛇潟の強敵を破って勝ち越し、翌場所に小結となった。

あやせがわ　さんざえもん
綾瀬川 山左エ門（番付外・前頭５枚目格）

本　名	田宮与惣吉	幕内在位	１場所
生年月日	明治９年10月４日	幕内成績	０勝７敗３休
没年月日	昭和18年５月23日	勝　率	0.000
出身地	山形県西村山郡河北町谷地	身　長	176cm（５尺８寸）
四股名	藤ノ谷→荒嶋→綾瀬川	体　重	101kg（27貫）
所属部屋	藤嶋→朝日山（大阪）→尾車	得意手	左四つ、上手投げ、すくい投げ
初土俵	明治28年６月場所序ノ口		
入　幕	明治43年６月場所幕内付出		
最終場所	明治43年６月場所		

初め藤ノ谷から荒嶋と名乗ったころは有望視されていたが、素行が悪く大阪に脱走して、朝日山の弟子となり綾瀬川と改名。明治38年春場所入幕、前頭３枚目の翌夏場所は38連勝中の大関大木戸を得意の左差しからもろ差しとなり、つり気味に出て土俵際で下手投げに倒す殊勲を挙げた。以後は三役を上下して、東京に復帰。前頭５枚目格に付け出されたが１勝もできず、場所後、破門された。その後は大道芸人となり、南洋、インドに渡ったりしている。

雲竜 辰五郎（前頭７枚目）
うんりゅう たつごろう

本　名	野宮辰五郎	入　幕	明治43年６月場所幕内付出
生年月日	明治13年３月	最終場所	大正５年１月場所
没年月日	大正８年12月30日	幕内在位	７場所
出身地	青森県つがる市富萢町	幕内成績	25勝28敗11分預６休
四股名	朝日山→朝日竜→今錦→小錦→雲竜	勝　率	0.472
所属部屋	追手風→高砂→草風（京都）→藤嶋（大阪）→追手風	身　長	165cm（５尺４寸５分）
初土俵	明治33年１月場所序ノ口	体　重	98kg（26貫）
		得意手	左四つ、足癖
		年寄名	千賀ノ浦

海外巡業のパイオニア的存在。追手風部屋に入門したが、三段目のときに脱走して、十両の小緑らとともに台湾、香港など各地を回って好評を博した。帰国後は、京都相撲から大阪相撲に加入、明治42年６月の三都合併相撲で随一の成績を挙げて名を上げた。翌43年夏場所に東上して幕内に付け出され、44年春場所張出前頭で６勝３敗１預の成績で優勝旗手となった。男気に富んだ力士で、「雲竜辰五郎は男でござる」と自ら称した。引退後は年寄千賀ノ浦を襲名したが、早世した。

佐賀ノ海 大吉（前頭６枚目）
さがのうみ だいきち

本　名	松永初太郎	最終場所	大正５年１月場所
生年月日	明治14年２月４日	幕内在位	９場所
没年月日	昭和12年３月24日	幕内成績	28勝36敗９分預17休
出身地	福岡県柳川市東蒲池	勝　率	0.438
四股名	佐賀ノ海→千年川→佐賀ノ海	身　長	170cm（５尺６寸）
所属部屋	湊（大阪）→出羽海	体　重	94kg（25貫）
初土俵	明治39年５月場所幕下付出	得意手	左四つ、上手投げ、はたき込み
十両昇進	明治41年５月場所		
入　幕	明治44年１月場所	年寄名	二子山（大正７年５月廃業）

初めは大阪相撲の湊部屋に入門、明治39年夏場所常陸山の弟子になった。左四つからの上手投げ、立ち合いからのはたき込みを得意とした。福岡県出身であるにもかかわらず隣県名を取って四股名としたのは、一時、佐賀市唐人町に住んでいたことがあるからだ。44年夏場所に前頭13枚目で５勝２敗２分１預の成績を挙げたほかは振るわなかった。亡くなった６代目二子山親方（元前頭不知火）未亡人と結婚。年寄二子山を継いだが、常陸山の逆鱗に触れて廃業している。

八甲山 純司（前頭４枚目）
はっこうざん じゅんじ

本　名	清藤純司	最終場所	大正11年１月場所
生年月日	明治17年８月３日	幕内在位	20場所
没年月日	昭和26年１月10日	幕内成績	74勝101敗９分預16休
出身地	青森県青森市横内	勝　率	0.423
四股名	八甲山→陣幕→八甲山	身　長	174cm（５尺７寸５分）
所属部屋	若松→湊川→高島	体　重	94kg（25貫）
初土俵	明治41年１月場所幕下付出	得意手	左四つ、寄り切り
十両昇進	明治43年６月場所	年寄名	高島
入　幕	明治44年１月場所		

同郷出身の若松（元行司木村一学）の弟子となり、幕下付出で登場。後の大関大ノ里とは兄弟弟子だ。左四つ、寄りを得意とし、地力はあるが地味な取り口であった。力が強く「俺は稽古をしなくとも幕内は務まる」との豪語が災いして、三役に上がる機会を失った。大正３年夏、幕末の横綱名である陣幕久五郎と改名したが、５年夏には旧名に戻っている。引退後は熱心な弟子養成のかいあって、巴潟、輝昇、吉葉山、三根山らを育て、理事に昇格した。

十三ノ浦　金四郎（前頭９枚目）
とさのうら　きんしろう

本　名　岩田金四郎
生年月日　明治18年12月27日
没年月日　大正３年10月９日
出身地　青森県北津軽郡中泊町中里
所属部屋　二十山
初土俵　明治36年１月場所
十両昇進　明治42年６月場所
入　幕　明治44年１月場所
最終場所　大正３年１月場所
幕内在位　４場所
幕内成績　９勝14敗８分預９休
勝　率　0.391
身　長　170cm（５尺６寸）
体　重　120kg（32貫）
得意手　左四つ、寄り切り

体格がよく、錦絵の大関と呼ばれ、「アンコウ」と称された。左四つ、寄りを得意とする四つ相撲。十両だった明治43年夏場所、６勝１敗の成績で、翌44年春場所に入幕。入門前旧制中学に学び、文章や文筆に非常に巧みであった。同場所前に起こった新橋倶楽部事件に際しては力士側の書記役を務めている。44年夏場所、前頭15枚目で５勝１敗３分１預の好成績を挙げたが、以後は病のために不振に陥り、幕下に落ちて廃業。１年経たずして亡くなった。

平ノ石　辰治郎（前頭４枚目）
ひらのいし　たつじろう

本　名　緑川辰次郎
生年月日　明治13年12月20日
没年月日　大正14年11月９日
出身地　福島県いわき市平材木町
四股名　平ノ石→玉垣
所属部屋　玉垣→尾車→峰崎
初土俵　明治33年１月場所序ノ口
十両昇進　明治41年５月場所
入　幕　明治44年１月場所
最終場所　大正６年１月場所
幕内在位　９場所
幕内成績　22勝24敗９分預35休
勝　率　0.478
身　長　167cm（５尺５寸）
体　重　94kg（25貫）
得意手　右四つ、寄り切り、下手投げ
年寄名　玉垣

名門中の名門の玉垣部屋最後の幕内力士。三段目のときに師匠が亡くなり、尾車部屋所属となり、大砲、荒岩らの薫陶を受けた。右四つ、寄り、下手投げを得意にし、時にはとったりもみせる手取り力士であった。明治45年春、夏の両場所に大関駒ヶ嶽をとったりからの変化で破っている。大の酒豪として聞こえ、法律解釈にも通じたという風変わりな面を持ち合わせた力士だった。年寄玉垣となったが、部屋を復活するに至らないまま他界した。

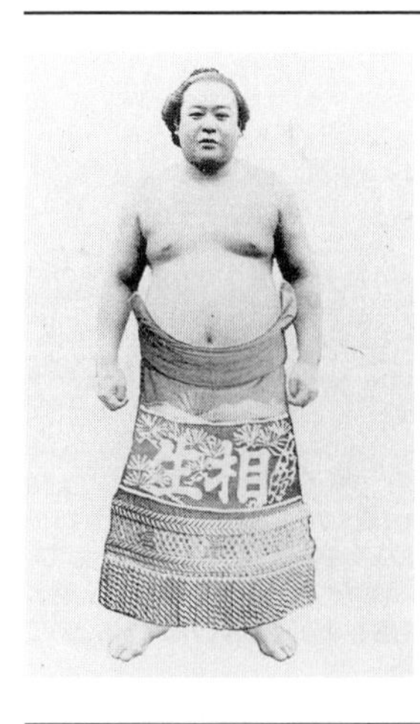

相生　松五郎（関脇）
あいおい　まつごろう

本　名　川口清一郎
生年月日　明治15年12月11日
没年月日　大正11年３月16日
出身地　和歌山県和歌山市布引
四股名　二瀬川→放駒→相生→放駒→相生
所属部屋　朝日山（大阪）→出羽海→高田川（大阪）→朝日山（大阪）
初土俵　明治44年１月場所小結格付出
入　幕　明治44年１月場所小結格付出
最終場所　大正２年１月場所
幕内在位　５場所
幕内成績　16勝16敗３分預15休
勝　率　0.500
身　長　167cm（５尺５寸）
体　重　109kg（29貫）
得意手　突っ張り、寄り切り、つり出し

大阪相撲で明治37年夏場所入幕、40年春場所に大関となり、同場所９戦全勝し大木戸とともに横綱を期待された。44年春に東上して常陸山の弟子となり、小結格付出で出場、横綱太刀山と預かりを演じ、６勝２敗１預１休の成績で翌夏場所に関脇となった。二字口（徳俵）まで下がって仕切り、出足速の取り口であったが、単調なために相手方に研究され、思うように勝てなくなった。そのため、大正２年春、大阪に戻り、ここで再び大関になった。

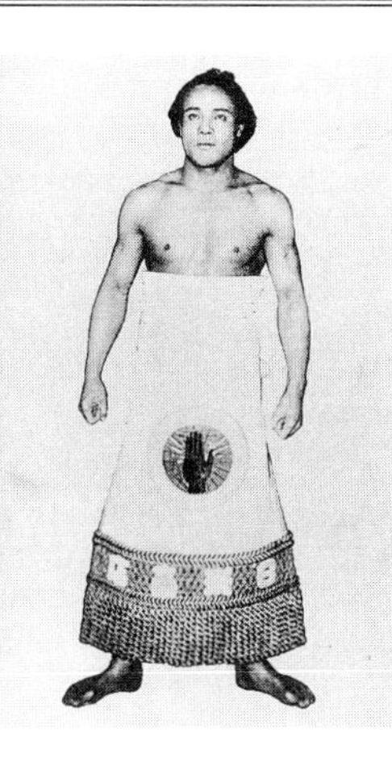

玉手山 勝司（関脇）
たまてやま かつじ

本名	縁本七郎	最終場所	大正7年1月場所
生年月日	明治20年7月14日	幕内在位	15場所
没年月日	昭和16年9月13日	幕内成績	55勝50敗19分預26休
出身地	福井県大野市吉	勝率	0.524
四股名	狼→小嵐→龍田川→小嵐→玉手山	身長	171cm（5尺6寸5分）
所属部屋	大嶽→中村（大阪）→雷	体重	90kg（24貫）
初土俵	明治37年1月場所序ノ口	得意手	右四つ、足癖、ひねり
入幕	明治44年2月場所幕内格付出	年寄名	大嶽（大正9年1月廃業）

初めは狼（おおかみ）と名乗ったが、病気のために1度廃業。その後、大阪の中村部屋に入った。小嵐の四股名で明治44年春場所に入幕を果たしたところで脱走して東上、改めて雷の弟子となり、幕内格に付け出された。足癖、ひねり、投げと多彩な技を持つ技能力士で、きびきびした取り口は人気が高く、玉椿と並び称されるほどのくせ者ぶりを発揮した。関脇2、小結2場所を務め、しばしば大敵を悩ませた。年寄廃業後は、養鶏場を経営していた。

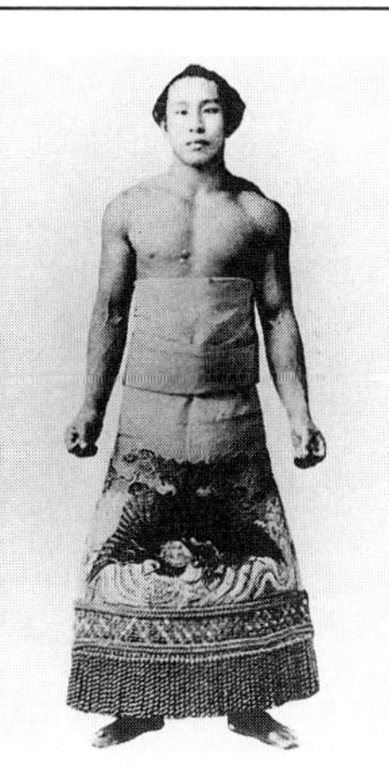

石山 昇之助（前頭筆頭）
いしやま しょうのすけ

本名	石浜昇之助	幕内在位	15場所
生年月日	明治24年5月1日	幕内成績	60勝66敗7分預17休
没年月日	昭和18年7月12日	勝率	0.476
出身地	東京都千代田区富士見	身長	168cm（5尺5寸5分）
所属部屋	雷	体重	81kg（21貫500）
初土俵	明治39年5月場所序ノ口	得意手	左四つ、上手投げ
十両昇進	明治43年6月場所		
入幕	明治44年6月場所		
最終場所	大正7年5月場所		

小兵で非力ながら、前さばきがうまく出足速の速攻と左四つからの上手投げを武器として活躍した。横綱梅ヶ谷の薫陶を受け、明治43年夏場所、満19歳の若さで十両となり、44年夏場所には20歳で入幕した。江戸っ子力士として人気があり大正4年夏場所は張出前頭（幕尻格）で8勝2敗の好成績を収めた。5年夏場所には前頭筆頭まで進み新進気鋭の栃木山を倒している。廃業後は相場師となっている。俳優の石浜朗は甥に当たる。

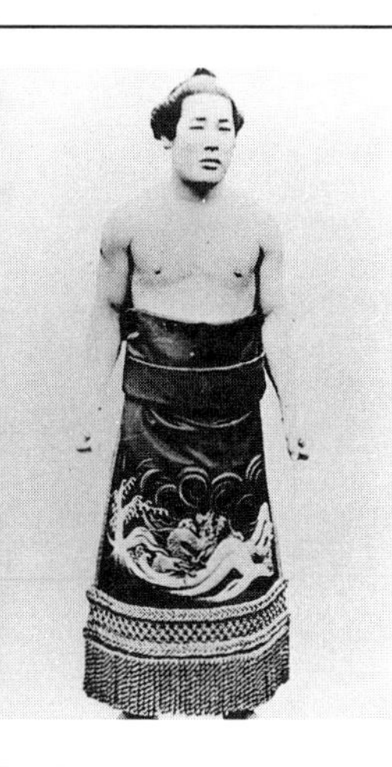

明石竜 兵太郎（前頭10枚目）
あかしりゅう へいたろう

本名	橘兵太郎	幕内在位	6場所
生年月日	明治14年2月14日	幕内成績	17勝28敗6分預9休
没年月日	昭和6年6月20日	勝率	0.378
出身地	兵庫県明石市大久保町	身長	167cm（5尺5寸）
所属部屋	八角→雷→八角	体重	83kg（22貫）
初土俵	明治35年1月場所序ノ口	得意手	左四つ、投げ
十両昇進	明治41年1月場所		
入幕	明治44年6月場所		
最終場所	大正4年1月場所		

小柄だが、左四つからの投げ、押しを得意とした。順調に出世して十両に上がったが、1度幕下に落ち、再十両は2場所で通過して入幕。体力不足のため幕内では中位から下位を上下した。明治45年夏場所に途中出場して3勝1分の成績を挙げたこともあるが、その後は病気のため幕下に落ちて廃業している。女性に人気が高く、木下杢太郎の詩に「四本柱の総立ちに　桟敷いろめく国技館　かわいいおしゃくが　あられもな　声をはりあげ　明石竜」とある。

千船川（ちふねがわ） 浪之助（なみのすけ）（番付外・前頭５枚目格）

本　名	山田茂吉
生年月日	明治15年４月８日
没年月日	昭和24年１月24日
出身地	大阪府大阪市西淀川区大和田
四股名	井徳石→箱根山→千舟川→千船川→国見山→千船川→琴ノ浦→千船川
所属部屋	井筒→猪名川（大阪）→井筒→猪名川（大阪）
初土俵	明治35年５月場所序ノ口
入　幕	明治44年６月場所幕内格付出
最終場所	明治44年６月場所
幕内在位	１場所
幕内成績	１勝６敗２分預１休
勝　率	0.143
身　長	173cm（５尺７寸）
体　重	90kg（24貫）
得意手	張り手、三所攻め、足癖

大正２年２月、東京と大阪の合併相撲に大阪方として出場し、その２日目に横綱太刀山を足取りに破り、号外が出されたほどの大番狂わせを演じた。後に太刀山が10人掛かりの相撲に、「千船川を除くのなら、20人でもいい」と言ったほどのくせ者で、張り手からの足取り、三所攻めを得意とした。初めは東京力士だったが、大阪に脱走して関脇に昇進したものの、東上して１場所出場、またすぐに帰阪して関脇となり、横綱大木戸に２回勝っている。

鉄甲（てつかぶと） 宗五郎（そうごろう）（番付外・前頭15枚目格）

本　名	井口惣三郎
生年月日	明治21年２月23日
没年月日	昭和18年９月12日
出身地	大阪府大阪市城東区鴫野西
四股名	二瀬川（大阪）→鉄甲→二瀬川→朝日山（大阪）
所属部屋	朝日山（大阪）→熊ヶ谷→朝日山（大阪）
初土俵	明治44年６月場所幕内格付出
入　幕	明治44年６月場所付出
最終場所	明治44年６月場所
幕内在位	１場所
幕内成績	２勝８敗
勝　率	0.200
身　長	173cm（５尺７寸）
体　重	94kg（25貫）
得意手	突っ張り
年寄名	朝日山

初め大阪相撲で二瀬川と名乗った。きびきびした動き、相手によって取り口を変える頭脳的な相撲で、勝ちみが速く、美男力士だった。兄弟弟子の放駒（相生）に引かれて、千船川とともに東上して鉄甲と改め、幕内に付け出されたが、病後であったことから不成績で終わり、１場所で帰阪。師匠の没後に朝日山と改名し、大正６年夏場所、関脇で優勝に相当する成績を挙げて大関に昇進。引退後は大阪協会取締となり、東京との合併に貢献、革新的な手腕をみせた。

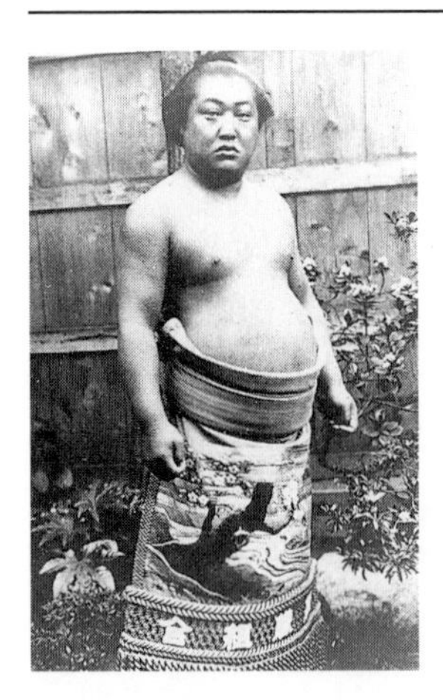

櫻川（さくらがわ） 五良蔵（ごろぞう）（前頭２枚目）

本　名	木村慶次郎
生年月日	明治19年５月17日
没年月日	大正13年２月25日
出身地	青森県黒石市追子野木
四股名	高ノ森→櫻川
所属部屋	立田山
初土俵	明治36年１月場所序ノ口
十両昇進	明治44年１月場所
入　幕	明治45年１月場所
最終場所	大正６年１月場所
幕内在位	８場所
幕内成績	29勝34敗４分預13休
勝　率	0.460
身　長	167cm（５尺５寸）
体　重	105kg（28貫）
得意手	右四つ、寄り切り

郷里にいたころは裁判所の職員となり、勉強して教員を目指したものの果たせず、力士になったという変わり種。同郷の立田山（元千年川）の弟子となり、高ノ森から櫻川に改名。右四つ、寄りを得意とし中アンコの体格でよく猛稽古に励み、明治44年夏場所に十両で６勝１敗３分の好成績を挙げ、翌45年春場所に入幕を果たしている。典型的な中堅力士で、大正２年春場所９日目に横綱梅ヶ谷と引き分けたのが唯一の殊勲。その後は振るわず、十両に落ちて廃業した。

寒玉子(かんたまご) 為治郎(ためじろう)（前頭９枚目）

本　名	土谷為次郎	最終場所	大正９年５月場所
生年月日	明治21年２月27日	幕内在位	９場所
没年月日	昭和23年４月５日	幕内成績	20勝45敗７分預18休
出身地	富山県小矢部市西福町	勝　率	0.308
四股名	寒玉子→若嶋	身　長	167cm（５尺５寸）
所属部屋	友綱	体　重	90kg（24貫）
初土俵	明治36年１月場所序ノ口	得意手	突っ張り、押し
十両昇進	明治44年１月場所		
入　幕	明治45年１月場所		

珍名力士の一人。小兵で、突っ張りと押しを武器にしていた。四股名の由来は師匠の友綱から、「お前は体は小さいが、寒の玉子のように、ジッと辛抱すれば必ず出世する」と励まされたことから、その言葉どおり明治45年春場所に入幕を果たした。華々しい活躍はなく、幕内と十両を往復する土俵だったが、大正６年春には故楯山親方（元大関若嶋）の孫娘と結婚、若嶋と改名している。引退後は旧両国国技館内で飲食店を経営していた。

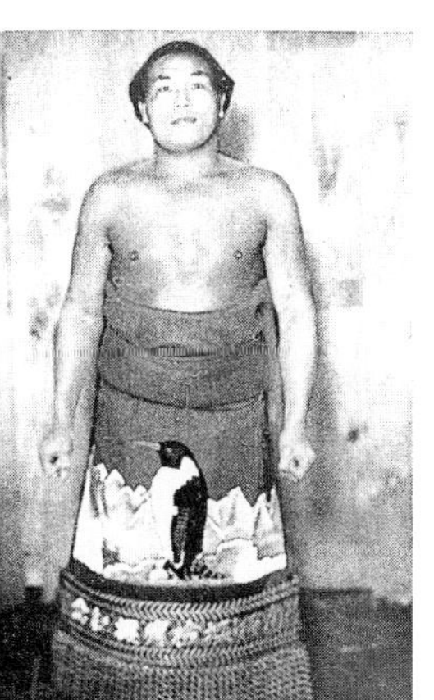

四海波(しかいなみ) 太郎(たろう)（小結）

本　名	佐渡太郎市	幕内在位	11場所
生年月日	明治16年１月１日	幕内成績	28勝52敗13分預17休
没年月日	昭和８年12月10日	勝　率	0.350
出身地	兵庫県洲本市五色町鮎原西	身　長	171cm（５尺６寸５分）
四股名	西昇→八陣（大阪）→四海波	体　重	90kg（24貫）
所属部屋	小野川（大阪）→出羽海	得意手	右四つ、寄り切り
初土俵	明治45年１月場所幕内格付出	年寄名	君ヶ濱（大正10年５月廃業）
入　幕	明治45年１月場所付出		
最終場所	大正６年１月場所		

大阪相撲で西昇と名乗って明治41年夏場所に入幕。常に好成績を保って、43年春場所に関脇となり師匠の八陣と改名、大関は時間の問題と見られたが大阪を脱走し、45年東上して四海波と改めて常陸山の弟子となった。力量は乏しいが、堅実な取り口で右四つからの寄りが得意だった。横綱梅ヶ谷とは３度引き分けを演じ、大正４年春場所に小結になったが、以後急速に衰えた。年寄君ヶ濱となり木戸部長、桟敷部長を務めた後に10年夏場所限りで廃業した。

大戸平(おおとひら) 吉太郎(きちたろう)（関脇）

本　名	阿部吉太郎	最終場所	大正11年５月場所
生年月日	明治22年２月５日	幕内在位	21場所
没年月日	昭和38年８月７日	幕内成績	78勝77敗８分預47休
出身地	宮城県石巻市牡鹿町長西	勝　率	0.503
四股名	金ノ花→大戸平	身　長	176cm（５尺８寸）
所属部屋	尾車→峰崎	体　重	98kg（26貫）
初土俵	明治39年５月場所序ノ口	得意手	左四つ、寄り切り、すくい投げ
十両昇進	明治44年６月場所		
入　幕	明治45年５月場所	年寄名	尾車（昭和36年１月定年退職）

左四つを得意として、すくい投げ、巻き落としなどで、しばしば大敵を倒した。地味な風貌だったが大物食いで人気があった。入門に際して、将来は師匠を継がせるという証文をもらって尾車の弟子となった。幕内９場所目の大正５年夏場所に大平戸と改めると同時に年寄二枚鑑札となった。その場所、横綱西ノ海を倒し８勝１敗１預の好成績で優勝旗手となり、翌６年春場所関脇に昇進。８年春場所には横綱大錦を倒し、９年夏場所には横綱栃木山と預かりを演じた。

立汐 祐治郎（前頭13枚目）

たてしお すけじろう

本　名	長谷川祐治郎	幕内在位	５場所
生年月日	明治21年４月２日	幕内成績	15勝26敗１分８休
没年月日	昭和47年11月７日	勝　率	0.366
出身地	青森県つがる市木造町越水	身　長	170cm（５尺６寸）
所属部屋	高砂	体　重	86kg（23貫）
初土俵	明治39年５月場所序ノ口	得意手	左四つ、寄り切り
十両昇進	明治43年６月場所		
入　幕	明治45年５月場所		
最終場所	大正６年１月場所		

同郷の浪ノ音に見いだされて高砂部屋に入門。細い体格で左四つからの寄りを得意とした。明治44年夏場所、十両で５勝１分の好成績を挙げたものの、場所後にトラブルを起こして大阪相撲に加入している。すぐに復帰して４勝１分の土付かずの成績で45年夏場所に入幕を果たした。しかし、幕内在位５場所で、十両、幕下に落ち廃業した。実弟も力士となって立汐を名乗り、振分部屋から昭和２年夏場所に十両に上がっているが、入幕はできなかった。

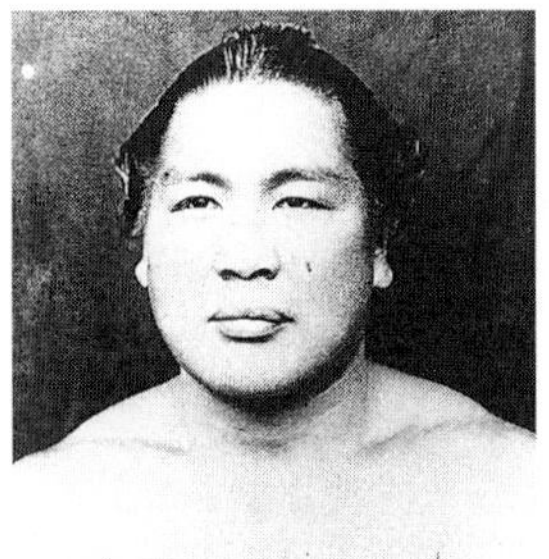

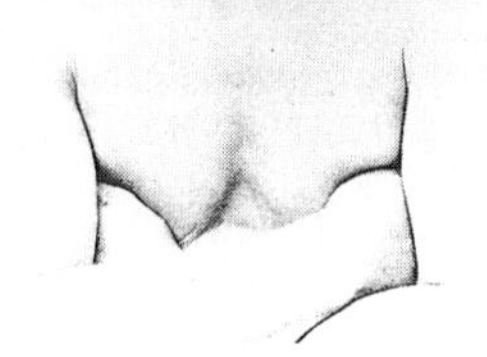

白梅 文治郎（張出前頭・幕尻＝前頭18枚目格）

しらうめ ぶんじろう

本　名	谷→小沢文次郎	最終場所	大正４年６月場所
生年月日	明治17年10月25日	幕内在位	１場所
没年月日	昭和11年１月31日	幕内成績	２勝８敗
出身地	群馬県桐生市永楽町	勝　率	0.200
四股名	小松谷→白梅	身　長	164cm（５尺４寸）
所属部屋	白玉→峰崎	体　重	86kg（23貫）
初土俵	明治34年５月場所序ノ口	得意手	右四つ、投げ
十両昇進	明治40年５月場所		
入　幕	明治45年５月場所		

平成９年、ゴルフ中に急死した元関脇の栃赤城が昭和52年に入幕した際に、「群馬出身の力士は白梅以来66年ぶり」と話題になった。元幕下淀川の白玉の弟子となり、小松谷と名乗って取り進んだ。三段目のときに白梅と改名。明治40年夏場所に十両となったが、病気がちで幕下に陥落。45年春場所、十両で５勝２敗１分２休の成績を残し、翌夏場所入幕した。幕尻格の張出前頭となるが１場所で十両陥落。初っ切りの名人として知られた。

勝鬨 鉄蔵（番付外・前頭８枚目格）

かちどき てつぞう

本　名	渡辺鉄蔵	幕内在位	１場所
生年月日	明治15年１月７日	幕内成績	０勝７敗３休
没年月日	昭和15年10月20日	勝　率	0.000
出身地	秋田県秋田市八橋	身　長	173cm（５尺７寸）
四股名	沖ノ石→勝時→勝鬨	体　重	113kg（30貫）
所属部屋	尾車→藤嶋（大阪）→尾車	得意手	左四つ、引き落とし
初土俵	明治33年５月場所序ノ口		
入　幕	明治45年５月場所幕内格付出		
最終場所	大正３年１月場所		

前さばきのいい力士で、左四つ、引き落としを得意とした。初め沖ノ石と名乗り勝時と改名。三段目のときに脱走し、後の雲竜らとともに海外巡業で数年を過ごしている。その後、京都、大阪と所属が変わり、明治42年夏場所に入幕、前頭筆頭まで昇進した。45年５月に東上して前頭中位に付け出されたものの７連敗。十両、幕下でも１勝もできずに廃業している。廃業後、神戸で素人相撲の興隆に力を注いだ。父親も沖ノ石の四股名で明治初めに力士となっている。

大相撲歴代幕内全力士名鑑　大正編

浦ノ濱 栄治郎（関脇）
うらのはま えいじろう

本　名	丸山→滑川丑次郎	最終場所	大正11年１月場所
生年月日	明治22年２月20日	幕内在位	19場所
没年月日	昭和20年10月30日	幕内成績	58勝65敗９分預58休
出身地	新潟県小千谷市片貝町	勝　率	0.472
四股名	浦ノ濱→小松山→浦風	身　長	171cm（５尺６寸５分）
所属部屋	浦風	体　重	101kg（27貫）
初土俵	明治39年５月場所序ノ口	得意手	左四つ、つり出し
十両昇進	明治44年２月場所	年寄名	浦風（昭和５年５月廃業）
入　幕	大正２年１月場所		

はつらつとした気合、派手な取り口、さらに美貌で女性ファンに特に人気が高く「浦さま」と呼ばれていた。新入幕の大正２年春場所には優勝旗手となっている。駒ヶ嶽、西ノ海、大錦らの大物を破ったこともある。晩年は四股名を小松山から師名の浦風と改めたが、病気のために振るわなかった。年寄浦風となって太郎山、兼六山の幕内力士を育てた。板前修業のために上京したところを、同県人の財界人に勧められて力士となったが、年寄廃業後は料亭を経営した。

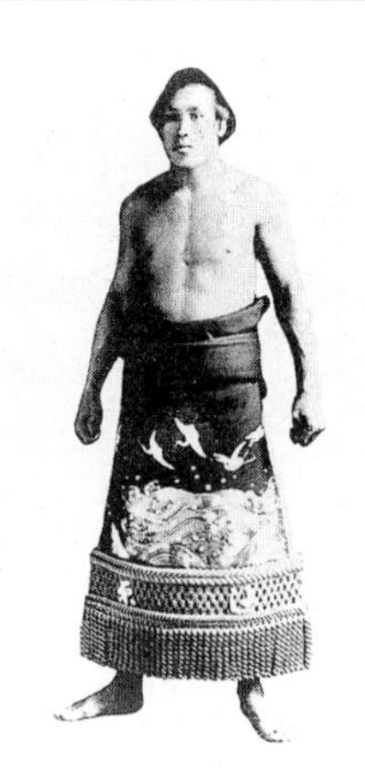

小ノヶ崎 金蔵（前頭５枚目）
おのがさき きんぞう

本　名	工藤→佐藤金作	幕内在位	７場所
生年月日	明治17年１月１日	幕内成績	16勝28敗４分預22休
没年月日	昭和42年４月２日	勝　率	0.364
出身地	青森県黒石市油横丁	身　長	170cm（５尺６寸）
所属部屋	熊ヶ谷	体　重	86kg（23貫）
初土俵	明治39年５月場所序ノ口	得意手	左四つ、押し、寄り切り
十両昇進	明治44年６月場所		
入　幕	大正２年１月場所		
最終場所	大正６年１月場所		

左四つからの押しと寄りを得意とした。力が強く十両を３場所で通過し大正２年春場所入幕。華々しくはなかったものの中堅として活躍、３年夏場所には最高位の前頭５枚目に昇進。その後巡業中に足を骨折し５年春場所全休して十両に陥落、さらに全休を続けて廃業した。名関脇として名を挙げた清瀬川の兄弟子に当たる。旧両国国技館内に「大金」というてんぷら屋を出店し、後に東京・両国で料亭「大金」を経営して繁昌した。

朝日松 清治郎（番付外・前頭筆頭格）
あさひまつ せいじろう

本　名	熊取谷→広瀬伊之助	幕内在位	２場所
生年月日	明治17年	幕内成績	２勝７敗１預10休
没年月日	昭和14年11月25日	勝　率	0.222
出身地	大阪府岸和田市大北町	身　長	167cm（５尺５寸）
所属部屋	井筒→猪名川（大阪）→井筒→猪名川（大阪）	体　重	158kg（42貫）
初土俵	明治35年５月場所序ノ口	得意手	左四つ、寄り切り、突っ張り
入　幕	大正２年１月場所幕内格付出		
最終場所	大正２年５月場所		

158㌔の巨漢で、仕切りの際に腹が土俵に付くのではないかと思われたほどの太鼓腹の持ち主。大阪相撲で入幕早々の明治43年春場所、新横綱大木戸をもろ差しから一気の寄りで破り、45年夏場所には関脇で８勝１敗の好成績を挙げた。大正２年春場所に東上して前頭筆頭格に付け出された。しかし、翌夏場所初日、控え力士として物言いを付けたが受け入れられず退場し破門された。大阪に復帰して６年春場所、大関に昇進したが再び破門された。

若湊（わかみなと） 義正（よしまさ）（小結）

本　名	岡本→北条義	最終場所	大正11年1月場所
生年月日	明治21年3月14日	幕内在位	17場所
没年月日	昭和16年11月12日	幕内成績	63勝78敗16分預13休
出身地	栃木県栃木市城内町	勝　率	0.447
四股名	稲川→弥高山→稲ノ穂→弥高山→若湊	身　長	167cm（5尺5寸）
所属部屋	高砂→朝日山（大阪）→高砂	体　重	96kg（25貫500）
初土俵	明治38年5月場所	得意手	押し出し、左四つ、寄り
入　幕	大正2年1月場所幕内格付出	年寄名	富士ヶ根

横綱東富士の師匠に当たる富士ヶ根である。初めは高砂部屋に入門したが、すぐに脱走して大阪の朝日山部屋に転じ、稲川の名で明治44年秋場所に入幕、2場所務めた後に大正2年再び上京して弥高山と改めた。短躯で肩幅が広く、がっしりとした体格で、腰が強く、左四つ、寄りを得意とした。引退後は富士ヶ根部屋を創設、協会役員となり、さらに相撲茶屋「竪川」を経営した。希代の酒豪で9升（16リットル）の酒を15分で飲み干したこともあった。

山田川（やまだがわ） 清太郎（せいたろう）（前頭13枚目）

本　名	山田清太郎	幕内在位	1場所
生年月日	明治19年3月2日	幕内成績	1勝2敗1分預6休
没年月日	昭和26年7月24日	勝　率	0.333
出身地	富山県高岡市西町	身　長	168cm（5尺5寸5分）
所属部屋	稲川	体　重	92kg（24貫500）
初土俵	明治41年1月場所幕下付出	得意手	突き、押し
十両昇進	明治44年6月場所		
入　幕	大正2年5月場所		
最終場所	大正4年1月場所		

上京して酒屋で働いていたときに稲川親方（元関脇玉風改め稲川）の目にとまり、初土俵を踏んだ。小柄で、突き、押しを得意としたきびきびした相撲ぶりだった。明治45年夏場所に幕下で全勝、翌大正2年春場所は十両4枚目で土付かずの7勝1預の成績を挙げ、十両1場所で夏場所には前頭13枚目に入幕した。期待された力士だったが、東西合併相撲の際に大阪力士から暴行を受け、以後は思うように取れず廃業。晩年は妻の郷里、千葉県館山市で余生を送った。

宇都宮（うつのみや） 新七郎（しんしちろう）（前頭2枚目）

本　名	上沢新七郎	幕内在位	17場所
生年月日	明治23年6月15日	幕内成績	57勝57敗8分預48休
没年月日	昭和27年1月7日	勝　率	0.500
出身地	栃木県鹿沼市板荷	身　長	182cm（6尺）
所属部屋	出羽海	体　重	98kg（26貫）
初土俵	明治40年1月場所	得意手	突っ張り、つり出し
十両昇進	明治45年5月場所	年寄名	放駒→九重
入　幕	大正2年5月場所		
最終場所	大正10年5月場所		

長身を利しての突っ張り、つりが得意。その立ち合いは実に精悍痛烈であったが、取り口が豪放過ぎて粗雑になる欠点があった。口が大きいことから常陸山から「ガマ口」といわれかわいがられた。大正3年春場所、前頭18枚目で8勝2敗の好成績を挙げて優勝旗手となり、大関伊勢ノ濱や朝潮を倒している。しかし、番付運が悪く、三役に上がれなかった。引退後は年寄放駒から九重となり、検査役、理事を務め、後進の指導に当たった。

かしょうざん　しかじ

加勝山 鹿治（前頭14枚目）

本　名　寺尾鹿治
生年月日　明治22年10月９日
没年月日　大正３年９月20日（現役中）
出身地　高知県安芸市本町
所属部屋　友綱
初土俵　明治40年５月場所序ノ口
十両昇進　明治45年１月場所
入　幕　大正３年１月場所
最終場所　大正３年５月場所

幕内在位　２場所
幕内成績　２勝10敗８休
勝　率　0.167
身　長　167cm（５尺５寸）
体　重　79kg（21貫）
得意手　左四つ

安芸中学２年生のとき、相撲が強かったことから高知市の商家に引き取られて相撲に専念、めきめきと力を付け、18歳で友綱部屋に入門した。体格的には恵まれていなかったが、非常な相撲巧者で、さらに稽古熱心で前髪がいつも擦り切れていた。入幕して２場所を経験し、場所後に越後地方を巡業中、新潟県三条市の興行場で心臓かっけのために24歳の若さで急逝した。長兄も地元高知の草相撲で大和潟と名乗り、強豪力士だったと伝えられる。

つしまなだ　やきち

對馬洋 弥吉（大関）

本　名　川上弥吉
生年月日　明治20年８月19日
没年月日　昭和８年２月16日
出身地　長崎県対馬市厳原町
所属部屋　出羽海
初土俵　明治43年１月場所
十両昇進　大正２年５月場所
入　幕　大正３年１月場所
最終場所　大正11年５月場所

幕内在位　17場所
幕内成績　62勝46敗13分預49休
勝　率　0.574
身　長　191cm（６尺３寸）
体　重　105kg（28貫）
得意手　左四つ、上手投げ、小手投げ

成年になって兵役に服したが、その巨大な体格、力量を認められて常陸山の弟子となった。190ｾﾝﾁを超す長身だが、腰に粘りがあり腕力も抜群。左四つ、右上手を取り腰を落とすと、相手は攻めあぐねた。得意は右からの上手投げ、小手投げとつり。序ノ口からわずか５個の負け星で８場所目に入幕した。大正８年春場所関脇で６勝１敗３預の好成績を挙げ、場所後大関に昇進。しかし２場所で陥落し、以後は振るわなかった。廃業後は郷里の対馬に帰り、余生を送った。

かるもがわ　しんじろう

苅藻川 真治郎（前頭８枚目）

本　名　鹿谷真治郎
生年月日　明治19年
没年月日　不詳
出身地　兵庫県神戸市兵庫区三川口町
四股名　苅藻川→神錦
所属部屋　友綱
初土俵　明治38年１月場所新序
十両昇進　明治45年１月場所
入　幕　大正３年１月場所

最終場所　大正６年１月場所
幕内在位　４場所
幕内成績　９勝28敗１預２休
勝　率　0.243
身　長　170cm（５尺６寸）
体　重　86kg（23貫）
得意手　突っ張り、左四つ

闘志あふれる気合相撲だったが、極度の近視ということもあって離れて取る相手には勝手が悪かった。順調に出世して、明治45年春場所に十両、４場所目の大正２年夏場所、十両７枚目で５勝１敗の好成績を収めて翌３年春場所に前頭１枚目に入幕した。４勝５敗１預の負け越しだったものの、不成績者が多かったために翌夏場所には前頭８枚目に昇進する幸運に恵まれた。その後は不振で十両に陥落、５年夏場所に神錦と改めたが、幕下まで落ちて廃業した。

日本海(にほんかい) 忠蔵(ちゅうぞう)（前頭16枚目）

本　名	最上忠五郎	幕内在位	１場所
生年月日	明治15年３月25日	幕内成績	０勝５敗５休
没年月日	昭和28年９月19日	勝　率	0.000
出身地	秋田県横手市雄物川町	身　長	179cm（５尺９寸）
所属部屋	立田川→出羽海	体　重	83kg（22貫）
初土俵	明治37年１月場所序ノ口	得意手	左四つ、寄り切り、やぐら投げ
十両昇進	明治43年６月場所		
入　幕	大正３年１月場所		
最終場所	大正６年１月場所		

左四つ、寄りを得意とし、幕下に上がるまでに３場所土付かずの好成績を挙げている。明治43年夏場所に十両となり、十両４枚目だった大正２年夏場所に４勝１敗１分の成績で、翌３年春場所に前頭16枚目に入幕。しかし、初日から５連敗して休場、幕内在位は１場所だけに終わった。十両、幕下に落ちてからもなかなか勝てず、６年春場所限りで廃業している。廃業後は名古屋市で手打ちうどんの製造販売を手掛けていた。元清ノ盛の木瀬親方とは血縁関係にあった。

綾川(あやがわ) 五郎次(ごろうじ)（関脇）

本　名	村上要作	最終場所	大正10年１月場所
生年月日	明治16年11月２日	幕内在位	15場所
没年月日	昭和８年２月16日	幕内成績	45勝34敗17分預54休
出身地	青森県黒石市上十川	勝　率	0.570
四股名	綾川→響矢→綾川	身　長	176cm（５尺８寸）
所属部屋	高砂→入間川	体　重	101kg（27貫）
初土俵	明治38年１月場所序ノ口	得意手	左四つ、つり出し、首投げ
十両昇進	明治43年６月場所	年寄名	千賀ノ浦
入　幕	大正３年１月場所		

容姿端麗、均整の取れた体格、変幻自在のきびきびとした取り口で人気を集めた。大正３年夏場所には鳳を首投げに破っている。５年夏場所にも同じ首投げで鳳を破り、同場所５勝２敗２預。翌年の夏場所には関脇に昇進した。しかし、以後は病気のために振るわなかった。現役時代から明治大学相撲部師範となり、学生相撲の指導に専念、自彊術（じきょうじゅつ）の普及にも務めた。引退後は協会の役員を歴任、著書に『一味清風』がある。

両國(りょうごく) 梶之助(かじのすけ)（関脇）

本　名	西村→伊藤勇治郎	最終場所	大正13年１月場所
生年月日	明治25年３月18日	幕内在位	20場所
没年月日	昭和35年８月10日	幕内成績	92勝72敗３分預34休
出身地	秋田県大仙市南外	勝　率	0.561
四股名	松ヶ崎→両國	優　勝	１回
所属部屋	入間川→出羽海→朝日山（大阪）→出羽海	身　長	173cm（５尺７寸）
初土俵	明治42年６月場所新序	体　重	90kg（24貫）
十両昇進	大正２年１月場所	得意手	やぐら投げ、内掛け、小手投げ
入　幕	大正３年５月場所	年寄名	武隈

颯爽たる風姿で足腰や腕力が強く、稽古場では横綱大錦も勝てないほどの実力があった。新入幕の大正３年夏場所、前頭14枚目で９勝１休でいきなり優勝、入幕２場所目には関脇に昇進した。上位で荒技を振るったが、大技にこだわり過ぎて思わぬ相手に負けたりした。幕下時代、大阪に脱走したがすぐ復帰、十両から幕内にかけての21連勝記録や作家の田村俊子とのロマンスなども知られている。

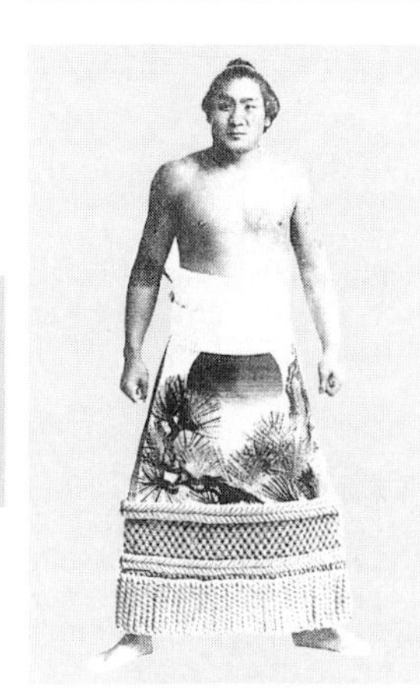

しゃかがたけ　しょうたろう
釋迦ヶ嶽 庄太郎（前頭３枚目）

本　名	富塚→川鰭庄太郎	最終場所	大正11年１月場所
生年月日	明治22年５月15日	幕内在位	15場所
没年月日	昭和41年７月18日	幕内成績	57勝73敗９分預11休
出身地	山形県山形市釈迦堂	勝　率	0.438
四股名	最上山→釋迦ヶ嶽	身　長	174cm（５尺７寸５分）
所属部屋	山科→出羽海	体　重	90kg（24貫）
初土俵	明治39年１月場所	得意手	右四つ、寄り切り
十両昇進	大正２年１月場所	年寄名	山響（昭和36年１月定年退職）
入　幕	大正３年５月場所		

風貌、取り口ともに派手さはなかったものの、力の強い力士であった。初めは最上山と名乗ったが、出身地の「釈迦堂」から取って釋迦ヶ嶽と改めた。大正３年夏場所、新入幕で７勝３敗の好成績を挙げ、前頭９枚目の６年春場所に横綱鳳を土俵際でこらえて小手投げに破っている。その後は平幕を上下して、11年春場所に十両に陥落して引退した。横綱栃木山の露払いを務めたこともある。現役時代に山響（元嶽ノ越）の遺族の養子となり、引退後は年寄山響となった。

まさごいわ　はまごろう
真砂石 浜五郎（小結）

本　名	遠藤→千葉長七	幕内在位	８場所
生年月日	明治24年５月15日	幕内成績	39勝34敗３預４休
没年月日	大正７年４月６日（現役中）	勝　率	0.534
出身地	宮城県仙台市青葉区北二番丁	身　長	170cm（５尺６寸）
所属部屋	尾車→峰崎	体　重	86kg（23貫）
初土俵	明治41年１月場所序ノ口	得意手	突き、押し
十両昇進	大正２年５月場所		
入　幕	大正３年５月場所		
最終場所	大正７年１月場所		

小兵で非力。あまり期待されていなかったが、無類の稽古熱心と出足速の突っ張り、押しを武器に健闘。大正３年夏場所、23歳で入幕し、５年春場所には大関大錦を、６年春場所には横綱西ノ海をそれぞれ突き出しに破っている。きびきびした取り口で、６代目の尾上菊五郎がひいきにして人気があった。７年４月の台湾巡業中に大腸破裂で客死。まだ26歳の取り盛りだった。前場所に勝ち越して三役復帰が約束されていただけに惜しまれた。

くにがいわ　うはち
國ヶ岩 卯八（番付外・幕尻＝前頭18枚目格）

本　名	山本宇八	最終場所	大正８年１月場所
生年月日	明治８年１月４日	幕内在位	１場所
没年月日	昭和７年２月17日	幕内成績	１勝３敗６休
出身地	徳島県美馬市美馬町	勝　率	0.250
四股名	日ノ出松→國岩→國ヶ岩	身　長	165cm（５尺４寸５分）
所属部屋	小野川（大阪）→草風（京都）→入間川	体　重	98kg（26貫）
		得意手	右四つ
初土俵	大正３年５月場所幕内格付出	年寄名	待乳山→稲川
入　幕	大正３年５月場所付出		

京都相撲最後の大関。初めは大阪の小野川の弟子となり、日ノ出松と名乗り三段目まで上がり、京都に脱走して草風部屋所属で國岩と改めた。明治41年春場所に入幕、京都相撲の横綱大碇ら三役陣の主だった者がロンドンに渡った後に大関となった。元両國の入間川（後の出羽海）の勧めで東上、國ヶ岩と改めて幕尻格に付け出されたが、既に39歳の高齢だった。以後は十両、幕下で取っていた。引退後は待乳山から稲川となり、出羽海部屋の参謀格となった。

大正

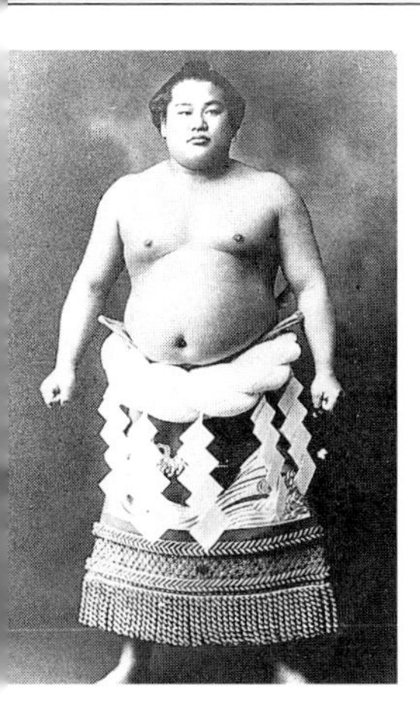

大錦 卯一郎（横綱）

おおにしき ういちろう

本　名　細川卯一郎
生年月日　明治24年11月25日
没年月日　昭和16年５月13日
出身地　大阪府大阪市中央区島之内
所属部屋　出羽海
初土俵　明治43年１月場所
十両昇進　大正３年１月場所
入　幕　大正４年１月場所
最終場所　大正12年１月場所
幕内在位　17場所
幕内成績　119勝16敗３分預32休
勝　率　0.881
優　勝　５回
身　長　176cm（５尺８寸）
体　重　141kg（37貫500）
得意手　左四つ、つり出し、寄り切り

大阪・天王寺中学校出身のインテリ。ローマ字で常陸山に入門願いを出したところ、返事がローマ字で来て入門を決意したという。序ノ口から10場所目に入幕。巨腹を利しての出足速一気のつり、寄りは鋭く、２場所連続して優勝旗手となり、大正５年春場所に大関に昇進。６年春場所の千秋楽には無敵太刀山を倒して全勝優勝、入幕後、わずか６場所目で横綱というスピード出世。12年春場所前に起こった三河島事件の責を負って劇的に廃業している。

栃木山 守也（横綱）

とちぎやま もりや

本　名　横田→中田守也
生年月日　明治25年２月５日
没年月日　昭和34年10月３日
出身地　栃木県栃木市藤岡町赤麻
所属部屋　出羽海
初土俵　明治44年２月場所
十両昇進　大正３年１月場所
入　幕　大正４年１月場所
最終場所　大正14年５月場所
幕内在位　22場所
幕内成績　166勝23敗11分預24休
勝　率　0.878
優　勝　９回
身　長　173cm（５尺７寸）
体　重　103kg（27貫500）
得意手　左はず押し
年寄名　春日野

横綱としては小柄ながら筋骨隆々、筋力強く、はず押しの威力は抜群。序ノ口から驚異的なスピードで出世、８場所で入幕。大正５年夏場所８日目には、56連勝中の横綱太刀山を破り、大関２場所も連続優勝で通過して７年夏場所に横綱に昇進。理詰めの攻め手、堅実な取り口は向かうところ敵なしで、３場所連続優勝のまま引退、春日野を襲名した。引退６年後に行われた選士権では、現役大関の玉錦らを下して優勝している。性格温厚で協会取締、栃錦を横綱に育てている。

達ノ矢 源之助（前頭２枚目）

だてのや げんのすけ

本　名　梅津源之助
生年月日　明治21年４月27日
没年月日　昭和20年11月10日
出身地　山形県長井市本町
四股名　梅川→達ノ矢
所属部屋　千賀ノ浦→芝田山→出羽海
初土俵　明治37年５月場所序ノ口
十両昇進　明治44年２月場所
入　幕　大正４年１月場所
最終場所　大正11年５月場所
幕内在位　13場所
幕内成績　46勝83敗１休
勝　率　0.357
身　長　176cm（５尺８寸）
体　重　94kg（25貫）
得意手　突っ張り
年寄名　君ヶ濱

梅川の四股名で入幕、上背を利しての上突っ張りを得意とした。同郷出身の千賀ノ浦（元大関大達）を頼って入門し、後に芝田山部屋から出羽海部屋に移っている。大正３年夏場所、十両で全勝優勝して翌４年春場所入幕。１度十両に落ちたが、達ノ矢と改名とした６年夏場所、前頭11枚目で７勝３敗の好成績を収めている。巡業先で度々失敗を起こし、謝ってペコペコしていたことから「コメツキバッタ」のあだ名を付けられた。引退後は年寄君ヶ濱となった。

なるとなだ　としのすけ
鳴門洋 利之助（前頭５枚目）

本　名　藤井利助
生年月日　明治19年11月２日
没年月日　大正11年10月４日
出身地　徳島県吉野川市鴨島町牛島
四股名　鬼見崎→鳴門洋→鬼鹿毛
所属部屋　中川
初土俵　明治38年１月場所序ノ口
十両昇進　大正２年１月場所
入　幕　大正４年１月場所
最終場所　大正９年１月場所
幕内在位　10場所
幕内成績　30勝52敗３分預15休
勝　率　0.366
身　長　171cm（５尺６寸５分）
体　重　101kg（27貫）
得意手　押し、左四つ、寄り切り

同郷出身の中川（元鬼鹿毛）親方を頼って入門。初めは鬼見崎と名乗り、幕下時代に鳴門洋と四股名を改めている。左四つからの寄りと押しを得意とした中堅力士。大正４年夏場所に前頭16枚目で４勝２敗２預の後の９日目から休場、勝ち越したのはこの場所だけだった。翌５年春場所には前頭５枚目まで昇進した。７年春場所には師匠の鬼鹿毛と改名したが、病気で振るわず、９年春場所には十両に落ちて廃業、その２年後に他界した。

いわきやま　まごへい
岩木山 孫平（前頭６枚目）

本　名　兼子→横越孫平
生年月日　明治23年８月13日
没年月日　昭和９年６月25日
出身地　栃木県宇都宮市旭
四股名　岩木山→清見潟
所属部屋　清見潟
初土俵　明治39年１月場所新序
十両昇進　明治43年６月場所
入　幕　大正４年６月場所
最終場所　大正９年５月場所
幕内在位　11場所
幕内成績　36勝56敗６分預12休
勝　率　0.391
身　長　171cm（５尺６寸５分）
体　重　86kg（23貫）
得意手　右四つ、下手投げ
年寄名　清見潟（昭和５年１月廃業）

生まれは福島県白河市で、後に栃木県宇都宮市に移っている。ここで力士を志して清見潟の弟子となった。右四つ、下手投げを得意とした。明治43年夏場所に十両に昇進するが、その後は十両と幕下の往復が続いた。大正４年春場所に５勝１敗で十両優勝に相当する成績を挙げ、新入幕の翌夏場所には７勝２敗１分の好成績で、５年春場所に前頭６枚目に昇進。素朴な人柄で、力士仲間では「孫さん」と親しまれた。年寄清見潟となって、木戸部長を務めた。

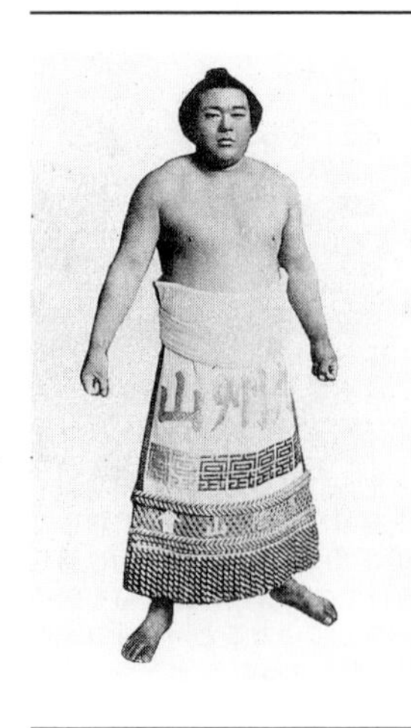

きゅうしゅうざん　じゅうろう
九州山 十郎（大関）

本　名　青山→中西十郎
生年月日　明治22年５月12日
没年月日　昭和２年１月７日
出身地　福岡県北九州市八幡西区木屋瀬
所属部屋　出羽海→入間川
初土俵　明治44年５月場所幕下付出
十両昇進　大正３年１月場所
入　幕　大正４年６月場所
最終場所　大正11年１月場所
幕内在位　14場所
幕内成績　57勝37敗５預41休
勝　率　0.606
身　長　174cm（５尺７寸５分）
体　重　124kg（33貫）
得意手　突き押し、左四つ、押し
年寄名　稲川

肥満型の力士で、出足鋭く、突き押しと左四つ寄りが得意だった。郷里の遠賀川で船頭をしていたが、いかにも九州男子らしい気っぷのよさで知られた。入幕後は横綱鳳を２回倒すなど破竹の勢いで昇進し、将来の横綱と期待された。大正７年夏場所に栃木山の横綱昇進に伴って、４勝３敗１預２休の平凡な成績にもかかわらず大関昇進という幸運に恵まれたが、病魔に襲われ２場所で大関の座を失った。病気のために活躍した期間が短く、年寄としても短命だった。

たまのがわ　わきたろう
玉ノ川 脇太郎（前頭17枚目）

本　名　加藤脇太郎
生年月日　明治18年4月2日
没年月日　大正13年11月20日
出身地　東京都あきるの市渕上
所属部屋　佐渡ヶ嶽→伊勢ノ海→佐渡ヶ嶽
初土俵　明治36年1月場所序ノ口
十両昇進　明治44年5月場所
入　幕　大正4年6月場所
最終場所　大正8年5月場所
幕内在位　2場所
幕内成績　5勝13敗1預1休
勝　率　0.278
身　長　164cm（5尺4寸）
体　重　79kg（21貫）
得意手　ずぶねり、足取り
年寄名　佐渡ヶ嶽

小兵ながら機敏で、相手の懐に入ってのずぶねり、足取り、引き落としを得意とした。小部屋の佐渡ヶ嶽部屋に入門、師匠の没後に伊勢ノ海部屋預かりとなり、十両昇進と同時に年寄佐渡ヶ嶽と二枚鑑札で土俵を務めた。十両時代の大正4年春場所、新進の栃木山を引き落としに破って、翌夏場所に入幕した。164ｾﾝﾁの短躯のために、相手の下に潜らなければ相撲にならず、幕内通算2場所で十両に低迷した。引退後は木戸部長を務めたが、病気がちで若くして亡くなった。

にしのうみ　かじろう
西ノ海 嘉治郎（横綱）

本　名　松山伊勢助
生年月日　明治23年11月2日
没年月日　昭和8年7月28日
出身地　鹿児島県霧島市隼人町真孝
四股名　源氏山→西ノ海
所属部屋　井筒
初土俵　明治43年1月場所
十両昇進　大正4年1月場所
入　幕　大正5年1月場所
最終場所　昭和3年10月場所
幕内在位　30場所
幕内成績　134勝60敗4分預105休
勝　率　0.691
優　勝　1回
身　長　183cm（6尺5分）
体　重　116kg（31貫）
得意手　左四つ、もろ差し、寄り切り
年寄名　浅香山

筋肉質でもろ差しになるのがうまかったが、その後の攻めが遅く、あまり器用な力士ではなかった。大正11年春場所に大関、12年春場所は優勝した栃木山と同成績の8勝1敗1分で、幸運にも第30代の横綱に昇進した。33歳だった。井筒部屋3人目の横綱ということで3代目西ノ海と改名した。優勝経験のないままに横綱に昇進したが、その後は9勝2敗で、何とか優勝の記録を残している。横綱在位15場所中、皆勤3場所はいただけない。不遇のうちに若くして他界した。

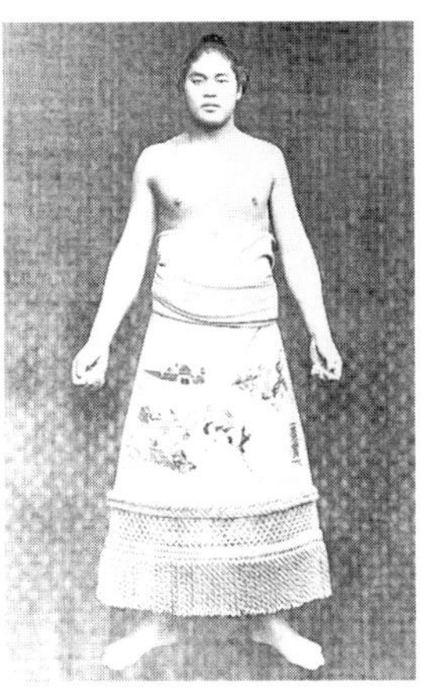

あさみどり　とみごろう
朝緑 冨五郎（前頭13枚目）

本　名　伊藤→石田富五郎
生年月日　明治22年2月4日
没年月日　昭和22年12月3日
出身地　山形県鶴岡市大山
所属部屋　立田川→出羽海
初土俵　明治40年5月場所序ノ口
十両昇進　明治45年5月場所
入　幕　大正5年1月場所
最終場所　大正8年1月場所
幕内在位　2場所
幕内成績　3勝13敗4分預
勝　率　0.188
身　長　173cm（5尺7寸）
体　重　86kg（23貫）
得意手　左四つ、寄り切り

順調に出世街道を歩み明治45年夏場所十両に昇進した。しかし、1度幕下に陥落、すぐに十両に復帰し大正4年夏場所には十両筆頭で5勝2敗の成績を挙げ、5年春場所に入幕した。成績は3勝4敗1分の1点の負け越し、続く夏場所は1勝も挙げられず十両へ落ちた。そして、十両に5場所在位して廃業している。廃業後は人柄を見込まれて相撲茶屋「伊勢福」の養子となった。その朝緑の娘婿となったのが、戦後人気のあった巨漢の大起である。

大正

宮城山 正見（小結）
みやぎやま まさみ

本　名　佐久間正見
生年月日　明治22年10月13日
没年月日　昭和36年３月26日
出身地　宮城県大崎市岩出山大学町
四股名　一ノ駒→宮城山
所属部屋　井筒
初土俵　明治41年５月場所序ノ口
十両昇進　明治45年５月場所
入　幕　大正５年１月場所

最終場所　大正11年５月場所
幕内在位　13場所
幕内成績　44勝62敗６分預18休
勝　率　0.415
身　長　174cm（５尺７寸５分）
体　重　98kg（26貫）
得意手　突っ張り
年寄名　芝田山（昭和６年５月廃業）

大関駒ヶ嶽の秘蔵弟子で、前名を一ノ駒と称した。突っ張りを武器に活躍し、大正６年夏場所、大関朝潮と引き分けるなど６勝３敗１分で翌７年春場所に小結となった。１場所で陥落したが、夏場所にはまた朝潮を倒して再び小結に昇進している。８年夏場所には横綱鳳を二本差しから外掛けで破って７勝３敗の好成績を残したものの、以後は振るわなかった。引退後は年寄芝田山として木戸部長を務め、昭和６年５月限りで元横綱宮城山に年寄名跡を譲り廃業した。

逆鉾 盛吉（前頭筆頭）
さかほこ もりきち

本　名　川原林盛吉
生年月日　明治27年10月25日
没年月日　昭和22年５月５日
出身地　鹿児島県姶良市蒲生町西浦
四股名　蒲生ノ里→逆鉾
所属部屋　井筒
初土俵　明治44年２月場所序ノ口
十両昇進　大正３年１月場所
入　幕　大正５年１月場所

最終場所　大正11年５月場所
幕内在位　12場所
幕内成績　40勝54敗４分預22休
勝　率　0.426
身　長　173cm（５尺７寸）
体　重　86kg（23貫）
得意手　上突っ張り

井筒部屋の逆鉾２代目で、初名の蒲生ノ里は郷里の村名から取っている。序ノ口からわずか７場所で十両、11場所目に入幕している。大正６年春場所、前頭11枚目で玉手山、黒瀬川らを破り、７勝２敗１預の好成績を挙げた。翌夏場所には一躍前頭筆頭に進み注目の的となったが結果は負け越しに終わった。７年春場所２日目は大関伊勢ノ濱を押し出しで破っている。９年春場所、前頭９枚目で７勝２敗１分と気を吐いたが、その後は病気やけがのため後退した。

緋縅 祐光（前頭17枚目）
ひおどし すけみつ

本　名　鈴木勇作
生年月日　明治22年７月25日
没年月日　昭和３年10月14日
出身地　千葉県市原市藪
四股名　槇ノ嶋→緋縅
所属部屋　二十山
初土俵　明治38年１月場所序ノ口
十両昇進　明治43年１月場所
入　幕　大正５年１月場所

最終場所　大正８年１月場所
幕内在位　１場所
幕内成績　０勝４敗６休
勝　率　0.000
身　長　167cm（５尺５寸）
体　重　109kg（29貫）
得意手　左四つ、寄り切り

非力だったが、技量は巧みで無理のない取り口は玄人筋に受けた。槇ノ嶋から緋縅と改名。大正４年夏場所に十両で４勝１敗の好成績をマーク。翌５年春場所に幕内へ上がった。同時新入幕は横綱西ノ海ら５人もいた。だが、せっかくの新入幕場所も足を骨折する不運に見舞われ途中休場。結局０勝４敗６休で終わった。以後も骨折の後遺症に悩まされ、幕内復帰はならないまま幕下中位まで後退して廃業した。角界を離れた後は北海道で漁業に従事した。

稲葉嶽 光之助（前頭14枚目）

いなばだけ みつのすけ

本　名　及川→雪吹光之助
生年月日　明治22年11月7日
没年月日　昭和53年5月7日
出身地　千葉県市川市河原
四股名　稲葉嶽→磐石→鉄ヶ濱
所属部屋　濱風→千田川（大阪）
初土俵　明治44年2月場所序ノ口
十両昇進　大正4年6月場所
入　幕　大正5年5月場所
最終場所　大正7年1月場所
幕内在位　1場所
幕内成績　1勝8敗1預
勝　率　0.111
身　長　173cm（5尺7寸）
体　重　94kg（25貫）
得意手　左四つ、寄り

小部屋の濱風の弟子となり、出羽海部屋で鍛えられた。左四つからの寄りを得意として、大正5年夏場所に入幕。1場所で十両に落ちた。7年春場所前の巡業地で、酒に酔って若者頭の雷ヶ浦に暴行を加えて破門された。仲間が取りなしたが、一本気な性格のため聞き入れず、しばらくして大阪相撲に加入。鉄ヶ濱と改名して10年夏場所に入幕、12年春場所は6勝3敗1休で優勝旗手となったが、紛擾（竜神事件）の際に師匠千田川（元小染川）に従って廃業した。

紅葉川 孝市（小結）

もみじがわ こういち

本　名　岡戸孝市
生年月日　明治28年3月5日
没年月日　昭和42年12月9日
出身地　埼玉県鴻巣市川里町
所属部屋　友綱
初土俵　明治42年6月場所
十両昇進　大正3年5月場所
入　幕　大正5年5月場所
最終場所　大正15年1月場所
幕内在位　19場所
幕内成績　73勝97敗1預23休
勝　率　0.429
身　長　171cm（5尺6寸5分）
体　重　90kg（24貫）
得意手　押し、突っ張り、左四つ
年寄名　松ヶ根（昭和34年5月廃業）

小兵、軽量ながら精悍な立ち合い、機敏な取り口で、また鋭い突っ張りと押しに威力があり相手に恐れられた。大正9年春場所に小結となり、初日に大関對馬洋を下し、3日目には横綱大錦を突っ張りから左はず押しに破って、5勝5敗の5分の星を挙げた。翌場所は平幕に落ちたが、10年夏場所に西小結に昇進している。引退後は年寄松ヶ根として部屋を創設、二所ノ関一門に属して、弟子の育成に注力し、戦後、前頭12枚目まで上がった幕内力士の甲斐錦を育てた。

阿蘇ヶ嶽 寅吉（小結）

あそがたけ とらきち

本　名　田尻虎吉
生年月日　明治23年2月17日
没年月日　昭和17年9月21日
出身地　熊本県熊本市北区万楽寺町
四股名　錦山→明→阿蘇ヶ嶽
所属部屋　八角
初土俵　明治41年5月場所
十両昇進　大正4年1月場所
入　幕　大正5年5月場所
最終場所　大正13年5月場所
幕内在位　16場所
幕内成績　53勝72敗11分預26休
勝　率　0.424
身　長　170cm（5尺6寸）
体　重　98kg（26貫）
得意手　右四つ、押し、投げ

郷里の吉田司家の肝入りで入門、有望力士として熊本県民の期待を集めた。明（あきらか）の四股名で入幕、大正8年春場所に阿蘇ヶ嶽と改名。前頭4枚目の9年春場所は7勝2敗1分、前頭筆頭の翌夏場所は6勝2敗1分1預で優勝旗手となり、10年春場所に小結となった。右四つで投げがあり、押しも得意とした。11年夏場所にも前頭10枚目で7勝1敗2分の好成績を収め優勝旗手を務めた。源氏山（後の3代目西ノ海）を再三にわたり苦しめている。

敷嶋 猪之助（前頭4枚目）
しきしま いのすけ

本名 持田猪之助
生年月日 明治20年11月9日
没年月日 昭和32年1月29日
出身地 富山県富山市新庄町
所属部屋 友綱
初土俵 明治40年5月場所新序
十両昇進 明治45年1月場所
入幕 大正5年5月場所
最終場所 大正10年1月場所
幕内在位 7場所
幕内成績 19勝36敗4分預11休
勝率 0.345
身長 170cm（5尺6寸）
体重 96kg（26貫）
得意手 右四つ、寄り、やぐら投げ
年寄名 熊ヶ谷

右四つ、寄り切り、やぐら投げを得意とした。序ノ口から9場所目の明治45年春場所に十両となったもののしばらく低迷。大正5年夏場所に前頭17枚目に入幕、同場所7勝3敗の好成績を挙げた。6年夏場所4日目には新大関の栃木山を頭突きから突っ張り、右四つとなって土俵際で耐えてうっちゃり。軍配を受けたが、物言いが付いて預かりとなるという好勝負をみせている。引退後は、長年にわたって理事、監事として協会の中枢で活躍、幕内大熊を育てた。

千葉ヶ崎 俊治（大関）
ちばがさき しゅんじ

本名 宍倉俊治
生年月日 明治26年4月10日
没年月日 昭和8年1月16日
出身地 千葉県富里市七栄
所属部屋 二十山
初土俵 明治44年6月場所序ノ口
十両昇進 大正4年5月場所
入幕 大正6年1月場所
最終場所 大正13年1月場所
幕内在位 15場所
幕内成績 70勝48敗14分預19休
勝率 0.593
身長 176cm（5尺8寸）
体重 120kg（32貫）
得意手 左四つ、つり、上手投げ
年寄名 玉ノ井

大正2年夏場所幕下に上がり、序ノ口以来不敗だった栃木山に初黒星を付けて名を上げた。左四つ、出足速の寄り身は鋭く、つり、上手投げを得意とした。入幕4場所目には早くも大関に昇進。大錦、栃木山、常ノ花らの強敵を向こうに回して奮闘した。凰引退後には横綱の声も掛かったが、病魔に襲われて果たせず、大正11年夏場所には関脇に転落、1場所で復帰したものの既に全盛期は過ぎていた。引退後は年寄玉ノ井となったが、若くして他界、惜しまれた。

一湊 政五郎（前頭4枚目）
いちみなと まさごろう

本名 久住政五郎
生年月日 明治23年8月1日
没年月日 昭和20年12月14日
出身地 秋田県北秋田市森吉町浦田
四股名 一湊→荒瀬川→一湊
所属部屋 出羽海
初土俵 明治42年1月場所序ノ口
十両昇進 大正5年1月場所
入幕 大正6年1月場所
最終場所 大正10年1月場所
幕内在位 7場所
幕内成績 26勝32敗12休
勝率 0.448
身長 176cm（5尺8寸）
体重 90kg（24貫）
得意手 右四つ、上手投げ

仙台地方の草相撲の大関で、上京して常陸山の門弟に。十両になるまでは着実に昇進して、十両は2場所で大正6年春場所前頭14枚目に入幕、6勝4敗と勝ち越した。7年春場所に前頭9枚目で小結黒瀬川、新進の清瀬川らを倒して6勝4敗の成績を挙げ、翌夏場所4枚目まで上がった。その後は振るわず十両に落ちて廃業している。気分屋で波に乗ると勝ち進む一方で、連敗癖があった。甥が同じ一湊の四股名で昭和31年夏場所に初土俵を踏んだが、大成しなかった。

琴ヶ浦 善治郎（前頭筆頭）

ことがうら ぜんじろう

本　名　越野善次郎
生年月日　明治23年2月11日
没年月日　昭和20年3月10日
出身地　富山県魚津市住吉
四股名　小戸ヶ浦→琴ヶ浦
所属部屋　二十山
初土俵　明治42年1月場所
十両昇進　大正4年5月場所
入　幕　大正6年1月場所
最終場所　昭和2年10月場所
幕内在位　22場所
幕内成績　81勝107敗22分預20休
勝　率　0.431
身　長　177cm（5尺8寸5分）
体　重　105kg（28貫）
得意手　右四つ、寄り切り
年寄名　常盤山（昭和12年1月廃業）

右差しが得意で、足腰が強靱、力も強く、相手の左を攻めながらの寄りが実にうまかった。大正10年夏場所、横綱栃木山と顔を合わせ、押しが得意の栃木山を逆に押し込み、巻き落として殊勲の星を挙げている。昭和2年10月を最後に引退して年寄常盤山となったが、しばらくして廃業、世話人となった。一時は東京・両国で洋食店を経営していた。上品な力士であることから、「重役タイプ」などと呼ばれていた。昭和20年3月10日の東京大空襲で死亡した。

駒泉 徳治郎（前頭2枚目）

こまいずみ とくじろう

本　名　高橋徳治郎
生年月日　明治26年4月11日
没年月日　昭和34年2月24日
出身地　宮城県大崎市古川桑針
所属部屋　井筒
初土俵　明治44年2月場所新序
十両昇進　大正4年1月場所
入　幕　大正6年1月場所
最終場所　大正11年1月場所
幕内在位　11場所
幕内成績　45勝39敗5分預21休
勝　率　0.536
身　長　180cm（5尺9寸5分）
体　重　98kg（26貫）
得意手　突っ張り、引き落とし
年寄名　大嶽（昭和9年5月廃業）

上背を利しての突っ張り、はたき込み、引き落としに威力があったが、四つに組むと勝ちみに乏しい相撲ぶりだった。郷土の先輩である大関駒ヶ嶽を頼って井筒部屋に入門、駒ヶ嶽の没後は名刺に「故大関駒ヶ嶽弟子」と刷って亡師思いの力士として評判になった半面で、師匠井筒との不仲が災いして大成しなかった。しかし、大正8年春場所は前頭5枚目で7勝2敗1分の好成績を残し、翌夏場所は横綱鳳を外掛けから浴せ倒して金星を獲得している。

大門岩 嘉右ヱ門（関脇）

おおといわ かえもん

本　名　持田→吉村嘉右衛門
生年月日　明治23年4月13日
没年月日　昭和25年4月5日
出身地　福岡県糸島市志摩芥屋
所属部屋　山分→出羽海
初土俵　明治42年1月場所
十両昇進　大正3年1月場所
入　幕　大正6年1月場所
最終場所　大正14年5月場所
幕内在位　17場所
幕内成績　64勝70敗12分預28休
勝　率　0.478
身　長　176cm（5尺8寸）
体　重　101kg（27貫）
得意手　右四つ、寄り、出し投げ
年寄名　山分（昭和19年11月廃業）

右四つからの寄りを得意とした。前さばきもよく、時折、二本差しになった。鋭い出足で非力を補い、寄り立てて相手が寄り返す出端を体を開いて左からの上手投げをみせるなど、なかなかの技巧派であった。初め山分の弟子となり、後に出羽海部屋の傘下となった。大関千葉ヶ崎が好敵手で3勝3敗1分1預の互角の成績を残している。番付運が悪く、勝ち越しても思うようには上位に上がれなかった。引退後は検査役にあげられ、監事、理事を歴任した。

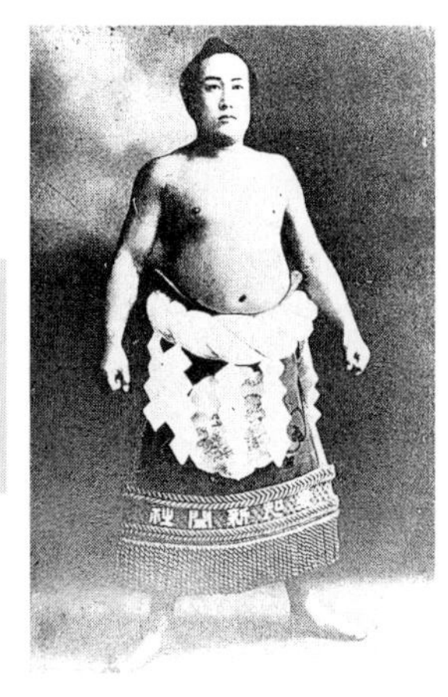

常ノ花 寛市（横綱）
つねのはな かんいち

本名	山野辺寛一	幕内在位	34場所
生年月日	明治29年11月23日	幕内成績	221勝58敗14分預68休
没年月日	昭和35年11月28日	勝率	0.792
出身地	岡山県岡山市北区中山下	優勝	10回
所属部屋	出羽海	身長	178cm（5尺8寸5分）
初土俵	明治43年1月場所	体重	113kg（30貫）
十両昇進	大正4年5月場所	得意手	右四つ、やぐら投げ
入幕	大正6年5月場所	年寄名	藤嶋→出羽海
最終場所	昭和5年5月場所		

常陸山に可愛いがられ、順調に出世した。大正９年夏場所に大関、13年春場所に横綱に昇進。きびきびした相撲ぶり、やぐら投げ、上手投げと得意技が華やかで人気があった。優勝10回は一級横綱の証だが、引退後の活躍も見事だった。年寄藤嶋になった直後の「春秋園事件」では解決に奔走し、また戦後の混乱期には理事長として敏腕を振って相撲協会隆盛の基礎を築いた。後に出羽海として君臨。協会の在り方が問題になった際、割腹自殺を図ったのも責任感の強さの表れだ。

大潮 又吉（関脇）
おおしお またきち

本名	塩塚又吉	最終場所	大正10年5月場所
生年月日	明治26年2月24日	幕内在位	9場所
没年月日	昭和39年4月16日	幕内成績	34勝15敗6分預35休
出身地	福岡県柳川市大和町皿垣開	勝率	0.694
四股名	汐ヶ浜→大潮	身長	182cm（6尺）
所属部屋	陸奥	体重	90kg（24貫）
初土俵	明治44年6月場所序ノ口	得意手	右四つ、つり出し
十両昇進	大正5年5月場所		
入幕	大正6年5月場所		

怪力の持ち主で、筋骨隆々、いかつい容貌をしていた。小部屋の陸奥の弟子となったが、出世は順調で入幕早々９勝１預と土付かずの好成績で優勝旗手となり、３場所目には早くも関脇に昇進。大正９年春場所には２場所連続無敗だった横綱栃木山を渡し込みで破って優勝旗手となった。がむしゃらな取り口で大敵を倒す半面、あっけない負け方をすることが多かったが、技巧的な相撲をみせることもあった。病気がちで全盛期は短く、若くして土俵を去った。

清瀬川 敬之助（関脇）
きよせがわ けいのすけ

本名	守屋→三輪敬之助	最終場所	昭和4年10月場所
生年月日	明治26年11月1日	幕内在位	31場所
没年月日	昭和42年7月1日	幕内成績	162勝142敗12分預12休
出身地	秋田県横手市大森町	勝率	0.533
四股名	平鹿山→清瀬川	身長	174cm（5尺7寸5分）
所属部屋	熊ヶ谷→楯山	体重	98kg（26貫）
初土俵	明治44年2月場所新序	得意手	右四つ、足癖、寄り切り
十両昇進	大正6年1月場所	年寄名	伊勢ヶ濱（昭和36年1月定年退職）
入幕	大正6年5月場所		

右四つから二丁投げをはじめとした投げや巻き落とし、足癖を得意技とした。変化に富んだ取り口をみせ、臨機応変、うまい駆け引きなど妙味があった。勝負度胸もよく、業師の名をほしいままにした。大正11年、12年の各春場所で全盛時代の栃木山を倒し、再度の関脇昇進を果たした。大関大ノ里と互角の成績を残している。引退後は年寄伊勢ヶ濱として協会取締になったが、一方で「うまさ」を教えて、幡瀬川、照國、若瀬川ら多くの名力士を育て上げた。

藤ノ川 雷五郎（関脇）

ふじのかわ らいごろう

本名	飯田繁治	最終場所	大正14年1月場所
生年月日	明治21年4月10日	幕内在位	16場所
没年月日	昭和41年2月22日	幕内成績	59勝87敗6分預11休
出身地	新潟県上越市大島区	勝率	0.404
四股名	菖蒲川→越後山→藤ノ川	身長	174cm（5尺7寸5分）
所属部屋	伊勢ノ海	体重	94kg（25貫）
初土俵	明治41年1月場所	得意手	押し、右四つ
十両昇進	大正2年5月場所	年寄名	春日山（昭和29年9月廃業）
入幕	大正6年5月場所		

19歳で伊勢ノ海部屋に入門。地味で勝ちみは速い方ではなかったが、力が強く押しには威力があり、右四つとなれば地力を発揮した。前頭9枚目の大正7年夏場所に7勝3敗の好成績を挙げた。2枚目の8年春場所には、横綱大錦、大関九州山を破って5勝5敗の五分だったが、上位陣が成績不振だったため翌場所幸運にも一気に関脇に昇進した。しかし、その場所は10戦全敗の成績で終わった。引退後は年寄春日山となり、柏戸（秀）、大昇らを育てている。

大ノ高 純市（前頭10枚目）

おおのたか じゅんいち

本名	中村佐助	最終場所	大正11年1月場所
生年月日	明治24年8月10日	幕内在位	7場所
没年月日	昭和23年4月30日	幕内成績	22勝45敗3分預
出身地	青森県南津軽郡藤崎町柏木堰	勝率	0.328
四股名	大ノ高→岩木山→大ノ高	身長	168cm（5尺5寸5分）
所属部屋	高砂→振分	体重	86kg（23貫）
初土俵	明治44年6月場所序ノ口	得意手	右四つ、つり、下手投げ
十両昇進	大正5年5月場所		
入幕	大正6年5月場所		

筋肉質の体格で、右四つからのつり、下手投げを得意とした。郷里の先輩浪ノ音を頼って高砂部屋に入門、浪ノ音が引退して振分部屋を創設するとその傘下に入った。序ノ口から9場所目の大正5年夏場所に十両となり、十両は2場所で6年夏場所に入幕している。体力不足のためか幕内に在位した7場所に目立った活躍はなく、1度も勝ち越せないままに十両に陥落、10年夏場所に岩木山と改名したが、すぐに大ノ高に復した後、廃業した。

三杉磯 善七（関脇）

みすぎいそ ぜんしち

本名	小西善七	最終場所	昭和4年1月場所
生年月日	明治25年11月26日	幕内在位	27場所
没年月日	昭和26年4月22日	幕内成績	102勝108敗13分預62休
出身地	北海道爾志郡八雲町雲石	勝率	0.486
所属部屋	尾車→峰崎→片男波→伊勢ノ海	身長	177cm（5尺8寸5分）
		体重	101kg（27貫）
初土俵	明治44年6月場所	得意手	右四つ、寄り切り
十両昇進	大正6年1月場所	年寄名	花籠
入幕	大正7年1月場所		

昭和3年春場所、幕尻から2枚目の地位ながら、千秋楽に小結玉錦にうっちゃりで敗れただけの10勝1敗の好成績を挙げた。しかし、同成績の大関常陸岩が上位であったことから優勝を逸している。この場所、常陸岩に不戦勝があったこと、三杉磯を小結に当てた取組編成への同情から紛糾している。全盛時代には横綱大錦、栃木山を倒したり、常ノ花と互角の勝負を展開したと思えば、強引な相撲で下位に敗れることも多かった。美男で頑固者で通った。

福柳 伊三郎(関脇)
ふくやなぎ いさぶろう

本　名	三浦伊三郎	幕内在位	18場所
生年月日	明治26年３月５日	幕内成績	88勝68敗20分預10休
没年月日	大正15年12月11日(現役中)	勝　率	0.564
出身地	福岡県福岡市博多区中呉服町	身　長	176cm(５尺８寸)
所属部屋	出羽海	体　重	105kg(28貫)
初土俵	明治43年１月場所	得意手	右四つ、上手投げ、足癖
十両昇進	大正６年１月場所		
入　幕	大正７年１月場所		
最終場所	大正15年５月場所		

非力ながら右四つ、上手投げを得意とし、さらにつり、足癖もあった。取り口が派手で勝ちみの速い美貌の花形力士であった。横綱鳳に２戦２勝だったのをはじめ、常に上位で活躍した。大正 15 年 12 月、北九州市戸畑区の巡業先で、フグ中毒のために急逝したのは惜しまれる。福柳と一緒にフグ中毒に罹った行司の式守義(後の 24 代木村庄之助)は冥福を祈って式守伊三郎と改名、実の娘にも福子、柳子と命名している。福柳の人徳を慕ってのことである。

矢筈山 登(小結)
やはずやま のぼる

本　名	西田亀吉	最終場所	大正15年１月場所
生年月日	明治21年12月27日	幕内在位	16場所
没年月日	昭和38年４月７日	幕内成績	63勝82敗３分預17休
出身地	高知県高岡郡佐川町斗賀野	勝　率	0.434
四股名	矢筈山→海山→矢筈山	身　長	182cm(６尺)
所属部屋	友綱	体　重	113kg(30貫)
初土俵	明治41年１月場所序ノ口	得意手	突っ張り
十両昇進	明治45年１月場所	年寄名	友綱(昭和36年１月定年退職)
入　幕	大正７年５月場所		

入幕以前には海山を名乗ったが、病気のために振るわなかったことから矢筈山に戻している。体格、力量に恵まれ、土俵際の変化も熟達していたが、勝ちみの遅いのが欠点だった。大正７年春場所に８戦全勝の好成績で入幕、11 年春と夏場所の２場所、小結を務めている。現役中に師匠が廃業したため二枚鑑札で土俵に上がった。引退後は寶川、晴ノ海の幕内力士を育てている。養女のうちの姉は元巴潟、妹は元一錦のそれぞれの友綱夫人となった。

大ノ里 萬助(大関)
おおのさと まんすけ

本　名	天内萬助	幕内在位	37場所
生年月日	明治25年４月１日	幕内成績	217勝147敗10分預22休
没年月日	昭和13年１月22日	勝　率	0.596
出身地	青森県南津軽郡藤崎町葛野	身　長	164cm(５尺４寸)
所属部屋	若松→湊川→出羽海	体　重	98kg(26貫)
初土俵	明治45年１月場所	得意手	押し、足癖、はたき込み
十両昇進	大正５年５月場所		
入　幕	大正７年５月場所		
最終場所	昭和７年１月場所脱退		

悲劇の名人大関。その一生はあまりにも劇的である。身長 164 センチ、体重 98 キロという小さな体で大関まで張った。足腰が強靱で腕力も優れていた上に、無類の稽古熱心で、"ネズミ"のあだ名があった。この稽古で独特の押し、相撲技の妙を会得、相撲の神様と評された。昭和７年の春秋園事件で、新興力士団の頭に祭り上げられて、泣く泣く師に背き、天竜らとともに関西相撲協会を結成。副総裁の任に就いたが、最後は肋膜を患い大連の病院で独り寂しく、45 歳で亡くなった。

<ruby>御西山<rt>おにしやま</rt></ruby> <ruby>政夫<rt>まさお</rt></ruby>（前頭６枚目）

本　名	田中正夫	幕内在位	５場所
生年月日	明治25年３月25日	幕内成績	12勝24敗２分預12休
没年月日	昭和53年８月30日	勝　率	0.333
出身地	茨城県水戸市東台	身　長	170cm（５尺６寸）
所属部屋	出羽海	体　重	94kg（25貫）
初土俵	明治42年６月場所	得意手	右四つ、上手投げ
十両昇進	大正６年５月場所		
入　幕	大正７年５月場所		
最終場所	大正12年１月場所		

横綱常陸山の従兄弟に当たり、名古屋中学を３年で中退して入門。顔立ちがよく、常陸山の若いころに似ていたが、最後まで太ることができなかった。三段目から幕下にかけては低迷したが、その後は好調を維持して大正６年夏場所に十両、２場所目の７年春場所に５勝２敗の星を残し、翌夏場所に入幕。同場所で５勝１敗１預の後の８日目から休場した。以後は休みがちで成績が振るわず、十両から幕下に落ち、12年春場所の十両復帰を限りに廃業。後に剣道家として身を立てた。

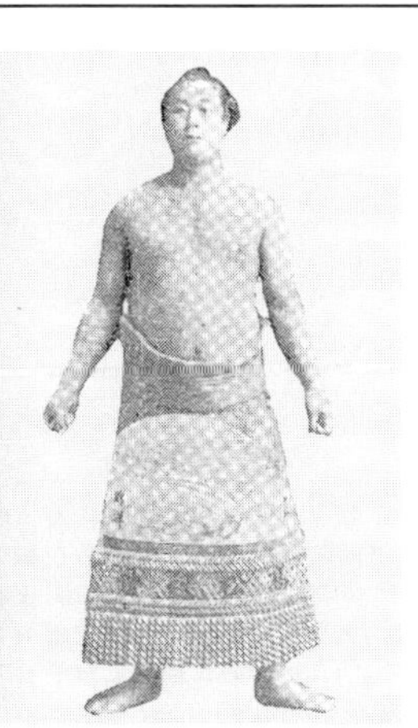

<ruby>錦洋<rt>にしきなだ</rt></ruby> <ruby>慶祐<rt>けいすけ</rt></ruby>（前頭11枚目）

本　名	野口慶祐	幕内在位	２場所
生年月日	明治21年９月19日	幕内成績	０勝０敗20休
没年月日	昭和４年６月８日	勝　率	0.000
出身地	香川県坂出市	身　長	174cm（５尺７寸５分）
所属部屋	井筒	体　重	113kg（30貫）
初土俵	大正５年１月場所幕下付出	得意手	上突っ張り
十両昇進	大止７年１月場所		
入　幕	大正８年１月場所		
最終場所	大正11年１月場所		

恵まれた体から、上突っ張りを得意とした。相手を押さえつけて出る剛力と速い出足、さらに腰もよく、大いに将来を嘱望された。幕下のころには、横綱になるのではないかと好角家の間で評判になったほどの力士であった。大正８年春場所、新入幕の場所前に腸チフスを患い、幕内に在位した２場所とも出場することができなかった。その後は十両で取っていたが、体力が急激に衰え、再入幕の機会もないままに廃業した。その挫折は好角家に惜しまれた。

<ruby>白岩<rt>しらいわ</rt></ruby> <ruby>亮治<rt>りょうじ</rt></ruby>（前頭２枚目）

本　名	奥田亮二	幕内在位	28場所
生年月日	明治23年３月21日	幕内成績	113勝156敗13分預16休
没年月日	昭和46年11月17日	勝　率	0.420
出身地	宮城県東松島市矢本町	身　長	173cm（５尺７寸）
所属部屋	尾車→峰崎→尾車	体　重	90kg（24貫）
初土俵	明治43年１月場所	得意手	もろはず、押し出し
十両昇進	大正４年５月場所	年寄名	立田山→音羽山（昭和36年１月定年退職）
入　幕	大正８年１月場所		
最終場所	昭和４年10月場所		

固く引き締まった体で、もろはずに掛かっての押しを得意とした。四つ身は左差しで、取り口はどちらかといえば地味だった。仕切りのときに腰を上下に動かす癖があったが、年齢よりも年寄じみた風貌のため、早くから仲間に「白岩老」などと呼ばれていた。横綱大錦に猛突っ張りをかませて追い詰めながら惜敗したが、その際、ザンバラ髪の大錦が物凄い形相で白岩をにらみつけたという逸話が残っている。

とものうら　きょうじ
友ノ浦 喬治（前頭７枚目）

本　名	大倉喬治	最終場所	大正12年５月場所
生年月日	明治26年３月16日	幕内在位	８場所
没年月日	昭和46年12月29日	幕内成績	25勝53敗１分１休
出身地	岡山県岡山市南区妹尾	勝　率	0.321
四股名	金光山→友ノ浦	身　長	167cm（５尺５寸）
所属部屋	出羽海	体　重	90kg（24貫）
初土俵	明治44年６月場所序ノ口	得意手	左四つ、寄り切り、つり出し
十両昇進	大正７年１月場所		
入　幕	大正８年１月場所		

立ち合いの呼吸がうまく、相撲が速かった。左四つからのはず押し、寄り切り、つり出しを得意とした。なかなか愛敬のあった力士であった。横綱常ノ花とは同郷同門で、入門は遅いものの年齢では３歳年上。大正11年春場所初日に、大関千葉ヶ崎を立ち合い左に飛んではたき込みで破っている。12年春場所十両に落ち、２場所取って廃業した。酒が全く飲めず、奈良漬でも酔ったというほどの下戸だった。廃業後は郷里で相撲指導を行い、巡業があればその世話に奔走していた。

こごたやま　きんたろう
小牛田山 金太郎（前頭２枚目）

本　名	佐々木金太郎	幕内在位	８場所
生年月日	明治26年１月26日	幕内成績	35勝44敗１預
没年月日	昭和39年２月15日	勝　率	0.443
出身地	宮城県遠田郡美里町南小牛田	身　長	165cm（５尺４寸５分）
所属部屋	伊勢ノ海	体　重	94kg（25貫）
初土俵	大正２年１月場所	得意手	左四つ、寄り切り
十両昇進	大正７年５月場所		
入　幕	大正８年５月場所		
最終場所	大正12年５月場所		

小兵だったが、稽古熱心な力士で、出身地の名を取って四股名としている。順調な出世で大正８年夏場所に入幕、９年夏場所には前頭６枚目で大ノ里らを倒して７勝３敗の好成績を残した。翌10年夏場所には前頭２枚目に上がり、関脇源氏山（後の横綱西ノ海）、小結對馬洋を破ったものの入幕以来初めての負け越しを記録した。その後は思うようには勝てず、12年夏場所には十両に落ちて廃業している。廃業後は郷里に帰り、両親のもとで農業に従事した。

あくつがわ　こういちろう
阿久津川 高一郎（前頭筆頭）

本　名	永井→磯野→永井高一郎	幕内在位	23場所
生年月日	明治30年９月30日	幕内成績	100勝119敗２分預24休
没年月日	昭和47年10月20日	勝　率	0.457
出身地	栃木県宇都宮市今泉町	身　長	170cm（５尺６寸）
所属部屋	錣山→高砂	体　重	98kg（26貫）
初土俵	大正３年５月場所	得意手	押し
十両昇進	大正８年１月場所	年寄名	佐渡ヶ嶽（昭和29年１月廃業）
入　幕	大正９年１月場所		
最終場所	昭和４年３月場所		

小柄だったが、腕力が強く、腰もよく、真っ向から一気に押して行く速い取り口は颯爽としていた。大正４年春場所の序ノ口から８年に幕下筆頭に昇進するまで、１場所に２度以上負けることはなかった。11年夏場所、横綱栃木山を突き出して金星を挙げ、大関常ノ花、大ノ里、福柳ら出羽一門の力士を連破し、翌場所に前頭筆頭に上がった。年寄佐渡ヶ嶽として横綱男女ノ川を育て、協会理事になった。国技研修会を開き相撲普及を図ったほか、「相撲道教本」の著書がある。

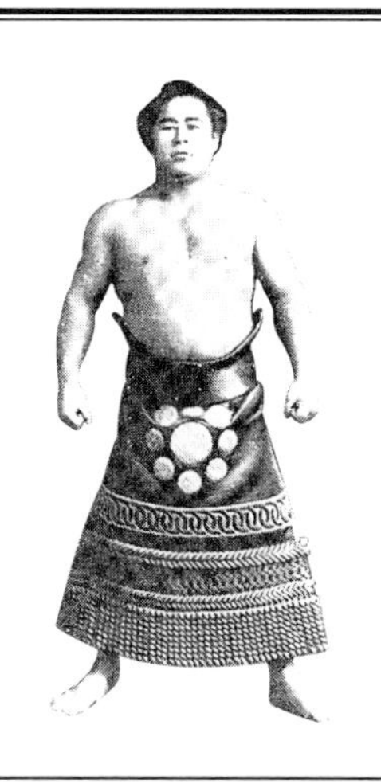

東雲 衜蔵（しののめ れいぞう）（小結）

本　名	相原→関衜三
生年月日	明治19年5月9日
没年月日	昭和24年9月5日
出身地	徳島県勝浦郡勝浦町棚野
所属部屋	雷
初土俵	明治45年5月場所幕下付出
十両昇進	大正6年5月場所
入　幕	大正9年1月場所
最終場所	大正14年5月場所
幕内在位	11場所
幕内成績	39勝49敗3分預22休
勝　率	0.443
身　長	173cm（5尺7寸）
体　重	105kg（28貫）
得意手	右四つ、寄り切り

若いころは樺太（サハリン）で漁業に従事し、26歳で入門した。伯父が幕末に幕内で活躍した千羽ヶ嶽兵右衛門で、四股名は伯父の初名をもらった。33歳で入幕、大正12年春場所に36歳で小結に昇進した晩成型。名門雷部屋の最後の役力士。アンコ型で力が強く、地力のある右四つを得意とした。廃業後は、郷里の徳島市で料亭を営むかたわら、素人相撲の指導に尽くした。また、昭和30年初場所に入幕した秀湊を出羽海部屋に紹介したりしている。

射水川 健太郎（いずみがわ けんたろう）（小結）

本　名	麻井→松崎健次
生年月日	明治27年5月10日
没年月日	昭和31年2月3日
出身地	富山県高岡市川原本町
所属部屋	稲川→高砂
初土俵	明治45年1月場所新序
十両昇進	大正7年5月場所
入　幕	大正9年1月場所
最終場所	大正15年5月場所
幕内在位	13場所
幕内成績	53勝50敗2分預31休
勝　率	0.515
身　長	173cm（5尺7寸）
体　重	90kg（24貫）
得意手	上突っ張り、右四つ
年寄名	若松

小兵で動きが速く、得意の突っ張りに加えて、足取りの奇襲でしばしば相手を悩ませた。大正13年夏場所4日目には、横綱栃木山を逃げては突っかけ、足取りをみせ、右手を手操って引き回し、体が斜めになるところを突き出しに破り、喜びのあまりわれを忘れて二字口に躍り出た。この場所は千秋楽にも大ノ里を足取りで破り6勝5敗。翌14年春場所に小結に昇進した。引退後は年寄若松を襲名、鯱ノ里を育てた。また、先代師匠稲川の相撲茶屋「上州家」も引き継いだ。

司天竜 芳太郎（してんりゅう よしたろう）（前頭筆頭）

本　名	熊沢芳太郎
生年月日	明治29年1月25日
没年月日	不詳
出身地	兵庫県神戸市中央区磯上通
四股名	竹林→摩耶颪→司天竜
所属部屋	伊勢ヶ濱
初土俵	明治43年6月場所
十両昇進	大正8年1月場所
入　幕	大正9年5月場所
最終場所	大正13年1月場所
幕内在位	8場所
幕内成績	31勝36敗4分10休
勝　率	0.463
身　長	176cm（5尺8寸）
体　重	113kg（30貫）
得意手	突っ張り、右四つ

突っ張りを得意とする活気ある取り口をみせた。初めは竹林と名乗り、三段目のときに摩耶颪と改名した。この四股名の由来は出身地の神戸に吹く寒風から取っている。前頭4枚目の大正10年春場所には、大関千葉ヶ崎らを破り、7勝2敗1分の好成績を挙げて、翌夏場所筆頭に昇進して司天竜と改めている。13年春、名古屋で本場所を興行することに反対する一派に加担して出場を拒否したため、師匠から破門された。後に天竜一派の関西角力協会の理事を務めた。

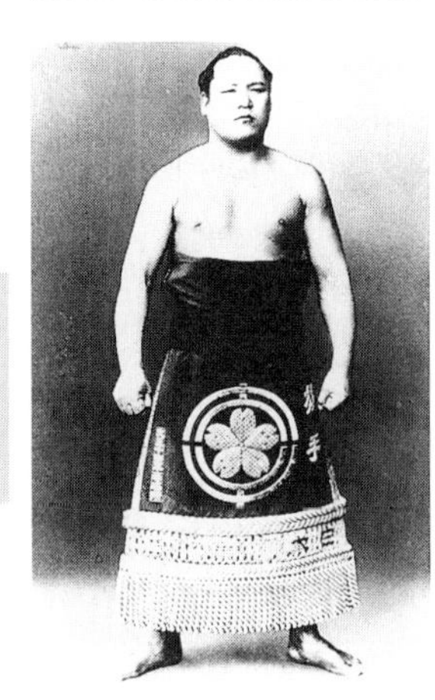

若葉山 鐘（関脇）
わかばやま あつみ

本　名　小林鐘
生年月日　明治28年３月９日
没年月日　昭和33年４月27日
出身地　千葉県千葉市緑区平川町
所属部屋　二十山
初土俵　大正２年５月場所
十両昇進　大正７年５月場所
入　幕　大正９年５月場所
最終場所　昭和８年５月場所
幕内在位　39場所
幕内成績　203勝198敗２分預15休
勝　率　0.506
身　長　176cm（５尺８寸）
体　重　105kg（28貫）
得意手　もろはず押し
年寄名　鎫山

相撲ぶりは変化に乏しかったが、腕力が強く、わきが固く、ぐっと腰を入れてのはず押しが妙を得ていた。しかも、立ち合い一気に押すというのではなく、はずにかかって、もこもこと押していくタイプだった。相手が前に落ちそうになってもなお下から押し上げるという徹底した押し相撲。仕切りが長かったのは有名で、ＮＨＫの松内則三アナが「若葉山　紅葉のころに立ち上がり」と表現したこともあるほど。関脇を長く務めた実力者で、引退後は年寄鎫山を襲名した。

鶴ヶ濱 増太郎（小結）
つるがはま ますたろう

本　名　西本→本多増太郎
生年月日　明治26年７月19日
没年月日　昭和14年１月16日
出身地　奈良県葛城市当麻町
四股名　大鶴→鶴ヶ濱
所属部屋　中立→荒磯
初土俵　明治45年５月場所三段目格付出
十両昇進　大正７年１月場所
入　幕　大正10年１月場所
最終場所　大正15年５月場所
幕内在位　12場所
幕内成績　58勝57敗７分４休
勝　率　0.504
優　勝　１回
身　長　179cm（５尺９寸）
体　重　105kg（28貫）
得意手　右四つ、つり、ため出し
年寄名　玉垣

長身で均整がとれ、足腰がよく力量もあった。右四つからのつり、押しを得意として、有望力士のひとりとして期待された。大正11年春場所に前頭４枚目で大関源氏山、千葉ヶ崎以下を連破して、９勝１敗で平幕優勝を遂げた。12年夏場所と13年春場所の２場所、小結として土俵に上がった。足の骨折の後遺症で引退、年寄玉垣となり、千葉県市川市で大料亭「小松園」を経営していた。また、引退後は元幕内小松山の浦風親方夫人の養子となった。

鞍ヶ嶽 楯右ヱ門（前頭筆頭）
くらがたけ たてえもん

本　名　上田善三郎
生年月日　明治31年11月６日
没年月日　昭和14年10月31日
出身地　熊本県熊本市中央区新町
四股名　花岡山→鞍ヶ嶽→東関
所属部屋　友綱→東関→高砂
初土俵　大正３年１月場所
十両昇進　大正８年５月場所
入　幕　大正10年１月場所
最終場所　昭和５年10月場所
幕内在位　21場所
幕内成績　72勝97敗６分預50休
勝　率　0.426
身　長　173cm（５尺７寸）
体　重　120kg（32貫）
得意手　左四つ、寄り切り、つり出し
年寄名　東関（昭和９年５月廃業）

左を差しての四つ相撲が得意で、なかなかの相撲巧者。機をみてとっさにつり上げたり、やぐら投げで振り回したり、取り口は実に堂々としていた。横綱太刀山の秘蔵弟子。明治神宮の第１回力士選士権では、既に引退していたとはいえ実力のあった栃木山を破っている。ちなみに同選士権の優勝は敗者復活戦で立ち直った栃木山だった。また、横綱大錦と大物言いのついた相撲を取ったりして、上位への期待が高かったが、結局は前頭筆頭で終わった。

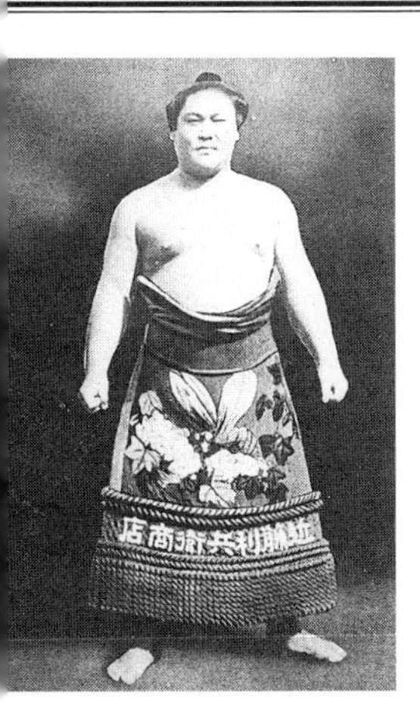

太刀光(たちひかり) 電右ヱ門(でんえもん)（大関）

本　名　八田政次
生年月日　明治30年3月29日
没年月日　昭和27年5月15日
出身地　北海道三笠市幌内町
所属部屋　友綱→東関→高砂
初土俵　大正2年1月場所
十両昇進　大正7年5月場所
入　幕　大正10年1月場所
最終場所　昭和2年10月場所

幕内在位　16場所
幕内成績　67勝26敗8分預69休
勝　率　0.720
身　長　170cm（5尺6寸）
体　重　113kg（30貫）
得意手　突っ張り、押し、足癖
年寄名　鳴戸（昭和26年5月廃業）

気合十分で立ち合いから押す出足は鋭く、突っ張るかと思えば、四つに組んでの足癖もみせた。特に左からのおっつけは名人芸とまでいわれた。肥満型で稽古熱心、努力で大関の栄光を勝ち取った。大正12年春場所、大関常ノ花を破り、場所後に大関に昇進して9場所在位した。15年夏場所、出羽ヶ嶽との対戦で強引なさば折りを受けて足腰を痛めた。以後、再起できずに終わったが、年寄となってから活躍、新聞に相撲評を書いたほか、著書に「大正時代の大相撲」がある。

豊國(とよくに) 福馬(ふくま)（大関）

本　名　高橋福馬
生年月日　明治26年8月26日
没年月日　昭和17年5月5日
出身地　大分県大分市下郡滝尾
四股名　陸錦→小野川→豊國
所属部屋　井筒
初土俵　大正4年1月場所
十両昇進　大正8年1月場所
入　幕　大正10年5月場所

最終場所　昭和5年10月場所
幕内在位　26場所
幕内成績　162勝87敗2分預31休
勝　率　0.651
優　勝　2回
身　長　182cm（6尺）
体　重　116kg（31貫）
得意手　左四つ、寄り、泉川
年寄名　九重（昭和12年5月廃業）

若いころから体が大きく、兵役を除隊後井筒部屋に入門した。腕力が強く左四つを得意とし、時には力に任せて泉川にためて相手を退けた。また、小手投げ、つり、巻き落とし、のど輪押しと多彩な技を振るった。全盛時は体力を生かした堂々たる大関相撲で横綱昇進を期待されたが、成績にムラがあり果たせないで終わった。昭和2年、京都の関西番付で大関へ。4年の大阪場所、5年春場所は、いずれも9勝2敗で優勝。横綱常ノ花は好敵手で互角の勝負を演じた。

能代潟(のしろがた) 錦作(きんさく)（大関）

本　名　石田岩松
生年月日　明治28年4月5日
没年月日　昭和48年6月8日
出身地　秋田県山本郡藤里町藤琴
四股名　突山→能代潟
所属部屋　錦嶋
初土俵　大正4年1月場所幕下付出
十両昇進　大正8年5月場所
入　幕　大正10年5月場所

最終場所　昭和11年5月場所
幕内在位　43場所
幕内成績　230勝171敗10分預43休
勝　率　0.574
優　勝　1回
身　長　170cm（5尺6寸）
体　重　124kg（33貫）
得意手　左四つ、寄り切り
年寄名　立田山（昭和36年1月定年退職）

体は大きくなかったものの、正攻法の四つ相撲。腰を落としてじっくり構え、相手のすきに乗じては寄り、出てこられるとひねるなど、強い力と重い腰に物をいわせた。「春秋園事件」の後、革新力士団が脱退した際には、「どんなに苦労しても親方のそばにいる」と語り、とどまった。大関時代に1回優勝、大関から陥落したがすぐに返り咲いている。引退は41歳で、根っから相撲を愛し、それが土俵態度、取り口によく表れて「今様実盛」と称された。

光風（てるかぜ） 貞太郎（さだたろう）（小結）

本　名	小番貞蔵	幕内在位	12場所
生年月日	明治27年10月1日	幕内成績	38勝39敗4分45休
没年月日	昭和16年11月24日	勝　率	0.494
出身地	秋田県由利本荘市玉ノ池	身　長	177cm（5尺8寸5分）
所属部屋	待乳山→出羽海	体　重	94kg（25貫）
初土俵	大正3年1月場所	得意手	突っ張り、押し
十両昇進	大正8年1月場所	年寄名	待乳山（昭和16年5月廃業）
入　幕	大正11年1月場所		
最終場所	昭和2年3月場所		

激しい突っ張りと押しを得意とし、四つに組んだら寄って出るという気っぷのいい取り口だった。大正14年夏場所2日目、太刀山を突っ張り合いから引き落として破るなど7勝3敗1預の成績を残し、翌15年春場所には最高位の小結まで上がっている。しかし、すぐに平幕に落ち、その後2場所休場、昭和2年3月に引退、年寄待乳山となった。十両在位が3年と、速い出世ではなかった。四股名の光風は郷里の「光風園」にちなみ、「てるかぜ」と読んだ。

常陸嶋（ひたちじま） 朝吉（あさきち）（前頭5枚目）

本　名	寺西朝吉	幕内在位	25場所
生年月日	明治30年3月11日	幕内成績	103勝128敗3分預37休
没年月日	昭和21年1月24日	勝　率	0.446
出身地	大阪府大阪市住吉区遠里小野	身　長	173cm（5尺7寸）
所属部屋	出羽海	体　重	98kg（26貫）
初土俵	大正3年5月場所	得意手	ずぶねり、足取り
十両昇進	大正9年5月場所		
入　幕	大正11年1月場所		
最終場所	昭和7年1月場所脱退		

小柄だったが、低く潜って相手の足を取るのが得意で、ずぶねりも引く特異な存在であった。長く幕内中軸で活躍したが、大正14年春、夏場所の2場所連続横綱西ノ海を破っている。春場所は十八番の足取り、夏場所は西ノ海が足取りを嫌ってはたいたところを付け込んで押し出した。昭和5年春場所と10月の福岡では名人幡瀬川の足を取ったこともある。7年1月の春秋園事件に際しては参謀格として活躍、新興力士団から関西力士協会も通して天竜のよき相談役であった。

綾錦（あやにしき） 由之丞（よしのじょう）（張出前頭＝筆頭格）

本　名	齋藤由之丞	最終場所	昭和4年3月場所
生年月日	明治25年5月25日	幕内在位	16場所
没年月日	昭和38年2月21日	幕内成績	56勝102敗4分預10休
出身地	青森県平川市猿賀池上	勝　率	0.354
四股名	綾錦→宮錦→綾錦	身　長	173cm（5尺7寸）
所属部屋	追手風→湊川	体　重	90kg（24貫）
初土俵	大正2年1月場所	得意手	右四つ、つり出し、投げ
十両昇進	大正8年1月場所	年寄名	湊川（昭和26年5月廃業）
入　幕	大正11年1月場所		

同郷出身の湊川（鷲ノ森）の元に入門。右四つからのつり、投げを得意とした。筋肉質でなかなか風格があった。毎場所やっとの成績で幕内下位にとどまっていたが、大正15年夏場所には東の9枚目で6勝5敗と貴重な勝ち越しを残し、昭和2年春場所には運よく筆頭格に出世、しかも2日目には横綱西ノ海の上手投げを下手投げで打ち返して殊勲の金星を挙げている。このあたりが絶頂期で、引退後は先代未亡人と結婚して、年寄湊川を継いで、金湊、綾錦（久）らを育てた。

真砂石（まさごいわ） 三郎（さぶろう）（前頭５枚目）

本　名	石川三郎治	入　幕	大正11年１月場所
生年月日	明治30年12月14日	最終場所	昭和２年10月場所
没年月日	昭和19年３月７日	幕内在位	12場所
出身地	宮城県栗原市栗駒町八幡	幕内成績	49勝62敗２分15休
四股名	陸奥ノ山→真砂石	勝　率	0.441
所属部屋	尾車→峰崎→片男波→伊勢ノ海	身　長	174cm（５尺７寸５分）
初土俵	大正５年５月場所	体　重	84kg（22貫500）
十両昇進	大正９年５月場所	得意手	もろはず押し

稽古熱心、相撲ぶりはしぶとく、もろはずにかかっての押しが攻め手だった。大正５年夏場所、同郷の先輩、元関脇の大戸平の尾車部屋に入門、初土俵を踏み、十両を１年半で通過して11年春場所に入幕。押し１本で幕内12場所を務めているが、最も派手な活躍をしたのは新入幕の場所。初日から、あれよあれよという間に勝ち進み、７連勝し、結局９勝２敗の好成績を挙げて優勝旗手となっている。廃業後、ブラジルに渡って素人相撲の指導に尽くし、同地で亡くなった。

伊吹山（いぶきやま） 末吉（すえきち）（前頭11枚目）

本　名	坂本末吉	幕内在位	４場所
生年月日	明治28年１月３日	幕内成績	７勝16敗２分16休
没年月日	昭和５年１月16日	勝　率	0.304
出身地	滋賀県近江八幡市東横関町	身　長	188cm（６尺２寸）
所属部屋	入間川→出羽海	体　重	116kg（31貫）
初土俵	大正７年５月場所幕下付出	得意手	突っ張り
十両昇進	大正10年１月場所	年寄名	藤島（昭和４年１月廃業）
入　幕	大正11年１月場所		
最終場所	大正15年５月場所		

長身で骨格も発達した巨人型の体躯で、将来は三役力士と期待された。特に上背を利しての突っ張りは強烈であった。幕下付出から取り進み、順調に出世して大正11年春場所に入幕した。しかし、成績は悪く十両に落ち、再入幕はしたものの病気のために大成出来なかった。12年春場所前に起こった三河島事件で、横綱、大関を除く幕内、十両力士全員と協会が対立した際に、伊吹山ひとりが師匠に反旗を翻さなかった、意志強固な性格であった。

朝響（あさひびき） 信親（のぶちか）（前頭２枚目）

本　名	宮本延近	最終場所	昭和４年10月場所
生年月日	明治30年１月３日	幕内在位	20場所
没年月日	昭和35年２月22日	幕内成績	75勝105敗４分32休
出身地	愛媛県西予市三瓶町有網代	勝　率	0.417
四股名	朝見富士→朝響	身　長	173cm（５尺７寸）
所属部屋	佐ノ山→高砂	体　重	90kg（24貫）
初土俵	大正３年１月場所	得意手	右四つ、投げ
十両昇進	大正７年５月場所	年寄名	佐ノ山
入　幕	大正11年１月場所		

初め同郷の元大関初代朝汐の佐ノ山部屋に入門、後に高砂部屋に移った。朝見富士と名乗り、大正11年春場所に入幕してから朝響と改めた。さして恵まれた体ではなかったが、実に稽古熱心で、得意は右四つからの投げ。大正15年夏場所と翌昭和２年春場所の２場所続けて８勝３敗の好成績を挙げた。このころが最も充実した時期であった。昭和２年夏場所には前頭２枚目まで躍進したものの、その後はずっと下がって４年10月場所を最後に引退し、年寄佐ノ山を襲名した。

若常陸 恒吉（前頭筆頭）
わかひたち つねきち

本　名	大庭常吉	幕内在位	23場所
生年月日	明治29年４月16日	幕内成績	88勝154敗７分
没年月日	昭和15年９月22日	勝　率	0.364
出身地	島根県鹿足郡津和野町青原	身　長	173cm（５尺７寸）
所属部屋	出羽海	体　重	116kg（31貫）
初土俵	明治42年６月場所	得意手	右四つ、寄り切り、押し出し
十両昇進	大正６年５月場所	年寄名	秀ノ山
入　幕	大正11年１月場所		
最終場所	昭和６年３月場所		

常陸山を慕って出羽海部屋へ入門。常陸山に可愛いがられて「常陸」の２字をもらった四股名で15歳から土俵に上がった。肥満型で、なかなかの出足があり、右を差しての寄りや押しが得意。一時は将来の大関かと評されたこともあった。しかし、入幕後は闘志に欠ける点があったりして振るわず、三役には手が届かずに終わった。横綱栃木山、常ノ花の土俵入りの際は太刀持ち、露払いを務めた。昭和２年の京都本場所で、横綱西ノ海をつり出しに破ったことがある。

高ノ山 三郎（前頭６枚目）
たかのやま さぶろう

本　名	宮尾三郎	幕内在位	５場所
生年月日	明治29年11月15日	幕内成績	13勝20敗１分17休
没年月日	不詳	勝　率	0.394
出身地	和歌山県和歌山市卜半町	身　長	176cm（５尺８寸）
所属部屋	出羽海	体　重	94kg（25貫）
初土俵	明治45年５月場所序ノ口	得意手	右四つ、投げ、寄り
十両昇進	大正８年５月場所		
入　幕	大正11年１月場所		
最終場所	大正13年１月場所		

敏捷な相撲ぶりで投げを得意とした。当時、力士の間で流行した野球の選手としても活躍している。続けて負け越しても番付に恵まれて下がらず、逆に昇進した。大正12年春場所に４勝２敗１預３休で、翌夏場所に前頭６枚目に上がっている。12年９月１日の関東大震災の際は、病気療養のために東京に残っていて家族とともに被災したが、１人だけ奇跡的に生き残った。しかし、悲嘆に暮れた高ノ山は、13年春場所の番付に名をとどめながらも、場所前に廃業した。

太刀ノ海 浪右エ門（前頭３枚目）
たちのうみ なみえもん

本　名	草間→野津貞助	幕内在位	５場所
生年月日	明治27年７月25日	幕内成績	12勝18敗１分20休
没年月日	昭和39年８月４日	勝　率	0.400
出身地	島根県安来市大塚町	身　長	173cm（５尺７寸）
所属部屋	友綱→東関→高砂	体　重	86kg（23貫）
初土俵	大正２年１月場所	得意手	突っ張り、左四つ、つり出し
十両昇進	大正８年５月場所	年寄名	木瀬（昭和22年11月廃業）
入　幕	大正11年１月場所		
最終場所	大正14年１月場所		

四股名が示す通り横綱太刀山の弟子で、額が広く素朴な風貌だった。突っ張り、左四つからのつり出しが武器。幕内在位５場所のうち勝ち越しは１場所だけだったが、番付運も手伝って前頭３枚目まで昇進するという幸運に恵まれた。しかし、病気がちで休みが多かった。引退後は年寄木村瀬平（通称・木瀬）を襲名し、長年にわたって桟敷部長を担当。昭和12年、旧師太刀山の還暦に際して、上野精養軒で行われた横綱土俵入りで露払いを務めた。

柏山 大五郎（関脇）

かしわやま だいごろう

本名	青柳政一	最終場所	昭和３年１月場所
生年月日	明治34年４月12日	幕内在位	14場所
没年月日	昭和54年１月20日	幕内成績	56勝68敗３分預24休
出身地	新潟県長岡市宮路町	勝率	0.452
四股名	越ノ嶽→柏山	身長	173cm（５尺７寸）
所属部屋	山科	体重	86kg（23貫）
初土俵	大正６年１月場所	得意手	右四つ、つり出し、押し
十両昇進	大正10年５月場所		
入幕	大正11年５月場所		

それほど大きな体格ではなかったが、色浅黒く筋肉質で、一種の魅力があった。組んで良し離れて良しの万能型。出足も速く変化にも富み、右四つ、つり、寄りが得意で取り口はきびきびしていた。大関太刀光とは入幕以来の好敵手。小結だった大正13年夏場所には横綱西ノ海と同体で預かりとなるなど７勝３敗１預かりの成績をマーク。翌14年春場所には関脇に昇進した。しかし、関脇では１勝を挙げたのみ。病気もあって番付は急降下した。

綾鬼 喜一郎（前頭５枚目）

あやおに きいちろう

本名	杉山喜一郎	幕内在位	12場所
生年月日	明治33年６月17日	幕内成績	38勝66敗７分18休
没年月日	昭和20年10月５日	勝率	0.365
出身地	静岡県三島市南二日町	身長	164cm（５尺４寸）
所属部屋	中川	体重	129kg（34貫500）
初土俵	大正２年１月場所	得意手	押し
十両昇進	大正９年１月場所		
入幕	大正11年５月場所		
最終場所	昭和４年３月場所		

入門したばかりのころは怪童といわれ、巡業地で「子ども土俵入り」を行っていた。短躯・肥満の体からの激しい突っ張りと押しを得意とし、前頭５枚目まで上がった。そして、５枚目に上がった大正14年夏場所の７日目には、横綱西ノ海を左差し、右おっつけから、一気に寄り切る殊勲を挙げている。しかし、その後は病気も災いして振るわずに下位に落ちた。大変な稽古熱心な力士だったという。また、その容貌から「平家がに」と呼ばれたりもした。

楢錦 政吉（前頭筆頭）

ならにしき まさきち

本名	佐藤政吉	幕内在位	12場所
生年月日	明治27年３月10日	幕内成績	45勝64敗３分18休
没年月日	昭和48年７月16日	勝率	0.413
出身地	秋田県大仙市南外	身長	171cm（５尺６寸５分）
所属部屋	追手風→湊川	体重	86kg（23貫）
初土俵	大正３年１月場所	得意手	右四つ、押し
十両昇進	大正７年５月場所		
入幕	大正12年１月場所		
最終場所	昭和２年10月場所		

均整の取れた浅黒い体付き。容貌から「苦み走ったいい男」と評判をとった。右四つ、押しが得意で、稽古熱心だった。大正３年に追手風部屋に入門、その後、湊川部屋の所属となった。大正12年春場所に入幕、前頭筆頭まで進んでいる。その力量は一部からかなりの評価を受けていたが、十分に力を発揮しないうちに廃業してしまった。幕内在位12場所で、勝率は４割を少し越す程度といった、どちらかといえば地味な存在であった。廃業後は岐阜県多治見市で過ごした。

山錦(やまにしき) 善治郎(ぜんじろう)(関脇)

本　名	山田善次郎	幕内在位	28場所
生年月日	明治31年４月17日	幕内成績	155勝132敗４分15休
没年月日	昭和47年５月27日	勝　率	0.540
出身地	大阪府大阪市北区大淀南	優　勝	１回
所属部屋	出羽海	身　長	173cm（５尺７寸）
初土俵	大正６年５月場所	体　重	107kg（28貫500）
十両昇進	大正11年１月場所	得意手	押し
入　幕	大正12年１月場所		
最終場所	昭和７年１月場所脱退		

押し一本やり。出足が非常に速く土俵度胸もあって、立ち上がりから一気に押す相撲は、まさに猪突猛進という言葉がぴったりだった。前頭５枚目の昭和５年夏場所、11勝全勝で平幕優勝を飾っている。学生相撲（関西大学）で鳴らし、横綱大錦を慕って入門。大正15年夏場所には横綱西ノ海を一気に押し出したのをはじめ、大関時代の玉錦に４勝１敗、また横綱宮城山を「お得意さん」として３連勝した。昭和７年の「春秋園事件」で新興力士団と行動をともにした。

清水川(しみずがわ) 元吉(もときち)(大関)

本　名	長尾米作	幕内在位	34場所
生年月日	明治33年１月13日	幕内成績	193勝130敗３分44休
没年月日	昭和42年７月５日	勝　率	0.598
出身地	青森県五所川原市鶴ヶ岡	優　勝	３回
所属部屋	二十山	身　長	179cm（５尺９寸）
初土俵	大正６年１月場所	体　重	109kg（29貫）
十両昇進	大正11年１月場所	得意手	右四つ、上手投げ
入　幕	大正12年１月場所	年寄名	追手風（昭和40年１月定年退職）
最終場所	昭和12年５月場所		

清水川といえば上手投げといわれるくらい、その豪快さ、切れ味は天下一品だった。小結に上がりながら私行上の問題で破門され、父親が自殺してわびを入れ、復帰を許された。幕下から取り直して大関まで上がり、優勝３回、そのうち２回は全勝という立派な成績を収めている。横綱も期待され、最終場所となった昭和12年夏場所も10勝３敗と準優勝の成績だったが、腰を痛めあっさりと引退。古武士の風格があり、かま首をもたげたような仕切りは親しまれた。

槍ヶ嶽(やりがたけ) 峰五郎(みねごろう)(前頭９枚目)

本　名	吉村親太郎	最終場所	大正15年５月場所
生年月日	明治29年12月28日	幕内在位	６場所
没年月日	大正15年５月30日（現役中）	幕内成績	24勝40敗１休
出身地	長野県長野市松代町西寺尾	勝　率	0.375
四股名	岸ノ松→槍ヶ嶽	身　長	173cm（５尺７寸）
所属部屋	熊ヶ谷→出羽海	体　重	86kg（23貫）
初土俵	大正５年１月場所	得意手	左四つ、突き、押し
十両昇進	大正10年５月場所		
入　幕	大正12年５月場所		

初めは熊ヶ谷の弟子となり、岸ノ松と名乗った。師匠が老齢のために大正10年に廃業し、弟子はそれぞれの意思で他の部屋に移ることになり、岸ノ松は出羽海部屋所属となった。十両だった12年春場所、槍ヶ嶽と改名し、同場所で６勝３敗の成績を挙げ、翌夏場所に入幕した。左四つを得意としたが、これといった特色はなく、１度勝ち越しただけで幕内下位に低迷、15年夏場所で十両に陥落、この場所は休場して、場所直後に現役のまま死亡した。

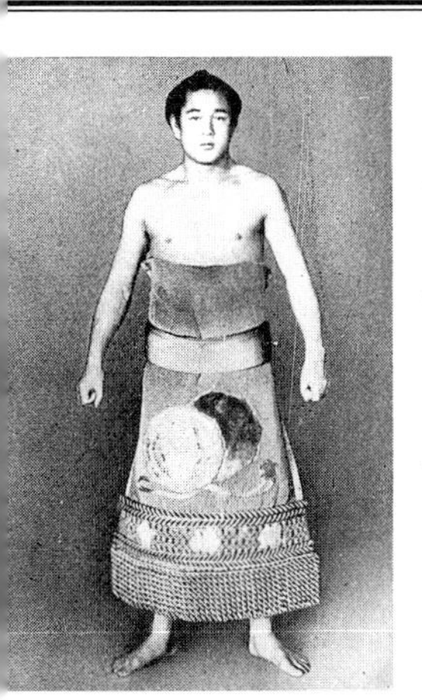

大蛇山（おろちやま） 西之助（とりのすけ）（前頭筆頭）

本名	茂木西之助	幕内在位	23場所
生年月日	明治30年12月26日	幕内成績	94勝126敗５分27休
没年月日	昭和31年５月24日	勝率	0.427
出身地	秋田県雄勝郡羽後町田代	優勝	１回
所属部屋	錦嶋	身長	179cm（５尺９寸）
初土俵	大正５年１月場所	体重	94kg（25貫）
十両昇進	大正９年１月場所	得意手	左四つ、寄り切り
入幕	大正12年５月場所	年寄名	立田山→錦島
最終場所	昭和５年10月場所		

前頭８枚目の大正15年夏場所、常陸岩、玉錦らを破って10勝１敗の成績で平幕優勝した。その前年の春場所には、横綱常ノ花のやぐら投げを左外掛けで浴びせ倒している。相手の胸に頭をつけて食い下がりの体勢になれば出足もあり、投げ、足癖など見せてしぶとい相撲を取った。腰に粘りがあるので、はたかれても前に落ちなかった。色白、柔軟な体。錦嶋部屋では、能代潟と大蛇山、どちらが大関になるかとまでいわれたが、三役にも昇進できなかった。

常陸岩（ひたちいわ） 英太郎（えいたろう）（大関）

本名	桜井英太郎	幕内在位	25場所
生年月日	明治33年３月９日	幕内成績	147勝74敗６分44休
没年月日	昭和32年７月21日	勝率	0.665
出身地	東京都中央区日本橋蠣殻町	優勝	１回
所属部屋	出羽海	身長	173cm（５尺７寸）
初土俵	大正６年５月場所	体重	114kg（30貫500）
十両昇進	大正11年５月場所	得意手	右四つ、寄り、つり出し
入幕	大正12年５月場所	年寄名	境川
最終場所	昭和６年３月場所		

東京のど真ん中、日本橋出身の大関。立ち合いガチンと当たって、体重を利して鋭く寄っていくか、大きな腹を利用してのつり出しが得意。昭和２年夏場所、大関に昇進、３年春場所には10勝１敗で優勝している。大関在位16場所での成績は87勝53敗１分で勝率６割２分１厘とまずまずだが、わきが甘く相手を土俵際まで詰めた際に、時折、気を抜くのが欠点とされた。全盛時の出羽海部屋の大関として人気があった。引退後は年寄境川となり、新聞の相撲評で健筆を振るった。

鬼風（おにかぜ） 一男（かずお）（前頭付出＝７枚目格）

本名	宮本一男	幕内在位	４場所
生年月日	明治32年６月21日	幕内成績	11勝30敗２休
没年月日	昭和２年５月24日(現役中)	勝率	0.268
出身地	兵庫県神戸市中央区東川崎町	身長	165cm（５尺４寸５分）
四股名	若ノ戸→大木戸（大阪）→鬼風	体重	105kg（28貫）
所属部屋	湊（大阪）→出羽海	得意手	左四つ、寄り
初土俵	大正13年１月場所幕内格付出		
入幕	大正13年１月場所付出		
最終場所	昭和２年５月場所		

元大阪力士で、横綱大木戸の愛弟子。初めは若ノ戸と名乗った。大正９年夏場所入幕。短躯・肥満の体型で左四つからの寄りを得意とし、腹を使ってのつり、うっちゃりも巧みであった。11年夏場所、関脇で７勝３敗、大関となった翌12年春場所には９勝１敗で優勝している。しかし、夏場所前に起こった竜神事件の責任を取って廃業。あらためて東上して、鬼風と改名して幕内に付け出されたが、満足な成績は挙げられず、陥落した十両時代に現役のまま他界した。

常陸嶽 理市（前頭２枚目）
ひたちだけ りいち

本　名	藤田理市	幕内在位	21場所
生年月日	明治32年４月６日	幕内成績	87勝129敗15休
没年月日	昭和33年11月５日	勝　率	0.403
出身地	広島県福山市神辺町湯野	身　長	177cm（５尺８寸５分）
所属部屋	出羽海	体　重	88kg（23貫500）
初土俵	大正６年５月場所	得意手	上突っ張り
十両昇進	大正12年１月場所	年寄名	竹縄
入　幕	大正13年５月場所		
最終場所	昭和５年10月場所		

痩せ型で突っ張り専門。その元気いっぱいの取り口は「潔い」と評されたが、一本調子だった。稽古熱心は有名で、昭和２年夏場所、横綱西ノ海をからみ投げで倒したこともある。最高位に上がった３年春場所に能代潟、真鶴ら西方の精鋭を破ったころが全盛期。現役時代から弁論も立ち、引退後は米国に渡り、日系2世に相撲指導を行っていたこともある。年寄竹縄となり、検査役として勝負に対する公平な意見で信望が厚く、後に理事となっている。

若太刀 芳之助（前頭６枚目）
わかたち よしのすけ

本　名	松井芳之助	幕内在位	４場所
生年月日	明治31年７月19日	幕内成績	11勝20敗９分４休
没年月日	昭和49年１月28日	勝　率	0.355
出身地	富山県富山市宮尾	身　長	171cm（５尺６寸５分）
所属部屋	友綱→東関→高砂	体　重	90kg（24貫）
初土俵	大正３年５月場所	得意手	押し、右四つ
十両昇進	大正８年１月場所		
入　幕	大正13年５月場所		
最終場所	大正15年５月場所		

体格には恵まれなかったが、力が強く、不屈の努力と熱心な稽古で弱点を補った。同郷の横綱太刀山の弟子となり、師匠の廃業後は高砂部屋に移籍したものの冷遇され、また番付運も悪かった。大正14年春場所初日には、横綱常ノ花を猛烈な突っ張り合いから突き出しに破っている。廃業後は映画に出演するかたわら、素人相撲の指導にも当たった。実兄も太刀ノ音と名乗って明治41年春場所に十両、最高位は十両３枚目で若者頭となっている。

外ヶ濱 弥太郎（前頭筆頭）
そとがはま やたろう

本　名	斉藤弥作	最終場所	昭和９年１月場所
生年月日	明治30年８月27日	幕内在位	28場所
没年月日	昭和41年５月30日	幕内成績	127勝140敗４分37休
出身地	青森県弘前市小金崎	勝　率	0.476
四股名	綾緑→外ヶ濱	身　長	174cm（５尺７寸５分）
所属部屋	入間川→出羽海→千賀ノ浦→出羽海	体　重	92kg（24貫500）
初土俵	大正５年１月場所	得意手	右四つ、投げ、寄り
十両昇進	大正12年１月場所	年寄名	峰崎→千賀ノ浦（昭和37年８月定年退職）
入　幕	大正13年５月場所		

中肉中背の筋肉質。押し、突っ張りもみせ、得意の右四つになると力強く、寄り、投げもある堅実な取り口。ただ、ひどい近眼のために、立ち合いが不利だったり、相手に眩惑されることがあった。昭和２年春場所、横綱西ノ海が出てくるところを土俵際でうまく突き落とし、逆転勝ちしている。綾川（千賀ノ浦）を頼って入門、後に出羽海部屋へ。大正15年春場所に前頭筆頭まで上がった。

いちのはま　ぜんのすけ
一ノ濱　善之助（前頭４枚目）

本　名	佐々木→高橋→大塚善作	最終場所	昭和３年10月場所
生年月日	明治30年４月20日	幕内在位	13場所
没年月日	昭和37年９月９日	幕内成績	47勝68敗５分23休
出身地	北海道亀田郡七飯町大中山	勝　率	0.409
四股名	大江嶽→一ノ濱	身　長	176cm（５尺８寸）
所属部屋	井筒	体　重	83kg（22貫）
初土俵	大正５年１月場所	得意手	左四つ、つり出し
十両昇進	大正11年５月場所	年寄名	九重（昭和５年10月廃業）
入　幕	大正13年５月場所		

初めは大江嶽の四股名で土俵に上がり、のちに一ノ濱と改名した。細身の体ながら左四つに組んでのつりを得意にした。幕内在位は13場所で最高位は前頭４枚目。典型的な中堅力士だった。昭和２年夏場所２日目には物言いのつく微妙な一番だったが、大関大ノ里に左からの小手投げで勝っている。当時としてはハイカラな力士で、現役中にオートバイを乗り回すなどしていた。引退して年寄九重を襲名したが、大関の豊國に譲って２年ほどで廃業、協会を去った。

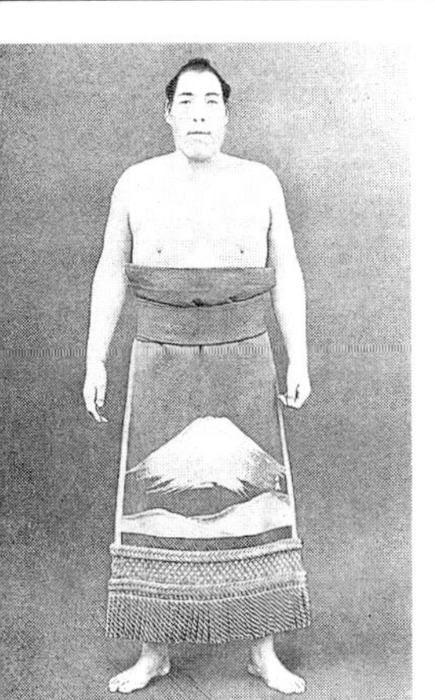

でわがたけ　ぶんじろう
出羽ヶ嶽　文治郎（関脇）

本　名	佐藤→斎藤文治郎	幕内在位	31場所
生年月日	明治35年12月20日	幕内成績	150勝138敗53休
没年月日	昭和25年６月９日	勝　率	0.521
出身地	山形県上山市永野	身　長	206cm（６尺８寸）
所属部屋	出羽海	体　重	195kg（52貫）
初土俵	大正７年５月場所	得意手	右四つ、小手投げ、さば折り
十両昇進	大正11年１月場所	年寄名	田子ノ浦
入　幕	大正14年１月場所		
最終場所	昭和14年５月場所		

“文ちゃん”の愛称で大正末期の人気を独占した巨人力士。東京・青山の病院長斎藤紀一氏（歌人・斎藤茂吉の義父）に寄宿しているところを常陸山がスカウト。末は横綱、大関かという期待を集めて大正14年春場所入幕。翌夏場所に能代潟を倒して９勝２敗、15年春場所に関脇。続く夏場所、太刀光をさば折りで負傷させ、横綱西ノ海を倒した辺りが全盛期で、この後、脊椎を痛めて三段目まで落ちた。「番付もくだりくだりで弱くなりし出羽嶽見に来て黙しけり」（茂吉）。

にしきなだ　よさぶろう
錦洋　与三郎（関脇）

本　名	豊平才蔵	最終場所	昭和７年１月場所脱退
生年月日	明治33年７月５日	幕内在位	24場所
没年月日	昭和35年３月１日	幕内成績	137勝101敗３分預23休
出身地	鹿児島県霧島市福山町	勝　率	0.576
四股名	福山→錦洋	身　長	176cm（５尺８寸）
所属部屋	井筒	体　重	111kg（29貫500）
初土俵	大正６年５月場所	得意手	押し、すくい投げ
十両昇進	大正12年５月場所		
入　幕	大正14年１月場所		

立ち合いから出足速の押し、寄りを得意とし、すくい投げもみせた。何よりも攻勢一本、常に相手の陣内で相撲を取り、自分の陣内では負けないという、はつらつとした取り口が人気を集めた。部屋は異なったが、元両國の出羽海親方は特に錦洋の前途を期待していたという。関脇まで昇進したが、昭和７年、革新力士団に加わり、関西角力協会の副将として天竜らと苦楽を共にし、そのまま帰参しなかった。早大相撲部ＯＢで学生時代に鳴らした豊平悠三氏は実兄。

吉野山(よしのやま) 要治郎(ようじろう)（前頭筆頭）

本　名　大上戸要治郎
生年月日　明治29年1月3日
没年月日　昭和31年2月6日
出身地　富山県黒部市生地
四股名　緑浪→吉野山
所属部屋　立浪
初土俵　大正5年1月場所
十両昇進　大正13年1月場所
入　幕　大正14年1月場所
最終場所　昭和8年1月場所
幕内在位　29場所
幕内成績　120勝193敗2分
勝　率　0.383
身　長　175cm（5尺8寸）
体　重　92kg（24貫500）
得意手　左四つ、押し、のど輪、うっちゃり
年寄名　中川

筋肉隆々とした外見そのままに、力が強く腰もよかった。押しに威力があり、力に任せてのど輪攻めもよくみせた。得意は左四つで、相撲ぶりは地味だったが、独特のうっちゃりもあり実に堅実だった。横綱常ノ花を昭和2年春場所から3回も破り、また大関大ノ里も3度破っている。当時は小部屋だった立浪部屋を旭川や双葉山の台頭するまで支えた功績は大きい。年寄中川として長く検査役を務めた。相撲茶屋「西川家」も経営した。元幕内清恵波は女婿。

雷ノ峰(らいのみね) 伊助(いすけ)（前頭3枚目）

本　名　新倉伊助
生年月日　明治36年8月17日
没年月日　昭和15年5月10日
出身地　神奈川県横須賀市秋谷
所属部屋　雷→白玉→八角→立浪
初土俵　大正8年1月場所
十両昇進　大正13年5月場所
入　幕　大正14年5月場所
最終場所　昭和7年1月場所脱退
幕内在位　23場所
幕内成績　114勝135敗4休
勝　率　0.458
身　長　186cm（6尺1寸5分）
体　重　98kg（26貫）
得意手　右四つ、つり、投げ、うっちゃり、突き出し

雷部屋の有望力士だったが、2代目梅ヶ谷の雷の没後は立浪部屋に属した。長身で右四つに組むとつり、寄りをみせ、投げも強く、時に突っ張りと多彩な攻めを持つなど、しぶとい相撲をみせた。特に上位に強く、横綱西ノ海から金星を挙げたのをはじめ、大関豊國を3度、大関大ノ里を4度も倒している。昭和2年夏場所には9勝2敗の好成績で優勝旗手を務めた。八頭身でスマートな見栄えのいい容姿だった。昭和7年に革新力士団に加わり、そのまま復帰せずに終わった。

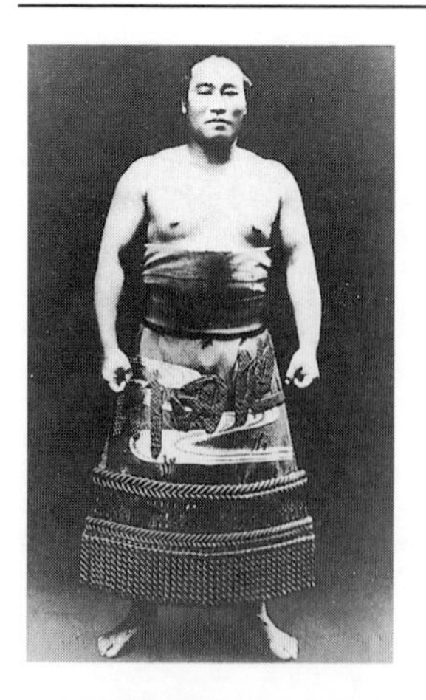

池田川(いけだがわ) 助松(すけまつ)（前頭4枚目）

本　名　丸山助松
生年月日　明治33年8月11日
没年月日　昭和41年5月19日
出身地　富山県中新川郡立山町池田
所属部屋　立浪
初土俵　大正8年5月場所
十両昇進　大正13年1月場所
入　幕　大正14年5月場所
最終場所　昭和6年10月場所
幕内在位　14場所
幕内成績　57勝95敗1分1休
勝　率　0.375
身　長　168cm（5尺5寸5分）
体　重　101kg（27貫）
得意手　左四つ、投げ、押し

小太りで首が太い、いわゆるずんぐりむっくり型。仕切りの際に前後に首を振る癖があった。力は強く、立ち合いぶちかまして左を差して出ていくのが得意で、ときには投げもみせた。小柄な体型という不利を補って、常に力いっぱい闘う敢闘タイプの力士だった。元緑嶋の立浪親方を頼って入門、大正8年夏場所に初土俵を踏み、4年で十両、さらに1年半で入幕して前頭4枚目まで進んだのは、体格からみても立派な成績といえる。昭和6年10月場所を最後に廃業している。

たろうやま　ゆうきち
太郎山 勇吉（前頭５枚目）

本　名　宮島諭吉
生年月日　明治34年３月25日
没年月日　昭和39年12月30日
出身地　長野県上田市上田
所属部屋　浦風→高砂→伊勢ヶ濱
初土俵　大正７年１月場所
十両昇進　大正13年５月場所
入　幕　大正14年５月場所
最終場所　昭和10年１月場所

幕内在位　22場所
幕内成績　105勝136敗１分
勝　率　0.436
身　長　180cm（５尺９寸５分）
体　重　105kg（28貫）
得意手　右四つ、つり出し
年寄名　浦風

色白の美男子で、土俵入りの際は、いつも桟敷のきれいどころから黄色い声援を受けていた。「男は太郎山」などといわれたものの、実力は人気ほどは伴わなかった。上背もあり、また数少ない長野県出身の幕内力士として、高登の登場までは将来を嘱望されたが、右四つ、つり出しの取り口で勝ちみが遅く、約10年の幕内生活で三役に上がることはなかった。引退後は師匠の浦風を継ぎ、長く検査役を務めた。また、部屋を再興したが、関取育成には至らなかった。

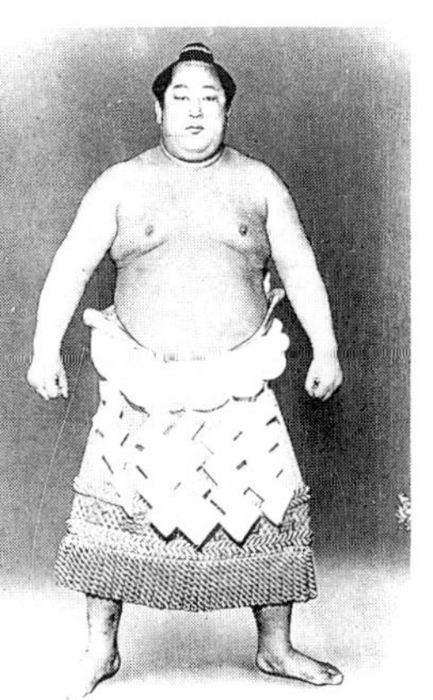

たまにしき　さんえもん
玉錦 三右エ門（横綱）

本　名　西ノ内弥寿喜
生年月日　明治36年12月15日
没年月日　昭和13年12月４日
出身地　高知県高知市農人町
所属部屋　二所ノ関→粂川→二所ノ関
初土俵　大正８年１月場所
十両昇進　大正14年１月場所
入　幕　大正15年１月場所
最終場所　昭和13年５月場所

幕内在位　38場所
幕内成績　308勝92敗３分17休
勝　率　0.770
優　勝　９回
身　長　173cm（５尺７寸）
体　重　139kg（37貫）
得意手　右四つ、寄り切り、つり出し
年寄名　二所ノ関（二枚鑑札）

素質には恵まれていなかったが、生来の負けん気と血の出るような猛稽古で、右差し、一気の出足を身に付けて、宮城山引退後空白となった横綱の地位を埋めた。その激しい稽古は後に二所ノ関部屋の伝統となった。また、親分肌の男気もあって、小部屋を１代で大部屋に成長させた。優勝９回、27連勝と玉錦時代を迎えようとした折に双葉山が登場し、王座交代が行われたのは周知のとおり。虫垂炎のため、現役のまま他界。横綱土俵入りは、錦絵のようだと評された。

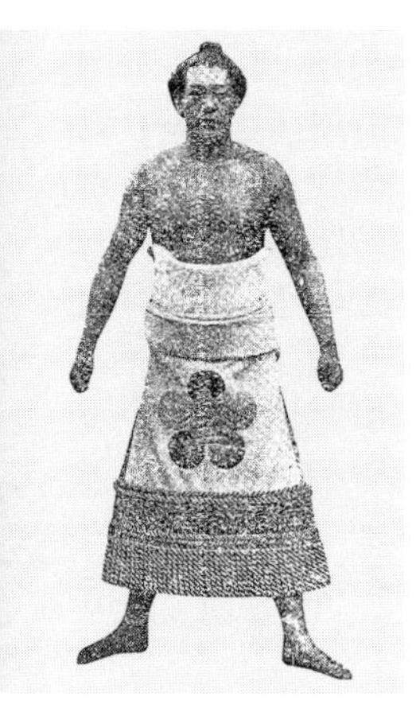

けんろくざん　てつたろう
兼六山 鉄太郎（前頭13枚目）

本　名　久田末吉
生年月日　明治32年２月20日
没年月日　昭和42年１月４日
出身地　石川県金沢市上中町
四股名　磐石→兼六山
所属部屋　浦風→立浪
初土俵　大正６年５月場所
十両昇進　大正９年１月場所
入　幕　大正15年５月場所

最終場所　昭和２年10月場所
幕内在位　１場所
幕内成績　０勝０敗11休
勝　率　0.000
身　長　183cm（６尺５分）
体　重　98kg（26貫）
得意手　つり、上突っ張り

初めは磐石と名乗り、幕下だった大正12年春場所に日本３大名園の一つとして名高い出身地・金沢市の「兼六園」から四股名を採って兼六山と改めた。身長があり、力も強く、足腰もいいという男前の力士で、長身を利してのつりを得意とした。新入幕の15年夏場所前に病気に罹ったため、同場所を不幸にも全休。幕内力士として、１回も土俵に上がることなく、その後十両に落ちても勝ち越せず廃業に追い込まれた。茨城県水戸市で晩年を過ごした。

稲ノ森 勉（前頭14枚目）

いねのもり つとむ

本　名	古閑勉	幕内在位	１場所
生年月日	明治32年５月17日	幕内成績	０勝11敗
没年月日	昭和38年７月20日	勝　率	0.000
出身地	熊本県熊本市西区蓮台寺町	身　長	173cm（５尺７寸）
所属部屋	入間川→出羽海	体　重	94kg（25貫）
初土俵	大正８年１月場所	得意手	右四つ、寄り切り
十両昇進	大正12年５月場所		
入　幕	大正15年５月場所		
最終場所	昭和３年３月場所		

序ノ口から７場所で十両に昇進。ここまでは早かった。その後十両には６場所いて、大正最後の15年夏場所幕内に上がったが、その場所は一つの白星もなく11戦全敗だった。十両に後退してからも復活のきっかけをつかめず、２年後には十両尻で全休して廃業、結局幕内はその１場所に終わっている。立ち合いの駆け引きはうまく、柔らかみのある体だった。右四つに組んでの寄り身、投げを得意としていたが、地力不足で線香花火のような力士人生だった。

泉洋 藤太郎（前頭７枚目）

いずみなだ とうたろう

本　名	山条藤太郎	入　幕	大正15年５月場所
生年月日	明治29年１月４日	最終場所	昭和３年１月場所
没年月日	昭和12年12月17日	幕内在位	６場所
出身地	大阪府高石市取石	幕内成績	25勝28敗13休
四股名	朝ノ森→駒泉→朝ノ森（大阪）→泉洋→朝ノ森→泉洋	勝　率	0.472
所属部屋	井筒→猪名川（大阪）→井筒	身　長	176cm（５尺８寸）
初土俵	明治45年１月場所	体　重	105kg（28貫）
十両昇進	大正11年１月場所	得意手	右四つ、押し、寄り

右四つからの寄り、押しを得意としたが、地味で目立たない存在だった。初めは井筒部屋へ入門、脱走して大阪の猪名川の弟子となった。朝ノ森→駒泉→朝ノ森と四股名を改めて幕下まで上がったところで上京、井筒部屋に再入門した。ここでも泉洋→朝ノ森→泉洋と改名を繰り返している。昭和２年春場所の幕尻で６勝５敗、３月場所は７勝４敗と勝ち越したが、中軸に昇進してからは振るわなかった。３代西ノ海の横綱土俵入りで露払いを務めた。

大相撲歴代幕内全力士名鑑

昭和（戦前）編

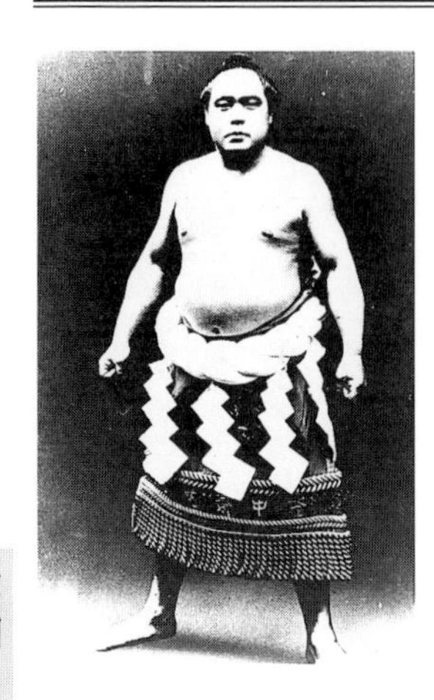

みやぎやま　ふくまつ
宮城山 福松（横綱）

本　名	佐藤福松	最終場所	昭和６年１月場所
生年月日	明治28年２月27日	幕内在位	17場所
没年月日	昭和18年11月19日	幕内成績	90勝69敗１分38休
出身地	岩手県一関市山目町	勝　率	0.566
四股名	岩手川→宮木山→宮城山	優　勝	２回
所属部屋	出羽海→高田川	身　長	174cm（５尺７寸５分）
初土俵	明治43年６月場所	体　重	113kg（30貫）
入　幕	昭和２年１月場所大阪から加入（横綱）	得意手	右四つ、寄り切り、つり出し
		年寄名	白玉→芝田山

出羽海部屋に入門し岩手川の四股名で初土俵を踏んだが、三段目のときに大阪相撲に加入。高田川の弟子となった大正２年夏場所に宮木山の名で幕下付出、5年夏場所には宮城山と名乗って入幕。６年１月場所には早くも大関に昇進し、1年２月に司家から第29代の横綱を許された。大阪相撲の一枚看板として、このころが全盛期。横綱としては休場がちだったが、東西合併最初の場所に優勝している。柔らかみのある技巧派で、江戸前の速い相撲で前さばきに定評があった。

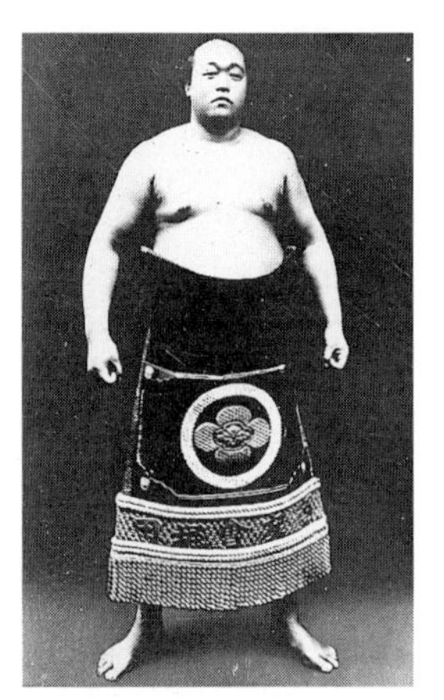

まなづる　しゅうごろう
真鶴 秀五郎（小結）

本　名	窪田政義	最終場所	昭和６年10月場所
生年月日	明治35年３月30日	幕内在位	20場所
没年月日	昭和12年12月４日	幕内成績	85勝97敗38休
出身地	奈良県天理市中町	勝　率	0.467
四股名	吉ノ川→大泰山→真鶴	身　長	183cm（６尺５分）
所属部屋	追手風→朝日山	体　重	113kg（30貫）
初土俵	大正７年５月場所	得意手	右四つ、寄り切り
入　幕	昭和２年１月場所大阪から加入		

恵まれた体格で相撲ぶりにも柔らかみがあり、つりを得意とした豪放な四つ相撲。初め追手風部屋に入門、吉ノ川の四股名で三段目まで進んだが目立たない存在だった。大正12年、大阪相撲の朝日山門人となったころから太りはじめ、14年夏場所に入幕、15年春場所に前頭筆頭となり次期横綱かと嘱望された。東西合併の際は大阪方で最も期待され、昭和４年夏場所には横綱常ノ花を水入りの大相撲で破るなど活躍。しかし、酒癖が悪く再三新聞ダネになるなど大成しなかった。

かつらがわ　りきぞう
桂川 力蔵（前頭５枚目）

本　名	西田→木村勇三郎	最終場所	昭和３年５月場所
生年月日	明治28年２月８日	幕内在位	８場所
没年月日	昭和３年５月16日（現役中）	幕内成績	22勝32敗34休
出身地	京都府京都市上京区荒神口通河原町	勝　率	0.407
四股名	鹿ヶ谷→桂川	身　長	177cm（５尺８寸５分）
所属部屋	雷→三保ヶ関	体　重	113kg（30貫）
初土俵	大正３年１月場所	得意手	上突っ張り
入　幕	昭和２年１月場所大阪から加入		

激しい上突っ張りを得意とする気っぷのいい敢闘型力士。初め鹿ヶ谷と名乗って雷部屋に所属。序二段だった大正５年に大阪相撲に。三保ヶ関の弟子となって桂川と改名、９年夏場所入幕、翌10年には東前頭12枚目で８勝２敗で優勝。以後は幕内上位で活躍し、筆頭が最高位。東西合併後幕内に編入され、昭和３年春場所には男女ノ川、鏡岩らを破って８勝３敗の好成績を挙げたが、次の夏場所中に死去した。「ふてぶてしい」と評された容貌だが、人柄は温厚だった。

あらくま　たにごろう
荒熊　谷五郎（前頭６枚目）

本　名	前田熊次	幕内在位	16場所
生年月日	明治32年12月13日	幕内成績	70勝105敗１休
没年月日	昭和54年９月23日	勝　率	0.400
出身地	兵庫県加古川市東神吉町	身　長	174cm（５尺７寸５分）
四股名	陣昇→荒熊	体　重	113kg（30貫）
所属部屋	陣幕	得意手	右四つ、寄り切り
入　幕	昭和２年１月場所大阪から加入		
最終場所	昭和６年３月場所		

大阪相撲では大関だったが、実力的には幕内中位。色浅黒く胴長で、筋肉隆々としていた。大阪相撲の陣幕の弟子となり、大正７年５月、陣昇の四股名で初土俵、10年１月、幕下の時世話になった旅館主の屋号「荒熊」を四股名としている。11年夏場所入幕、12年の紛擾後の場所で優勝同点、13年夏場所に大関となり、人材不足の大阪相撲を支える力士となった。勝ちみが遅く、東西合併後は昭和３年夏場所宮城山から金星を奪ったものの幕内中堅から下位に甘んじた。

きんじょうざん　ゆうきち
錦城山　勇吉（前頭２枚目）

本　名	村上幸作	幕内在位	８場所
生年月日	明治35年11月18日	幕内成績	32勝44敗12休
没年月日	昭和62年12月18日	勝　率	0.421
出身地	兵庫県洲本市物部	身　長	174cm（５尺７寸５分）
四股名	小鳴門→錦城山	体　重	96kg（25貫500）
所属部屋	小野川	得意手	押し
入　幕	昭和２年１月場所大阪から加入		
最終場所	昭和３年10月場所		

大阪の名門小野川部屋から小鳴門の四股名で初土俵。途中、上京しようとの意思もみせたが、後援者の説得で断念。大正10年夏場所に改名した錦城山の「錦城」は、大坂城の別称のことである。13年春場所入幕、14年夏場所には大阪相撲最後の大関昇進者となっている。体格には恵まれなかったが、足腰がよく粘りもあった。きびきびした土俵態度は東西合併後も変わらず、東京のファンにも支持された。前頭２枚目まで進んだが、３年10月場所に休場して、そのまま廃業した。

あさひかり　かめたろう
朝光　亀太郎（前頭６枚目）

本　名	塚本亀太郎	入　幕	昭和２年１月場所大阪から加入
生年月日	明治33年３月14日	最終場所	昭和５年10月場所
没年月日	昭和12年12月１日	幕内在位	14場所
出身地	大阪府東大阪市中小阪	幕内成績	59勝76敗19休
四股名	小朝日→朝汐（大阪）→朝潮→朝千鳥→朝潮（大阪）→朝光	勝　率	0.437
所属部屋	朝日山（大阪）→出羽海→朝日山	身　長	167cm（５尺５寸）
		体　重	98kg（26貫）
初土俵	大正13年１月場所十両格付出	得意手	上突っ張り

大阪相撲の名門朝日山部屋に入門、小朝日と名乗り、大正10年春場所に朝汐（後に朝潮）と改め、12年夏場所入幕。同場所前に紛擾があり、13年春場所に東京に加入、朝千鳥と名乗って出場したが、場所中に大阪に復帰。朝潮と四股名を改名して前頭筆頭まで進んだ。東西合併の際には朝光と改名している。典型的な中アンコ型の体型、上突っ張りが得意で、昭和３年夏場所６日目に大関大ノ里を突き出したのが特筆される程度だ。５年10月場所を最後に廃業している。

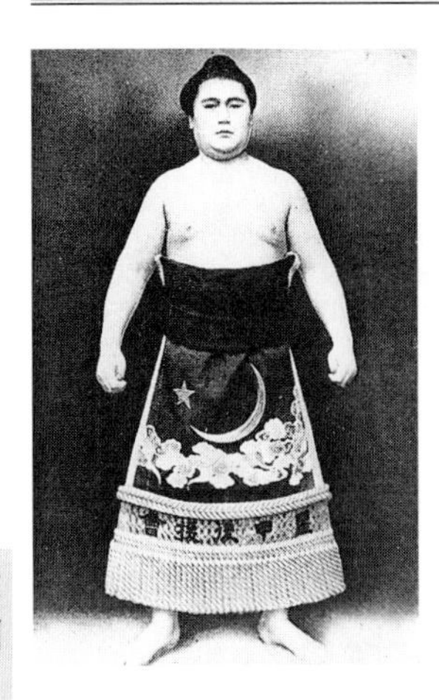

星甲（ほしかぶと） 實義（さねよし）（前頭２枚目）

本　名　中尾実義
生年月日　明治35年７月21日
没年月日　昭和19年９月23日
出身地　鹿児島県鹿児島市東千石町
所属部屋　井筒
初土俵　大正７年５月場所
十両昇進　大正14年５月場所
入　幕　昭和２年１月場所
最終場所　昭和６年３月場所

幕内在位　18場所
幕内成績　67勝66敗65休
勝　率　0.504
身　長　176cm（５尺８寸）
体　重　116kg（31貫）
得意手　左四つ、突っ張り、寄り切り
年寄名　井筒

大柄で丸い赤ら顔、立ち合いがうまく、その大きな体を使っての突進力はあったが、がっぷり四つに組むと威力が半減した。井筒部屋のホープとして期待され昭和３年夏場所には常陸岩、天竜らを破り９勝２敗の好成績を挙げた。このころは横綱となって４代目西ノ海を継ぐのではないかといわれたが、４年春場所常陸岩戦で足を痛めてからは振るわず、早く引退してしまった。しかし、年寄井筒となってからは弟子育成に手腕を発揮し、鶴ヶ嶺、小松山、葦葉山らを送り出した。

新海（しんかい） 幸蔵（こうぞう）（関脇）

本　名　中野幸蔵
生年月日　明治37年２月９日
没年月日　昭和51年２月17日
出身地　秋田県秋田市新屋栗田町
所属部屋　入間川→出羽海
初土俵　大正10年１月場所
十両昇進　大正14年５月場所
入　幕　昭和２年５月場所
最終場所　昭和12年５月場所

幕内在位　28場所
幕内成績　145勝164敗１分
勝　率　0.469
身　長　174cm（５尺７寸５分）
体　重　98kg（26貫）
得意手　右四つ、足癖、つり
年寄名　荒磯（昭和26年９月廃業）

新海といえば足癖といわれたほど、そのしつこい足癖で鳴らし、「タコ足の新海」と呼ばれた。あごを引き、相手の前まわしを取って食い下がり、足を掛けたら絶対に離さず、そのままもたれ込むのが特徴。後年の琴ヶ濱のようにスパッと切るように掛け倒すのとはタイプが異なった。また、組んでつりをみせるなどして関脇まで昇進。昭和12年夏場所限りで引退。年寄荒磯を襲名し検査役を務めたが26年に廃業。51年２月、神奈川県川崎市のアパートで焼死した。

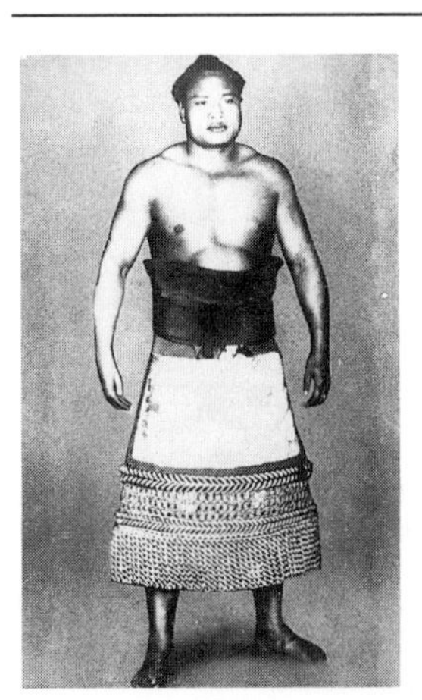

寶川（たからがわ） 政治（まさはる）（前頭３枚目）

本　名　兵藤亀松
生年月日　明治32年２月８日
没年月日　昭和48年12月２日
出身地　高知県高岡郡津野町芳生野
所属部屋　友綱
初土俵　大正10年５月場所幕下付出
十両昇進　大正14年１月場所
入　幕　昭和２年５月場所
最終場所　昭和９年５月場所

幕内在位　20場所
幕内成績　102勝114敗４休
勝　率　0.472
身　長　173cm（５尺７寸）
体　重　98kg（26貫）
得意手　左四つ、寄り切り

左四つ、寄りが得意で、肩口から乳にかけて傷痕があり、「月の輪熊」のあだ名があった。無愛想で、いつも苦虫をかみつぶしたような顔をした、写真嫌いでも通っていた。また、笑い顔を見せたことがなく、そのことを記者が聞くと、「何も笑わんけりゃならん理由はありゃせん。おかしいことがあれば笑うが、そうでなければ笑わんでよかろう」というのが、寶川の答えだった。昭和８年夏場所で10勝１敗の星を残し、優勝した玉錦と同成績を挙げたことがある。

つるぎだけ　きちごろう
剣岳 吉五郎（前頭２枚目）

本　名　五十里吉次郎
生年月日　明治29年１月１日
没年月日　昭和25年４月19日
出身地　富山県富山市古沢
四股名　二上山→立ノ山→剣山→剣岳
所属部屋　立浪
初土俵　大正５年１月場所
十両昇進　大正14年５月場所
入　幕　昭和２年５月場所
最終場所　昭和７年１月場所脱退
幕内在位　17場所
幕内成績　62勝123敗２休
勝　率　0.335
身　長　174cm（５尺７寸５分）
体　重　94kg（25貫）
得意手　右四つ、寄り切り、け返し

右四つ、寄りが得意だったが、粘りのある腰を使ってのうっちゃりもよくみせた。初土俵から５年かかって十両へ昇進し、昭和２年に入幕を果たしている。５年３月の大阪本場所の初日、日の出の勢いにあった新進武蔵山と対戦、武蔵山の勝利を疑う人などいなかった土俵で、剣岳はうっちゃりで勝つ大番狂わせを演じてファンを驚かせた。その風貌から「古武士のような風格」と評されたが、７年に革新力士団に加わって、そのまま終わった。

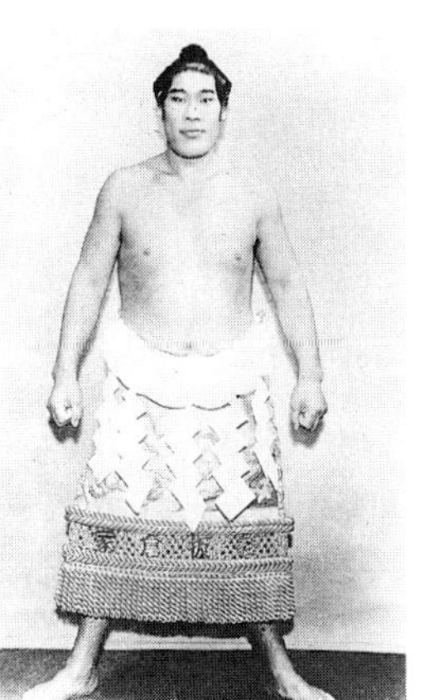

みなのがわ　とうぞう
男女ノ川 登三（横綱）

本　名　坂田供次郎
生年月日　明治36年９月17日
没年月日　昭和46年１月20日
出身地　茨城県つくば市磯部
四股名　男女ノ川→朝潮→男女ノ川
所属部屋　高砂→佐渡ヶ嶽→高砂→佐渡ヶ嶽
初土俵　大正13年１月場所
十両昇進　昭和２年１月場所
入　幕　昭和３年１月場所
最終場所　昭和17年１月場所
幕内在位　35場所
幕内成績　247勝136敗１分33休
勝　率　0.645
優　勝　２回
身　長　197cm（６尺５寸）
体　重　146kg（39貫）
得意手　左四つ、割り出し、小手投げ
年寄名　男女ノ川（一代年寄、昭和20年８月廃業）

怪力、巨人型の横綱だった。勝負にムラがあり勝つかと思うともろさもみせ、特に下半身の弱さから、結局は双葉山の引き立て役に終わった。朝潮を名乗ったこともあったが、「春秋園事件」で一時脱退、復帰して男女ノ川に戻り、昭和８年春場所には別席で清水川、玉錦らを連破し全勝優勝を飾った。引退廃業して、衆院選に出馬したり、保険の外交員、私立探偵などを転々として話題になった。

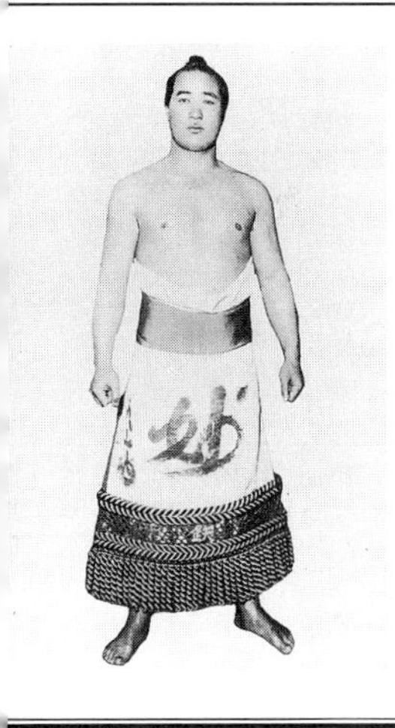

はたせがわ　くにしちろう
幡瀬川 邦七郎（関脇）

本　名　佐藤→大野邦七郎
生年月日　明治38年６月１日
没年月日　昭和49年５月12日
出身地　秋田県湯沢市八幡
所属部屋　楯山→伊勢ヶ濱
初土俵　大正11年５月場所
十両昇進　大正15年５月場所
入　幕　昭和３年３月場所
最終場所　昭和15年１月場所
幕内在位　34場所
幕内成績　174勝201敗11休
勝　率　0.464
身　長　173cm（５尺７寸）
体　重　86kg（23貫）
得意手　右四つ、小またすくい
年寄名　千賀ノ浦→楯山（昭和43年１月廃業）

小さな体での技能相撲は人呼んで「相撲の神様」。中でも、突っ張っていなし、相手の体を崩しての右四つ、出し投げから、小またすくいで攻めるのが得意で、さらに足技もみせた。相撲のうまさで関脇５場所、小結４場所を務め、しばしば男女ノ川、武蔵山を悩ませたが、玉錦には動きを読み取られ１度も勝てなかった。照國の岳父で、年寄楯山として協会の在京理事を務め運営に参画、特に戦後の相撲復興に尽力した。また、その技術論で解説や評論活動を行った。

潮ヶ濱 義夫（前頭11枚目）
しおがはま よしお

本　名	長谷川義夫	最終場所	昭和7年1月場所脱退
生年月日	明治30年12月8日	幕内在位	3場所
没年月日	昭和12年11月6日	幕内成績	10勝23敗
出身地	青森県つがる市木造町下福原	勝　率	0.303
四股名	汐ヶ濱→潮ヶ濱→潮ノ濱	身　長	170cm（5尺6寸）
所属部屋	高砂	体　重	90kg（24貫）
初土俵	大正6年1月場所	得意手	左四つ、足癖、突っ張り
十両昇進	大正12年5月場所		
入　幕	昭和3年3月場所		

相撲のうまさと速さで、非力で小さな体をカバーした。突っ張りと左四つになっての足技が武器だった。昭和3年3月の名古屋場所が初入幕だが、同年1月と5月の東京場所では幕下となっている。これは当初、東京と関西で別番付を編成していたためで、5年春場所には再入幕を果たしている。色白のやさ男だったが、頭脳は切れ、7年の春秋園事件では、革新力士団のまとめ役を務めている。この事件で脱退し、そのまま復帰しないで終わった。

開月 勘太郎（前頭13枚目）
かいげつ かんたろう

本　名	花田勘太郎	入　幕	昭和3年3月場所
生年月日	明治32年2月2日	最終場所	昭和8年5月場所
没年月日	昭和41年7月16日	幕内在位	3場所
出身地	福岡県宮若市黒丸	幕内成績	11勝21敗1分
四股名	諏訪ノ森→海月→開月	勝　率	0.344
所属部屋	尾車→峰崎→片男波→伊勢ノ海→花籠	身　長	170cm（5尺6寸）
		体　重	90kg（24貫）
初土俵	大正5年1月場所	得意手	右四つ、出し投げ
十両昇進	大正10年5月場所	年寄名	片男波（昭和25年5月廃業）

小柄だったが骨太の体で、右四つに食い付いて出し投げを打ったりする敢闘タイプの相撲ぶりをみせた。海月という四股名で土俵に上がっていたが、「海月はクラゲと読む」と聞かされて開月に改めたという。入幕した場所の前頭13枚目が最高位で、わずか3場所で十両に陥落、昭和8年夏場所で引退。元大戸平の尾車部屋に入門したが、師匠の死後、峰崎部屋から片男波部屋、さらに伊勢ノ海部屋に預けられ、後に兄弟子の三杉礒の興した花籠部屋へ移った。

鏡岩 善四郎（大関）
かがみいわ ぜんしろう

本　名	佐々木善四郎	幕内在位	29場所
生年月日	明治35年5月4日	幕内成績	174勝153敗4休
没年月日	昭和25年8月6日	勝　率	0.532
出身地	青森県十和田市滝沢	身　長	173cm（5尺7寸）
所属部屋	粂川	体　重	113kg（30貫）
初土俵	大正11年1月場所	得意手	右四つ、寄り切り、二丁投げ
十両昇進	昭和2年10月場所	年寄名	粂川
入　幕	昭和3年3月場所		
最終場所	昭和14年5月場所		

体つきや得意の寄り方から、あだ名は「猛牛」。昭和3年3月に入幕しているが、成績にムラがあり、7年には革新力士団に加わって一時脱退した。9年夏場所は小結で全敗。関脇の11年夏場所8日目には双葉山と全勝同士で対戦しうっちゃりに敗れ、双葉山は同場所全勝で初優勝したが、場所後そろって大関へ昇進。14年春場所の磐石戦では両者取り疲れ棄権、双方不戦敗の珍記録を残した。また、引退後は親友の双葉山に部屋を譲り、双葉山道場へ入っている。

玉碇（たまいかり） 佐太郎（さたろう）（前頭筆頭）

本　名　山村佐太郎
生年月日　明治34年３月29日
没年月日　昭和50年10月25日
出身地　和歌山県海南市日方
所属部屋　出羽海
初土俵　大正９年１月場所
十両昇進　大正14年１月場所
入　幕　昭和３年３月場所
最終場所　昭和７年１月場所脱退

幕内在位　15場所
幕内成績　76勝88敗１分
勝　率　0.463
身　長　170cm（５尺６寸）
体　重　105kg（28貫）
得意手　押し

押しに徹した力士だった。小柄だったが、「平ぐも」型の仕切りから、頭を下げ相手の懐に飛び込み、出足速に一気に押すタイプ。豊國や錦洋は、その押しを苦手としていた。気は強いがとても朗らかな性格で、当時は力士というよりも学生相撲のような感じを受けたという。昭和３年の３月場所に入幕し、前頭筆頭まで進んだが、春秋園事件で新興力士団に加わって脱退、関西相撲が解散した後も、復帰することなく終わった。

晴ノ海（はれのうみ） 弥太郎（やたろう）（前頭12枚目）

本　名　中西弥太郎
生年月日　明治31年12月６日
没年月日　昭和45年12月23日
出身地　高知県土佐市宇佐町
所属部屋　友綱
初土俵　大正４年５月場所
十両昇進　大正13年１月場所
入　幕　昭和３年５月場所
最終場所　昭和６年10月場所

幕内在位　２場所
幕内成績　9勝13敗
勝　率　0.409
身　長　176cm（５尺８寸）
体　重　86kg（23貫）
得意手　突っ張り、右四つ、下手投げ

相撲の盛んな土佐で、祖父、父ともに晴ノ海と名乗った相撲一家に生まれている。素人相撲で鳴らした一家で育っただけに自身も少年時代から活躍していた。突っ張りと右を差すと投げもみせ、また、なかなかの美男で人気も高かった。それほど体に恵まれていなかったこともあり、昭和３年夏場所に入幕も幕内はわずか２場所しか務めていない。６年10月に廃業してからは、神奈川県川崎市でおでん屋を経営、老後は故郷で余生を過ごした。

天竜（てんりゅう） 三郎（さぶろう）（関脇）

本　名　和久田三郎
生年月日　明治36年11月１日
没年月日　平成元年８月20日
出身地　静岡県浜松市西区大久保町
四股名　三方ヶ原→天竜
所属部屋　出羽海
初土俵　大正９年１月場所
十両昇進　昭和２年５月場所
入　幕　昭和３年５月場所

最終場所　昭和７年１月場所脱退
幕内在位　14場所
幕内成績　98勝44敗１分11休
勝　率　0.690
身　長　186cm（６尺１寸５分）
体　重　116kg（31貫）
得意手　右四つ、つり出し

相撲史に残る春秋園事件の当事者。インテリとして知られ、すらりとした美男子で人気があった。相撲界の改革を旗印に昭和７年１月、大ノ里を担ぎ大勢の力士と東京・大井町の「春秋園」に籠城して脱退、関西角力協会を興した。相撲ぶりは、右四つ、つり出しが得意で、新入幕早々９勝２敗で優勝と同成績を挙げ、武蔵山と大関争いを演じた。戦後は民放局の解説を担当。相撲協会の在り方が問われた32年、国会に参考人として出席した折の胸中は、どんなだったろうか。

しのぶやま　ひでのすけ

信夫山 秀之助（前頭２枚目）

本　名	菅野秀之助	幕内在位	12場所
生年月日	明治35年６月６日	幕内成績	69勝60敗１分２休
没年月日	昭和32年８月19日	勝　率	0.535
出身地	福島県伊達郡川俣町鶴沢	身　長	177cm（５尺８寸５分）
所属部屋	出羽海	体　重	103kg（27貫500）
初土俵	大正９年１月場所	得意手	右四つ、寄り切り
十両昇進	大正14年１月場所		
入　幕	昭和４年１月場所		
最終場所	昭和７年１月場所脱退		

右を差して出ていく取り口は、とても激しいものがあった。十両から入幕まで に４年もかかっているが、この間に地力を十分に付けている。前頭２枚目が最高位だが、春秋園事件で新興力士団に加わって脱退していなければ、大関になっていたはずだと評されている。というのも、脱退までの幕内在位12場所の勝率が、５割を上回る立派なものだからだ。濃いひげで青々とした剃り痕、ギョロリとした大きな目は歌舞伎役者のようだといわれた。

わかしま　さぶろう

和歌嶋 三郎（小結）

本　名	松井三郎	幕内在位	26場所
生年月日	明治39年９月22日	幕内成績	149勝145敗４休
没年月日	昭和36年３月４日	勝　率	0.507
出身地	和歌山県日高郡日高川町松瀬	身　長	179cm（５尺９寸）
所属部屋	入間川→出羽海	体　重	105kg（28貫）
初土俵	大正12年１月場所	得意手	右四つ、寄り切り、上手投げ
十両昇進	昭和３年５月場所	年寄名	浜風→関ノ戸
入　幕	昭和４年１月場所		
最終場所	昭和14年５月場所		

「稽古なんておかしくて」と語ったという伝説が残るほど、稽古をしなかった。天才肌の力士で、うまさは天下一品。小結で終わったが、人並みに稽古をしていれば、大関は確実だったといわれる。69連勝中の双葉山に、大阪の準本場所で上手投げで勝ったこともある。また、昭和12年春場所には男女ノ川と大物言いの一番を繰り広げ、内掛けで破った。明大相撲部の師範を務め、引退後は勝負検査役となった。夫人は相撲茶屋和歌嶋を経営、養女は元関脇福の花に嫁いでいる。

こがのうら　しげる

古賀ノ浦 茂（前頭筆頭）

本　名	津上茂	最終場所	昭和９年５月場所
生年月日	明治37年10月３日	幕内在位	20場所
没年月日	昭和46年３月２日	幕内成績	78勝132敗６休
出身地	福岡県福岡市早良区椎原	勝　率	0.371
四股名	古河ノ浦→古賀ノ浦	身　長	177cm（５尺８寸５分）
所属部屋	宮城野	体　重	101kg（27貫）
初土俵	大正８年５月場所	得意手	左四つ、寄り切り、投げ
十両昇進	大正14年１月場所		
入　幕	昭和４年１月場所		

背が高く、どちらかといえば、いわゆるやさ男のタイプ。左を差しての寄りと投げが得意だったが、前さばきが実によく、もろ差しになるのがうまかった。十両は５場所で通過し、前頭筆頭を最高位に幕内在位20場所を記録、昭和９年夏場所を最後に廃業している。出羽ヶ嶽を土俵中央ですくい投げで倒した際には、著名なＮＨＫのアナウンサーだった松内則三氏が、「出羽ヶ嶽が土俵にめり込んで…」と放送したという逸話が残されている。

むさしやま たけし
武蔵山 武（横綱）

本名	横山武	幕内在位	28場所
生年月日	明治42年12月5日	幕内成績	174勝69敗2分71休
没年月日	昭和44年3月15日	勝率	0.716
出身地	神奈川県横浜市港北区日吉本町	優勝	1回
所属部屋	出羽海	身長	185cm（6尺1寸）
初土俵	大正15年1月場所	体重	116kg（31貫）
十両昇進	昭和4年1月場所	得意手	右四つ、下手投げ、寄り切り
入幕	昭和4年5月場所	年寄名	出来山→不知火（昭和20年11月廃業）
最終場所	昭和14年5月場所		

序二段、三段目で1回ずつ、そして幕下で2回、十両と合計5回も全勝優勝し、7場所で入幕を果たした。入幕3年目の小結で優勝して、いきなり大関昇進と、そのスピードは飛行機のようといわれた。長身で筋骨たくましい近代的な風貌、強い腕力はファンを熱狂させた。横綱昇進後は痛めていた右ひじが悪化し、横綱在位8場所中の皆勤が1場所で7勝6敗、まさに悲劇の横綱だった。

いわきやま けんじろう
岩木山 謙治郎（前頭15枚目）

本名	鈴木謙次	最終場所	昭和5年10月場所
生年月日	明治28年11月18日	幕内在位	2場所
没年月日	昭和10年11月2日	幕内成績	5勝8敗9休
出身地	山形県東置賜郡川西町堀金	勝率	0.385
四股名	大岩→岩木山	身長	173cm（5尺7寸）
所属部屋	清見潟→山科	体重	90kg（24貫）
初土俵	大正9年5月場所幕下付出	得意手	左四つ、突っ張り
十両昇進	大正11年5月場所		
入幕	昭和4年5月場所		

元前頭6枚目岩木山の清見潟部屋に入門。初め大岩を名乗り、その後師匠の四股名を継ぎ岩木山と改めた。巡業地での飛び入り稽古で本職力士に勝って、大相撲入りを決意。幕下付出で初土俵を踏んだ時は24歳だった。スタートが遅かったので幕内に上がったのは33歳。しかし、せっかくの幕内も2場所目の初日に池田川戦で負傷し、2場所で終わっている。山形県出身の幕内力士としては岩木山が昭和で第1号。岩木山以降は戦後の横綱柏戸まで出ていない。

わかせがわ えいぞう
若瀬川 栄蔵（前頭筆頭）

本名	佐藤→中川→佐藤永蔵	幕内在位	15場所
生年月日	明治36年2月19日	幕内成績	63勝98敗
没年月日	平成2年3月20日	勝率	0.391
出身地	秋田県横手市雄物川町	身長	167cm（5尺5寸）
所属部屋	楯山→伊勢ヶ濱	体重	90kg（24貫）
初土俵	大正10年5月場所	得意手	左四つ、突き、押し
十両昇進	昭和4年1月場所	年寄名	枝川（昭和11年5月廃業）
入幕	昭和5年1月場所		
最終場所	昭和9年1月場所		

いかにも秋田県出身らしく色白で、やさ男の印象を与えた。突き、押しが得意だったが、小柄だったために、いつも全力でぶつかっていった。十両を1年で通過しての入幕は立派で、前頭筆頭を最高位に幕内に15場所在位した。相撲の名人といわれた幡瀬川と同郷、同部屋で、何かとかわいがられていた。うまい相撲を取ったときなどは幡瀬川にほめられていたという。昭和9年春場所で引退して年寄枝川を襲名したものの、2年で廃業している。

いせのはま　とらのすけ

伊勢ノ濱 寅之助（前頭6枚目）

本　名　泰中虎之助
生年月日　明治35年1月26日
没年月日　昭和60年1月4日
出身地　兵庫県神戸市東灘区魚崎南町
四股名　洋ノ花→灘ノ花→伊勢ノ濱→灘ノ花
所属部屋　根岸→中立→二子山→出羽海
初土俵　大正6年5月場所
十両昇進　大正13年5月場所

入　幕　昭和5年1月場所
最終場所　昭和10年1月場所
幕内在位　7場所
幕内成績　29勝48敗
勝　率　0.377
身　長　170cm（5尺6寸）
体　重　105kg（28貫）
得意手　右四つ、寄り切り
年寄名　中立（昭和42年1月定年退職）

少し腹の出た中アンコ型。右四つで突進力はあったが、粘りはなかった。師匠中立（元大関伊勢ノ濱）の他界後、出羽海部屋へ預けられた。入幕した場所、灘ノ花から師匠の四股名伊勢ノ濱に改名したが、昭和7年の「春秋園事件」で新興力士団に加わった際、伊勢ノ濱を返上して灘ノ花に戻った。8年春場所に復帰し、それから間もない10年には引退し、年寄中立となっている。「暗闇の牛」というのが、伊勢ノ濱に仲間が付けたあだ名だという。

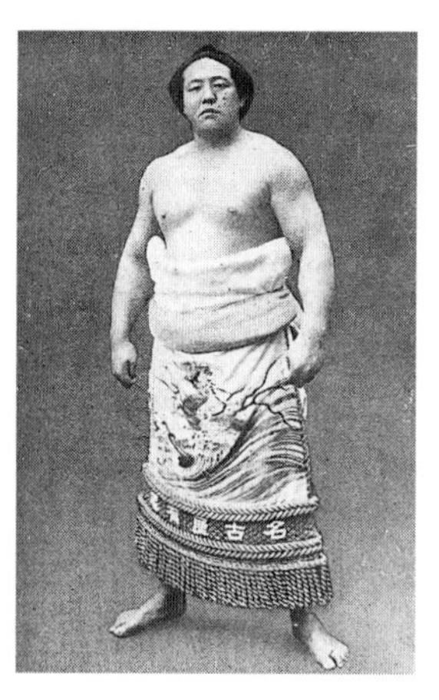

あやがわ　ごろうじ

綾川 五郎次（関脇）

本　名　清野由太郎
生年月日　明治31年3月11日
没年月日　昭和57年12月8日
出身地　青森県西津軽郡鰺ヶ沢町赤石町
四股名　早櫻→綾櫻→綾川
所属部屋　入間川→出羽海→千賀ノ浦→出羽海
初土俵　大正5年1月場所
十両昇進　大正11年5月場所

入　幕　昭和5年5月場所
最終場所　昭和12年5月場所
幕内在位　16場所
幕内成績　85勝93敗
勝　率　0.478
優　勝　1回
身　長　170cm（5尺6寸）
体　重　113kg（30貫）
得意手　左四つ、寄り切り、上手投げ
年寄名　千賀ノ浦（昭和15年1月廃業）

中アンコ型で上背はなかった。左を差しての寄りと上手投げを武器にして、晩年に関脇まで昇進している。綾櫻を名乗っていた昭和6年10月の関西本場所では、10勝1敗の成績で平幕優勝を遂げた。7年1月の「春秋園事件」に際して脱退したが、8年春に復帰。絶対に頭を上げない相撲に特徴があった。明大相撲部の師範を務めていた。故郷の青森県鰺ヶ沢町には記念碑が建てられた。

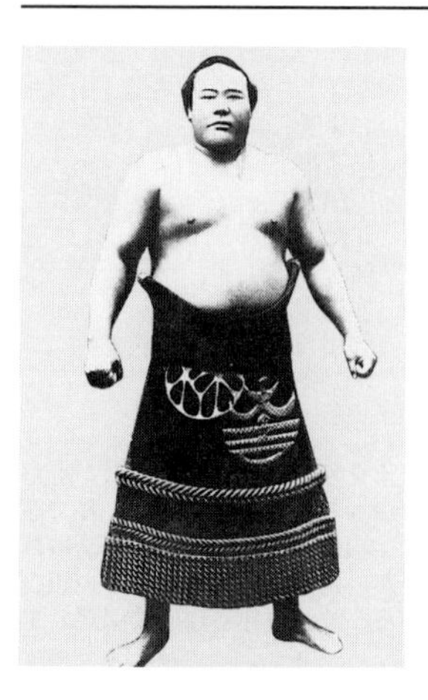

ふじのさと　えいぞう

藤ノ里 栄蔵（前頭5枚目）

本　名　天内永蔵
生年月日　明治34年4月10日
没年月日　昭和24年11月29日
出身地　青森県南津軽郡藤崎町葛野
所属部屋　湊川→高島→出羽海
初土俵　大正9年1月場所
十両昇進　昭和3年5月場所
入　幕　昭和5年5月場所
最終場所　昭和18年1月場所

幕内在位　14場所
幕内成績　77勝98敗9休
勝　率　0.440
身　長　167cm（5尺5寸）
体　重　105kg（28貫）
得意手　左四つ、押し
年寄名　出来山（昭和22年6月廃業）

「悲劇の名人大関」大ノ里の甥で、大ノ里とともに新興力士団に加わり、盛りを関西で過ごしているが、昭和13年に復帰した後も老巧ぶりを存分に発揮。立ち合いからもろ差しになって一気の寄り、出るとみせてとったりを引いて相手を惑わせたりと、立ち合いの駆け引きは一流だった。40歳を過ぎて頭が薄くなるまで土俵を務め、「藤ノ里老」などと呼ばれた。戦後の物資不足の折、新十両となった若ノ花（後の横綱若乃花）は、藤ノ里から化粧まわしを譲り受けた。

あやのなみ しゅんいちろう
綾ノ浪 俊一郎（前頭7枚目）

本　名　鈴木俊一郎
生年月日　明治34年8月25日
没年月日　昭和59年7月1日
出身地　青森県南津軽郡田舎館村東光寺
所属部屋　湊川→追手風→湊川
初土俵　大正10年1月場所
十両昇進　昭和4年1月場所
入　幕　昭和5年5月場所
最終場所　昭和7年1月場所脱退
幕内在位　6場所
幕内成績　28勝38敗
勝　率　0.424
身　長　170cm（5尺6寸）
体　重　94kg（25貫）
得意手　左四つ、寄り、投げ

相撲巧者で、左四つになっての寄りと切れ味鋭い投げを得意とした。東西合併した昭和2年1月場所と翌3年10月場所の2度幕下優勝し、十両をわずか1年半で突破して、昭和5年夏場所に初入幕、いきなり7勝4敗の成績を挙げて、翌場所に前頭7枚目まで進んでいる。しかし、春秋園事件で革新力士団に加わり、そのまま復帰せずに終わった。廃業後、東京・深川で飲食店を営み繁盛したが、戦時中に弘前に戻り、相撲の普及と指導に当たった。

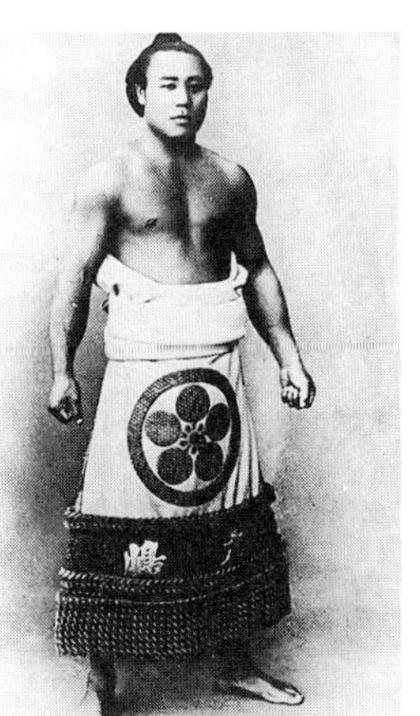

おおしま さたろう
大嶋 佐太郎（前頭11枚目）

本　名　中辻佐太郎
生年月日　明治30年8月5日
没年月日　昭和11年6月8日
出身地　大阪府堺市西区鳳南町
所属部屋　小野川（大阪）→出羽海
初土俵　昭和3年1月場所十両付出
入　幕　昭和5年5月場所
最終場所　昭和7年1月場所脱退
幕内在位　6場所
幕内成績　35勝31敗
勝　率　0.530
身　長　173cm（5尺7寸）
体　重　94kg（25貫）
得意手　上突っ張り、右四つ、下手投げ、け返し

大阪相撲からの加入組。大阪では名門の小野川部屋に所属し、大正7年1月入幕。12年1月7勝2敗1分で、翌5月大関に昇進したが、紛擾事件のため廃業。昭和3年、出羽海部屋からあらためて十両付出でスタートした。あまり大きな体ではなかったが、突っ張りもあり、組めば右四つ、投げや足技をみせた。入幕したのは5年夏場所で、7年1月の「春秋園事件」で新興力士団に加わって脱退した。関西相撲時代は、櫻錦にけたぐりを伝授したといわれている。

おきつうみ ふくお
沖ツ海 福雄（関脇）

本　名　北城戸福松
生年月日　明治43年5月28日
没年月日　昭和8年9月30日（現役中）
出身地　福岡県宗像市大穂
四股名　上ヶ汐→沖津海→沖ツ海
所属部屋　千田川（大阪）→若藤
初土俵　大正13年5月場所
十両昇進　昭和5年1月場所
入　幕　昭和6年1月場所
最終場所　昭和8年5月場所
幕内在位　10場所
幕内成績　64勝39敗3分
勝　率　0.621
優　勝　1回
身　長　182cm（6尺）
体　重　116kg（31貫）
得意手　左四つ、下手投げ

柔らかみのある均整のとれた体で、左四つ、強烈な下手投げを武器に活躍。しかし、大関を目前にした昭和8年秋、巡業先の山口県萩でフグ中毒のため死去した。横綱、大関になる器だったと評されており、「もし生きていれば双葉山の69連勝はなかったのでは…」とまでいわれ惜しまれた。6年10月場所には武蔵山を下手投げで下した際にけがをさせ、7年3月場所は玉錦を上手投げで破り9勝1敗で優勝。同年10月場所にも優勝した清水川と同じ9勝2敗を記録した。

肥州山 栄（関脇）
ひしゅうざん さかえ

本　名　松本栄
生年月日　明治39年８月25日
没年月日　昭和55年９月11日
出身地　長崎県佐世保市東浜町
四股名　松本→肥州山
所属部屋　出羽海
初土俵　昭和２年１月場所
十両昇進　昭和５年１月場所
入　幕　昭和６年１月場所
最終場所　昭和20年６月場所
幕内在位　18場所
幕内成績　115勝119敗
勝　率　0.491
身　長　180cm（５尺９寸５分）
体　重　109kg（29貫）
得意手　突っ張り、つり出し

「起重機」というあだ名があったつりの名人。立ち合い両手を交差してスパッともろ差しになり、相手をつり上げる技は一級品。腕力も強く、力自慢の羽黒山や玉ノ海らと腕相撲を競っていた。入幕したばかりの上昇期は天竜一派の関西相撲で送り、復帰して再入幕した場所には12勝１敗の好成績を挙げた。三役から幕内上位で活躍し、横綱双葉山をうっちゃりに破ったこともある。昭和16年夏場所では、大関で初優勝した羽黒山をつり出し唯一の黒星を付けた。40歳で廃業。

駒錦 信樹（前頭13枚目）
こまにしき のぶき

本　名　久川信樹
生年月日　明治34年12月２日
没年月日　昭和39年８月８日
出身地　大阪府大阪市港区市岡元町
四股名　西田山→駒ヶ嶽（大阪）→駒錦
所属部屋　井筒→千田川（大阪）→出羽海
初土俵　大正８年５月場所
十両昇進　昭和２年１月場所大阪から加入
入　幕　昭和６年１月場所
最終場所　昭和７年１月場所脱退
幕内在位　２場所
幕内成績　3勝15敗４休
勝　率　0.167
身　長　173cm（５尺７寸）
体　重　107kg（28貫500）
得意手　右四つ、寄り倒し

初め井筒部屋に入門し、西田山と名乗った。幕下まで進んだが、大正13年春に大阪相撲に加入。千田川部屋に入って、四股名を駒ヶ嶽と改めた。十両に上がったところで昭和２年の東西合併。出羽海部屋に移籍して、駒錦の名で十両から再スタートを切り、６年春場所に幕内に上がった。しかし、幕内在位は２場所で終わり翌年春の春秋園事件で相撲協会を脱退、新興力士団に属し、そのまま復帰しなかった。関西角力協会時代、幹事を務めた。

銚子灘 傳右エ門（前頭14枚目）
ちょうしなだ でんえもん

本　名　網中仙太郎
生年月日　明治35年３月12日
没年月日　昭和10年１月５日
出身地　千葉県銚子市本町
四股名　千ヶ岩→銚子灘
所属部屋　中立→二子山→出羽海
初土俵　大正11年１月場所
十両昇進　昭和３年１月場所
入　幕　昭和６年１月場所
最終場所　昭和９年５月場所
幕内在位　６場所
幕内成績　25勝41敗
勝　率　0.379
身　長　171cm（５尺６寸５分）
体　重　116kg（31貫）
得意手　左四つ、寄り切り
年寄名　稲川

千ヶ岩の四股名を出身地の名を取って銚子灘と改めている。昭和６年春場所に入幕したが、翌７年春場所には十両に逆戻り、新興力士団に加わり脱退。８年春場所には復帰して十両別席で取り、同夏場所には10勝１敗で十両優勝して、９年春場所に再入幕。しかし、わずか２場所で引退。年寄稲川を襲名したものの、10年１月にぽっくりと他界するなど、波瀾の生涯を送った。肥満型で堂々たる太鼓腹は評判だったが、四つ相撲で勝ちみの遅いのが災いした。

常盤野(ときわの) 藤兵衛(とうべえ)(前頭8枚目)

本　名　鳥越藤兵衛
生年月日　明治40年1月27日
没年月日　昭和49年12月10日
出身地　長崎県長崎市戸石町
所属部屋　出羽海
初土俵　大正14年5月場所
十両昇進　昭和4年5月場所
入　幕　昭和6年1月場所
最終場所　昭和7年1月場所脱退

幕内在位　4場所
幕内成績　25勝19敗
勝　率　0.568
身　長　174cm(5尺7寸5分)
体　重　94kg(25貫)
得意手　左四つ、突っ張り

昭和5年夏場所、9勝2敗の成績で十両優勝して、翌年春場所に入幕。やせ型だが肩幅が広く、突っ張りが得意だったものの、左差しの四つ身はやや非力だった。その相撲ぶりは「素人くさい」と評されたりしたが、入幕当時は元気いっぱいの取り口で、それなりの人気を集めていた。7年春の春秋園事件で新興力士団に加わって、復帰することはなかった。そのため幕内在位は、わずか4場所で終わっている。廃業後は兄弟子の常陸嶋と運送会社を共同経営していた。

錦華山(きんかざん) 大五郎(だいごろう)(前頭2枚目)

本　名　浜野平蔵
生年月日　明治33年8月26日
没年月日　昭和42年10月21日
出身地　兵庫県洲本市由良町由良
所属部屋　小野川→陣幕→小野川
初土俵　昭和2年1月場所大阪から加入
十両昇進　昭和4年5月場所
入　幕　昭和6年5月場所
最終場所　昭和15年1月場所

幕内在位　11場所
幕内成績　48勝63敗1分13休
勝　率　0.432
身　長　176cm(5尺8寸)
体　重　103kg(27貫500)
得意手　上突っ張り
年寄名　高崎→小野川(昭和40年8月定年退職)

大阪相撲の小野川部屋に入門。昭和2年の東西合併で三段目に編入され、十両優勝を果たし、6年夏場所、30歳で入幕した。新興力士団に加わり一時脱退、復帰した8年夏場所には双葉山を破るなど7勝4敗の成績を挙げた。9年春場所には前頭2枚目まで進んでいる。筋肉質で上突っ張りが得意だったが、取り口が単調のためか、幕内と十両を往復して15年春場所、39歳で引退。年寄小野川として信夫山、成山の技能力士を育て、「師匠は器用でもないのに」といわれた。

高ノ花(たかのはな) 武也(たけや)(前頭8枚目)

本　名　藤村→倉田武也
生年月日　明治35年12月7日
没年月日　昭和35年5月25日
出身地　新潟県上越市土橋
四股名　高田川→高ノ花
所属部屋　出羽海
初土俵　大正10年5月場所
十両昇進　昭和4年1月場所
入　幕　昭和6年5月場所

最終場所　昭和8年1月場所
幕内在位　3場所
幕内成績　13勝9敗11休
勝　率　0.591
身　長　183cm(6尺5分)
体　重　120kg(32貫)
得意手　右四つ、寄り切り

新潟は高田の素封家の出身で、初めは故郷の名から高田川と名乗った。入門当時は、元横綱常陸山の出羽海親方自身が「後継者に」と可愛いがっていた。大型力士で、昭和6年春場所に8勝3敗で十両優勝、同年夏場所に入幕している。7年春、新興力士団に加入して脱退したが、8年春場所には復帰し幕内別席に付け出された。しかし、同場所休場して、そのまま廃業した。幕内在位がわずか3場所と期待外れに終わったが、春秋園事件の犠牲者の一人ともいえる。

大和錦（やまとにしき） 幸男（ゆきお）（前頭４枚目）

本　名	松原幸男
生年月日	明治38年１月３日
没年月日	昭和45年４月10日
出身地	奈良県磯城郡田原本町阪手
所属部屋	出羽海
初土俵	大正12年１月場所
十両昇進	昭和５年５月場所
入　幕	昭和６年５月場所
最終場所	昭和18年５月場所
幕内在位	13場所
幕内成績	80勝81敗21休
勝　率	0.497
身　長	173cm（５尺７寸）
体　重	124kg（33貫）
得意手	右四つ、寄り切り
年寄名	千賀ノ浦（昭和19年１月廃業）

入幕の翌年、新興力士団に加入して全盛期を関西相撲で送っている。復帰は昭和13年春場所、再入幕は同年夏場所。前頭４枚目を最高位に幕内在位13場所、中堅力士として活躍した。右四つで投げはなく、ただじっくり寄っていくだけの取り口だったが、その呼吸がうまく、四つ相撲に味のあるベテラン力士だったといえる。羽黒山には強く、14年春場所から３連勝している一方で、桂川や金湊などのように変化技を持つ小兵力士を苦手としていた。

高登（たかのぼり） 弘光（ひろみつ）（関脇）

本　名	吉川渉
生年月日	明治41年５月７日
没年月日	昭和37年１月19日
出身地	長野県下伊那郡喬木村伊久間
所属部屋	高砂
初土俵	昭和２年１月場所
十両昇進	昭和６年１月場所
入　幕	昭和６年５月場所
最終場所	昭和14年５月場所
幕内在位	20場所
幕内成績	106勝94敗28休
勝　率	0.530
身　長	185cm（６尺１寸）
体　重	113kg（30貫）
得意手	右四つ、寄り切り
年寄名	大山

体格に恵まれ「信州雷電」の再来といわれ、早くから大物として期待された。初土俵から４年半で新入幕、わずか２場所で幕内上位へ。ここで春秋園事件に遭い、改正番付で一躍小結に昇進。一度、前頭に落ちてから関脇となり、当時玉錦、武蔵山、清水川、男女ノ川と並び５大力士とも評された。右四つ、寄りの正攻法で、昭和８年夏場所は９勝２敗を挙げ大関目前まで迫ったが、ひざを痛めて挫折。引退後は大関松登を育てた。また独特の口調の相撲解説で人気があった。

大潮（おおしお） 清治郎（せいじろう）（関脇）

本　名	石橋清治郎
生年月日	明治33年８月10日
没年月日	昭和54年３月29日
出身地	福岡県大川市三丸
四股名	若潮→大潮
所属部屋	陸奥
初土俵	大正８年１月場所
十両昇進	昭和３年３月場所
入　幕	昭和７年１月場所
最終場所	昭和16年５月場所
幕内在位	22場所
幕内成績	97勝134敗35休
勝　率	0.420
身　長	183cm（６尺５分）
体　重	116kg（31貫）
得意手	左四つ、寄り切り
年寄名	陸奥（昭和40年８月定年退職）

十両昇進が27歳、入幕したのが32歳、関脇に進んだのが35歳。そして41歳まで土俵を務めたという典型的な大器晩成型の力士。左差し、寄りを得意とする正攻法の四つ相撲で、40歳で横綱男女ノ川を真正面から堂々と寄り切った。人格円満、土俵態度も立派で、力士間の信望も厚かった。引退後は年寄陸奥となって、検査役を長く務めた。定年後も東京都墨田区横網の安田庭園近くに住まいを構えていた。元栃錦の先々代春日野が、土俵態度の立派な力士として称賛していた。

海光山 大五郎（前頭２枚目）
かいこうざん だいごろう

本　名　小倉清次
生年月日　明治33年３月16日
没年月日　昭和29年５月16日
出身地　徳島県海部郡海陽町宍喰浦
四股名　八坂濱→海光山
所属部屋　二所ノ関→粂川→二所ノ関
初土俵　大正13年５月場所幕下付出
十両昇進　昭和２年10月場所
入　幕　昭和７年１月場所
最終場所　昭和14年１月場所
幕内在位　13場所
幕内成績　68勝83敗
勝　率　0.450
身　長　176cm（５尺８寸）
体　重　128kg（34貫）
得意手　左四つ、寄り、突き
年寄名　枝川→高田川→放駒（昭和28年５月廃業）

師匠海山の名前を光らせるという意味で四股名は海光山。兵役を済ませて入門。関東大震災でいったんは帰郷したりしていたため、入幕した昭和７年春場所には32歳で、そのまま革新力士団に参加して脱退、８年春場所に幕内別席で復帰している。左四つ、太鼓腹を利してのつり、寄りで幕内中堅で活躍、横綱玉錦の土俵入りで太刀持ちを務めていた。その玉錦死後の14年春場所は、土州山と並んで13戦全敗を記録して引退、二所ノ関を継いだ若い玉ノ海を助け補佐した。

旭川 幸之丞（関脇）
あさひかわ ゆきのじょう

本　名　宮坂幸吉
生年月日　明治38年８月18日
没年月日　昭和53年１月31日
出身地　北海道旭川市南三条通
四股名　立ノ海→高浪→旭川
所属部屋　立浪
初土俵　大正11年１月場所
十両昇進　昭和２年５月場所
入　幕　昭和７年２月場所
最終場所　昭和17年５月場所
幕内在位　24場所
幕内成績　117勝155敗２分22休
勝　率　0.430
身　長　177cm（５尺８寸５分）
体　重　90kg（24貫）
得意手　右四つ、出し投げ、寄り切り
年寄名　玉垣（昭和43年１月廃業）

「立浪部屋の三羽がらす」といわれた双葉山、羽黒山、名寄岩の先輩で参謀格だった。右四つから下手投げ、首投げ、出し投げ、肩透かし、はたき込み、さらには足癖と四十八手を駆使した手取り力士。変幻自在の取り口で、しばしば男女ノ川を悩ませた。双葉山が独立した際には立浪親方との間に挟まり、割腹自殺を図って責任を取ろうとしたのは、その律儀な性格のためだろう。年寄玉垣として協会理事になったが、定年直前に廃業している。

大ノ濱 勝治（前頭４枚目）
おおのはま かつじ

本　名　若山勝治
生年月日　明治42年９月20日
没年月日　昭和54年１月１日
出身地　千葉県銚子市川口町
所属部屋　立浪
初土俵　昭和２年１月場所
十両昇進　昭和７年１月場所
入　幕　昭和７年２月場所
最終場所　昭和８年５月場所
幕内在位　４場所
幕内成績　13勝27敗
勝　率　0.325
身　長　167cm（５尺５寸）
体　重　107kg（28貫500）
得意手　もろ差し、寄り切り

昭和７年の春秋園事件は多くの力士の運命を変えたが、大ノ濱はこの事件で出世した一人だ。脱退の誘いを断って協会に残留したことで、十両から一躍抜擢されて幕内待遇として入幕している。小柄だったが、もろ差しになると寄り足に物をいわせた。しかし、幸運な入幕にもかかわらず地力が伴わなかったために、８年春場所には十両に陥落、翌場所にあっさりと廃業した。幕内在位はわずか４場所だったが、幕下時代には６勝全勝の記録も残っている。

ふたばやま さだじ
双葉山 定次（横綱）

本　名　穐吉定次
生年月日　明治45年2月9日
没年月日　昭和43年12月16日
出身地　大分県宇佐市下庄
四股名　二葉山→双葉山→二葉山→双葉山
所属部屋　立浪→双葉山道場
初土俵　昭和2年3月場所
十両昇進　昭和6年5月場所
入　幕　昭和7年2月場所
最終場所　昭和20年11月場所
幕内在位　31場所
幕内成績　276勝68敗1分33休
勝　率　0.802
優　勝　12回
身　長　179cm（5尺9寸）
体　重　128kg（34貫）
得意手　右四つ、上手投げ
年寄名　双葉山（一代年寄、二枚鑑札）→時津風

12回の優勝のうち全勝優勝が8回、前人未到の69連勝。強かった。だが、双葉山の偉大さはその強さだけではなく、常に精進して精神と土俵を一体化した「相撲道」の完成を目指したことにある。力水は一度しか付けず、いつでも受けて立つ立ち合い、右四つの完成された型…。それらは鍛えられた足腰と、基本技の稽古が実ったものといえる。引退後は、時津風理事長として協会運営に尽力した。

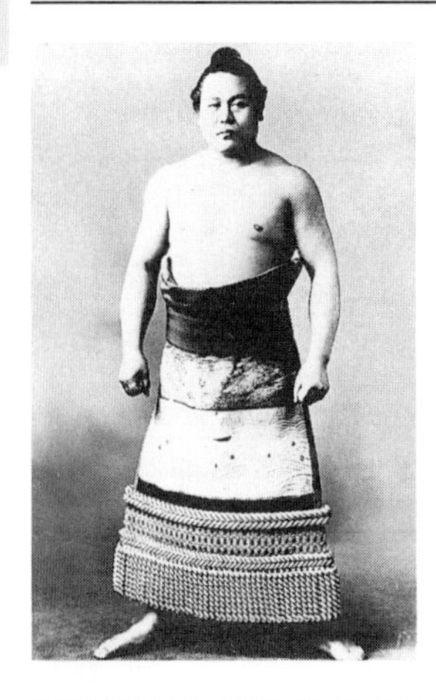

くにのはま げんいつ
國ノ濱 源逸（前頭5枚目）

本　名　中馬源逸
生年月日　明治39年7月3日
没年月日　昭和61年12月20日
出身地　鹿児島県霧島市国分広瀬
四股名　國ケ濱→國ノ濱→綾甲
所属部屋　井筒
初土俵　大正14年5月場所
入　幕　昭和7年2月場所
最終場所　昭和9年1月場所
幕内在位　4場所
幕内成績　8勝26敗6休
勝　率　0.235
身　長　170cm（5尺6寸）
体　重　109kg（29貫）
得意手　押し

昭和6年夏場所は幕下筆頭で4勝4敗の五分。10月場所は2勝3敗の成績だったが、7年の春秋園事件で協会に残ったために、大ノ濱らと同じくラッキーな入幕を果たした。しかし、実力が昇進についていかず、8年春場所には早々と十両に転落している。四股名を綾甲と改めて返り咲きを目指したものの、その夢を果たすことなく、9年春場所限り、27歳の若さで廃業した。得意手は押し。幕内在位4場所で、その成績もぱっとしたものではない。

でわのはな くにいち
出羽ノ花 國市（前頭筆頭）

本　名　駒沢→市川国一
生年月日　明治42年3月1日
没年月日　昭和62年5月30日
出身地　石川県小松市今江町
四股名　出羽ノ子→出羽ノ花
所属部屋　出羽海
初土俵　大正14年1月場所
十両昇進　昭和5年5月場所
入　幕　昭和7年2月場所
最終場所　昭和15年5月場所
幕内在位　16場所
幕内成績　68勝77敗44休
勝　率　0.469
身　長　173cm（5尺7寸）
体　重　109kg（29貫）
得意手　左四つ、寄り切り
年寄名　武蔵川→出羽海→武蔵川（昭和51年1月相談役退職）

左四つ、寄りの正攻法の相撲ぶりをみせた現役時代は目立たなかったが、理事長として協会財政の基礎を確立した。昭和15年春場所、幡瀬川の内掛けで足を痛めて引退、年寄武蔵川に。簿記学校へ通い財務担当理事として出羽海、時津風両理事長を補佐、特に協会の在り方が問われた際の堂々とした国会答弁は評判となった。時津風の死後、理事長となり協会諸制度の改革を行った。定年後も相談役として協会に残り、51年からは本名で3代目の相撲博物館長を務めた。

鷹城山 多作（前頭５枚目）

たかぎやま たさく

本　名　渡辺多作
生年月日　明治37年１月４日
没年月日　昭和37年４月26日
出身地　青森県南津軽郡大鰐町居土
四股名　陸奥川→鷹城山→岩城山→嶺幟
所属部屋　振分
初土俵　大正９年１月場所
入　幕　昭和７年２月場所
最終場所　昭和15年１月場所
幕内在位　５場所
幕内成績　22勝29敗
勝　率　0.431
身　長　170cm（５尺６寸）
体　重　98kg（26貫）
得意手　左四つ、下手投げ

春秋園事件の際に協会に残留したため、昭和７年２月場所に幕内待遇となる幸運に恵まれたが、幕内では「家賃」は高く５場所で十両に落ちている。鷹城山から岩城山、そして嶺幟と四股名を改名している。左四つからの下手投げが得意で、力は強かったが上背がなく勝ちみが遅く、長く幕内にとどまれなかった。元浪ノ音の振分部屋所属で、陸奥錦（後の年寄玉ノ井）と同時代に長く十両で取っていたが、15年春場所限りで２人そろって土俵を去った。

射水川 成吉（前頭４枚目）

いみずがわ せいきち

本　名　八木成吉
生年月日　明治39年２月10日
没年月日　昭和20年３月10日
出身地　愛媛県松山市桑原町
四股名　柳関→射水川
所属部屋　高砂
初土俵　大正13年５月場所幕下付出
入　幕　昭和７年２月場所
最終場所　昭和14年１月場所
幕内在位　13場所
幕内成績　61勝80敗２休
勝　率　0.433
身　長　165cm（５尺４寸５分）
体　重　98kg（26貫）
得意手　左四つ、押し出し
年寄名　大山→岩友→西岩

幕下で全勝優勝して昭和７年春場所の番付で幕下上位に昇進した。そして、春秋園事件の騒ぎによって、双葉山、出羽ノ花らとともに幕内待遇として、繰り上げ入幕した。立ち合いに当たって、そのまま押し込んでいく押し相撲で、組んでも左四つが得意だった。７年夏場所の前頭４枚目を最高位に、長い間、幕内下位に頑張っていたが、十両落ちして引退し、年寄となった。地方巡業では雷山と組んで初っ切りを行っていた。東京大空襲の犠牲となった。

両國 梶之助（関脇）

りょうごく かじのすけ

本　名　太田勇雄
生年月日　明治40年３月２日
没年月日　昭和34年11月23日
出身地　長崎県長崎市本河内町
四股名　瓊ノ浦→両國
所属部屋　出羽海
初土俵　昭和２年10月場所
入　幕　昭和７年２月場所
最終場所　昭和17年５月場所
幕内在位　24場所
幕内成績　135勝155敗６休
勝　率　0.466
身　長　176cm（５尺８寸）
体　重　88kg（23貫500）
得意手　左四つ、やぐら投げ、うっちゃり
年寄名　待乳山

きびきびした土俵態度、腕力に任せて思い切り振り回すやぐら投げが得意で、うっちゃりも鮮やかだった。昭和13年春場所９日目、48連勝中の双葉山をうっちゃったが、物言いが付いて大もめにもめている。14年春場所４日目、安藝ノ海が外掛けで双葉山の連勝にストップをかけ、その翌５日目には両國が双葉山をうっちゃりに破り連敗させた。その目まぐるしく動き回る相撲ぶりに人気が集まった。引退後は年寄待乳山となり、長く勝負検査役を務めた。

大郎山 高祥（関脇）
たいきゅうざん　たかよし

本　名	臼井悧	幕内在位	23場所
生年月日	明治41年9月5日	幕内成績	125勝135敗1分33休
没年月日	昭和58年6月14日	勝　率	0.481
出身地	岡山県玉野市下山坂	身　長	179cm（5尺9寸）
所属部屋	出羽海	体　重	94kg（25貫）
初土俵	大正14年1月場所	得意手	上突っ張り、右四つ、上手投げ
十両昇進	昭和7年2月場所	年寄名	山科→間垣（昭和25年1月廃業）
入　幕	昭和7年5月場所		
最終場所	昭和19年1月場所		

激しい突っ張り、左上手を取っての出し投げなど、さっそうとした取り口でファンを集めた。昭和9年春場所、豪快な首投げで男女ノ川を下し、同夏場所には小結へ。新進気鋭のころは双葉山の好敵手だった。12年夏場所に関脇となり、前田山と大関争いを演じたが、念願は果たせず、その後は悠々と土俵を楽しんでいた。15年夏場所、当時、上り坂の新鋭照國を出し投げに破り老巧ぶりを発揮した一番は印象的。17年に応召、帰還後、1場所務めて引退、年寄山科となった。

巴潟 誠一（小結）
ともえがた　せいいち

本　名	工藤誠一	幕内在位	18場所
生年月日	明治44年3月30日	幕内成績	95勝123敗
没年月日	昭和53年12月24日	勝　率	0.436
出身地	北海道函館市大森町	身　長	164cm（5尺4寸）
所属部屋	高島→友綱	体　重	90kg（24貫）
初土俵	大正15年5月場所	得意手	押し、巻き落とし
十両昇進	昭和7年2月場所	年寄名	玉垣→安治川→高島→友綱（昭和51年3月定年退職）
入　幕	昭和7年5月場所		
最終場所	昭和15年5月場所		

「弾丸巴潟」といわれ。立ち合い激しく一発当たって押しまくり、残されると突き落とし、巻き落としを得意とした。小兵ながら小結まで務め、大関武蔵山に激しく当たってけがをさせたことや、同じ武蔵山に立ち合い変わられて空を切り一直線に土俵溜まりに飛び込んだこともある。相手にまわしを与えないように腰がしびれるほどまわしを固く締めた。引退後、年寄高島となり、吉葉山、三根山輝昇の「高島三羽がらす」を育て協会理事になった。

越ノ海 東治郎（前頭6枚目）
こしのうみ　とうじろう

本　名	加藤→渡辺東治郎	幕内在位	6場所
生年月日	明治39年7月1日	幕内成績	29勝37敗
没年月日	昭和48年1月24日	勝　率	0.439
出身地	新潟県糸魚川市上野	身　長	173cm（5尺7寸）
所属部屋	若藤	体　重	90kg（24貫）
初土俵	大正14年1月場所	得意手	右四つ、上手投げ
十両昇進	昭和6年5月場所	年寄名	若藤（昭和46年6月定年退職）
入　幕	昭和7年5月場所		
最終場所	昭和12年1月場所		

元上ヶ汐の若藤部屋所属で、人気力士の沖ツ海の弟弟子に当たる。小兵で春秋園事件直後の昭和7年夏場所入幕、右四つから上手投げを得意としたが、前頭6枚目を最高位に幕内下位を6場所務めただけにとどまった。その後、十両に落ち12年春場所を最後に引退。8年9月に兄弟子の沖ツ海が巡業先の山口県でフグ中毒のため死亡、一緒に食べた越ノ海は毒に当たらなかった。越ノ海が亡くなった沖ツ海に代わって年寄若藤を襲名した。

おおなみ　たえひろ
大浪 妙博（前頭3枚目）

本　名	石川三治	最終場所	昭和16年1月場所
生年月日	明治41年9月1日	幕内在位	16場所
没年月日	昭和60年7月7日	幕内成績	82勝103敗15休
出身地	秋田県男鹿市戸賀加茂青砂	勝　率	0.443
四股名	梅林→大浪→太平山→大浪	身　長	186cm（6尺1寸5分）
所属部屋	高島	体　重	101kg（27貫）
初土俵	大正15年5月場所	得意手	左四つ、つり出し、足取り
十両昇進	昭和7年2月場所		
入　幕	昭和8年1月場所		

「強いのか、弱いのか分からない不思議な力士」といわれた。長身で、その長い手を使って足取りを得意としたが、それも土俵の真ん中から土俵際の相手の足を取るなど徹底していた。稽古嫌いだったが、時に気が向いて立浪部屋で稽古する際には、双葉山もその足取りに手こずったといわれる。昭和15年夏場所、横綱男女ノ川に勝ったのが唯一の金星。この一番でも、男女ノ川が突いて出るのを飛んで逃げ、長い手を伸ばして出し投げを打ち、押し倒している。

としゅうざん　こういちろう
土州山 好一郎（前頭4枚目）

本　名	武内好春	最終場所	昭和14年1月場所
生年月日	明治37年1月1日	幕内在位	13場所
没年月日	昭和52年5月4日	幕内成績	65勝86敗
出身地	高知県香南市赤岡町	勝　率	0.430
四股名	土佐ノ海→土佐ノ山→土州山	身　長	179cm（5尺9寸）
所属部屋	二子山→中立→二子山	体　重	113kg（30貫）
初土俵	大正11年5月場所	得意手	上突っ張り、出し投げ
十両昇進	昭和7年2月場所	年寄名	大嶽（昭和43年12月定年退職）
入　幕	昭和8年1月場所		

春秋園事件の際に十両に昇進する幸運に恵まれた一人。上突っ張りと出し投げを得意としたが、地味な存在で幕内中軸に終始した。元土州山の二子山に師事したが、ほとんど二所ノ関部屋にいたため横綱玉錦の土俵入りには太刀持ちや露払いを務めた。また部屋では玉錦の秘書役的存在として、そばにいることが多かった。玉錦の亡くなった翌年の昭和14年春場所、海光山とともに13戦全敗して、その場所限りで引退、年寄大嶽となった。十両優勝の経験を持っている。

つくばね　せいへい
筑波嶺 清平（前頭2枚目）

本　名	加藤清平	最終場所	昭和13年5月場所
生年月日	明治42年4月1日	幕内在位	11場所
没年月日	昭和23年11月20日	幕内成績	52勝73敗
出身地	茨城県稲敷郡河内町金江津	勝　率	0.416
四股名	筑波嶽→筑波嶺	身　長	170cm（5尺6寸）
所属部屋	錦島	体　重	105kg（28貫）
初土俵	昭和2年5月場所	得意手	突っ張り、右四つ、寄り切り、つり出し
十両昇進	昭和7年5月場所		
入　幕	昭和8年1月場所		

右を差しての寄りと腹を利したつりと、相撲ぶりそのものはよかったが、身長が170㌢と体に恵まれていなかったことから、幕内を長く保てなかった。新入幕の昭和8年春場所、新興力士団から復帰した新海、綾櫻、外ヶ濱らの実力者を倒して7勝4敗の好成績を挙げ、翌場所は前頭2枚目まで昇進したが、上位には通じず、その後は幕内の中位から下位にとどまった。同郷の横綱男女ノ川の土俵入りでは露払いを務めたことがある。

吉野岩 留吉（前頭５枚目）
よしのいわ とめきち

本　名　高島留吉
生年月日　明治39年３月８日
没年月日　昭和29年11月２日
出身地　徳島県阿南市見能林町
四股名　吉野石→吉野岩
所属部屋　出羽海
初土俵　大正15年１月場所
十両昇進　昭和６年５月場所
入　幕　昭和８年１月場所
最終場所　昭和10年５月場所
幕内在位　５場所
幕内成績　22勝33敗
勝　率　0.400
身　長　173cm（５尺７寸）
体　重　83kg（22貫）
得意手　左四つ、寄り切り

昭和７年の春秋園事件で上位力士がごっそり抜けたため、番付が繰り上げられ８年春場所に入幕している。左を差しての寄りで上手から振り回すこともあり調子のいいときはなかなかの強みをみせ“渋い相撲”と評された。だが体力不足で結局は幕内の地位を長く保つことができずに終わった。幸運についていけなかった一人である。10年夏場所を最後に10年間在籍した相撲界から去った後、漁業に従事し、南方洋上で出漁中に遭難し死亡した。

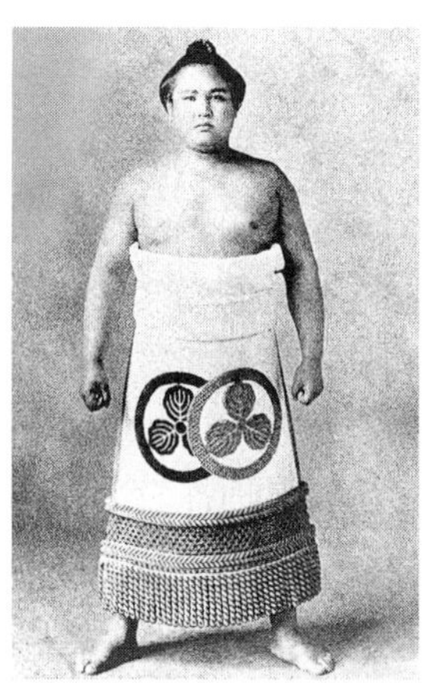

駒ノ里 秀雄（前頭２枚目）
こまのさと ひでお

本　名　近藤秀吉
生年月日　明治42年10月１日
没年月日　昭和46年３月16日
出身地　東京都世田谷区弦巻
所属部屋　山分
初土俵　昭和２年１月場所
十両昇進　昭和７年５月場所
入　幕　昭和８年５月場所
最終場所　昭和17年５月場所
幕内在位　15場所
幕内成績　74勝103敗12休
勝　率　0.418
身　長　167cm（５尺５寸）
体　重　111kg（29貫500）
得意手　左四つ、押し出し
年寄名　秀ノ山→山分

上背のない丸い体で、一気の押しか、左差しで寄るという正攻法の相撲をみせた。新入幕の場所は負け越したが、十両落ちした場所に優勝して再入幕。その後は幕内中堅で活躍。昭和14年春場所３日目、双葉山の上手投げに敗れ、双葉山は69連勝を記録した。本人は「69連勝目の相手がワシ」と、しばしば話のタネにしていた。また、双葉山の連勝を止めた安藝ノ海が打倒双葉山に向けて、４日目朝、外掛けの稽古をした相手が駒ノ里だったというエピソードも面白い。

小野錦 仁之助（前頭11枚目）
おのにしき じんのすけ

本　名　前田→岡安→前田仁之助
生年月日　明治42年11月２日
没年月日　昭和23年１月30日
出身地　兵庫県加古川市八幡町上西条
四股名　小野錦→加古川
所属部屋　小野川→陣幕→小野川→陣幕
初土俵　昭和２年１月場所大阪から加入
十両昇進　昭和７年５月場所
入　幕　昭和８年５月場所
最終場所　昭和17年１月場所
幕内在位　３場所
幕内成績　12勝20敗１休
勝　率　0.375
身　長　179cm（５尺９寸）
体　重　94kg（25貫）
得意手　左四つ、上手投げ
年寄名　小野川（昭和20年６月廃業）

大阪相撲の小野川部屋に入門し、東西合併で序ノ口からスタート。新十両の昭和７年夏場所、８勝３敗で優勝し、翌８年夏場所に入幕している。しかし、すぐに十両落ち、その後、再入幕したが、また十両へ戻るなど、幕内では勝ち越せなかった。派手な相撲ぶりで大きな上手投げや掛け投げを得意とし、なかなかうるさい存在だった。幕内生活は短かったが、加古川の四股名で十両に長く“安住”しいかにも相撲を楽しむように取っていた。

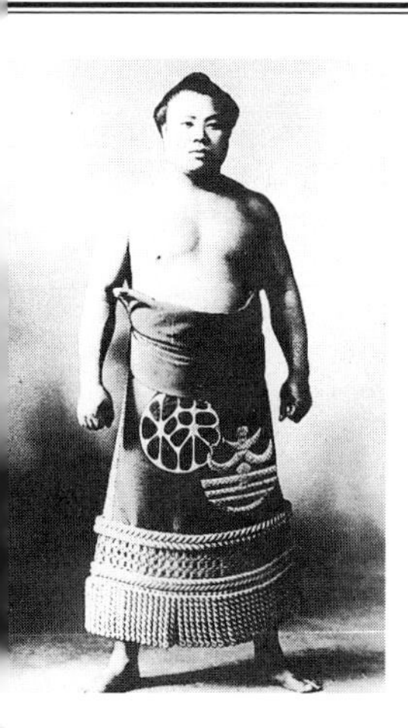

らいざん　ゆうきち
雷山 勇吉（前頭12枚目）

本　名　豊田光三
生年月日　明治40年5月17日
没年月日　昭和48年1月7日
出身地　東京都荒川区南千住
四股名　隅田川→大岩→雷山→柏戸
所属部屋　伊勢ノ海→錦島
初土俵　大正12年1月場所
十両昇進　昭和7年2月場所
入　幕　昭和8年5月場所
最終場所　昭和10年1月場所
幕内在位　1場所
幕内成績　2勝9敗
勝　率　0.182
身　長　167cm（5尺5寸）
体　重　101kg（27貫）
得意手　左四つ、押し
年寄名　玉ノ井→立川（昭和30年3月廃業）

左四つ、押しが得意の小兵の江戸っ子力士。三段目の昭和6年10月場所、6戦全勝したのが物をいい、春秋園事件で、翌7年春場所には一躍十両へ昇進。順調に勝ち越し8年夏場所には入幕しているが、順調だったのはこのときまで。2勝9敗と大敗して、わずか1場所で十両に逆戻り。急の昇進に実力が伴わなかった一人だ。柏戸と改名したものの、十両も3場所取っただけで引退、年寄玉ノ井から立川を襲名した。地方巡業での初っ切りは名人級だった。

まつまえやま　くまよし
松前山 熊義（前頭筆頭）

本　名　川崎熊義
生年月日　明治42年8月5日
没年月日　昭和59年3月
出身地　北海道函館市湯川町
四股名　巴港山→八甲山→松前山→渡嶋洋→松前川
所属部屋　高島
初土俵　大正14年5月場所
十両昇進　昭和7年2月場所
入　幕　昭和8年5月場所
最終場所　昭和13年1月場所
幕内在位　8場所
幕内成績　42勝46敗
勝　率　0.477
身　長　173cm（5尺7寸）
体　重　86kg（23貫）
得意手　右四つ、押し、下手投げ

幕下時代からきびきびした取り口で注目された。新序から序二段にかけて16連勝を記録したこともある。右四つ押し、下手投げを得意とした。幕内上位に上がり、昭和9年夏場所には西前頭3枚目で大関武蔵山を切り返しに破り6勝5敗と勝ち越した。翌10年春場所には、西前頭筆頭で双葉山につり出しで勝っている。これらの対戦で人気を集めたが、花形時代は短かった。一時は渡嶋洋と改名したりしたが、病気のため十両に落ちて廃業した。

ばんしんざん　せいざぶろう
番神山 政三郎（前頭2枚目）

本　名　長谷川政三郎
生年月日　明治42年1月17日
没年月日　昭和57年1月7日
出身地　新潟県柏崎市番神
所属部屋　雷→白玉→八角→鏡山
初土俵　昭和2年1月場所
十両昇進　昭和5年5月場所
入　幕　昭和9年1月場所
最終場所　昭和16年5月場所
幕内在位　11場所
幕内成績　57勝73敗1分
勝　率　0.438
身　長　185cm（6尺1寸）
体　重　107kg（28貫500）
得意手　突っ張り
年寄名　雷（昭和49年1月定年退職）

2代目梅ヶ谷の雷の最後の弟子。長身から繰り出す突っ張りに威力があり、順調に出世して幕下で全勝優勝。革新力士団から復帰した昭和8年春場所、十両別席で同じく復帰した綾昇と10勝1敗で優勝を争った。太刀山の再来と評され、入幕後の10年春場所には前頭2枚目まで進んだが、胃腸障害から凋落してしまった。11年春場所、新横綱の武蔵山を左差し、下手ひねりで崩して一気に寄り倒す金星を記録している。年寄雷として、定年まで協会に在籍した。

あやのぼり　たけぞう
綾昇　竹蔵（関脇）

本　名　大場竹蔵
生年月日　明治41年5月20日
没年月日　昭和44年7月14日
出身地　宮城県仙台市青葉区木町
所属部屋　千賀ノ浦→出羽海
初土俵　大正14年1月場所
十両昇進　昭和6年5月場所
入　幕　昭和9年1月場所
最終場所　昭和20年6月場所
幕内在位　24場所
幕内成績　143勝133敗1分29休
勝　率　0.518
身　長　176cm（5尺8寸）
体　重　105kg（28貫）
得意手　右四つ、内掛け
年寄名　千賀ノ浦→峰崎（昭和33年1月廃業）

腰が重く体も柔らかく、差し手は左右どちらでもよかった。足癖が得意で内掛け、外掛けのいずれもがあり、土俵際もしぶとい相撲巧者。大関候補に挙げられながら三役に上がると体調を崩すなどの不運もあって、夢は実現しなかった。昭和16年夏場所、双葉山をのど輪で攻めて、泳ぐところを突き出して金星を挙げたこともある。名寄岩をしばしば痛めつけた。色白でポチャッとしたかわいい顔で、少年時代に税務署で働いていたことから、その方からのファンも多かった。

きゅうしゅうざん　よしお
九州山　義雄（小結）

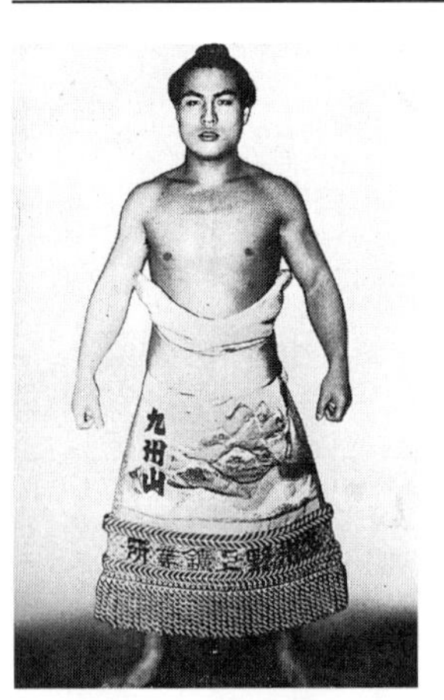

本　名　大坪義夫
生年月日　大正2年10月20日
没年月日　平成2年5月30日
出身地　福岡県嘉麻市上山田
四股名　大坪→九州山
所属部屋　出羽海
初土俵　昭和5年1月場所
十両昇進　昭和7年5月場所
入　幕　昭和9年1月場所
最終場所　昭和20年6月場所
幕内在位　23場所
幕内成績　102勝113敗7分
勝　率　0.474
身　長　176cm（5尺8寸）
体　重　88kg（23貫500）
得意手　右四つ、下手投げ、渡し込み、けたぐり

土俵いっぱい暴れ回り人気があった。相手の出ばなを捕らえての素首落としがうまく、けたぐり、引き落とし、渡し込みが得意だった。昭和12年春場所、前田山を素首落としで破り、小結になった昭和13年春場所、新横綱双葉山と手四つの大相撲を演じたり、横綱玉錦を素首落としで破った。同年応召、15年末に帰還して、17年夏場所には横綱羽黒山をけたぐりで土俵にはわせたこともあった。20年夏場所、勝ち越しながらも終戦と同時に廃業、後にプロレス界に転向した。

たちわか　みねごろう
太刀若　峯五郎（前頭6枚目）

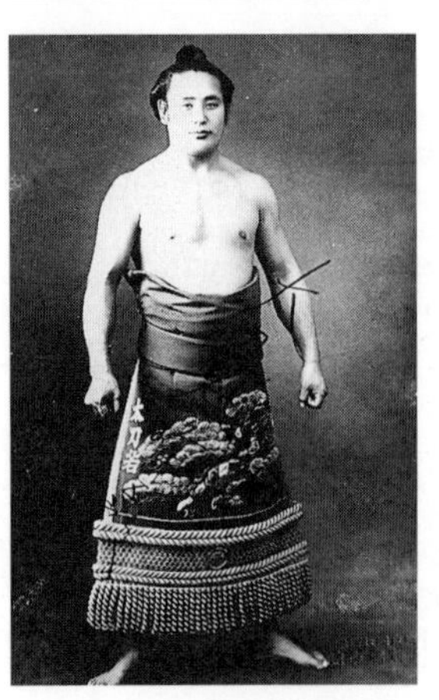

本　名　馬場米蔵
生年月日　明治36年10月1日
没年月日　昭和63年8月13日
出身地　三重県伊勢市中島
所属部屋　友綱→東関→高砂
初土俵　大正7年1月場所
十両昇進　昭和6年1月場所
入　幕　昭和9年1月場所
最終場所　昭和13年5月場所
幕内在位　8場所
幕内成績　38勝54敗
勝　率　0.413
身　長　177cm（5尺8寸5分）
体　重　98kg（26貫）
得意手　左四つ、寄り切り
年寄名　常盤山（昭和43年9月定年退職）

太刀山の弟子として入門したが、太刀山が相撲界を去った後は高砂部屋に転じた。十両だった昭和7年1月、革新力士団に参加して脱退したが、翌8年1月には復帰。十両別席から出直し、9年春場所に入幕している。左差し、寄りが得意で相撲はうまかったものの、内気な性格が災いして前頭6枚目を最高位に幕内中軸から下位にとどまった。幕内在位は8場所だった。横綱男女ノ川の太刀持ちも務めている。十両に落ちて引退、年寄常盤山として定年まで協会に在籍した。

ばんじゃく　くまたろう

磐石　熊太郎（関脇）

本　名　小六→吉田→小六熊雄
生年月日　明治41年５月23日
没年月日　昭和19年９月26日
出身地　大阪府大阪市此花区春日出南
四股名　東潟→磐石
所属部屋　朝日山
初土俵　昭和２年１月場所大阪から加入
十両昇進　昭和４年５月場所

入　幕　昭和９年５月場所
最終場所　昭和18年１月場所
幕内在位　18場所
幕内成績　106勝123敗９休
勝　率　0.463
身　長　176cm（５尺８寸）
体　重　133kg（35貫500）
得意手　左四つ、つり出し、寄り切り
年寄名　北陣

昭和２年東西合併で大阪から加入した。四つ相撲のうまさは一級品との定評があった。左四つから肥躯に物をいわせての寄りは鋭いものがあった。関脇に進んだ13年夏場所、横綱武蔵山を倒して５勝１敗。７日目には横綱玉錦と対戦、左四つで玉錦の寄りを再三こらえて水入りの大相撲を取り、左ひざ関節を痛めて棄権した。このけがが原因で、大関の望みを断たれたのは惜しまれる。読書家、能筆家として知られるなど、多趣味な人格者だった。愛娘は元大関琴ヶ濱夫人。

あやわか　まさお

綾若　真生（前頭５枚目）

本　名　高橋勝雄
生年月日　明治42年11月20日
没年月日　平成元年11月10日
出身地　青森県黒石市袋富田
所属部屋　千賀ノ浦→出羽海
初土俵　大正14年１月場所
十両昇進　昭和５年５月場所
入　幕　昭和９年５月場所
最終場所　昭和17年５月場所

幕内在位　15場所
幕内成績　89勝96敗14休
勝　率　0.481
身　長　170cm（５尺６寸）
体　重　83kg（22貫）
得意手　右四つ、下手投げ

小兵ながら、いつも土俵いっぱいに動き回って相手を攻め立て、胸のすくような相撲をみせて人気があった。変化に富み、しぶとい腰を使って右四つに食い下がると力が強かった。下手投げ、ひねり、足癖、とったりと多彩な技をみせた技能派の力士で、幕内中堅で活躍した。土俵を去った後は、東京・杉並で接骨院、新宿で料理店を経営、出羽海一門のＯＢの集まりである「友愛会」には必ず出席していたが、平成元年に他界した。

かつらがわ　しちろう

桂川　質郎（前頭筆頭）

本　名　檀崎質郎
生年月日　明治40年３月29日
没年月日　平成15年10月24日
出身地　宮城県名取市愛島北目
四股名　名取川→桂川
所属部屋　楯山→伊勢ヶ濱
初土俵　昭和２年10月場所
十両昇進　昭和７年５月場所
入　幕　昭和９年５月場所

最終場所　昭和17年５月場所
幕内在位　15場所
幕内成績　72勝112敗９休
勝　率　0.391
身　長　170cm（５尺６寸）
体　重　88kg（23貫500）
得意手　右四つ、つり出し
年寄名　北陣→岩友→北陣→木瀬（昭和42年５月廃業）

体は小さかったが、突っ張り、投げ、つりと、真正面から相手に当たっていく小気味いい取り口で、幕内中堅力士として活躍。昭和11年春場所には前頭筆頭に進み、大関清水川得意の右上手投げを、下手投げで見事に打ち返して快勝したこともある。一方で17年春場所、15日制になってから幕内初の全敗という不名誉な記録を残している。引退後は相撲錬成道場を開き、また年寄木瀬を女婿の清ノ盛に譲り、東京・本郷でマンションを経営していた。居合９段、剣道３段の腕前。

たてかぶと　しんぞう
楯甲　新蔵（前頭筆頭）

本　名	福井新蔵	入　幕	昭和９年５月場所
生年月日	明治41年３月11日	最終場所	昭和18年１月場所
没年月日	昭和41年１月２日	幕内在位	17場所
出身地	大阪府大阪市城東区新喜多	幕内成績	92勝119敗１分15休
四股名	松若→生駒岳→松若→立甲→楯甲	勝　率	0.436
		身　長	168cm（５尺５寸５分）
所属部屋	不知火（大阪）→中村→友綱→中村	体　重	109kg（29貫）
初土俵	大正15年１月場所三段目付出	得意手	右四つ、寄り切り、押し出し
十両昇進	昭和６年１月場所	年寄名	中村

立ち上がると、一気に突き進む押し相撲。どんな相手にも真一文字に出ていく取り口は単調だったが、場合によると出るとみせて、逆に引き落とすこともあった。昭和15年夏場所、横綱男女ノ川を右はずから一気に土俵外に押し出した金星がある。また、同場所は安藝ノ海が関脇で優勝しているが、上手投げで唯一の黒星をつけたのが楯甲で、安藝ノ海には大の苦手と嫌がられた。二所ノ関傘下にあって、若い者の面倒をよくみる人格者でもあった。

かねみなと　にさぶろう
金湊　仁三郎（前頭５枚目）

本　名	石井仁三郎	最終場所	昭和18年１月場所
生年月日	明治41年８月18日	幕内在位	11場所
没年月日	昭和54年11月23日	幕内成績	61勝84敗
出身地	千葉県船橋市金杉町	勝　率	0.421
四股名	金ノ花→金湊	身　長	164cm（５尺４寸）
所属部屋	湊川→振分→湊川	体　重	86kg（23貫）
初土俵	昭和２年１月場所	得意手	右四つ、内無双、はず押し、突き出し
十両昇進	昭和６年５月場所		
入　幕	昭和９年５月場所	年寄名	二十山（昭和43年５月廃業）

小兵力士だが、幕内下位にあって、十両から上がってくる新入幕力士をいじめ、“追いはぎ” などと呼ばれた。十両時代の双葉山を２度続けて破り、名寄岩、羽黒山に対しても新入幕場所に、肩透かし、渡し込みで下したあたりは面目躍如。突く、出るとみせて引く、いなす、はたく、けたぐると多彩な連続技で動き回る攪乱戦法を得意とした。昭和15年夏場所、大関前田山を突き落としている。年寄二十山を継いだが、その後、東京・神田で焼き鳥店を経営していた。

でわみなと　りきち
出羽湊　利吉（関脇）

本　名	佐藤利吉	最終場所	昭和19年11月場所
生年月日	明治40年３月20日	幕内在位	21場所
没年月日	昭和39年５月17日	幕内成績	121勝120敗１分35休
出身地	秋田県秋田市土崎港相染町	勝　率	0.502
四股名	佐藤→土ヶ崎→出羽湊	優　勝	１回
所属部屋	出羽海	身　長	177cm（５尺８寸５分）
初土俵	昭和３年５月場所	体　重	98kg（26貫）
十両昇進	昭和９年１月場所	得意手	右四つ、やぐら投げ、切り返し
入　幕	昭和10年１月場所	年寄名	浜風（昭和38年７月廃業）

相手に寸分のすきも与えず、先手、先手と攻めていく取り口はスピードがあった。その上、業師、くせ者といわれたほどの千変万化の相撲ぶりで、肩透かし、とったり、ちょん掛け、やぐら投げ、内無双、外無双、かいなひねりと、何でもやった。右を差しての出足にも鋭いものがあった。入幕５場所目には早くも関脇まで上がった。病気のために幕尻近くまで転落した昭和14年春場所、双葉山の連勝が69でストップした場所に13戦全勝優勝を遂げている。

富ノ山 等(とみのやま ひとし)(前頭4枚目)

本　名　佐藤等
生年月日　大正3年2月10日
没年月日　昭和20年10月30日
出身地　宮城県栗原市筑館町黒瀬
四股名　富ノ山→富野山→冨野山→冨ノ山→富ノ山
所属部屋　花籠
初土俵　昭和5年5月場所
十両昇進　昭和8年1月場所
入　幕　昭和10年1月場所
最終場所　昭和20年6月場所
幕内在位　6場所
幕内成績　25勝45敗
勝　率　0.357
身　長　185cm(6尺1寸)
体　重　116kg(31貫)
得意手　左四つ、寄り切り

幕下時代には10勝1敗で優勝を経験、十両は4場所で通過している。立ち合いの突っ張りと左を差しての寄りは鋭く、新入幕の昭和10年春場所、見事に8勝3敗の好成績を挙げている。11年夏場所に西前頭4枚目まで昇進したが、悪性の病気に罹り11戦全敗を記録、その後、幕下まで転落。その素行から一時は破門されている。15年夏場所に幕下付出で再スタート、17年夏場所に再入幕したが、1場所で落ちて廃業。色黒の巨漢、容貌から“キングコング”とあだ名された。

大八洲 多喜知(おおやしま たきち)(前頭10枚目)

本　名　東爪→坂本多喜知
生年月日　明治39年3月10日
没年月日　昭和50年4月27日
出身地　富山県高岡市福岡町
所属部屋　立浪
初土俵　昭和2年5月場所
十両昇進　昭和7年2月場所
入　幕　昭和10年1月場所
最終場所　昭和14年1月場所
幕内在位　6場所
幕内成績　29勝39敗
勝　率　0.426
身　長　192cm(6尺3寸5分)
体　重　120kg(32貫)
得意手　左四つ、寄り切り
年寄名　白玉(昭和46年1月廃業)

190㌢を超す身長、120㌔の体重という巨漢。双葉山とほぼ同じ時期に立浪部屋に入門し、2人で出世を争った。当時は体の大きな大八洲の方が有望視されていたが、これという技がなく、相手を引っ張り込むだけの取り口は不細工だった。しかし、引退して年寄白玉となってからは、事務的才能に物をいわせ、戦後は協会理事として名古屋場所を担当していた。入門前は松竹で映画俳優をしたこともあり、晩年はスポーツ紙で競馬予想の筆を執っていた。

玉ノ海 梅吉(たまのうみ うめきち)(関脇)

本　名　蔭平梅吉
生年月日　大正元年11月30日
没年月日　昭和63年10月23日
出身地　長崎県大村市西大村本町
所属部屋　二所ノ関→粂川→二所ノ関
初土俵　昭和5年10月場所
十両昇進　昭和9年5月場所
入　幕　昭和10年1月場所
最終場所　昭和20年11月場所
幕内在位　23場所
幕内成績　141勝101敗1分51休
勝　率　0.583
身　長　176cm(5尺8寸)
体　重　109kg(29貫)
得意手　突っ張り、右四つ、下手ひねり
年寄名　二所ノ関(昭和26年5月廃業)

昭和14年春場所9日目、双葉山に勝ち、師匠玉錦の霊前に“敵討ち”を報告したことが話題となった。右腕の怪力は有名。右前まわしを取り、左は相手の右手首をつかむと立ち腰のまま出ていく強引さで、残されれば右からひねる力相撲。実力大関といわれながら、玉錦急逝後の13年暮れ、26歳の若さで年寄二所ノ関を襲名。二枚鑑札となって、部屋の経営に腐心し、関脇止まりに終わった。横綱羽黒山とはいつも力相撲となった。独特の相撲解説は親しまれた。

かさぎやま　かついち
笠置山 勝一（関脇）

本　名	仲村勘治	幕内在位	22場所
生年月日	明治44年1月7日	幕内成績	134勝139敗10休
没年月日	昭和46年8月11日	勝　率	0.491
出身地	奈良県大和郡山市高田町	身　長	173cm（5尺7寸）
所属部屋	出羽海	体　重	101kg（27貫）
初土俵	昭和7年2月場所幕下付出	得意手	左四つ、寄り切り
十両昇進	昭和8年1月場所	年寄名	秀ノ山
入　幕	昭和10年5月場所		
最終場所	昭和20年11月場所		

早大専門部政治経済科出のインテリ力士。上背に恵まれなかったが、左を差し右で相手の左を殺して寄っていく呼吸は抜群で、理詰めの四つ相撲を完成、常に三役から幕内上位で安定した力を発揮して活躍した。出羽海一門では打倒双葉山の参謀格であったが、笠置山自身は本場所では双葉山に1勝もできず17戦全敗だった。得意の二枚げりで羽黒山、前田山らには勝っている。現役時代から相撲評論、随筆、小説を書き、引退後は協会のスポークスマン役を務めていた。

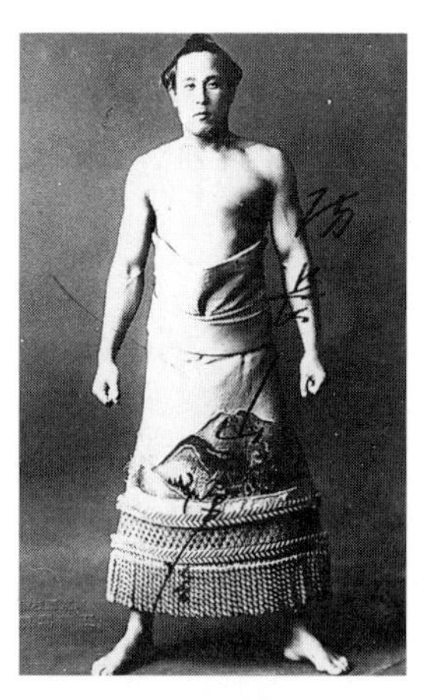

ぼうちょうざん　げんじ
防長山 源治（前頭11枚目）

本　名	坂本源治	最終場所	昭和13年5月場所
生年月日	明治42年7月29日	幕内在位	5場所
没年月日	昭和46年5月29日	幕内成績	19勝40敗
出身地	山口県下関市豊浦町川棚松谷	勝　率	0.322
四股名	坂本→防長山	身　長	176cm（5尺8寸）
所属部屋	出羽海	体　重	86kg（23貫）
初土俵	昭和2年1月場所	得意手	左四つ、やぐら投げ
十両昇進	昭和7年5月場所		
入　幕	昭和10年5月場所		

昭和40年代に入ってからは魁傑が登場したが、数少ない山口県出身の力士の中で、初めて幕内に上がったことは特筆される。初めは坂本の本名で土俵に上がり、その後は郷里の周防と長門から1字ずつ取って四股名を付けた。稽古場では、左四つからやぐら投げを振ったりして目立った存在だったが、本場所ではなぜか振るわず、幕内と十両を3回往復しただけで終わり、大して名を上げることはできなかった。同郷の画家松林桂月が防長山をひいきにした。

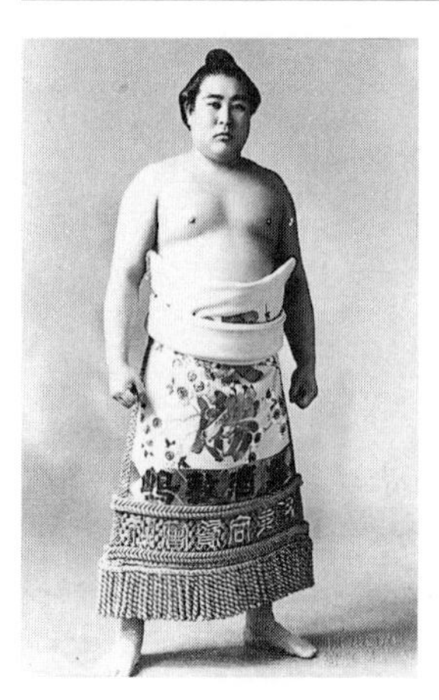

だてのはな　しずか
伊達ノ花 静（前頭15枚目）

本　名	深山静	入　幕	昭和10年5月場所
生年月日	明治40年1月1日	最終場所	昭和11年1月場所
没年月日	昭和19年12月11日	幕内在位	2場所
出身地	宮城県遠田郡涌谷町涌谷	幕内成績	8勝14敗
四股名	仙臺→伊達ノ花	勝　率	0.364
所属部屋	出羽海	身　長	171cm（5尺6寸5分）
初土俵	大正12年1月場所	体　重	120kg（32貫）
十両昇進	昭和7年2月場所	得意手	左四つ、寄り切り

出身地が仙台市の近郊だったことから、仙臺という四股名で十両まで取った。玉のようにきれいな肥満型で、明治時代の横綱小錦そっくりの体つきだといわれた。しかし、取り口は小錦のような出足はなく、左差しの寄りを得意としたが、勝ちみが遅く平凡な相撲ぶりだった。十両昇進は春秋園事件直後の昭和7年春場所。同じ場所に十両に上がった力士には関脇大邱山、両国、小結の巴潟らがいたが、伊達ノ花の入幕はそれから3年後。30歳近くになっての入幕で、幕内在位はわずか2場所。早々に廃業して角界から去っていった。

三熊山 美夫（前頭12枚目）
みくまやま よしお

本　名	小泉美夫	幕内在位	３場所
生年月日	明治41年７月20日	幕内成績	15勝20敗
没年月日	不詳	勝　率	0.429
出身地	兵庫県洲本市海岸通	身　長	167cm（５尺５寸）
所属部屋	中川→武蔵川→鏡山	体　重	101kg（27貫）
初土俵	大正12年１月場所	得意手	左四つ、押し出し
十両昇進	昭和７年５月場所		
入　幕	昭和11年１月場所		
最終場所	昭和13年１月場所		

昭和４年夏場所に続く関西本場所で６戦全勝と２場所連続三段目優勝、しかも15連勝という記録を残している。７年春場所、７勝１敗で幕下優勝して十両入りした。ずんぐりした体で、左四つ、押し出しを得意とし、非力と評されながらも、体相応の相撲をみせ評判はよかった。また、大変器用な力士で、初っ切り、相撲甚句、弓取りと何でもこなしたので、特に地方巡業の際は重宝がられた存在だった。しかし、幕内は３場所務めただけで終わっている。

綾錦 久五郎（前頭11枚目）
あやにしき ひさごろう

本　名	土田久二	最終場所	昭和14年５月場所
生年月日	明治44年12月８日	幕内在位	３場所
没年月日	平成15年２月24日	幕内成績	14勝23敗
出身地	石川県羽咋郡志賀町館	勝　率	0.378
四股名	能登錦→綾錦	身　長	176cm（５尺８寸）
所属部屋	振分→湊川	体　重	83kg（22貫）
初土俵	昭和３年10月場所	得意手	左四つ、下手投げ
十両昇進	昭和９年５月場所		
入　幕	昭和11年１月場所		

初めは能登錦と名乗った。軽量で非力だったが、相撲のうまさにかけては天下一品。昭和10年夏場所には十両で10勝１敗の好成績で優勝、翌11年春場所に新入幕を果たしている。最高位は前頭11枚目、幕内在位はわずか３場所で、勝率も４割に達しないで終わったが、食い下がってしぶとく投げ、ひねり、足技を得意としていた。14年夏場所を最後に廃業しているが、廃業後も佐渡ヶ嶽部屋に顔を見せ、若い者の稽古を指導していた。

五ツ嶋 奈良男（大関）
いつつしま ならお

本　名	金崎伊佐一	入　幕	昭和11年５月場所
生年月日	大正元年12月22日	最終場所	昭和17年１月場所
没年月日	昭和48年５月６日	幕内在位	12場所
出身地	長崎県南松浦郡新上五島町奈良尾郷	幕内成績	86勝58敗20休
四股名	金崎→肥州嶽→五ツ嶋	勝　率	0.597
所属部屋	出羽海	身　長	173cm（５尺７寸）
初土俵	昭和５年５月場所	体　重	113kg（30貫）
十両昇進	昭和９年５月場所	得意手	左四つ、巻き落とし、下手ひねり

全盛時代の双葉山に２連勝、前田山にも強く３連勝している。昭和15年春場所、突っ張って突き返す双葉山をはたき込み、翌夏場所は右はず、左おっつけで押し、とったりを決めた。同場所は西張出関脇で、同僚の安藝ノ海と優勝を争い、13勝２敗で準優勝して大関へ昇進。しかし、足の故障でわずか２場所で大関から陥落して廃業した。“稽古場横綱”といわれ、思い切り相手に当たらせて、ねじるような巻き落としを得意としていた。廃業後、料理店やホテルを経営していた。

天城山 猪太夫（前頭17枚目）
あまぎやま いだゆう

本名	石川徳郎	最終場所	昭和13年1月場所
生年月日	明治39年8月17日	幕内在位	1場所
没年月日	平成9年9月23日	幕内成績	3勝8敗
出身地	静岡県伊東市新井	勝率	0.273
四股名	天城山→初島→天城山	身長	185cm（6尺1寸）
所属部屋	友綱	体重	98kg（26貫）
初土俵	大正14年1月場所	得意手	左四つ、つり出し
十両昇進	昭和7年2月場所	年寄名	東関（昭和46年8月定年退職）
入幕	昭和11年5月場所		

現役中は友綱部屋の所属で、引退後に立浪部屋に転じている。伊豆は伊東の漁師の出身で、18歳で入門。上背を利してのつりを得意としたが、出世は遅く十両昇進まで7年かかっている。昭和11年夏場所に新入幕を果たしたものの、幕内に名をとどめたのはこの1場所だけ。しかし、引退して年寄東関となると、温厚な人柄と明晰な頭脳をかわれて協会理事となり、大いに手腕を発揮、大阪場所担当として功績があった。真価を引退後に発揮した一人だ。

前田山 英五郎（横綱）
まえだやま えいごろう

本名	萩森金松	最終場所	昭和24年10月場所
生年月日	大正3年5月4日	幕内在位	27場所
没年月日	昭和46年8月17日	幕内成績	206勝104敗39休
出身地	愛媛県八幡浜市保内町喜木	勝率	0.665
四股名	喜木山→佐田岬→前田山	優勝	1回
所属部屋	高砂	身長	180cm（5尺9寸5分）
初土俵	昭和4年1月場所	体重	116kg（31貫）
十両昇進	昭和9年1月場所	得意手	突っ張り、左四つ、つり出し
入幕	昭和12年1月場所	年寄名	高砂

1度十両まで進んだが、右腕骨髄炎にかかり、慶応病院の前田博士の執刀で奇跡的に回復。入幕4場所目には早くも大関になった。張り手を交えた突っ張りが得意で、双葉山には特に闘志を燃やし、いつも立ち向かいファンを熱狂させた。まさに「闘将」の名がぴったり。戦後初の横綱だが、大関在位が9年半と長かったため、「名大関」の印象が強い。引退後は年寄高砂として、横綱朝潮、関脇高見山らを育てたほか、協会きっての外国通として、ハワイ巡業などに尽力した。

鯱ノ里 一郎（前頭3枚目）
しゃちのさと いちろう

本名	加藤→松崎一雄	最終場所	昭和22年6月場所
生年月日	大正3年8月11日	幕内在位	18場所
没年月日	昭和56年5月21日	幕内成績	84勝137敗1分1預5休
出身地	愛知県名古屋市中区新栄	勝率	0.380
四股名	太閤山→鯱ノ里	身長	179cm（5尺9寸）
所属部屋	若松	体重	124kg（33貫）
初土俵	昭和4年1月場所	得意手	左四つ、上手投げ、寄り切り
十両昇進	昭和10年1月場所	年寄名	西岩→若松（昭和54年8月定年退職）
入幕	昭和12年1月場所		

評判の美男力士で人気者だった。腰が重く左四つ、寄りが得意だったが、上手からの投げも強かった。昭和13年夏場所5日目には横綱玉錦と水入り大相撲を取った。期待されていたが、稽古があまり好きでなく、のんびりした性格もあって幕内中堅に甘んじた。アキレス腱を切って、1度十両に落ちたものの再入幕。引退後は西岩から若松となり、岩風、房錦、大鷲といった個性派幕内力士を育てた。前田山とは同期生で入幕も同時。野球好きで高砂チームの一塁手。

名寄岩 静男（大関）

なよろいわ しずお

本　名	岩壁静夫	幕内在位	44場所
生年月日	大正３年９月27日	幕内成績	292勝279敗33休
没年月日	昭和46年１月26日	勝　率	0.511
出身地	北海道名寄市西三条南	三　賞	敢闘賞２回
所属部屋	立浪	身　長	173cm（５尺７寸）
初土俵	昭和７年５月場所	体　重	128kg（34貫）
十両昇進	昭和11年５月場所	得意手	左四つ、つり出し、すくい投げ
入　幕	昭和12年１月場所	年寄名	春日山
最終場所	昭和29年９月場所		

病と闘いながら、“律儀”の２字で40歳まで土俵一途に生きた姿は男のドラマそのものであり、映画や芝居にもなったほど。双葉山、羽黒山と並ぶ「立浪三羽がらす」で、左差し、上手が取れないと相手の肉をつかんでつり上げ、寄り進む強引な取り口は「怒り金時」のあだ名そのもの。大関へ返り咲きながらの全敗、十指に余る病気を克服しての涙の敢闘賞、そして病魔でボロボロになった体で関脇にカムバックした闘志。こんな力士はもう出るまい。

鶴ヶ嶺 道芳（前頭２枚目）

つるがみね みちよし

本　名	下家道義	最終場所	昭和22年６月場所
生年月日	明治45年１月17日	幕内在位	20場所
没年月日	昭和47年３月18日	幕内成績	99勝139敗24休
出身地	鹿児島県熊毛郡中種子町増田	勝　率	0.416
四股名	種子ヶ島→星甲→鶴ヶ嶺	身　長	188cm（６尺２寸）
所属部屋	井筒→双葉山→時津風	体　重	101kg（27貫）
初土俵	昭和６年５月場所	得意手	左四つ、つり出し
十両昇進	昭和９年１月場所	年寄名	井筒
入　幕	昭和12年５月場所		

その四股名からも「やせて鶴のようだ」といわれたほどのソップ型（やせ型）だが、左四つになってのつりややぐら投げには威力があった。昭和17年春場所には横綱男女ノ川を外掛けで、大関前田山を寄り倒すなどの殊勲も挙げた。上背に比べて体重がなく、三役昇進はならず、幕内上位から中堅にとどまった。頭が切れ、引退後、師匠名の井筒を継ぎ、時津風理事長（元双葉山）の補佐役として期待されたが病に倒れた。実弟の薩摩洋は十両まで進み、兄弟関取と評判をとった。

青葉山 徳雄（前頭４枚目）

あおばやま とくお

本　名	阿部徳雄	幕内在位	14場所
生年月日	大正２年２月４日	幕内成績	77勝119敗５分１休
没年月日	昭和47年３月１日	勝　率	0.393
出身地	宮城県仙台市青葉区本町	身　長	173cm（５尺７寸）
所属部屋	陣幕→小野川→陣幕	体　重	113kg（30貫）
初土俵	昭和４年１月場所	得意手	右四つ、寄り切り
十両昇進	昭和10年１月場所	年寄名	陣幕（昭和34年３月廃業）
入　幕	昭和12年５月場所		
最終場所	昭和19年１月場所		

四つで粘るだけ、勝ちみが遅いのが欠点とされた。昭和15年夏場所、大関前田山を寄り倒し、準優勝の関脇五ツ嶋を突き倒しに破り、16年夏場所には横綱男女ノ川を寄り倒したころが全盛期。出羽海一門の陣幕部屋の所属でありながら、東西制の均衡上、反出羽海系に回された結果、稽古相手と本場所で対戦することになった。18年夏場所、竜王山との一番で引き分け、「闘志不足」と叱られ、出場停止とされた。19年春場所限りで引退、年寄陣幕となった。

羽黒山（はぐろやま） 政司（まさじ）（横綱）

本　名　小林正治
生年月日　大正３年11月18日
没年月日　昭和44年10月14日
出身地　新潟県新潟市西蒲区羽黒
所属部屋　立浪
初土俵　昭和９年１月場所
十両昇進　昭和12年１月場所
入　幕　昭和12年５月場所
最終場所　昭和28年９月場所

幕内在位　39場所
幕内成績　321勝94敗１分117休
勝　率　0.773
優　勝　７回
身　長　179cm（５尺９寸）
体　重　129kg（34貫500）
得意手　左四つ、寄り切り、つり出し、上手投げ
年寄名　羽黒山（二枚鑑札）→立浪

兄弟子双葉山の陰に隠れた感じもあるが、強さは一級。序ノ口から入幕まで各段で優勝し、各１場所で突破してきた快記録の保持者。鍛え上げた鋼鉄を思わせる堂々たる体、強い力は相撲のために生まれてきたようなもの。戦後の大相撲どん底時代を背負って頑張った。アキレスけん切断後立ち直り、昭和27年春場所全勝で７回目の優勝を飾った。引退後、年寄立浪として時津風を補佐して協会運営に当たった。双葉山の存在がなければ羽黒山時代になったといわれる。

松浦潟（まつらがた） 達也（たつや）（小結）

本　名　牧山強臣
生年月日　大正４年５月27日
没年月日　昭和20年３月10日（現役中）
出身地　佐賀県唐津市鎮西町
四股名　松浦潟→大蛇潟→松浦潟
所属部屋　錦島→立田山
初土俵　昭和５年１月場所
十両昇進　昭和11年１月場所
入　幕　昭和13年１月場所

最終場所　昭和19年11月場所
幕内在位　12場所
幕内成績　79勝85敗４休
勝　率　0.482
身　長　186cm（６尺１寸５分）
体　重　105kg（28貫）
得意手　左四つ、上手投げ、下手投げ

相撲がうまく、左四つになっての上手投げ、下手投げといった投げ技が冴え、長身を使ったつりも武器だった。小結昇進は昭和17年春場所で、18年夏場所には照國、安藝ノ海の両横綱を投げで倒したことがある。当時、出羽海親方は「必ず松浦時代が来る」と語り、部屋は異なったものの目をかけていた。だが、稽古があまり好きではなく、気の弱さもあって実力を発揮できないきらいがあった。美男子で通っていたが、20年３月の東京大空襲で戦災死した。

小嶋川（こじまがわ） 庄吉（しょうきち）（前頭５枚目）

本　名　米花庄吉
生年月日　大正３年９月５日
没年月日　昭和21年９月15日
出身地　東京都江東区住吉
所属部屋　立浪
初土俵　昭和３年５月場所
十両昇進　昭和９年５月場所
入　幕　昭和13年１月場所
最終場所　昭和17年５月場所

幕内在位　６場所
幕内成績　29勝40敗15休
勝　率　0.420
身　長　173cm（５尺７寸）
体　重　101kg（27貫）
得意手　突っ張り、押し出し
年寄名　八角

東京下町出身の江戸っ子力士。出足がなかなか速く、激しい上突っ張りと右四つ頭を付けて出る取り口に人気があった。一方で非力なため、引っ張り込まれるとどうも勝手が悪かった。入幕後２場所続けて好成績を挙げ、幕内上位に進出。しかし、これからという時期に肋膜を病んだのは不運で、後退を余儀なくされて十両に陥落した。若くして引退し、年寄八角を襲名したが、戦後間もなくの昭和21年、巡業先の石川県七尾市で病死した。

安藝ノ海 節男（あきのうみ せつお）（横綱）

本　名	永田節男	幕内在位	18場所
生年月日	大正３年５月30日	幕内成績	142勝59敗38休
没年月日	昭和54年３月25日	勝　率	0.706
出身地	広島県広島市南区宇品海岸	優　勝	１回
四股名	永田→安藝ノ海	身　長	177cm（５尺８寸５分）
所属部屋	出羽海	体　重	128kg（34貫）
初土俵	昭和７年２月場所	得意手	左四つ、寄り切り、やぐら投げ
十両昇進	昭和11年１月場所	年寄名	不知火→藤島（昭和30年１月廃業）
入　幕	昭和13年１月場所		
最終場所	昭和21年11月場所		

双葉山の連勝にストップをかけたヒーロー。昭和14年春場所４日目、初顔合わせの常勝双葉山を外掛けで土を付けた。歴史に残る一番であった。左を差し、頭を付けて右からおっつけるうまさは定評があり、関脇時代に優勝を果たした。17年夏場所後に照國と同時に横綱へ昇進したが、病気のために、さしたる成績を残せないまま引退、年寄藤島として協会理事を務めた後に廃業した。

若港 三郎（わかみなと さぶろう）（前頭３枚目）

本　名	渡辺孝一郎	最終場所	昭和20年11月場所
生年月日	明治42年12月13日	幕内在位	16場所
没年月日	昭和57年６月30日	幕内成績	95勝121敗
出身地	山梨県南都留郡鳴沢村鳴沢	勝　率	0.440
四股名	冨士ヶ嶽→若港→若湊	身　長	191cm（６尺３寸）
所属部屋	富士ヶ根	体　重	124kg（33貫）
初土俵	昭和６年３月場所	得意手	左四つ、つり出し
十両昇進	昭和10年１月場所	年寄名	富士ヶ根（昭和49年12月定年退職）
入　幕	昭和13年１月場所		

191㌢、124㌔と体に恵まれており、怪力で知られた。左四つで相手を引き付けるとなかなか強く、特にその長身を利してのつりは強力だった。しかし、闘志にやや欠けるところがあり、立ち合いから相手を引っ張り込もうとする消極戦法、さらに勝ちみが遅いことなどから大成しないで終わった。高砂系の富士ヶ根部屋に所属し、横綱東富士の兄弟子に当たる。引退後は時津風部屋に属し、また両国国技館近くの墨田区緑で保育園を経営していた。

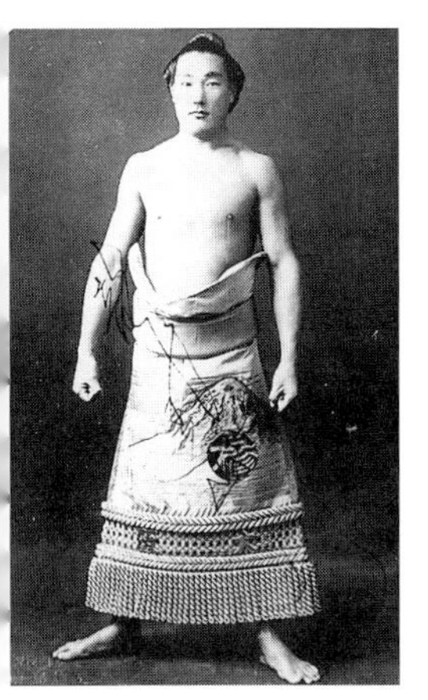

竜王山 光（りゅうおうざん ひかる）（前頭２枚目）

本　名	高鍋光	最終場所	昭和19年11月場所
生年月日	明治43年３月25日	幕内在位	10場所
没年月日	昭和23年２月17日	幕内成績	54勝80敗１分11休
出身地	福岡県飯塚市川津	勝　率	0.403
四股名	高鍋→竜王山→龍王山	身　長	180cm（５尺９寸５分）
所属部屋	出羽海	体　重	113kg（30貫）
初土俵	昭和５年３月場所	得意手	突っ張り、はたき込み、右四つ
十両昇進	昭和11年１月場所		
入　幕	昭和13年５月場所		

昭和15年春場所、常勝双葉山の打倒に策を練る出羽海一門の一人として、いつでも受けて立つ双葉山に対して１回目の仕切りから突っかけて臨んだ。しかし、この奇襲の効はなく、次の瞬間には双葉山の上手投げで土俵にはわされた。突っ張ってはたく戦法は単純だったが、翌夏場所には羽黒山、名寄岩らを破り９勝６敗を挙げた。このあたりが絶頂期で、青葉山と右四つで動かず引き分け、「敢闘精神欠如」で叱責されたのは戦時下での犠牲者か。廃業後、フグ中毒で死亡。

鹿嶋洋 起市（前頭筆頭）

かしまなだ　きいち

本　名	久起一	最終場所	昭和21年11月場所
生年月日	大正３年６月27日	幕内在位	17場所
没年月日	昭和22年５月５日（現役中）	幕内成績	111勝115敗
出身地	茨城県東茨城郡大洗町磯浜町	勝　率	0.491
四股名	新高山→鹿嶋洋	身　長	173cm（５尺７寸）
所属部屋	春日野	体　重	133kg（35貫500）
初土俵	昭和５年５月場所	得意手	右四つ、寄り切り
十両昇進	昭和12年１月場所		
入　幕	昭和13年５月場所		

昭和14年春場所、69連勝中だった双葉山を破った安藝ノ海、２敗目を付けた両國に続いて、下手投げで３敗目の土を付けた。翌年夏場所にも送り出しで双葉山に勝っている。全盛時の双葉山に２勝したのは、五ツ嶋、櫻錦とこの鹿嶋洋のわずか３力士のみ。「消防自動車」の異名をとった速い出足による押しに定評があったが、足を痛め期待ほどは伸びなかった。新入幕12勝１敗は現在なら当然敢闘賞もの。茨城県出身となっているが、実際は台湾生まれ。戦後、巡業中に客死。

源氏山 祐蔵（前頭15枚目）

げんじやま　ゆうぞう

本　名	假屋→松山祐三	幕内在位	２場所
生年月日	大正３年１月18日	幕内成績	６勝22敗
没年月日	不詳	勝　率	0.214
出身地	鹿児島県霧島市隼人町小浜	身　長	185cm（６尺１寸）
所属部屋	浅香山→井筒	体　重	105kg（28貫）
初土俵	昭和４年５月場所	得意手	突っ張り、右四つ、下手投げ
十両昇進	昭和10年１月場所	年寄名	浅香山（昭和17年５月廃業）
入　幕	昭和13年５月場所		
最終場所	昭和16年１月場所		

上背があり、立派な体格で腕力も強く、立ち合いの突っ張りと右四つになってからの下手投げを得意としたが、取り口が荒っぽくて雑だったことと、気の弱いのが欠点だった。初土俵から十両入りまで８年、そして幕内下位に２度顔を出したが、いずれも大きく負け越して転落、花を咲かすことなく終わった。初めは３代目西ノ海の浅香山の弟子だったが、井筒部屋に移っている。当時の首相近衛文麿公の顔に似ていると評判になっていた。

神東山 忠義（前頭４枚目）

じんとうざん　ただよし

本　名	神谷信義	最終場所	昭和22年６月場所
生年月日	大正２年１月28日	幕内在位	15場所
没年月日	昭和58年６月23日	幕内成績	89勝109敗２休
出身地	東京都中央区新川	勝　率	0.449
四股名	神武山→神東山	身　長	170cm（５尺６寸）
所属部屋	春日野	体　重	135kg（36貫）
初土俵	昭和７年５月場所	得意手	右四つ、寄り切り
十両昇進	昭和12年５月場所	年寄名	岩友（昭和53年１月定年退職）
入　幕	昭和14年１月場所		

太鼓腹を突き出した肥満型だが、土俵上での動きは体に似合わず素早く、右を差しての鋭い寄り足、土俵際での回り込んでの体勢の入れ替えなどもうまかった。前と横への動きが悪かったため、変わり身の速い相手にはもろく、離れて取られると苦戦した。当初、神武山と名乗っていたものの、「恐れ多い」と神東山に改名したのは、時代の風潮を偲ばせる。京橋八丁堀生まれの江戸っ子。７年間幕内中軸で活躍したが、腰を痛め十両に落ちて引退。長く勝負検査役を務めた。

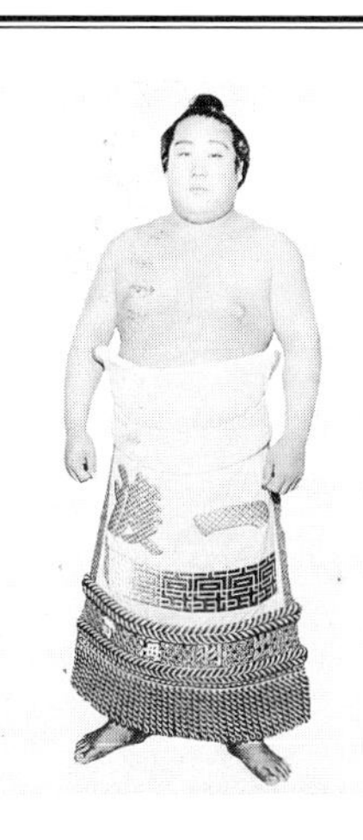

いちわたり　あきら
一渡 明（前頭18枚目）

本　名	渡辺明	幕内成績	13勝30敗
生年月日	大正７年１月11日	勝　率	0.302
没年月日	昭和49年12月９日	身　長	164cm（５尺４寸）
出身地	千葉県我孫子市本町	体　重	101kg（27貫）
所属部屋	出羽海	得意手	押し出し
初土俵	昭和８年５月場所		
十両昇進	昭和12年１月場所		
入　幕	昭和14年１月場所		
最終場所	昭和18年５月場所		
幕内在位	３場所		

身長164㌢で100㌔余りと、上背はなかったものの体の幅が広く、立ち合い突っ張ってから押して出る呼吸のよさは定評があった。ただ体と力が伴わず、せっかく３回入幕しながらも、そのつど負け越して幕内の地位を保てずに終わった。大和錦、十三錦とともに昭和19年春場所後、初めて国技館で断髪式を行った。千葉県我孫子市で食堂を経営していたが、交通事故が原因で亡くなった。

やまといわ　えいたろう
倭岩 英太郎（前頭13枚目）

本　名	中村英太郎	幕内在位	６場所
生年月日	明治43年７月６日	幕内成績	33勝45敗12休
没年月日	昭和57年12月２日	勝　率	0.423
出身地	福岡県福岡市博多区中洲	身　長	176cm（５尺８寸）
所属部屋	出羽海	体　重	120kg（32貫）
初土俵	大正15年１月場所	得意手	左四つ、下手投げ
十両昇進	昭和７年１月場所		
入　幕	昭和14年５月場所		
最終場所	昭和19年１月場所		

昭和７年１月、十両に昇進したところで春秋園事件で脱退。天竜一派の関西相撲では、肥州山、松ノ里らをしのぐ実力者であった。体にも恵まれていたため、関西相撲から帰参後も大いに期待されたが、最高位は前頭13枚目、幕内通算６場所で終わった。幕内下位と十両の往復にとどまったのは評判倒れだ。得意は左四つ、下手投げ。相撲ぶりは決してうまいとはいえず、立ち合いが下手で、一部からは闘志不足を指摘されたりもした。体に比べて大きな頭に特徴があった。

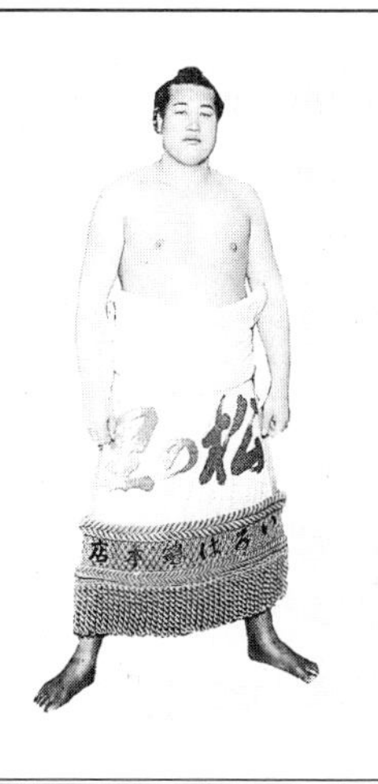

まつのさと　なおいち
松ノ里 直市（前頭３枚目）

本　名	工藤直一	最終場所	昭和20年６月場所
生年月日	明治42年11月29日	幕内在位	13場所
没年月日	昭和60年１月26日	幕内成績	85勝81敗11休
出身地	青森県五所川原市松島町	勝　率	0.512
四股名	工藤→松ノ里	身　長	177cm（５尺８寸５分）
所属部屋	出羽海	体　重	113kg（30貫）
初土俵	大正15年１月場所	得意手	右四つ、寄り切り
十両昇進	昭和14年１月場所		
入　幕	昭和14年５月場所		

天竜一派の関西相撲から帰参。新入幕の昭和14年夏場所でいきなり12勝３敗を挙げて期待されたが、勝ちみが遅く、幕内中軸に定着したにとどまった。体力に恵まれ腕力もあり、足腰も強かった。右四つからの寄りを得意とし、ときに足癖もみせた。19年春場所６日目、双葉山が松ノ里の右腕をきめて振ろうとしたところを、ちょん掛けに倒して36連勝で終わらせ、経歴にハクを付けた。廃業後は故郷の青森で旅館を経営していた。

佐賀ノ花 勝巳（大関）
さがのはな かつみ

本　名	北村勝巳	幕内在位	29場所
生年月日	大正６年12月５日	幕内成績	200勝160敗１分30休
没年月日	昭和50年３月28日	勝　率	0.556
出身地	佐賀県佐賀市西魚町	優　勝	１回
所属部屋	粂川→二所ノ関	身　長	170cm（５尺６寸）
初土俵	昭和９年５月場所	体　重	128kg（34貫）
十両昇進	昭和13年１月場所	得意手	右四つ、寄り切り
入　幕	昭和14年５月場所	年寄名	二所ノ関
最終場所	昭和27年１月場所		

精魂込めて横綱大鵬を育てたことは有名だが、現役時代は師匠玉錦直伝の勝負度胸と、立ち合いの呼吸のうまさ、出足速の寄り身が鋭かった。戦時下、旧両国国技館最後の場所となった昭和19年春場所、小結で13勝２敗の優勝、同年夏場所後、大関に昇進。26年春場所までの８年間15場所にわたり大関を務めた。その後二所ノ関（元玉ノ海）が廃業したため年寄と二枚鑑札で土俵に上がった。読書家で漢書に精通し、大鵬の四股名は「荘子」からとった。

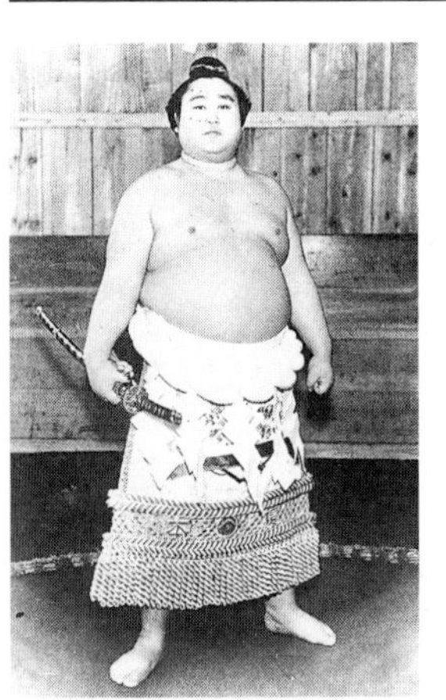

照國 万蔵（横綱）
てるくに まんぞう

本　名	菅→大野万蔵	幕内在位	32場所
生年月日	大正８年１月10日	幕内成績	271勝91敗74休
没年月日	昭和52年３月20日	勝　率	0.749
出身地	秋田県湯沢市雄勝町秋ノ宮	優　勝	２回
所属部屋	伊勢ヶ濱	身　長	174cm（５尺７寸５分）
初土俵	昭和10年１月場所	体　重	161kg（43貫）
十両昇進	昭和13年１月場所	得意手	左四つ、寄り切り、つり出し
入　幕	昭和14年５月場所	年寄名	荒礒→伊勢ヶ濱
最終場所	昭和28年１月場所		

十両が18歳11カ月、入幕が20歳４カ月、大関は22歳６カ月、横綱が23歳６カ月と当時の最年少記録をすべて書き換えたほど出世が速かった。白いもち肌のアンコ型で、前さばきとリズミカルでうまい寄り身は天才的。「桜色の音楽」と形容された。横綱昇進後は、ひざの故障や糖尿病のため「優勝のない横綱」とまでいわれたが、横綱７年目に初めて賜杯を手にした。引退後は年寄伊勢ヶ濱として、大関清國らを育てるとともに、理事を務めるなど協会の運営に貢献した。

相模川 佶延（関脇）
さがみがわ よしのぶ

本　名	原島寶	最終場所	昭和24年５月場所
生年月日	大正６年７月13日	幕内在位	20場所
没年月日	昭和62年１月22日	幕内成績	127勝120敗９休
出身地	神奈川県厚木市愛甲	勝　率	0.514
四股名	相模川→相模山→相模川	身　長	189cm（６尺２寸５分）
所属部屋	春日野	体　重	124kg（33貫）
初土俵	昭和10年５月場所	得意手	突っ張り、左四つ、上手投げ
十両昇進	昭和14年１月場所		
入　幕	昭和14年５月場所		

幕下時代は武蔵山二世といわれた。打倒双葉山のホープと注目され、未来の大関、横綱だと期待を一身に集めた。強烈な突っ張りに威力があり、十両を１場所で通過した。しかし、突っ張りを外されて四つに組むと腰が割れず、守勢になるともろかった。横綱羽黒山をしばしば破り対等の対戦成績を残したものの、双葉山には１度も勝てなかった。関脇当時の昭和19年春場所終盤、佐賀ノ花、羽黒山を連破し、11勝４敗の成績を挙げたころが絶頂期。

小松山 貞造（前頭３枚目）
こまつやま ていぞう

本　名	竹田貞造	最終場所	昭和20年11月場所
生年月日	大正２年３月11日	幕内在位	11場所
没年月日	昭和47年４月27日	幕内成績	49勝75敗23休
出身地	石川県能美市寺井町	勝　率	0.395
四股名	竹林→小松山	身　長	170cm（５尺６寸）
所属部屋	井筒→双葉山	体　重	101kg（27貫）
初土俵	昭和６年１月場所	得意手	右四つ、出し投げ、小またすくい
十両昇進	昭和12年５月場所		
入　幕	昭和15年１月場所	年寄名	甲山

生来の勘のよさは抜群で、これに物をいわせて変わり身の速い手取り力士。やぐら投げ、小またすくい、肩透かし、内掛けなど、多彩な技を繰り出す取り口で幕内中軸で人気を集めた。しかし、技に頼りすぎて、やや半端相撲に終わったきらいがある。昭和16年春場所に横綱男女ノ川をすくい投げ、同年夏場所は大関安藝ノ海を寄り倒したころが全盛期だった。引退後は年寄甲山として、長く勝負検査役を務めたほか、井筒部屋のまとめ役でもあった。

九ヶ錦 担平（前頭３枚目）
くがにしき たんぺい

本　名	細山幸次郎	幕内在位	16場所
生年月日	大正２年５月15日	幕内成績	86勝118敗２分
出身地	東京都台東区竜泉	勝　率	0.422
四股名	細山→豊泉→陸錦→九ヶ錦	身　長	174cm（５尺７寸５分）
所属部屋	井筒→九重→朝日山	体　重	113kg（30貫）
初土俵	昭和６年１月場所	得意手	左四つ、下手投げ
十両昇進	昭和13年５月場所	年寄名	北陣→桐山→片男波（昭和32年５月廃業）
入　幕	昭和15年１月場所		
最終場所	昭和24年１月場所		

元大関豊國の九重の下に入門し、師匠の廃業に伴い朝日山部屋に転じた。師匠の豊國の前名である「陸錦」（クガニシキ）を名乗ったが、「リクニシキ」としか読んでくれないことから十両時代の昭和14年夏場所九ヶ錦と改めた。四つになり、投げを打って寄っていく呼吸はうまかったものの、半身になることが多く、幕内中堅を往来した。非力といわれながらも、二丁投げなどの大技を見せたこともあった。引退後、年寄名跡を借りて角界に残ったが、しばらくして廃業した。

櫻錦 利一（小結）
さくらにしき りいち

本　名	会津→加藤利一	幕内在位	26場所
生年月日	大正５年６月26日	幕内成績	149勝146敗51休
没年月日	昭和37年６月４日	勝　率	0.505
出身地	青森県北津軽郡板柳町板柳	三　賞	技能賞１回
所属部屋	出羽海	身　長	171cm（５尺６寸５分）
初土俵	昭和13年１月場所幕下付出	体　重	94kg（25貫）
十両昇進	昭和14年１月場所	得意手	左四つ、押し出し、けたぐり
入　幕	昭和15年１月場所	年寄名	高崎
最終場所	昭和26年５月場所		

天竜一派の関西力士団に入門して昭和13年に幕下付出で登場。体には恵まれなかったが、実に稽古熱心でなかなかの技能力士。一気の突進は素晴らしく、引き技もうまく、けたぐりも見せた。昭和15年夏場所は押し出し、16年夏場所にはけたぐりで全盛時代の双葉山に２度勝っている。戦後、２回小結を務め、引退直前には技能賞を受けている。温厚な人柄で、年寄高崎として新聞に相撲評を掲載し、自伝も著している。愛娘は先代鏡山（元横綱柏戸）夫人だった。

四海波（しかいなみ） 好一郎（こういちろう）（前頭10枚目）

本　名　坂本辰男
生年月日　大正5年5月7日
出身地　北海道勇払郡厚真町上厚真
四股名　坂本→北海→四海波
所属部屋　出羽海
初土俵　昭和6年5月場所
十両昇進　昭和10年5月場所
入　幕　昭和15年1月場所
最終場所　昭和21年11月場所
幕内在位　7場所
幕内成績　26勝30敗42休
勝　率　0.464
身　長　186cm（6尺1寸5分）
体　重　94kg（25貫）
得意手　左四つ、上手投げ、つり出し
年寄名　出来山（昭和25年9月廃業）

昭和14年5月場所、十両優勝を遂げて入幕した。北海と名乗った十両時代から星甲（後の鶴ヶ嶺）や青葉山などと並んで有望視された。しかし186㌢という上背の割には太らず病気がち。応召して土俵を離れ、戦後帰還して1場所取っただけで引退、結局大成せずに終わった。相撲巧者で長身を利してのつり、左四つからの上手投げ、出し投げと、なかなか器用な取り口を見せた。札幌師範中退のインテリとして知られたが、これが強みにも弱みにも繋がっていると評された。

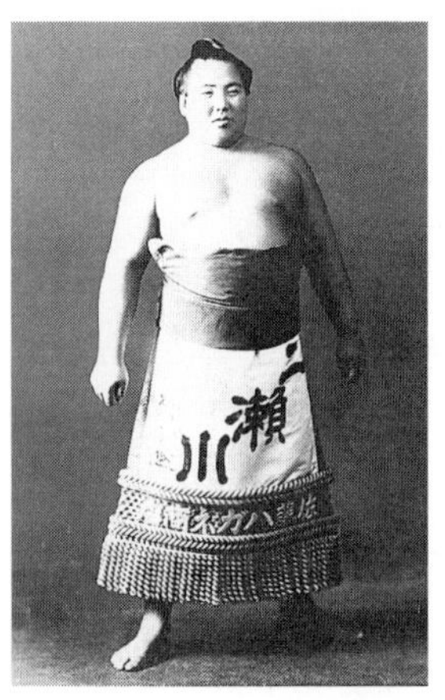

二瀬川（ふたせがわ） 政一（まさいち）（関脇）

本　名　安川→井口政一
生年月日　大正5年4月15日
没年月日　昭和34年8月22日
出身地　奈良県葛城市新庄町
四股名　福原→二瀬川
所属部屋　朝日山
初土俵　昭和6年5月場所
十両昇進　昭和13年1月場所
入　幕　昭和15年5月場所
最終場所　昭和22年6月場所
幕内在位　14場所
幕内成績　82勝92敗6休
勝　率　0.471
身　長　171cm（5尺6寸5分）
体　重　128kg（34貫）
得意手　突っ張り、押し、右四つ、寄り切り
年寄名　朝日山

回転の速い突っ張りは、出足も伴い威力があった。四つに組んでも寄り身が速く、現在なら技能賞に推されるような取り口だった。1度、十両から落ちたが返り咲いてからめきめき力をつけた。入幕4場所目には幕内上位に進出し、大関安藝ノ海、五ツ嶋らを倒し三役に昇進。大関も期待されたが、関脇だった昭和1年夏場所にひざを痛め、夢はならなかった。現役時代から年寄朝日山との二枚鑑札だった。引退後は勝負検査役を務めたが若くして他界。

十三錦（とみにしき） 市松（いちまつ）（前頭7枚目）

本　名　寺尾市松
生年月日　明治44年12月8日
没年月日　昭和58年6月10日
出身地　三重県南牟婁郡紀宝町井内
四股名　寺尾→十三錦
所属部屋　出羽海
初土俵　昭和5年1月場所
十両昇進　昭和14年1月場所
入　幕　昭和15年5月場所
最終場所　昭和18年5月場所
幕内在位　6場所
幕内成績　36勝42敗12休
勝　率　0.462
身　長　173cm（5尺7寸）
体　重　98kg（26貫）
得意手　押し、左四つ、寄り切り

序ノ口優勝を果たしたころは、早々と将来を期待されたが、新興力士団に加入して出世が遅れた。帰参したのは昭和13年春場所。15年夏場所に入幕して幕内中堅まで進んだ。満々たる闘志をたたえ、一気に押しまくる相撲は威勢がよかったが、残されて右でも左でも差されると途端に力が落ち、技も乏しく簡単に負けることが多かった。立ち合いからの速い出足で、名寄岩を圧倒したこともある。関西角力時代は、弓取りの名手といわれていた。

清美川(きよみがわ) 梅之(うめゆき)（前頭筆頭）

本　名　佐藤→大橋梅之助
生年月日　大正６年１月５日
没年月日　昭和55年10月13日
出身地　秋田県横手市十文字町
四股名　薩摩川→清美川
所属部屋　伊勢ヶ濱
初土俵　昭和９年１月場所
十両昇進　昭和13年１月場所
入　幕　昭和15年５月場所
最終場所　昭和21年11月場所
幕内在位　13場所
幕内成績　72勝87敗１分10休
勝　率　0.453
身　長　182cm（６尺）
体　重　94kg（25貫）
得意手　左四つ、上手投げ、外掛け

色白で颯爽とした風貌の美男力士。伊勢ヶ濱部屋では、横綱照國の先輩で早くから有望視された。独特の蛙型の仕切りから立つと、千変万化の早業を使った。また、左四つになると上手投げ、外掛けなどの鋭い決め手があり、土俵際もしぶとかった。昭和17年夏場所12日目、初顔合わせで横綱双葉山を外掛けに倒す殊勲の星を挙げて、翌18年春場所には前頭筆頭まで昇進した。戦後、家業を継ぐため廃業、その後、プロレスに転向して活躍した。

佐渡ヶ嶋(さどがしま) 林蔵(りんぞう)（前頭12枚目）

本　名　佐々木林蔵
生年月日　明治42年10月５日
没年月日　昭和30年３月17日
出身地　新潟県佐渡市真野吉岡
所属部屋　浅香山→井筒
初土俵　昭和８年１月場所
十両昇進　昭和14年１月場所
入　幕　昭和15年５月場所
最終場所　昭和18年５月場所
幕内在位　５場所
幕内成績　17勝28敗30休
勝　率　0.378
身　長　182cm（６尺）
体　重　98kg（26貫）
得意手　左四つ、つり出し

元横綱３代目西ノ海の浅香山の下に入門、師匠の没後井筒部屋に。軍隊から帰った後に力士を志願したために、入門が遅く、入幕したときには既に30歳を過ぎていた。180㌢を超える長身の割には、しばしばけたぐりをみせるなど、小細工な相撲ぶりだった。しかし、稽古は実に熱心で、左四つになるとなかなかしぶとく、横綱男女ノ川を倒したこともある。昭和17年春に応召し、翌年帰還したが、年齢的なこともあって再び土俵に上がることなく、そのまま廃業した。

武ノ里(たけのさと) 武三(たけぞう)（前頭14枚目）

本　名　吉崎武三
生年月日　明治42年４月20日
出身地　青森県五所川原市五所川原
所属部屋　出羽海
初土俵　大正15年１月場所
十両昇進　昭和６年１月場所
入　幕　昭和15年５月場所
最終場所　昭和19年１月場所
幕内在位　３場所
幕内成績　18勝27敗
勝　率　0.400
身　長　173cm（５尺７寸）
体　重　94kg（25貫）
得意手　左四つ、寄り切り

松ノ里、中ノ里とともに、天竜一派の関西相撲で「大ノ里門弟三羽がらす」といわれた。左四つで寄り、投げをはじめ、とったりや内無双、外無双と大ノ里の指導を受けていただけに相撲はうまかった。しかし、体力に恵まれず気持ちもおとなしく幕内下位にとどまった。横綱初代若乃花の遠縁に当たる。昭和13年１月、中国・大連の赤十字病院で客死した大ノ里を独り看取り葬儀を済ませてから帰参したのが武ノ里で、新派の舞台にも脚色された。

若浪（わかなみ） 義光（よしみつ）（前頭19枚目）

本　名　若林義光
生年月日　大正３年５月６日
没年月日　昭和57年12月30日
出身地　樺太泊居郡恵須取町中島
四股名　若浪→若乃森
所属部屋　立浪
初土俵　昭和10年５月場所
十両昇進　昭和13年５月場所
入　幕　昭和15年５月場所

最終場所　昭和17年１月場所
幕内在位　１場所
幕内成績　５勝10敗
勝　率　0.333
身　長　176cm（５尺８寸）
体　重　94kg（25貫）
得意手　右四つ、寄り切り
年寄名　大島（昭和54年５月定年退職）

樺太の生まれで、満州事変に際して出征したこともある軍隊出身の力士。その関係から戦時中は在郷軍人会副分会長（分会長は九州山）になったりしている。初土俵以来順調に出世、大いに期待されたが、心臓かっけを患って、幕内をわずか１場所務めただけで十両に落ちた。その後、四股名を若乃森と改め再起を図ったが、果たせずに終わっている。引退後は年寄大島を襲名し、長く木戸主任を担当した。昭和天皇が蔵前国技館へお目見えの際は先導役を務めた。

備州山（びしゅうやま） 大八郎（だいはちろう）（関脇）

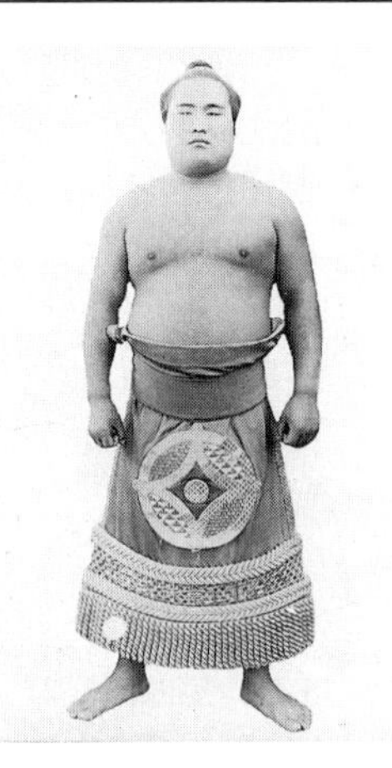

本　名　三谷順一
生年月日　大正８年11月４日
没年月日　昭和37年３月19日
出身地　広島県福山市松永町
所属部屋　伊勢ヶ濱→荒磯
初土俵　昭和11年１月場所
十両昇進　昭和15年１月場所
入　幕　昭和16年１月場所
最終場所　昭和30年３月場所

幕内在位　36場所
幕内成績　219勝265敗12休
勝　率　0.452
優　勝　１回
身　長　167cm（５尺５寸）
体　重　128kg（34貫）
得意手　押し出し、左四つ、寄り切り
年寄名　桐山

何といっても前頭筆頭だった昭和20年夏場所、戦災で破損した旧両国国技館での晴天７日間非公開場所、横綱羽黒山らを倒して全勝優勝したことが特筆される。出足速の押しで、序ノ口、序二段、三段目は各１場所、幕下３場所、十両２場所の負け越しなしの速い出世。20年秋場所に関脇に上がったものの五分の成績で小結に下がった。羽黒山には強く対戦成績は互角だったが、投げに対してもろかったため神風を苦手とした。引退後は勝負検査役を務めた。

増位山（ますいやま） 大志郎（だいしろう）（大関）

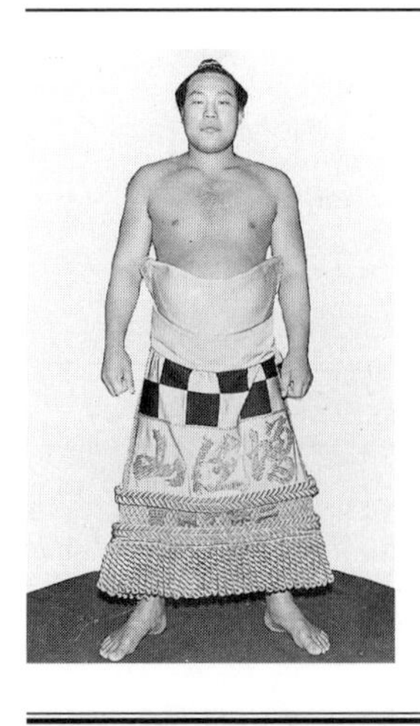

本　名　澤田国秋
生年月日　大正８年11月３日
没年月日　昭和60年10月21日
出身地　兵庫県姫路市白浜町
四股名　濱錦→増位山
所属部屋　三保ヶ関→出羽海
初土俵　昭和10年１月場所
十両昇進　昭和15年１月場所
入　幕　昭和16年１月場所
最終場所　昭和25年１月場所

幕内在位　20場所
幕内成績　138勝95敗23休
勝　率　0.592
優　勝　２回
三　賞　殊勲賞１回、技能賞１回
身　長　174cm（５尺７寸５分）
体　重　116kg（31貫）
得意手　突っ張り、押し、左四つ、内掛け
年寄名　三保ケ関（昭和59年11月定年退職）

元大阪の小部屋育ち。大きくはない体を、猛稽古で克服した。独特の激しい突っ張りと押しは天下一品。小結の昭和19年春場所、鮮やかな内掛けで双葉山を倒している。24年春場所に大関に昇進、翌夏場所、13勝２敗で２度目の優勝を果たすなど、名大関の一人に数えられる。自らの夢を北の湖に託して横綱へ、長男の増位山、さらに北天佑を大関に育てた。力持ちで、絵は二科会の会員だった。

有明 五郎（前頭11枚目）

ありあけ ごろう

本　名	金子元五郎	最終場所	昭和20年11月場所
生年月日	大正元年９月１日	幕内在位	５場所
没年月日	昭和34年７月20日	幕内成績	21勝44敗
出身地	東京都新宿区坂町	勝　率	0.323
四股名	錦谷→有明	身　長	171cm（５尺６寸５分）
所属部屋	錦島	体　重	111kg（29貫500）
初土俵	昭和４年５月場所	得意手	左四つ、寄り切り
十両昇進	昭和11年１月場所	年寄名	式秀
入　幕	昭和16年１月場所		

体は大きくなかったが、四つに組むとかなり力があった。しかし、体が硬く離れて取る相手には弱かった。十両が長く、幕内としては前頭11枚目が最高位で在位５場所の目立たない存在であった。幕内では勝ち越しが１度もなかったにもかかわらず、東西制の恩恵を受け、負け越しても昇進した。肌が浅黒かったことから、仲間からは「エチオピア」と呼ばれていた。34代木村庄之助が一時養子となり金子姓を名乗っていた。

陸奥ノ里 敏男（前頭６枚目）

むつのさと としお

本　名	山口敏男	最終場所	昭和23年10月場所
生年月日	大正５年９月25日	幕内在位	13場所
没年月日	不詳	幕内成績	72勝70敗26休
出身地	青森県西津軽郡鰺ケ沢町一ツ森町	勝　率	0.507
所属部屋	出羽海	身　長	173cm（５尺７寸）
初土俵	昭和13年５月場所幕下付出	体　重	92kg（24貫500）
十両昇進	昭和14年５月場所	得意手	右四つ、やぐら投げ
入　幕	昭和16年１月場所		

天竜一派の関西相撲に入門し昭和13年夏場所、幕下最下位付出でスタートした。関西時代、大ノ里の教えを受けただけあってなかなかの相撲巧者。右差しで食い下がり、激しく動いて下手投げ、やぐら投げ、小またすくい、突き落としと、多彩な技を連発して体力不足を補った。17年春場所には、新大関の照國を突っ張り合いから巻き落としで破っている。19年夏場所後召集され、戦後復員してしばらく土俵に上ったが、あっさり廃業して相撲界から去った。

双見山 又五郎（前頭筆頭）

ふたみやま またごろう

本　名	大星一夫	最終場所	昭和22年６月場所
生年月日	大正４年８月４日	幕内在位	12場所
没年月日	昭和49年３月５日	幕内成績	60勝69敗21休
出身地	大分県佐伯市港区	勝　率	0.465
四股名	津雲潟（関西）→大星→双見山	身　長	171cm（５尺６寸５分）
所属部屋	立浪	体　重	118kg（31貫500）
初土俵	昭和12年１月場所幕下付出	得意手	右四つ、寄り切り
十両昇進	昭和15年１月場所	年寄名	錦戸（昭和29年９月廃業）
入　幕	昭和16年５月場所		

入門前に関西相撲に籍を置いていたことがあり、幕下付出で初土俵を踏んだ。しかし、その場所負け越し、内規により序二段に下げられた。生まれは愛媛県だが、その後大分県に籍を移し、体つきも似ていたことから「16ミリ双葉」といわれ、稽古場で双葉山にかわいがられた。出足のいい立ち合いからの押し、右四つになっての寄りを得意とし、新入幕の場所、いきなり横綱男女ノ川を押し出す金星を挙げた。幕内上位で活躍し、引退後は一時、年寄錦戸を襲名していた。

豊嶋（とよしま） 雅男（まさお）（関脇）

本名	西村雅男	最終場所	昭和19年11月場所
生年月日	大正８年12月23日	幕内在位	８場所
没年月日	昭和20年３月10日（現役中）	幕内成績	61勝49敗
出身地	大阪府大阪市中央区高津	勝率	0.555
四股名	西村→豊嶋	身長	167cm（５尺５寸）
所属部屋	出羽海	体重	126kg（33貫500）
初土俵	昭和12年５月場所	得意手	左四つ、押し出し
十両昇進	昭和15年５月場所		
入幕	昭和16年５月場所		

稽古熱心で、立ち合い一気の出足が鋭く、押しも威力があった。入幕２場所目上位に進み、初顔合わせの横綱双葉山を右のど輪、左はずで一気に押し出す金星を挙げた。昭和18年夏場所、関脇に進み大関も期待されたが、場所前の稽古で指を痛めて同場所は負け越した。その後、三役と平幕を往復したが、最後の場所となった19年秋場所初日、双葉山を下手投げで破り２度目の土を付けた。20年3月10日の大空襲で戦災死は惜しまれる。

柏戸（かしわど） 秀剛（ひでたけ）（前頭筆頭）

本名	佐々木秀剛	最終場所	昭和24年１月場所
生年月日	大正７年５月３日	幕内在位	16場所
没年月日	昭和57年12月11日	幕内成績	82勝108敗６休
出身地	岩手県九戸郡洋野町第35地割	勝率	0.432
四股名	藤川→藤ノ川→柏戸	身長	183cm（６尺５分）
所属部屋	春日山→伊勢ノ海→錦島	体重	96kg（25貫500）
初土俵	昭和11年５月場所	得意手	右四つ、上手投げ
十両昇進	昭和15年１月場所	年寄名	伊勢ノ海
入幕	昭和16年５月場所		

右四つ、長身を利しての投げやつりは強く、得意の揺さぶり戦法で横綱安藝ノ海を再三苦しめたばかりでなく、照國、東富士、前田山らを破るなど、大物食いとして活躍した。三役級の実力を持ちながら、前頭筆頭にとどまったが、美男力士として人気も高かった。インテリで、年寄伊勢ノ海として放送の解説者を務めた。第47代横綱柏戸を育てた功績は大きい。時津風、武蔵川、春日野３代の理事長の下、監事・理事として協会運営に敏腕を振るった。

若潮（わかしお） 芳雄（よしお）（前頭６枚目）

本名	石渡→榊芳雄	最終場所	昭和24年10月場所
生年月日	大正２年８月26日	幕内在位	18場所
没年月日	平成３年２月25日	幕内成績	91勝128敗７休
出身地	神奈川県横浜市磯子区森	勝率	0.416
四股名	石渡→若潮	身長	171cm（５尺６寸５分）
所属部屋	陸奥	体重	84kg（22貫500）
初土俵	昭和６年５月場所	得意手	左四つ、掛け投げ、ずぶねり
十両昇進	昭和12年５月場所		
入幕	昭和16年５月場所		

小兵だが、筋肉質で怪力の持ち主。ギョロリとした鋭い目は、いかにも業師らしかった。立ち合いから相手の懐に飛び込んで、鴨の入れ首、ずぶねり、外無双、内無双と何でもやった。潜る取り口は、後年の岩風の先輩格。昭和24年春場所9日目、殊勲賞を取った三根山を巻き落としで鮮やかに１回転させた勝負は印象的。魚釣りが好きで、巡業中にも独りで釣りを楽しんでいる姿がしばしば目撃された。当時の力士としては珍しく、酒が一滴も飲めなかった。

八方山　主計（やかたやま　かずえ）（前頭筆頭）

本　名　安武計
生年月日　大正６年５月５日
没年月日　昭和52年３月４日
出身地　熊本県菊池市泗水町
四股名　安武→八方山
所属部屋　出羽海
初土俵　昭和９年５月場所
十両昇進　昭和15年５月場所
入　幕　昭和16年５月場所

最終場所　昭和28年１月場所
幕内在位　26場所
幕内成績　143勝174敗１預28休
勝　率　0.451
身　長　180cm（５尺９寸５分）
体　重　131kg（35貫）
得意手　左四つ、寄り切り
年寄名　不知火

堂々たる体格だが、若いころに腰とひざを痛め、ひざが十分に曲がらなかったために下半身がもろく、体力を十分に生かすことができなかった。それでも左四つに相手を引っ張り込むと、大きな腹を使っての寄りに物をいわせた。吉田司家の世話で入門したといい、熊本の細川家ゆかりの家紋の付いた化粧まわしで土俵入りをしていた。戦後は高砂親方（元前田山）、大ノ海、藤田山と米国巡業をしている。引退後は年寄不知火として勝負監査役、監事などを歴任。

小戸ヶ岩　龍雄（おとがいわ　たつお）（前頭15枚目）

本　名　時礼辰雄
生年月日　大正３年３月25日
没年月日　昭和61年９月３日
出身地　福岡県朝倉郡筑前町三並
所属部屋　若藤
初土俵　昭和７年１月場所
十両昇進　昭和10年５月場所
入　幕　昭和16年５月場所
最終場所　昭和23年５月場所

幕内在位　３場所
幕内成績　18勝27敗
勝　率　0.400
身　長　173cm（５尺７寸）
体　重　92kg（24貫500）
得意手　右四つ、押し出し

小さい体で押し立てるか、右半身に食い下がって小まめに動くという攪乱戦法で、時には足技もみせた。十両に入ったのは早かったが、幕下と十両を往復。新入幕の昭和16年夏場所は初日から５連敗し、荷が重いといわれたが、６日目から立ち直って８勝７敗と勝ち越した。幕内を３場所務めて十両に落ち、戦後は幕下まで陥落したが、いかにも相撲が好きという感じで土俵に上がり、巡業では初っ切りを行った。押尾川部屋に入門した孫は幕下で終わった。

神風　正一（かみかぜ　しょういち）（関脇）

本　名　赤沢正一
生年月日　大正10年10月19日
没年月日　平成２年５月15日
出身地　香川県東かがわ市三本松
四股名　神風→海山→神風
所属部屋　二所ノ関
初土俵　昭和12年５月場所
十両昇進　昭和16年１月場所
入　幕　昭和17年１月場所

最終場所　昭和25年５月場所
幕内在位　19場所
幕内成績　121勝101敗１分18休
勝　率　0.545
三　賞　技能賞１回
身　長　179cm（５尺９寸）
体　重　98kg（26貫）
得意手　左四つ、上手投げ、外掛け
年寄名　片男波（昭和27年９月廃業）

明晰な頭脳と歯切れのいい口調でＮＨＫの相撲解説者として大好評を博した。相撲ぶりも気っぷがよく、若いころに右足首を骨折したにもかかわらず出世は順調だった。入幕後は関脇４場所、小結５場所を務めた。本場所で顔を合わせた羽黒山、照國、東富士ら５人の横綱全員を倒している。昭和25年夏場所、番付を不満として引退、年寄片男波となったが、すぐに廃業した。小学生時代は朝日新聞社の健康優良児準日本一。四股名は同社の飛行機「神風号」からとった。

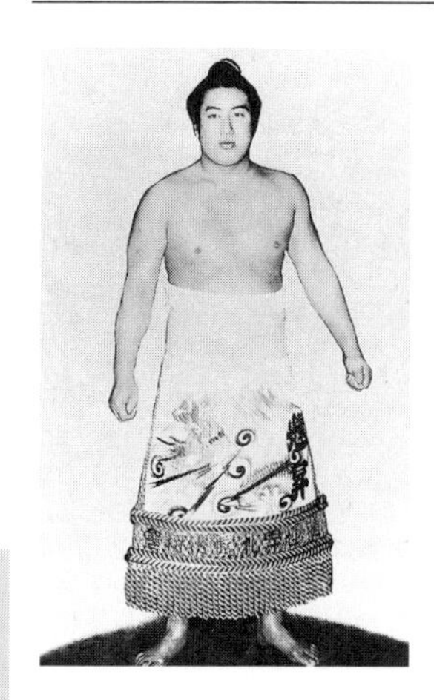

輝昇（てるのぼり） 勝彦（かつひこ）（関脇）

本　名　小林良彦
生年月日　大正11年１月26日
没年月日　昭和42年２月20日
出身地　北海道留萌市留萌
四股名　輝舜→輝昇
所属部屋　高島
初土俵　昭和12年５月場所
十両昇進　昭和16年１月場所
入　幕　昭和17年１月場所

最終場所　昭和31年３月場所
幕内在位　35場所
幕内成績　222勝226敗33休
勝　率　0.496
三　賞　敢闘賞２回
身　長　177cm（５尺８寸５分）
体　重　105kg（28貫）
得意手　突っ張り、押し

俳優片岡千恵蔵ばりの美男、闘志あふれる猛烈な突っ張りで相手に防戦のいとまを与えずに攻めまくる相撲ぶりなど、とても人気があった。序ノ口から入幕まで、わずか７場所のスピード出世。吉葉山、三根山と並ぶ「高島部屋の三羽がらす」といわれた。しかし、突っ張りだけの単調な取り口もあり、晩年には糖尿病に悩まされ、アキレス腱断裂などもあり十両に転落。プロレス転向も失敗した。明け荷の腹に「逆境に屈するなかれ」と座右の銘を大書してあった。

若瀬川（わかせがわ） 泰二（たいじ）（小結）

本　名　服部忠男
生年月日　大正９年２月20日
没年月日　平成５年９月３日
出身地　兵庫県尼崎市大庄西町
所属部屋　伊勢ヶ濱→荒磯
初土俵　昭和10年１月場所
十両昇進　昭和15年５月場所
入　幕　昭和17年１月場所
最終場所　昭和34年１月場所

幕内在位　54場所
幕内成績　352勝395敗19休
勝　率　0.471
三　賞　敢闘賞１回、技能賞３回
身　長　176cm（５尺８寸）
体　重　111kg（29貫500）
得意手　右四つ、つし出し、外掛け
年寄名　浅香山（昭和60年２月定年退職）

相撲巧者。若いころは突っ張り、右四つからのつりが得意だったが、次第に技能派へと変わり、前さばきの名人に。三役は昭和25年秋場所の小結１場所だけだが、長年、幕内上位で活躍した。もろ差し、または右四つ、巧みに相手の虚をついた投げ、足技、寄りと多彩に攻める取り口で、技能賞候補の常連だった。31年春場所８日目、全勝の横綱鏡里を破ったのをはじめ、30年初場所には鏡里、栃錦を連破した。民放、ＮＨＫで相撲解説者を務めた。

大熊（おおくま） 宗清（むねきよ）（前頭６枚目）

本　名　和田宗清
生年月日　大正９年１月15日
没年月日　平成３年２月11日
出身地　広島県大竹市大竹町
所属部屋　熊ヶ谷
初土俵　昭和12年１月場所
十両昇進　昭和16年１月場所
入　幕　昭和17年５月場所
最終場所　昭和25年１月場所

幕内在位　12場所
幕内成績　55勝69敗32休
勝　率　0.444
身　長　182cm（６尺）
体　重　99kg（26貫500）
得意手　右四つ、やぐら投げ

激しい突っ張り、得意の右四つからの鮮やかなやぐら投げなど取り口は派手で、十両時代は神風、輝昇らとともに有望視されていた。しかし、強引でやや粗雑ともいえる相撲ぶりのため、入幕後はけがもあってあまりパッとせず、前頭６枚目止まりの一進一退で終わった。最盛期の昭和19年夏場所前に応召したのも不運だった。22年、復員して復帰したものの、７場所務めただけで土俵から去っていった。廃業後は名古屋に住み、高校で相撲の指導をしていた。

大ノ森 金市（前頭５枚目）
おおのもり きんいち

本　名　大黒→神谷金一
生年月日　大正９年８月５日
出身地　秋田県横手市大森町
所属部屋　伊勢ヶ濱
初土俵　昭和12年１月場所
十両昇進　昭和16年５月場所
入　幕　昭和17年５月場所
最終場所　昭和22年６月場所
幕内在位　９場所
幕内成績　38勝57敗10休
勝　率　0.400
身　長　176cm（５尺８寸）
体　重　83kg（22貫）
得意手　右四つ、足癖

小柄だったが、きびきびした動きの速さが特徴。立ち合い、内から外へ突き分けるような上突っ張りで相手を幻惑し、右を差して、相手の左をついて攻めた。右下手投げ、内掛け、切り返しなど、攻めも多彩な相撲巧者だった。昭和17年夏場所に入幕、最高位は前頭５枚目で、幕内在位９場所。幕内中軸を上下した。22年夏場所を最後に東京で家業の運送業に専念するために廃業。これからという時期だった。美男で人気があった力士だ。

廣瀬川 惣吉（前頭３枚目）
ひろせがわ そうきち

本　名　及川→片岡惣吉
生年月日　大正８年２月18日
没年月日　昭和54年８月６日
出身地　宮城県柴田郡柴田町船岡
所属部屋　伊勢ヶ濱→荒磯
初土俵　昭和12年１月場所
十両昇進　昭和16年１月場所
入　幕　昭和18年１月場所
最終場所　昭和34年５月場所
幕内在位　43場所
幕内成績　263勝324敗19休
勝　率　0.448
身　長　180cm（５尺９寸５分）
体　重　105kg（28貫）
得意手　左四つ、つり出し、ずぶねり

昭和12年春場所初土俵は、大熊、大ノ森と同期。40歳まで23年間にわたって土俵を務めた長寿型で、晩年はびんに白いものが目立ったが、飄々としていた。左四つ十分になると、長身を利してのつり、寄りをはじめ、投げ、ひねりがあってしぶとく、また、相手の胸に頭を付けて食い下がり、ずぶねりをみせることもあった。中堅クラスの実力は十分にあったが、勝ちみが遅いのが災いして上位では苦戦した。廃業後、千葉県で養鶏業を広く営んでいた。

駿河海 光夫（前頭14枚目）
するがうみ みつお

本　名　杉山光夫
生年月日　大正９年１月１日
没年月日　平成22年11月24日
出身地　静岡県静岡市駿河区大谷
四股名　葵竜→駿河海
所属部屋　出羽海
初土俵　昭和13年１月場所幕下付出
十両昇進　昭和17年１月場所
入　幕　昭和18年１月場所
最終場所　昭和20年11月場所
幕内在位　４場所
幕内成績　13勝19敗１分14休
勝　率　0.406
身　長　186cm（６尺１寸５分）
体　重　98kg（26貫）
得意手　左四つ、つり出し、上手投げ

葵竜と名乗り、天竜一派の関西相撲から加入した一人で、その熱心な稽古ぶりは定評があった。上背を利しての強烈な上突っ張り、組んでのつり、寄り、投げに威力があった。十両時代から東富士、汐ノ海とともに抜群の強さをみせ、将来を嘱望されていた。出羽海部屋では「青鬼（駿河海）赤鬼（汐ノ海）」とあだ名されて恐れられていた。しかし、入幕した場所、ひざを痛めたのが原因で、惜しくも挫折した。廃業後は、プロレスラーとして活躍した。

昭和（戦前）

汐ノ海（しおのうみ） 運右エ門（うんえもん）（大関）

本　名　岸本忠夫
生年月日　大正7年3月1日
没年月日　昭和58年7月18日
出身地　兵庫県姫路市的形町
四股名　岸本→汐ノ海
所属部屋　出羽海
初土俵　昭和13年1月場所
十両昇進　昭和17年1月場所
入　幕　昭和18年1月場所
最終場所　昭和26年5月場所
幕内在位　20場所
幕内成績　125勝115敗16休
勝　率　0.521
身　長　180cm（5尺9寸5分）
体　重　113kg（30貫）
得意手　突っ張り、押し出し、右四つ、寄り切り
年寄名　出来山（昭和58年2月定年退職）

赤光りした素晴らしい筋肉質の体、抜群の腕力などから、出羽海部屋の同僚駿河海の「青鬼」に対して「赤鬼」と呼ばれた。事実、ものすごい突っ張り、また右を差しての投げも得意で、昭和19年春場所には双葉山を押し倒したこともある。戦後の混乱がまだ続いていた22年夏場所に大関へ昇進。1度落ちて返り咲き、ファンから喝采を浴びたものの、大関在位9場所の勝率は0.402だった。引退後、年寄出来山として、長い間、勝負検査役を務めた。酒豪としても知られた。

斜里錦（しゃりにしき） 菊蔵（きくぞう）（前頭18枚目）

本　名　京堂菊三
生年月日　大正6年7月12日
没年月日　昭和25年1月22日
出身地　北海道斜里郡斜里町本町
所属部屋　二所ノ関
初土俵　昭和10年5月場所
十両昇進　昭和14年1月場所
入　幕　昭和18年1月場所
最終場所　昭和24年1月場所
幕内在位　1場所
幕内成績　4勝11敗
勝　率　0.267
身　長　173cm（5尺7寸）
体　重　101kg（27貫）
得意手　右四つ、押し出し

玉錦自慢の弟子の一人で、富久錦、吉良錦とともに「三羽がらす」といわれたこともある。きりりと引き締まった精悍な容貌で、腕力が強く勝負度胸もよかった。動きはきびきびしていたが、相撲は荒っぽいものだった。昭和10年夏場所初土俵。14年春場所には早くも十両入りしたが、すぐに応召し、肝心の働き盛りを長く兵役のため土俵から遠ざかった。復員後は1場所、入幕しただけにとどまった。「兵役がなかったら…」という声が聞かれた力士である。

東富士（あずまふじ） 謹壱（きんいち）（横綱）

本　名　井上謹一
生年月日　大正10年10月28日
没年月日　昭和48年7月31日
出身地　東京都台東区台東
所属部屋　富士ヶ根→高砂
初土俵　昭和11年1月場所
十両昇進　昭和17年1月場所
入　幕　昭和18年5月場所
最終場所　昭和29年9月場所
幕内在位　31場所
幕内成績　261勝104敗1分1預54休
勝　率　0.715
優　勝　6回
身　長　179cm（5尺9寸）
体　重　176kg（47貫）
得意手　左四つ、寄り切り、上手出し投げ
年寄名　錦戸（昭和29年12月廃業）

左を差し、巨体に物をいわせての寄りは重量感にあふれ、「怒濤の寄り」と評された。同時に上手出し投げも強烈だった。若いころから将来を嘱望され、双葉山にかわいがられて、よく稽古をつけてもらっていた。順調に出世し、昭和19年秋場所双葉山に最後の黒星を付けて“恩返し”をしたのは有名。江戸っ子横綱の第1号で、引退して一時、年寄錦戸を継いだものの、相撲界に嫌気がさしてプロレス入り。その後、解説者などをしていたが、51歳の若さで亡くなった。

高津山（こうづざん） 芳信（よしのぶ）（関脇）

本　名	喜多芳信	幕内在位	24場所
生年月日	大正８年２月22日	幕内成績	125勝150敗１分40休
没年月日	昭和38年５月28日	勝　率	0.455
出身地	奈良県高市郡高取町薩摩	身　長	177cm（５尺８寸５分）
所属部屋	朝日山	体　重	128kg（34貫）
初土俵	昭和10年１月場所	得意手	左四つ、寄り切り
十両昇進	昭和15年５月場所	年寄名	北陣→朝日山
入　幕	昭和18年５月場所		
最終場所	昭和28年５月場所		

３度目の十両だった昭和17年夏場所、12勝３敗で翌場所十両筆頭へ。同場所で10勝して一挙に前頭11枚目へ入幕した。23年夏場所では、前頭５枚目で６勝４敗にもかかわらず、東西制ということもあり、一気に関脇に上がったあたりは幸運。１場所で関脇から落ちたものの、その後、再び小結に上がった。左四つ、体を生かした寄りが得意。地味ながら腰が重く神風ら投げを打ってくる相手に強かった。二瀬川の死後朝日山を襲名したが44歳の若さで他界。

常陸海（ひたちうみ） 光房（みつふさ）（前頭12枚目）

本　名	飯塚光房	最終場所	昭和22年11月場所
生年月日	大正５年１月19日	幕内在位	５場所
没年月日	不詳	幕内成績	16勝30敗15休
出身地	茨城県つくばみらい市谷和原	勝　率	0.348
四股名	飯塚山→常陸海	身　長	171cm（５尺６寸５分）
所属部屋	荒汐→双葉山→時津風	体　重	90kg（24貫）
初土俵	昭和11年５月場所	得意手	左四つ、下手投げ
十両昇進	昭和16年５月場所		
入　幕	昭和18年５月場所		

荒汐部屋から双葉山の時津風部屋へ。双葉山道場の幕内力士第１号。小兵だが、ゴツゴツした体付きで力が強く、左を差すと投げがあった。入幕して２場所目に応召、海軍でも相撲を取っていたという。復員後の昭和21年秋場所に十両落ち。その場所の２日目、対栃錦戦で額にけがをして痛み分けとなり、翌日から休場。６日目から鉢巻き姿で再登場、その場所、よく敢闘して６勝４敗と勝ち越して再入幕を果たしたのは見事。その後、幕内２場所を務めて廃業した。

葦葉山（あしばやま） 七兵衛（しちべえ）（前頭12枚目）

本　名	横山希雄	入　幕	昭和18年５月場所
生年月日	大正２年12月１日	最終場所	昭和20年11月場所
没年月日	昭和37年２月28日	幕内在位	３場所
出身地	東京都港区元麻布	幕内成績	８勝27敗
四股名	横山→足羽山→国見嶽→足羽山→葦葉山	勝　率	0.229
所属部屋	井筒→双葉山	身　長	177cm（５尺８寸５分）
初土俵	昭和３年５月場所	体　重	116kg（31貫）
十両昇進	昭和13年１月場所	得意手	右四つ、寄り切り
		年寄名	高田川→枝川

体力には恵まれていたが、稽古があまり好きでなかったようだ。その相撲ぶりはうまいとはいえず、四つに組んでも決め手に欠けて勝ちみが遅かった。足羽山と名乗って十両に早く上がったものの、その後は十両と幕下を数往復し、幕内はわずか３場所。その３場所もすべて負け越しに終わっている。しかし、引退後は双葉山の時津風理事長に人柄のよさと豊富な知識を買われて、在京理事にまでなった。愛娘は元幕内大雄夫人。

緑國 政雄（前頭９枚目）

みどりくに　まさお

本　名	宝田政雄	最終場所	昭和26年１月場所
生年月日	大正８年８月５日	幕内在位	13場所
没年月日	昭和56年９月11日	幕内成績	67勝91敗13休
出身地	東京都江戸川区西小松川町	勝　率	0.424
四股名	緑松→緑國	身　長	180cm（５尺９寸５分）
所属部屋	立浪	体　重	99kg（26貫500）
初土俵	昭和10年５月場所	得意手	右四つ、寄り切り、はたき込み
十両昇進	昭和15年５月場所		
入　幕	昭和18年５月場所	年寄名	八角

真面目な性格と均整の取れた体付き。入門は東富士と一緒。緑松の四股名で十両入りしたが幕下に落ち、緑國と改めてから入幕した。立ち合いにちょっと突っ張って、右を差しての寄りと投げを得意とし、時には引き落としやはたきなどをみせた。非力で勝ちみも遅く、上位進出はできず、幕内として目立たぬ存在だった。引退後は年寄八角。国技館内で年寄食堂を経営したこともある。桟敷主任を経て審判委員を務めたが、温厚な人柄で部屋の力士から慕われた。

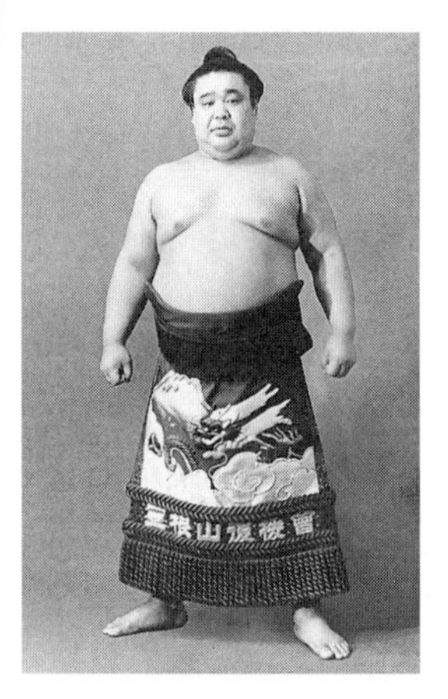

三根山 隆司（大関）

みつねやま　たかし

本　名	嶋村嶋一	幕内成績	407勝354敗35休
生年月日	大正11年２月７日	勝　率	0.535
没年月日	平成元年８月15日	優　勝	１回
出身地	東京都荒川区南千住	三　賞	殊勲賞５回、敢闘賞２回
所属部屋	高島	身　長	176cm（５尺８寸）
初土俵	昭和12年５月場所	体　重	150kg（40貫）
十両昇進	昭和17年５月場所	得意手	左四つ、寄り切り
入　幕	昭和19年１月場所	年寄名	熊ヶ谷→高島（昭和60年１月廃業）
最終場所	昭和35年１月場所		
幕内在位	56場所		

入幕３場所目に三役に昇進するなど、早くから大関候補といわれながら病気、けがのため、何度もチャンスを逸した。巨体を利しての寄りに威力があり、昭和29年春場所には12勝３敗で優勝している。大関は在位８場所で落ちたものの、懸命に土俵を務め、その後も敢闘賞を手にしている。年寄熊ヶ谷から高島として、大関大受、関脇高望山を育てたが、病気のため部屋経営を断念した。

五ツ海 義雄（小結）

いつつうみ　よしお

本　名	松竹義雄	入　幕	昭和19年５月場所
生年月日	大正11年11月１日	最終場所	昭和25年９月場所
没年月日	平成20年８月29日	幕内在位	15場所
出身地	長崎県南松浦郡新上五島町奈良尾郷	幕内成績	69勝82敗30休
		勝　率	0.457
四股名	松竹→五ツ海	三　賞	技能賞１回
所属部屋	出羽海	身　長	176cm（５尺８寸）
初土俵	昭和15年１月場所	体　重	84kg（22貫500）
十両昇進	昭和18年５月場所	得意手	右四つ、下手投げ

出世が早く、新入幕早々８勝２敗の好成績を収めるなど、戦時中から戦後にかけて幕内上位で活躍した。小兵だったがきびきびした取り口で、右四つになっての下手投げ、すくい投げが得意。対神風戦では、いつも投げの打ち合いとなって、人気を呼んだ。昭和24年夏場所、技能賞を獲得し、翌秋場所に小結に昇進したものの、病気のため後退した。21年４月、京都の準場所で不動岩との対戦中、まわしが外れて負けになるという珍談の持ち主でもある。

十勝岩（とかちいわ） 豊（ゆたか）（前頭筆頭）

本　名　三好豊
生年月日　大正８年１月10日
没年月日　昭和54年２月12日
出身地　北海道広尾郡大樹町晩成
所属部屋　二所ノ関→二子山→二所ノ関
初土俵　昭和14年１月場所
十両昇進　昭和18年１月場所
入　幕　昭和19年５月場所
最終場所　昭和26年５月場所
幕内在位　17場所
幕内成績　91勝103敗17休
勝　率　0.469
身　長　176cm（５尺８寸）
体　重　105kg（28貫）
得意手　左四つ、寄り切り、つり出し
年寄名　湊川→二所ノ関→湊川

筋肉が盛り上がる立派な体で、力に任せてのつり出しとうっちゃりが得意。「羽黒山二世」といわれ期待されたが、けがや病気のために前頭筆頭で終わった。昭和26年夏場所に引退、年寄湊川となり、部屋を興して幕内大龍らを育てたが、40年からの部屋別総当たり制を機に本家の二所ノ関部屋へ戻った。長く勝負検査役を務めた。世間から注目されたのは、二所ノ関（元大関佐賀ノ花）の死後、元大麒麟の押尾川の独立騒ぎに際して、長老として二所ノ関を継いだときだ。

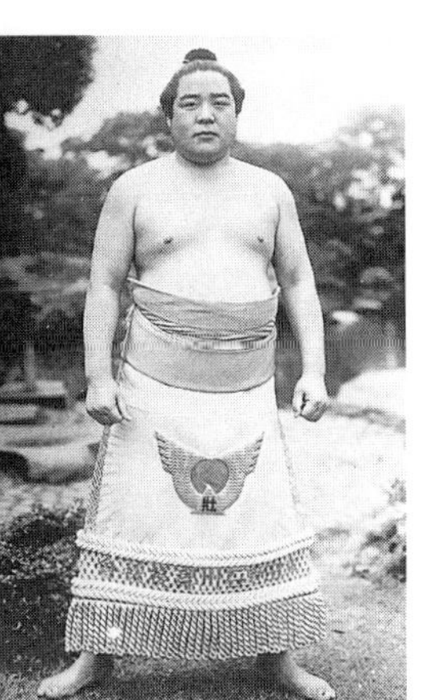

立田野（たつたの） 邦清（くにきよ）（前頭７枚目）

本　名　窪川清
生年月日　大正７年４月14日
没年月日　昭和46年７月23日
出身地　石川県白山市宮永町
四股名　石浪→立田野
所属部屋　立浪
初土俵　昭和６年５月場所
十両昇進　昭和15年１月場所
入　幕　昭和19年５月場所
最終場所　昭和22年６月場所
幕内在位　４場所
幕内成績　12勝25敗
勝　率　0.324
身　長　173cm（５尺７寸）
体　重　116kg（31貫）
得意手　右四つ、寄り切り

体力には恵まれていたものの、非力で稽古もあまり好きな方ではなかった。右肩から当たって、そのまま右差しで出て行くのが得意。二丁投げなどをみせたこともある。その福々しい顔付き同様、のんびりした取り口で、勝ちみが遅く前頭７枚目が最高位。幕内在位も４場所で、幕内としては目立った働きをみせなかった。部屋では、出身地名から「マットウ（松任）さん」と呼ばれていた。廃業後は郷里に帰り、雑貨商を営んでいた。

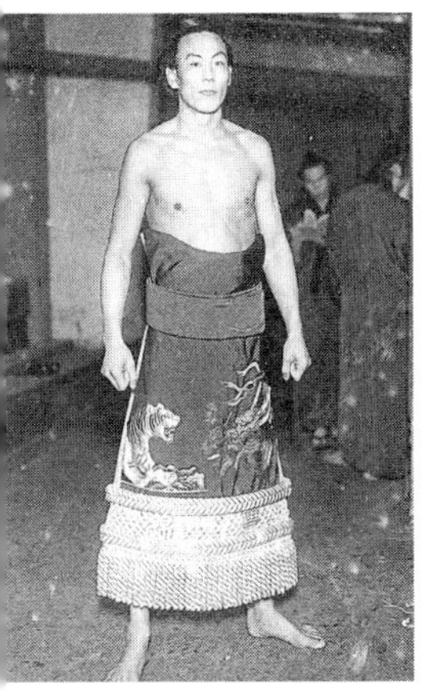

豊錦（とよにしき） 喜一郎（きいちろう）（前頭18枚目格）

本　名　尾崎喜一郎
生年月日　大正９年２月３日
没年月日　平成10年９月26日
出身地　福岡県築上郡築上町高塚
四股名　尾崎→豊錦
所属部屋　出羽海
初土俵　昭和13年１月場所
十両昇進　昭和18年１月場所
入　幕　昭和19年５月場所
最終場所　昭和20年11月場所
幕内在位　４場所
幕内成績　６勝４敗
勝　率　0.600
身　長　188cm（６尺２寸）
体　重　96kg（26貫）
得意手　左四つ、つり出し

米国コロラド州生まれの２世力士。長身を利しての左四つのつり、寄りを得意とし、また、右上手投げもなかなか鋭く、勝ちみも速かった。しかし、昭和19年夏場所、新入幕で勝ち越したまま応召し、戦後、復員してからは占領軍の通訳となり廃業してしまったので、実際に幕内で取ったのはわずか１場所だけということになる。入門してから辞めるまで一度も負け越したことがないことから、その力のほどが分かる。東京・深川で旅館を経営していた。

おおのうみ ひさみつ
大ノ海 久光（前頭3枚目）

本　名　工藤→中島久光
生年月日　大正5年3月20日
没年月日　昭和56年9月20日
出身地　秋田県南秋田郡井川町大麦
四股名　若ノ花→大ノ海
所属部屋　二所ノ関
初土俵　昭和12年1月場所
十両昇進　昭和18年1月場所
入　幕　昭和19年11月場所
最終場所　昭和27年1月場所
幕内在位　16場所
幕内成績　88勝108敗3分2休
勝　率　0.449
身　長　176cm（5尺8寸）
体　重　99kg（26貫500）
得意手　左四つ、寄り切り
年寄名　芝田山→花籠（昭和56年3月廃業）

兵役を終えてから玉錦の下へ入門。幕下まで若ノ花を名乗った。力は強いが決め技に乏しく、勝ちみの遅い、いわゆる「相撲好き」タイプ。しかし、弟子の育成は一流で、引退後は年寄芝田山から花籠となって部屋を興し、初代若乃花、輪島の両横綱、大関魁傑、関脇若秋父、大豪、荒勢、小結若ノ海、龍虎ら8人の役力士を育てた。巡業部長、事業部長など要職を歴任。現役時代、前田山、八方山らと米国巡業中にプロレスに勧誘されたことがある。

ことにしき のぼる
琴錦 登（小結）

本　名　藤村登
生年月日　大正11年3月7日
没年月日　昭和49年7月14日
出身地　香川県観音寺市観音寺町
所属部屋　二所ノ関
初土俵　昭和13年1月場所
十両昇進　昭和18年5月場所
入　幕　昭和19年11月場所
最終場所　昭和30年5月場所
幕内在位　31場所
幕内成績　188勝215敗23休
勝　率　0.467
三　賞　敢闘賞1回
身　長　177cm（5尺8寸5分）
体　重　120kg（32貫）
得意手　右四つ、寄り切り、とったり
年寄名　佐渡ヶ嶽

右差し左でおっつけて一気に出る速攻でしばしば大物を食い、また、立ち合いにとったりの奇襲をみせることもあった。戦後の混乱期の昭和21年は、開催場所・食料事情などで夏の本場所がなかったが、大阪で開かれた6月の準場所では11戦全勝で優勝したこともある。28年秋場所には千代ノ山、栃錦に勝ち10勝5敗で敢闘賞。千代ノ山は琴錦を大の苦手としていた。引退後は佐渡ヶ嶽部屋を興し、琴ヶ濱、琴櫻、長谷川らを育てた。

ふどういわ みつお
不動岩 三男（関脇）

本　名　野田三男
生年月日　大正13年8月6日
没年月日　昭和39年4月15日
出身地　熊本県熊本市中央区上通町
四股名　野田→不動岩
所属部屋　粂川→双葉山→時津風
初土俵　昭和15年1月場所
十両昇進　昭和19年5月場所
入　幕　昭和19年11月場所
最終場所　昭和29年1月場所
幕内在位　19場所
幕内成績　105勝126敗15休
勝　率　0.455
身　長　214cm（7尺5分）
体　重　126kg（33貫500）
得意手　左四つ、つり出し、上手投げ
年寄名　粂川→式秀（昭和36年11月廃業）

熊本市生まれ。父親の勤務の関係で旧満州の新京市に居た時、引退したばかりだった大関鏡岩（年寄粂川）に誘われて入門。このとき198㌢もあった。その後さらに伸びて214㌢は「昭和以降の最長身関取」である。左四つ、長身を利してのつり出し、上手投げもあり、十両1場所、平幕2場所で小結に。その翌場所、関脇に進み東富士、千代ノ山らと並んで次代を担う力士と期待されたが、内臓疾患のため、その後は振るわなかった。引退後は、勝負検査役を務めた。

九州錦 正男（前頭２枚目）
くすにしき　まさお

本　名	石上正男	最終場所	昭和30年１月場所
生年月日	大正10年２月１日	幕内在位	24場所
没年月日	昭和47年10月９日	幕内成績	148勝178敗
出身地	福岡県北九州市八幡西区折尾	勝　率	0.454
四股名	石上→九州錦	身　長	171cm（５尺６寸５分）
所属部屋	宮城野	体　重	120kg（32貫）
初土俵	昭和13年１月場所	得意手	右四つ、小手投げ、つり出し
十両昇進	昭和17年５月場所		
入　幕	昭和20年６月場所		

元横綱凰の宮城野親方の弟子で、順調に出世して昭和17年夏場所に新十両に上がった。再十両になって２場所目の19年春場所には13勝２敗の好成績を挙げている。右を差しての寄りと投げが得意で、幕内の中堅で活躍、入幕２場所目の20年秋場所は８勝２敗の成績を収めた。幕内連続９年24場所を務めた。勝ちみが遅く、非力だったものの、きめ倒し、やぐら投げなどの強引な技もみせた。しかし、一気に出てくる相手を苦手としていた。十両に落ちて廃業した。

羽島山 昌乃武（関脇）
はじまやま　まさのぶ

本　名	山内昌乃武	最終場所	昭和34年５月場所
生年月日	大正11年４月23日	幕内在位	48場所
没年月日	平成23年６月13日	幕内成績	307勝315敗69休
出身地	岐阜県羽島市桑原町	勝　率	0.494
四股名	山内→羽嶋山→岐阜錦→羽島山	三　賞	敢闘賞１回
所属部屋	出羽海	身　長	176cm（５尺８寸）
初土俵	昭和14年５月場所	体　重	120kg（32貫）
十両昇進	昭和18年５月場所	得意手	左四つ、やぐら投げ
入　幕	昭和20年６月場所	年寄名	松ヶ根（昭和62年４月定年退職）

体力、腕力があり、重い粘りのある腰。大関候補といわれたこともあったが、左ひざを痛めて夢は叶わなかった。無口で、悪い左ひざにチューブを巻いて淡々と務めた土俵態度には、一種の風格さえあった。豪快なやぐら投げが得意だった。昭和24年夏場所には13勝２敗で大関増位山と優勝決定戦を行っている。引退後は、長く審判委員を務めていた。

緑島 英三（前頭４枚目）
みどりしま　えいぞう

本　名	今井英三	最終場所	昭和24年５月場所
生年月日	大正12年１月25日	幕内在位	９場所
没年月日	不詳	幕内成績	43勝43敗15休
出身地	北海道石狩市親船町	勝　率	0.500
四股名	石狩岩→緑島	身　長	176cm（５尺８寸）
所属部屋	立浪	体　重	88kg（23貫500）
初土俵	昭和15年１月場所	得意手	左四つ、押し出し
十両昇進	昭和19年１月場所		
入　幕	昭和20年６月場所		

細く筋肉質で、色白の肌。柔らかい足腰とバネのある体で、左の腕力が強く、左を差して頭を付けて右から攻めながら押し立てた。左半身となると、下手投げ、切り返しなどもみせた。同時にしぶとさ、土俵際の粘りもあり、幅のある技能的な取り口で幕内中堅から上位を目指し、昭和22年夏場所には前頭９枚目で８勝２敗の好成績を挙げている。しかし、腰の負傷で昭和24年夏場所を全休。そのまま廃業した。実弟は春日野部屋に所属し、今井の本名で幕下まで進んだ。

愛知山（あいちやま） 春雄（はるお）（前頭４枚目）

本　名	高橋春長	幕内在位	21場所
生年月日	大正11年３月10日	幕内成績	126勝155敗
没年月日	昭和61年10月22日	勝　率	0.448
出身地	愛知県幡豆郡一色町佐久島	身　長	173cm（５尺７寸）
所属部屋	立浪	体　重	105kg（28貫）
初土俵	昭和13年５月場所	得意手	右四つ、下手ひねり
十両昇進	昭和19年５月場所		
入　幕	昭和20年６月場所		
最終場所	昭和30年３月場所		

広い肩幅でがっしりした体格、群を抜く腕力で足腰も強靱だった。取り口は
を生かしたもので、右を差し向こう付けの体勢になって左から出るのが得意。
って出る際の構えもよく、特に右下手からのひねり、ずぶねりがうまく、うっ
ゃり腰もあった。長く幕内に頑張っており、横綱羽黒山の土俵入りでは露払い
務めていた。昭和27年の名古屋準場所には横綱羽黒山と若葉山との３人で優
決定戦を行い、１度では決まらず再度リーグ戦を行ったこともある。

大相撲歴代幕内全力士名鑑

昭和（戦後）編

千代の山 雅信（横綱）

ちよのやま まさのぶ

本　名　杉村昌治
生年月日　大正15年6月2日
没年月日　昭和52年10月29日
出身地　北海道松前郡福島町福島
四股名　杉村→千代ノ山→千代の山
所属部屋　出羽海
初土俵　昭和17年1月場所
十両昇進　昭和19年11月場所
入　幕　昭和20年11月場所
最終場所　昭和34年1月場所

幕内在位　46場所
幕内成績　366勝149敗2分147休
勝　率　0.711
優　勝　6回
三　賞　殊勲賞1回、敢闘賞1回
身　長　189cm（6尺2寸5分）
体　重　122kg（32貫500）
得意手　突っ張り、右四つ、上手投げ
年寄名　千代の山→九重

長身で筋肉質の体から繰り出す突っ張りは破壊力があり、全盛時代には横綱大関を突き倒したほど。羽黒山に次ぐスピード出世で、新入幕場所の10勝全勝は新入幕力士の最高成績。昭和26年夏場所、3度目の優勝をして横綱へ。しかし成績にムラがあることから悩み、「横綱返上」を申し出て騒ぎになった。年寄九重となり、「分家許さず」の出羽海部屋から大関北の富士らを伴って独立した。

信州山 由金（前頭4枚目）

しんしゅうざん よしかね

本　名　河西由金
生年月日　大正7年11月1日
没年月日　昭和51年8月20日
出身地　長野県諏訪市岡村
四股名　諏訪登→信州山
所属部屋　高砂
初土俵　昭和12年5月場所
十両昇進　昭和19年1月場所
入　幕　昭和20年11月場所

最終場所　昭和23年10月場所
幕内在位　6場所
幕内成績　24勝31敗11休
勝　率　0.436
身　長　179cm（5尺9寸）
体　重　92kg（24貫500）
得意手　右四つ、上手投げ

足腰のしっかりした、肩幅の広いバランスがとれた体。上突っ張り、右差しからの寄りが鋭く、さらに投げやうっちゃりがあった。長身にもかかわらず頭を下げて出るなど、堅実な取り口であった。昭和18年夏場所幕下で全勝優勝して翌19年春場所十両に昇進。十両を4場所で通過、20年秋場所に入幕している。最高位は前頭4枚目で、その22年夏場所には、横綱羽黒山に善戦した相撲が当時話題となった。戦後は、高砂部屋の部屋頭として、高砂一門のまとめ役を果たした。

双子岩 伝一（前頭5枚目）

ふたごいわ でんいち

本　名　土山善一
生年月日　大正12年2月11日
出身地　和歌山県和歌山市雑賀崎
四股名　土山→双子岩
所属部屋　粂川→双葉山→時津風
初土俵　昭和15年1月場所
十両昇進　昭和19年1月場所
入　幕　昭和20年11月場所
最終場所　昭和21年11月場所

幕内在位　2場所
幕内成績　7勝3敗13休
勝　率　0.700
身　長　167cm（5尺5寸）
体　重　90kg（24貫）
得意手　右四つ、押し出し、つり出し

小兵で、いつも気合十分。何のケレン味もない相撲ぶりで、正面からの堂々の寄り、つりと正攻法だった。特に右差しから、小刻みに腰を揺すりながらの寄りは本格的なうまみを持っていた。強い足腰を生かしたつりも威力があった。昭和2年夏場所、十両で千代ノ山を破り6勝1敗の好成績を挙げ、翌場所入幕して7勝3敗。2場所目には前頭5枚目まで上がったものの、突然廃業してしまった。土俵を続けていれば、当然、三役も期待できただろう。

おおいわざん　だいごろう
大岩山 大五郎（前頭9枚目）

本　名	船橋金次	入　幕	昭和21年11月場所
生年月日	大正８年５月20日	最終場所	昭和29年３月場所
没年月日	昭和55年12月５日	幕内在位	17場所
出身地	東京都中央区入船	幕内成績	91勝143敗
四股名	大岩山→東岩→大岩山→羽衣→大岩山	勝　率	0.389
所属部屋	立浪	身　長	179cm（５尺９寸）
初土俵	昭和12年５月場所	体　重	120kg（32貫）
十両昇進	昭和19年11月場所	得意手	右四つ、上手投げ
		年寄名	鳴戸

1度、十両から幕下へ落ちたものの、全勝優勝して返り咲き、十両1場所で入幕を果たした。力が強く体力もあり、稽古場では抜群の強さを発揮したが、ひどい近眼のため、離れて取る相手には具合が悪かった。それまで千秋楽のみだった弓取りは、昭和27年春場所からは毎日行われるようになったが、この弓取りを務めて人気があった。同年夏場所には12勝3敗の好成績を挙げた。一時、羽衣天昇と改名。引退後、相撲教習所で指導していたが、糖尿病で他界。

おおだち　だんえもん
大起 男右ヱ門（小結）

本　名	山本→石田男次郎	最終場所	昭和33年５月場所
生年月日	大正12年10月６日	幕内在位	41場所
没年月日	昭和45年１月31日	幕内成績	265勝306敗１分22休
出身地	福岡県飯塚市穂波町南尾	勝　率	0.464
四股名	山本→穂波山→大起	身　長	194cm（６尺４寸）
所属部屋	出羽海	体　重	180kg（48貫）
初土俵	昭和13年５月場所	得意手	左四つ、寄り切り
十両昇進	昭和20年６月場所	年寄名	境川
入　幕	昭和21年11月場所		

その大きな体は“巨象”という表現がぴったりの力士であった。左四つに捕まえて、体に物をいわせての寄りが得意で、時折、さば折りなどをみせた。しかし、非力なことと左ひざの痼疾で粘りがなく、特に上位には勝てなかった。とはいうものの、1度は小結に上がっているし、昭和28年春場所には、新横綱鏡里をはたき込みに破る金星を挙げている。引退後、出羽海部屋では風紀係。愛称ダンちゃん。相撲茶屋「伊勢福」の婿養子となった。

まえのやま　せいぞう
前ノ山 政三（前頭13枚目）

本　名	佐藤政三	最終場所	昭和24年５月場所
生年月日	大正８年５月17日	幕内在位	５場所
没年月日	昭和48年４月８日	幕内成績	19勝26敗11休
出身地	秋田県横手市平鹿町	勝　率	0.422
四股名	醍醐山→前ノ山	身　長	179cm（５尺９寸）
所属部屋	高砂	体　重	90kg（24貫）
初土俵	昭和12年１月場所	得意手	左四つ、寄り切り
十両昇進	昭和19年11月場所		
入　幕	昭和21年11月場所		

戦時中、神武山が天皇と同名では恐れ多いと神東山に改名したのと同じ理由で、醍醐山の四股名を前ノ山に改名した。四つ相撲が得意。筋肉質で、力が強く、左差し、右から相手を挟みつけるように寄っていった。しかし、やや決め手に欠けるきらいがあり、おとなしい性格と勝ちみの遅さで上位に進めず、前頭13枚目止まり。幕内在位は5場所にすぎなかった。昭和24年夏場所限りで廃業。その後、東京・立川でクリーニング店を経営していた。

いんしゅうざん　みのる

因州山 稔（前頭14枚目）

本　名	梅原→渡辺実	入　幕	昭和21年11月場所
生年月日	大正５年３月１日	最終場所	昭和22年11月場所
没年月日	昭和55年５月３日	幕内在位	３場所
出身地	鳥取県鳥取市気高町	幕内成績	13勝21敗
四股名	久宝山→久保山→久宝山→久保山→因州山	勝　率	0.382
所属部屋	春日野	身　長	174cm（５尺７寸５分）
初土俵	昭和９年１月場所	体　重	101kg（27貫）
十両昇進	昭和17年５月場所	得意手	右四つ、寄り切り

“右の石松”とあだ名されたほど、右を差さなければ力が出ない、右一辺倒の力士。固く体が締まったアンコ型で、右差しで相手の胸に頭を付けて寄り立てるのが得意だった。昭和12年春場所から３年間兵役にあった。そのため入幕したときは30歳。幕内は３場所、前頭14枚目が最高位。21年夏の秋田県十文字町（現横手市）の巡業では、土俵が軟らかかったため、稽古中に大関東富士の左足首を骨折させたことがある。廃業後は、砂利などを扱う仕事をしていた。

りきどうざん　みつひろ

力道山 光浩（関脇）

本　名	金信洛→金村→百田光浩	幕内在位	11場所
生年月日	大正13年11月14日	幕内成績	75勝54敗15休
没年月日	昭和38年12月15日	勝　率	0.581
出身地	長崎県大村市武部	三　賞	殊勲賞１回
所属部屋	二所ノ関	身　長	176cm（５尺８寸）
初土俵	昭和15年５月場所	体　重	116kg（31貫）
十両昇進	昭和19年11月場所	得意手	突っ張り、右四つ、つり出し、上手投げ
入　幕	昭和21年11月場所		
最終場所	昭和25年９月場所		

昭和19年夏場所、幕下優勝、十両３場所で入幕。22年夏場所には前頭８枚目で９勝１敗。羽黒山、前田山、東富士と初の優勝決定戦に臨んだが、羽黒山にうっちゃられ惜敗。翌年夏場所では横綱照國、大関東富士を破り、横綱前田山には取り直し後に不戦勝となり殊勲賞を受賞。張り手を交えた突っ張り、上手投げが強かった。廃業後プロレスに転じ一時代を築いたが、暴力団の凶器に倒れ絶命。波乱の生涯を終えた。長崎県出身となっているが現在の北朝鮮で生まれている。

かがみさと　きよじ

鏡里 喜代治（横綱）

本　名	奥山喜代治	幕内成績	360勝163敗28休
生年月日	大正12年４月30日	勝　率	0.688
没年月日	平成16年２月29日	優　勝	４回
出身地	青森県三戸郡三戸町斗内	三　賞	殊勲賞１回、敢闘賞１回
所属部屋	粂川→双葉山→時津風	身　長	174cm（５尺７寸５分）
初土俵	昭和16年１月場所	体　重	161kg（43貫）
十両昇進	昭和20年11月場所	得意手	右四つ、寄り切り、上手投げ
入　幕	昭和22年６月場所	年寄名	鏡里→粂川→立田川→時津風→立田川→二十山（昭和63年４月定年退職）
最終場所	昭和33年１月場所		
幕内在位	38場所		

堂々たる太鼓腹。横綱土俵入りは実に美しかった。大関鏡岩の粂川の弟子で、双葉山の手で横綱に育てられた。大関昇進は昭和26年春場所。右四つ、左上手を引き付けての寄りと上手投げの着実な取り口で、28年初場所に初優勝して横綱へ。若いころ、ひざを痛めたこともあって、実力を十分に発揮できなかった。４回の優勝はすべて14勝１敗。年寄時津風を継いだが、立田川に戻り部屋を興した。

わかばやま さだお
若葉山 貞雄（小結）

本名	朴炳世→岩平→青山貞雄	最終場所	昭和36年1月場所
生年月日	大正11年11月9日	幕内在位	49場所
没年月日	平成13年1月17日	幕内成績	326勝383敗1分6休
出身地	埼玉県さいたま市大宮区宮町	勝率	0.460
四股名	岩平→若葉山	三賞	殊勲賞1回
所属部屋	双葉山→時津風	身長	173cm（5尺7寸）
初土俵	昭和17年1月場所	体重	94kg（25貫）
十両昇進	昭和21年11月場所	得意手	右四つ、下手ひねり、足取り
入幕	昭和22年6月場所	年寄名	錣山（昭和62年11月定年退職）

足取りの名人で、小またすくい、けたぐり、外小また、内無双、渡し込み、下手ひねりと多彩。昭和29年春場所には、大関栃錦を足取りで倒している。岩平の本名で十両優勝し1場所で入幕したが、本名での入幕第1号。前頭2枚目だった26年夏場所初日、前場所全勝優勝の横綱照國を、4日目には東富士を下して8勝を挙げ殊勲賞を獲得、小結へ。32年初場所の8勝のうち4勝は、巨漢大起を倒した一番を含めて、足取りで挙げた勝ち星だった。

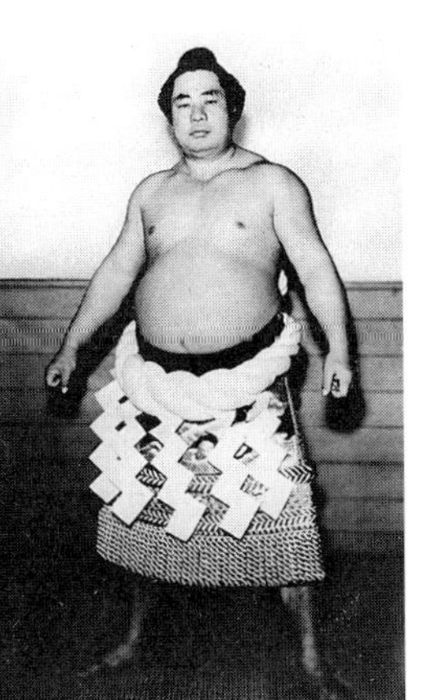

とちにしき きよたか
栃錦 清隆（横綱）

本名	大塚→中田清	幕内在位	52場所
生年月日	大正14年2月20日	幕内成績	513勝203敗1分44休
没年月日	平成2年1月10日	勝率	0.716
出身地	東京都江戸川区南小岩	優勝	10回
四股名	大塚→栃錦	三賞	殊勲賞1回、技能賞9回
所属部屋	春日野	身長	177cm（5尺8寸5分）
初土俵	昭和14年1月場所	体重	131kg（35貫）
十両昇進	昭和19年5月場所	得意手	左四つ、寄り切り、上手出し投げ
入幕	昭和22年6月場所		
最終場所	昭和35年5月場所	年寄名	春日野

軽量だったが、内掛け、出し投げ、二枚げり、たすき反りからはりま投げと、実に多彩な技を駆使して技能賞を連続5回、通算9回も獲得。連続優勝した昭和29年秋場所後、横綱へ。体重が増すにつれて押し、寄りと相撲ぶりも正攻法に変わり、名人横綱と評され、好敵手若乃花と戦後の黄金時代を現出させた。引退後は理事長として7期にわたって協会運営の重責を果たし、新国技館を建設した。

でわにしき ただお
出羽錦 忠雄（関脇）

本名	小倉→奈良崎忠雄	幕内在位	77場所
生年月日	大正14年7月15日	幕内成績	542勝556敗3分40休
没年月日	平成17年1月1日	勝率	0.494
出身地	東京都墨田区東向島	三賞	殊勲賞3回、敢闘賞1回
四股名	小倉→出羽錦	身長	180cm（5尺9寸5分）
所属部屋	出羽海	体重	143kg（38貫）
初土俵	昭和15年5月場所	得意手	左四つ、寄り切り、下手投げ、きめ出し
十両昇進	昭和21年11月場所		
入幕	昭和22年11月場所	年寄名	田子ノ浦（平成2年7月定年退職）
最終場所	昭和39年9月場所		

軽妙洒脱なユーモリストで、その言動はいつも笑いを誘った。立派な体格と堂々たる貫禄、左四つ、重い腰は定評があり、半身に構えるとテコでも動かず、若乃花とは3度も引き分けた。また、大鵬に対しては、"猫だまし"の奇手を使ったり、きめ出しで勝ったりと、大鵬を悔しがらせた。39歳まで現役を務めた。踊りは自称"隅田川流"。テレビに出演したり、自伝も書くなど多趣味。

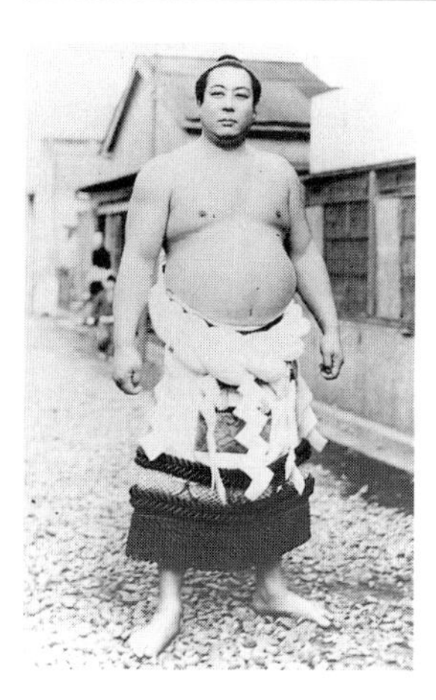

吉葉山 潤之輔（横綱）
よしばやま　じゅんのすけ

本　名	池田潤之輔	最終場所	昭和33年１月場所
生年月日	大正９年４月３日	幕内在位	37場所
没年月日	昭和52年11月26日	幕内成績	304勝151敗１預85休
出身地	北海道石狩市厚田	勝　率	0.668
四股名	北糖山→吉葉山	優　勝	１回
所属部屋	高島	三　賞	殊勲賞３回
初土俵	昭和13年５月場所	身　長	179cm（５尺９寸）
十両昇進	昭和18年１月場所（番付は22年６月場所）	体　重	143kg（38貫）
入　幕	昭和22年11月場所	得意手	左四つ、寄り切り、上手ひねり
		年寄名	吉葉山→宮城野

２度泣いた。１度目は昭和29年初場所、念願の初優勝を全勝で飾りボタン雪の中をパレード、横綱昇進した時。そして、横綱在位17場所、皆勤９場所にもかかわらず両足首のけがなどで横綱での優勝経験なしで引退声明した33年初場所。幕下時代に応召、伸び盛り時期の６年間を戦線で苦労、やせて復員。左四つ、力に任せた相撲で26年夏場所、大関へ。美男子で人気は高かった。

藤田山 忠義（前頭12枚目）
ふじたやま　ただよし

本　名	藤田忠義	入　幕	昭和22年11月場所
生年月日	大正13年２月11日	最終場所	昭和29年９月場所
没年月日	昭和44年５月９日	幕内在位	14場所
出身地	福岡県田川市奈良	幕内成績	73勝100敗23休
四股名	藤田→藤田山→藤田→藤田山→藤田→藤田山	勝　率	0.422
所属部屋	片男波→花籠→高砂	身　長	167cm（５尺５寸）
初土俵	昭和14年１月場所	体　重	113kg（30貫）
十両昇進	昭和19年５月場所	得意手	押し出し

背が低く肥満、はげ上がった頭に申し訳程度のまげ、塩をたくさんまく仕種もユーモラスで人気があった。元開月の片男波部屋に入門。花籠部屋から戦後高砂部屋へ移籍し、横綱前田山の太刀持ちや露払いを務めた。立ち合いから当たって一気に出る取り口で、十両時代に千代ノ山を破っている。昭和26年、高砂団長、大ノ海らと米国巡業を行った。藤田山の「山」を取ったり付けたりと、四股名をよく変えた。プロレスに転向した。

明瀬川 伝四郎（前頭13枚目）
あきせがわ　でんしろう

本　名	我妻伝四郎	最終場所	昭和25年１月場所
生年月日	大正７年３月23日	幕内在位	５場所
没年月日	平成元年10月20日	幕内成績	24勝30敗７休
出身地	宮城県宮城郡七ヶ浜町東宮浜	勝　率	0.444
四股名	清川→明瀬川	身　長	173cm（５尺７寸）
所属部屋	伊勢ヶ濱	体　重	86kg（23貫）
初土俵	昭和12年５月場所	得意手	左四つ、寄り切り
十両昇進	昭和20年６月場所	年寄名	間垣（昭和26年５月限り廃業）
入　幕	昭和22年11月場所		

名人幡瀬川からみっちり仕込まれ、伊勢ヶ濱部屋の伝統を受け継ぐ相撲巧者となった。軽量だが、前さばきのうまさは抜群。取り口、体付きが先輩の大ノ森に似ているとよくいわれた。巡業では羽黒山、照國一行で初っ切りを行ったこともある。入幕３場所目の昭和23年秋場所、幕尻で８勝３敗の好成績を挙げている。しかし、そのうまさに体力が伴わず、幕内５場所で終わった。年寄間垣を継承したが、１年余りで廃業した。

鬼竜川 光雄（前頭6枚目）
きりゅうがわ　みつお

本　名	今川光雄	入　幕	昭和22年11月場所
生年月日	大正12年12月2日	最終場所	昭和36年1月場所
没年月日	平成15年10月22日	幕内在位	19場所
出身地	青森県三戸郡五戸町倉石又重	幕内成績	121勝145敗11休
四股名	鬼龍川→鬼竜山→鬼龍川→鬼竜川	勝　率	0.455
所属部屋	粂川→双葉山→時津風	身　長	177cm（5尺8寸5分）
初土俵	昭和14年1月場所	体　重	84kg（22貫500）
十両昇進	昭和19年5月場所	得意手	右四つ、下手投げ
		年寄名	勝ノ浦（昭和63年12月定年退職）

力士としては考えられない、わずか77㌔という体重で入幕。後に前頭6枚目まで進んだのは、生来の腰のよさに加えて、やはり、真面目に稽古を積んだたまものだろう。右四つ、投げが得意で、特に投げのタイミングがよく、きれいに決まった。昭和22年秋場所に入幕。1度幕下まで落ちたものの幕内にカムバックして36年初場所まで取ったのは立派。年寄勝ノ浦として教習所で新弟子指導に当たったほか、時津風部屋の盛り返しにも協力した。相撲甚句の名手として知られた。

清水川 明於（小結）
しみずがわ　あきお

本　名	鉾浦光男	最終場所	昭和33年9月場所
生年月日	大正14年8月13日	幕内在位	41場所
没年月日	昭和54年2月5日	幕内成績	284勝297敗20休
出身地	兵庫県明石市二見町東二見	勝　率	0.489
四股名	鉾浦→鉾錦→清水川	三　賞	殊勲賞1回、敢闘賞2回
所属部屋	追手風	身　長	176cm（5尺8寸）
初土俵	昭和15年5月場所	体　重	114kg（30貫500）
十両昇進	昭和22年6月場所	得意手	左四つ、上手投げ
入　幕	昭和22年11月場所	年寄名	間垣

きりりとした容貌、高々と足を上げて踏むきれいな四股、師匠の元大関清水川譲りの右上手投げ ―― 人気を集めたのも当然の力士であった。昭和22年秋場所入幕。東富士や朝潮を破ったこともあり、敢闘賞を2度受賞している。引退して年寄間垣となってからは、テレビ解説やスポーツ紙に評論を寄稿していた。相撲理論も一流で、しかも分かりやすく好評だった。間垣部屋を開き弟子育成に努めたが弟子運に恵まれず、部屋を閉鎖した。

大蛇潟 金作（前頭筆頭）
おろちがた　きんさく

本　名	斎藤金作	最終場所	昭和32年11月場所
生年月日	大正8年5月20日	幕内在位	33場所
没年月日	昭和61年3月21日	幕内成績	214勝257敗14休
出身地	秋田県横手市平鹿町	勝　率	0.454
四股名	十文字→矢留石→大蛇潟	三　賞	敢闘賞1回
所属部屋	錦島	身　長	179cm（5尺9寸）
初土俵	昭和12年1月場所	体　重	120kg（32貫）
十両昇進	昭和19年1月場所	得意手	左四つ、寄り切り
入　幕	昭和23年5月場所	年寄名	湊→北陣（昭和37年3月廃業）

左四つ、寄り切りという典型的な四つ相撲。温厚で真面目な人柄でも知られた。新入幕の昭和23年夏場所は吉葉山、國登らを倒し、9勝2敗で敢闘賞を受賞。すぐにも三役かと期待されたものの、場所後の巡業で右ひざを痛めたのが致命傷となった。29年初場所に前頭筆頭に進んだのが最高位で、幕内中軸にとどまった。同年春場所、鏡里を巻き落としに破ったのが唯一の金星。幕内を33場所務めて引退。年寄湊、北陣を名乗った後、廃業。

ちくおうざん　ともひさ
竹旺山 友久（前頭16枚目）

本　名	白土酉松	幕内在位	3場所
生年月日	大正10年3月12日	幕内成績	9勝13敗13休
没年月日	昭和52年1月5日	勝　率	0.409
出身地	千葉県銚子市仲町	身　長	174cm（5尺7寸5分）
所属部屋	山分	体　重	90kg（24貫）
初土俵	昭和13年5月場所	得意手	右四つ、突っ張り
十両昇進	昭和20年6月場所		
入　幕	昭和23年5月場所		
最終場所	昭和24年1月場所		

がっしりした体で力が強く、得意は右四つになっての寄り、投げ。離れての突っ張りもあった。若いころには「大物」の評判が高かったが、淡白な性格がそのまま土俵に出て、勝負をあきらめるのが早かった。結局は勝負師としての資質に欠けていたことになり、幕内在位はわずか3場所と期待を大きく裏切った。相撲界から去った後、両国で鮮魚商を営んでいたころ東富士とともに東映の時代劇映画に出演して話題となったこともある。

たまざくら　はちろう
玉櫻 八郎（前頭20枚目）

本　名	阿部八郎	幕内在位	1場所
生年月日	大正9年1月19日	幕内成績	4勝7敗
没年月日	平成11年5月24日	勝　率	0.364
出身地	熊本県熊本市中央区水道町	身　長	174cm（5尺7寸5分）
所属部屋	二所ノ関	体　重	86kg（23貫）
初土俵	昭和11年1月場所	得意手	左四つ、寄り切り、足癖
十両昇進	昭和18年1月場所		
入　幕	昭和23年5月場所		
最終場所	昭和23年10月場所		

小兵で非力だったが、闘志満々。前さばきがうまく、左四つから食い下がっての寄りを得意とした。もろ差しになることも多く、時に足技をみせるなどなかなかの業師だったが、勝ちみがやや遅かったのが難点とされた。十両時代に2年間、応召したことが響き、昭和23年夏場所に入幕した時は既に28歳であった。幕内はわずか1場所で終わり、すぐに廃業した。琴ヶ濱に、相手のまわしを切る術と、内掛けを伝授したと伝えられている。

みはまなだ　としあき
三濱洋 俊明（前頭20枚目）

本　名	榎本俊明	最終場所	昭和24年5月場所
生年月日	大正8年3月10日	幕内在位	1場所
没年月日	昭和53年3月15日	幕内成績	1勝10敗
出身地	三重県南牟婁郡御浜町阿田和	勝　率	0.091
四股名	三濱山→大洋→三濱洋	身　長	173cm（5尺7寸）
所属部屋	高砂	体　重	83kg（22貫）
初土俵	昭和12年1月場所	得意手	左四つ、つり出し、たすき反り
十両昇進	昭和19年1月場所		
入　幕	昭和23年5月場所		

筋肉質で腰がよく、小柄だったが、体に柔らかみがあった。相撲ぶりは左四つ、強靱な二枚腰を利し、あごを上げたまま相手をつり上げて横に運ぶのが得意だった。投げにも威力があり、しばしば反り技もみせた。十両時代には、出羽海部屋で千代ノ山と並んで有望視されていた巨漢の智異ノ山をたすき反りの奇手で倒して話題になったことがある。昭和23年夏場所に、やっと入幕したものの1勝しか出来ず、すぐに転落、1年後に廃業した。

はくのうざん　しょうえい
柏農山 勝栄（前頭21枚目）

本　名　高木勝栄
生年月日　大正12年7月6日
没年月日　昭和33年5月16日
出身地　青森県平川市大光寺
四股名　柏農山→國錦→柏農山
所属部屋　高砂
初土俵　昭和15年1月場所
十両昇進　昭和20年6月場所
入　幕　昭和23年5月場所
最終場所　昭和24年5月場所
幕内在位　1場所
幕内成績　4勝7敗
勝　率　0.364
身　長　173cm（5尺7寸）
体　重　86kg（23貫）
得意手　左四つ、つり出し
年寄名　芝田山（昭和27年5月廃業）

体は大きくなかったが、きびきびした取り口で、左四つからの寄り、つりの速攻を得意とした。昭和20年夏場所に十両入りしたものの応召。復員した21年秋場所から再出場、3場所連続して勝ち越して入幕。しかし、幕内は1場所で終わった。酒で体を壊し、その1年後に引退して、年寄芝田山を名乗ったが27年に廃業。21年秋場所の1場所だけ國錦を名乗ったことがある。美男力士で、ひげが濃く、そりあとが青々としていた。弟も國錦の名で土俵に上がり、三段目まで進んだ。

くにのぼり　くにお
國登 国生（小結）

本　名　小川→藤国松
生年月日　大正14年4月18日
没年月日　平成7年10月3日
出身地　東京都板橋区仲宿
所属部屋　高砂
初土俵　昭和15年5月場所
十両昇進　昭和22年11月場所
入　幕　昭和23年10月場所
最終場所　昭和36年5月場所
幕内在位　44場所
幕内成績　292勝311敗1分50休
勝　率　0.484
三　賞　殊勲賞2回、敢闘賞1回
身　長　174cm（5尺7寸5分）
体　重　126kg（33貫500）
得意手　右四つ、寄り切り
年寄名　佐ノ山（平成2年4月定年退職）

ぽっちゃりとした肥満型。温和な風貌に似合わず、鋭く当たって右四つから、一気の出足に物をいわせる威勢のいい取り口で、なかなかの相撲巧者でもあった。十両入り直前に応召。復員後、十両で連続優勝して将来を嘱望された。入幕2場所目には横綱東富士と優勝争いをして敢闘賞を受賞。また大物食いで殊勲賞を2回受賞しているが、右ひざの故障のために小結で終わった。長く審判部委員を務めたが、病に倒れ、平成2年に定年で角界から去った。

ふじにしき　ちよきち
藤錦 千代吉（前頭18枚目）

本　名　福田千代吉
生年月日　大正9年1月9日
没年月日　昭和36年6月28日
出身地　北海道寿都郡寿都町歌棄町
所属部屋　二所ノ関
初土俵　昭和13年5月場所
十両昇進　昭和20年11月場所
入　幕　昭和23年10月場所
最終場所　昭和25年5月場所
幕内在位　2場所
幕内成績　8勝16敗
勝　率　0.333
身　長　177cm（5尺8寸5分）
体　重　90kg（24貫）
得意手　右四つ、上手投げ

肌が黒く、体はあまり大きくはなかったが、肩幅が広く力が強かった。着実に稽古をするタイプで、玄人受けする渋い相撲を取った。右四つから相手をねじ伏せるような上手投げを得意とした。やや勝ちみが遅いのが難点だった。三段目で2度優勝しており、特に昭和18年夏場所、入門以来16連勝を続けていた杉村（後の横綱千代の山）に初黒星を付けたことが記録に残っている。しかし、入幕してからは前頭18枚目が最高位、幕内在位もわずかに2場所と振るわなかった。

梅錦 寅之助（前頭20枚目）

うめにしき　とらのすけ

本　名　鈴木寅之助
生年月日　大正15年5月20日
没年月日　昭和52年4月22日
出身地　青森県北津軽郡鶴田町横萢
四股名　梅錦→寿々木
所属部屋　高島
初土俵　昭和17年1月場所
十両昇進　昭和22年6月場所
入　幕　昭和23年10月場所

最終場所　昭和26年9月場所
幕内在位　2場所
幕内成績　9勝15敗
勝　率　0.375
身　長　171cm（5尺6寸5分）
体　重　86kg（23貫）
得意手　左四つ、押し出し

若いころの双葉山に似た風貌が話題となった。小兵だが、取り口は突き、押しで鋭く攻めた。昭和17年夏場所、序ノ口で全勝優勝し、その後も順調に出世街道を進み、十両も3場所で通過、入幕時は有望視されていたが、病気のため幕内はわずか2場所務めただけの期待外れに終わった。以降は後退を続けて幕下まで転落した。26年春場所には寿々木と改名して久しぶりに勝ち越したものの、その後は休場を続け、同年秋場所限りで廃業した後、北海道の炭鉱で働いていた。

二瀬山 勝語（前頭2枚目）

ふたせやま　しょうご

本　名　楠田文雄
生年月日　大正10年8月7日
没年月日　昭和50年10月14日
出身地　大阪府大阪市城東区中浜
四股名　米川→八剱→二瀬山
所属部屋　朝日山
初土俵　昭和13年5月場所
十両昇進　昭和22年6月場所
入　幕　昭和23年10月場所

最終場所　昭和33年5月場所
幕内在位　28場所
幕内成績　187勝224敗3休
勝　率　0.455
身　長　170cm（5尺6寸）
体　重　107kg（28貫500）
得意手　左四つ、寄り切り、突っ張り
年寄名　大鳴戸→朝日山

トンガから青年を角界へ入門させ話題になった。現役時代は小柄だが、闘志満々の相撲ぶりで張り手旋風を巻き起こした。昭和27年春場所は大関鏡里を一発で張り倒し、28年初場所では突っ張り合いで口に入った横綱羽黒山の右手親指をパクッとやって骨折させている。このころが全盛期で千代の山や東富士らも破った。26年夏場所、備州山を張り倒した翌日、大晃に逆に張り倒された。年寄朝日山としてトンガ力士がこれからというときに他界。

清恵波 清隆（前頭2枚目）

きよえなみ　きよたか

本　名　端→大上戸清隆
生年月日　大正12年6月2日
没年月日　平成18年4月25日
出身地　石川県鳳珠郡穴水町新崎
四股名　清恵浪→清恵波
所属部屋　立浪
初土俵　昭和15年1月場所
十両昇進　昭和22年11月場所
入　幕　昭和24年1月場所

最終場所　昭和35年1月場所
幕内在位　36場所
幕内成績　237勝295敗6休
勝　率　0.445
身　長　176cm（5尺8寸）
体　重　116kg（31貫）
得意手　右四つ、寄り切り
年寄名　中川（昭和63年6月定年退職）

サハリン（樺太）生まれで、双葉山に認められて立浪部屋へ入門。得意手は右四つ、寄り、つりで、昭和24年春場所に入幕、古典的な四つ相撲を取った。元吉野山の中川親方の女婿となり35年初場所で引退して中川部屋を開いたが、弟子に恵まれず、雄図空しく48年に部屋を閉じている。協会では木戸主任が長く、その後は地方場所委員として九州場所を担当していたが、51年の役員改選で、一門を代表して監事に当選し、監察副委員長から警備担当を務めた。

おおうちやま　へいきち

大内山 平吉（大関）

本　名	大内平吉	最終場所	昭和34年３月場所
生年月日	大正15年６月19日	幕内在位	41場所
没年月日	昭和60年11月１日	幕内成績	304勝256敗53休
出身地	茨城県ひたちなか市平磯町	勝　率	0.543
四股名	大内→大内山	三　賞	殊勲賞１回
所属部屋	双葉山→時津風	身　長	201cm（６尺６寸５分）
初土俵	昭和19年１月場所	体　重	152kg（40貫500）
十両昇進	昭和22年11月場所	得意手	右四つ、割り出し、小手投げ
入　幕	昭和24年１月場所	年寄名	錣山→立田山

巨人。スコップのようと形容された大きな手による突っ張り、右四つ、左上手を引きつけての寄り、豪快な小手投げなど、いかにも大物らしい強さだった。あごが伸びる奇病で手術し、一時は三役から幕尻へ落ちたが見事にカムバック。昭和30年春場所、準優勝して大関へ。同年夏場所の千秋楽には栃錦と対戦。首投げに敗れたが、歴史に残る大熱戦を展開している。揚子江の流れにたとえられるほど期待されたが、ひざの故障で横綱の夢は成らなかった。

かみにしき　くにやす

神錦 国康（前頭５枚目）

本　名	山口健二郎	最終場所	昭和33年９月場所
生年月日	大正14年８月28日	幕内在位	32場所
没年月日	平成17年10月22日	幕内成績	217勝242敗19休
出身地	青森県青森市清水	勝　率	0.473
四股名	眺望山→山口→神錦	身　長	180cm（５尺９寸５分）
所属部屋	高島	体　重	96kg（25貫500）
初土俵	昭和16年５月場所	得意手	右四つ、つり出し
十両昇進	昭和23年５月場所		
入　幕	昭和24年１月場所		

長身を利してのつりや足癖を得意とした。昭和16年夏場所初土俵。当時は双葉山の全盛期で同期生も多かったが、幕内に上がったのは神錦ただ一人だった。十両昇進は23年夏場所で、翌年の春場所には早々と入幕している。横綱吉葉山の土俵入りの露払いを務め、太刀持ちの輝昇とともに、美男ぞろいと評判になった。本名の山口で取っていた25年春場所、新入幕の若ノ花に勝ったこともある。26年夏場所は、最高位の前頭５枚目で横綱東富士に善戦したが、そのころが最盛期。

かいにしき　まさる

甲斐錦 勝（前頭12枚目）

本　名	鶴田勝	幕内在位	５場所
生年月日	大正９年10月31日	幕内成績	29勝46敗
出身地	山梨県山梨市牧丘町	勝　率	0.387
四股名	鶴田→甲斐錦	身　長	174cm（５尺７寸５分）
所属部屋	松ヶ根→二所ノ関	体　重	86kg（23貫）
初土俵	昭和13年５月場所	得意手	左四つ、つり出し
十両昇進	昭和20年11月場所		
入　幕	昭和24年５月場所		
最終場所	昭和26年５月場所		

二所ノ関系の元紅葉川の松ヶ根部屋に入門。昭和13年夏場所初土俵、三段目だった16年に応召、いったん復員したが終戦直前に再度応召。十両入りした20年秋場所は復員したばかりで休場している。左四つ、つり気味の寄りが得意だった。地味な存在だったが、しぶとさが本領だった。24年夏場所に入幕し、幕内を５場所務めた後に十両に落ちると、26年夏場所であっさりと廃業した。プロレスラーだったジャンボ鶴田は甥に当たる。

宮城海 清人（前頭15枚目）

みやぎうみ きよと

本　名　高橋清人
生年月日　大正11年10月17日
出身地　宮城県気仙沼市本吉町長畑
四股名　本吉→宮城海
所属部屋　出羽海
初土俵　昭和16年1月場所
十両昇進　昭和20年6月場所
入　幕　昭和24年5月場所
最終場所　昭和28年5月場所
幕内在位　9場所
幕内成績　58勝74敗3休
勝　率　0.439
身　長　171cm（5尺6寸5分）
体　重　94kg（25貫）
得意手　左四つ、寄り切り

部屋の先輩に同姓の高橋（後の十両瀬戸錦）が居たので、出身地の地名、本吉の四股名で十両入り。再十両となった昭和22年夏場所に宮城海と改名。小兵だが力は強く、左四つから下手投げ、下手ひねり、寄りを得意とした。24年夏場所に入幕、十両上位から新入幕にかけて大内山に3連勝している。幕内下位を通算9場所務め、そのうち3場所8勝7敗で勝ち越している。廃業後は東京の門前仲町で小料理店を経営していた。出羽一門OBの「友愛会」の3代目会長。

常ノ山 勝正（前頭2枚目）

つねのやま かつまさ

本　名　石川→橋本正
生年月日　大正14年2月9日
没年月日　昭和62年4月29日
出身地　岡山県倉敷市児島味野
四股名　石川→鷲羽山→常ノ山
所属部屋　出羽海
初土俵　昭和15年1月場所
十両昇進　昭和23年10月場所
入　幕　昭和24年5月場所
最終場所　昭和32年3月場所
幕内在位　27場所
幕内成績　184勝206敗15休
勝　率　0.472
三　賞　技能賞2回
身　長　174cm（5尺7寸5分）
体　重　98kg（26貫）
得意手　左四つ、下手投げ、内掛け

小柄だが、抜群の運動神経に物をいわせて、内掛け、けたぐり、け返し、二枚げり、引き落とし、切り返し、掛け投げ、さらには小またすくい、二丁投げなどの奇手、妙手を連発して土俵を沸かせた。昭和27年春場所、大関鏡里をけたぐり、関脇大内山を伝え反りの奇手で倒して10勝5敗を挙げたあたりが最も元気なころ。元関脇鷲羽山（元出羽海親方）の叔父で、若いころは鷲羽山を名乗ったこともある。32年春場所で廃業、大阪・ミナミで料理店を経営していた。

大江戸 勇（前頭16枚目）

おおえど いさむ

本　名　小林勇
生年月日　大正12年11月22日
没年月日　平成8年1月4日
出身地　東京都江東区南砂
四股名　小林→城東山→大江戸
所属部屋　春日野
初土俵　昭和14年5月場所
十両昇進　昭和23年5月場所
入　幕　昭和24年5月場所
最終場所　昭和29年1月場所
幕内在位　3場所
幕内成績　17勝28敗
勝　率　0.378
身　長　173cm（5尺7寸）
体　重　81kg（21貫500）
得意手　左四つ、上手投げ
年寄名　九重→入間川（昭和63年11月定年退職）

栃錦より1場所遅れての初土俵。しかも栃錦と同じ東京の下町の出身、互いに体も小柄ということもあり、新弟子時代から仲がよく競り合った。当時、栃錦と「お前が一流の力士になったら東京中を逆立ちして歩いてやる」という賭けをしたという。2人で初っ切りを行ったこともある。闘志があり、技もうまく、きびきびした相撲ぶりだったが、体に恵まれず幕内は3場所のみ。土俵造りのうまさに定評があり、年寄入間川として長く九州場所担当委員を務めた。

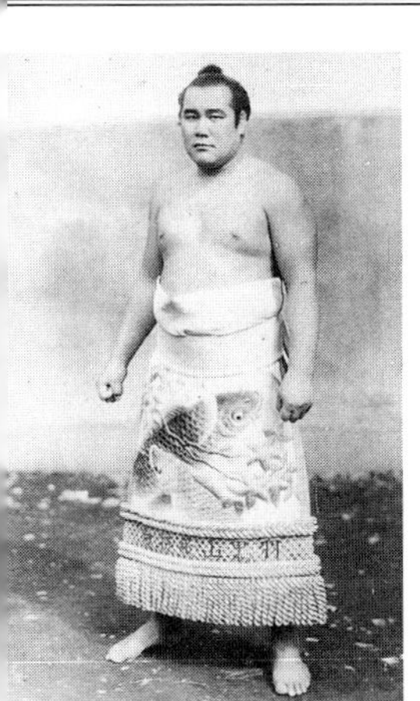

時津山（ときつやま） 仁一（じんいち）（関脇）

本名	藁谷仁一	最終場所	昭和36年３月場所
生年月日	大正14年４月13日	幕内在位	49場所
没年月日	昭和43年11月21日	幕内成績	359勝336敗40休
出身地	福島県いわき市平	勝率	0.517
四股名	平→時ツ浪→小九紋龍→時津浪→時津波→時津浪→時津山	優勝	１回
所属部屋	時津風→立浪	三賞	殊勲賞３回、敢闘賞４回
初土俵	昭和15年５月場所	身長	182cm（６尺）
十両昇進	昭和22年５月場所	体重	137kg（36貫500）
入幕	昭和24年５月場所	得意手	左四つ、つり出し、矢柄投げ
		年寄名	押尾川

実力は大関と評されながら、内気な性格、ムラのある土俵で関脇に終わった。新弟子のころは弱く、序ノ口になるまで２年半もかかっている。昭和28年夏場所、東前頭６枚目で全勝優勝して以降、三役、幕内上位で活躍し、千代の山、栃錦、若乃花らとしばしば熱戦を展開した。昭和30年夏場所、栃錦を左差しから一気につり出し、34年初場所には、若乃花を矢柄に振り回して寄り切った。

小坂川（こさかがわ） 健三郎（けんざぶろう）（前頭17枚目）

本名	葛西健三郎	幕内成績	25勝50敗
生年月日	大正10年５月30日	勝率	0.333
出身地	秋田県鹿角郡小坂町小坂	身長	177cm（５尺８寸５分）
所属部屋	春日山→立浪	体重	98kg（26貫）
初土俵	昭和12年５月場所	得意手	右四つ、寄り切り
十両昇進	昭和22年６月場所		
入幕	昭和24年10月場所		
最終場所	昭和30年３月場所		
幕内在位	５場所		

四股名は郷里の地名にちなんで付けられた。昭和12年夏場所に初土俵、16年夏場所に幕下15枚目まで進んだところで応召、伸び盛りの５年間を軍隊生活で過ごしたのが響いて昇進は遅れた。24年秋場所に入幕したときは既に28歳だった。右四つ、寄り身もあったが、やや中途半端で、幕内在位５場所は勝ち越しがなく、ずっと下位で過ごした。元藤ノ川の春日山部屋に入門し、戦後、大昇らとともに立浪部屋へ移っている。

吉井山（よしいやま） 朋一郎（ともいちろう）（前頭11枚目）

本名	吉井朋一郎	幕内在位	27場所
生年月日	大正13年３月３日	幕内成績	165勝225敗１分14休
出身地	福岡県田川郡糸田町宮川	勝率	0.423
所属部屋	出羽海	身長	182cm（６尺）
初土俵	昭和23年５月場所幕下14枚目格付出	体重	92kg（24貫500）
十両昇進	昭和24年５月場所	得意手	右四つ、突っ張り、はたき込み
入幕	昭和24年10月場所	年寄名	阿武松→関ノ戸（昭和41年７月廃業）
最終場所	昭和35年３月場所		

戦後初の学生相撲出身力士。紅陵大学（現拓殖大学）時代に国体で優勝し、卒業と同時に出羽海部屋へ入門、幕下14枚目格付出でデビュー。昭和24年春場所幕下優勝、十両１場所で入幕した。このころ、浜町や蔵前の仮設国技館で母校応援団から送られる「オース」という声援が名物に。しかし、突いては、はたくという単調な取り口のため大成せず、幕内下位と十両の往復に終わった。多くの珍談、奇談の持ち主で、引退して年寄となった後、廃業した。

鳴門海（なるとうみ） 一行（かずゆき）（前頭筆頭）

本　名	武岡一行	最終場所	昭和36年１月場所
生年月日	大正15年１月１日	幕内在位	44場所
没年月日	平成22年６月19日	幕内成績	296勝359敗１分４休
出身地	兵庫県南あわじ市北阿万	勝　率	0.452
四股名	武岡→鳴門海	三　賞	殊勲賞１回、技能賞１回
所属部屋	春日野	身　長	183cm（６尺５分）
初土俵	昭和17年５月場所	体　重	88kg（23貫500）
十両昇進	昭和22年11月場所	得意手	右四つ、下手投げ
入　幕	昭和24年10月場所	年寄名	竹縄（平成２年12月定年退職）

やせた体、狛犬型の独特の仕切りで知られた。右前まわしを取り、左を浅く引いて相手に頭を付けると、右下手投げ、足癖で揺さぶり、大きな相手を土俵にはわせてファンを沸かせた。特に鏡里が“お得意さん”で、３場所連続して勝ったこともある。細い鳴門海が対照的な肥満横綱を転がす面白さから、両者の取組は人気を呼んだ。相撲理論に一家言を持ち、相撲教習所委員として長く新弟子指導に当たり、部屋では春日野親方（元栃錦）の補佐役だった。

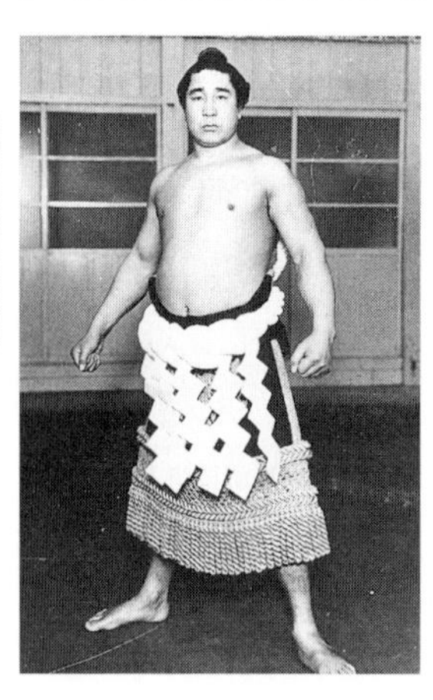

若乃花（わかのはな） 幹士（かんじ）（横綱）

本　名	花田勝治	幕内在位	57場所
生年月日	昭和３年３月16日	幕内成績	546勝235敗４分55休
没年月日	平成22年９月１日	勝　率	0.699
出身地	青森県弘前市青女子	優　勝	10回
四股名	若ノ花→若乃花	三　賞	殊勲賞２回、敢闘賞２回、技能賞１回
所属部屋	二所ノ関→芝田山→花籠		
初土俵	昭和21年11月場所	身　長	179cm（５尺９寸）
十両昇進	昭和24年５月場所	体　重	105kg（28貫）
入　幕	昭和25年１月場所	得意手	上手投げ、呼び戻し
最終場所	昭和37年３月場所（番付は５月場所）	年寄名	二子山→藤島（平成５年３月定年退職）

人呼んで「土俵の鬼」。猛稽古で鍛え上げた足腰はバネそのもの。軽量にもかかわらず、巨漢相手に真っ向勝負、左四つ右上手投げや、右を差しての独特の呼び戻しは、実に豪快だった。栃錦と“栃若時代”を築いた。春日野理事長（元横綱栃錦）の後を継いで協会理事長となり、土俵の充実に務めた。82歳で亡くなった。

緋縅（ひおどし） 力弥（りきや）（前頭10枚目）

本　名	鎌田全吉	最終場所	昭和33年11月場所
生年月日	大正11年８月22日	幕内在位	22場所
没年月日	昭和45年１月２日	幕内成績	142勝170敗18休
出身地	秋田県潟上市昭和町	勝　率	0.455
四股名	若大蛇→緋縅	身　長	179cm（５尺９寸）
所属部屋	錦島	体　重	120kg（32貫）
初土俵	昭和16年１月場所	得意手	左四つ、つり出し、寄り切り
十両昇進	昭和21年11月場所	年寄名	立川
入　幕	昭和25年１月場所		

はげ上がった額、赤銅色の立派な体。古典的な力士の風格を備えていた。左四つからのつりを得意とする相撲ぶりで、もろ差しになられても、どちらか１本でもまわしに手をかけると、構わずにつり上げた。昭和16年春場所が初土俵、21年秋場所に十両となり、８場所かけて入幕。若ノ花と同時であった。１度、十両に落ちたものの優勝して再入幕。幕内中堅から下位で13場所在位、その後は幕内と十両を往復して計６回入幕。年寄立川となったが、急死した。

神若（かみわか） 淳三（じゅんぞう）(前頭12枚目)

本　名　長谷川淳三
生年月日　昭和3年9月27日
没年月日　平成11年1月19日
出身地　千葉県長生郡一宮町東浪見
四股名　長谷川→神若→芳ノ里
所属部屋　二所ノ関
初土俵　昭和19年1月場所
十両昇進　昭和24年1月場所
入　幕　昭和25年1月場所

最終場所　昭和29年9月場所
幕内在位　6場所
幕内成績　39勝51敗
勝　率　0.433
身　長　174cm（5尺7寸5分）
体　重　84kg（22貫500）
得意手　右四つ、内掛け

神風を頼って入門、本名の長谷川から神風の1字をもらって神若と改名した。二所ノ関一門の荒稽古にもまれて出世は順調で、宇草（琴ヶ濱）、若ノ花と出世を競い、昭和25年春場所、21歳で若ノ花とともに新入幕を果たした。決して体は大きくなかったが、筋肉質のきびきびした相撲ぶりで、右四つからの内掛け、下手投げが得意だった。27年春場所に芳ノ里と改名している。しかし、番付運が悪いのに嫌気がさしたこともあり廃業、プロレスに転向した。

増巳山（ますみやま） 豪（ごう）(前頭13枚目)

本　名　石谷昌治
生年月日　大正11年1月17日
没年月日　平成7年5月11日
出身地　和歌山県東牟婁郡串本町和深
四股名　熊ノ浦→秀ノ海→増巳山
所属部屋　三保ヶ関→出羽海→三保ヶ関
初土俵　昭和14年1月場所
十両昇進　昭和24年1月場所
入　幕　昭和25年5月場所

最終場所　昭和33年11月場所
幕内在位　9場所
幕内成績　54勝81敗
勝　率　0.400
身　長　182cm（6尺）
体　重　99kg（26貫500）
得意手　突っ張り、はたき込み、右四つ
年寄名　阿武松→待乳山（昭和62年1月定年退職）

長身を生かし、突っ張ってははたく取り口で、手四つになることもあった。幕下のころ応召したこともあって下積みが長く、昭和25年夏場所に入幕したときは既に28歳。26年春場所には、新鋭の米川（朝潮）をはじめ、琴ヶ濱、松登らを連破して9勝6敗の好成績を挙げている。その後は幕内と十両の往復が続いたが、36歳まで土俵を務めた。引退後は年寄阿武松から待乳山となり、三保ヶ関親方を補佐し、部屋隆盛の一助となった。51年からは地方場所担当委員を務めた。

朝若（あさわか） 佐太郎（さたろう）(前頭21枚目)

本　名　中矢悟
生年月日　大正12年1月8日
没年月日　昭和44年11月25日
出身地　愛媛県松山市西垣生町
四股名　朝若→高潮→朝若
所属部屋　高砂
初土俵　昭和14年1月場所
十両昇進　昭和21年11月場所
入　幕　昭和25年5月場所

最終場所　昭和27年1月場所
幕内在位　1場所
幕内成績　4勝11敗
勝　率　0.267
身　長　168cm（5尺5寸5分）
体　重　101kg（27貫）
得意手　左四つ、寄り切り
年寄名　高田川

昭和21年秋場所、十両昇進を機に高潮と改名したが、24年秋場所に元の朝若に戻った。入幕は25年夏場所。前頭21枚目で4勝しか出来ず、1場所で十両に後退。当たって左を浅く差して寄る正攻法の取り口だったが、長く十両の土俵に上がり、幕内復帰はならなかった。年寄高田川となり勝負検査役を務めた際は、「幕尻1場所の経験で、横綱や大関の勝負を裁くのは…」と話題になった。一時、前の山（元大関）の養父になったことがある。

吉田川 征四郎（前頭13枚目）
よしだかわ せいしろう

本　名	真田征四郎	幕内在位	11場所
生年月日	昭和2年11月19日	幕内成績	72勝93敗
出身地	山梨県富士吉田市下吉田	勝　率	0.436
四股名	真田→吉田川	身　長	171cm（5尺6寸5分）
所属部屋	音羽山→双葉山→時津風	体　重	105kg（28貫）
初土俵	昭和16年5月場所	得意手	左四つ、寄り切り
十両昇進	昭和24年10月場所		
入　幕	昭和25年5月場所		
最終場所	昭和29年9月場所		

元白岩の音羽山部屋に入門し、双葉山道場に吸収された。幕下まで本名の真田で取り、新十両のときに吉田川と改名。十両では、同点決勝に出るなどの活躍でわずか2場所で入幕した。1度十両に落ちたものの、すぐに再入幕し、前頭1枚目を最高に幕内の下位に通算11場所在位した。アンコ型で、押すか左を差しての寄りが得意だったが、組み止められてしまうと横にもろかった。あだ名は「コックリさん」。昭和29年秋場所を最後に廃業し、一時プロレス界に転向した。

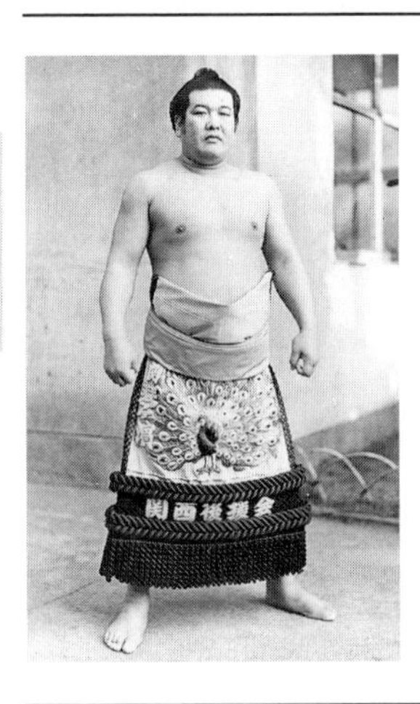

琴ヶ濱 貞雄（大関）
ことがはま さだお

本　名	宇草貞雄	幕内在位	59場所
生年月日	昭和2年10月10日	幕内成績	441勝352敗92休
没年月日	昭和56年6月7日	勝　率	0.556
出身地	香川県観音寺市観音寺町	三　賞	殊勲賞2回、敢闘賞1回、技能賞5回
四股名	宇草→琴ヶ濱	身　長	177cm（5尺8寸5分）
所属部屋	二所ノ関→佐渡ヶ嶽	体　重	116kg（31貫）
初土俵	昭和20年11月場所	得意手	左四つ、内掛け、上手投げ
十両昇進	昭和24年10月場所	年寄名	尾車
入　幕	昭和25年5月場所		
最終場所	昭和37年11月場所		

体は決して大きくはなかったが、猛稽古で鍛え上げた赤銅色の肌で、四国出身ということもあり“南海の黒豹”と呼ばれた。琴ヶ濱といえば内掛けといわれたほど、タイミングよく相手を一発で倒した内掛けの切れ味は、まさに名人芸。また腰を振って相手のまわしを切る、独特のうまさがあった。大関在位5年29場所朝潮と優勝決定戦、柏戸と優勝を争ったこともあった。息子は元幕下。

大晃 定行（小結）
おおひかり さだゆき

本　名	柴田定行	幕内在位	64場所
生年月日	昭和2年9月24日	幕内成績	455勝489敗1分15休
没年月日	平成8年1月14日	勝　率	0.482
出身地	北海道北斗市谷好	三　賞	敢闘賞1回
四股名	柴田→巴浦→大晃	身　長	180cm（5尺9寸5分）
所属部屋	出羽海	体　重	114kg（30貫500）
初土俵	昭和19年1月場所	得意手	突っ張り、はたき込み、左四つ、寄り切り
十両昇進	昭和24年1月場所	年寄名	阿武松（平成4年9月定年退職）
入　幕	昭和25年9月場所		
最終場所	昭和38年11月場所		

千代の山を慕って入門。強烈な上突っ張りを得意とし、左を差すと寄りも強かった。昭和31年夏場所、前頭9枚目で12勝3敗、大関若ノ花と優勝決定戦を争ったこともあるが、若ノ花にはいつも闘志を燃やし激しく突っ張っていた。現役時代から額がはげ上がり、“大光り”などといわれたが、その相撲ぶりはなかなか人気があった。早い時期からのオーナードライバーとして知られた。

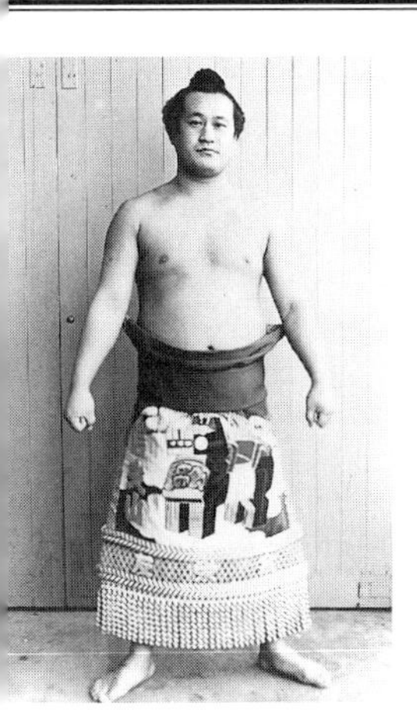

しのぶやま　はるさだ
信夫山 治貞（関脇）

本　名	本間栄	幕内在位	43場所
生年月日	大正14年３月31日	幕内成績	308勝322敗15休
没年月日	昭和52年９月２日	勝　率	0.489
出身地	福島県伊達市保原町保原	三　賞	殊勲賞１回、敢闘賞１回、技能賞６回
四股名	本間→吾妻山→本間→信夫山	身　長	177cm（５尺８寸５分）
所属部屋	小野川→陣幕→小野川	体　重	109kg（29貫）
初土俵	昭和15年５月場所	得意手	もろ差し、寄り切り
十両昇進	昭和22年11月場所	年寄名	竹縄→山響（昭和40年９月廃業）
入　幕	昭和25年９月場所		
最終場所	昭和35年９月場所		

“リャンコの信夫”といわれたもろ差しの名人。もろ差しになりながらの出足は見事で、栃錦・若乃花時代の名脇役、技能賞の常連であった。左手を利かせようと左手で箸を持って豆をつまんだり、電車の中で１本歯の下駄で体のバランスを取る練習をしたり、また雑誌の表紙から若乃花の出方を予測して破るなど、その研究熱心ぶりは有名。三役から幕内上位に位置して、横綱や大関陣を苦しめた。

きたのなだ　のぼる
北の洋 昇（関脇）

本　名	緒方昇	幕内在位	52場所
生年月日	大正12年２月１日	幕内成績	368勝388敗24休
没年月日	平成14年１月８日	勝　率	0.487
出身地	北海道網走市北浜	三　賞	殊勲賞４回、敢闘賞１回、技能賞５回
四股名	北ノ洋→北の洋	身　長	180cm（５尺９寸５分）
所属部屋	立浪	体　重	120kg（32貫）
初土俵	昭和15年１月場所	得意手	左四つ、寄り切り、網打ち
十両昇進	昭和23年10月場所	年寄名	武隈（昭和63年１月定年退職）
入　幕	昭和25年９月場所		
最終場所	昭和37年３月場所		

昭和28年夏場所、初の技能賞を受けたころから体ができ、それまでの半端相撲が正攻法に変わった。左差し、右おっつけの一気の速攻は正に“白い稲妻”。対栃錦戦の判定を巡って“ひげの伊之助”が検査役に抵抗した一番もあり栃錦や若乃花を悩ませた。立浪四天王の一角として関脇から幕内上位で活躍。引退後、執行部に入り、監事、理事などを歴任。定年後相撲放送解説者を務めた。

なちのやま　きみはる
那智ノ山 公晴（前頭19枚目）

本　名	柏木佐平	最終場所	昭和33年１月場所
生年月日	大正９年８月15日	幕内在位	２場所
没年月日	平成６年12月22日	幕内成績	11勝14敗５休
出身地	和歌山県日高郡日高川町土生	勝　率	0.440
四股名	柏木→那智ノ海→那智ノ山	身　長	182cm（６尺）
所属部屋	出羽海	体　重	99kg（26貫500）
初土俵	昭和12年５月場所	得意手	右四つ、大股、三所攻め
十両昇進	昭和22年６月場所	年寄名	峰崎（昭和60年８月定年退職）
入　幕	昭和25年９月場所		

柏木の本名で笠置山の付け人をしていたが、三段目で優勝。その後、応召して右太ももをけがして帰ってきた。短くなった右足をカバーするための奇手として三所攻めを研究して身に付け、本場所でファンを驚かせた。幕内はわずかに２場所に過ぎなかったが、土俵を楽しむように長く十両を務め昭和33年初場所で引退、年寄峰崎となった。三所攻めを勉強したほどだから相撲技に詳しく、相撲教習所の指導員も長く務めた。元小結和歌嶋の遠縁に当たる。

かいのやま　ふくひと
甲斐ノ山 福人（前頭10枚目）

本　名	田草川次夫	幕内在位	12場所
生年月日	大正10年３月４日	幕内成績	83勝97敗
出身地	山梨県塩山市小屋敷	勝　率	0.461
四股名	大蛇嶋→甲斐ノ山	身　長	170cm（５尺６寸）
所属部屋	錦島	体　重	113kg（30貫）
初土俵	昭和10年５月場所	得意手	右四つ、寄り切り
十両昇進	昭和19年１月場所	年寄名	立川→田子ノ浦（昭和39年９月廃業）
入　幕	昭和25年９月場所		
最終場所	昭和30年３月場所		

色浅黒く、背の低いアンコ型。ぶちかまして下から押すか、右差しからの寄りで、昭和19年春場所十両入りした。その際、大蛇嶋から甲斐ノ山に改名。十両と幕下を往復し、４度目の十両入りを果たした25年夏場所、13勝２敗で優勝、秋場所に入幕。29歳になっていた。幕内下位を連続12場所務めて十両に陥落、引退した。引退後は年寄立川から田子ノ浦となり、相撲教習所で実技指導に当たっていたが、借り株であったため、39年秋場所出羽錦引退に伴い、角界を去った。

おおのぼり　みつひろ
大昇 充宏（前頭筆頭）

本　名	石田→平野→石田勇	幕内在位	21場所
生年月日	大正14年８月１日	幕内成績	138勝159敗18休
没年月日	平成21年３月１日	勝　率	0.465
出身地	長野県北佐久郡軽井沢町軽井沢	三　賞	敢闘賞１回
四股名	藤川→信州→大昇	身　長	185cm（６尺１寸）
所属部屋	春日山→立浪→春日山	体　重	116kg（31貫）
初土俵	昭和16年１月場所	得意手	左四つ、外掛け
十両昇進	昭和24年１月場所	年寄名	押尾川→武隈→北陣→関ノ戸→千賀ノ浦→浦風→春日山（平成２年７月定年退職）
入　幕	昭和26年１月場所		
最終場所	昭和32年１月場所		

体に恵まれており足腰もよく、左四つ、寄り、投げ、さらには外掛けなどを得意とした。昭和30年初場所初日、新横綱栃錦を倒している。美男子で、人気があったが、右ひざを痛めたこともあって前頭筆頭が最高位。引退後、年寄名跡の取得に苦労し、年寄名跡を転々と借りたが、春日山（名寄岩）の没後、部屋を継いだ。理事、教習所長となった。定年時に弟子を元陸奥嵐の安治川親方に託した。

わかあらし　たけし
若嵐 武（前頭18枚目）

本　名	東城武	幕内在位	１場所
生年月日	大正13年６月９日	幕内成績	２勝13敗
出身地	長野県佐久市長土呂	勝　率	0.133
四股名	若嵐→信濃山→若嵐→千曲錦	身　長	180cm（５尺９寸５分）
所属部屋	若松→西岩	体　重	96kg（25貫500）
初土俵	昭和15年５月場所	得意手	右四つ、上手投げ
十両昇進	昭和24年10月場所	年寄名	湊→西岩（昭和42年７月廃業）
入　幕	昭和26年１月場所		
最終場所	昭和30年１月場所		

長身、やせ型。昭和24年夏場所、幕下優勝して翌場所十両へ昇進、26年春場所に入幕を果たした。しかし、新入幕の場所、前頭18枚目で２勝を挙げただけで終わった。十両に落ちた28年初場所、千曲錦と改名して再起を図ったが、ついにそれも成らずじまい。右四つ、左上手を取ると長身からのつり、上手投げが得意だった。年寄湊から西岩になったが、廃業後は、大阪の警備保障会社に勤務した。長男（若斗光）が二子山部屋に入門したが、大成しなかった。

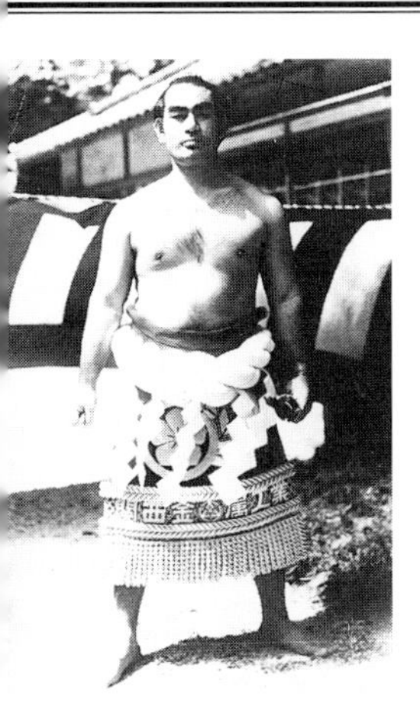

朝潮　太郎（横綱）
あさしお　たろう

本　名	米川文敏	幕内在位	52場所
生年月日	昭和４年11月13日	幕内成績	431勝248敗101休
没年月日	昭和63年10月23日	勝　率	0.635
出身地	鹿児島県大島郡徳之島町亀津	優　勝	５回
四股名	米川→朝潮→朝汐→朝潮	三　賞	殊勲賞４回
所属部屋	高砂	身　長	188cm（６尺２寸）
初土俵	昭和23年10月場所	体　重	135kg（36貫）
十両昇進	昭和25年９月場所	得意手	左四つ、寄り切り
入　幕	昭和26年１月場所	年寄名	朝潮→振分→高砂
最終場所	昭和37年１月場所		

巨体、男性的な風貌、胸毛と、大豪力士として早くから有望視された。米川の本名で取り、スピード出世を続けて高砂部屋ゆかりの朝潮と改名した。大阪で強く、昭和32年春場所、関脇で２回目の優勝をして大関へ。34年夏場所に横綱。左はず、右上手を取って、相手を挟みつけて出るときは無敵だったが、脊椎分離症のため、大横綱になれずに終わった。理事で審判部長、巡業部長を歴任した。

櫻國　輝男（前頭11枚目）
さくらくに　てるお

本　名	犬養輝雄	幕内在位	11場所
生年月日	大正15年６月８日	幕内成績	66勝80敗１分18休
出身地	北海道川上郡標茶町標茶	勝　率	0.452
四股名	犬養→櫻國	身　長	171cm（５尺６寸５分）
所属部屋	伊勢ヶ濱→荒磯	体　重	94kg（25貫）
初土俵	昭和17年５月場所	得意手	右四つ、寄り切り、下手ひねり
十両昇進	昭和23年５月場所		
入　幕	昭和26年１月場所		
最終場所	昭和34年１月場所		

体は小さかったが、腕力は強く、前さばきのうまさは抜群。鋭い立ち合いから右差しに食い下がって切り返し、下手ひねりなどで相手を横転させたり、巻き落とし、腕ひねりの大技をしばしばみせた手取り力士。色白でおとなしい性格。昭和26年春場所、入幕し幕内中堅から下位で活躍したが、31年夏場所５日目、大起との一戦で右ひざを痛めて十両へ落ちた。新入幕を果たした26年春場所と続く夏場所に米川（後の朝潮）に２連勝しているのが印象的。

白龍山　慶裕（前頭12枚目）
はくりゅうやま　よしひろ

本　名	金子寅男	最終場所	昭和35年１月場所
生年月日	大正15年３月10日	幕内在位	10場所
没年月日	昭和43年８月25日	幕内成績	57勝89敗４休
出身地	秋田県湯沢市雄勝町桑崎	勝　率	0.390
四股名	両邦山→白龍山	身　長	176cm（５尺８寸）
所属部屋	伊勢ヶ濱→荒磯	体　重	109kg（29貫）
初土俵	昭和16年１月場所	得意手	右四つ、内無双、寄り切り
十両昇進	昭和22年11月場所		
入　幕	昭和26年５月場所		

両邦山の四股名で１度十両入りしたものの幕下に転落、白龍山と改名して昭和25年秋場所、再十両。26年夏場所に入幕した。ずんぐりした体型で右四つになっての寄りが得意。内無双をしばしばみせたが、勝ちみの遅いこともあって目立った活躍はなかった。新入幕時は１場所で十両へ落ち、29年秋、十両優勝を果たして再入幕したが再び１場所で十両へ。33年秋場所に４度目の入幕と、十両と幕内を往復して終わった。廃業後は愛知県豊田市で料理店を営んでいた。

まつのぼり　しげお
松登　晟郎（大関）

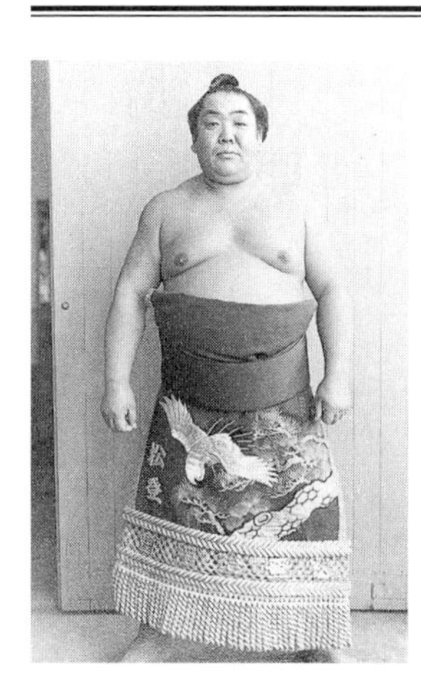

本　名　永井福太郎
生年月日　大正13年７月20日
没年月日　昭和61年４月21日
出身地　千葉県松戸市松戸
四股名　永井→松昇→松登
所属部屋　大山
初土俵　昭和16年１月場所
十両昇進　昭和24年５月場所
入　幕　昭和26年９月場所
最終場所　昭和36年11月場所

幕内在位　49場所
幕内成績　358勝353敗24休
勝　率　0.504
三　賞　殊勲賞２回、敢闘賞１回
身　長　171cm（５尺６寸５分）
体　重　154kg（41貫）
得意手　左四つ、つり出し、寄り切り、押し出し
年寄名　振分→大山

ぶちかまして一気に出ていく取り口は重戦車ともいわれた。またその風貌と人柄から「松ちゃん」と呼ばれ親しまれた。昭和30年秋場所、若ノ花を高々とつり出して、場所後、若ノ花と同時に大関に昇進。しかし、左ひざの故障もあって大関から転落した。大関在位3年だった。36年九州場所後、引退、朝潮の友情で振分の株を借り、さらに師匠（元高登）の急死で大山を継いだ。

ひらのと　ちよぞう
平ノ戸　千代蔵（前頭17枚目）

本　名　磯本千代一
生年月日　大正10年12月10日
出身地　長崎県佐世保市東浜町
四股名　磯本→磯ノ海→大湊→平ノ戸
所属部屋　出羽海
初土俵　昭和15年５月場所
十両昇進　昭和25年１月場所
入　幕　昭和26年９月場所
最終場所　昭和34年５月場所

幕内在位　５場所
幕内成績　30勝45敗
勝　率　0.400
身　長　174cm（５尺７寸５分）
体　重　98kg（26貫）
得意手　右四つ、寄り切り

同郷の肥州山を頼って出羽海部屋に入門。三段目に上がった昭和18年夏からの伸び盛りの3年半を軍隊で過ごしたのが痛かった。復員後もしばらく幕下で取り、十両へ上がったときは28歳だった。26年夏場所、十両6枚目で10勝5敗、翌場所、幸運な入幕を果たした。すぐに十両に落ちて30年初場所に再入幕、幕内通算は5場所だった。浅黒い肌、たくましい筋骨だったが、右四つを得意とする取り口は地味な存在だった。37歳まで土俵に上がったのは立派。

しおにしき　よしあき
潮錦　義秋（小結）

本　名　村上義秋
生年月日　大正13年９月25日
没年月日　平成17年６月24日
出身地　熊本県下益城郡城南町下宮地
四股名　村上→汐錦→潮錦
所属部屋　荒汐→双葉山→時津風
初土俵　昭和16年１月場所
十両昇進　昭和23年10月場所
入　幕　昭和27年１月場所

最終場所　昭和36年11月場所
幕内在位　46場所
幕内成績　317勝371敗１分１休
勝　率　0.461
三　賞　殊勲賞１回
身　長　183cm（６尺５分）
体　重　109kg（29貫）
得意手　右四つ、上手投げ
年寄名　式秀（平成元年９月定年退職）

力が強く、「仁王様」と呼ばれたほどのたくましい体付き。右四つ、左上手を引く十分の体勢になると、どんな相手に対しても強引に上手投げを打った。また、力に任せてのひねりやつりもみせた。とにかく「右四つからスタートしたら、横綱、大関の強さ」といわれたが、まわしが引けないと力が出ず、出足のある相手には具合が悪かった。しかし、その相撲ぶりと勝っても負けても悠々とした土俵態度は人気があった。同時に酒豪としても知られた。

<ruby>宮錦 浩<rt>みやにしき ひろし</rt></ruby>（小結）

本　名　野沢浩
生年月日　昭和２年５月30日
没年月日　平成４年７月６日
出身地　岩手県宮古市大通
四股名　早池峰→宮錦
所属部屋　芝田山→高田川→高砂
初土俵　昭和17年１月場所
十両昇進　昭和26年１月場所
入　幕　昭和27年１月場所

最終場所　昭和34年11月場所
幕内在位　28場所
幕内成績　192勝228敗
勝　率　0.457
三　賞　敢闘賞１回
身　長　171cm（５尺６寸５分）
体　重　118kg（31貫500）
得意手　左四つ、寄り切り
年寄名　芝田山（平成４年５月定年退職）

元宮城山の芝田山部屋に入門したが、師匠の死後高砂部屋に移った。短躯だったが、稽古熱心で小結まで上がった努力の人。小太りの体で、左を差しての寄りが得意。入幕まで10年かかった。昭和29年秋場所、鏡里や栃錦に勝ち、前頭５枚目の８勝７敗ながら小結に抜擢されたのは、幸運といわなければならない。島錦、高錦とともに「高砂三錦」といわれた。年寄芝田山となり、審判部委員なども務めた。おとなしく真面目な性格の人柄であった。

<ruby>五ツ洋 義光<rt>いつつなだ よしみつ</rt></ruby>（前頭９枚目）

本　名　高木義一
生年月日　昭和４年２月５日
出身地　長崎県南松浦郡新上五島町有川郷
四股名　高木→五ツ洋→五ツ海
所属部屋　出羽海
初土俵　昭和22年６月場所
十両昇進　昭和26年５月場所
入　幕　昭和27年１月場所

最終場所　昭和29年５月場所
幕内在位　７場所
幕内成績　44勝54敗７休
勝　率　0.449
身　長　168cm（５尺５寸５分）
体　重　81kg（21貫500）
得意手　右四つ、下手ひねり

初土俵以来、負け越し知らずで昭和27年春場所、入幕。168㌢、81㌔と小柄だったにもかかわらず、足腰がよく差し身もうまく、右四つ頭を付けての下手ひねり、出し投げなどの切れ味は鋭かった。入幕３場所目の27年秋場所には11勝４敗の好成績を挙げ、手取り力士として期待された。左ひじを痛めたため、幕内を７場所務めただけで廃業したのは惜しまれる。幕内から十両に陥落した29年初場所に五ツ海に改名した。横綱佐田の山（境川元理事長）は同郷の後輩に当たる。

<ruby>玉乃海 代太郎<rt>たまのうみ だいたろう</rt></ruby>（関脇）

本　名　三浦朝弘
生年月日　大正12年１月２日
没年月日　昭和62年９月27日
出身地　大分県大分市大手町
四股名　福住→玉ノ海→玉乃海
所属部屋　二所ノ関
初土俵　昭和12年５月場所
十両昇進　昭和26年５月場所
入　幕　昭和27年９月場所
最終場所　昭和36年１月場所

幕内在位　41場所
幕内成績　303勝280敗32休
勝　率　0.520
優　勝　１回
三　賞　殊勲賞２回、敢闘賞３回
身　長　180cm（５尺９寸５分）
体　重　120kg（32貫）
得意手　右四つ、やぐら投げ、外掛け
年寄名　片男波

前頭14枚目へ落ちた昭和32年九州場所、金色のまわしで全勝優勝。荒法師の異名通り、上手投げ、やぐら投げと大技で暴れた。特に栃錦には強く対戦成績は11勝16敗。再三豪快に投げ勝った。若いころは憲兵と喧嘩して破門、軍属としてガダルカナルで九死に一生を得た。９年半のブランクの後、幕下付出で復帰、29歳で入幕、大関目前まで昇進。親方として横綱玉の海、関脇玉ノ富士らを育てた。

しまにしき　ひろし
島錦　博（前頭筆頭）

本　名　大島広史
生年月日　昭和３年９月26日
没年月日　平成15年７月18日
出身地　大阪府大阪市浪速区大国
四股名　大ノ島→島錦
所属部屋　芝田山→高田川→高砂
初土俵　昭和19年１月場所
十両昇進　昭和26年１月場所
入　幕　昭和27年９月場所

最終場所　昭和35年３月場所
幕内在位　31場所
幕内成績　212勝247敗１分５休
勝　率　0.462
身　長　173cm（５尺７寸）
体　重　135kg（36貫）
得意手　左四つ、寄り切り
年寄名　陣幕→八角（平成５年９月定年退職）

典型的なアンコ型力士で、その丸い体を丸めてのぶちかましに威力があったし左を差しての寄りやつりは鋭かった。時折、外掛けをみせたりした。大阪育ちらしい明朗な性格は“シマちゃん”と呼ばれ愛された。しかし、その淡白な性質が相撲にも表れて粘りがなく、三役入りは果たされぬままに終わった。審判委員を務めていたころ、トンガ出身の力士の名を忘れ、物言いの説明に「トンガの勝ち」とアナウンスした機転は、いかにも彼らしいエピソード。

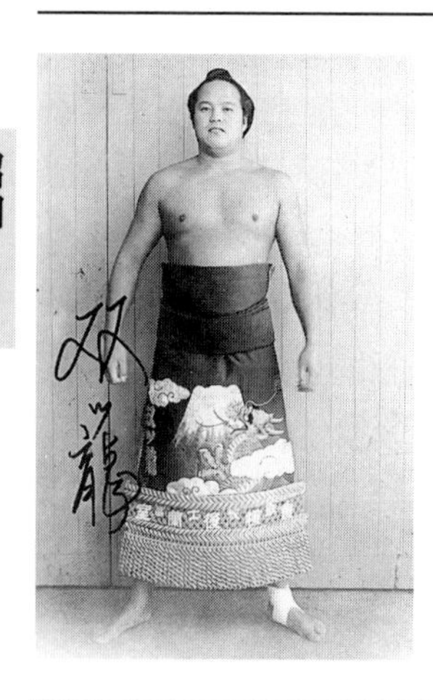

ふたつりゅう　とくよし
双ツ龍　徳義（前頭筆頭）

本　名　荒木徳義
生年月日　昭和５年３月３日
没年月日　平成18年２月４日
出身地　北海道室蘭市高砂町
四股名　荒木→双ツ龍
所属部屋　時津風
初土俵　昭和22年６月場所
十両昇進　昭和27年１月場所
入　幕　昭和27年９月場所

最終場所　昭和36年１月場所
幕内在位　36場所
幕内成績　239勝301敗
勝　率　0.443
身　長　185cm（６尺１寸）
体　重　107kg（28貫500）
得意手　右四つ、つり出し
年寄名　音羽山→粂川（平成７年３月定年退職）

長身を使っての寄りとつりが得意。幕内中堅から上位で活躍した。淡白な性格が取り口にも反映して、期待されながら、ついに三役入りを果たせずに終わった。人懐っこい顔にいつも笑顔を絶やさず、足の長いすらりとした八頭身は、なかなか人気があった。双葉山を慕って家出して入門、若いころから師匠時津風に可愛いがられたが、大関になった北葉山は、この双ツ龍を頼って入門した。頭脳明晰で温厚な人柄と常識人で通り、長く審判委員をしていた。

かいざん　たろう
海山　太郎（前頭２枚目）

本　名　富永昭三
生年月日　昭和３年10月13日
出身地　佐賀県藤津郡太良町多良
四股名　富永→多良錦→大天龍→海山→大天龍
所属部屋　二所ノ関
初土俵　昭和23年５月場所
十両昇進　昭和26年１月場所
入　幕　昭和28年１月場所

最終場所　昭和37年１月場所
幕内在位　42場所
幕内成績　298勝332敗
勝　率　0.473
三　賞　敢闘賞１回
身　長　180cm（５尺９寸５分）
体　重　103kg（27貫500）
得意手　右四つ、上手投げ
年寄名　熊ヶ谷→浜風（昭和39年５月廃業）

本名の富永から多良錦と改めて「タラ」と呼ばれていたが、十両入りして大天龍と改名。新入幕は昭和28年初場所。再入幕の29年春場所にはあわや平幕優勝かと思わせる11勝を挙げて敢闘賞を受賞した。32年秋場所から、二所ノ関部屋伝統の海山を名乗った。右四つ左上手投げ、つりが得意で吉葉山、鏡里、栃錦の３横綱から金星を挙げた。美男、酒豪で知られ、野球の巨人軍川上哲治が書いた「龍」という化粧まわしをつけていた。年寄廃業後は草津でペンションを営んだ。

大龍(だいりゅう) 志郎(しろう)（前頭19枚目）

本　名　高橋寸吉
生年月日　昭和２年２月18日
出身地　北海道広尾郡大樹町浜大樹
四股名　大龍山→大龍
所属部屋　二所ノ関→湊川→二所ノ関
初土俵　昭和21年11月場所
十両昇進　昭和25年１月場所
入　幕　昭和28年１月場所
最終場所　昭和34年７月場所
幕内在位　２場所
幕内成績　８勝22敗
勝　率　0.267
身　長　173cm（５尺７寸）
体　重　88kg（23貫500）
得意手　右四つ、寄り切り

北海道実業団の相撲大会で優勝、同郷の幕内力士十勝岩を頼って昭和21年秋、二所ノ関部屋に入門した。小柄だが筋肉質の締まった体で、右四つになっての寄り、内掛けを得意とした正攻法の取り口。十両までの昇進は速かったものの十両が長く、幕内は、昭和28年初場所と秋場所の２場所だけで、いずれも大きく負け越している。十勝岩が湊川部屋を興した際は一緒に付いて部屋を出たが、その後、二所ノ関部屋へ戻っている。十両には通算37場所在位した。

東海(あずまうみ) 稔(みのる)（前頭14枚目）

本　名　近藤稔
生年月日　大正13年３月14日
没年月日　昭和38年６月10日
出身地　東京都品川区北品川
四股名　御殿山→東海
所属部屋　伊勢ヶ濱→荒磯
初土俵　昭和16年１月場所
十両昇進　昭和27年１月場所
入　幕　昭和28年３月場所
最終場所　昭和34年５月場所
幕内在位　８場所
幕内成績　44勝76敗
勝　率　0.367
身　長　174cm（５尺７寸５分）
体　重　159kg（42貫500）
得意手　右四つ、寄り切り

超大型のアンコ力士。東京・品川の出身で地名の御殿山といったが、「ゴテンゴテンと転がる」というので東海と改名した。昭和20年に応召し、25年復員。28年春場所に前頭14枚目で入幕したが、これが最高位。極度の近視で非力、勝ちみが遅く、大きな体を生かせないどころか体を持て余すような相撲ぶりだった。幕内と十両を往復しているが、十両の方が長かった。廃業後は東京中央郵便局で守衛をしていた。39歳で他界。

鶴ヶ嶺(つるがみね) 昭男(あきお)（関脇）

本　名　福薗昭男
生年月日　昭和４年４月26日
没年月日　平成18年５月29日
出身地　鹿児島県姶良市加治木町小山田
四股名　福薗→鶴嶺山→鶴ヶ嶺
所属部屋　井筒
初土俵　昭和22年６月場所
十両昇進　昭和27年５月場所
入　幕　昭和28年３月場所
最終場所　昭和42年７月場所
幕内在位　77場所
幕内成績　550勝583敗22休
勝　率　0.485
三　賞　殊勲賞２回、敢闘賞２回、技能賞10回
身　長　177cm（５尺８寸５分）
体　重　114kg（30貫500）
得意手　右四つ、寄り切り、上手出し投げ
年寄名　君ヶ濱→井筒（平成６年４月定年退職）

もろ差しの名人といわれ、巻き替えのうまさに定評があった。もろ差しになると肩を張って左右に小刻みに揺さぶりながらの独特の寄り、技能はまさにプロの味。「ゼニのとれる相撲」であった。引退後、年寄君ヶ濱から井筒に。指導者として大関霧島、実子の逆鉾、寺尾ら３兄弟を関取に育て、役員待遇に抜擢された。

ゆたかやま　おにきち
豊山　鬼吉（前頭17枚目）

本　名	矢野忠治	最終場所	昭和29年９月場所
生年月日	大正14年９月29日	幕内在位	１場所
没年月日	平成23年３月10日	幕内成績	５勝10敗
出身地	秋田県雄勝郡羽後町西馬音内	勝　率	0.333
四股名	荒馬→豊山→荒馬	身　長	177cm（５尺８寸５分）
所属部屋	錦島→伊勢ノ海	体　重	98kg（26貫）
初土俵	昭和21年11月場所	得意手	左四つ、寄り切り
十両昇進	昭和25年９月場所		
入　幕	昭和28年３月場所		

後に横綱の柏戸を育てることになる年寄伊勢ノ海が手掛けた幕内力士第１号。荒馬の四股名で初土俵を踏み、昭和25年夏場所に豊山と改名、幕下優勝を果たして十両入り。28年春場所に入幕したものの、５勝を挙げただけの１場所で十両落ち。再び四股名を荒馬に戻して再起を図ったが、そのまま幕下に落ちて29年秋場所限り廃業。筋肉質で比較的上背はあったが軽量で、赤銅色の肌と長いもみあげが印象的だった。廃業後、釧路市の市会議員などで活躍した。

でわみなと　しゅういち
出羽湊　秀一（前頭筆頭）

本　名	川田秀一	入　幕	昭和28年５月場所
生年月日	大正12年４月14日	最終場所	昭和33年９月場所
没年月日	昭和54年９月16日	幕内在位	20場所
出身地	青森県弘前市岩木町葛原	幕内成績	135勝148敗17休
四股名	川田→出羽龍→岩木山→出羽湊	勝　率	0.477
		身　長	177cm（５尺８寸５分）
所属部屋	出羽海	体　重	98kg（26貫）
初土俵	昭和15年５月場所	得意手	右四つ、けたぐり
十両昇進	昭和24年５月場所	年寄名	藤島

けたぐりで名を馳せた。素早く変わってのけたぐりは、技がくるのが分かっていても相手はよく食ったものだ。幕下時代に応召するなど下積みが長く、昭和28年夏場所に入幕したときには、30歳だった。体は大きくなかったものの、けたぐりなどの飛道具と足癖で個性を発揮、幕内在位20場所、前頭筆頭まで上がった。35歳、33年秋場所引退。年寄藤島として、桟敷主任、審判委員、地方場所委員を歴任、その手腕は高く評価された。東京・神田で料理店を経営していた。

ふくのさと　うしのすけ
福ノ里　牛之助（前頭13枚目）

本　名	田中牛之助	十両昇進	昭和22年６月場所
生年月日	大正12年12月３日	入　幕	昭和28年５月場所
没年月日	平成７年９月16日	最終場所	昭和34年９月場所
出身地	福岡県北九州市八幡西区折尾	幕内在位	９場所
四股名	福ノ里→牛若丸→福ノ里→福乃里	幕内成績	57勝78敗
		勝　率	0.422
所属部屋	宮城野→高島→吉葉山→宮城野	身　長	176cm（５尺８寸）
		体　重	84kg（22貫500）
初土俵	昭和15年５月場所	得意手	右四つ、内掛け

１場所だけだったが、牛若丸飛之助と名乗ったことがある。その名のように、軽量だが、変幻自在な取り口で、低く仕切って飛び込み、食い下がってのひねり、足技を使ったり、引っ掛けや足取り、小またすくいと多彩。元横綱凰の宮城野部屋に入門、後に女婿に。師匠凰の他界後、高島部屋に預けられたが、吉葉山の独立に付いて吉葉山道場へ。十両が長かったが、入幕２場所目の昭和28年秋場所13日目、巨漢大内山を掛け投げで倒している。

成山 明（小結）
なるやま あきら

本名 成山明
生年月日 昭和６年11月27日
没年月日 昭和53年５月８日
出身地 兵庫県洲本市由良
四股名 成山→小野岩→成山
所属部屋 小野川
初土俵 昭和23年10月場所
十両昇進 昭和28年１月場所
入幕 昭和28年９月場所
最終場所 昭和37年５月場所
幕内在位 37場所
幕内成績 261勝294敗
勝率 0.470
三賞 殊勲賞１回、技能賞３回
身長 176cm（５尺８寸）
体重 111kg（29貫500）
得意手 左四つ、寄り切り

左を差して一気に寄り立てる速攻で、しばしば大物を倒し「成山旋風」を巻き起こした人気力士。小野川部屋の技能力士として信夫山と並称された。昭和28年秋場所、新入幕の場所に12勝３敗の好成績でいきなり技能賞を受賞。横綱東富士の最後の一番に勝って引退に追い込んだほか、鏡里、朝潮、若乃花を破るなど、小結から幕内上位で活躍した。しかし、糖尿病に悩まされ37年夏場所を最後に廃業し、東京・九段で料亭を経営していた。長男は出羽海部屋の元幕下成山。

七ツ海 操（前頭12枚目）
ななつうみ みさお

本名 野口操
生年月日 昭和２年10月18日
没年月日 平成６年12月24日
出身地 茨城県坂東市大谷口
所属部屋 立浪
初土俵 昭和22年６月場所
十両昇進 昭和27年９月場所
入幕 昭和29年１月場所
最終場所 昭和34年９月場所
幕内在位 ４場所
幕内成績 24勝29敗７休
勝率 0.453
身長 188cm（６尺２寸）
体重 109kg（29貫）
得意手 左四つ、小またすくい、寄り切り

190㌢に近い長身。その長身を生かして、つり、寄りで攻めればとファンをやきもきさせたが、実際には足腰が悪いために、背中を丸めて低く潜り、長い手を前に出しての渡し込み、小またすくい、網打ち、足取りといった半端相撲に終わってしまった。体が大きいだけに物足りなさが残った。体付きや取り口は戦前に活躍した大浪と似ていた。幕内はわずか４場所。昭和34年秋場所限りで廃業した。力士になる前は消防士をしていた。

出羽ノ花 好秀（前頭13枚目）
でわのはな よしひで

本名 小山内清三
生年月日 昭和３年11月１日
没年月日 平成23年３月３日
出身地 青森県つがる市牛潟町
四股名 小山内→大櫻→出羽ノ花
所属部屋 出羽海
初土俵 昭和21年11月場所
十両昇進 昭和27年１月場所
入幕 昭和29年１月場所
最終場所 昭和32年３月場所
幕内在位 11場所
幕内成績 63勝72敗30休
勝率 0.467
身長 176cm（５尺８寸）
体重 94kg（25貫）
得意手 右四つ、寄り切り

三段目で優勝したこともある。右差し、四つに組んで粘るという勝ちみの遅いのが災いして、一進一退。昭和25年秋場所、出羽ノ花と改名。前まわしを取って頭を付けるようになってから昇進、入幕後しばらくは幕内下位と十両を往復。幕内に定着するかと思われたが、脊椎分離症のために再起不能となり廃業。横綱若乃花と同期で昭和21年秋場所初土俵、序ノ口時代には若乃花に勝ったこともあった。廃業後、一時出羽海部屋のマネジャーを務めていた。

とよのぼり　みちはる

豊登 道春（前頭15枚目）

本　名　定野道春
生年月日　昭和６年３月21日
没年月日　平成10年７月１日
出身地　福岡県田川郡福智町西金田
四股名　定野→金田山→豊登
所属部屋　立浪
初土俵　昭和22年６月場所
十両昇進　昭和25年９月場所
入　幕　昭和29年３月場所

最終場所　昭和29年９月場所
幕内在位　３場所
幕内成績　21勝19敗５休
勝　率　0.525
身　長　173cm（５尺７寸）
体　重　105kg（28貫）
得意手　右四つ、出し投げ

それほど大きな体ではなかったが、筋肉質で両腕はまるで丸太のように太く、力が強かった。力に任せた取り口は強引で、右四つから下手ひねり、左上手からの出し投げ、小手投げで相手をしばしば吹っ飛ばした。幕下時代は圧倒的な強さをみせていたが、十両に昇進すると大敗を喫するなど、ムラっ気を持ち合わせた。十両優勝して入幕したのは、昭和29年春場所。ようやく実力を発揮するようになり期待されたが、師匠（元横綱羽黒山）との確執もありプロレスに転向した。

たてかぶと　さちお

楯甲 幸男（前頭18枚目）

本　名　南幸男
生年月日　大正13年10月27日
没年月日　平成14年５月28日
出身地　愛媛県今治市宮窪町
四股名　能島城→今大島→楯甲
所属部屋　中村
初土俵　昭和17年１月場所
十両昇進　昭和26年１月場所
入　幕　昭和29年３月場所

最終場所　昭和33年７月場所
幕内在位　３場所
幕内成績　15勝30敗
勝　率　0.333
身　長　170cm（５尺６寸）
体　重　141kg（37貫500）
得意手　左四つ、寄り切り

初めは能島城と名乗ったが三段目のときに応召。幕下下位に進んで今大島と改名、昭和26年春場所十両入り。27年夏場所に優勝して28年初場所から師匠の名を継いで楯甲に。29年春場所、30年秋場所、31年春場所と３回入幕しているが、いずれも１場所で十両へ落ちた。左四つ、寄り切り、押しが得意だったが、近眼のため動きの速い相手を不得意とした。二所一門で初っ切りや相撲甚句をやっていたユーモリストで、大食漢としても知られていた。

おおせがわ　はんごろう

大瀬川 半五郎（前頭６枚目）

本　名　石崎賢四郎
生年月日　昭和２年２月１日
出身地　青森県弘前市和徳町
四股名　石崎→弘ノ海→石崎→弘ノ海→大瀬川
所属部屋　伊勢ヶ濱→荒磯→伊勢ヶ濱
初土俵　昭和17年５月場所
十両昇進　昭和26年５月場所
入　幕　昭和29年３月場所

最終場所　昭和37年５月場所
幕内在位　21場所
幕内成績　148勝162敗５休
勝　率　0.477
身　長　179cm（５尺９寸）
体　重　114kg（30貫500）
得意手　右四つ、寄り切り
年寄名　桐山（昭和43年９月廃業）

均整のとれた柔らかみのある体で、右四つになっての寄り身を得意とした。しかし、わきがやや甘く、相手にもろ差しを許すことが多く、またおっとりとした性格からか素質を生かし切れなかった。十両に昇進した後、幕下に落ちたが、大瀬川と改名してカムバック。昭和29年春場所に入幕したものの、十両を２度往復して、３度目の入幕で幕内に定着するようになった。32年秋場所、前頭12枚目で10勝５敗の成績を挙げ、６枚目まで上がったのが最高。

泉洋 辰夫（いずみなだ たつお）(前頭6枚目)

本　名　山形辰夫
生年月日　昭和3年9月30日
出身地　大阪府泉佐野市南中樫井
四股名　山形→泉洋
所属部屋　時津風
初土俵　昭和24年10月場所
十両昇進　昭和28年1月場所
入　幕　昭和29年5月場所
最終場所　昭和37年7月場所(番付は9月場所)
幕内在位　28場所
幕内成績　192勝222敗1分5休
勝　率　0.464
身　長　176cm(5尺8寸)
体　重　103kg(27貫500)
得意手　左四つ、寄り切り

体は小さかったものの筋肉質で力が強かった。立ち合いからの突っ張り、もろはずからの押し、組めば左を差しての下手ひねりや切り返しと、土俵いっぱい暴れ回り、手取り力士として人気があった。本名の山形で取りスピード出世し、十両入りして泉洋と改めた。昭和29年夏場所、25歳で入幕した。1度十両に落ちたが、30年初場所に再入幕してからは幕内中堅で渋い相撲で活躍、幕内を連続して26場所務めていた。

羽黒山 礎丞（はぐろやま そじょう）(関脇)

本　名　安念治
生年月日　昭和9年2月23日
没年月日　令和3年2月8日
出身地　北海道上川郡下川町二の橋
四股名　安念→安念山→羽黒山
所属部屋　立浪
初土俵　昭和25年1月場所
十両昇進　昭和28年9月場所
入　幕　昭和29年5月場所
最終場所　昭和40年3月場所
幕内在位　59場所
幕内成績　428勝427敗1分29休
勝　率　0.501
優　勝　1回
三　賞　殊勲賞3回、敢闘賞1回
身　長　180cm(5尺9寸5分)
体　重　118kg(31貫500)
得意手　左四つ、下手投げ、突き落とし
年寄名　追手風→立浪(平成11年2月定年退職)

骨太で粘り強い腰に恵まれたうえ、稽古熱心。昭和32年夏場所、新小結の初日に横綱栃錦を倒し、13勝2敗で優勝。大関を期待されたが、土俵際の突き落としなど消極的な技が災いした。関脇を通算14場所も務めながら、大関昇進は実現しなかった。栃錦からは8勝、若乃花から6勝しているものの、21回対戦した大鵬には1度も勝てなかった。引退後は立浪を継ぎ理事となった。

若前田 英二郎（わかまえだ えいじろう）(関脇)

本　名　由井秀夫
生年月日　昭和5年11月24日
没年月日　平成19年6月3日
出身地　愛知県清須市西枇杷島町
四股名　由井→若前田
所属部屋　高砂
初土俵　昭和25年1月場所
十両昇進　昭和28年3月場所
入　幕　昭和29年5月場所
最終場所　昭和39年1月場所
幕内在位　50場所
幕内成績　355勝389敗6休
勝　率　0.477
三　賞　敢闘賞3回、技能賞1回
身　長　174cm(5尺7寸5分)
体　重　129kg(34貫500)
得意手　押し出し、右四つ、寄り切り
年寄名　尾上(昭和39年9月廃業)

立ち合いから当たって押し込み、右、左ともろ差しになり、一気に寄る出足は鋭く、気っぷのいい取り口だった。新小結の昭和33年初場所、吉葉山、鏡里の両横綱を倒して8勝、春場所には若乃花を破って10勝、さらに関脇に上がった夏場所も千代の山に勝って10勝を挙げ、3場所連続敢闘賞を受賞している。新入幕の場所、急性虫垂炎を注射で抑え、12日目に勝ち越しを決めてから、途中休場したというファイトの持ち主だった。一時、年寄尾上を襲名したが廃業。

秀湊（ひでみなと） 忠司（ただし）（前頭17枚目）

本　名	平野忠
生年月日	大正15年5月5日
没年月日	平成7年6月4日
出身地	徳島県板野郡板野町下庄
四股名	小平野→平野→若置山→秀湊
所属部屋	出羽海
初土俵	昭和17年5月場所
十両昇進	昭和26年1月場所
入　幕	昭和30年1月場所
最終場所	昭和34年1月場所
幕内在位	4場所
幕内成績	23勝37敗
勝　率	0.383
身　長	173cm（5尺7寸）
体　重	105kg（28貫）
得意手	右四つ、下手投げ

小平野の四股名で初土俵を踏み、三段目優勝を経験している。応召、復員して幕下格で出場。昭和26年春場所に十両に昇進、1度幕下に落ちた後、30年初場所入幕、31年初場所再入幕。それぞれ2場所ずつ幕内を務めている。右四つ、下手投げ、下手ひねりなど、下手からの攻めを得意とした。廃業後は大阪でちゃんこ料理店を開業、その後はアパート経営に携わった。秀湊は「平野3兄弟」の長男で、次弟、末弟ともアマチュア相撲の実力者として活躍した。

若ノ海（わかのうみ） 周治（しゅうじ）（小結）

本　名	鎌田周治
生年月日	昭和6年2月2日
没年月日	平成11年5月3日
出身地	秋田県南秋田郡井川町今戸
四股名	南秋山→若ノ海→荒岩→若ノ海
所属部屋	二所ノ関→芝田山→花籠
初土俵	昭和24年10月場所
十両昇進	昭和29年1月場所
入　幕	昭和30年3月場所
最終場所	昭和38年11月場所
幕内在位	48場所
幕内成績	335勝368敗1分16休
勝　率	0.477
三　賞	敢闘賞2回、技能賞1回
身　長	170cm（5尺6寸）
体　重	114kg（30貫500）
得意手	左四つ、掛け投げ、内掛け
年寄名	音羽山（平成8年2月定年退職）

170㌢の小さな体だが、闘志満々で相手の懐に飛び込むとうるさい存在だった。特に内掛けから跳ね上げるような掛け投げ（ケンケン）を得意とした。新入幕の場所と、翌場所連続して三賞を受賞。その後もしばしば大物を倒しており、朝潮はこの小柄な若ノ海を最も苦手としていた。一時、荒岩を名乗っていた。師匠の元大ノ海の花籠親方とは同郷。

若羽黒（わかはぐろ） 朋明（ともあき）（大関）

本　名	草深朋明
生年月日	昭和9年11月25日
没年月日	昭和44年3月2日
出身地	神奈川県横浜市中区曙町
所属部屋	立浪
初土俵	昭和24年10月場所
十両昇進	昭和29年3月場所
入　幕	昭和30年3月場所
最終場所	昭和40年3月場所
幕内在位	56場所
幕内成績	423勝381敗36休
勝　率	0.526
優　勝	1回
三　賞	殊勲賞1回、敢闘賞1回、技能賞2回
身　長	176cm（5尺8寸）
体　重	150kg（40貫）
得意手	押し出し、左四つ、寄り切り

昭和34年九州場所、新大関で初優勝。その暮れ大関昇進祝いを兼ねて豪華な結婚披露宴を開いた。青年大関にとっての幸せの絶頂期。31年春場所、前頭1枚目で優勝決定戦に出るなど早くから注目されており、粘っこい独特の押しが開花して「押しの横綱」誕生かと期待された。しかし、稽古嫌いと体調を崩して在位13場所で大関から陥落。40年春場所で廃業、若くして他界した。型破りの行動が多く、「ドライ坊や」のあだ名もあった。

栃光 正之（大関）

とちひかり まさゆき

本　名	中村有雄	幕内在位	60場所
生年月日	昭和８年８月29日	幕内成績	486勝403敗11休
没年月日	昭和52年３月28日	勝　率	0.547
出身地	熊本県天草市深海町	三　賞	殊勲賞３回、敢闘賞２回
所属部屋	春日野	身　長	176cm（５尺８寸）
初土俵	昭和27年５月場所	体　重	128kg（34貫）
十両昇進	昭和29年５月場所	得意手	押し出し、左四つ、上手投げ
入　幕	昭和30年５月場所	年寄名	千賀ノ浦
最終場所	昭和41年１月場所		

無類の稽古熱心で、真面目人間として知られた。黙々と稽古を行うことから付けられたあだ名が「ベコ（牛）」。元栃木山の師匠春日野親方から手ほどきを受けた押し一筋で、早い時期から有望視された。戦後初めての十両全勝優勝を記録している。土俵マナーも良く、人気が高かった。伸び悩んだ時期もあったものの、昭和37年夏場所後、大関を勝ち取ったのは見事で「精進」の２字そのもの。年寄として活躍が期待されたが、若くして亡くなった。

芳野嶺 元志（前頭８枚目）

よしのみね もとし

本　名	山口政志	最終場所	昭和39年１月場所
生年月日	昭和６年７月７日	幕内在位	26場所
没年月日	平成24年２月17日	幕内成績	157勝215敗18休
出身地	青森県青森市小橋	勝　率	0.422
四股名	八潟錦→芳野山→芳野嶺	身　長	173cm（５尺７寸）
所属部屋	高島→友綱	体　重	96kg（25貫500）
初土俵	昭和22年11月場所	得意手	右四つ、寄り切り、押し出し
十両昇進	昭和29年１月場所	年寄名	熊ヶ谷（平成８年７月定年退職）
入　幕	昭和30年５月場所		

体は小さかったが、胴長の体型を生かした、はずにかかっての正攻法の押しのうまさに定評があった。押せぬとみると肩透かしを引くなど、受賞はできなかったが、技能賞候補の常連だった。幕内と十両を往復し、入幕回数は８回を数えた。体がないうえに腰を痛め、さらに内臓疾患に悩まされて、長い現役生活にピリオドを打った。長男の太勝（元幕下）の入門を機に友綱部屋から独立して小岩に熊ヶ谷部屋を興したが、平成８年に定年退職した。

星甲 昌男（前頭４枚目）

ほしかぶと まさお

本　名	小川良夫	最終場所	昭和39年５月場所
生年月日	大正15年２月５日	幕内在位	26場所
没年月日	平成12年12月５日	幕内成績	173勝217敗
出身地	千葉県浦安市当代島	勝　率	0.444
四股名	小川→東都山→梅ヶ枝→小川→星甲→星兜→星甲	身　長	171cm（５尺６寸５分）
所属部屋	井筒	体　重	107kg（28貫500）
初土俵	昭和17年５月場所	得意手	突っ張り、はたき込み、けたぐり、右四つ、寄り切り
十両昇進	昭和27年９月場所	年寄名	君ヶ濱→陸奥→井筒→陸奥（平成３年２月定年退職）
入　幕	昭和30年５月場所		

小兵だったが、稽古に稽古を重ねて幕内上位まで進んだ。努力と「忍」を結実させたといえるだろう。突っ張りと押し、とっさのけたぐりが得意技。昭和32年夏場所には前頭４枚目まで上がり、同場所で大関松登をけ返しで破っている。38歳まで取り、引退後の一時期は年寄井筒を継いでいたが、先代夫人とのいざこざから、東京・平井に陸奥部屋を復活した。

前ノ山（まえのやま） 政三（まさぞう）（前頭14枚目）

本　名	菊地秀介	最終場所	昭和35年1月場所
生年月日	昭和6年7月2日	幕内在位	9場所
没年月日	昭和48年4月8日	幕内成績	54勝81敗
出身地	愛媛県八幡浜市堀川町	勝　率	0.400
四股名	前ノ川→佐田岬→前ノ山	身　長	176cm（5尺8寸）
所属部屋	高砂	体　重	101kg（27貫）
初土俵	昭和22年6月場所	得意手	右四つ、寄り切り
十両昇進	昭和28年3月場所		
入　幕	昭和30年9月場所		

対戦相手の方は向かずに、ぐっと斜めに向いての仕切りが特徴で、その所作が笑いを誘った。十両に昇進して佐田岬から前ノ山に名を改めた。1度幕下に落ちたが、すぐに十両に返り咲き、30年秋場所に入幕している。十両と幕内の往復を続けていたが、四度目の入幕になる32年夏場所からは、6場所続けて幕内の地位を確保した。低い立ち合いから右を差し、頭を付けて前へ出ていく個性的な相撲ぶりの力士であった。廃業後は郷里で料亭を経営していたが、41歳の若さで他界。

時錦（ときにしき） 恒則（つねのり）（小結）

本　名	小林恒則	最終場所	昭和38年5月場所
生年月日	昭和6年2月13日	幕内在位	20場所
没年月日	平成3年8月7日	幕内成績	136勝146敗18休
出身地	福岡県糟屋郡新宮町下府	勝　率	0.482
四股名	小林→時錦→四釈迦山	身　長	192cm（6尺3寸5分）
所属部屋	時津風	体　重	116kg（31貫）
初土俵	昭和24年5月場所	得意手	左四つ、寄り切り
十両昇進	昭和29年9月場所		
入　幕	昭和31年1月場所		

上背に恵まれ懐が深く、時津風部屋では横綱鏡里に可愛いがられるなど、嘱望された力士であった。東前頭3枚目の昭和32年秋場所初日、横綱千代の山を寄り切りで破り「開眼」かと思われたが、同場所は負け越した。33年初場所、前頭5枚目で11勝4敗を挙げ翌場所小結に昇進したが、大きく負け越した。その後は腰を痛めたこともあり後退を続けた。36年から四釈迦山と改名、いかつい顔に似ず気が弱く、本場所で実力を十分に発揮できずに終わった。

平鹿川（ひらかがわ） 泰二（たいじ）（前頭13枚目）

本　名	佐藤泰治	最終場所	昭和34年9月場所
生年月日	大正13年3月31日	幕内在位	7場所
没年月日	平成4年4月11日	幕内成績	44勝41敗20休
出身地	秋田県横手市雄物川町	勝　率	0.518
四股名	平鹿川→浦島→平鹿川	身　長	179cm（5尺9寸）
所属部屋	春日山→立浪	体　重	99kg（26貫500）
初土俵	昭和16年1月場所	得意手	左四つ、上手投げ
十両昇進	昭和23年5月場所		
入　幕	昭和31年1月場所		

春日山部屋から立浪部屋へ移っている。十両に上がってから25場所目の昭和30年夏場所、十両優勝して幕内に昇進したときには31歳。幕内下位を7場所務めたが、32年春場所の若瀬川戦で腰とひざを痛めたのが原因で休場、十両に落ちた。34年秋場所で廃業、35歳であった。長身で右上手を取れば強く、左四つ、上手投げを得意としたが、勝ちみは遅かった。24年夏場所から4場所、浦島亀之助を名乗ったことがある。

神生山 清（前頭15枚目）
かみおいやま　きよし

本　名　村川清
生年月日　昭和6年5月24日
没年月日　昭和57年1月19日
出身地　香川県高松市仏生山町
四股名　村川→神生山
所属部屋　二所ノ関
初土俵　昭和23年5月場所
十両昇進　昭和29年3月場所
入　幕　昭和31年1月場所
最終場所　昭和33年7月場所
幕内在位　6場所
幕内成績　33勝44敗13休
勝　率　0.429
身　長　173cm（5尺7寸）
体　重　90kg（24貫）
得意手　右四つ、寄り切り、下手投げ

神風を慕っての入門。神風と故郷の町の名から1字ずつとって四股名の神生山とした。スピードと粘りのある相撲で、低く立って相手の懐に飛び込み、右差し、とっさの足技、二枚げり、小またすくい、または上手、下手からの投げと、早技を連発して攻めまくった。昭和30年秋場所、十両優勝して入幕。小柄なためか幕内下位で終わったが、味のある相撲ぶりであった。角界を去った後は、大阪で運送会社を経営していた。孫は間垣部屋の力士で、最高位は三段目だった。

起雲山 世志介（前頭19枚目）
きうんざん　よしすけ

本　名　小川美輔
生年月日　昭和7年1月2日
没年月日　昭和52年6月8日
出身地　新潟県長岡市宮内町
所属部屋　追手風
初土俵　昭和26年5月場所
十両昇進　昭和30年1月場所
入　幕　昭和31年3月場所
最終場所　昭和32年9月場所
幕内在位　4場所
幕内成績　27勝33敗
勝　率　0.450
身　長　180cm（5尺9寸5分）
体　重　81kg（21貫500）
得意手　左四つ、つり出し

上背はあったが、最後まで体重が増えず、幕内では活躍できなかった。元大関清水川の追手風親方の弟子で、左四つになって、長身を利してのつりや外掛け、右上手投げを得意としていた。土俵態度はきびきびしていたが、軽量にもかかわらず、立ち合いからいきなり組みにいく取り口、さらに勝ちみの遅いこともあって、幕内下位と十両を往復し、幕内は通算4場所にとどまった。私生活の面で荒れ、まだこれからと思われた昭和32年秋場所、25歳で相撲界を去った。

岩風 角太郎（関脇）
いわかぜ　かくたろう

本　名　岡本→大藤→小沢義和
生年月日　昭和9年1月22日
没年月日　昭和63年4月30日
出身地　東京都江戸川区小松川
四股名　岡本→岩風
所属部屋　若松→西岩→若松
初土俵　昭和27年5月場所
十両昇進　昭和30年5月場所
入　幕　昭和31年5月場所
最終場所　昭和40年9月場所
幕内在位　52場所
幕内成績　374勝406敗
勝　率　0.479
三　賞　殊勲賞3回、敢闘賞1回
身　長　174cm（5尺7寸5分）
体　重　116kg（31貫）
得意手　右四つ、寄り切り、上手ひねり

怪力の持ち主。低く潜っていく取り口から「潜航艇」といわれた。左前まわしを取り、右で相手の差し手を強烈に絞り上げての出し投げは威力があった。立ち合いに変わっての引っ掛けも得意だった。全盛時代の横綱若乃花（初代）を2回破り、1度はすくい投げで土俵の外まで投げている。同部屋のライバル房錦とともに活躍し、三役は連続9場所、通算11場所務めている。無口で、報道陣は取材に四苦八苦した。

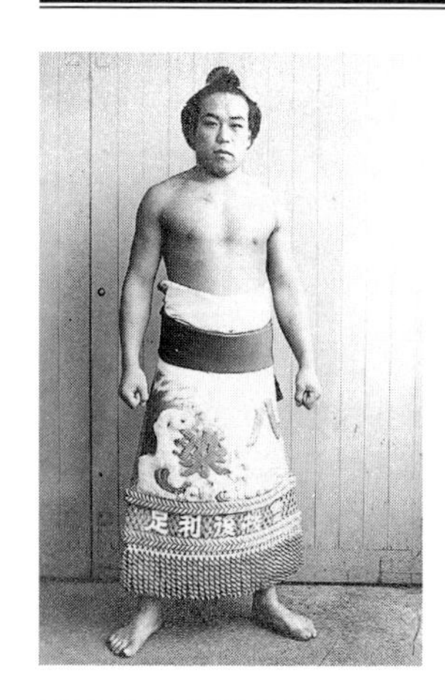

八染（やそめ） 茂雄（しげお）（前頭16枚目）

本　名　八染茂雄
生年月日　昭和４年７月１日
没年月日　昭和58年８月17日
出身地　栃木県足利市朝倉町
四股名　八染→栃木岩→八染
所属部屋　春日野
初土俵　昭和24年10月場所
十両昇進　昭和29年５月場所
入　幕　昭和31年５月場所
最終場所　昭和37年５月場所
幕内在位　12場所
幕内成績　77勝103敗
勝　率　0.428
身　長　172cm（５尺７寸）
体　重　93kg（25貫）
得意手　左四つ、寄り切り

幕下時代に一時、栃木岩を名乗ったが、その後は本名の八染のまま土俵を務めた。当初は押し相撲だったが、次第に前さばきが良くなり、有利に組みついては肩透かしや下手ひねりをみせるなど、いかにも春日野部屋所属の力士らしい技能派へ成長していった。真面目な性格だったが、体力に恵まれず、両ひざの故障もあり、幕内下位から十両に低迷したままで終わった。栃錦の露払いを務めたこともあった。十両では、昭和34年春場所、35年初場所の２回優勝している。

福ノ海（ふくのうみ） 七男（ななお）（前頭10枚目）

本　名　小田七男
生年月日　昭和５年４月28日
没年月日　平成７年７月20日
出身地　福井県福井市宝永
四股名　朝昇→福ノ海→福乃海→福ノ海
所属部屋　朝日山
初土俵　昭和24年10月場所
十両昇進　昭和30年９月場所
入　幕　昭和31年９月場所
最終場所　昭和37年７月場所
幕内在位　９場所
幕内成績　61勝74敗
勝　率　0.452
身　長　175cm（５尺８寸）
体　重　108kg（29貫）
得意手　左四つ、寄り切り
年寄名　北陣→浦風→北陣→桐山→八角→中川（平成７年４月定年退職）

福井県出身の幕内力士は明治の関脇玉手山以来で、福ノ海は昭和年代に入って第１号となる。昭和30年夏場所幕下優勝して十両入り、４場所で通過して入幕。左四つで、右上手を取っての寄りを得意としたが、立ち合いに厳しさがなく、取り口そのものも地味、性格も温和で全体に目立たない力士だった。引退後年寄名跡を借りて相撲界に残り、65歳の定年まで務め３代にわたって朝日山親方を補佐した。

大ノ浦（おおのうら） 一広（かずひろ）（前頭16枚目）

本　名　水木一広
生年月日　大正14年10月21日
没年月日　昭和62年３月26日
出身地　秋田県能代市住吉町
四股名　大ノ浦→能代海→大ノ浦→水木→大ノ浦→早風→大ノ浦→大乃浦→水木
所属部屋　二所ノ関→芝田山→花籠
初土俵　昭和22年11月場所
十両昇進　昭和26年１月場所
入　幕　昭和31年９月場所
最終場所　昭和35年５月場所
幕内在位　６場所
幕内成績　39勝51敗
勝　率　0.433
身　長　171cm（５尺６寸５分）
体　重　99kg（26貫500）
得意手　左四つ、寄り切り、掛け投げ
年寄名　二子山→音羽山（昭和38年11月廃業）

水木、大ノ浦、早風…と何度も四股名を変えている。昭和26年春場所、十両入りして６場所務めたものの幕下陥落。30年秋場所に再度十両へ入り、31年秋場所に入幕した。幕内下位に６場所在位して十両に落ちた。体は小さかったが足腰がよく腕力も強く、思い切った相撲ぶりが目立った。左四つになっての二枚げり、二丁投げ、掛け投げなどを得意としたが、どちらかといえば半端相撲だった。

太刀風（たちかぜ） 義経（よしつね）（前頭20枚目）

本　名　岩下義経
生年月日　昭和５年８月２日
出身地　鹿児島県薩摩川内市樋脇町
所属部屋　井筒
初土俵　昭和24年５月場所
十両昇進　昭和30年１月場所
入　幕　昭和32年１月場所
最終場所　昭和35年１月場所
幕内在位　１場所
幕内成績　４勝11敗
勝　率　0.267
身　長　175cm（５尺８寸）
体　重　90kg（24貫）
得意手　右四つ、寄り切り

体には恵まれなかったものの、足腰がしぶとく、右を差して低い体勢になると寄り立てたり、足癖や下手投げもあり、うるさいタイプだった。序ノ口で優勝、序二段も１場所で通過したが、その後は出世が遅く、入幕した昭和32年初場所には大きく負け越して、幕内はわずか１場所在位しただけ。晩年は十両から幕下に陥落、目立たぬ存在だった。鹿児島県薩摩川内市出身で、もろ差し名人鶴ヶ嶺の弟弟子に当たる。十両時代に１度優勝の経験がある。

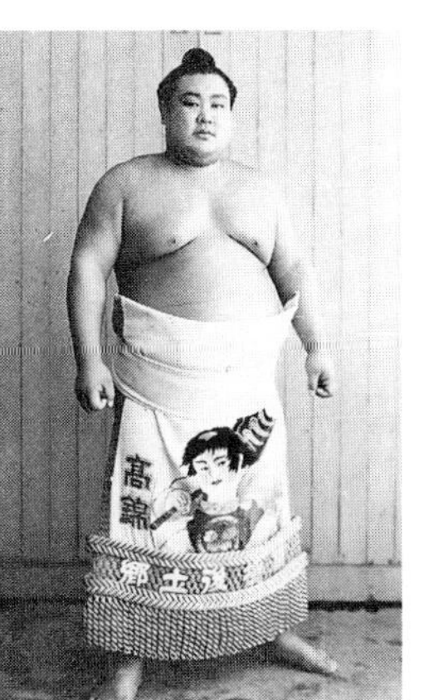

高錦（たかにしき） 昭応（あきまさ）（前頭11枚目）

本　名　荒木昭応
生年月日　昭和９年２月12日
出身地　熊本県熊本市北区鹿子木町
四股名　荒木山→高錦
所属部屋　高砂
初土俵　昭和24年５月場所
十両昇進　昭和31年３月場所
入　幕　昭和32年１月場所
最終場所　昭和38年11月場所
幕内在位　10場所
幕内成績　65勝70敗15休
勝　率　0.481
身　長　168cm（５尺５寸５分）
体　重　152kg（40貫500）
得意手　右四つ、寄り切り

上背はなかったものの、150㌔の重量を生かして右を差しての寄りが得意。幕下時代は荒木山と名乗り、出世のスピードはそれほどでもなかった。高錦と改名してからは相撲に目覚めたようになり、新十両で優勝、わずか３場所で十両を通過して、昭和32年秋場所には前頭11枚目まで上がった。しかし、翌場所、虫垂炎で休場してから後退が始まり、十両に落ちている。うっちゃりをみせたりすることもあったが、わきの甘さが大成を妨げた。

愛宕山（あたごやま） 武司（たけし）（前頭３枚目）

本　名　大沢慶吉
生年月日　昭和11年１月11日
没年月日　平成12年５月５日
出身地　愛媛県八幡浜市幸町
四股名　大沢→愛宕山→大沢
所属部屋　高砂
初土俵　昭和26年５月場所
十両昇進　昭和31年１月場所
入　幕　昭和32年３月場所
最終場所　昭和37年１月場所
幕内在位　17場所
幕内成績　104勝120敗31休
勝　率　0.464
身　長　177cm（５尺８寸５分）
体　重　117kg（31貫）
得意手　突っ張り、左四つ、寄り切り

力は強い方ではなかったが、体には恵まれ、立ち合い激しく当たってからの突っ張り、押しに威力があって小気味いい相撲ぶりだった。幕下時代に二度全勝優勝、十両は５場所連続して勝ち越して、昭和32年春場所に入幕。いったん十両に落ちたが、秋場所に十両で優勝して再入幕している。34年秋場所には前頭15枚目で時津山、成山らを破り初日から９連勝し、11勝したことがある。翌場所、自己最高の３枚目まで上がっているが、けがや病気に泣かされた。

小野錦 喜三郎（前頭16枚目）

おのにしき きさぶろう

本　名	池川善雄	最終場所	昭和35年３月場所
生年月日	大正11年３月20日	幕内在位	５場所
没年月日	平成２年11月24日	幕内成績	31勝44敗
出身地	大阪府大阪市住吉区住吉	勝　率	0.413
四股名	陣ノ花→陣乃花→小野錦	身　長	176cm（５尺８寸）
所属部屋	陣幕→小野川→陣幕→小野川	体　重	98kg（26貫）
初土俵	昭和13年５月場所	得意手	右四つ、やぐら投げ
十両昇進	昭和30年１月場所		
入　幕	昭和32年３月場所		

昭和13年夏場所に初土俵を踏み、32年春場所に入幕している。兵役に服した ことがあって20年かかって34歳10カ月での入幕という、正に晩成型の代表力 士である。同じ小野川部屋の信夫山や成山が活躍したころの入幕である。小兵だ ったが、年齢とは反比例して相撲ぶりは若々しく颯爽として、素速い出足からの 突っ張りで、幕内には５場所在位した。廃業後は大阪・ミナミでちゃんこ料理店 を経営、長男で三保ヶ関部屋の元力士だった芙蓉峰が後を継いだ。

鯉の勢 寅雄（前頭12枚目）

こいのせ とらお

本　名	小沢寅雄	幕内在位	10場所
生年月日	昭和５年１月21日	幕内成績	67勝83敗
出身地	愛媛県今治市阿方	勝　率	0.447
四股名	鯉ノ勢→鯉の勢	身　長	170cm（５尺６寸）
所属部屋	朝日山	体　重	105kg（28貫）
初土俵	昭和25年１月場所	得意手	押し出し、左四つ、寄り切り
十両昇進	昭和29年９月場所		
入　幕	昭和32年５月場所		
最終場所	昭和36年３月場所		

無類の稽古熱心は他の力士の模範といわれた。背が低く体力に恵まれていなか ったが、猛稽古で鍛え上げた体で、立ち合いぶちかましから押しまくる取り口は 少しのケレン味もなかった。代表的な敢闘型の力士である。11場所かかって十両 を通過、入幕したのは昭和32年夏場所のこと。幕内下位を連続して８場所務め たが、その後、十両と幕内を往復、幕内通算は10場所だった。高鉄山や若二瀬 ら後輩に押し相撲を指導した。

房錦 勝比古（関脇）

ふさにしき かつひこ

本　名	桜井→松崎正勝	幕内在位	50場所
生年月日	昭和11年１月３日	幕内成績	352勝391敗７休
没年月日	平成５年７月21日	勝　率	0.474
出身地	千葉県市川市南行徳	三　賞	殊勲賞２回、敢闘賞１回、技能賞２回
四股名	小桜→房錦→総錦→房錦	身　長	176cm（５尺８寸）
所属部屋	若松→西岩→若松	体　重	118kg（31貫500）
初土俵	昭和27年１月場所	得意手	右四つ、寄り切り
十両昇進	昭和31年５月場所	年寄名	山響→若松（平成２年３月廃業）
入　幕	昭和32年５月場所		
最終場所	昭和42年１月場所		

立ち合い激しくぶちかまして一気に押すか、素速いフットワークでいなす相撲。 浅黒く丸々とした体から、あだ名は「褐色の弾丸」。養父の行司・式守錦太夫の 軍配で勝ち名乗りを受け大変な話題となった。抜群の運動神経の持ち主で、岩風 とともに若松部屋を背負って立った。師匠（元鯱ノ里）の愛娘と結婚、養子とな った。大鵬、柏戸を再三倒している。引退後、審判委員を務めたが病気のため廃業

おいかわ　たろう
及川　太郎（前頭10枚目）

本　名　及川耕貢
生年月日　昭和11年12月16日
出身地　岩手県奥州市前沢区五十人町
所属部屋　尾上→高砂
初土俵　昭和27年1月場所
十両昇進　昭和31年9月場所
入　幕　昭和32年9月場所
最終場所　昭和37年5月場所
幕内在位　21場所

幕内成績　147勝164敗4休
勝　率　0.473
身　長　176cm（5尺8寸）
体　重　120kg（32貫）
得意手　左四つ、寄り切り

中アンコの体を丸くして、出足鋭く押して出る相撲ぶりは早くから認められていた。昭和32年初場所、夏場所と2度十両優勝したころは、その将来を大いに期待された。しかし、32年秋場所の入幕後は一進一退を続け、34年夏場所に右ひざを痛めてから出足が鈍り、闘志も薄れるようになり大成しないまま終わった。元野州山の尾上親方に入門したが、後に高砂部屋へ預けられた。新派の花柳章太郎に可愛いがられていたのは有名なエピソード。

おおたやま　いちろう
大田山　一郎（前頭20枚目）

本　名　藤沢一郎
生年月日　大正13年5月3日
没年月日　平成11年11月11日
出身地　岩手県盛岡市上田
四股名　前田川→岩手山→大田山
所属部屋　高砂
初土俵　昭和14年5月場所
十両昇進　昭和26年9月場所
入　幕　昭和32年9月場所

最終場所　昭和34年5月場所
幕内在位　2場所
幕内成績　10勝20敗
勝　率　0.333
身　長　177cm（5尺8寸5分）
体　重　120kg（32貫）
得意手　右四つ、寄り切り
年寄名　陣幕→錦戸（平成元年5月定年退職）

右を差して寄っていく相撲ぶりは強いとはいえなかったが、弓取りでの人気は、横綱や大関に匹敵するものがあった。華麗な弓取りだった。昭和31年秋場所に十両優勝、32年秋場所、33歳のときに入幕し幕尻に名前を連ねた。幕内になっても弓取りを続けた珍しい力士である。東京都大田区で育ったことから四股名は大田山、明るい性格で現役引退後は、年寄錦戸として相撲体操の指導に当たった。横浜市港北区日吉でちゃんこ料理店を経営していた。

おぎのはな　まさあき
小城ノ花　正昭（関脇）

本　名　木村→小岩井正昭
生年月日　昭和10年11月29日
没年月日　平成18年12月16日
出身地　佐賀県小城市三日月町
所属部屋　出羽海
初土俵　昭和27年1月場所
十両昇進　昭和32年5月場所
入　幕　昭和32年11月場所
最終場所　昭和42年5月場所

幕内在位　54場所
幕内成績　387勝422敗1休
勝　率　0.478
三　賞　殊勲賞1回、技能賞1回
身　長　174cm（5尺7寸5分）
体　重　124kg（33貫）
得意手　左四つ、寄り切り、下手投げ
年寄名　高崎（平成12年7月退職）

非力だったが、前さばきがよく、もろ差し、あるいは左を差しての寄り、上手投げ、足技と、うまさで関脇まで進んだ。相撲人形のような体付きや容貌と独特の技能でファンも多かった。幕下時代はそれほど有望視されていなかったが、十両入りしたころから真価を発揮、十両はわずか2場所で通過、入幕した。横綱朝潮は小城ノ花を苦手としていた。昭和42年夏場所で引退、年寄高崎となってからは記者クラブを担当していた。長男小城ノ花と次男小城錦が関取になった。

常錦（つねにしき） 利豪（としひで）（前頭筆頭）

本　名　前田→鈴木正三
生年月日　昭和6年5月31日
出身地　福島県石川郡古殿町山上
所属部屋　出羽海
初土俵　昭和24年10月場所
十両昇進　昭和30年3月場所
入　幕　昭和33年3月場所
最終場所　昭和42年3月場所
幕内在位　26場所
幕内成績　166勝223敗1分
勝　率　0.427
身　長　174cm（5尺7寸5分）
体　重　108kg（29貫）
得意手　右四つ、寄り切り
年寄名　関ノ戸→稲川（昭和46年1月廃業）

幕下時代、ひざを傷めたため低迷していたが、昭和30年春場所、十両に昇進、33年春場所入幕した。36年春場所に3度目の入幕を果たし、39年春場所には前頭筆頭まで進んでいる。小柄だったが、右を差して一気の出足はなかなか鋭く、幕内通算26場所、十両41場所を務め、35歳まで現役を続けた。現役引退後は年寄として4年ばかり協会に残った。角界に入る前にはトラックの運転手をしていたため、力士仲間からは「トラ」の愛称で呼ばれていた。

金乃花（かねのはな） 武夫（たけお）（小結）

本　名　金井武夫
生年月日　昭和11年10月11日
没年月日　不詳
出身地　神奈川県横浜市鶴見区北寺尾
四股名　金ノ花→金乃花
所属部屋　出羽海
初土俵　昭和27年5月場所
十両昇進　昭和32年5月場所
入　幕　昭和33年3月場所
最終場所　昭和42年9月場所
幕内在位　42場所
幕内成績　287勝335敗8休
勝　率　0.461
身　長　181cm（5尺9寸5分）
体　重　119kg（31貫500）
得意手　右四つ、寄り切り、突っ張り

突っ張りが得意で、右四つになると寄りや投げもある攻撃型の相撲。昭和3[illegible]年春場所に4度目の入幕をしてから幕内に定着、37年初場所の5日目には、その場所に優勝した横綱大鵬を小手投げで倒している。長く幕内中堅で活躍、37年名古屋場所では前頭6枚目で10勝、翌秋場所に小結に昇進した。三役経験はこの1場所だけで、幕内通算42場所。42年秋場所限り廃業。中学校時代は野球選手で、元プロ野球大洋（現DeNA）の強打者だった桑田武選手と同期。

羽子錦（はねにしき） 徳三郎（とくさぶろう）（前頭10枚目）

本　名　辰巳徳三郎
生年月日　昭和10年10月17日
没年月日　昭和48年11月19日
出身地　兵庫県尼崎市南武庫之荘
四股名　辰巳→羽子錦→雷虎山→羽子錦→辰巳
所属部屋　高島→友綱
初土俵　昭和27年1月場所
十両昇進　昭和31年1月場所
入　幕　昭和33年5月場所
最終場所　昭和37年9月場所
幕内在位　12場所
幕内成績　80勝95敗5休
勝　率　0.457
身　長　180cm（5尺9寸5分）
体　重　135kg（36貫）
得意手　右四つ、寄り切り

兄弟子の三根山から厳しく鍛えられるなど、幕下時代から大物として期待され、順調に出世街道を進んでいた。しかし、十両筆頭だった昭和31年秋場所、大戸崎を外掛けに破った際にひじを骨折して出世スピードが鈍った。入幕は33年夏場所。右を差し、恵まれた体を生かした寄りを得意としたが、腰高で内またのために、出足にいまひとつの鋭さがなく、横にもろいのが弱点だった。34年初場所、左ひざを負傷して十両へ陥落、その後は幕内と十両の往復で終わった。

あまつなだ　ふくいち
天津灘 福一（前頭18枚目）

本　名　田村福一（田福喜）
生年月日　昭和７年８月２日
没年月日　平成13年３月28日
出身地　佐賀県小城市牛津町
四股名　田村→天津灘
所属部屋　二所ノ関
初土俵　昭和25年９月場所
十両昇進　昭和32年３月場所
入　幕　昭和33年５月場所
最終場所　昭和36年９月場所
幕内在位　３場所
幕内成績　18勝27敗
勝　率　0.400
身　長　183cm（６尺５分）
体　重　100kg（26貫500）
得意手　左四つ、寄り切り、下手投げ

颯爽とした相撲ぶり、闘志満々で左四つ、つり寄りと下手投げを得意とした。しかし、やや投げにこだわり過ぎたこと、下手からの技ばかりだったことが災いして、上位には進めなかった。新入幕の昭和33年夏場所千秋楽、岩風を破って勝ち越したものの、その後２場所続けて負け越して十両へ陥落。十両で18場所過ごした後に36年秋場所限りで廃業した。横綱大鵬の姉と結婚し、一時、大阪ですし店を経営していたが、その後韓国に渡って料理店を開業した。

まえがしお　はるお
前ヶ潮 春夫（前頭18枚目）

本　名　三野谷→清水春夫
生年月日　昭和６年３月12日
没年月日　昭和54年11月30日
出身地　岐阜県高山市赤保木町
四股名　三野谷→前ヶ潮
所属部屋　高砂
初土俵　昭和24年10月場所
十両昇進　昭和29年３月場所
入　幕　昭和33年７月場所
最終場所　昭和34年９月場所
幕内在位　１場所
幕内成績　２勝13敗
勝　率　0.133
身　長　175cm（５尺８寸）
体　重　88kg（23貫500）
得意手　右四つ、下手投げ

青年相撲で活躍中のところを、高山市へ巡業で来ていた前田山に勧誘され入門した。本名で初土俵、昭和28年初場所に前ヶ潮と改め三段目で優勝、幕下は４場所連続の勝ち越しで十両へ。しかし、十両は19場所経験した後、ようやく入幕。その新入幕の場所は２勝しかできず十両へUターン。間もなく幕下に落ちて廃業した。右を差しての下手投げが得意で、体は大きくなかったが、激しい相撲ぶりだった。連勝連敗の多い、いわゆるツラ相撲だった。

わかちちぶ　こうめい
若秩父 高明（関脇）

本　名　加藤高明
生年月日　昭和14年３月16日
没年月日　平成26年９月16日
出身地　埼玉県秩父市栃谷
所属部屋　花籠
初土俵　昭和29年５月場所
十両昇進　昭和33年１月場所
入　幕　昭和33年９月場所
最終場所　昭和43年11月場所
幕内在位　51場所
幕内成績　367勝398敗
勝　率　0.480
三　賞　敢闘賞２回
身　長　175cm（５尺８寸）
体　重　150kg（40貫）
得意手　左四つ、つり出し、寄り切り
年寄名　関ノ戸→常盤山（平成16年３月定年退職）

昭和33年秋場所、柏戸、豊ノ海とともに入幕して「ハイティーントリオ」と話題に上り、その場所敢闘賞を受賞。19歳で小結となった。アンコ型の体付きと古参力士を相手にものおじしない「恐るべき新人」として若秩父ブームを現出した。糖尿病に悩まされ十両に落ちたが、摂生して関脇にカムバックしたのは立派。左四つ、大きな腹を利用したつり、寄りが得意で、派手に塩をまいて人気があった。名古屋場所担当委員の後平成10年から３期監事を務めた。

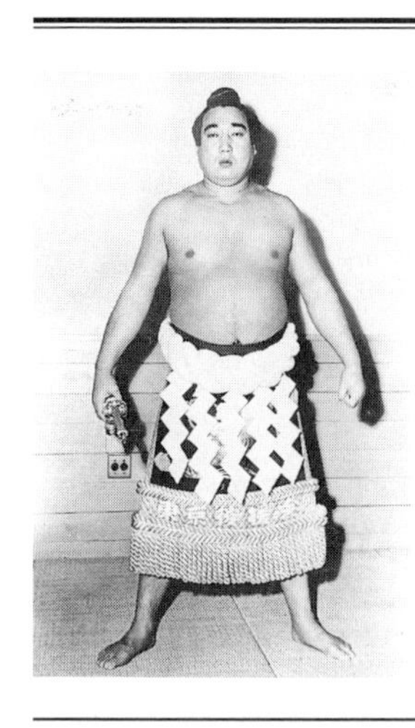

かしわど　つよし
柏戸　剛（横綱）

本　名　富樫剛
生年月日　昭和13年11月29日
没年月日　平成８年12月８日
出身地　山形県鶴岡市櫛引町桂荒俣
四股名　富樫→柏戸
所属部屋　伊勢ノ海
初土俵　昭和29年９月場所
十両昇進　昭和32年11月場所
入　幕　昭和33年９月場所
最終場所　昭和44年７月場所

幕内在位　66場所
幕内成績　599勝240敗140休
勝　率　0.714
優　勝　５回
三　賞　殊勲賞２回、敢闘賞２回、技能賞４回
身　長　188cm（６尺２寸）
体　重　139kg（37貫）
得意手　右四つ、寄り切り、突き出し
年寄名　鏡山

「角界のサラブレッド」と評され、早くから有望視された。右差しか左前まわしを取り、右おっつけで一気に突っ走る速攻は、馬力、スピードがある男らしい相撲でファンを魅了した。「柏戸の剛、大鵬の柔」と比較され、昭和36年秋場所後大鵬と同時に横綱に昇進した。両者の対戦は手に汗を握らせたが、柏戸はけがに泣くことも多かった。引退後は長く理事、審判部長を務めた。

とよのうみ　よしみ
豊ノ海　義美（前頭18枚目）

本　名　西尾義美
生年月日　昭和14年３月28日
出身地　大分県宇佐市長洲
四股名　西尾→豊ノ海
所属部屋　時津風
初土俵　昭和29年５月場所
十両昇進　昭和32年11月場所
入　幕　昭和33年９月場所
最終場所　昭和34年５月場所

幕内在位　２場所
幕内成績　12勝18敗
勝　率　0.400
身　長　177cm（５尺８寸５分）
体　重　84kg（22貫500）
得意手　左四つ、内掛け、寄り切り

話題を呼んだのは昭和33年秋場所。若秩父、富樫（柏戸）とともに「ハイティーントリオ」といわれて19歳で入幕。この場所、勝ち越して、その野性的な風貌と相まって人気が出た。軽量だったが勝負勘が鋭く、強靱な足腰をフルに使い、左四つから内掛けなどの足技や投げがある技能相撲であった。入幕までは三段目で一度負け越しがあっただけのスピード出世。将来を嘱望された力士だったが、十両に落ちると一身上の都合ですぐに廃業した。

きたばやま　ひでとし
北葉山　英俊（大関）

本　名　山田英俊
生年月日　昭和10年５月17日
没年月日　平成22年７月20日
出身地　北海道室蘭市輪西町
四股名　山田→北葉山
所属部屋　時津風
初土俵　昭和29年５月場所
十両昇進　昭和33年３月場所
入　幕　昭和33年11月場所
最終場所　昭和41年５月場所

幕内在位　46場所
幕内成績　396勝273敗21休
勝　率　0.592
優　勝　１回
三　賞　殊勲賞１回、敢闘賞２回
身　長　173cm（５尺７寸）
体　重　119kg（31貫500）
得意手　左四つ、寄り切り、うっちゃり
年寄名　枝川（平成12年５月定年退職）

「根性」という言葉がぴったりの、正に努力の大関であった。体には恵まれなかったが、左を差して食い下がるとしぶとく、右からのおっつけは強烈。うっちゃりにも定評があり、柏戸を再三泣かせている。昭和38年名古屋場所で優勝しているが、大型の大鵬や柏戸に拮抗して大関の地位を長く確保したのは、血のにじむような努力があったからだ。現役引退後は長く審判委員を務め、理事に推された。

だいごう　ひさてる
大豪 久照（関脇）

本　名	杉山昇	最終場所	昭和42年５月場所
生年月日	昭和12年９月24日	幕内在位	51場所
没年月日	昭和58年11月２日	幕内成績	387勝374敗４休
出身地	香川県丸亀市土居町	勝　率	0.509
四股名	杉山→国風→杉山→三杉磯→杉山→若三杉→大豪	優　勝	１回
		三　賞	殊勲賞２回、敢闘賞３回
所属部屋	花籠	身　長	188cm（６尺２寸）
初土俵	昭和30年３月場所	体　重	133kg（35貫500）
十両昇進	昭和33年５月場所	得意手	左四つ、上手投げ、寄り切り
入　幕	昭和33年11月場所	年寄名	荒磯

体にも恵まれ、早くから大器といわれた。昭和35年夏場所には平幕優勝を果たし、その片鱗をみせたが、関脇で終わったのは素質からいって物足りない。優勝場所は左四つからの鋭い寄り、さらに突っ張りもみせたものの、「バンザイ三杉」と評されるほど、わきが甘かったのが欠点で、いつの間にか突っ張りもなくなっていた。夫人は横綱初代若乃花の妹、元大関貴ノ花の姉。

あおのさと　さかり
青ノ里 盛（関脇）

本　名	小笠原盛	幕内在位	60場所
生年月日	昭和10年11月13日	幕内成績	408勝492敗
没年月日	平成20年５月16日	勝　率	0.453
出身地	青森県三戸郡五戸町倉石又重	三　賞	殊勲賞１回、敢闘賞１回
四股名	小笠原→青ノ里	身　長	182cm（６尺）
所属部屋	時津風	体　重	120kg（32貫）
初土俵	昭和28年３月場所	得意手	右四つ、寄り切り、上手投げ
十両昇進	昭和33年７月場所	年寄名	二十山→立田川（平成12年11月定年退職）
入　幕	昭和34年１月場所		
最終場所	昭和44年３月場所		

地味な存在だったが、正攻法の四つ相撲は「いぶし銀」と形容された。左上手を取って振り回すような投げもなかなか強く、30連勝だった大鵬に土を付けた。下積みが長く無口、真面目な性格で、昭和33年名古屋場所に新十両で優勝してからファンの目にとまるようになった。元鏡里の立田川に従って時津風部屋から離れ、先代の定年退職に伴って立田川部屋を継承し、敷島、十文字らを育てた。

ふじにしき　あきら
富士錦 章（小結）

本　名	渡辺→一宮章	幕内成績	414勝466敗５休
生年月日	昭和12年３月18日	勝　率	0.470
没年月日	平成15年12月17日	優　勝	１回
出身地	山梨県甲府市宝	三　賞	殊勲賞２回、敢闘賞４回、技能賞１回
四股名	渡辺→冨士錦→富士錦		
所属部屋	高砂	身　長	175cm（５尺８寸）
初土俵	昭和28年３月場所	体　重	136kg（36貫500）
十両昇進	昭和33年３月場所	得意手	押し出し、左四つ、寄り切り
入　幕	昭和34年１月場所	年寄名	西岩→尾上→高砂→若松（平成14年３月定年退職）
最終場所	昭和43年11月場所		
幕内在位	59場所		

押し一本に終始。激しくぶちかましてからおっつけを利かして、しゃにむに押しまくる。昭和39年名古屋場所で平幕優勝した。相撲ぶりとは対照的に、色白、ぽちゃっとした体、円満な人柄。「平和ちゃん」のニックネームがあった。年寄西岩、尾上を経て、高砂部屋を継承。理事・名古屋場所担当部長を務めた。

<ruby>玉響<rt>たまひびき</rt></ruby> <ruby>克巳<rt>かつみ</rt></ruby>

玉響 克巳（前頭２枚目）

本　名　新川→灘克巳
生年月日　昭和10年10月３日
出身地　大分県別府市浜町
四股名　新川→玉響→新川
所属部屋　二所ノ関
初土俵　昭和29年１月場所
十両昇進　昭和33年５月場所
入　幕　昭和34年３月場所
最終場所　昭和37年９月場所
幕内在位　15場所
幕内成績　107勝115敗３休
勝　率　0.482
身　長　178cm（５尺８寸５分）
体　重　98kg（26貫）
得意手　右四つ、上手投げ、寄り切り

昭和33年夏場所、十両で有望力士７人が11勝４敗の成績で優勝決定戦を行ったが、玉響もその「７人の侍」のうちの一人。残りの６人は若秩父、富樫（柏戸）、若三杉、明武谷、富士錦、北葉山で、いずれも三役に昇進しているが、玉響だけは平幕で終わってしまった。細い体だが、右四つになると上手投げが強かった。しかし、投げにこだわり過ぎたきらいもあり、前頭２枚目止まりだった。幕内を連続15場所務めて十両に落ち、37年秋場所限りで廃業した。

福田山 幸雄（前頭４枚目）
（ふくだやま　ゆきお）

本　名　福田幸雄
生年月日　昭和６年７月18日
出身地　長崎県諫早市川床町
四股名　常若→福田山
所属部屋　出羽海
初土俵　昭和24年５月場所
十両昇進　昭和33年１月場所
入　幕　昭和34年３月場所
最終場所　昭和40年１月場所
幕内在位　15場所
幕内成績　100勝123敗２休
勝　率　0.448
身　長　181cm（６尺）
体　重　94kg（25貫）
得意手　右四つ、上手投げ

昭和34年春場所に入幕したときは既に27歳になっていた。苦節10年である。上背はあったもののやせていて、若いころのあだ名は「もやし」。右四つになってからの上手投げが得意技。１度十両に落ちているが、直ぐに再入幕。大鵬が入幕してきた35年春場所と夏場所の２度対戦しており、対戦成績は福田山の２戦２勝。痔疾のために十両から幕下中位まで下げたが、その後十両に返り咲いている。空手で精神修養を行い話題となった。

清ノ森 政夫（前頭９枚目）
（きよのもり　まさお）

本　名　佐々木→檀崎政夫
生年月日　昭和10年４月８日
没年月日　平成31年４月20日
出身地　秋田県横手市大森町
四股名　佐々木→清ノ森→清瀬川→清乃森→清の盛
所属部屋　伊勢ヶ濱
初土俵　昭和28年１月場所
十両昇進　昭和32年５月場所
入　幕　昭和34年３月場所
最終場所　昭和42年５月場所
幕内在位　19場所
幕内成績　115勝170敗
勝　率　0.404
身　長　183cm（６尺５分）
体　重　92kg（24貫500）
得意手　右四つ、寄り切り
年寄名　木瀬（平成12年４月定年退職）

長身でやせ型。典型的なソップ型力士だった。立ち合いから変化に富み、投げ、足技ありと、多彩な技を繰り出した。また、美男とスタイルの良さでファンが多く、女性に人気があった。幕内と十両を往復すること実に８回。その８回目の入幕を果たした昭和38年九州場所は15戦全敗だった。師匠で岳父の桂川も15戦全敗を記録。これも何かの因縁だろうか。真面目な性格で事務能力に長け、巡業部委員を経て、平成８年理事に就任、教習所長、広報部長を務めた。

若杉山(わかすぎやま) 豊一(とよいち)(前頭筆頭)

本　名　熊本豊一
生年月日　昭和８年１月24日
没年月日　平成11年11月４日
出身地　福岡県槽屋郡志免町志免
四股名　熊本→若杉山
所属部屋　時津風
初土俵　昭和28年３月場所
十両昇進　昭和33年３月場所
入　幕　昭和34年３月場所
最終場所　昭和42年５月場所
幕内在位　21場所
幕内成績　128勝187敗
勝　率　0.406
三　賞　敢闘賞１回
身　長　177cm(５尺８寸５分)
体　重　120kg(32貫)
得意手　右四つ、寄り切り

右の差し手を返し、左上手を浅く引いて、投げを打ちつつ寄って出るのが得意で、右四つの「型」を持つと評された。十両優勝して入幕、幕内を５場所務めた後十両に。２度目の幕内も７場所で、その後の20場所は十両で過ごしている。これまでと思われた昭和40年初場所に３度目の入幕、12勝３敗で敢闘賞受賞。翌春場所に自己最高位の前頭筆頭まで進んだ。同場所の６日目、結びの一番で横綱栃ノ海と初対戦し、寄り切りで勝って「本人大感激」の金星を挙げている。

明武谷(みょうぶだに) 清(きよし)(関脇)

本　名　明歩谷清
生年月日　昭和12年４月29日
出身地　北海道釧路市阿寒町
四股名　明歩谷→明武谷→吉葉洋→明武谷
所属部屋　高島→吉葉山→宮城野
初土俵　昭和29年３月場所
十両昇進　昭和32年11月場所
入　幕　昭和34年７月場所
最終場所　昭和44年11月場所
幕内在位　58場所
幕内成績　414勝450敗６休
勝　率　0.479
三　賞　殊勲賞４回、敢闘賞４回
身　長　189cm(６尺２寸５分)
体　重　113kg(30貫)
得意手　左四つ、つり出し、上手投げ
年寄名　中村(昭和52年１月廃業)

明武谷といえばつり、といわれたほど、長身を利してのつりには定評があり、左四つでまわしを引くと、観客は「いつ相手をつるか」と沸いたほどだ。筋肉隆々、彫りの深い面立ちと八頭身のスマートな体付きで女性ファンが多く、殊に外国人女性に人気があった。横綱大鵬に２回にわたり連勝しており、また大鵬、柏戸と３人で優勝決定戦を行ったこともある。現役引退後は審判委員を務めていたが、キリスト教に入信したのをきっかけに角界を去った。

若ノ國(わかのくに) 豪夫(たけお)(前頭８枚目)

本　名　伊藤照夫
生年月日　昭和11年４月４日
出身地　岐阜県海津市南濃町
四股名　照錦→若乃國→若の國→若ノ國
所属部屋　花籠
初土俵　昭和28年３月場所
十両昇進　昭和34年３月場所
入　幕　昭和34年11月場所
最終場所　昭和44年９月場所
幕内在位　23場所
幕内成績　139勝201敗５休
勝　率　0.409
身　長　181cm(６尺)
体　重　125kg(33貫500)
得意手　突っ張り、右四つ、寄り切り

体には恵まれていた。回転の速い突っ張りと、前さばきよく、もろ差しになっての寄りで実力はあったが、気の弱さからか本場所で十分に力を出し切れぬきらいがあった。照錦と名乗っていた幕下時代に６場所連続で４勝４敗を続け「五分錦」といわれたことがある。若乃國と改名して、幕内に昇進したが、後に大潮に更新されるまで、幕内と十両の往復９回という記録を持っていた。また、十両で12勝を３回記録した。ぶつかり稽古に胸を出すのがうまかった。

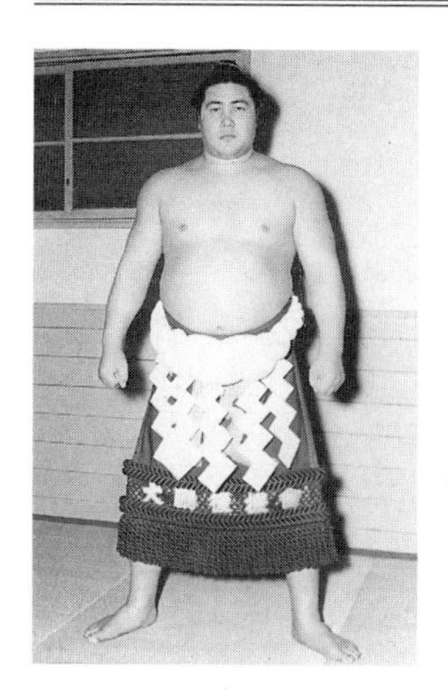

大鵬（たいほう） 幸喜（こうき）（横綱）

本　名　納谷幸喜
生年月日　昭和15年５月29日
没年月日　平成25年１月19日
出身地　北海道川上郡弟子屈町跡佐登
四股名　納谷→大鵬
所属部屋　二所ノ関
初土俵　昭和31年９月場所
十両昇進　昭和34年５月場所
入　幕　昭和35年１月場所
最終場所　昭和46年５月場所
幕内在位　69場所
幕内成績　746勝144敗136休
勝　率　0.838
優　勝　32回
三　賞　敢闘賞２回、技能賞１回
身　長　187cm（６尺２寸）
体　重　153kg（41貫）
得意手　左四つ、すくい投げ、上手投げ
年寄名　大鵬（一代年寄）（平成17年5月定年退職）

師匠二所ノ関の英才教育で恵まれた素質がすくすくと育ち、四股名どおり大きく羽ばたいた。21歳３カ月で横綱になり、柏戸と「柏鵬時代」を築き、「巨人・大鵬・卵焼き」の流行語が生まれた。その功績から一代年寄大鵬となり、大鵬部屋を興した。没後の平成25年２月に角界２人目の国民栄誉賞が贈られた。令和４年初場所新入幕の王鵬は孫にあたる。

宇多川（うだがわ） 勝太郎（かつたろう）（前頭３枚目）

本　名　宇田川秀男
生年月日　昭和14年12月３日
没年月日　平成元年７月24日
出身地　東京都足立区江北
四股名　宇田川→宇多川→宇田川
所属部屋　高島→吉葉山→宮城野
初土俵　昭和29年９月場所
十両昇進　昭和34年５月場所
入　幕　昭和35年１月場所
最終場所　昭和42年７月場所
幕内在位　31場所
幕内成績　207勝258敗
勝　率　0.445
身　長　179cm（５尺９寸）
体　重　110kg（29貫500）
得意手　左四つ、寄り切り
年寄名　中村→楯山→大鳴戸→雷（昭和52年11月廃業）

入幕は大鵬と同時だった。左四つになると腰の重さを生かしたしぶとい相撲ぶりで、寄りを得意とする正攻法だった。東京の下町荒川堤のすぐ近くの出身で人気があり、本名の宇田川の１字だけを変えて四股名とした。ひところは電池仕掛けで龍の目が光るという、変わった化粧まわしをつけて話題となった。三役を期待する向きもあったが、前頭３枚目で終わった。借り株でしばらく協会に残ったが、健康がすぐれずに廃業、平成元年に他界した。

栃ノ海（とちのうみ） 晃嘉（てるよし）（横綱）

本　名　花田→宮古→花田茂広
生年月日　昭和13年３月13日
没年月日　令和３年１月29日
出身地　青森県南津軽郡田舎館村川部
四股名　花田→栃ノ海
所属部屋　春日野
初土俵　昭和30年９月場所
十両昇進　昭和34年１月場所
入　幕　昭和35年３月場所
最終場所　昭和41年11月場所
幕内在位　40場所
幕内成績　315勝181敗104休
勝　率　0.635
優　勝　３回
三　賞　敢闘賞１回、技能賞６回
身　長　177cm（５尺８寸５分）
体　重　110kg（29貫500）
得意手　左四つ、上手出し投げ、両前まわし取り、寄り切り
年寄名　栃ノ海→中立→春日野→竹縄（平成15年３月定年退職）

小柄ながら素早く相手の懐に飛び込んで、両前まわしを拝み取りにしての速攻、切れ味鋭い出し投げ、切り返し、足癖と相撲のうまさは抜群。大型の大鵬や柏戸に技で対抗、土俵に清涼感を与えた。腰椎分離症が致命傷になり、技能横綱として花を咲かせないまま引退。先代（元横綱栃錦）の死後、春日野部屋を継承した。

追風山（おいてやま） 寅次郎（とらじろう）（前頭６枚目）

本　名	山口貢	最終場所	昭和44年５月場所
生年月日	昭和13年６月16日	幕内在位	17場所
没年月日	平成26年１月２日	幕内成績	107勝133敗15休
出身地	青森県五所川原市毘沙門	勝　率	0.446
四股名	山口→清櫻→追手山→追風山	身　長	181cm（６尺）
所属部屋	追手風→立浪	体　重	131kg（35貫）
初土俵	昭和28年５月場所	得意手	右四つ、寄り切り
十両昇進	昭和34年１月場所	年寄名	大鳴戸→追手風→中川（平成15年６月定年退職）
入　幕	昭和35年５月場所		

立派な体と重い腰。素質は十分にありながら、勝ちみが遅いのが欠点で、おうような取り口は闘志不足といわれた。最高位は前頭６枚目だが、それでもファンを満足させられなかったのは、それだけ期待が大きかったからだ。元大関清水川の追手風親方の最後の弟子で、再入幕した昭和37年初場所では虫垂炎を注射で抑えて勝ち越す粘りをみせた。引退後は九州場所担当委員などを務め、平成９年、友綱部屋から娘婿（元幕内大翔山）の追手風部屋に移った。

開隆山（かいりゅうやま） 勘之丞（かんのじょう）（関脇）

本　名	青木勘之丞	最終場所	昭和43年３月場所
生年月日	昭和14年８月28日	幕内在位	44場所
没年月日	昭和61年９月10日	幕内成績	306勝354敗
出身地	秋田県潟上市昭和町	勝　率	0.464
四股名	照ノ若→開隆山	三　賞	殊勲賞３回
所属部屋	荒磯→伊勢ヶ濱	身　長	179cm（５尺９寸）
初土俵	昭和31年３月場所	体　重	116kg（31貫）
十両昇進	昭和34年11月場所	得意手	左四つ、上手ひねり、寄り切り
入　幕	昭和35年７月場所	年寄名	楯山→桐山（昭和56年１月廃業）

十両優勝をひっ提げて昭和35年名古屋場所入幕。体格に恵まれた美男力士で前途有望と騒がれた。柏戸と大鵬が新横綱となった36年九州場所初日に柏戸を上手ひねり、６日目に大鵬を首投げで倒し、それぞれに初黒星を付けている。人気があったが、相撲ぶりにいまひとつ積極性がなく、関脇で終わった。43年春場所引退、年寄楯山を経て桐山となり、審判委員を務めたが体調を崩し退職した。四股名の開隆山は後援会長の経営する出版社名からとったものだ。

羽黒花（はぐろはな） 統司（とうじ）（関脇）

本　名	千葉進	最終場所	昭和40年11月場所
生年月日	昭和11年３月28日	幕内在位	28場所
没年月日	昭和59年６月３日	幕内成績	195勝195敗30休
出身地	北海道紋別郡西興部村六興	勝　率	0.500
四股名	千葉→羽黒花→羽黒川→羽黒花	三　賞	敢闘賞１回
所属部屋	立浪	身　長	181cm（６尺）
初土俵	昭和30年９月場所	体　重	125kg（33貫500）
十両昇進	昭和35年３月場所	得意手	左四つ、つり出し、上手投げ
入　幕	昭和35年９月場所	年寄名	大鳴戸→玉垣（昭和47年９月廃業）

本名の千葉で土俵に上がっていたころから力は群を抜いており、序二段、三段目、幕下で優勝。十両は３場所で通過、幕内２場所目の昭和35年九州場所に11勝を挙げて敢闘賞を受賞している。左四つ、右上手からの投げ、つりは力感にあふれ、小結になった36年名古屋場所は横綱若乃花を左四つ、右上手から振り回して破っている。関脇に４回に上がっているが、右肩、右ひざなどを痛めたことで大関は成らなかった。審判委員を務めた後、廃業。

前田川（まえだがわ） 克郎（かつお）（関脇）

本　名　高橋勝郎
生年月日　昭和14年２月９日
没年月日　平成10年11月４日
出身地　岩手県奥州市江刺区稲瀬
四股名　高橋→前田川→清錦→前田川
所属部屋　高砂
初土俵　昭和27年９月場所
十両昇進　昭和35年３月場所
入　幕　昭和35年11月場所

最終場所　昭和42年５月場所
幕内在位　31場所
幕内成績　204勝261敗
勝　率　0.439
三　賞　敢闘賞２回、技能賞１回
身　長　170cm（５尺６寸）
体　重　117kg（31貫）
得意手　押し出し、左四つ、寄り切り

愛称は「突貫小僧」。闘志満々、ぶちかまして真っ向から一気に押していく取り口は小気味いいものだった。熱心な稽古で小兵のハンディを克服し関脇まで上がった。入幕５場所目の昭和36年名古屋場所で関脇に。続く秋場所、小結で横綱目前だった柏戸、大鵬の両大関を倒し、他はすべて負けという２勝13敗の珍記録を残した。その後、足を痛めて十両に。42年春場所は十両で勝ち越したものの番付削減のために幕下に落ちて、負け越して廃業したのは不運。

佐田の山（さだのやま） 晋松（しんまつ）（横綱）

本　名　佐々田→市川晋松
生年月日　昭和13年２月18日
没年月日　平成29年４月27日
出身地　長崎県南松浦郡新上五島町有川郷
四股名　佐々田→佐田ノ山→佐田の山→佐田乃山→佐田の山
所属部屋　出羽海
初土俵　昭和31年１月場所
十両昇進　昭和35年３月場所
入　幕　昭和36年１月場所
最終場所　昭和43年３月場所

幕内在位　44場所
幕内成績　435勝164敗61休
勝　率　0.726
優　勝　６回
三　賞　殊勲賞１回、敢闘賞１回、技能賞１回
身　長　182cm（６尺）
体　重　129kg（34貫500）
得意手　突っ張り、右四つ、寄り切り
年寄名　出羽海→境川→中立（平成15年２月定年退職）

入幕３場所目の昭和36年夏場所、前頭13枚目で初優勝。突き、押しの正攻法で柏戸、大鵬相手に健闘。40年春場所横綱に昇進。引退後、すぐに名門・出羽海部屋の師匠となり、同時に協会幹部として活躍。平成４年から10年まで理事長。

海乃山（かいのやま） 勇（いさむ）（関脇）

本　名　入井勇
生年月日　昭和15年６月28日
没年月日　平成９年７月５日
出身地　茨城県竜ヶ崎市大徳町
四股名　入井→海乃山→信夫竜→海乃山
所属部屋　小野川→出羽海
初土俵　昭和31年５月場所
十両昇進　昭和34年７月場所
入　幕　昭和36年１月場所
最終場所　昭和45年１月場所

幕内在位　54場所
幕内成績　384勝413敗13休
勝　率　0.482
三　賞　殊勲賞１回、敢闘賞２回、技能賞３回
身　長　172cm（５尺６寸５分）
体　重　120kg（32貫）
得意手　けたぐり、左四つ、突き落とし、寄り切り
年寄名　小野川（昭和46年９月廃業）

小さい体、ふてぶてしい土俵態度、思い切った大技で暴れ回り人気があった。特に立ち合いでは一気に突っ込むかと思わせて、一瞬変わってのけたぐりが得意で、横綱の大鵬や柏戸、大関豊山らは、分かっていながらもその技にかかってしまうことがあった。海力山と名乗るつもりでいたが、番付に間違えて海乃山と書かれ、そのままカイノヤマで通した。

荒岐山(あらきやま) 正(ただし)（前頭11枚目）

本　名	永野正	入　幕	昭和36年３月場所
生年月日	昭和15年１月５日	最終場所	昭和38年５月場所
没年月日	昭和61年９月５日	幕内在位	５場所
出身地	岐阜県岐阜市弥八町	幕内成績	22勝37敗16休
四股名	永野→美濃錦→美乃錦→荒岐山→新岐山	勝　率	0.373
所属部屋	時津風	身　長	177cm（５尺８寸５分）
初土俵	昭和30年３月場所	体　重	142kg（38貫）
十両昇進	昭和35年５月場所	得意手	左四つ、寄り切り

アンコ型力士。左を差しての寄りで幕下全勝優勝。昭和35年秋場所十両優勝して入幕した36年ごろは期待されたが、新入幕の場所に前田川との一番で右足を骨折して十両に落ちた。37年初場所には２度目の十両優勝を果たして再入幕したが、３場所で陥落した。ひざを痛めたために出足が思うに任せず、体力を生かし切ることができなかった。結局は幕内では１度も勝ち越すことなく、前頭11枚目を最高位に通算５場所で終わった。

君錦(きみにしき) 利正(としまさ)（前頭３枚目）

本　名	五味利正	最終場所	昭和43年５月場所
生年月日	昭和12年７月６日	幕内在位	21場所
出身地	千葉県木更津市木更津	幕内成績	138勝168敗９休
四股名	五味→房州山→千葉ノ浪→君錦	勝　率	0.451
所属部屋	立浪	身　長	177cm（５尺８寸５分）
初土俵	昭和28年５月場所	体　重	125kg（33貫500）
十両昇進	昭和35年３月場所	得意手	右四つ、寄り切り
入　幕	昭和36年７月場所		

体力に恵まれ、右四つになっての四つ身の型のよさに定評があった。しかし、勝ちみの遅いのが欠点で、幕内上位では通用しなかった。入幕は昭和36年名古屋場所。前頭９枚目の38年春場所では岩風、若ノ海、房錦、琴櫻らを倒し10勝を挙げた。翌場所には前頭３枚目まで上がり、これが最高位となった。有望力士の一人だったが、幕下には21場所もいた。43年夏場所廃業、郷里の木更津市でちゃんこ料理店を経営。

一乃矢(いちのや) 藤太郎(とうたろう)（前頭４枚目）

本　名	須藤良一	最終場所	昭和39年７月場所
生年月日	昭和12年６月30日	幕内在位	７場所
没年月日	昭和52年４月19日	幕内成績	44勝61敗
出身地	青森県南津軽郡田舎館村川部	勝　率	0.419
四股名	須藤→一ノ矢→一乃矢	身　長	173cm（５尺７寸）
所属部屋	春日野	体　重	86kg（23貫）
初土俵	昭和28年５月場所	得意手	右四つ、寄り切り
十両昇進	昭和33年５月場所		
入　幕	昭和36年７月場所		

春日野部屋伝統の相撲巧者。本名の須藤で土俵に上がっていた幕下時代から注目される存在だった。しかし、体力に恵まれず、昭和36年名古屋場所で入幕したが、中堅から下位で７場所務めただけだった。青森県の田舎館村出身は横綱の栃ノ海（先代春日野親方）と同郷で、小・中学校の同期生。明治中期の名大関一乃矢藤太郎の血筋を引いていたという。最高位の前頭４枚目だった37年春場所には横綱若乃花（初代）から最後の不戦勝を得ている。

宮柱 義雄（前頭11枚目）
みやばしら よしお

本　名	江口義雄	幕内在位	４場所
生年月日	昭和11年１月22日	幕内成績	19勝35敗６休
出身地	佐賀県佐賀市本庄町鹿子	勝　率	0.352
四股名	江口→佐賀ノ里→宮柱	身　長	185cm（６尺１寸）
所属部屋	二所ノ関	体　重	108kg（29貫）
初土俵	昭和28年１月場所	得意手	左四つ、寄り切り
十両昇進	昭和32年３月場所	年寄名	浜風（平成12年７月退職）
入　幕	昭和36年９月場所		
最終場所	昭和40年３月場所		

体と素質に恵まれた上、同県人ということもあって師匠の二所ノ関（元大関佐賀ノ花）に早くから目をかけられていたが、ひざの故障で出世が遅れ、前頭11枚目で終わった。左四つからの寄りが得意だったが、取り口に鋭さが不足していたことも前進を阻んだ大きな原因となった。十両を５年経験した後の昭和36年秋場所入幕、横綱大鵬の土俵入りの露払いを務めていた。40年春場所限りで引退、年寄浜風となり、長く名古屋場所担当委員を務めた。

若天龍 裕三（前頭筆頭）
わかてんりゅう ゆうぞう

本　名	中川→粥川辰夫	幕内在位	29場所
生年月日	昭和15年１月１日	幕内成績	195勝238敗２休
出身地	京都府京都市中京区西ノ京左馬寮町	勝　率	0.450
所属部屋	花籠	身　長	175cm（５尺８寸）
初土俵	昭和30年３月場所	体　重	106kg（28貫500）
十両昇進	昭和35年９月場所	得意手	左四つ、上手投げ
入　幕	昭和36年９月場所		
最終場所	昭和44年７月場所		

若乃花、若ノ海、若秩父、若三杉、若ノ国、若駒とともに、当時「花籠七若」と称されたうちの一人。小柄だが相撲は正攻法。左四つ、右上手投げは強烈で、それも決まらなければ技を連発するのが特徴だった。また、両手をきちんと付いて立つ模範的な立ち合いは評判を呼んだ。前頭筆頭だった昭和40年の九州場所では横綱栃ノ海を首投げで破っている。十両優勝２回、入幕５回、幕内通算29場所を務めた後、廃業。民間会社に就職して課長となり、話題となった。

若駒 健三（前頭８枚目）
わかこま けんぞう

本　名	伊藤健三	最終場所	昭和37年３月場所
生年月日	昭和12年４月20日	幕内在位	３場所
没年月日	令和元年８月31日	幕内成績	18勝27敗
出身地	秋田県南秋田郡五城目町畑町	勝　率	0.400
四股名	大響→羽後響→羽後光→若駒	身　長	170cm（５尺６寸）
所属部屋	花籠	体　重	83kg（22貫）
初土俵	昭和28年９月場所	得意手	右四つ、上手投げ、内掛け
十両昇進	昭和35年９月場所		
入　幕	昭和36年９月場所		

小兵で動きが速く、右四つになって投げや内掛けなどの足技を得意とした。若いころ腰を痛め、幕下には27場所も在位した。子どものころから将棋が強かったこともあり、若駒と改名。昭和35年名古屋場所に幕下で全勝優勝して十両へ。十両でも優勝を経験している。37年初場所の３日目、新入幕で学生相撲出身の豊山（後の時津風理事長）を右内掛けで鮮やかに倒している。四股名にちなんで将棋の駒をあしらった化粧まわしを締めていた。

豊國　範（小結）
とよくに　すすむ

本　名	大塚範	最終場所	昭和43年１月場所
生年月日	昭和12年11月30日	幕内在位	37場所
出身地	大分県中津市島田	幕内成績	249勝293敗13休
四股名	大塚→豊國	勝　率	0.459
所属部屋	時津風	三　賞	敢闘賞１回、技能賞１回
初土俵	昭和35年５月場所幕下最下位格付出	身　長	176cm（５尺８寸）
十両昇進	昭和36年１月場所	体　重	131kg（35貫）
入　幕	昭和36年11月場所	得意手	左四つ、寄り切り、内掛け

中大相撲部出身。幕下付出でスタートし全勝優勝、幕下３場所で十両入り。十両でも優勝して、昭和36年九州場所新入幕。四股名も本名の大塚から豊國に改名した。豊山（後の時津風理事長）とは「豊豊コンビ」といわれた。一見ぎごちない相撲だったが、なかなかの巧者で突き押しで出るとみせかけての引き、はたき込み、さらに寄り身もあって内掛けも得意とした。38年九州場所横綱大鵬を引き落とし、39年秋場所４日目大鵬、５日目柏戸を連破している。

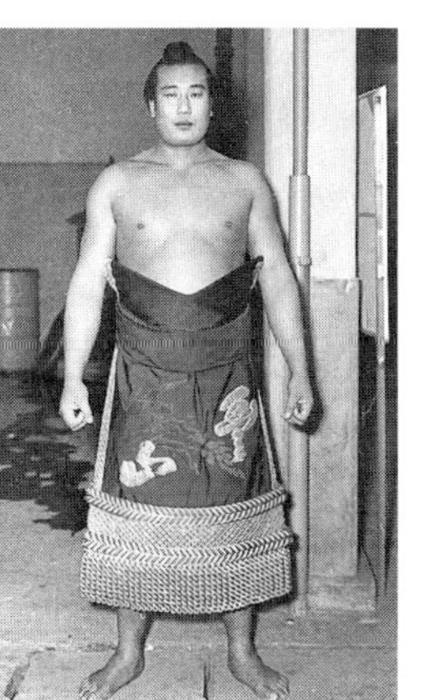

豊山　勝男（大関）
ゆたかやま　かつお

本　名	内田勝男	幕内在位	41場所
生年月日	昭和12年８月18日	幕内成績	373勝234敗８休
出身地	新潟県新発田市五十公野	勝　率	0.614
四股名	内田→豊山	三　賞	殊勲賞３回、敢闘賞４回
所属部屋	時津風	身　長	189cm（６尺２寸５分）
初土俵	昭和36年３月場所幕下10枚目格付出	体　重	137kg（36貫500）
十両昇進	昭和36年９月場所	得意手	右四つ、上手投げ
入　幕	昭和37年１月場所	年寄名	錦島→時津風→錦島（平成14年８月定年退職）
最終場所	昭和43年９月場所		

学生横綱のプロ入り第１号、鳴り物入りで双葉山の下に入門。期待どおり出世し、昭和36年九州場所で栃光以来６年ぶりに十両全勝優勝を果たして翌場所新入幕。殊勲・敢闘賞の常連で、あっという間に大関へ昇進。恵まれた体と右四つからのつり、投げが強かった。しかし、時代は「柏鵬」の全盛だったことや、立ち合いが甘かったこと、反り身になるところを相手につかれるなど、優勝経験のないまま土俵を去った。平成10年理事長に就任、２期４年務めた。

天津風　武蔵（前頭３枚目）
あまつかぜ　たけぞう

本　名	宮永征夫	最終場所	昭和42年５月場所
生年月日	昭和12年12月１日	幕内在位	16場所
没年月日	平成25年４月30日	幕内成績	96勝133敗11休
出身地	石川県輪島市門前町道下	勝　率	0.419
四股名	宮永→天津風	身　長	179cm（５尺９寸）
所属部屋	時津風	体　重	124kg（33貫）
初土俵	昭和30年５月場所	得意手	右四つ、寄り切り
十両昇進	昭和36年５月場所		
入　幕	昭和37年１月場所		

恵まれた体力。右を差しての出足はなかなか鋭く、稽古場では強かったものの、気の弱いせいか本場所では力が出し切れず、「稽古場横綱」といわれた。昭和38年初場所には大関佐田の山（境川元理事長）の攻撃に耐え、右四つから寄り切った相撲をみせている。のんびりした性格で、海外巡業の際などは「天津風が乗っているから全員そろっているはず」と、飛行機が離陸できたという笑い話が残っている。また、時津風部屋随一の大食漢としても知られていた。

岡ノ山 喜郎（前頭５枚目）
おかのやま よしろう

本　名	山部喜一郎	幕内在位	５場所
生年月日	昭和10年11月３日	幕内成績	23勝43敗９休
出身地	岡山県小田郡矢掛町矢掛	勝　率	0.348
四股名	山部→岡ノ山	身　長	185cm（６尺１寸）
所属部屋	時津風	体　重	112kg（30貫）
初土俵	昭和30年５月場所	得意手	右四つ、寄り切り
十両昇進	昭和36年７月場所		
入　幕	昭和37年３月場所		
最終場所	昭和40年１月場所		

昭和36年夏場所、幕下で全勝優勝して十両入り。十両を４場所経験して37年春場所入幕。同場所に９勝を挙げで翌場所は前頭５枚目まで躍進している。体も大きく有望視されていたが、その夏場所、出羽錦との一番で右ひざを痛めて途中休場。結局、この故障が原因で十両に陥落。十両優勝して再入幕したものの、恵まれた体を生かすことが出来ずに終わった。入門当時の内田（豊山＝後の時津風理事長）の稽古相手になっていた。右四つからの寄りと投げが得意。

栗家山 恵三（前頭５枚目）
くりけやま けいぞう

本　名	橘井恵三	最終場所	昭和39年１月場所
生年月日	昭和13年２月15日	幕内在位	３場所
出身地	北海道沙流郡日高町富川	幕内成績	18勝27敗
四股名	橘井→登美錦→栗家山→太鯤→橘井	勝　率	0.400
所属部屋	佐ノ山→高砂→佐ノ山	身　長	175cm（５尺８寸）
初土俵	昭和31年３月場所	体　重	88kg（23貫500）
十両昇進	昭和36年５月場所	得意手	左四つ、寄り切り
入　幕	昭和37年３月場所		

軽量力士で、立ち合いから激しい突っ張りと出足速の寄りは活気にあふれ、新十両の場所に11勝したあたりから注目された。十両は５場所で通過し、入幕その場所ベテランの成山、若ノ海らを倒して９勝し、次の昭和37年夏場所は前頭５枚目まで上がり、上位陣に健闘。特に大関北葉山との双方が張り手を交えての猛烈な突っ張り合いは話題になった。しかし、その後は急降下し幕下まで落ち太鯤、橘井と改名して再起を図ったが成らなかった。

朝ノ海 正清（前頭９枚目）
あさのうみ まさきよ

本　名	崎谷政清	幕内成績	23勝37敗
生年月日	昭和11年11月22日	勝　率	0.383
出身地	鹿児島県大島郡宇検村屋鈍	身　長	172cm（５尺６寸５分）
所属部屋	高砂	体　重	94kg（25貫）
初土俵	昭和28年１月場所	得意手	右四つ、寄り切り
十両昇進	昭和33年11月場所		
入　幕	昭和37年７月場所		
最終場所	昭和39年１月場所		
幕内在位	４場所		

奄美大島出身で、郷土の英雄・朝潮を慕って高砂部屋に入門。９年半かかって入幕を果たした。体は小さかったが、向こう気が強く、腕力に恵まれ、取り口はきびきびと気力にあふれていた。立ち合いから相手の懐に飛び込み、起こして出るか、あるいは左上手からの出し投げを打って相手の体勢を崩して出るのを得意とした。強引な上手やぐら投げをみせることもあり、昭和37年秋場所には若ノ海をやぐらで振り回して倒している。

たまあらし　こうへい

玉嵐 孝平（前頭4枚目）

本　名	成田孝平	最終場所	昭和42年7月場所
生年月日	昭和16年8月1日	幕内在位	12場所
没年月日	平成5年2月28日	幕内成績	79勝93敗8休
出身地	北海道河西郡芽室町東一条	勝　率	0.459
四股名	成田→玉嵐	身　長	173cm（5尺7寸）
所属部屋	二所ノ関→片男波	体　重	116kg（31貫）
初土俵	昭和31年9月場所	得意手	右四つ、寄り切り、押し出し
十両昇進	昭和37年3月場所		
入　幕	昭和37年7月場所		

足腰のいい、アンコ型力士。体付きや、いつもニコニコしている顔などは、相撲人形のようであった。右四つからの寄りが得意だったが、せっかくの重い腰も攻撃に生かすというよりも防御に用いることが多く、消極的な取り口が目立った。前頭4枚目の昭和38年名古屋場所、栃光、栃ノ海の両大関を倒したころが全盛期だった。玉乃海の片男波部屋が独立するのに伴って、二所ノ関から片男波部屋に移っている。廃業後、近大相撲部のコーチを務めた。

ひろかわ　たいぞう

廣川 泰三（小結）

本　名	山村泰三	最終場所	昭和44年1月場所
生年月日	昭和12年5月28日	幕内在位	32場所
没年月日	平成元年6月19日	幕内成績	218勝251敗11休
出身地	神奈川県横須賀市安浦町	勝　率	0.465
四股名	山村→泰山→旺葉山→廣川	三　賞	敢闘賞1回
所属部屋	高島→吉葉山→宮城野	身　長	177cm（5尺8寸5分）
初土俵	昭和28年3月場所	体　重	141kg（37貫500）
十両昇進	昭和36年7月場所	得意手	左四つ、押し出し
入　幕	昭和37年7月場所	年寄名	押尾川→東関→宮城野

オーソドックスな押し相撲と、「相撲人形のような」と形容された顔と体付きからファンが多かった。四股名を泰山といった幕下時代から将来性をかわれ、横綱吉葉山の宮城野親方に可愛いがられていたが、腰を痛めて幕下在位33場所と出世が遅れた。しかし、真面目な性格で、不遇時代にくさらずに稽古を積んだのが、後日の小結昇進につながった。現役引退後は近代的センスを持った年寄となり、師匠の死後部屋を継承し、幕内港龍、竹葉山らを育てた。

みやのはな　ひでてる

宮ノ花 秀暉（前頭12枚目）

本　名	宮脇邦義	最終場所	昭和39年9月場所
生年月日	昭和13年1月30日	幕内在位	1場所
出身地	愛媛県八幡浜市海岸通	幕内成績	3勝12敗
四股名	宮脇→宮ノ花→八幡浜→宮の花→宮ノ花	勝　率	0.200
所属部屋	二所ノ関	身　長	176cm（5尺8寸）
初土俵	昭和28年5月場所	体　重	110kg（29貫500）
十両昇進	昭和36年7月場所	得意手	左四つ、寄り切り
入　幕	昭和37年9月場所		

がっちりした筋肉質の体格。左を差して出ていく地味な四つ相撲で、立ち合いに鋭さがなく、また近視のためか動きの速い相手にいつも苦戦していた。幕下28場所と下積み生活が長く、昭和37年秋場所に入幕を果たしたものの3勝しか挙げられず、その場所限りで十両に落ちた。結局、再入幕ができないままに39年秋場所、26歳で廃業している。近視で普段は眼鏡をかけていたため、「メガネのお相撲さん」といわれていた。

あずまにしき　えいざぶろう
東錦 栄三郎（前頭15枚目）

本　名	星野栄三郎	最終場所	昭和42年9月場所
生年月日	昭和15年10月2日	幕内在位	1場所
没年月日	平成6年11月9日	幕内成績	3勝12敗
出身地	東京都新宿区西新宿	勝　率	0.200
四股名	星野→東錦	身　長	173cm（5尺7寸）
所属部屋	高砂	体　重	132kg（35貫）
初土俵	昭和31年5月場所	得意手	左四つ、寄り切り
十両昇進	昭和37年3月場所		
入　幕	昭和37年9月場所		

上背はなかったが、丸々と太った典型的なアンコ型力士。入門から順調に昇進し、十両もわずか3場所で通過。昭和37年秋場所に入幕している。しかし、その場所3勝12敗と大きく負け越して十両に陥落。以後は39場所も十両で過ごしたが、とうとう再入幕は果たせないまま終わった。左四つになって太鼓腹を使ってのつり身の寄りが得意で、外掛けをみせることもあったが、出足にいまひとつ鋭さがなかった。実家は東京・新宿のトンカツ料理店。

おうぎやま　たみお
扇山 民雄（前頭5枚目）

本　名	高橋民雄	幕内在位	12場所
生年月日	昭和13年3月27日	幕内成績	78勝102敗
出身地	宮城県栗原市金成町	勝　率	0.433
四股名	高橋川→伊達ノ花→扇山	身　長	177cm（5尺8寸5分）
所属部屋	時津風	体　重	103kg（27貫500）
初土俵	昭和30年1月場所	得意手	右四つ、寄り切り
十両昇進	昭和37年1月場所		
入　幕	昭和37年9月場所		
最終場所	昭和43年9月場所		

体は小さかったが、相撲はうまく、右を差して相手の胸に頭を付け、左から投げを打って寄って出ていくのが得意技。昭和36年九州場所幕下で全勝優勝して十両に。新入幕の37年秋場所には、海乃山、若ノ海、明武谷らを倒して9勝を挙げ、続く九州場所でも勝ち越して、38年初場所には前頭5枚目に上がっている。その後は十両に落ちたが、41年名古屋場所で3度目の入幕を果たし、42年初場所に再び前頭5枚目まで昇進した。力士廃業後はプロレス界に転向した。

とちおうやま　みねあき
栃王山 峰啓（前頭筆頭）

本　名	神谷静	最終場所	昭和47年1月場所
生年月日	昭和18年3月1日	幕内在位	35場所
没年月日	平成13年3月31日	幕内成績	223勝273敗29休
出身地	愛知県名古屋市中村区中村本町	勝　率	0.450
四股名	神谷→栃王山	三　賞	敢闘賞1回
所属部屋	春日野	身　長	174cm（5尺7寸5分）
初土俵	昭和33年11月場所	体　重	112kg（30貫）
十両昇進	昭和37年5月場所	得意手	右四つ、上手出し投げ
入　幕	昭和38年1月場所	年寄名	清見潟（昭和51年10月廃業）

小柄だったが、高校時代から相撲を取っており、右を差しての寄り、上手出し投げ、突き落とし、下手投げとなかなか器用だった、さらに動き回って相手から嫌がられた。自ら意識的に師匠の春日野（元横綱栃錦）の仕切り動作などを真似ていたが、強さの方は必ずしも真似られなかった。昭和42年初場所、佐田の山を引っ掛けて泳がせての送り出し、44年初場所、柏戸を右下手投げで倒して二つの金星を挙げている。目を悪くして引退した。

わかなると　きよみ

若鳴門 清海（前頭6枚目）

本　名	居内徳夫
生年月日	昭和14年2月7日
没年月日	平成23年4月18日
出身地	兵庫県南あわじ市三原町
四股名	居内→若鳴門
所属部屋	春日野
初土俵	昭和30年1月場所
十両昇進	昭和36年11月場所
入　幕	昭和38年1月場所
最終場所	昭和45年5月場所
幕内在位	20場所
幕内成績	134勝166敗
勝　率	0.447
身　長	182cm（6尺）
体　重	115kg（30貫500）
得意手	右四つ、寄り切り
年寄名	千田川（平成16年2月定年退職）

兵庫県淡路島育ちで、色浅黒く精悍な体付きの力士。高校時代に相撲選手として活躍し、同郷の鳴門海を慕って春日野部屋に入門した。昭和38年初場所入幕。軽量だが闘志満々で、激しい上突っ張りを得意とした。突っ張ってのはたき、ひねり、投げ、足癖などで土俵狭しと暴れ回った。子どものころに右足の親指を切断しながら、幕内で活躍した「根性」は語り草。引退後は年寄千田川として相撲教習所で長く指導に当たった後、巡業部から指導普及部、監察各委員を歴任した。

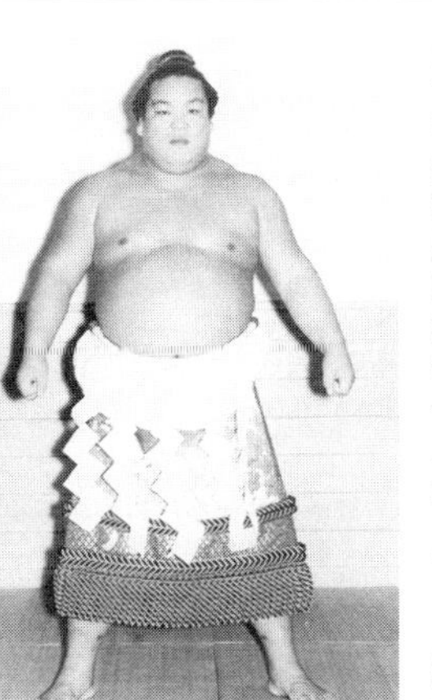

ことざくら　まさかつ

琴櫻 傑将（横綱）

本　名	鎌谷紀雄
生年月日	昭和15年11月26日
没年月日	平成19年8月14日
出身地	鳥取県倉吉市鍛冶町
四股名	鎌谷→琴櫻
所属部屋	佐渡ヶ嶽
初土俵	昭和34年1月場所
十両昇進	昭和37年7月場所
入　幕	昭和38年3月場所
最終場所	昭和49年5月場所（番付は7月場所）
幕内在位	66場所
幕内成績	553勝345敗77休
勝　率	0.616
優　勝	5回
三　賞	殊勲賞4回、敢闘賞2回
身　長	182cm（6尺）
体　重	150kg（40貫）
得意手	右四つ、寄り切り、押し出し
年寄名	白玉→佐渡ヶ嶽（平成17年11月定年退職）

大関時代はけがに泣かされたが、昭和47年九州場所、48年初場所と連続優勝して横綱へ昇進、32歳の遅咲きだった。「猛牛」のあだ名通りの相撲で、頭から激しく当たって、そのまま力に任せて遮二無二に押していく出足に威力があった。先代が急逝して部屋を継ぎ、琴風、琴錦、琴ノ若、琴欧洲、琴光喜らを育てた。

だいゆう　たつみ

大雄 辰實（前頭筆頭）

本　名	柳田→横山辰實
生年月日	昭和15年5月27日
出身地	鹿児島県肝属郡錦江町城元
四股名	柳田→大根占→大雄
所属部屋	井筒
初土俵	昭和31年5月場所
十両昇進	昭和35年7月場所
入　幕	昭和38年5月場所
最終場所	昭和47年9月場所
幕内在位	43場所
幕内成績	296勝349敗
勝　率	0.459
身　長	176cm（5尺8寸）
体　重	118kg（31貫500）
得意手	右四つ、寄り切り
年寄名	陸奥→甲山（平成17年5月定年退職）

兄弟子鶴ヶ嶺譲りの前さばきのよさ、もろ差しのうまさがあった。しかし、いい形になりながらも勝ちに出るタイミングの遅さで、何度か技能賞候補に上がりながらも受賞を逸した。左ひざを悪くし痛風にも悩まされて十両に落ちたが、すぐに十両優勝を果たして返り咲いたあたりは、やはりその技能が物をいった。引退後、年寄陸奥から甲山となり、長男龍甲（最高位幕下）の入門した1年後に陸奥部屋から独立したが、体調を崩し平成14年夏場所限りで甲山部屋を閉じた。

わかなみ　じゅん
若浪 順（小結）

本　名　冨山順
生年月日　昭和16年３月１日
没年月日　平成19年４月16日
出身地　茨城県坂東市矢作
四股名　冨山→冨山→若浪
所属部屋　立浪
初土俵　昭和32年３月場所
十両昇進　昭和36年３月場所
入　幕　昭和38年５月場所
最終場所　昭和47年３月場所

幕内在位　52場所
幕内成績　351勝429敗
勝　率　0.450
優　勝　１回
三　賞　敢闘賞２回、技能賞２回
身　長　178cm（５尺８寸５分）
体　重　103kg（27貫500）
得意手　左四つ、つり出し、うっちゃり
年寄名　大鳴戸→玉垣（平成18年２月定年退職）

小柄だが、足腰のよさと腕力の強さは抜群。その力に物をいわせて相手をつり上げ、振り回すといった強引な取り口は、胸毛や濃いもみあげの風貌と合わせて人気を呼んだ。十両時代に足を骨折した際に、針金を入れて治療したことが知られている。昭和43年春場所には、見事平幕優勝を飾っている。酒豪で、歌を歌わせるとプロ級のノドを持っていた。引退後は審判委員や監事などを歴任した。

さかほこ　よじろう
逆鉾 與治郎（前頭６枚目）

本　名　山口→古田元行
生年月日　昭和17年６月７日
出身地　鹿児島県薩摩川内市五代町
四股名　川内→逆鉾
所属部屋　井筒
初土俵　昭和33年７月場所
十両昇進　昭和37年７月場所
入　幕　昭和38年５月場所
最終場所　昭和38年11月場所

幕内在位　４場所
幕内成績　24勝21敗15休
勝　率　0.533
三　賞　敢闘賞１回
身　長　176cm（５尺８寸）
体　重　90kg（24貫）
得意手　突き出し、左四つ、出し投げ、内掛け

川内といった幕下時代から有望視され、新十両の場所に井筒部屋の由緒ある四股名である逆鉾を名乗った。部屋の期待どおり十両をわずか５場所で通過し、新入幕の昭和38年夏場所は11勝４敗の好成績で敢闘賞を受賞している。小兵だったが、足腰のよさは群を抜き、きびきびした動きと多彩な技で人気を集めた。全身バネといった感じの体付きで、突っ張りの回転も速く、組むととっさの内掛けと技能力士として注目されたが、私行上の問題で廃業した。

あらなみ　ひでよし
荒波 秀義（前頭４枚目）

本　名　牧山通雄
生年月日　昭和15年11月16日
没年月日　平成22年９月２日
出身地　佐賀県唐津市鎮西町
四股名　牧山→荒波
所属部屋　時津風
初土俵　昭和31年１月場所
十両昇進　昭和36年９月場所
入　幕　昭和38年５月場所
最終場所　昭和41年７月場所

幕内在位　11場所
幕内成績　63勝102敗
勝　率　0.382
身　長　184cm（６尺５分）
体　重　106kg（28貫500）
得意手　左四つ、寄り切り、突き出し

本名の牧山で十両入り、十両４場所目の昭和37年春場所、荒波と改名。長身力士で、突っ張りと左四つからのつりと寄りが得意だった。39年九州場所に３度目の入幕を果たし、同場所で幕内として初めて勝ち越し、翌場所も８勝して40年春場所前頭４枚目に上がった。海乃山との対戦で、突っ張り合いからはたいた際に、まげを引っ張ったが反則を取られず、そのまま勝ったことがある。戦前の美男力士松浦潟と血縁関係にあり、またクリスチャン力士としても知られた。

<ruby>黒獅子<rt>くろじし</rt></ruby> <ruby>勇蔵<rt>ゆうぞう</rt></ruby>(前頭12枚目)

本　名	尾崎勇	幕内在位	２場所
生年月日	昭和14年２月２日	幕内成績	11勝19敗
出身地	大阪府泉南郡岬町多奈川東畑	勝　率	0.367
四股名	尾崎→黒獅子	身　長	174cm(５尺７寸５分)
所属部屋	二所ノ関	体　重	95kg(25貫500)
初土俵	昭和32年３月場所	得意手	右四つ、寄り切り
十両昇進	昭和37年９月場所		
入　幕	昭和38年７月場所		
最終場所	昭和40年１月場所		

岸和田産業高校時代に相撲部で活躍し、勧められて二所ノ関部屋へ入門。体は小さかったものの勝負度胸がよく、右を差しての速攻が得意で、闘志あふれる取り口をみせた。新入幕の昭和38年名古屋場所に８勝しているが、体力不足と手首の故障などで、幕内はわずか２場所で終わり、40年初場所限りで廃業した。幕下時代に大鵬の付け人を務めて以後は、大鵬のよき相談相手となった。大鵬が独立して部屋を興した際は、コーチとして迎えられた。

<ruby>高鉄山<rt>こうてつやま</rt></ruby> <ruby>孝之進<rt>こうのしん</rt></ruby>(関脇)

本　名	菅孝之進	最終場所	昭和50年１月場所
生年月日	昭和17年７月９日	幕内在位	50場所
没年月日	平成８年４月14日	幕内成績	323勝425敗２休
出身地	北海道小樽市手宮	勝　率	0.432
四股名	葵竜→高鐵山→二瀬川→高鐵山→高鉄山	三　賞	敢闘賞１回、技能賞１回
所属部屋	朝日山	身　長	178cm(５尺８寸５分)
初土俵	昭和32年３月場所	体　重	129kg(34貫500)
十両昇進	昭和38年１月場所	得意手	押し出し、左四つ、寄り切り
入　幕	昭和38年９月場所	年寄名	大鳴戸(平成７年１月廃業)

突っ張っての押しが得意で、全盛期はスピードもあり、押しから引くタイミングもよかった。１度だけだが関脇に進み、横綱大鵬を破っている。朝日山部屋の由緒ある四股名である二瀬川を名乗っていたが、自ら高鉄山と改名したという。十両と幕内の往復を何度も繰り返した。持病の神経痛に悩み引退。師匠の死後、千葉県市川市に大鳴戸部屋を興し、小結板井を育てた。

<ruby>大麒麟<rt>だいきりん</rt></ruby> <ruby>将能<rt>たかよし</rt></ruby>(大関)

本　名	堤隆能	最終場所	昭和49年11月場所
生年月日	昭和17年６月20日	幕内在位	58場所
没年月日	平成22年８月４日	幕内成績	473勝337敗49休
出身地	佐賀県佐賀市諸富町徳富	勝　率	0.584
四股名	堤→麒麟児→大麒麟	三　賞	殊勲賞５回、技能賞４回
所属部屋	二所ノ関	身　長	182cm(６尺)
初土俵	昭和33年５月場所	体　重	140kg(37貫500)
十両昇進	昭和37年７月場所	得意手	右四つ、つり出し、寄り切り
入　幕	昭和38年９月場所	年寄名	押尾川(平成18年６月退職)

昭和50年秋、力士16人を連れて二所ノ関部屋を飛び出した「押尾川騒動」の主人公。この騒動には、師匠との口約束の行き違いなど複雑な事情があったようだ。しかし、その押尾川部屋も平成17年に閉じて、所属力士を尾車部屋に託した。柔らかい足腰、前さばきのうまさで横綱柏戸をしばしば倒した。だが神経質な一面があって“ここ一番”に弱かった。足の骨折で幕内から幕下まで後退、その後大関昇進は大麒麟が初めてだった。監事から理事になって審判部長を務めた。

沢光（さわひかり） 幸夫（ゆきお）（小結）

本　名　沢向→梅村→沢向幸夫
生年月日　昭和16年6月18日
出身地　北海道常呂郡佐呂間町武士
四股名　沢向→沢光
所属部屋　時津風
初土俵　昭和31年9月場所
十両昇進　昭和37年1月場所
入　幕　昭和38年11月場所
最終場所　昭和39年11月場所

幕内在位　7場所
幕内成績　39勝51敗15休
勝　率　0.433
三　賞　殊勲賞1回、敢闘賞1回
身　長　173cm（5尺7寸）
体　重　105kg（28貫）
得意手　右四つ、寄り切り

昭和38年秋場所に十両優勝、九州場所で清國とともに入幕。その場所、10勝5敗の好成績を挙げて早々と敢闘賞を受賞している。小柄だったが、いつも闘志満々で、張り手を交えた猛烈な突っ張り、立ち合い当たってから右を差して一気に出て行くきっぷのいい取り口だった。前頭4枚目だった39年夏場所には、同場所で優勝した横綱栃ノ海を引き落としに破り、8勝7敗で殊勲賞。翌場所、小結に幸運な昇進をしたが、その2場所後にはあっさり廃業した。

清國（きよくに） 忠雄（ただお）（大関）

本　名　佐藤忠雄
生年月日　昭和16年11月20日
出身地　秋田県湯沢市雄勝町横堀
四股名　若い国→梅ノ里→清國
所属部屋　荒磯→伊勢ヶ濱
初土俵　昭和31年9月場所
十両昇進　昭和38年5月場所
入　幕　昭和38年11月場所
最終場所　昭和49年1月場所
幕内在位　62場所

幕内成績　506勝384敗31休
勝　率　0.569
優　勝　1回
三　賞　殊勲賞3回、技能賞4回
身　長　182cm（6尺）
体　重　134kg（35貫500）
得意手　左四つ、寄り切り、押し出し
年寄名　楯山→伊勢ヶ濱→若藤（平成18年11月定年退職）

入幕2場所目の昭和39年初場所は前頭13枚目で初日から14連勝。千秋楽関脇大豪に敗れて、優勝は全勝の大鵬にさらわれたが、翌場所一気に関脇に。新大関の44年名古屋場所に優勝。期待されたが首を痛めて横綱はならなかった。きれいな立ち合い、怪力で美男。引退後、伊勢ヶ濱部屋を継承。32歳と当時最年少で理事に就任。福岡場所担当部長を歴代1位の9期18年務めた。

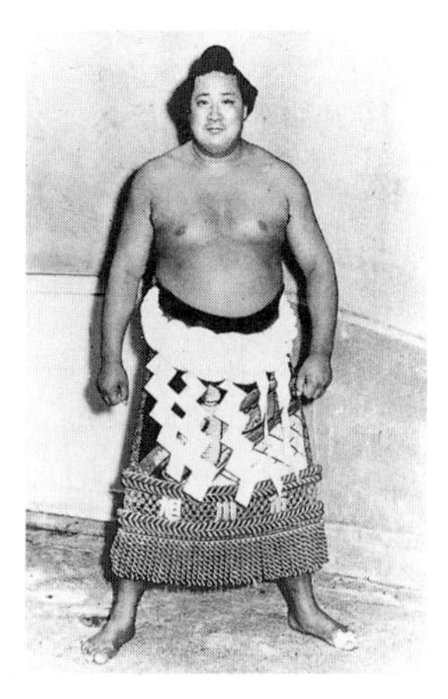

北の富士（きたのふじ） 勝昭（かつあき）（横綱）

本　名　竹沢勝昭
生年月日　昭和17年3月28日
出身地　北海道旭川市十条通
四股名　竹沢→竹美山→北の富士
所属部屋　出羽海→九重
初土俵　昭和32年1月場所
十両昇進　昭和38年3月場所
入　幕　昭和39年1月場所
最終場所　昭和49年7月場所
幕内在位　64場所

幕内成績　592勝294敗62休
勝　率　0.668
優　勝　10回
三　賞　殊勲賞2回、敢闘賞1回、技能賞3回
身　長　185cm（6尺1寸）
体　重　135kg（36貫）
得意手　左四つ、外掛け、上手投げ
年寄名　井筒→九重→陣幕（平成10年1月退職）

昭和45年初場所で3度目の優勝をして玉の海とともに横綱へ。かち上げて左を差しての速攻、強烈な上手投げや外掛けで、全勝3回を含む優勝10回を記録した。九重部屋独立に同行し、引退後は井筒部屋を興し、先代の死後は九重部屋を継承、千代の富士、北勝海の両横綱を育て、理事、広報部長を務めた。平成10年1月に退職し、NHK相撲放送の解説者となった。

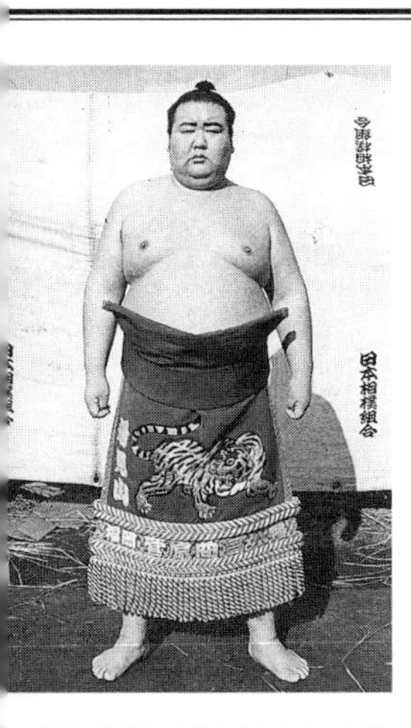

わかみやま　こうへい

若見山 幸平（関脇）

本　名	熊野敏彦	幕内在位	27場所
生年月日	昭和18年４月16日	幕内成績	173勝220敗12休
出身地	富山県富山市西田地方	勝　率	0.440
四股名	熊野→若見山	三　賞	敢闘賞１回
所属部屋	立浪	身　長	177cm（５尺８寸５分）
初土俵	昭和32年11月場所	体　重	176kg（47貫）
十両昇進	昭和38年５月場所	得意手	右四つ、寄り切り、きめ出し
入　幕	昭和39年１月場所	年寄名	大鳴戸（昭和45年３月廃業）
最終場所	昭和44年11月場所		

177㌢、176㌔。背丈と体重がほぼ同じという超アンコ型。相手を右四つに引っ張り込み、体重を利してじっくり出て行く相撲。入幕２場所目の昭和39年春場所、前頭２枚目に昇進し、初対戦の上位陣相手に勝ち越して敢闘賞を受賞。翌夏場所小結、40年九州場所には関脇となり、同場所でも勝ち越している。北の富士、清國とともに「若手三羽がらす」と呼ばれ、富山県出身であることから「３代目梅ヶ谷」と期待されたが、稽古不足もあり期待を裏切った。

あさせがわ　けんじ

淺瀬川 健次（前頭筆頭）

本　名	亀山健治	最終場所	昭和46年５月場所
生年月日	昭和17年５月４日	幕内在位	29場所
没年月日	平成29年９月22日	幕内成績	188勝236敗11休
出身地	大阪府大阪市浪速区幸町	勝　率	0.443
四股名	亀山→若乃峰→淺瀬川	三　賞	技能賞１回
所属部屋	荒磯→伊勢ヶ濱	身　長	177cm（５尺８寸５分）
初土俵	昭和32年５月場所	体　重	139kg（37貫）
十両昇進	昭和37年11月場所	得意手	左四つ、寄り切り
入　幕	昭和39年３月場所	年寄名	浦風（昭和50年１月廃業）

大阪出身とあって特に春場所での人気は高かった。昭和42年春場所の５日目、34連勝していた横綱大鵬を寄り切って金星を挙げたときは大変な騒ぎになった。39年九州場所、前頭２枚目で横綱柏戸を破り８勝、翌場所は前頭筆頭へ。41年春場所にも柏戸に勝って技能賞を獲得、再び前頭筆頭まで進んだ。その後は病気のため幕下中位まで落ちたが、幕内にカムバックしている。「亀さん」と呼ばれ親しまれたユーモリスト。次男は朝日山部屋の力士（最高位三段目）だった。

たまのうみ　まさひろ

玉の海 正洋（横綱）

本　名	善竹→谷口→竹内→谷口正夫	最終場所	昭和46年９月場所
生年月日	昭和19年２月５日	幕内在位	46場所
没年月日	昭和46年10月11日（現役中）	幕内成績	469勝221敗
出身地	愛知県蒲郡市水竹町	勝　率	0.680
四股名	玉乃島→玉の海	優　勝	６回
所属部屋	二所ノ関→片男波	三　賞	殊勲賞４回、敢闘賞２回
初土俵	昭和34年３月場所	身　長	177cm（５尺８寸５分）
十両昇進	昭和38年９月場所	体　重	134kg（35貫500）
入　幕	昭和39年３月場所	得意手	右四つ、上手投げ、つり出し

昭和46年10月11日、虫垂炎手術後の心臓動脈血栓症によるその死はあまりに急だった。右四つの型が完成しかかり、本格派横綱誕生と評されていた時期だっただけに、その死を惜しむ声は根強い。現役中に他界した歴代横綱は丸山、谷風、玉錦に次いで４人目。二所ノ関部屋から片男波部屋へ移り、大鵬の胸を借りて成長。部屋別総当たり制スタートの40年初場所の初日にその大鵬に勝って"恩返し"した。45年初場所後に北の富士とともに横綱へ昇進した。

<ruby>北ノ國<rt>きたのくに</rt></ruby> <ruby>仁<rt>ひとし</rt></ruby>（前頭10枚目）

本　名　斎藤仁
生年月日　昭和13年1月15日
出身地　北海道札幌市西区八軒
四股名　斎藤→立ノ花→北乃花→大國→北ノ國
所属部屋　立浪
初土俵　昭和31年1月場所
十両昇進　昭和37年5月場所
入　幕　昭和39年5月場所
最終場所　昭和43年3月場所
幕内在位　8場所
幕内成績　52勝68敗
勝　率　0.433
身　長　178cm（5尺8寸5分）
体　重　124kg（33貫）
得意手　左四つ、寄り切り

肩幅の広いがっちりした体付き。四つ相撲を得意とし、左を差して攻めるときの腰の使い方がうまかった。大國の四股名で十両入りしたものの一進一退を続けたが、昭和38年秋場所に北ノ國と改めてから4場所目に入幕した。通算3度の入幕で計8場所務めている。新入幕の場所に玉乃島、北の富士に勝って8勝の星を残し、前頭10枚目まで進んだのが最高位。稽古場では強かったが、本場所では力を発揮できなかった。廃業後、郷里の札幌でちゃんこ店を経営していた。

<ruby>松前山<rt>まつまえやま</rt></ruby> <ruby>武士<rt>たけし</rt></ruby>（前頭9枚目）

本　名　渡辺貞夫
生年月日　昭和15年6月29日
出身地　北海道松前郡松前町江良
四股名　松前山→渡辺山→松前山
所属部屋　出羽海→九重
初土俵　昭和33年1月場所
十両昇進　昭和38年5月場所
入　幕　昭和39年7月場所
最終場所　昭和42年11月場所
幕内在位　3場所
幕内成績　14勝16敗15休
勝　率　0.467
身　長　173cm（5尺7寸）
体　重　94kg（25貫）
得意手　左四つ、押し出し
年寄名　尾上（昭和43年11月廃業）

元横綱千代の山の九重部屋が独立した昭和42年春場所で、大関北の富士が初優勝、十両で松前山が優勝して九重部屋独立に花を添えた。小兵だが、正攻法のはず押し、左を差しての寄りと速くうまい相撲だった。十両で7場所連続の勝ち越し。39年名古屋場所入幕、1度十両に落ちて40年春場所に再入幕して勝ち越したが、胸部疾患のため6場所休場して三段目まで陥落。しかし、その後再起して十両にカムバックした努力の力士。

<ruby>義ノ花<rt>よしのはな</rt></ruby> <ruby>成典<rt>まさのり</rt></ruby>（前頭筆頭）

本　名　相河成典
生年月日　昭和18年9月4日
没年月日　令和2年（月日不詳）
出身地　東京都台東区上野
所属部屋　出羽海
初土俵　昭和34年5月場所
十両昇進　昭和38年7月場所
入　幕　昭和39年11月場所
最終場所　昭和48年7月場所
幕内在位　36場所
幕内成績　234勝298敗8休
勝　率　0.440
三　賞　敢闘賞1回
身　長　189cm（6尺2寸5分）
体　重　177kg（47貫）
得意手　右四つ、小手投げ、寄り切り
年寄名　稲川（平成20年9月定年退職）

鳴り物入りで出羽海部屋に入門したのは15歳のとき。既に140キロの体重があった。アンコ型で怪童「相河少年」と呼ばれ、入門後は体がますます大きくなった。右四つから寄っていく正攻法の攻め口と同時に、小手投げをみせることもあった。体があるだけに型にはまると強かったものの、横の動きにもろさがあり、また巨体にはひざの故障が致命傷となり、ついに三役入りは果たせなかった。昭和41年九州場所横綱栃ノ海から金星を奪った。十両では2度優勝している。

昭和（戦後）

長谷川(はせがわ) 戡洋(かつひろ)(関脇)

本　名	長谷川勝敏	幕内成績	523勝502敗
生年月日	昭和19年７月20日	勝　率	0.510
出身地	北海道岩見沢市栗沢町美流渡	優　勝	１回
所属部屋	佐渡ヶ嶽	三　賞	殊勲賞３回、敢闘賞３回、技能賞２回
初土俵	昭和35年３月場所		
十両昇進	昭和38年１月場所	身　長	184cm（６尺５分）
入　幕	昭和40年１月場所	体　重	127kg（34貫）
最終場所	昭和51年５月場所	得意手	左四つ、すくい投げ、寄り切り
幕内在位	69場所	年寄名	秀ノ山（平成21年7月定年退職）

昭和51年春場所10日目、史上初の幕内連続1000回出場を白星で飾った長谷川は「よくここまでこれたと思うよ」。47年春場所、12勝３敗の成績を残し決定戦で魁傑を大相撲の末に寄り切って優勝。金星は40年秋場所、横綱栃ノ海から取ったのを手始めに合計９個。若いころから有望視され、左四つ、寄りを武器に幕内上位から三役で活躍、関脇は通算21場所務めた。実力は大関級。引退後は巡業、審判、地方場所、在京委員などを歴任した後、平成18年、理事に選出された。

天水山(てんすいやま) 正則(まさのり)(前頭10枚目)

本　名	池田正則	幕内在位	４場所
生年月日	昭和15年12月８日	幕内成績	23勝37敗
出身地	熊本県玉名市天水町小天	勝　率	0.383
四股名	池田→天水山→池田→天水山	身　長	176cm（５尺８寸）
所属部屋	荒磯→伊勢ヶ濱	体　重	128kg（34貫）
初土俵	昭和31年５月場所	得意手	左四つ、寄り切り
十両昇進	昭和38年７月場所		
入　幕	昭和40年５月場所		
最終場所	昭和43年９月場所		

下積み生活が長く、昭和38年夏場所、本名の池田で幕下優勝して十両入り、同時に天水山と改名。40年春場所、十両11場所目に優勝して翌場所入幕したが、２場所で十両陥落。42年夏場所、十両で２度目の優勝をして再入幕を果たした。左四つ、寄りの四つ相撲で、十両では体力を生かして勝ち越せたものの、特に得意技がなかったことから幕内には定着できなかった。新入幕の場所、虫垂炎を散らしながら健闘、８勝挙げたのが幕内唯一の勝ち越し。

若乃洲(わかのしま) 敏弥(としや)(前頭５枚目)

本　名	鈴木敏弥	最終場所	昭和44年11月場所
生年月日	昭和16年５月５日	幕内在位	11場所
没年月日	昭和59年３月18日	幕内成績	71勝94敗
出身地	福岡県福岡市中央区西公園	勝　率	0.430
四股名	九州若→若乃洲→洲	身　長	174cm（５尺７寸５分）
所属部屋	花籠	体　重	138kg（37貫）
初土俵	昭和32年１月場所	得意手	右四つ、寄り切り、上手投げ
十両昇進	昭和38年11月場所		
入　幕	昭和40年５月場所		

アンコ型力士。立ち合いの当たりと押し、右を差して出ていく相撲を厳しく指導されていたが、中学時代に柔道をやっていたせいか、体付きに似合わず投げにこだわる相撲が多く、体重を十分に生かしきれなかった。左上手を取り半身になっての引きずるような上手投げや、がっぷり四つになっての掛け投げがそれだった。入幕４場所目に９勝し、翌41年初場所に前頭５枚目に上がったのが最高位。その後、幕下まで転落して廃業した。

大心（だいしん） 昇（のぼる）（前頭８枚目）

本　名	長田留雄	入　幕	昭和40年７月場所
生年月日	昭和12年８月２日	最終場所	昭和44年３月場所
没年月日	平成24年３月20日	幕内在位	８場所
出身地	北海道山越郡長万部町花岡	幕内成績	49勝69敗２休
四股名	長葉山→八雲潟→長葉山→大心→長田	勝　率	0.415
所属部屋	高島→吉葉山→宮城野	身　長	178cm（５尺８寸５分）
初土俵	昭和31年９月場所	体　重	115kg（30貫500）
十両昇進	昭和39年11月場所	得意手	右四つ、寄り切り

横綱大鵬と同期生で、大鵬に初黒星をつけたのが大心（当時長葉山）。昭和32年初場所、序ノ口のときの対戦であった。大鵬戦は大心の１戦１勝。39年秋場所、幕下で全勝優勝し、十両を４場所で通過、40年名古屋場所新入幕。５場所務めて陥落したが、十両ですぐに優勝して再入幕している。最高位は前頭８枚目。東京・西新井大師でちゃんこ料理店経営。平成６年３月、明大相撲部出身の次男が立浪部屋に入門したが、ひざのけがで挫折した。

福の花（ふくのはな） 孝一（こういち）（関脇）

本　名	福島→松井孝一	最終場所	昭和50年11月場所
生年月日	昭和15年７月１日	幕内在位	61場所
没年月日	令和３年（月日不詳）	幕内成績	421勝466敗28休
出身地	熊本県合志市豊岡	勝　率	0.475
四股名	福島→福の花	三　賞	敢闘賞７回
所属部屋	出羽海	身　長	183cm（６尺５分）
初土俵	昭和33年１月場所	体　重	135kg（36貫）
十両昇進	昭和39年７月場所	得意手	突き出し、右四つ、つり出し
入　幕	昭和40年９月場所	年寄名	関ノ戸（平成17年６月定年退職）

闘志満々で、張り手を交えての激しい上突っ張りは、四股名をもじって「フックの花」といわれた。この張り手で柏戸、玉の海らを倒している。突っ張りから右を差して積極的に出ていったが、左四つになると力が出なかった。下積み生活が長かったものの、いつまでも若々しい取り口は人気を集め、敢闘賞は７回受賞。昭和50年九州場所で引退したときは既に35歳。元関ノ戸親方（元小結和歌嶋）の養子になり、引退後年寄関ノ戸を襲名。審判委員から在京委員となった。

花光（はなひかり） 節夫（せつお）（前頭３枚目）

本　名	遠藤節夫	最終場所	昭和45年９月場所
生年月日	昭和15年６月21日	幕内在位	25場所
没年月日	不詳	幕内成績	170勝205敗
出身地	岩手県八幡平市松尾寄木	勝　率	0.453
四股名	遠藤→花光	身　長	178cm（５尺８寸５分）
所属部屋	花籠	体　重	132kg（35貫）
初土俵	昭和33年５月場所	得意手	左四つ、寄り切り
十両昇進	昭和37年９月場所	年寄名	大嶽→放駒（昭和50年５月廃業）
入　幕	昭和40年11月場所		

左を差しての四つ相撲で、おとなしい性格を反映してか地味な存在であった。十両４場所目の昭和38年春場所、筆頭で８勝７敗を挙げながら入幕を見送られたのは気の毒。結局、十両19場所目に優勝して入幕、幕内中堅として安定した力を発揮した。自己最高位の前頭３枚目の43年夏場所、横綱柏戸を右すくい投げで倒したのが唯一の金星。引退後は大嶽の名跡を借りて創設間もない大鵬部屋で若手を指導した。後に放駒に変わったが、龍虎の引退に伴って廃業。

若二瀬(わかふたせ) 唯之(ただゆき)(小結)

本　名	戸嶋忠輝	最終場所	昭和50年３月場所
生年月日	昭和17年２月20日	幕内在位	36場所
没年月日	平成９年５月20日	幕内成績	238勝302敗
出身地	愛知県幡豆郡一色町佐久島	勝　率	0.441
四股名	戸嶋→若二瀬	三　賞	殊勲賞１回
所属部屋	大鳴戸→朝日山	身　長	177cm(５尺８寸５分)
初土俵	昭和35年９月場所	体　重	150kg(40貫)
十両昇進	昭和39年３月場所	得意手	押し出し、左四つ、寄り切り
入　幕	昭和41年３月場所	年寄名	浦風→北陣→朝日山

序ノ口から始まり引退するまでの連続出場記録が1137回、最高位は小結。年を追って次第に四つ相撲へと変わっていったが、ぶちかまして一気に出る押しに威力があり柏戸を圧倒したこともある。ぶつかり稽古で胸を出すのがうまく、若手力士のよき稽古台となった。師匠の急逝で年寄１年生の昭和50年10月、名門朝日山部屋の当主になったが、先代夫人と意見が合わずトンガ力士が廃業、帰国するトラブルも。理論家で、弟子の養成に情熱を傾けた。

朝岡(あさおか) 勲(いさお)(前頭10枚目)

本　名	朝岡勲	幕内在位	３場所
生年月日	昭和16年６月20日	幕内成績	17勝28敗
没年月日	平成18年６月10日	勝　率	0.378
出身地	兵庫県洲本市物部	身　長	174cm(５尺７寸５分)
所属部屋	高砂	体　重	125kg(33貫500)
初土俵	昭和37年５月場所	得意手	押し出し
十両昇進	昭和39年11月場所		
入　幕	昭和41年３月場所		
最終場所	昭和44年７月場所		

実業団相撲の出身。序ノ口、序二段と全勝優勝し、初土俵から４年目には入幕というスピード出世。上背はなかったものの固く締まった中アンコ型力士で、その体を生かし、立ち合い当たって出足速に押して出る相撲は威力があった。新入幕の昭和41年春場所は小城ノ花、鶴ヶ嶺、麒麟児（大麒麟）といった巧者を倒し９勝を挙げている。しかし、翌場所大きく負け越し十両へ。再入幕は果たしたものの再び十両に落ちた。東京・小岩でちゃんこ料理店を経営していた。

禊鳳(みそぎどり) 英二(えいじ)(前頭２枚目)

本　名	佐々木禊	幕内在位	14場所
生年月日	昭和18年12月10日	幕内成績	88勝109敗13休
出身地	北海道上磯郡木古内町木古内	勝　率	0.447
四股名	佐々木→禊鳳	三　賞	敢闘賞１回
所属部屋	出羽海→九重	身　長	181cm(５尺９寸５分)
初土俵	昭和36年１月場所	体　重	120kg(32貫)
十両昇進	昭和40年９月場所	得意手	左四つ、やぐら投げ
入　幕	昭和41年９月場所		
最終場所	昭和44年９月場所		

新入幕の昭和41年秋場所、12勝３敗の好成績で敢闘賞を受賞、翌九州場所は前頭２枚目に躍進した。初日横綱栃ノ海、２日目大関豊山、３日目横綱柏戸を連破して禊鳳旋風を巻き起こしたが、この場所は結局４勝11敗に終わった。その後しばらく幕内中軸で活躍、九重部屋独立に伴って出羽海部屋から移った。胸毛が濃く、左四つから投げで崩して寄る相撲は力感にあふれたものだった。44年夏場所、右股関節を痛め、十両から幕下まで落ちて廃業した。

昭和（戦後）

まえのやま　たろう

前の山 太郎（大関）

本　名　金島→中矢→清水和一
生年月日　昭和20年3月9日
没年月日　令和3年3月11日
出身地　大阪府守口市八雲西町
四股名　金島→金の島→前の山→前ノ山→前の山→前乃山→前の山
所属部屋　高砂
初土俵　昭和36年3月場所
十両昇進　昭和40年11月場所
入　幕　昭和41年9月場所
最終場所　昭和49年3月場所

幕内在位　46場所
幕内成績　343勝305敗34休
勝　率　0.529
三　賞　殊勲賞3回、敢闘賞2回
身　長　187cm（6尺1寸5分）
体　重　130kg（34貫500）
得意手　突き出し、左四つ、寄り切り
年寄名　高田川→千田川（平成22年3月定年退職）

張り手を交えた突っ張りを得意にした。昭和45年名古屋場所では、同門の横綱北の富士に同点決勝で敗れたが、大関に昇進。しかし、昇進早々の稽古で右足を骨折する不運にも見舞われ、大関では不振だった。引退後は年寄高田川として独立した。平成21年8月に元関脇安芸乃島（千田川→高田川）に部屋を譲った。

だいもんじ　けんじ

大文字 研二（前頭5枚目）

本　名　田村研二
生年月日　昭和15年2月26日
出身地　京都府京都市下京区七条御所ノ内本町
所属部屋　中村→二所ノ関
初土俵　昭和31年3月場所
十両昇進　昭和37年11月場所
入　幕　昭和41年11月場所
最終場所　昭和48年7月場所

幕内在位　7場所
幕内成績　43勝62敗
勝　率　0.410
身　長　183cm（6尺5分）
体　重　105kg（28貫）
得意手　左四つ、上手投げ
年寄名　押尾川→西岩（平成17年2月定年退職）

右上手を引き、半身の体勢になって引きずるような上手投げ、出し投げが得意で、老練な取り口をみせた。幕内より十両が長く、十両在位51場所。初土俵から入幕まで61場所を要した。角界に入る前はプロレスラーだったためか、仕切り直しの度に左腕を突き出して相手をにらむ動作など、ショーマンシップに富んでいた。師匠の死後、中村部屋から二所ノ関部屋へ。年寄西岩のとき押尾川騒動に巻き込まれ、二所ノ関を出て押尾川から、さらに片男波、二子山、大鵬部屋へ。

ふじのかわ　たけと

藤ノ川 豪人（関脇）

本　名　森田武雄
生年月日　昭和21年9月26日
出身地　北海道河東郡音更町下音更
四股名　森田→藤ノ川
所属部屋　伊勢ノ海
初土俵　昭和36年5月場所
十両昇進　昭和41年1月場所
入　幕　昭和41年11月場所
最終場所　昭和47年11月場所
幕内在位　31場所

幕内成績　209勝240敗16休
勝　率　0.465
三　賞　殊勲賞1回、敢闘賞2回、技能賞4回
身　長　178cm（5尺8寸5分）
体　重　108kg（29貫）
得意手　突き出し、押し出し、右四つ
年寄名　立川→伊勢ノ海→勝ノ浦（平成23年9月定年退職）

「今牛若」の異名通り小柄な体で土俵いっぱい暴れ回り、大鵬ら横綱、大関陣を悩ませた。柏戸の弟弟子。その相撲ぶりからも人気があった。技能賞4回など三賞を全て受賞。昭和46年名古屋場所で左足を痛め、持ち前のフットワークを生かせず力士生命を縮めた。26歳の若さで引退。師匠の没後に伊勢ノ海部屋を継承、協会理事として事務的能力を発揮した。

羽黒岩 盟海（小結）

はぐろいわ ともみ

本　名	戸田智次郎	最終場所	昭和53年１月場所
生年月日	昭和21年６月30日	幕内在位	55場所
没年月日	平成28年10月23日	幕内成績	385勝427敗13休
出身地	宮崎県延岡市柚の木田町	勝　率	0.474
四股名	戸田→羽黒岩	三　賞	敢闘賞１回
所属部屋	立浪	身　長	179cm（５尺９寸）
初土俵	昭和36年５月場所	体　重	130kg（34貫500）
十両昇進	昭和40年11月場所	得意手	右四つ、寄り切り、押し出し
入　幕	昭和42年１月場所	年寄名	雷（平成23年６月定年退職）

昭和44年春場所２日目、45連勝中の横綱大鵬を破った大金星が光っている。しかし、大鵬の右足かかとが土俵を割るよりも早く、戸田（当時）の足が出ていたことから“世紀の誤審”と大騒ぎになった。この一番に世論も沸騰し、勝負判定の参考にビデオテープが採用されるきっかけとなった。相撲はぶちかましての押しと突きが得意で、右を差すと寄りもあるという気合相撲。入幕38場所で小結になったが、これは当時の三役昇進の遅い記録だった。

二子岳 武士（小結）

ふたごだけ たけし

本　名	山中武	幕内在位	57場所
生年月日	昭和18年11月15日	幕内成績	376勝460敗１分11休
出身地	青森県五所川原市金木町嘉瀬	勝　率	0.450
四股名	山中→若二子→二子岳	三　賞	技能賞１回
所属部屋	花籠→二子山	身　長	178cm（５尺８寸５分）
初土俵	昭和36年１月場所	体　重	110kg（29貫500）
十両昇進	昭和39年11月場所	得意手	左四つ、下手投げ、内無双
入　幕	昭和42年１月場所	年寄名	白玉→荒磯（平成20年11月定年退職）
最終場所	昭和51年９月場所		

元横綱初代若乃花の二子山部屋関取第１号。多彩な技を持つ技能派で、「技の博覧会」といわれ、若々しい取り口で活躍した。左四つからの下手投げが十八番。また内無双や外無双もうまく、立ち合い一瞬のけたぐりも得意で、肩透かしなどのタイミングのいい引き技も持っていた。昭和43年九州場所、海乃山を鮮やかな外無双に破るなどの活躍で技能賞を受賞。平成５年５月、50歳になって二子山部屋から独立、国立市に荒磯部屋を興したが、関取を育てることはできなかった。

陸奥嵐 幸雄（関脇）

むつあらし ゆきお

本　名	南幸雄	最終場所	昭和51年３月場所
生年月日	昭和18年１月12日	幕内在位	53場所
没年月日	平成14年７月30日	幕内成績	375勝417敗３休
出身地	青森県上北郡東北町千曳	勝　率	0.473
四股名	南→陸奥嵐	三　賞	敢闘賞４回、技能賞１回
所属部屋	宮城野	身　長	177cm（５尺８寸５分）
初土俵	昭和36年９月場所	体　重	115kg（30貫500）
十両昇進	昭和40年11月場所	得意手	左四つ、つり出し、河津掛け
入　幕	昭和42年３月場所	年寄名	安治川（平成５年４月廃業）

左四つ、右上手を取ると相手構わず強引につりにかかり、つり出すとみせかけてつり落とすなど、その取り口から「東北の暴れん坊」といわれた。晩年にはさかんに河津掛けの奇手に出た。新入幕で13勝して敢闘賞。昭和43年名古屋場所では敢闘と技能の両賞を受賞する活躍もみせ、43年初場所には横綱大鵬を鮮やかな切り返しで破っている。51年春場所限り引退。年寄安治川を襲名、独立して部屋を興したが、後に体調を崩し旭富士に名跡と部屋を譲った。

栃東（とちあずま） 知頼（ともより）（関脇）

本　名	志賀駿男	幕内在位	59場所
生年月日	昭和19年９月３日	幕内成績	404勝448敗23休
出身地	福島県相馬市立谷中屋敷	勝　率	0.474
四股名	志賀→栃東	優　勝	１回
所属部屋	春日野	三　賞	殊勲賞４回、技能賞６回
初土俵	昭和35年11月場所	身　長	177cm（５尺８寸５分）
十両昇進	昭和40年５月場所	体　重	115kg（30貫500）
入　幕	昭和42年３月場所	得意手	左四つ、上手出し投げ
最終場所	昭和52年１月場所	年寄名	玉ノ井（平成21年９月定年退職）

前頭５枚目の昭和47年初場所、11勝４敗で唯一の優勝をしている。春日野部屋の力士らしい技能派。相撲勘がよく、右からの上手出し投げの切れ味は鋭く、全盛期の速攻は素晴らしいものがあった。その速攻で初顔合わせの大鵬を寄り切っている。関脇に上がった場所、肝炎を病んだのは惜しまれる。殊勲・技能両賞ダブル受賞４回の記録を持っている。師匠の先々代春日野（元栃錦）が他界後、玉ノ井部屋を興し、息子の２代目栃東を大関に育てた。

若吉葉（わかよしば） 重幸（しげゆき）（前頭６枚目）

本　名	千葉重幸	入　幕	昭和42年７月場所
生年月日	昭和20年10月26日	最終場所	昭和45年７月場所
没年月日	平成29年２月23日	幕内在位	４場所
出身地	北海道夕張市真谷地	幕内成績	22勝32敗６休
四股名	千葉の山→若吉葉→千葉の山→若吉葉→千葉の山	勝　率	0.407
所属部屋	宮城野	身　長	177cm（５尺８寸５分）
初土俵	昭和37年１月場所	体　重	88kg（23貫500）
十両昇進	昭和40年３月場所	得意手	左四つ、上手出し投げ

軽量だったが、それでも入幕できたのは素晴らしい運動神経が物をいったからだ。左四つになっての投げは冴えわたり、足技もなかなかのもの。千葉の山の四股名で幕下全勝優勝し、十両入りして若吉葉と改名。体力不足でしばらく足踏みした後に入幕、４場所を幕内で取った。その後は十両、幕下に落ちたが、再度幕下全勝優勝を果たして十両に返り咲いている。昭和42年九州場所、体重が２倍もある巨漢の若見山をすくい投げで倒し喝采を浴びた。

時葉山（ときばやま） 敏夫（としお）（前頭２枚目）

本　名	春木敏男	最終場所	昭和50年３月場所
生年月日	昭和19年５月５日	幕内在位	36場所
没年月日	平成７年９月20日	幕内成績	237勝301敗２休
出身地	石川県七尾市塗師町	勝　率	0.441
四股名	春木→時葉山	身　長	178cm（５尺８寸５分）
所属部屋	時津風	体　重	130kg（34貫500）
初土俵	昭和34年９月場所	得意手	左四つ、寄り切り、すくい投げ
十両昇進	昭和41年７月場所		
入　幕	昭和42年９月場所	年寄名	富士ヶ根

全身これ闘志といった感じで、左手で塩をつかみ土俵へ叩きつけるようにまくしぐさに特徴があった。左差し手を返して寄り立て、左から呼び戻し気味のすくい投げをしばしば決めていた。ちょうど時津風部屋の関取が少なく、豊山、大潮、双津竜らが出現するまで独りで大部屋を背負って立った。昭和45年初場所に３度目の入幕をして幕内に22場所とどまった。その後、十両に落ちてからも２度優勝している。息子も時津風部屋に入ったが、三段目で終わった。

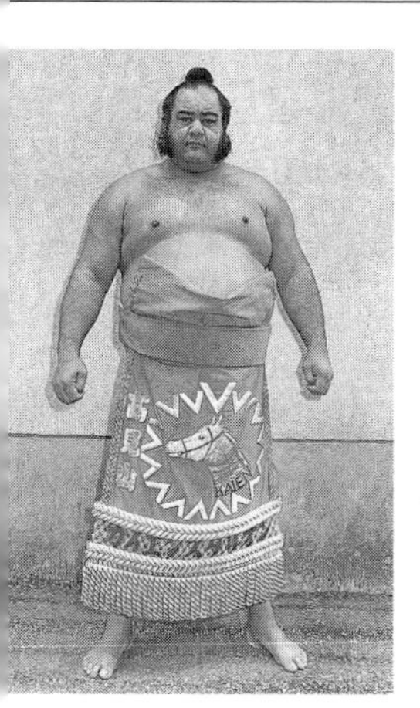

たかみやま　だいごろう
高見山 大五郎（関脇）

本　名	ジェシー・クハウルア→渡辺大五郎
生年月日	昭和19年６月16日
出身地	米国ハワイ州マウイ島ワイルク・カポア通
四股名	ジェシー→高見山
所属部屋	高砂
初土俵	昭和39年３月場所
十両昇進	昭和42年３月場所
入　幕	昭和43年１月場所
最終場所	昭和59年５月場所
幕内在位	97場所
幕内成績	683勝750敗22休
勝　率	0.477
優　勝	１回
三　賞	殊勲賞６回、敢闘賞５回
身　長	192cm（６尺３寸５分）
体　重	205kg（54貫500）
得意手	突き出し、左四つ、寄り切り
年寄名	東関（平成21年６月定年退職）

幕内在位97場所、幕内出場1430回、金星獲得12個など、数々の記録を残して昭和59年夏場所限りで引退。「20年間相撲を取り続けてきたことを誇りに思う」の言葉を残した。異国から相撲という特殊な社会に独り飛び込んで、「辛抱と努力」をモットーに頑張った。47年名古屋場所には外国人初の幕内優勝。大相撲の国際化に貢献、同時にその相撲ぶりと人柄で、相撲人気を支えた功績は大きい。

りゅうこ　せいほう
龍虎 勢朋（小結）

本　名	鈴木忠清
生年月日	昭和16年１月９日
没年月日	平成26年８月29日
出身地	東京都大田区羽田
四股名	鈴木山→花武蔵→若神山→花武蔵→龍虎
所属部屋	花籠
初土俵	昭和32年１月場所
十両昇進	昭和42年３月場所
入　幕	昭和43年３月場所
最終場所	昭和50年５月場所
幕内在位	36場所
幕内成績	240勝262敗25休
勝　率	0.478
三　賞	殊勲賞２回、敢闘賞４回
身　長	186cm（６尺１寸５分）
体　重	132kg（35貫）
得意手	突っ張り、肩透かし、右四つ、外掛け
年寄名	放駒（昭和52年１月廃業）

昭和46年九州場所、対義ノ花戦で左アキレス腱を切断、幕内上位から幕下まで陥落した。この一番が公傷制度を生むきっかけとなった。摂生と闘志で返り咲き、50年初場所には小結へ。同年夏場所、対旭國戦で今度は右のアキレス腱を切断し引退。初土俵から110場所目だった。大鵬、北の湖を倒したり、44年春場所では殊勲、敢闘両賞を同時受賞した。廃業後、タレントに転向した。

きたのはな　かつとし
北の花 勝利（前頭６枚目）

本　名	国岡治美
生年月日	昭和19年５月22日
出身地	北海道虻田郡留寿都村黒田
四股名	国岡→北の花
所属部屋	出羽海
初土俵	昭和35年５月場所
十両昇進	昭和40年９月場所
入　幕	昭和43年５月場所
最終場所	昭和44年７月場所
幕内在位	４場所
幕内成績	28勝32敗
勝　率	0.467
身　長	173cm（５尺７寸）
体　重	98kg（26貫）
得意手	左四つ、寄り切り

番付運の悪い力士だった。昭和41年九州場所、東十両２枚目で９勝６敗も入幕出来ず、翌初場所は西十両筆頭で８勝７敗。ここでも十両に留め置かれた。さらに、続く春場所では10勝５敗の成績を挙げながら、番付削減措置の影響を受けて十両の東筆頭に回されただけと気の毒。やっと入幕を実現したのは43年夏場所。幕内では２場所勝ち越したが、４場所で落ちている。小柄で筋肉質、正攻法な相撲で、左を差しての寄りにいいものがあった。

大竜川 一男（前頭筆頭）

だいりゅうがわ かずお

本　名　和田一男
生年月日　昭和21年1月21日
出身地　兵庫県加古川市東神吉町
四股名　増若→大竜川→大龍川→大竜川
所属部屋　三保ヶ関
初土俵　昭和36年1月場所
十両昇進　昭和41年9月場所
入　幕　昭和43年9月場所
最終場所　昭和54年5月場所
幕内在位　26場所
幕内成績　162勝228敗
勝　率　0.415
三　賞　敢闘賞2回
身　長　178cm（5尺8寸5分）
体　重　115kg（30貫500）
得意手　右四つ、寄り切り、けたぐ
年寄名　清見潟（平成23年1月定年退職

　前頭11枚目の昭和43年九州場所、同8枚目の44年秋場所の2回、大きく ち越して敢闘賞を受賞。突っ張って右を差しての寄り身、土俵際のしぶとさに 評があった。突き落とし、足技と攻めは多彩で、47年名古屋場所では8勝のう 4勝をけたぐり、け返しの足技で挙げている。北の湖や増位山らを擁した三保 関部屋興隆のパイオニア的な存在だった。長男は力士となった。父子2代の関 を目指したが大成しなかった。

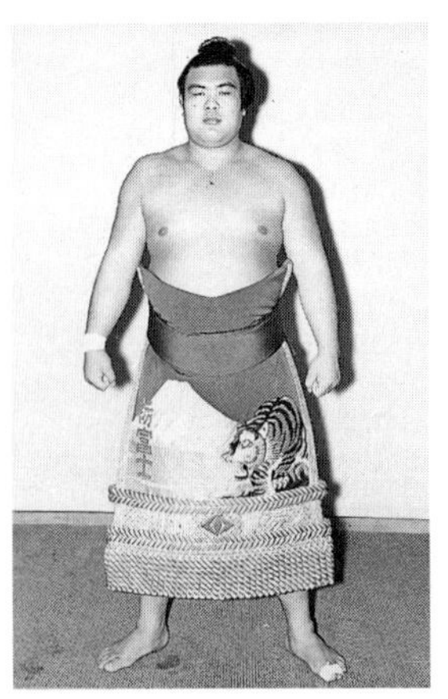

栃富士 勝健（前頭3枚目）

とちふじ かつたけ

本　名　小暮晴男
生年月日　昭和21年6月8日
没年月日　平成15年4月28日
出身地　埼玉県熊谷市三ヶ尻
四股名　小暮→栃ノ富士→小暮→栃ノ富士→栃富士
所属部屋　春日野
初土俵　昭和36年5月場所
十両昇進　昭和42年7月場所
入　幕　昭和43年9月場所
最終場所　昭和49年9月場所
幕内在位　11場所
幕内成績　64勝101敗
勝　率　0.388
身　長　183cm（6尺5分）
体　重　136kg（36貫）
得意手　左四つ、寄り切り
年寄名　山分

　小柄な力士の多かった春日野部屋には珍しい大型力士として、幕下時代から 望視されていた。左を差し恵まれた体力を生かして、一気に寄っていくいい相 をみせることもあったが、ムラっ気で、さらに鋭い技も持ち合わせていなかっ ことなどから、幕内と十両を往復した。体力を持て余すような感じで期待外れ った。昭和44年春場所、横綱柏戸をうっちゃり、46年夏場所には横綱大鵬を し倒して金星を獲得している。

大位山 勝蔵（前頭12枚目）

おおいやま かつぞう

本　名　松本勝三
生年月日　昭和20年3月5日
出身地　兵庫県宍粟市山崎町
四股名　松本→三保ノ松→大位山
所属部屋　三保ヶ関
初土俵　昭和35年5月場所
十両昇進　昭和42年11月場所
入　幕　昭和43年11月場所
最終場所　昭和45年5月場所
幕内在位　1場所
幕内成績　4勝11敗
勝　率　0.267
身　長　179cm（5尺9寸）
体　重　126kg（33貫500）
得意手　右四つ、寄り切り、押し出し

　昭和43年九州場所の入幕は花田（元二子山親方）と同期。体力があり、右 前まわしを取って食い下がるか、右を差し左でおっつける型になるのが得意だ たが、攻めが遅く動きの速い相手には勝手が悪かった。さらに立ち合いの激し やスピードに欠けたため幕内はわずか1場所で終わり、しかも大きく負け越した 序二段で1度は相撲を辞め、37年春場所から再出発したという経歴の持ち主。 竜川に次ぐ三保ヶ関部屋の幕内力士。廃業後は、プロレス入りしている。

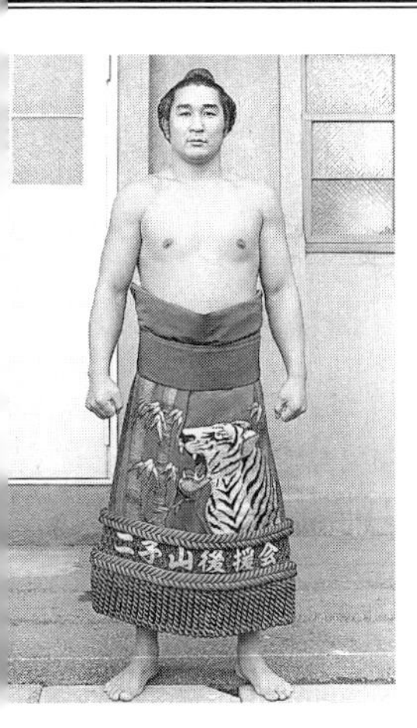

貴ノ花 利彰（大関）
たかのはな としあき

本　名	花田満	幕内在位	70場所
生年月日	昭和25年２月19日	幕内成績	578勝406敗58休
没年月日	平成17年５月30日	勝　率	0.587
出身地	青森県弘前市青女子	優　勝	２回
四股名	花田→貴ノ花→貴乃花→貴ノ花	三　賞	殊勲賞３回、敢闘賞２回、技能賞４回
所属部屋	二子山		
初土俵	昭和40年５月場所	身　長	182cm（６尺）
十両昇進	昭和43年３月場所	体　重	106kg（28貫500）
入　幕	昭和43年11月場所	得意手	左四つ、つり出し、上手投げ
最終場所	昭和56年１月場所	年寄名	鳴戸→藤島→二子山

横綱初代若乃花の実弟で「角界のプリンス」といわれた。軽量ながら柔軟な足腰を生かしたスリリングな取り口や、コツコツと努力し、常に全力を出し切る相撲がファンの胸を打った。大関在位は50場所、昭和50年春場所、決定戦で北の湖を破り初優勝、師匠で兄の二子山親方から優勝旗を手渡された。横綱貴乃花、若乃花兄弟の父親で師匠。平成16年初場所後部屋を貴乃花に譲った。

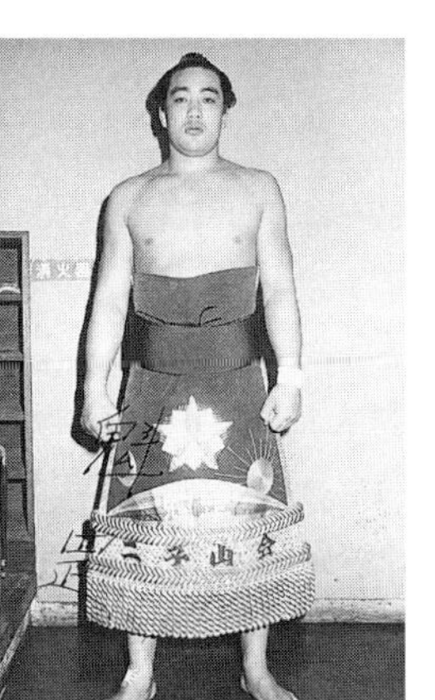

魁罡 功（前頭５枚目）
かいごう いさお

本　名	大村功	幕内在位	６場所
生年月日	昭和16年11月16日	幕内成績	40勝50敗
出身地	青森県青森市金沢	勝　率	0.444
四股名	大村→二子龍→魁罡→二子竜	身　長	182cm（６尺）
所属部屋	花籠→二子山	体　重	111kg（29貫500）
初土俵	昭和35年９月場所	得意手	右四つ、小またすくい
十両昇進	昭和43年５月場所	年寄名	放駒（直ちに廃業）
入　幕	昭和44年１月場所		
最終場所	昭和46年３月場所		

魁罡とは「星の王様」を意味する四股名。若いころは本名の大村で土俵に上がり、山中（二子岳）らと横綱若乃花（初代）の内弟子として、花籠部屋に籍を置いていたが、二子山部屋独立とともに同部屋に移った。足腰がよく腕力にも恵まれ、立ち合い低く相手の懐に飛び込んで食い下がると、投げあり、ひねりあり、また、小またすくいをみせるというしぶとい技能型。昭和43年九州場所12勝３敗の十両優勝、貴ノ花（初代）に１場所遅れで入幕。

朝登 俊光（前頭２枚目）
あさのぼり としみつ

本　名	霜降利昭	幕内成績	82勝113敗
生年月日	昭和23年６月３日	勝　率	0.421
出身地	北海道夕張市鹿島町	身　長	174cm（５尺７寸５分）
所属部屋	朝日山	体　重	153kg（41貫）
初土俵	昭和38年７月場所	得意手	突き、押し、はたき込み
十両昇進	昭和42年９月場所	年寄名	東関（昭和54年６月廃業）
入　幕	昭和44年３月場所		
最終場所	昭和53年５月場所		
幕内在位	13場所		

前頭３枚目だった昭和44年名古屋場所３日目、横綱柏戸を押し出しに破り金星を獲得、柏戸はこの一番を最後に引退した。ぶちかましてからの押しが得意で、出足の伴った押しからの引き落としやはたき込みが有効だった。しかし、最後まで腰高の欠点が直らず、晩年は突進力が鈍り、引き技多用で十両に低迷した。幕内よりも十両の在位が長かったが、十両優勝４回という珍しい記録がそれを物語っている。

朝嵐（あさあらし） 勇次（ゆうじ）（前頭12枚目）

本　名　笹木淳二
生年月日　昭和18年7月8日
没年月日　令和5年4月2日
出身地　大阪府大阪市生野区桃谷
四股名　笹木→朝響→朝嵐
所属部屋　高砂
初土俵　昭和34年3月場所
十両昇進　昭和41年7月場所
入　幕　昭和44年5月場所
最終場所　昭和48年3月場所
幕内在位　1場所
幕内成績　5勝10敗
勝　率　0.333
身　長　183cm（6尺5分）
体　重　112kg（30貫）
得意手　右四つ、寄り切り
年寄名　高田川→振分（平成20年7月定年退職）

朝嵐は高砂部屋の由緒ある四股名であり、それだけ期待された力士だ。しかし上突っ張りと右四つからのつり、寄りという単調な取り口に加えて、人柄のよさも出て威力が不足し、入幕してすぐに十両に陥落した。和晃との一番で制限時間いっぱい後の仕切りでゴミを拾い、わざわざ土俵の外に捨てにいって反則負けになったことがある。その和晃とは一緒に引退相撲を行った。年寄高田川から振分へ。相撲教習所委員を長く務めた後、巡業部委員、審判部委員などを歴任。

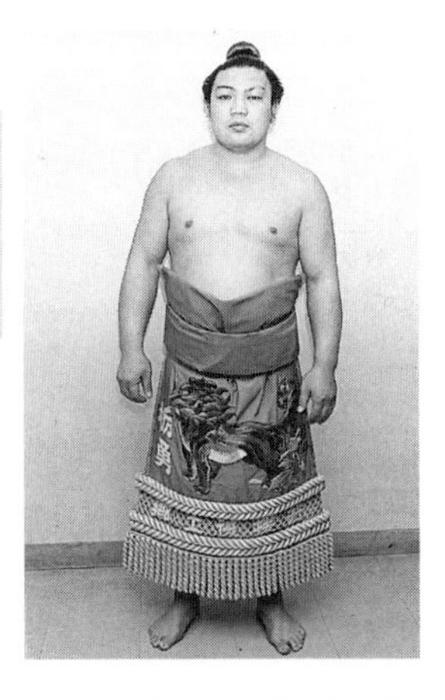

栃勇（とちいさみ） 義治（よしはる）（前頭7枚目）

本　名　阿保鉄雄
生年月日　昭和22年10月2日
出身地　青森県南津軽郡田舎館村畑中
四股名　阿保→栃勇
所属部屋　春日野
初土俵　昭和38年3月場所
十両昇進　昭和42年11月場所
入　幕　昭和44年7月場所
最終場所　昭和54年11月場所
幕内在位　11場所
幕内成績　64勝85敗16休
勝　率　0.430
身　長　177cm（5尺8寸5分）
体　重　115kg（30貫500）
得意手　左四つ、つり出し、押し出し
年寄名　岩友（平成24年10月定年退職）

小柄だが筋肉質で、腕力は強く押し相撲にはもってこいの体質。左からおっつけて押しの型になるとなかなかの強さを発揮した。四つに組むとつり出しがあったが、どうしても体力負けすることが多かった。昭和42年秋場所、幕下で全勝優勝、十両を10場所務めて入幕を果たした。最高位は前頭7枚目だった。四度目の入幕を果たした47年秋場所、右肩を痛め、十両から幕下まで落ちたが、その後、十両まで返り咲いている。九州場所担当委員。

旭國（あさひくに） 斗雄（ますお）（大関）

本　名　太田武雄
生年月日　昭和22年4月25日
出身地　北海道上川郡愛別町旭山
所属部屋　立浪
初土俵　昭和38年7月場所
十両昇進　昭和44年3月場所
入　幕　昭和44年7月場所
最終場所　昭和54年9月場所
幕内在位　54場所
幕内成績　418勝330敗57休
勝　率　0.559
三　賞　敢闘賞1回、技能賞6回
身　長　174cm（5尺7寸5分）
体　重　121kg（32貫）
得意手　右四つ、下手投げ、とったり
年寄名　大島（平成24年4月定年退職）

下半身がどっしりと安定し、とったりをはじめ、食い下がっての下手投げ、上手出し投げ、ひねりなどを得意とした。「ピラニア」の異名どおりにしぶとく相撲に味のある、まさにプロの力士だった。膵臓（すいぞう）炎に何度も悩まされる中で稽古に励み、研究熱心でマスコミから「相撲博士」の名を冠せられた。入門の際、お情けパスした小さな体だが稽古で大成した手本。平成10年、理事に選出された。横綱旭富士、モンゴル出身の旭天鵬らを育てた。

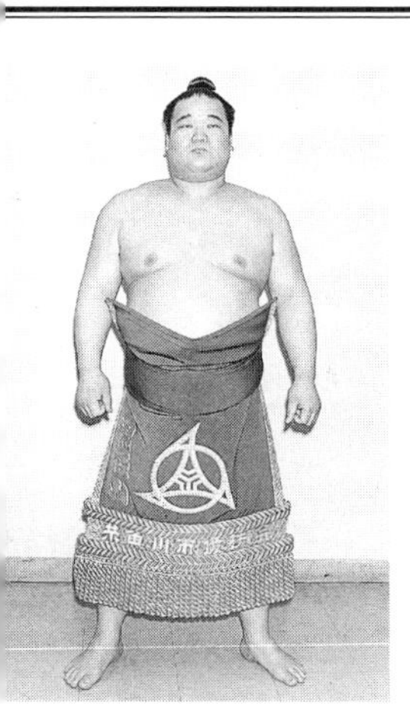

黒姫山 秀男（関脇）
くろひめやま ひでお

本名 田中秀男
生年月日 昭和23年11月12日
没年月日 平成31年4月25日
出身地 新潟県糸魚川市青海町
所属部屋 立浪
初土俵 昭和39年3月場所
十両昇進 昭和44年3月場所
入幕 昭和44年7月場所
最終場所 昭和57年1月場所
幕内在位 72場所
幕内成績 510勝570敗
勝率 0.472
三賞 殊勲賞4回、敢闘賞3回、技能賞1回
身長 182cm（6尺）
体重 147kg（39貫）
得意手 押し出し、右四つ、寄り切り
年寄名 錦島→山響→出来山→北陣→武隈（平成25年11月定年退職）

立ち合いからの強烈なぶちかましで横綱、大関を圧倒する馬力があったが、いったん出足が止まると二の矢の攻め手がなく、もろさも同居していた。元関脇北の洋（元武隈親方）長女と結婚。長男、次男を伴って平成11年に立浪部屋から独立して「武隈部屋」を興した。だが、兄弟ともに志半ばで挫折。父と息子2人の"親子部屋"は16年春場所限りで閉じられた。

大嶽 悟（前頭筆頭）
たいが さとる

本名 川崎悟
生年月日 昭和25年1月3日
没年月日 平成21年7月16日
出身地 鹿児島県鹿屋市上祓川町
四股名 川崎→錦洋→川崎→大嶽
所属部屋 井筒→君ヶ濱
初土俵 昭和40年3月場所
十両昇進 昭和43年11月場所
入幕 昭和44年7月場所
最終場所 昭和52年5月場所
幕内在位 27場所
幕内成績 183勝217敗5休
勝率 0.458
三賞 技能賞1回
身長 176cm（5尺8寸）
体重 148kg（39貫500）
得意手 押し出し、右四つ、寄り切り

思い切りぶちかまし、下から起こし上げるようにじりじり押していく取り口で、出足も威力があった。また、前さばきがうまく、もろ差しからの寄りもあり、横綱大鵬に勝ったこともある。三役を期待されたが、糖尿病に悩まされ後退した。最高位は前頭筆頭だった。本名の川崎から井筒部屋ゆかりの錦洋を名乗ったこともあるが、後継者問題をめぐって年寄君ヶ濱（元鶴ヶ嶺）が独立したのに伴って井筒部屋から離れた。

和晃 敏朗（前頭筆頭）
かつひかり としお

本名 杉浦敏郎
生年月日 昭和17年8月9日
没年月日 平成30年1月1日
出身地 愛知県蒲郡市神ノ郷町
四股名 杉浦→駒国→杉浦→神山→和晃
所属部屋 伊勢ヶ濱
初土俵 昭和33年11月場所
十両昇進 昭和40年5月場所
入幕 昭和44年9月場所
最終場所 昭和48年3月場所
幕内在位 7場所
幕内成績 33勝72敗
勝率 0.314
身長 186cm（6尺1寸5分）
体重 112kg（30貫）
得意手 左四つ、上手投げ、外掛け
年寄名 若藤→伊勢ヶ濱→若藤（平成19年8月定年退職）

前頭筆頭まで進んだ割に印象が薄いのは、相撲ぶりが地味で、目立った勝負がなかったからだろう。それほど体力に恵まれていなかったこともあって幕内と十両を往復、昭和48年春場所に幕下に落ちて引退した。年寄若藤を襲名し、審判、指導普及部委員などを歴任の後、平成12年理事になり、3期教習所所長を務めた。横綱玉の海とは、同じ中学校出身で和晃が1年先輩だった。

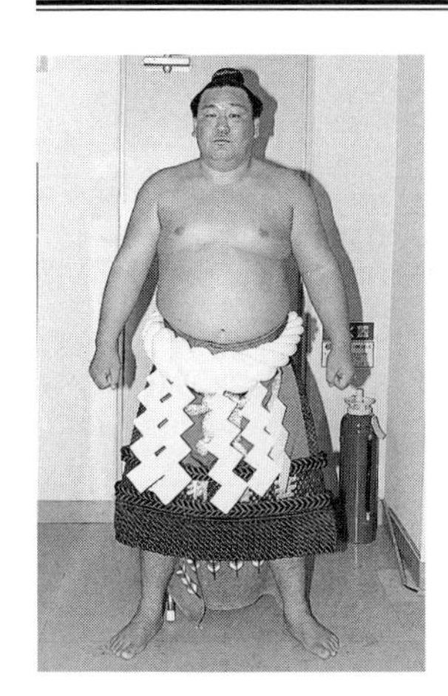

みえのうみ つよし
三重ノ海 剛司（横綱）

本　名	石山五郎	幕内成績	543勝413敗１分51休
生年月日	昭和23年２月４日	勝　率	0.568
出身地	三重県松阪市本町	優　勝	３回
四股名	石山→三重ノ海	三　賞	殊勲賞５回、敢闘賞１回、技能賞３回
所属部屋	出羽海		
初土俵	昭和38年７月場所	身　長	181cm（6尺）
十両昇進	昭和44年３月場所	体　重	135kg（36貫）
入　幕	昭和44年９月場所	得意手	左四つ、寄り切り、上手出し投げ
最終場所	昭和55年11月場所	年寄名	山科→武蔵川（平成25年２月定年退職）
幕内在位	68場所		

低い姿勢からの速攻の寄りを得意とした。大関の座を１度失うなどの苦境を乗り越え、昭和54年秋場所、31歳で横綱に昇進。引退後は分家独立、武蔵川部屋を興し、横綱武蔵丸や大関出島、武双山、雅山らを育てた。平成20年９月から22年名古屋場所まで理事長を務めた。同年秋場所後に藤島親方（元大関武双山）に部屋を譲った。25年２月定年となった後に相撲博物館館長に就任。

よしおうやま おさむ
吉王山 修（前頭２枚目）

本　名	吉村修	幕内成績	99勝141敗
生年月日	昭和24年５月20日	勝　率	0.413
出身地	熊本県八代市迎町	身　長	184cm（6尺5分）
所属部屋	三保ヶ関	体　重	131kg（35貫）
初土俵	昭和40年３月場所	得意手	右四つ、寄り切り、上手投げ
十両昇進	昭和43年11月場所	年寄名	小野川（昭和52年１月廃業）
入　幕	昭和44年11月場所		
最終場所	昭和51年１月場所		
幕内在位	16場所		

その恵まれた体付きから将来を大いに期待されたが、気の弱さもあって大成せずに終わった。３度目の入幕が昭和46年九州場所。注目されたのは翌47年初場所。11日までは９勝２敗と優勝戦線のトップを走り、新聞にも吉王山の大きな文字が躍った。結局10勝５敗に終わったが、関脇貴ノ花を上手投げで破ったのも同場所である。続く春場所は前頭２枚目まで上がり、大関琴櫻に送り出しで勝っている。その後、糖尿病のために振るわず、幕内と十両の往復に甘んじた。

だいせつ みねと
大雪 嶺登（前頭３枚目）

本　名	秋田芳夫	最終場所	昭和48年１月場所
生年月日	昭和19年11月30日	幕内在位	12場所
没年月日	昭和55年４月16日	幕内成績	77勝103敗
出身地	北海道夕張市千代田	勝　率	0.428
四股名	秋田→吉葉嶺→大雪	身　長	182cm（6尺）
所属部屋	宮城野	体　重	125kg（33貫500）
初土俵	昭和37年９月場所	得意手	けたぐり
十両昇進	昭和43年１月場所		
入　幕	昭和45年１月場所		

昭和46年春場所横綱大鵬と対戦。どうせ勝ち目はないとばかりに、１回目の仕切りで突っかけて立ち、右すくい投げで投げ飛ばされた。長身だったが、手首を痛めていたために突っ張りはなく、けたぐり、け返しに出たり、右四つになっての投げを武器としていた。46年初場所、前頭12枚目で10勝、同夏場所は1枚目で10勝を挙げたのが最もいい成績。いずれも翌場所は３枚目まで上がったが上位には通用せず各４勝で終わっている。

ますいやま　だいしろう
増位山 太志郎（大関）

本　名　澤田昇
生年月日　昭和23年11月16日
出身地　兵庫県姫路市白浜町
四股名　瑞竜→増位山
所属部屋　三保ヶ関
初土俵　昭和42年１月場所
十両昇進　昭和44年７月場所
入　幕　昭和45年３月場所
最終場所　昭和56年３月場所
幕内在位　59場所
幕内成績　422勝435敗18休
勝　率　0.492
三　賞　技能賞５回
身　長　180cm（５尺９寸５分）
体　重　109kg（29貫）
得意手　右上手投げ、内掛け
年寄名　小野川→三保ヶ関（平成25年11月定年退職）

親子２代にわたる大関誕生と話題になった。柔軟な足腰を存分に生かした独特の立ち合いで相手の攻撃を逸らし、右からの引きずるような上手投げ、左右の内掛け、内無双、肩透かしと多彩な技を仕掛け、その切れ味は天下一品だった。平成25年九州場所限りで定年退職となったが、後継者不在で先代親方が再興した三保ヶ関部屋は親子２代で閉じられた。自身は“歌手・増位山”として土俵からステージに舞台を替えた。

あらしやま　じ ろ う
嵐山 次郎（前頭12枚目）

本　名　海老二郎
生年月日　昭和18年12月14日
出身地　岐阜県安八郡安八町善光
四股名　海老→海老山→開路山→嵐山→海老→嵐山
所属部屋　宮城野
初土俵　昭和35年３月場所
十両昇進　昭和42年３月場所
入　幕　昭和45年３月場所
最終場所　昭和47年５月場所
幕内在位　１場所
幕内成績　４勝11敗
勝　率　0.267
身　長　179cm（５尺９寸）
体　重　110kg（29貫500）
得意手　右四つ、寄り切り、下手投げ

右四つになって、やぐら投げで相手を振り回す大きな相撲を取った。十両入りした昭和42年春場所に高見山、竜虎らに勝って８勝７敗と勝ち越しながら、番付削減のあおりを食って幕下へ落ちたのは気の毒。しかし、44年名古屋場所11勝４敗で十両優勝を果たしている。さらに45年初場所、十両３枚目で一つの勝ち越しながら入幕したのは幸運。番付運の悪さを埋め合わせた感がある。幕内経験は、この１場所だけで終わった。

だいじゅ　ひさてる
大受 久晃（大関）

本　名　堺谷利秋
生年月日　昭和25年３月19日
出身地　北海道久遠郡せたな町本町
四股名　堺谷→大受
所属部屋　高島
初土俵　昭和40年３月場所
十両昇進　昭和44年９月場所
入　幕　昭和45年５月場所
最終場所　昭和52年５月場所
幕内在位　42場所
幕内成績　308勝296敗26休
勝　率　0.510
三　賞　殊勲賞４回、敢闘賞１回、技能賞６回
身　長　177cm（５尺８寸５分）
体　重　150kg（40貫）
得意手　押し出し、右差し、すくい投げ
年寄名　楯山→朝日山（平成27年３月定年退職）

高島親方（元大関三根山）の指導の下、押し一筋に徹して黙々と努力を重ねた。広い肩幅を利用して左右双方からおっつけて、じわじわと押すタイプだった。昭和48年名古屋場所では横綱北の富士を破るなど、13勝２敗で準優勝、史上初めて三賞を独占した。場所後、大関に推されたが、わずか５場所で大関から陥落、最後は十両で取った。引退後は伊勢ヶ濱部屋へ移り、朝日山部屋を継承。

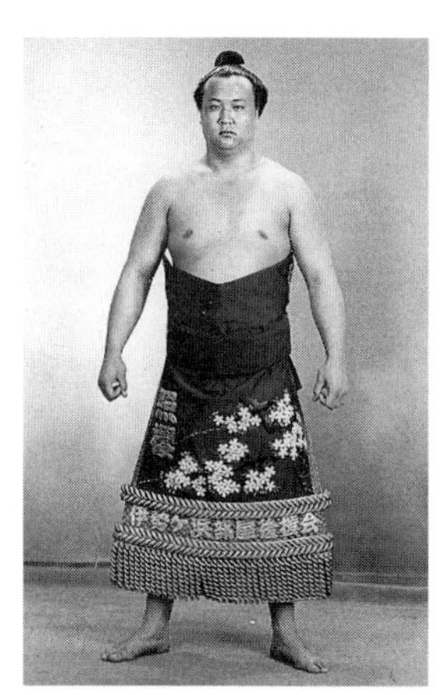

照櫻（てるざくら） 弘行（ひろゆき）（前頭７枚目）

本　名　尾崎弘行
生年月日　昭和22年12月５日
出身地　大阪府箕面市箕面
四股名　照櫻→尾崎→照櫻
所属部屋　伊勢ヶ濱
初土俵　昭和39年５月場所
十両昇進　昭和44年９月場所
入　幕　昭和45年７月場所
最終場所　昭和51年１月場所
幕内在位　５場所
幕内成績　34勝41敗
勝　率　0.453
身　長　183cm（６尺５分）
体　重　113kg（30貫）
得意手　突き出し、左四つ、寄り切り
年寄名　浦風（平成24年12月定年退職）

均整のとれた柔らかみのある色白の体で、突き、押しを得意とした。はつらつとした相撲ぶりは、十両時代から期待されたものだ。自己最高位の前頭７枚目に上がった昭和45年秋場所には、高見山に押し出しで勝っている。その後は糖尿病などに悩まされて幕下まで陥落しているが、清國の引退などで、伊勢ヶ濱部屋所属の関取がいなくなった時代にただ一人の関取として十両に返り咲いた。しかし、精彩を欠き、再び幕下に落ちて51年初場所限りで引退。

金剛（こんごう） 正裕（まさひろ）（関脇）

本　名　吉沢→北村正裕
生年月日　昭和23年11月18日
没年月日　平成26年８月12日
出身地　北海道深川市一已町
四股名　大吉沢→金剛
所属部屋　二所ノ関
初土俵　昭和39年５月場所
十両昇進　昭和44年５月場所
入　幕　昭和45年９月場所
最終場所　昭和51年７月場所（番付は９月場所）
幕内在位　37場所
幕内成績　259勝281敗
勝　率　0.480
優　勝　１回
三　賞　殊勲賞３回
身　長　184cm（６尺５分）
体　重　116kg（31貫）
得意手　右前まわし取り、寄り切り
年寄名　二所ノ関（平成25年６月退職）

昭和50年名古屋場所で平幕優勝。右で前まわしを取り、左から攻める格好になると、しぶとく強かった。思ったことをポンポンいうことから付けられたあだ名が「ホラ吹き」。だが、本人は一向に構わず、優勝を果たして「ほら、ホラじゃなかったろう」。わずか27歳の若さで引退。二所ノ関部屋を継いだが、65歳の定年を前に体調を崩し、平成25年初場所限りで名門部屋は閉じられた。

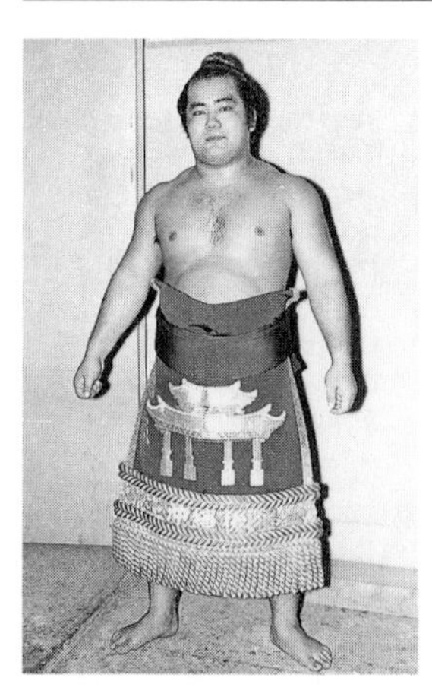

琉王（りゅうおう） 優貴（ゆうき）（前頭筆頭）

本　名　島→神田武光
生年月日　昭和20年２月25日
没年月日　平成27年６月28日
出身地　沖縄県那覇市牧志
四股名　島→二瀬富士→黒潮→二瀬富士→琉王
所属部屋　朝日山
初土俵　昭和37年11月場所
十両昇進　昭和45年３月場所
入　幕　昭和45年11月場所
最終場所　昭和51年11月場所
幕内在位　28場所
幕内成績　183勝237敗
勝　率　0.436
身　長　176cm（５尺８寸）
体　重　135kg（36貫）
得意手　押し出し、突き出し

小柄だが、ぶちかましての突っ張りや右おっつけが強く、押していく出足はなかなかのものがあった。初の沖縄県出身幕内力士である。昭和47年５月15日の沖縄の本土復帰の日は、ちょうど夏場所２日目、ファンの大歓声を浴びて土俵に上がった琉王が、鹿児島出身の錦洋（大義）を破った一番は印象的だった。幕内で勝ち越した場所は、いずれも８勝という記録を持っている。トンガ力士の騒動に巻き込まれて廃業し、東京・上野でちゃんこ料理店を経営していた。

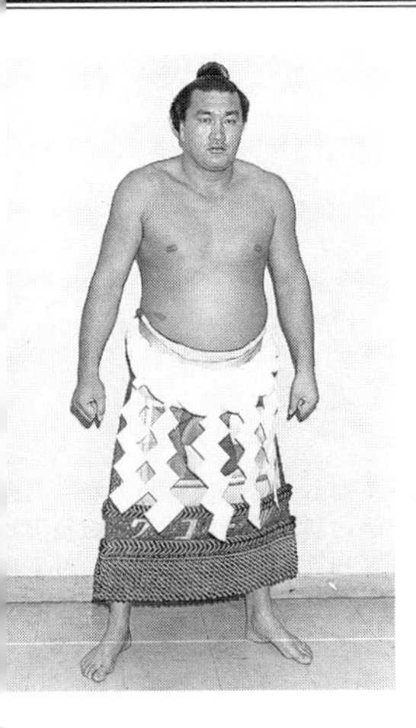

<ruby>輪島<rt>わじま</rt></ruby> <ruby>大士<rt>ひろし</rt></ruby>（横綱）

本　名	輪島博	幕内在位	62場所
生年月日	昭和23年1月11日	幕内成績	620勝213敗85休
没年月日	平成30年10月8日	勝　率	0.744
出身地	石川県七尾市石崎町	優　勝	14回
所属部屋	花籠	三　賞	殊勲賞3回、敢闘賞2回
初土俵	昭和45年1月場所幕下最下位格付出	身　長	186cm（6尺1寸5分）
十両昇進	昭和45年5月場所	体　重	132kg（35貫）
入　幕	昭和46年1月場所	得意手	左四つ、下手投げ、寄り切り
最終場所	昭和56年3月場所	年寄名	花籠（昭和60年12月廃業）

学生相撲（日大）から入門し、天才的な取り口でトントン拍子に出世。あっという間にプロの最高位に就いた。「蔵前の星」と評され派手な言動で土俵の外でも人気を呼んだ。左差し、右から強烈に絞って攻め立て“黄金の左”から放つ下手投げは必殺技だった。優勝14回を重ね、ライバル北の湖と角界を支えた。引退して花籠部屋を継承したが、一身上の都合で相撲界を去った。

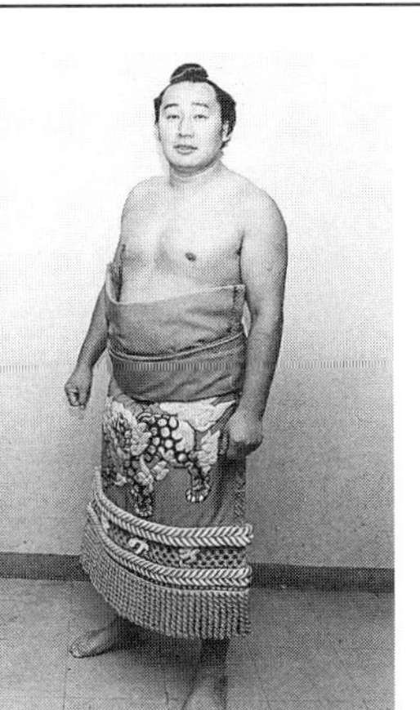

<ruby>白田山<rt>しらたやま</rt></ruby> <ruby>秀敏<rt>ひでとし</rt></ruby>（前頭4枚目）

本　名	白田秀敏	幕内成績	88勝122敗
生年月日	昭和18年12月25日	勝　率	0.419
出身地	熊本県八代市鏡町野崎	身　長	178cm（5尺8寸5分）
所属部屋	高砂	体　重	108kg（29貫）
初土俵	昭和34年7月場所	得意手	左四つ、出し投げ、外掛け
十両昇進	昭和43年1月場所	年寄名	谷川（平成20年12月定年退職）
入　幕	昭和46年3月場所		
最終場所	昭和52年5月場所		
幕内在位	14場所		

初土俵以来、71場所目の入幕という遅い出世。体には恵まれなかったが、左右への変わり身が速く、差し身もうまかった。立ち合いに素早くもろ差しになって攻めるかと思うと、一変して攪乱戦法に出るなど、スピードある取り口が身上だった。横綱北の富士とは現役時代から手の合う仲。引退後は年寄谷川となり、高砂部屋から九重部屋、八角部屋へ移った。しばらく審判委員などを務め、若い八角親方（元横綱北勝海）をサポートした。

<ruby>魁傑<rt>かいけつ</rt></ruby> <ruby>将晃<rt>まさてる</rt></ruby>（大関）

本　名	西森輝門	幕内成績	367勝304敗
生年月日	昭和23年2月16日	勝　率	0.547
没年月日	平成26年5月18日	優　勝	2回
出身地	山口県岩国市装束町	三　賞	殊勲賞2回、敢闘賞7回、技能賞1回
四股名	西森→花錦→魁傑	身　長	188cm（6尺2寸）
所属部屋	花籠	体　重	128kg（34貫）
初土俵	昭和41年9月場所	得意手	突っ張り、左四つ、寄り切り、上手投げ
十両昇進	昭和45年1月場所	年寄名	放駒（平成25年2月定年退職）
入　幕	昭和46年9月場所		
最終場所	昭和54年1月場所		
幕内在位	45場所		

日大柔道部1年中退で角界入り。輪島、貴ノ花らと「阿佐ケ谷トリオ」として活躍。真摯な土俵態度で人気があった。放駒親方として横綱大乃国を育てた。理事長として「八百長メール事件」などで揺れた角界浄化に専心。協会退職1年後の突然の訃報。心労あっての急逝だった。

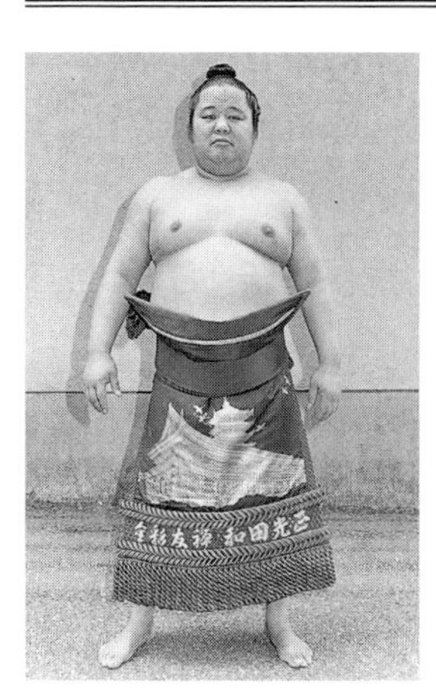

ふじざくら　よしもり
富士櫻 榮守（関脇）

本　名	中澤榮男	幕内在位	73場所
生年月日	昭和23年２月９日	幕内成績	502勝582敗11休
出身地	山梨県甲府市上石田	勝　率	0.463
四股名	中沢→富士櫻	三　賞	殊勲賞２回、敢闘賞３回、技能賞３回
所属部屋	高砂		
初土俵	昭和38年３月場所	身　長	178cm（５尺８寸５分）
十両昇進	昭和45年１月場所	体　重	141kg（37貫500）
入　幕	昭和46年９月場所	得意手	突き出し、押し出し
最終場所	昭和60年３月場所	年寄名	中村（平成25年２月定年退職）

思いきりぶちかましての激しい突っ張り、強い左右のおっつけを利かせての押しが得意。真っ向から当たっていく相撲ぶりは土俵に活気を呼び、勝負の結果にかかわらず気持ちのいいものだった。麒麟児との猛烈な突っ張り合いの一番を御戦された昭和天皇は大変喜ばれた。無類の稽古熱心で、負けると「稽古がまだ足りない」というあたりは他の力士の模範。若いころは“突貫小僧”と呼ばれていた。若手力士にとっては、富士櫻の稽古を見るだけでいい勉強になった。

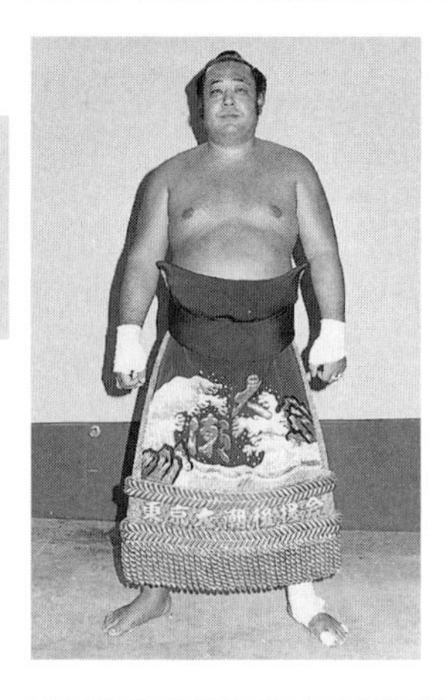

おおしお　けんじ
大潮 憲司（小結）

本　名	波多野兼二	幕内在位	51場所
生年月日	昭和23年１月４日	幕内成績	335勝413敗17休
出身地	福岡県北九州市八幡東区前田	勝　率	0.448
四股名	波多野→大潮	三　賞	敢闘賞１回、技能賞１回
所属部屋	時津風	身　長	186cm（６尺１寸５分）
初土俵	昭和37年１月場所	体　重	134kg（35貫500）
十両昇進	昭和44年11月場所	得意手	左四つ、寄り切り
入　幕	昭和46年９月場所	年寄名	錣山→式秀（平成25年１月定年退職）
最終場所	昭和63年１月場所		

十両と幕内の往復を続け、入幕13回という最多記録を持っている。左を差して出足速一気に寄り立てる速攻相撲だが、足腰が硬く腰高なため、しばしば土俵際で逆転された。昭和51年春場所に10回目の入幕をしてからは相撲に粘りが出て、52年九州場所では技能賞、翌53年初場所に小結に昇進。その後、足の故障で幕下まで落ちたが、摂生と真面目な努力が実って幕内に復活した。時津風部屋から独立、茨城県龍ヶ崎市に式秀部屋を設立した。

ゆたかやま　ひろみつ
豊山 廣光（小結）

本　名	長濱廣光	幕内在位	51場所
生年月日	昭和22年10月22日	幕内成績	352勝413敗
没年月日	令和２年９月19日	勝　率	0.460
出身地	新潟県新発田市新保小路	三　賞	殊勲賞１回、敢闘賞２回
四股名	長浜→豊山	身　長	185cm（６尺１寸）
所属部屋	時津風	体　重	130kg（34貫500）
初土俵	昭和45年３月場所幕下最下位格付出	得意手	突っ張り、右四つ、寄り切り
十両昇進	昭和45年９月場所	年寄名	湊→立田川（平成24年10月定年退職）
入　幕	昭和46年11月場所		
最終場所	昭和56年５月場所		

東京農大出身、学生時代から輪島のライバル。輪島に１場所遅れて入門し、幕下３場所で十両入り、初土俵から11場所目には入幕を果たしている。突っ張りがあり、右四つになるとつり出しや上手投げと果敢に攻めていくファイト満々の攻撃相撲であった。引退後は独立して埼玉県川口市に湊部屋を興した。平成22年名古屋場所後に、自分が育てた元幕内湊富士に名跡、部屋を譲った。

北の湖 敏満（横綱）

きたのうみ としみつ

本　名　小畑敏満
生年月日　昭和28年5月16日
没年月日　平成27年11月20日
出身地　北海道有珠郡壮瞥町滝之町
所属部屋　三保ヶ関
初土俵　昭和42年1月場所
十両昇進　昭和46年5月場所
入　幕　昭和47年1月場所
最終場所　昭和60年1月場所
幕内在位　78場所
幕内成績　804勝247敗107休
勝　率　0.765
優　勝　24回
三　賞　殊勲賞2回、敢闘賞1回
身　長　179cm（5尺9寸）
体　重　169kg（45貫）
得意手　左四つ、寄り切り、上手投げ
年寄名　北の湖（一代年寄）

21歳2カ月で横綱昇進。中学1年生で初土俵を踏み、数々の最年少記録をつくり「怪童」といわれた。横綱昇進の最年少記録は未だに破られていない。新両国国技館開館の昭和60年初場所が最後の本場所となった。引退後は一代年寄を贈られ、北の湖部屋を創設した。平成14年理事長に就任。一連の不祥事で退陣したが、再び理事長になり角界の隆盛に努力した。27年11月の九州場所中に内臓疾患で急逝。現職理事長の死亡は初めて。享年62。

双津竜 順一（小結）

ふたつりゅう じゅんいち

本　名　山本順一
生年月日　昭和25年2月28日
没年月日　平成26年8月12日
出身地　北海道室蘭市東町
四股名　山本→山本川→双ツ竜→双津竜
所属部屋　時津風
初土俵　昭和38年9月場所
十両昇進　昭和44年11月場所
入　幕　昭和47年3月場所
最終場所　昭和57年11月場所
幕内在位　29場所
幕内成績　186勝226敗23休
勝　率　0.451
身　長　185cm（6尺1寸）
体　重　172kg（46貫）
得意手　右四つ、寄り切り
年寄名　錦島→時津風（平成19年10月解雇）

早くから有望視されたが、十両昇進後に低迷。昭和52年秋場所に五度目の入幕を果たしたころから幕内に定着。54年名古屋場所で小結に上がっている。先代（元大関豊山）の定年により名門時津風部屋を継承したが、平成19年名古屋場所前の稽古中、過剰なしごきで新弟子を死亡させる不祥事を起こして角界を解雇された。実刑判決を受け収監されたが、26年8月に64歳で病滅した。

北瀬海 弘光（関脇）

きたせうみ ひろみつ

本　名　土谷孝
生年月日　昭和23年7月2日
出身地　北海道久遠郡せたな町新成
四股名　土谷→若狭山→北瀬海
所属部屋　出羽海→九重
初土俵　昭和39年7月場所
十両昇進　昭和44年9月場所
入　幕　昭和47年3月場所
最終場所　昭和54年5月場所
幕内在位　39場所
幕内成績　266勝310敗9休
勝　率　0.462
三　賞　殊勲賞2回、技能賞1回
身　長　175cm（5尺8寸）
体　重　115kg（30貫500）
得意手　左四つ、寄り切り
年寄名　君ヶ濱（平成25年7月定年退職）

左差し、あるいは二本差しになって出足速一気に寄り立てるスピードは見事。体は小さかったが、稽古熱心で知られ、特に若いころからの富士櫻との猛稽古は有名だった。新入幕の昭和47年春場所は9日目まで8勝1敗。幕尻ながらも三役と対戦し関脇三重ノ海を倒している。51年春場所は旭國、鷲羽山とともに「小兵トリオ」の一人として大活躍、横綱輪島に勝って最後まで優勝戦線にとどまり12勝している。このころが全盛期だった。

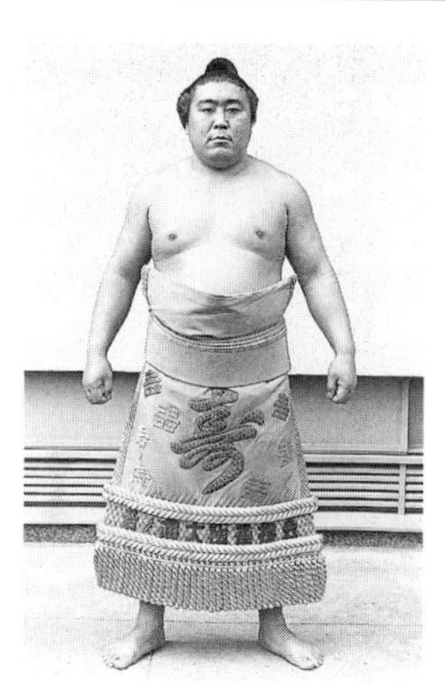

若ノ海 正照（前頭２枚目）
わかのうみ まさてる

本　名　松田秋夫
生年月日　昭和20年10月25日
没年月日　平成７年３月31日
出身地　岩手県花巻市大迫町
四股名　若岩手→松田→追龍→松田→若ノ海→松田→若ノ海
所属部屋　花籠
初土俵　昭和36年５月場所
十両昇進　昭和46年１月場所
入　幕　昭和47年７月場所
最終場所　昭和53年１月場所
幕内在位　22場所
幕内成績　144勝171敗15休
勝　率　0.457
身　長　176cm（５尺８寸）
体　重　126kg（33貫500）
得意手　左四つ、寄り切り
年寄名　大嶽（平成４年６月廃業）

初土俵から十両までが57場所、昭和47年夏場所に十両優勝して入幕するまで67場所という遅い出世だった。その遅い昇進記録と同様に、幕内でも地味な存在で大きく勝ち越すこともなかった。にもかかわらず幕内在位が長かったのは、やはり地力があったからだ。左差し、前まわしを取って食い下がり、右上手を浅く引いて、つり身に寄り立てるのを得意とした。引退後は大鵬部屋のコーチ役を務め、平成４年に廃業。東京都江東区でちゃんこ料理店を経営したが、平成７年他界。

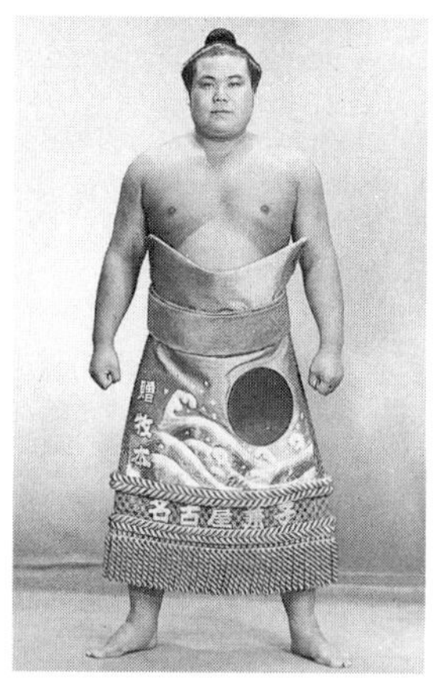

牧本 英輔（前頭12枚目）
まきもと えいすけ

本　名　牧本英輔
生年月日　昭和16年８月13日
出身地　熊本県宇土市長浜町
四股名　牧本→轟→牧本
所属部屋　時津風
初土俵　昭和35年３月場所
十両昇進　昭和40年１月場所
入　幕　昭和47年９月場所
最終場所　昭和57年11月場所
幕内在位　１場所
幕内成績　３勝12敗
勝　率　0.200
身　長　181cm（５尺９寸５分）
体　重　144kg（38貫500）
得意手　左四つ、寄り切り

入門は師匠時津風親方（元大関豊山）より早かったが、長く幕下で土俵に上がっていた。高校時代に立田川親方（元横綱鏡里）が、わざわざ飛行機で迎えにいったというエピソードが残っている。幕下までは順調に進んだが、ここで足踏み。轟亘の四股名で十両入り、念願の入幕は31歳、初土俵から76場所目という超スローの出世記録をつくっている。しかし、幕内、十両各１場所でまた幕下に落ちた。わきが甘く大まかな相撲ぶりだったが、41歳まで土俵に上がった。

大鷲 平（前頭３枚目）
おおわし ひとし

本　名　伊藤平
生年月日　昭和21年１月12日
出身地　長野県佐久市志賀
四股名　伊藤→大鷲
所属部屋　若松
初土俵　昭和37年９月場所
十両昇進　昭和43年９月場所
入　幕　昭和47年11月場所
最終場所　昭和53年１月場所
幕内在位　18場所
幕内成績　114勝156敗
勝　率　0.422
身　長　190cm（６尺２寸５分）
体　重　112kg（30貫）
得意手　左四つ、つり出し、上手投げ
年寄名　中村→山響（昭和55年９月廃業）

長身やせ型の力士で、右上手を取ると強く、肩越しの右上手であってもすぐに強引な上手投げを打つのが特徴。長身を利してのつりも得意だった。下積みが長く、幕下に40場所も在位したが、上手投げ１本だけで幕内に昇進したのは、下積み生活の苦労と、この間に勝負度胸が身に付いたからだ。まったくの下戸でコーヒー党。引退後は中村から山響を襲名したが廃業し、その後故郷の長野県佐久市で相撲料理店を手広く経営。長男は大相撲入りから後プロレスラーに。

巌虎（いわとら） 寛一（かんいち）（前頭７枚目）

本　名　松岡一智
生年月日　昭和23年１月27日
出身地　熊本県八代市千丁町
四股名　松岡山→松岡→巌虎
所属部屋　春日野
初土俵　昭和37年５月場所
十両昇進　昭和46年７月場所
入　幕　昭和47年11月場所
最終場所　昭和54年11月場所
幕内在位　４場所
幕内成績　23勝32敗５休
勝　率　0.418
身　長　177cm（５尺８寸５分）
体　重　109kg（29貫）
得意手　突っ張り、押し

松岡山の四股名で１度は幕下56枚目まで進みながら、昭和41年秋場所限りで廃業。１年後の42年名古屋場所から松岡の本名で前相撲から再スタート、巌虎と改めてから幕内に昇進している。小柄だが筋肉質。闘志にあふれた相撲ぶりで、立ち合い当たって押すか、いなし、はたき、または前まわしを取って食い下がっての出し投げと多彩だった。しかし、48年名古屋場所、陸奥嵐戦で左股関節を痛めて後退した。廃業後、米国人の画家と結婚して話題となった。

若獅子（わかじし） 茂憲（しげのり）（小結）

本　名　和田耕三郎
生年月日　昭和23年５月４日
出身地　青森県上北郡東北町上野
四股名　和田ノ花→若獅子
所属部屋　二子山
初土俵　昭和39年５月場所
十両昇進　昭和46年１月場所
入　幕　昭和48年１月場所
最終場所　昭和58年５月場所
幕内在位　31場所
幕内成績　200勝262敗３休
勝　率　0.433
三　賞　敢闘賞１回
身　長　174cm（５尺７寸５分）
体　重　125kg（33貫500）
得意手　突っ張り、引き落とし、けたぐり
年寄名　鳴戸→峰崎→荒汐→小野川→千賀ノ浦→湊川→花籠→竹縄→芝田山→藤島→佐ノ山（平成８年７月廃業）

小柄だが稽古熱心でファイト満々。突っ張りや押しで動き回り、足を飛ばしてのけたぐりなど、変幻自在の取り口をみせた。昭和49年初場所には横綱琴櫻を物言い後の取り直しから、はたき込みで下した。51年名古屋場所で11勝を挙げて敢闘賞、秋場所には念願の三役入りを果たした。引退後、借り株で11の名跡を継いだものの廃業。

天龍（てんりゅう） 源一郎（げんいちろう）（前頭筆頭）

本　名　嶋田源一郎
生年月日　昭和25年２月２日
出身地　福井県勝山市北郷町森川
四股名　島田→嶋田→島田→天龍
所属部屋　二所ノ関
初土俵　昭和39年１月場所
十両昇進　昭和46年９月場所
入　幕　昭和48年１月場所
最終場所　昭和51年９月場所
幕内在位　16場所
幕内成績　108勝132敗
勝　率　0.450
身　長　185cm（６尺１寸）
体　重　114kg（30貫500）
得意手　突っ張り、右四つ、上手投げ

福井県出身の幕内は福ノ海以来で、昭和に入って２人目。突っ張り、右四つになると寄りがあり、上手投げもみせた。体付きや相撲ぶりからは、みたところ力強さは感じさせなかったが、それでいながら勝っていったのは、やはり相撲のうまさによるものだろう。優しい顔付きで女性ファンも多かった。昭和50年秋場所前、押尾川事件に際して元大麒麟の押尾川親方について部屋を出た。しかし、二所ノ関部屋に戻されたのも遠因だろうか、廃業してプロレスに転向した。

大旺（だいおう） 吉伸（よしのぶ）（前頭4枚目）

本　名　荒谷邦治
生年月日　昭和24年6月23日
出身地　富山県射水市八幡町
四股名　荒谷→若神→大旺→威光→大旺
所属部屋　二子山
初土俵　昭和39年11月場所
十両昇進　昭和47年5月場所
入　幕　昭和48年1月場所
最終場所　昭和56年9月場所
幕内在位　10場所
幕内成績　57勝93敗
勝　率　0.380
身　長　186cm（6尺1寸5分）
体　重　99kg（26貫500）
得意手　右四つ、寄り切り、上手投げ

筋肉質だが、100㌔に満たない軽量。右四つ、左上手を取ると上手投げやつりがあったが、細い体だけに、相手に先に有利に組まれると具合が悪かった。3度目の入幕をした昭和49年九州場所、幕尻で増位山や三重ノ海に勝って10勝を挙げたが、この場所は立ち合いに左に飛んだりして左上手を速く取っていたのが幸いした。翌場所は自己最高位の前頭4枚目に昇進。同じ部屋の若獅子と合同結婚式を挙げて話題となった。東京都板橋区でちゃんこ料理店を経営している。

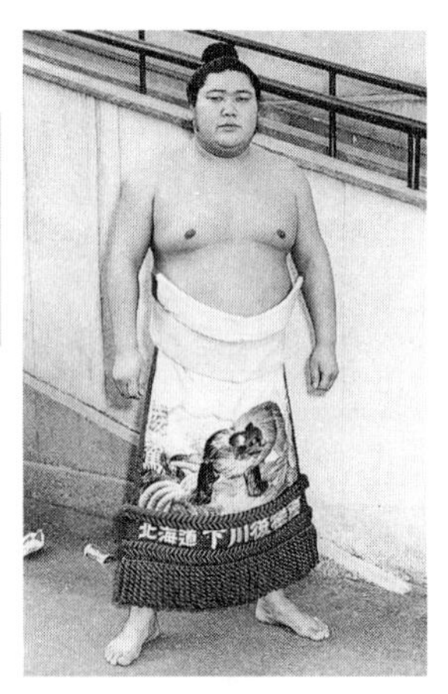

凌駕（りょうが） 精考（せいこう）（前頭13枚目）

本　名　白戸二三男
生年月日　昭和23年1月20日
出身地　北海道上川郡下川町上名寄
四股名　白戸→凌駕
所属部屋　立浪
初土俵　昭和38年5月場所
十両昇進　昭和45年3月場所
入　幕　昭和48年3月場所
最終場所　昭和49年1月場所
幕内在位　1場所
幕内成績　4勝11敗
勝　率　0.267
身　長　178cm（5尺8寸5分）
体　重　132kg（35貫）
得意手　左四つ、寄り切り

ちょっとした中アンコ型。突き、押し、左を差しての寄りが得意で、相手の上手を切るのがうまかった。しかし、勝ちみが遅かったために出世はスローペースの上、けがに泣かされる不運にも見舞われた。昭和45年春場所に十両に上がったものの九州場所で右足首をけがして幕下落ち、46年秋場所の再十両では左ひざの靭帯を痛めて苦しんだ。48年初場所に東十両5枚目で10勝5敗の成績で待望の入幕を果たしたが、在位はわずか1場所で終わった。

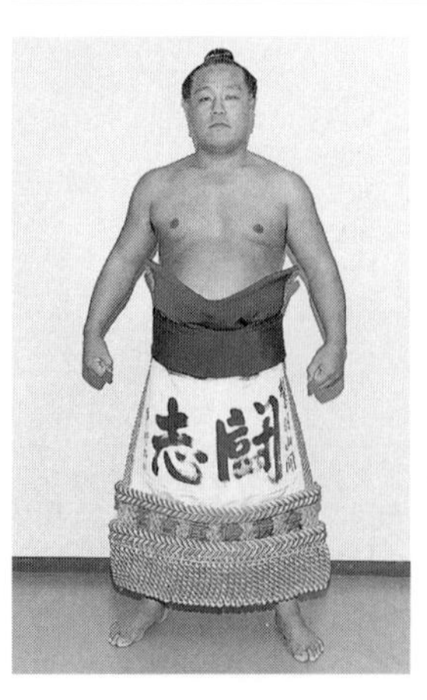

鷲羽山（わしゅうやま） 佳員（よしかず）（関脇）

本　名　鈴木→石田佳員
生年月日　昭和24年4月2日
出身地　岡山県倉敷市児島赤崎
所属部屋　出羽海
初土俵　昭和42年3月場所
十両昇進　昭和47年7月場所
入　幕　昭和48年5月場所
最終場所　昭和60年11月場所
幕内在位　49場所
幕内成績　319勝353敗63休
勝　率　0.475
三　賞　敢闘賞3回、技能賞5回
身　長　174cm（5尺7寸5分）
体　重　110kg（29貫500）
得意手　突っ張り、押し、いなし
年寄名　境川→出羽海→高崎（平成26年4月定年退職）

無類の稽古熱心。師匠出羽海親方（元横綱佐田の山）に「とにかく、こちらがストップの声をかけなければ、いつまでも稽古をしている」と言われたほどだった。鋭い出足が武器。もろはずで一気に出るが、左右への動きもスピーディーで土俵狭しと暴れまくった。昭和50年代前半は三役から前頭上位で活躍し、技能賞の常連だった。叔父は元幕内常ノ山。実兄は元十両常の山。平成8年1月、出羽海の名跡を継ぎ、部屋を継承。理事を6期12年務めた。

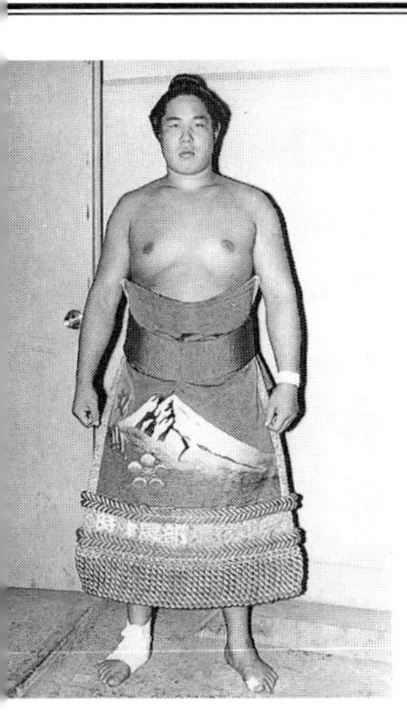

まるやま　たかひこ

丸山　孝彦（前頭13枚目）

本　名	丸山孝彦	最終場所	昭和51年7月場所（番付は9月場所）
生年月日	昭和21年11月14日	幕内在位	3場所
出身地	福岡県京都郡みやこ町勝山上黒田	幕内成績	8勝20敗17休
四股名	丸山→純光→丸山	勝　率	0.286
所属部屋	時津風	身　長	181cm（5尺9寸5分）
初土俵	昭和37年5月場所	体　重	116kg（31貫）
十両昇進	昭和45年9月場所	得意手	右四つ、寄り切り
入　幕	昭和48年5月場所		

幕内公傷制度適用の第1号力士となった。東十両筆頭だった昭和48年春場所、右ひざを痛め途中休場した。しかし、既に8勝していたために翌夏場所は幕尻に入幕。同場所を全休したが公傷制度が適用され幕内に残っている。柔らかみのある体に恵まれて、右四つ、上手投げ、寄り切りを得意手とした。全休後の土俵は4勝で十両に転落、いったんは幕下に落ちて51年初場所に再入幕を果たすが、けがに泣いた。

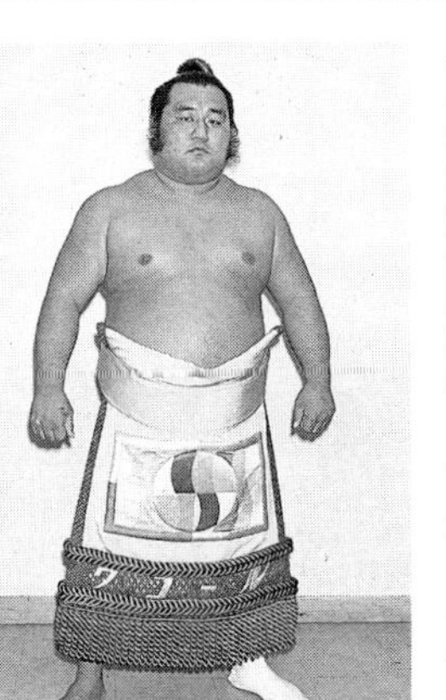

あらせ　ながひで

荒勢　永英（関脇）

本　名	荒瀬英生	最終場所	昭和56年9月場所
生年月日	昭和24年6月20日	幕内在位	48場所
没年月日	平成20年8月11日	幕内成績	351勝367敗2休
出身地	高知県吾川郡いの町波川	勝　率	0.489
四股名	荒瀬→荒勢	三　賞	殊勲賞1回、敢闘賞2回、技能賞1回
所属部屋	花籠	身　長	178cm（5尺8寸5分）
初土俵	昭和47年1月場所幕下最下位格付出	体　重	151kg（40貫500）
十両昇進	昭和47年11月場所	得意手	右四つ、寄り切り、押し出し
入　幕	昭和48年7月場所	年寄名	間垣（昭和58年1月廃業）

学生相撲出身。日大時代は輪島の2年後輩。幕下付出でデビュー。6場所目に十両、その後4場所目で入幕と順調な出世。重心が低く、見るからに力士らしい体付きと風貌で、右を差してのがぶり寄りは破壊力を持ち、休まずに出ていくのが強みだった。三役を14場所務めており、昭和52年秋場所には東関脇で11勝を挙げ、技能賞を受けている。引退後間垣を襲名したが廃業し、タレントに転向。

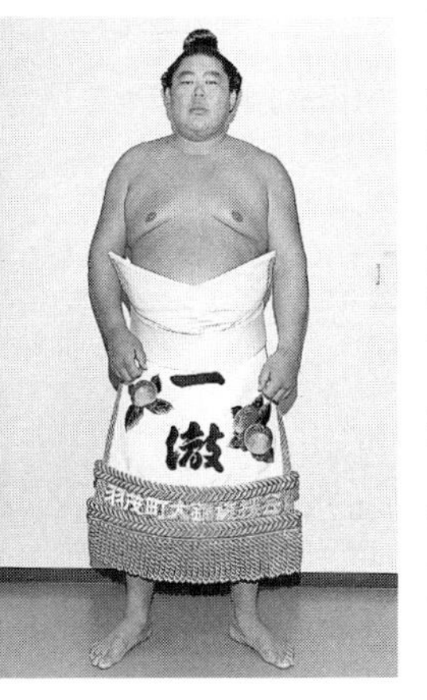

おおにしき　いってつ

大錦　一徹（小結）

本　名	尾堀盛夫	幕内在位	53場所
生年月日	昭和28年9月11日	幕内成績	348勝428敗19休
出身地	新潟県佐渡市羽茂本郷	勝　率	0.448
四股名	尾堀→大錦	三　賞	殊勲賞1回、敢闘賞1回、技能賞1回
所属部屋	出羽海		
初土俵	昭和43年5月場所	身　長	186cm（6尺1寸5分）
十両昇進	昭和48年5月場所	体　重	150kg（40貫）
入　幕	昭和48年9月場所	得意手	左四つ、寄り切り、上手投げ
最終場所	昭和63年1月場所	年寄名	山科（平成30年9月定年退職）

新入幕で横綱琴櫻、大関貴ノ花を倒して11勝4敗の好成績をマーク。殊勲・敢闘・技能の三賞を独占した。三賞の独占は大受が経験しているが、新入幕では大錦1人だけだ。北の湖と同じ「花のニッパチ」（昭和28年生まれ）として期待されたが、最高位は入幕2場所目の小結で、三役経験はその1場所だけだ。腰痛と糖尿病に苦しみ1度は幕下まで後退したが、精神的な強さと稽古を重ねて幕内に返り咲いた。左差し、半身になっての寄りの速攻に威力があった。

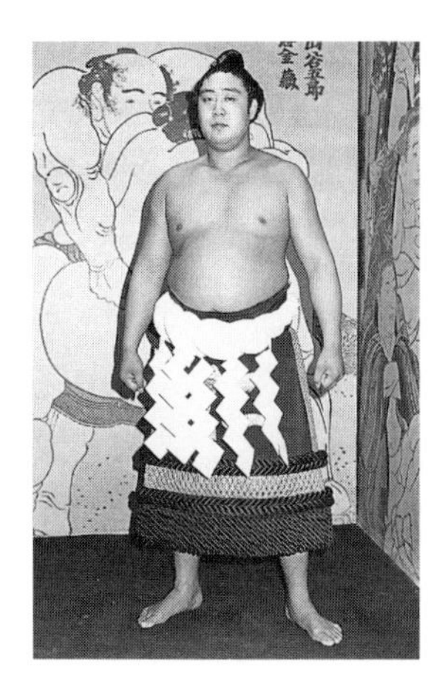

若乃花（わかのはな） 幹士（かんじ）（横綱）

本　名	下山勝則	幕内在位	55場所
生年月日	昭和28年４月３日	幕内成績	512勝234敗70休
没年月日	令和４年７月16日	勝　率	0.686
出身地	青森県南津軽郡大鰐町居土	優　勝	４回
四股名	下山→朝ノ花→若三杉→若乃花	三　賞	殊勲賞２回、技能賞４回
所属部屋	二子山	身　長	186cm（６尺１寸５分）
初土俵	昭和43年７月場所	体　重	129kg（34貫500）
十両昇進	昭和48年７月場所	得意手	左四つ、上手投げ、外掛け
入　幕	昭和48年11月場所	年寄名	若乃花→間垣（平成25年12月退職）
最終場所	昭和58年１月場所		

天性の柔らかい足腰、懐の深さと甘いマスク、涼やかな目元、人懐つこい笑顔、颯爽たる取り口が好感を呼び、若三杉を名乗っていた関脇から大関に上がるころは、貴ノ花と相撲人気を二分していた。右上手を取るや左からひねって、右から投げる上手投げは腰の切れがよく、鋭かった。間垣部屋を興し、４人の幕内力士を育てた。体調を崩し平成25年春場所限りで部屋を閉じ、同年12月に退職した。

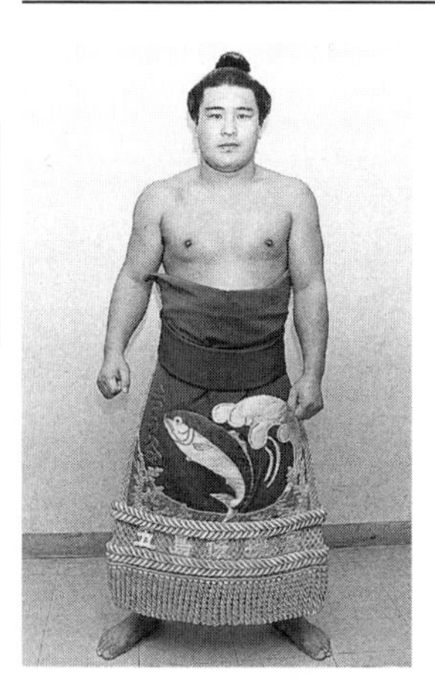

吉の谷（よしのたに） 彰俊（あきとし）（前頭４枚目）

本　名	吉谷作利	最終場所	昭和57年５月場所
生年月日	昭和24年４月23日	幕内在位	７場所
没年月日	平成12年１月14日	幕内成績	48勝57敗
出身地	長崎県五島市三井楽町浜窄	勝　率	0.457
四股名	吉谷→宇戸の山→吉の谷	身　長	175cm（５尺８寸）
所属部屋	出羽海	体　重	104kg（27貫500）
初土俵	昭和40年５月場所	得意手	足取り、右四つ、下手投げ
十両昇進	昭和47年５月場所	年寄名	山科→千賀ノ浦→入間川→竹縄→大鳴戸
入　幕	昭和49年１月場所		

小柄だが、全身がファイトの塊といった印象を与える力士で、相撲に負けると土俵を叩いて悔しがった。昭和48年秋場所に十両優勝。49年初場所に入幕し、早々に９勝６敗の成績を挙げ前頭４枚目まで昇進したあたりは特異な存在だった。しかし、体力不足と右ひざを痛めたこともあって幕下まで落ちた。足取りが得意で、右を差して食い下がり、投げやひねりもみせた。同僚の鷲羽山とともによく稽古をし出世を競ったが、けがのために挫折した。

玉輝山（たまきやま） 正則（まさのり）（小結）

本　名	萩尾正則	幕内成績	153勝195敗12休
生年月日	昭和26年４月29日	勝　率	0.440
出身地	福岡県前原市前原	身　長	182cm（６尺）
所属部屋	片男波	体　重	141kg（37貫500）
初土俵	昭和39年５月場所	得意手	右四つ、寄り切り、上手投げ
十両昇進	昭和46年９月場所	年寄名	北陣（昭和63年１月廃業）
入　幕	昭和49年５月場所		
最終場所	昭和59年３月場所		
幕内在位	24場所		

相撲ぶりや体付きが兄弟子で横綱現役中に他界した玉の海に似ていることから、「玉の海２世」といわれ期待された。20歳で十両に昇進し勝ち越しているが、場所後の玉の海急逝のショックが大きく、出世が遅れた。右四つのいい型を持っており、上手投げ、寄りを得意としていた。幕内中軸から十両上位を上下しており、前頭４枚目だった昭和54年夏場所に貴ノ花、旭國の両大関を倒して８勝し、幸運にも翌場所に小結に昇進したのが唯一の三役経験となった。

琴乃富士 太喜（前頭5枚目）

ことのふじ たいき

本　名　藤沢宗義
生年月日　昭和26年11月7日
出身地　北海道虻田郡留寿都村留寿都
四股名　藤沢→琴乃冨士→琴乃富士
所属部屋　佐渡ヶ嶽
初土俵　昭和42年5月場所
十両昇進　昭和47年11月場所
入　幕　昭和49年7月場所
最終場所　昭和57年1月場所
幕内在位　12場所
幕内成績　72勝104敗4休
勝　率　0.409
身　長　181cm（5尺9分5分）
体　重　140kg（37貫500）
得意手　右四つ、寄り切り
年寄名　尾車（昭和60年11月廃業）

佐渡ヶ嶽部屋期待の大型力士として注目されたが、けがが多く大成を阻まれた。前頭11枚目だった昭和50年秋場所、大関魁傑を寄り切り、関脇麒麟児を小手投げに倒して10勝を挙げた。しかし、幕内上位に上がった翌場所の成績は振るわなかった。十両で14勝1敗で優勝して4度目の入幕を果たした52年春場所、5勝2敗と好調で迎えた中日の豊山戦で、左大腿部を痛めたのが致命傷となり上位進出は成らなかった。東京・神楽坂でちゃんこ料理店を経営。

麒麟児 和春（関脇）

きりんじ かずはる

本　名　垂沢和春
生年月日　昭和28年3月9日
没年月日　令和3年3月1日
出身地　千葉県柏市豊四季
四股名　垂沢→麒麟児
所属部屋　二所ノ関
初土俵　昭和42年5月場所
十両昇進　昭和49年1月場所
入　幕　昭和49年9月場所
最終場所　昭和63年9月場所
幕内在位　84場所
幕内成績　580勝644敗34休
勝　率　0.474
三　賞　殊勲賞4回、敢闘賞4回、技能賞3回
身　長　182cm（6尺）
体　重　145kg（38貫500）
得意手　突き出し、押し出し
年寄名　北陣（平成30年3月定年退職）

新入幕は21歳、引退は35歳と長寿力士だったが、最後まで若々しい取り口で土俵を沸かせた。幕内在位は84場所、幕内出場1221回は立派だ。回転の速い突っ張りを主な武器として、徹底した突き、押し相撲を取った。幕内に上がって勝ち越しを続け、6場所目には早くも関脇に上がっている。幕内昇進からの連続勝ち越しは7場所。「花のニッパチ組」の一人。

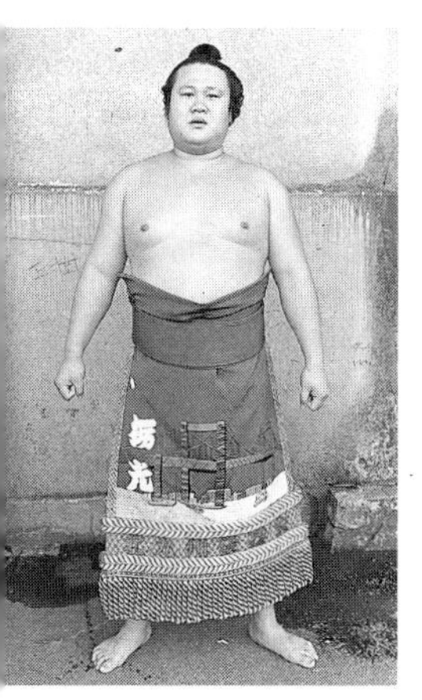

栃光 興福（関脇）

とちひかり こうふく

本　名　金城興福
生年月日　昭和28年2月27日
没年月日　平成14年12月29日
出身地　宮崎県児湯郡高鍋町北高鍋
四股名　金城→栃光→金城
所属部屋　春日野
初土俵　昭和44年9月場所
十両昇進　昭和48年3月場所
入　幕　昭和49年9月場所
最終場所　昭和62年5月場所
幕内在位　60場所
幕内成績　412勝488敗
勝　率　0.458
三　賞　敢闘賞3回
身　長　184cm（6尺5分）
体　重　144kg（38貫500）
得意手　右四つ、寄り切り、下手投げ

本名の金城で幕内に上がった。師匠から期待されて栃光の四股名を与えられたが、晩年は栃光の四股名を返上して本名の金城に戻っている。北の湖、若乃花、麒麟児らと一緒の「花のニッパチ組」の一人。腰が重く、右差し、半身になっての寄りに威力があった。素質はあったものの稽古熱心とはいえず、三役定着は成らなかった。横綱北の湖には1度も勝てず、29連敗した。宮崎県から関脇の力士が出たのは初めて。私生活が乱れ、角界に残れなかった。

玉ノ富士 茂（関脇）
たまのふじ しげる

本　名　阿久津→大野茂
生年月日　昭和24年11月24日
没年月日　令和３年６月21日
出身地　栃木県那須郡那珂川町三輪
四股名　阿久津→玉ノ冨士→玉ノ富士
所属部屋　片男波
初土俵　昭和42年５月場所
十両昇進　昭和48年11月場所
入　幕　昭和49年９月場所
最終場所　昭和56年11月場所

幕内在位　41場所
幕内成績　289勝326敗
勝　率　0.470
三　賞　殊勲賞１回、敢闘賞２回
身　長　185cm（6尺1寸）
体　重　127kg（34貫）
得意手　右四つ、寄り切り、割り出し
年寄名　湊川→片男波→楯山（平成26年11月定年、同月再雇用制度適用。31年４月退職）

１度部屋を飛び出して自衛隊に入隊。昭和45年秋場所に再入門している。怪力の持ち主で、右でまわしを取り、左は相手の腕を押さえて出ていく割り出しを武器に活躍した。三役を連続８場所務め、一時は有力な大関候補だった。片男波部屋を継承し、玉春日、玉乃島、玉飛鳥、玉鷲らを育てた。平成22年２月、名跡変更で楯山を名乗り、片男波の名跡と部屋を玉春日に譲った。24年１月の選挙で理事に。

青葉城 幸雄（関脇）
あおばじょう ゆきお

本　名　庄司幸雄
生年月日　昭和23年11月14日
出身地　宮城県仙台市太白区中田町
四股名　大庄司→青葉城
所属部屋　二所ノ関→押尾川
初土俵　昭和39年３月場所
十両昇進　昭和46年５月場所
入　幕　昭和50年１月場所
最終場所　昭和61年７月場所

幕内在位　62場所
幕内成績　429勝501敗
勝　率　0.461
三　賞　敢闘賞１回
身　長　180cm（５尺９寸５分）
体　重　148kg（39貫500）
得意手　左四つ、寄り切り、つり出し
年寄名　不知火（平成25年11月定年退職）

高見山や黒姫山と同期生。青葉城が新入幕の昭和50年初場所、高見山は既に幕内43場所目。「高見山と黒姫山の２人を目標に頑張った。だから現役を長く続けられた」と語っている。古風な江戸時代の力士をほうふつさせ、左四つ、右上手を取ってがっぷり四つに組んだときは強い。途中、二所ノ関から押尾川部屋に移籍したが、引退まで１日も休場なしの連続1630回出場は史上１位の大記録。相撲界の「鉄人」といわれた。平成18年春の役員改選で監事に就任した。

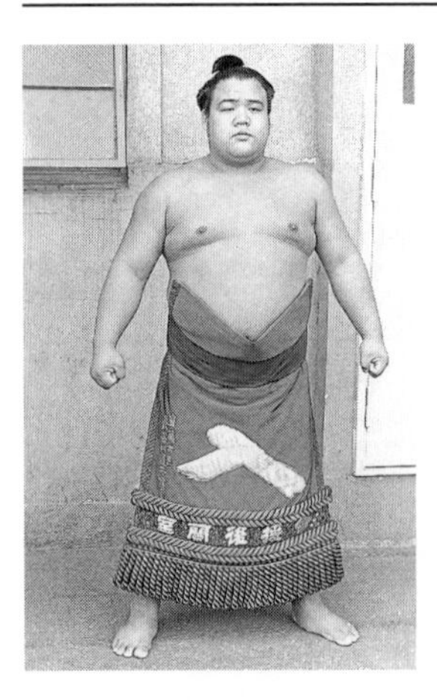

播竜山 孝晴（小結）
ばんりゅうやま たかはる

本　名　田口孝晴
生年月日　昭和26年５月４日
出身地　兵庫県たつの市神岡町上横内
四股名　揖保川→播竜山
所属部屋　三保ヶ関
初土俵　昭和41年11月場所
十両昇進　昭和49年７月場所
入　幕　昭和50年３月場所
最終場所　昭和59年11月場所
幕内在位　32場所

幕内成績　200勝268敗12休
勝　率　0.427
三　賞　敢闘賞１回
身　長　177cm（５尺８寸５分）
体　重　147kg（39貫）
得意手　押し出し、右四つ、寄り切り
年寄名　小野川→待乳山（平成28年５月定年、同月再雇用制度適用。令和３年５月退職）

アンコ型で体に見合った押し相撲が得意だった。右でまわしを引き、出し投げを打ちながら出るのもうまかった。昭和49年九州場所と50年初場所、十両で連続優勝を果たして入幕、特に２度目の優勝時は幕内優勝の北の湖との同部屋アベック優勝が話題となった。53年秋場所、前頭３枚目で10勝して敢闘賞を受賞。翌場所、小結に昇進。しかし、その後は肝炎を患って後退した。

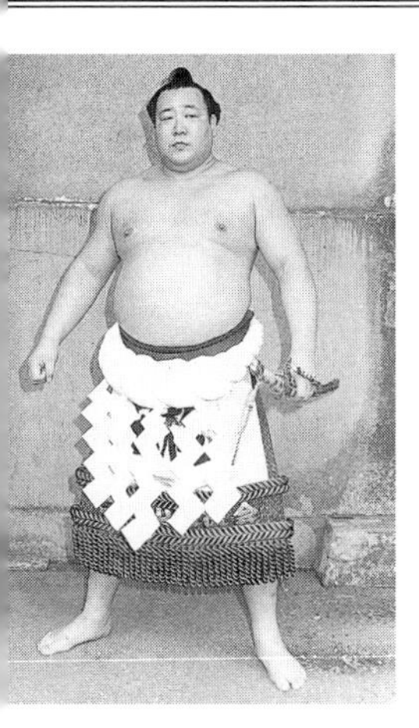

たかのさと　としひで

隆の里 俊英（横綱）

本　名	高谷俊英	幕内在位	58場所
生年月日	昭和27年９月29日	幕内成績	464勝313敗80休
没年月日	平成23年11月７日	勝　率	0.597
出身地	青森県青森市浪岡女鹿沢	優　勝	4回
四股名	高谷→隆ノ里→隆の里	三　賞	殊勲賞２回、敢闘賞５回
所属部屋	二子山	身　長	182cm（６尺）
初土俵	昭和43年７月場所	体　重	159kg（42貫500）
十両昇進	昭和49年11月場所	得意手	右四つ、上手投げ、寄り切り
入　幕	昭和50年５月場所	年寄名	鳴戸
最終場所	昭和61年１月場所		

右四つ、両まわしを引き付けての寄り、つりを得意技とした。対千代の富士戦は隆の里が８連勝を含め16勝12敗。優勝４回のうち全勝優勝２回は特筆される。力士の職業病ともいえる糖尿病を徹底した食事療法で克服した。引退後、千葉県松戸市に鳴戸部屋を興し、熱心な指導で若の里、稀勢の里らを育てた。平成23年11月、九州場所開幕直前に59歳で急逝した。

ちよのふじ　みつぐ

千代の富士 貢（横綱）

本　名	秋元貢	幕内在位	81場所
生年月日	昭和30年６月１日	幕内成績	807勝253敗144休
没年月日	平成28年７月31日	勝　率	0.761
出身地	北海道松前郡福島町塩釜	優　勝	31回
四股名	秋元→大秋元→千代の冨士→千代の富士	三　賞	殊勲賞１回、敢闘賞１回、技能賞５回
所属部屋	九重	身　長	183cm（６尺５分）
初土俵	昭和45年９月場所	体　重	127kg（34貫）
十両昇進	昭和49年11月場所	得意手	右四つ、上手投げ、寄り切り
入　幕	昭和50年９月場所	年寄名	陣幕→九重
最終場所	平成３年５月場所		

角界初の国民栄誉賞受賞。通算1045勝、53連勝、優勝31回。右前まわしを引き付けての一気の寄りを得意にした。度重なる両肩の脱臼を筋力トレーニングで克服して無敵横綱となった。一代年寄を断り、九重部屋を継承。すい臓がんで急逝。享年61。現役時代は“ウルフ”のニックネームで知られた。

あおばやま　ひろとし

青葉山 弘年（小結）

本　名	高橋幸一	最終場所	昭和57年９月場所
生年月日	昭和25年４月３日	幕内在位	31場所
没年月日	平成９年９月24日	幕内成績	208勝257敗
出身地	宮城県黒川郡大郷町中村	勝　率	0.447
四股名	高橋→青葉山→貴城山→青葉山	三　賞	敢闘賞２回、技能賞１回
所属部屋	木瀬	身　長	187cm（６尺１寸５分）
初土俵	昭和43年11月場所	体　重	132kg（35貫）
十両昇進	昭和49年５月場所	得意手	右四つ、つり出し、寄り切り
入　幕	昭和50年11月場所	年寄名	桐山→浅香山

大きな手にいっぱい塩をつかみ、天井目がけて威勢よく撒くことで人気を呼んだ。長身で骨太の大型力士。右四つから左上手を取ってのつりが十八番だった。十両優勝して入幕した昭和50年九州場所、高見山を破って10勝を挙げ、いきなり敢闘賞を受賞している。53年九州場所では、貴ノ花、三重ノ海、旭國の３大関を連破して技能賞を獲得、翌場所、小結に昇進している。晩年は腎臓、糖尿病を病んで苦しい土俵が続いた。46歳で亡くなった。

大豪(だいごう) 健嗣(けんし)（前頭11枚目）

本名	板倉昇	最終場所	昭和57年３月場所
生年月日	昭和27年５月23日	幕内在位	４場所
出身地	秋田県山本郡三種町下岩川	幕内成績	14勝46敗
四股名	板倉→久光→板倉→宮桜→板倉→大豪→大剛	勝率	0.233
所属部屋	花籠	身長	186cm（６尺１寸５分）
初土俵	昭和41年５月場所	体重	118kg（31貫500）
十両昇進	昭和50年３月場所	得意手	右四つ、上手投げ、寄り切り
入幕	昭和50年11月場所	年寄名	鳴戸→不知火→山響→北陣（昭和63年９月廃業）

幕下時代は「弓取りの板倉」として親しまれ、十両に入ってからも１場所だけだが弓を振っている。幕下までは比較的出世が速かったが、幕下上位が長く、十両昇進まで54場所要している。なまくら四つで、左からの投げ技が得意。上手投げ、下手投げ、小手投げなど、いずれも左からの投げで勝負を決した。幕内には昭和50年九州場所、51年秋場所、52年初場所、同名古屋場所と４回上がっているが、その都度大きく負け越して、各１場所で十両に逆戻りした。

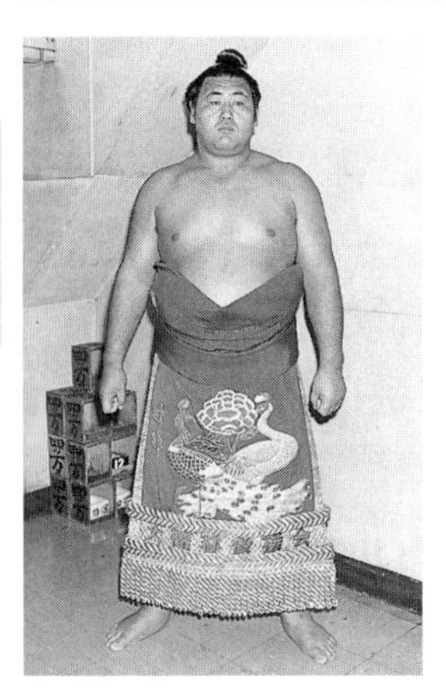

魁輝(かいき) 薫秀(のぶひで)（関脇）

本名	西野政章	幕内成績	446勝522敗22休
生年月日	昭和27年６月12日	勝率	0.461
出身地	青森県上北郡七戸町天間館	三賞	敢闘賞１回
四股名	西野→西錦→魁輝	身長	182cm（６尺）
所属部屋	友綱	体重	148kg（39貫500）
初土俵	昭和40年９月場所	得意手	右四つ、寄り切り、突っ張り
十両昇進	昭和48年９月場所	年寄名	高島→友綱→大島（平成29年６月定年。同月再雇用制度、令和４年２月に名跡を大島から友綱に変更、同年６月退職）
入幕	昭和50年11月場所		
最終場所	昭和62年３月場所		
幕内在位	66場所		

重い腰を利して右四つからの寄りが得意。攻めは遅かったが、たまに立ち合いから突っ張りをみせることもあった。横綱北の湖の全盛時に２連勝。夫人は元友綱親方（元十両一錦）の長女で、親方の定年後に部屋を継承、大関魁皇らを育てた。元旭國の大島部屋を吸収合併の後、モンゴル出身の元関脇旭天鵬を友綱部屋の後継者にした。

和錦(かつにしき) 克年(かつとし)（前頭13枚目）

本名	和田歳夫	最終場所	昭和53年３月場所
生年月日	昭和21年７月２日	幕内在位	１場所
没年月日	平成20年11月17日	幕内成績	５勝10敗
出身地	静岡県庵原郡由比町由比	勝率	0.333
四股名	和田錦→和錦	身長	185cm（６尺１寸）
所属部屋	春日野	体重	111kg（29貫500）
初土俵	昭和38年９月場所	得意手	右四つ、上手投げ、寄り切り
十両昇進	昭和47年７月場所		
入幕	昭和51年１月場所		

下積み時代が長かった。三段目に上がると序二段へ、幕下に昇進すると三段目に落ちるといった具合に一進一退の成績だった。はじめ四股名を和田錦としたが、田は足を取られると和錦に改名。初土俵から54場所かかって十両に上がったが、さらに幕下に２度落ちながらも踏ん張り、29歳の74場所目に念願の入幕を果たした。右四つ、左上手を取ると強く、上手投げ、つり寄りを得意としたが、入幕した昭和51年初場所、左手首を痛め思うに任せなかった。

小沼（こぬま） 克行（かつゆき）（前頭９枚目）

本　名　小沼克行
生年月日　昭和30年８月14日
出身地　埼玉県春日部市粕壁
所属部屋　鏡山
初土俵　昭和46年７月場所
十両昇進　昭和50年７月場所
入　幕　昭和51年３月場所
最終場所　昭和53年11月場所
幕内在位　２場所
幕内成績　10勝９敗11休
勝　率　0.526
身　長　181cm（５尺９寸５分）
体　重　130kg（34貫500）
得意手　左四つ、寄り切り

元横綱柏戸が鏡山部屋を創設して、わずか５年余りで送り出した幕内力士。親方のスパルタ教育に鍛えられて、同僚の安達（蔵玉錦）とともに昭和50年名古屋場所で十両入りして話題となった。順調に伸びて51年初場所、十両優勝を果たして翌春場所に入幕、若さあふれる取り口で活躍。体力に恵まれ、左かち上げから左差し、右前まわしを取っての寄りが素晴らしく有望視された。しかし、幕内２場所目の夏場所、足首を骨折。その後低迷したまま土俵に別れを告げた。

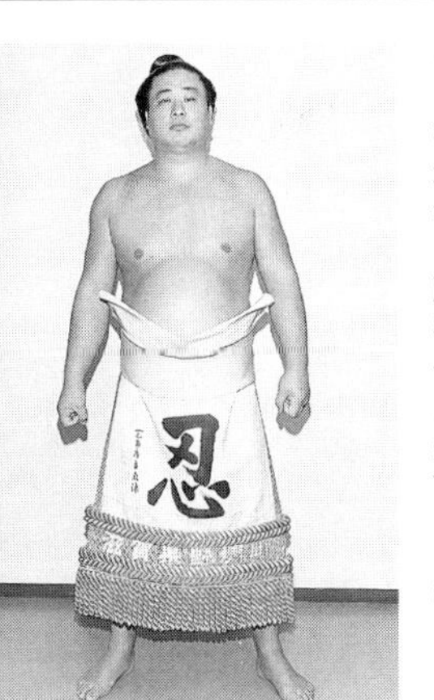

蔵間（くらま） 竜也（たつや）（関脇）

本　名　蔵間龍也
生年月日　昭和27年12月16日
没年月日　平成７年１月26日
出身地　滋賀県野洲市野洲町
所属部屋　時津風
初土俵　昭和43年９月場所
十両昇進　昭和50年５月場所
入　幕　昭和51年７月場所
最終場所　平成元年９月場所
幕内在位　62場所
幕内成績　424勝491敗15休
勝　率　0.463
三　賞　敢闘賞１回、技能賞２回
身　長　188cm（６尺２寸）
体　重　136kg（36貫500）
得意手　左四つ、寄り切り、つり出し
年寄名　錣山（平成２年６月廃業）

体の柔らかさ、懐の深さを特徴とするスケールの大きい相撲を取り、横綱、大関陣と左四つに渡り合ったら、かなりの地力を発揮した。しかし、攻めが遅く、結局は善戦で終わることが多かった。当時の流行語をもじって「善戦マン」のニックネームも。高校時代はラグビー選手で、枝川親方（元大関北葉山）にスカウトされた。父親はスポーツ紙記者。引退後は錣山を名乗ったが、健康上の理由で廃業、テレビタレントとして活躍したが、若くして亡くなった。

琴ヶ嶽（ことがたけ） 綱一（こういち）（前頭筆頭）

本　名　竹内孝一
生年月日　昭和27年９月24日
出身地　北海道川上郡弟子屈町弟子屈
四股名　竹内→琴緑→琴魅鳳→琴ヶ嶽→琴美鳳→琴ヶ嶽
所属部屋　佐渡ヶ嶽
初土俵　昭和42年11月場所
十両昇進　昭和49年１月場所
入　幕　昭和51年７月場所
最終場所　昭和59年３月場所
幕内在位　６場所
幕内成績　36勝54敗
勝　率　0.400
身　長　186cm（６尺１寸５分）
体　重　111kg（29貫500）
得意手　左四つ、つり出し
年寄名　白玉（平成７年３月廃業）

稽古熱心で知られた。琴魅鳳の四股名で昭和49年初場所に初十両入りし、有望視されたものの、肩の故障もあって２場所で後退。50年九州場所で十両にカムバックしている。左四つになるとしぶとく、長身を利してのつり、寄りが得意で右上手投げもみせた。52年夏場所には前頭筆頭に上がり、横綱輪島に善戦した。しかし、軽量なことと、ひじの故障で上位定着はできなかった。協会を去った後、故郷の町役場職員として川湯相撲記念館に勤務。

千代櫻 輝夫（前頭５枚目）

ちよざくら てるお

本　名	齋藤→藤岡輝夫
生年月日	昭和25年４月14日
出身地	北海道久遠郡せたな町神丘
四股名	齋藤→千代櫻→北輝→千代櫻
所属部屋	出羽海→九重
初土俵	昭和41年３月場所
十両昇進	昭和48年３月場所
入　幕	昭和51年９月場所
最終場所	昭和53年５月場所
幕内在位	７場所
幕内成績	42勝63敗
勝　率	0.400
身　長	182cm（６尺）
体　重	107kg（28貫500）
得意手	左四つ、上手投げ
年寄名	君ヶ濱（昭和54年１月廃業）

昭和48年春場所十両入り。折から日中国交回復を記念して大相撲一行が中国を訪問、北京・上海場所ではパンダの化粧まわしを付けて人気を呼んだ。千代の山を角界入りさせた学校の先生の紹介で出羽海部屋に入門、42年九重部屋の独立に伴い移籍した。立ち合いに突っ張りもあり、左四つ、右上手を取れば十分で強烈な上手投げを持っていたが、勝ちみの遅いのが欠点だった。49年初場所には十両優勝。十両を21場所経験した後に、やっと幕内の座をつかんだ。

蔵玉錦 敏正（前頭筆頭）

ざおうにしき としまさ

本　名	安達敏正
生年月日	昭和27年９月３日
没年月日	令和２年８月９日
出身地	山形県山形市香澄町
四股名	安達→蔵玉錦
所属部屋	伊勢ノ海→鏡山
初土俵	昭和45年９月場所
十両昇進	昭和50年７月場所
入　幕	昭和51年11月場所
最終場所	昭和58年１月場所
幕内在位	24場所
幕内成績	149勝211敗
勝　率	0.414
身　長	183cm（６尺５分）
体　重	137kg（36貫500）
得意手	左四つ、寄り切り
年寄名	立川→富士ヶ根→枝川→中川→白玉→佐ノ山→錦島→武隈（平成29年９月定年、同月再雇用制度適用。令和元年９月退職）

先代鏡山親方（元横綱柏戸）と同じ山形県出身。昭和50年名古屋場所、小沼とともに鏡山部屋の関取第１号として十両入り。翌年秋場所決定戦を制して十両優勝を果たし、九州場所で入幕。左を差して一気に前に出る相撲で、その出足が身上。56年秋場所11日目、横綱北の湖をはたき込みに破る金星を挙げている。

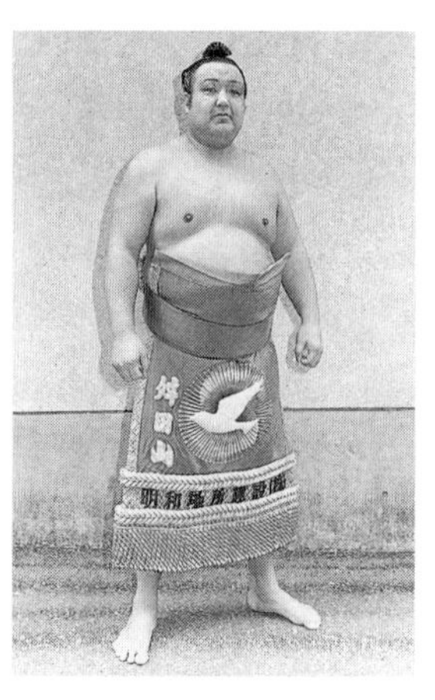

舛田山 靖仁（関脇）

ますだやま やすひと

本　名	舛田茂
生年月日	昭和26年４月10日
出身地	石川県七尾市和倉町
所属部屋	春日野
初土俵	昭和49年３月場所幕下最下位格付出
十両昇進	昭和50年１月場所
入　幕	昭和51年11月場所
最終場所	平成元年７月場所
幕内在位	47場所
幕内成績	313勝387敗５休
勝　率	0.447
三　賞	殊勲賞２回、敢闘賞１回
身　長	186cm（６尺１寸５分）
体　重	150kg（40貫）
得意手	突き、押し、はたき込み
年寄名	千賀ノ浦→常盤山→千賀ノ浦（平成28年４月定年、同月再雇用制度適用。令和３年４月退職）

拓大相撲部から春日野部屋入り。十両時代に右かかとを骨折して力士生命が危ぶまれたが、よく立ち直って関脇まで昇進した。得意の突き落とし、はたき込みはタイミングがよく、いつも鮮やかに決まった。平成16年秋場所後に、春日野部屋から53歳で独立。理事を１期務め、28年春場所後に定年。千賀ノ浦部屋を常盤山親方（元小結隆三杉）に譲った。

琴風　豪規（大関）

ことかぜ　こうき

本名	中山浩一
生年月日	昭和32年4月26日
出身地	三重県津市栄町
四股名	中ノ山→琴風
所属部屋	佐渡ヶ嶽
初土俵	昭和46年7月場所
十両昇進	昭和50年11月場所
入幕	昭和52年1月場所
最終場所	昭和60年11月場所
幕内在位	49場所
幕内成績	395勝249敗80休
勝率	0.613
優勝	2回
三賞	殊勲賞3回、敢闘賞2回、技能賞1回
身長	184cm（6尺5分）
体重	173kg（46貫）
得意手	左四つ、寄り切り
年寄名	尾車（令和4年4月定年。同月再雇用制度適用）

中学2年で横綱琴櫻の内弟子になっている。愛嬌のある笑顔が人柄の良さを物語っている。左を差しての一気のがぶり寄りに威力があった。関脇に上がった後、左ひざを痛めて幕下まで後退したが、攻撃相撲に徹し、不屈の闘志で大関に昇進、2度の優勝を経験。両ひざを悪くして大関陥落後、前頭12枚目を最後に28歳で引退。尾車部屋を興した。協会ナンバー2の事業部長を務めた。

大ノ海　敬士（前頭4枚目）

おおのうみ　たかし

本名	石川孝志
生年月日	昭和28年2月5日
出身地	山形県鶴岡市藤島町
四股名	石川→大ノ海
所属部屋	花籠
初土俵	昭和50年3月場所幕下最下位格付出
十両昇進	昭和50年9月場所
入幕	昭和52年1月場所
最終場所	昭和52年7月場所
幕内在位	3場所
幕内成績	18勝27敗
勝率	0.400
身長	179cm（5尺9寸）
体重	123kg（33貫）
得意手	左四つ、上手出し投げ

日大相撲部出身。輪島や荒勢らの後輩に当たる。大学3年のときにアマチュア横綱になっている。初土俵から3場所目の昭和50年名古屋場所で幕下全勝優勝して十両入り。左四つ、立ち合い右に変わって右上手を取り、出し投げで相手を崩して寄るのが得意。なかなかの相撲巧者だった。新入幕の場所、9勝を挙げて将来を嘱望されたが、学生時代に患った糖尿病が再発、これからという時に24歳の若さで廃業した。その後はプロレスに転向した。

大飛　進（前頭2枚目）

だいひ　すすむ

本名	小椋進
生年月日	昭和27年10月16日
出身地	愛知県名古屋市港区稲永
四股名	小椋→剣岳→大登→大飛
所属部屋	大山
初土俵	昭和43年3月場所
十両昇進	昭和49年7月場所
入幕	昭和52年1月場所
最終場所	昭和58年5月場所
幕内在位	7場所
幕内成績	44勝60敗1休
勝率	0.423
身長	184cm（6尺1寸）
体重	123kg（33貫）
得意手	左四つ、上手投げ
年寄名	山響→大山（平成29年10月定年、同月再雇用制度適用。令和4年8月退職）

元大関松登の大山親方の秘蔵弟子だった。左四つ、右からの上手投げに威力があり、特に稽古場での強さは群を抜いていた。しかし、本場所では存分に力を発揮できなかった。入幕後2場所は連続して勝ち越し、昭和52年夏場所には前頭2枚目まで上がったが、この場所、2勝13敗と大きく負け越して後退、十両から幕下まで転落した。真面目な性格で、引退後は長く相撲教習所を担当、新弟子教育に当たっていたが、平成24年の役員改選で副理事に昇格。巡業部副部長の要職に就いた。

栃赤城(とちあかぎ) 敬典(たかのり)（関脇）

本　名　金谷雅男
生年月日　昭和29年10月31日
没年月日　平成９年８月18日
出身地　群馬県沼田市薄根町
四股名　金谷→栃赤城
所属部屋　春日野
初土俵　昭和48年１月場所
十両昇進　昭和51年11月場所
入　幕　昭和52年５月場所

最終場所　平成２年３月場所
幕内在位　35場所
幕内成績　234勝252敗39休
勝　率　0.481
三　賞　殊勲賞４回、敢闘賞４回
身　長　180cm（５尺９寸５分）
体　重　138kg（37貫）
得意手　右四つ、小手投げ、かいなひねり、掛け投げ

天衣無縫、物おじしない性格で、稽古場よりも本場所で力を発揮するタイプの力士だった。足腰がよく、右でまわしを取れば強かった。昭和53年、54年ごろは三役に定着して、小手投げ、かいなひねり、逆とったり、すそ払いなどの多彩な技を駆使して、上位キラーとして活躍、「技の展覧会」といわれファンの喝采を浴びた。大関目前まで迫っていたが、けがに泣き番付も後退した。最後は三段目まで落ちて廃業。平成９年８月、ゴルフ中に倒れて急死。

岩波(いわなみ) 重廣(しげひろ)（前頭８枚目）

本　名　岩下栄一
生年月日　昭和30年２月15日
没年月日　平成11年１月21日
出身地　千葉県木更津市畑沢
四股名　岩下→照の山→岩波→岩下
所属部屋　立浪
初土俵　昭和46年11月場所
十両昇進　昭和51年９月場所
入　幕　昭和52年７月場所

最終場所　昭和59年３月場所
幕内在位　17場所
幕内成績　103勝136敗16休
勝　率　0.431
身　長　181cm（５尺９寸５分）
体　重　144kg（38貫500）
得意手　押し

相撲を取りながら、夜間高校に学んだ。突き、押し一本に徹した取り口は立派だったが、前にもろいのが欠点だった。本名の岩下で新入幕を果たした昭和52年名古屋場所13日目、高見山との一番で脳震盪（しんとう）を起こし、ひざも痛めた。再入幕した53年春場所から四股名を照の山と改名している。また、岩波と改めた55年名古屋場所からは、十両と幕下上位を往復していたが、病気のために三段目まで落ちて廃業。43歳の若さで病死した。

出羽の花(でわのはな) 義貴(よしたか)（関脇）

本　名　野村双一
生年月日　昭和26年５月13日
出身地　青森県北津軽郡中泊町富野
四股名　野村→出羽の花
所属部屋　出羽海
初土俵　昭和49年３月場所幕下最下位格付出
十両昇進　昭和50年５月場所
入　幕　昭和52年11月場所
最終場所　昭和63年１月場所
幕内在位　62場所

幕内成績　441勝483敗６休
勝　率　0.477
三　賞　殊勲賞１回、敢闘賞５回、技能賞４回
身　長　186cm（６尺１寸５分）
体　重　122kg（32貫500）
得意手　右四つ、上手投げ、小またすくい
年寄名　出来山（平成28年５月定年、同月再雇用制度適用。令和３年５月退職）

日大相撲部出身で、学生横綱。幕下付出の初土俵の場所は３勝４敗の負け越し。デビューから８場所目に十両に上がったものの、再び幕下生活を１年間ほど送って十両に返り咲くなど、滑り出しは必ずしも芳しくはなかった。しかし、プロの水に慣れた後は順調に出世し、関脇まで昇進。左右両前まわしを取って、出し投げからの小またすくい、寄りが得意だった。理事を１期務めた。

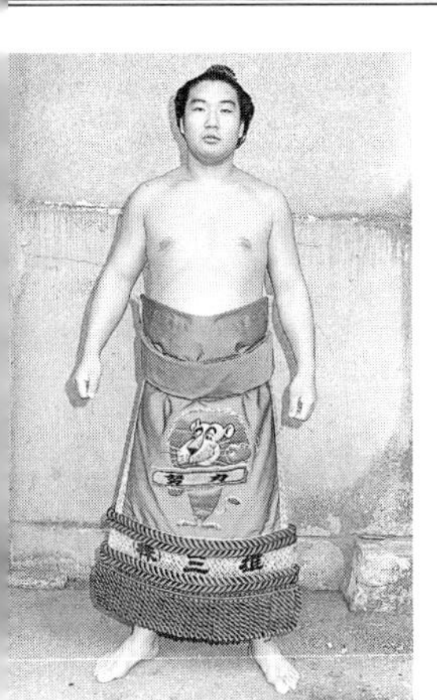

三杉磯（みすぎいそ） 拓也（たくや）（前頭２枚目）

本名	上沢秀則	勝率	0.448
生年月日	昭和31年５月11日	身長	187cm（６尺１寸５分）
出身地	青森県八戸市十日市	体重	123kg（33貫）
四股名	上沢→三杉磯→東洋→三杉磯	得意手	左四つ、寄り切り、突き落とし
所属部屋	花籠→放駒	年寄名	峰崎（令和３年５月定年、同月再雇用制度適用）
初土俵	昭和46年３月場所		
十両昇進	昭和51年11月場所		
入幕	昭和52年11月場所		
最終場所	昭和61年９月場所		
幕内在位	35場所		
幕内成績	233勝287敗５休		

稽古熱心で幕下時代から有望力士として注目された。突っ張りもあり、左四つ、右上手を引いての寄り、投げを得意とした。地力はあったが消極的な攻めが災いして、１度も三役に上がれなかった。引退後、峰崎部屋を興したが、定年前の令和３年３月場所で閉鎖。力士らを芝田山部屋に移籍させた。

天ノ山（あまのやま） 静雄（しずお）（前頭筆頭）

本名	尾形静雄	最終場所	昭和61年11月場所
生年月日	昭和29年１月１日	幕内在位	30場所
没年月日	平成９年９月17日	幕内成績	198勝252敗
出身地	佐賀県多久市多久町	勝率	0.440
四股名	尾形→天ノ山	三賞	敢闘賞１回
所属部屋	時津風	身長	190cm（６尺２寸５分）
初土俵	昭和51年３月場所幕下最下位格付出	体重	178kg（47貫500）
十両昇進	昭和52年９月場所	得意手	突き、押し
入幕	昭和53年３月場所	年寄名	立田山

駒大相撲部出身で、学生横綱のタイトルをひっ提げての角界入り。新入幕の昭和53年春場所、大関貴ノ花を破っていきなり11勝を挙げ、敢闘賞を受賞した。貴ノ花には強く４連勝している。もろ手突きの威力は素晴らしく、左を差して巨体をぶつけての出足は目を見張らせるものがあったが、下半身に欠陥があり、意外なもろさをみせることもあった。内臓疾患のため、期待されたようには伸びず、幕内と十両との往復を何度も繰り返した。43歳の若さで急逝。

琴若（ことわか） 央雄（ちかお）（前頭２枚目）

本名	香島春男	最終場所	昭和60年９月場所
生年月日	昭和29年４月７日	幕内在位	12場所
没年月日	平成29年３月10日	幕内成績	76勝104敗
出身地	北海道増毛郡増毛町岩尾	勝率	0.422
四股名	香島→琴の花→琴若	身長	196cm（６尺５寸）
所属部屋	佐渡ヶ嶽	体重	137kg（36貫500）
初土俵	昭和46年７月場所	得意手	右四つ、突っ張り、寄り切り、小手投げ
十両昇進	昭和52年11月場所		
入幕	昭和53年３月場所		

２㍍近い長身で、「電信柱」とか「東京タワー」というあだ名が付けられた。同時に入幕した190㌢、178㌔の巨漢天ノ山が「ジャンボ」と称されたのに対して、琴若は「コンコルド」といわれて評判になり、大きな期待を集めた。元気なころは、長身から繰り出す突っ張りが強烈で、左からの小手投げや上手投げも強力な武器となっていた。しかし、ひじやひざの関節を痛めて十両に落ち、さらにその後病気のために幕下にまで陥落し、土俵を去った。

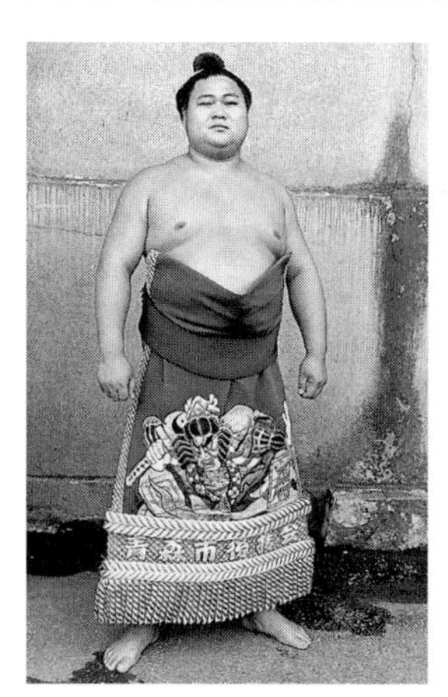

大觥 吉男（前頭８枚目）
たいこう よしお

本　名　横山吉男
生年月日　昭和28年10月30日
出身地　青森県青森市篠田
四股名　横山→津軽岳→大觥→横山→大觥
所属部屋　二子山
初土俵　昭和43年11月場所
十両昇進　昭和50年７月場所
入　幕　昭和53年５月場所
最終場所　昭和55年11月場所
幕内在位　４場所
幕内成績　24勝36敗
勝　率　0.400
身　長　174cm（５尺７寸５分）
体　重　133kg（35貫500）
得意手　左四つ、寄り切り

四股名は実兄の経営していた「大觥建設」という会社の名前から取ったもの。本名が横山というところから、部屋ではタレントの名前に引っかけて「ノック」のあだ名で呼ばれていた。上背には恵まれなかったが、ずんぐりとした体付きで、低い重心を利して、差して一気に出る取り口。ときには無双を切ったり、ひねり技をみせたりした。横綱２代目若乃花の露払いを務めていた。あだ名の「ノック」とは対照的に東北出身の力士らしく、無口で何時間でも黙っていたという。

谷嵐 久（前頭４枚目）
たにあらし ひさし

本　名　山口久
生年月日　昭和27年４月16日
没年月日　平成22年10月19日
出身地　大分県中津市豊田町
四股名　山口→若北葉→山口→谷嵐→山口
所属部屋　時津風
初土俵　昭和46年１月場所
十両昇進　昭和52年５月場所
入　幕　昭和53年５月場所
最終場所　昭和57年11月場所
幕内在位　７場所
幕内成績　46勝59敗
勝　率　0.438
身　長　181cm（５尺９寸５分）
体　重　128kg（34貫）
得意手　突き、押し、もろ差し、寄り切り

中津工高時代に相撲選手として活躍した。“高校相撲は出世しない”というジンクスを破って入幕を果たした。若いころは若北葉の四股名を名乗ったが、けがが多く本名の山口に戻し、入幕を機に郷土の先輩で幕末の幕内力士・谷嵐の名を継いだ。右差しからもろ差しとなって、差し手を返して、相手に上手を与えずに寄り立てていくのが得意だった。その前さばきのうまさに、定評があった。双津竜、牧本と３人一緒に引退相撲を行った。息子はプロ野球選手。

黒瀬川 国由（小結）
くろせがわ くにゆき

本　名　酒井健作
生年月日　昭和26年５月13日
出身地　東京都東村山市野口町
四股名　酒井→照勢山→黒瀬川
所属部屋　伊勢ヶ濱
初土俵　昭和41年１月場所
十両昇進　昭和51年５月場所
入　幕　昭和53年５月場所
最終場所　昭和59年５月場所
幕内在位　26場所
幕内成績　173勝216敗１休
勝　率　0.445
身　長　184cm（６尺１寸）
体　重　132kg（35貫）
得意手　左四つ、寄り切り
年寄名　千賀ノ浦→桐山（平成28年５月定年、同月再雇用制度適用。令和３年５月退職）

左差し手を返して、右で浅く上手を引いて寄っていくという正攻法の取り口が身上。相手の呼吸を図り、「後の先（ごのせん）」を制して立つのがうまく、その攻めは理詰めで、伊勢ヶ濱部屋伝統の技能派力士。小結在位は２場所。平成７年１月、大鳴戸部屋を引き取り桐山部屋を創設。19年１月には本家伊勢ヶ濱部屋を吸収した。21年７月場所、桐山部屋第１号関取徳瀬川を誕生させたが、その後体調を崩し、23年１月初場所後に部屋を閉じた。

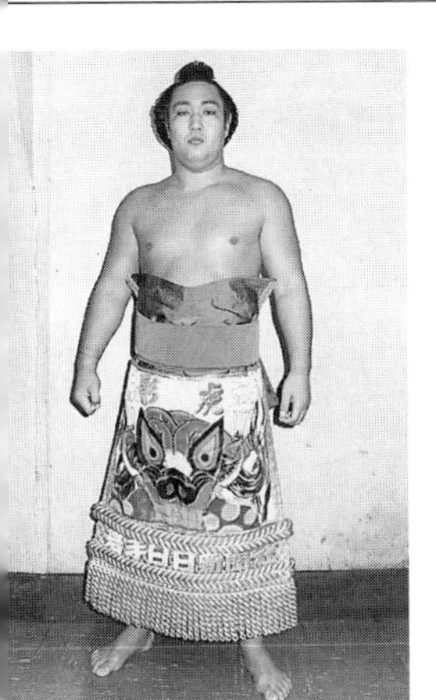

影虎(かげとら) 和彦(かずひこ)（前頭11枚目）

本　名　滝沢和彦
生年月日　昭和29年５月21日
出身地　岩手県九戸郡軽米町山内
四股名　滝沢→影虎→滝沢→影虎
所属部屋　九重
初土俵　昭和43年11月場所
十両昇進　昭和53年１月場所
入　幕　昭和53年７月場所
最終場所　昭和56年１月場所（番付は３月場所）
幕内在位　４場所
幕内成績　19勝41敗
勝　率　0.317
身　長　182cm（６尺）
体　重　121kg（32貫500）
得意手　突き、押し、左四つ、上手投げ

四股名の影虎は上杉謙信の幼名から取ったもの。突き、押しを得意として、左四つに渡り合えば一気の寄り、それに上手投げを武器にきびきびした動きのいい取り口で活躍した。幕下が長く、十両に昇進を決めた１カ月前に入門時の師匠（元横綱千代の山）が亡くなり、晴れ姿をみせることができなかった。なかなかの美男子との評判をとり、躍進を期待されていたが、首を痛めたのが原因で、幕内では十分に働くことができなかった。

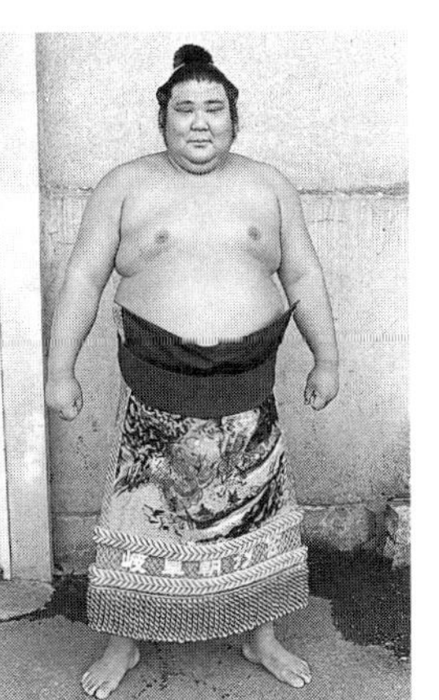

朝潮(あさしお) 太郎(たろう)（大関）

本　名　長岡末弘
生年月日　昭和30年12月９日
没年月日　令和５年11月２日
出身地　高知県室戸市佐喜浜町
四股名　長岡→朝汐→朝潮
所属部屋　高砂
初土俵　昭和53年３月場所幕下最下位格付出
十両昇進　昭和53年７月場所
入　幕　昭和53年11月場所
最終場所　平成元年３月場所
幕内在位　63場所
幕内成績　531勝371敗33休
勝　率　0.589
優　勝　１回
三　賞　殊勲賞10回、敢闘賞３回、技能賞１回
身　長　183cm（６尺５分）
体　重　186kg（49貫500）
得意手　突き、押し、左四つ、寄り切り
年寄名　山響→若松→高砂→錦島（令和２年12月定年、同月再雇用制度適用。３年６月退職）

近大相撲部時代に２年連続アマチュア横綱、学生横綱に。プロでの横綱も期待されたが、優勝１回の平凡な大関に終わった。平成14年初場所後に「名門」高砂部屋の７代目になり、朝青龍を横綱、朝乃山を大関にしたが、力士への土俵外での指導が十分ではなく、令和のコロナ禍で自らも協会規則に違反して退職した。

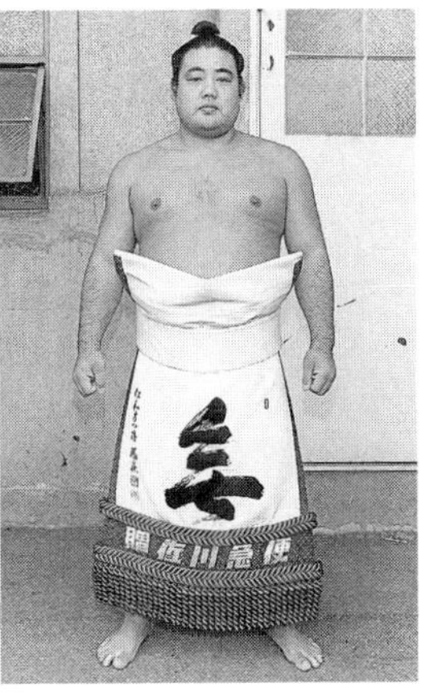

巨砲(おおづつ) 丈士(たけし)（関脇）

本　名　松本隆年
生年月日　昭和31年４月18日
出身地　三重県四日市市富洲原町
四股名　大真→巨砲
所属部屋　二所ノ関→大鵬
初土俵　昭和46年５月場所
十両昇進　昭和52年７月場所
入　幕　昭和54年３月場所
最終場所　平成４年５月場所
幕内在位　78場所
幕内成績　533勝637敗
勝　率　0.456
三　賞　殊勲賞２回、敢闘賞１回、技能賞１回
身　長　183cm（６尺５分）
体　重　146kg（39貫）
得意手　右四つ、上手出し投げ、寄り切り
年寄名　大嶽→楯山（平成20年９月退職）

父親は元時津風部屋の十両筆頭剣龍。番付では早々と父親を抜いて親孝行をしたが、ステージパパならぬ「土俵パパ」の父親は「息子の相撲は手ぬるくて仕様がない。相手を張り倒すくらいの闘志がなければ…」と手厳しかった。大鵬部屋第１号の幕内力士。腰が重く握力が強かった。右四つ、寄りが得意で、頭を付けて出し投げからの攻めもみせた。長く三役から幕内上位にいた。父（元大関貴ノ花）と２人の息子、後の横綱若乃花、貴乃花とも対戦している。

昭和（戦後）

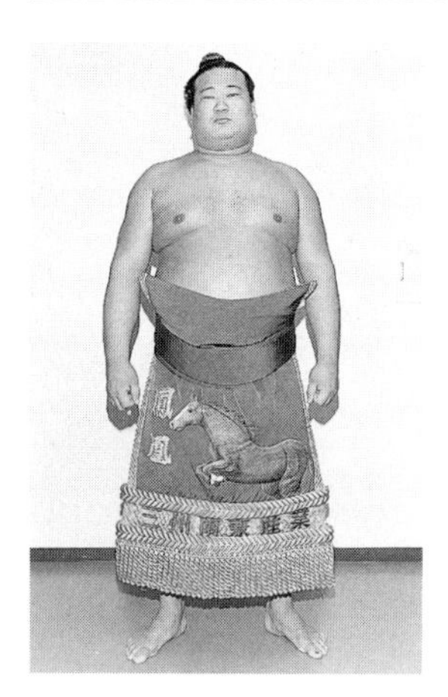

鳳凰(ほうおう) 倶往(ともみち)（関脇）

本　名	壁谷友道	最終場所	平成２年５月場所
生年月日	昭和31年12月７日	幕内在位	34場所
没年月日	平成25年１月16日	幕内成績	218勝277敗15休
出身地	愛知県蒲郡市西浦町	勝　率	0.440
四股名	壁谷→鳳凰	身　長	180cm（５尺９寸５分）
所属部屋	二所ノ関	体　重	144kg（38貫500）
初土俵	昭和46年９月場所	得意手	右四つ、寄り切り、上手投げ
十両昇進	昭和53年５月場所		
入　幕	昭和54年７月場所		

いわゆるなまくら四つ。左右どちらの四つになっても取れたが、どちらかといえば十分なのは右四つだった。下手投げ、すくい投げが得意。しばしば大物を倒した。金星は３個、若乃花から２個、千代の富士から１個奪っている。根が四つ相撲で、まわしに手をかけてから「よいしょ」と取るタイプなので、立ち合いから一気に攻め込んでくる富士櫻や大潮らには分が悪く、対富士櫻戦は０勝７敗だった。廃業後しばらく、間垣部屋のコーチを務めていた。

嗣子鵬(ししほう) 慶昌(よしまさ)（前頭２枚目）

本　名	田中修	最終場所	昭和62年３月場所（番付は５月場所）
生年月日	昭和30年８月14日	幕内在位	17場所
没年月日	平成18年10月７日	幕内成績	99勝147敗９休
出身地	長崎県諫早市森山町	勝　率	0.402
四股名	田中→豊大山→満山→嗣子鵬	身　長	190cm（６尺２寸５分）
所属部屋	二所ノ関→大鵬	体　重	120kg（32貫）
初土俵	昭和46年１月場所	得意手	右四つ、上手投げ、寄り切り
十両昇進	昭和52年７月場所		
入　幕	昭和54年９月場所		

巨砲に次ぐ大鵬部屋幕内力士の第２号。幕下時代は、もろ差しで一気に出る速い相撲だったが、幕内に上がってからは、突っ張って相手の出足を止め、すぐに右を差して寄り、上手投げで攻める取り口になった。スピードある相撲っぷりが衆目を集めたが、故障がちでのんびりした性格もあり幕内に定着できなかった。三段目まで落ちて現役生活をあきらめ、しばらくは若者頭として協会に残っていたが、平成３年７月、角界から身を引いた。がんのため51歳の若さで他界。

闘竜(とうりゅう) 賢二(けんじ)（関脇）

本　名	田中賢二	幕内成績	330勝402敗18休
生年月日	昭和33年12月19日	勝　率	0.451
出身地	兵庫県加古川市米田町平津	三　賞	敢闘賞１回
所属部屋	三保ヶ関	身　長	181cm（５尺９寸５分）
初土俵	昭和49年３月場所	体　重	141kg（37貫500）
十両昇進	昭和54年１月場所	得意手	突き、押し、右四つ、寄り切り
入　幕	昭和54年11月場所		
最終場所	平成２年１月場所	年寄名	二十山→中立（平成４年12月廃業）
幕内在位	50場所		

突き、押し、右差しからの速攻の寄りなど、思い切りのいい相撲を取った。横綱北の湖、大関北天佑といった稽古相手に恵まれ、前頭上位から三役で活躍した。しかし、けがが多く、全盛期はそれほど長くは続かなかった。大関貴ノ花の引退直前に対戦、その息子の若花田（横綱若乃花）や貴花田（横綱貴乃花）とも対戦している。いずれも敗れているが、父子と対戦したことが話題になった。酒豪で知られ、博多人形のような色白で丸い体付きの力士だった。

しんこう　かつのり
神幸　勝紀（前頭８枚目）

本　名	小林二男	幕内在位	８場所
生年月日	昭和25年１月２日	幕内成績	50勝70敗
出身地	山形県西置賜郡小国町湯ノ花	勝　率	0.417
四股名	小林→大神幸→神幸	身　長	188cm（6尺2寸）
所属部屋	伊勢ヶ濱	体　重	135kg（36貫）
初土俵	昭和41年９月場所	得意手	左四つ、上手投げ
十両昇進	昭和51年９月場所	年寄名	中村→高島（昭和62年３月廃業）
入　幕	昭和55年５月場所		
最終場所	昭和58年11月場所		

初土俵から15年、83場所、30歳で入幕した超スロー出世記録の持ち主。神幸が入幕したときは、同期生の魁傑は既に２度大関になり、さらに引退して親方になっていた。神幸が、それほどの長い下積み生活の苦労に耐え、遅咲きの花を咲かせることができたのは、可愛いがってくれた先代親方（元照國）の励ましがあったからだ。完全な四つ相撲で、稽古場では強かった。引退後に自叙伝を刊行、年寄廃業後、東関部屋のコーチ役を務めた。

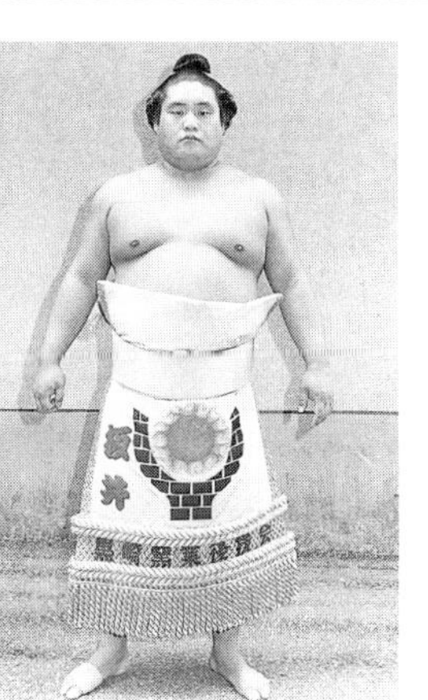

いたい　けいすけ
板井　圭介（小結）

本　名	板井圭介	最終場所	平成３年９月場所
生年月日	昭和31年３月21日	幕内在位	54場所
没年月日	平成30年８月14日	幕内成績	331勝438敗41休
出身地	大分県臼杵市福良	勝　率	0.430
四股名	板井→高鐵山→板井	三　賞	殊勲賞１回、技能賞１回
所属部屋	大鳴戸	身　長	178cm（5尺8寸5分）
初土俵	昭和53年９月場所	体　重	139kg（37貫）
十両昇進	昭和54年９月場所	得意手	突き、押し、はたき込み
入　幕	昭和55年９月場所		

実業団相撲出身。国体青年の部優勝など、アマチュア相撲での実績があったが、前相撲からスタートし、わずか１年で関取の座をつかんだ。思い切りのいい相撲を取り、突き、押しを得意とした。大関から横綱時代にかけての大乃国に６連勝とすっかりカモにし、また、強烈な張り手を見舞って何度も土俵中央で"ＫＯ"した。平成３年夏場所、前頭４枚目で成績は４勝11敗に終わったが、この場所は横綱千代の富士の最後の場所で、千代の富士最後の白星を提供した。

だいじゅやま　ただあき
太寿山　忠明（関脇）

本　名	坂爪忠明	幕内在位	64場所
生年月日	昭和34年４月８日	幕内成績	431勝501敗28休
出身地	新潟県新潟市西区中野	勝　率	0.462
四股名	坂爪→大寿山→太寿山	三　賞	殊勲賞１回、敢闘賞３回
所属部屋	二子山	身　長	183cm（6尺5分）
初土俵	昭和50年３月場所	体　重	159kg（42貫500）
十両昇進	昭和55年１月場所	得意手	右四つ、上手投げ、うっちゃり
入　幕	昭和55年９月場所		
最終場所	平成３年５月場所	年寄名	花籠

若嶋津、霧島と同期生。関脇を３場所、小結を４場所務めた。右四つで寄り切り、上手投げの本格派で、上り坂のころには北の湖に勝ったこともある。角界全体の立ち合いが乱れているときに、両手をきちんと付いての立ち合いを励行して他の力士の模範となった。引退して年寄花籠を襲名、山梨県初の相撲部屋を建て花籠部屋を再興。平成８年、東京都墨田区緑に部屋を移転。しかし、24年夏場所限りで部屋は閉鎖、全員峰崎部屋に移った。

飛騨乃花（ひだのはな） 成栄（しげよし）（前頭筆頭）

本　名　平林修
生年月日　昭和28年12月13日
出身地　岐阜県高山市朝日町
四股名　平林→龍王山→大真弓→龍王山→平林→龍王山→飛騨乃花→飛騨ノ花→飛騨乃花
所属部屋　二子山
初土俵　昭和44年３月場所
十両昇進　昭和54年７月場所
入　幕　昭和55年９月場所
最終場所　平成元年３月場所
幕内在位　25場所
幕内成績　153勝222敗
勝　率　0.408
三　賞　敢闘賞１回
身　長　182cm（６尺）
体　重　133kg（35貫500）
得意手　右四つ、上手投げ
年寄名　尾上（平成６年３月廃業）

下積みが長く、何度も四股名を改名したのは上位躍進のきっかけをつかみたかったからにほかならない。初土俵から11年目の幕内昇進だったが、二子山部屋には関取衆が多く、稽古相手に事欠かなかったことは幸運だった。右四つ、左上手を取ると上手投げがあり、寄りも厳しかった。同僚の若嶋津が「飛騨乃花じゃなくて、"飛騨力"だ。まわしを取ると力が強く、動けなかった」と語っていた。

北天佑（ほくてんゆう） 勝彦（かつひこ）（大関）

本　名　千葉勝彦
生年月日　昭和35年８月８日
没年月日　平成18年６月23日
出身地　北海道室蘭市石川町
四股名　千葉→北天佑
所属部屋　三保ヶ関
初土俵　昭和51年３月場所
十両昇進　昭和55年５月場所
入　幕　昭和55年11月場所
最終場所　平成２年９月場所
幕内在位　60場所
幕内成績　513勝335敗44休
勝　率　0.605
優　勝　２回
三　賞　殊勲賞２回、敢闘賞４回、技能賞１回
身　長　183cm（６尺５分）
体　重　139kg（37貫）
得意手　右四つ、下手投げ、寄り切り
年寄名　二十山

新弟子時代から「末は大関、横綱。相撲を取るために生まれてきたような男」といわれた。しっかりした足腰、均整のとれた体付き。握力は左右ともに100キロ近くあった。師匠の三保ヶ関親方は「北の湖と北天佑を東西の横綱に並べるのが夢」が口癖だった。右四つ、寄り、つり、投げもあり、のど輪攻めからの押しも強烈だった。大関昇進後はやや期待を裏切った。がんのため45歳の若さで他界。

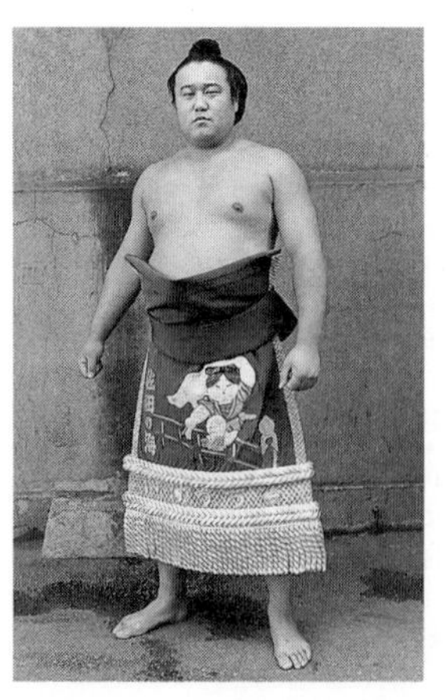

佐田の海（さだのうみ） 鴻嗣（こうじ）（小結）

本　名　松村→池田→松村宏司
生年月日　昭和31年７月19日
出身地　大阪府堺市中区八田寺町
四股名　松村→佐田の海
所属部屋　出羽海
初土俵　昭和47年３月場所
十両昇進　昭和53年３月場所
入　幕　昭和55年11月場所
最終場所　昭和63年７月場所
幕内在位　45場所
幕内成績　304勝371敗
勝　率　0.450
三　賞　殊勲賞１回、敢闘賞２回、技能賞１回
身　長　183cm（６尺５分）
体　重　128kg（34貫）
得意手　右四つ、寄り切り
年寄名　二十山→中立→田子ノ浦（平成11年８月退職）

新入幕場所は初日から９連勝の大活躍で敢闘賞受賞。大器北天佑とは同時入幕している。新番付発表の朝、宿舎に待機していたが、報道陣は北天佑に集まり、「悔しかった。マスコミを見返してやろうと頑張った」とは、佐田の海の後日談。右差し、一気の速攻が身上。右ひじを痛め、昭和63年春場所には幕内で15戦全敗を記録した。実子の２代目佐田の海が平成26年夏場所に新入幕。

わかしまづ むつお

若嶋津 六夫(大関)

本　名	日高六男
生年月日	昭和32年1月12日
出身地	鹿児島県熊毛郡中種子町諸田
四股名	日高→若島津→若嶋津
所属部屋	二子山
初土俵	昭和50年3月場所
十両昇進	昭和55年3月場所
入　幕	昭和56年1月場所
最終場所	昭和62年7月場所
幕内在位	40場所
幕内成績	356勝219敗13休
勝　率	0.619
優　勝	2回
三　賞	敢闘賞2回、技能賞3回
身　長	188cm(6尺2寸)
体　重	122kg(32貫500)
得意手	左四つ、寄り切り、上手投げ
年寄名	松ヶ根→二所ノ関→荒磯(令和4年1月定年。同月再雇用制度適用。同5年7月退職)

大関貴ノ花初優勝の場所に初土俵。褐色の肌、鹿児島県出身。精悍な表情とあって“南海の黒ヒョウ”のニックネーム。大関で2回優勝も、同時期の最強実力者だった千代の富士に全く分が悪く、最高位には就けなかった。夫人は人気歌手だった高田みづえさん。引退後に独立、松ヶ根部屋を興した。その後二所ノ関部屋に名跡を変更。平成29年10月に自転車事故で頭部切開手術。

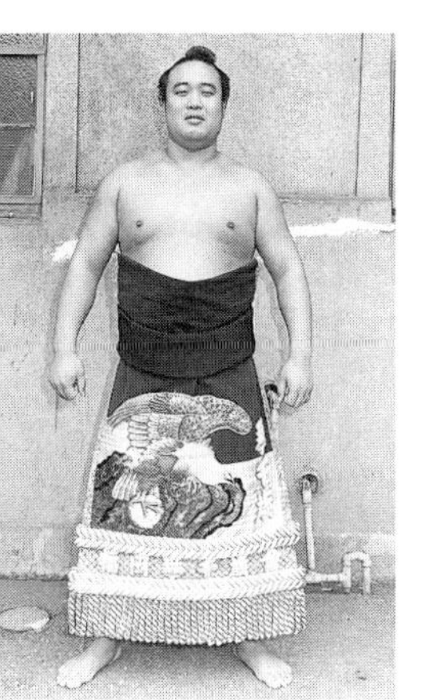

ことちとせ こうせい

琴千歳 幸征(前頭5枚目)

本　名	山本稔
生年月日	昭和32年4月22日
出身地	北海道千歳市千代田町
四股名	山本→琴千歳
所属部屋	佐渡ヶ嶽
初土俵	昭和46年7月場所
十両昇進	昭和54年9月場所
入　幕	昭和56年5月場所
最終場所	昭和61年5月場所(番付は7月場所)
幕内在位	5場所
幕内成績	32勝43敗
勝　率	0.427
身　長	182cm(6尺)
体　重	123kg(33貫)
得意手	左四つ、寄り、突き

佐渡ヶ嶽部屋が北海道千歳市でキャンプを張った昭和46年6月に入門した。琴風、琴若とは同期生で仲良し。立ち合いからの激しい突っ張りもあり、左四つになれば、寄り、投げと、土俵いっぱいに動き回る生きのいい相撲で幕内中軸で活躍した。しかし、十二指腸潰瘍のため、すっかり体がやせてしまい、一時は幕下にまで落ちた。その後、摂生に努め、十両に返り咲き、1場所再入幕を果たした。現役引退後は、世話人から若者頭になった。

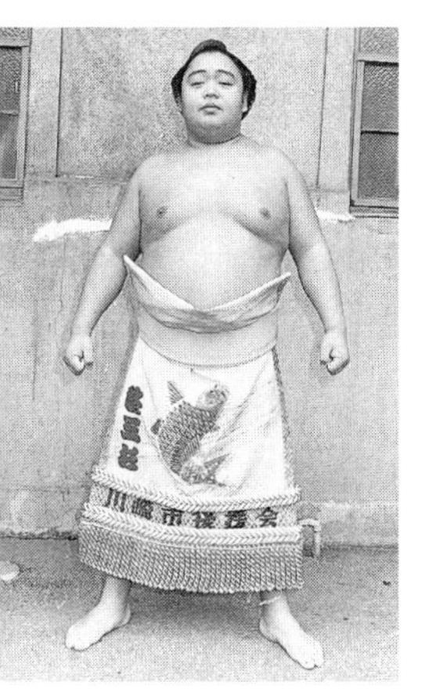

たかみすぎ たかかつ

隆三杉 太一(小結)

本　名	金尾隆
生年月日	昭和36年3月1日
出身地	神奈川県川崎市川崎区大島
四股名	金尾→二子錦→隆三杉
所属部屋	二子山
初土俵	昭和51年3月場所
十両昇進	昭和56年1月場所
入　幕	昭和56年7月場所
最終場所	平成7年11月場所
幕内在位	71場所
幕内成績	472勝567敗26休
勝　率	0.454
身　長	179cm(5尺9寸)
体　重	150kg(40貫)
得意手	突っ張り、押し出し
年寄名	藤島→音羽山→千賀ノ浦→常盤山

入幕後しばらく低迷。幕内と十両を何度も往復。小結に昇進したのは新入幕から数えて足掛け10年、58場所目だった。丸い体を生かした突き、押し、のど輪攻め。長く二子山部屋付親方だったが、平成28年春場所後に千賀ノ浦部屋を継承。令和3年初場所から「常盤山部屋」と名跡を変えた。

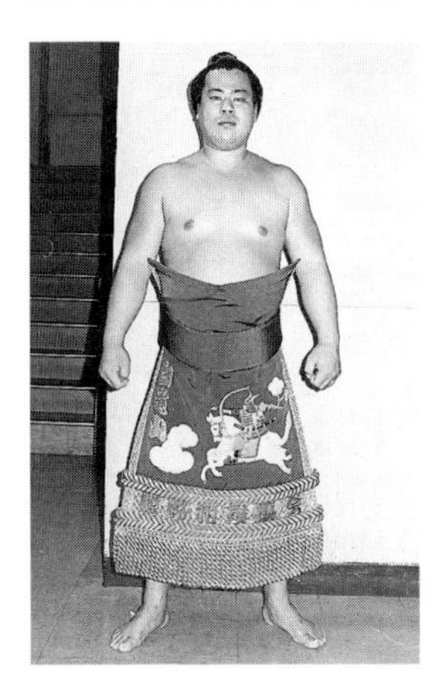

はくりゅうやま　のりふみ

白竜山 憲史（前頭13枚目）

本　名	奥村素久
生年月日	昭和29年7月10日
没年月日	令和3年5月10日
出身地	兵庫県姫路市網干区新在家
四股名	奥村→白竜山
所属部屋	時津風
初土俵	昭和44年9月場所
十両昇進	昭和54年3月場所
入　幕	昭和56年9月場所
最終場所	昭和58年9月場所
幕内在位	3場所
幕内成績	15勝22敗8休
勝　率	0.405
身　長	178cm（5尺8寸5分）
体　重	119kg（31貫500）
得意手	突き、押し

体力には恵まれていなかったが、左右どちらからでもおっつけて、相手との間隔を保って押して攻めるのがうまく、技能派の力士だった。幕下のころ、網膜剥離を患いながらも、これを克服して関取の座を獲得している。三度目の入幕を果たした昭和57年夏場所、4勝1敗と順調なスタートを切りながら、6日目の高見山との一番で右足首捻挫、腓骨骨折の重傷を負った。これが原因で十両から幕下に転落し、結局、再起は成らなかった。

こうぼうやま　だいぞう

高望山 大造（関脇）

本　名	蓬田光吉
生年月日	昭和32年8月15日
出身地	宮城県栗原市築館町横須賀
四股名	蓬田→高望山
所属部屋	高島→熊ヶ谷
初土俵	昭和48年3月場所
十両昇進	昭和56年5月場所
入　幕	昭和56年11月場所
最終場所	平成2年11月場所
幕内在位	47場所
幕内成績	312勝377敗16休
勝　率	0.453
三　賞	技能賞2回
身　長	179cm（5尺9寸）
体　重	142kg（38貫）
得意手	突き、押し、もろ差し、寄り切り
年寄名	高島（令和4年8月定年。同月再雇用制度適用）

体まず前へ出る速攻相撲を得意に、巧者ぶりが目立った。元大関三根山の高島親方にマンツーマンで鍛えられたが、幕内に上がってから高島親方が病で倒れ、部屋を閉じたために一門の熊ヶ谷部屋に移籍。関脇、小結を各1場所務め、引退後、高島部屋を再興したが、平成23年名古屋場所を前に一人も弟子がいなくなり消滅した。

はちや　としゆき

蜂矢 敏行（前頭6枚目）

本　名	蜂矢敏行
生年月日	昭和25年11月16日
没年月日	平成13年1月27日
出身地	岐阜県本巣市根尾東板屋
四股名	蜂矢→栃ノ矢→蜂矢
所属部屋	春日野
初土俵	昭和43年9月場所
十両昇進	昭和51年5月場所
入　幕	昭和56年11月場所
最終場所	昭和62年9月場所
幕内在位	4場所
幕内成績	26勝34敗
勝　率	0.433
身　長	180cm（5尺9寸5分）
体　重	108kg（29貫）
得意手	左四つ、つり出し
年寄名	小野川

幕内在位は4場所と短かったが、幕下時代には長く北の湖の付け人をしており、北の湖の作戦参謀としてもよく知られていた。初土俵から80場所目の入幕。体は小さかったものの左四つになって、つりや寄りの大きな相撲を取った。足腰もしぶとく、投げ、寄りも強かった。頭を付けて食い下がる相撲が取れたら、もう少し幕内で活躍できたかもしれない。春日野部屋所属だったが、年寄小野川を襲名して、北の湖部屋のコーチ役を務めていた。

とちつるぎ　のぶひで

栃剣 展秀（前頭2枚目）

本　名	平野展秀	幕内在位	28場所
生年月日	昭和30年4月26日	幕内成績	186勝234敗
出身地	愛知県名古屋市昭和区御器所	勝　率	0.443
四股名	平野→栃剣	三　賞	技能賞1回
所属部屋	春日野	身　長	171cm（5尺6寸5分）
初土俵	昭和48年11月場所	体　重	114kg（30貫500）
十両昇進	昭和53年7月場所	得意手	突き、押し、け返し
入　幕	昭和57年3月場所		
最終場所	平成元年3月場所		

公称では171ｾﾝﾁということになっているが、実際には167ｾﾝﾁあるかないかといった小兵力士だった。新弟子検査の際には173ｾﾝﾁあったものの、猛稽古のために「背が縮んだ」ということになっている。中京高校相撲部で活躍、国体優勝を土産にして大相撲入りした。低い立ち合いで当たって左右からおっつけての寄り、前まわしを取っての出し投げをみせた。また、け返し、けたぐりの飛び道具があり、自分の倍もあるような小錦を翻弄し、土俵にはわせたこともある。

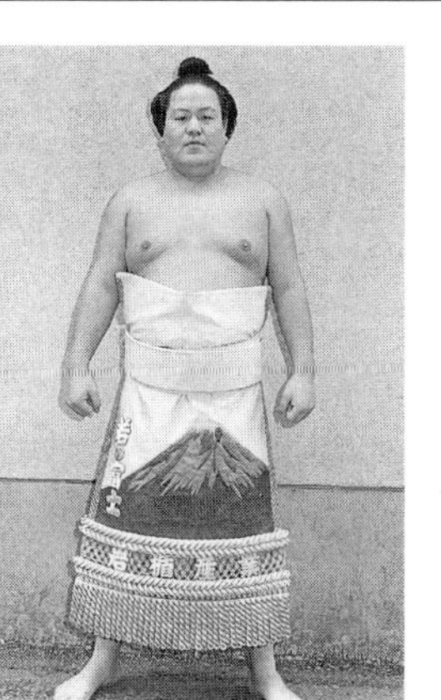

わかのふじ　しょういち

若の富士 昭一（前頭2枚目）

本　名	齋藤昭一	幕内在位	10場所
生年月日	昭和31年3月29日	幕内成績	62勝76敗12休
出身地	東京都大田区大森	勝　率	0.449
四股名	齋藤→若の富士	身　長	190cm（6尺2寸5分）
所属部屋	九重→井筒→九重	体　重	150kg（40貫）
初土俵	昭和46年9月場所	得意手	左四つ、小手投げ、上手投げ
十両昇進	昭和56年3月場所		
入　幕	昭和57年3月場所		
最終場所	昭和59年9月場所		

左四つ、右の上手を取っての投げ、相手の左を引っ張り込んで思い切って打つ小手投げが強かった。昭和57年夏場所4日目、初顔合わせの横綱北の湖をこの右小手投げで倒し、金星を獲得している。幕下生活が長かったが、後輩の大富士に抜かれてから発奮、千代の富士との稽古で力をつけた。57年秋場所大錦戦でひざを痛めて途中休場、十両に落ちたが、7場所でカムバック、幕内中軸で頑張っていた。しかし、肝臓病悪化のために廃業。大阪で社会人として再出発した。

きのあらし　かずとし

騏ノ嵐 和敏（前頭2枚目）

本　名	石山和敏	幕内在位	16場所
生年月日	昭和36年7月9日	幕内成績	98勝112敗30休
出身地	北海道夕張市清水沢	勝　率	0.467
四股名	石山→騏ノ嵐→騏乃嵐	身　長	183cm（6尺5分）
所属部屋	押尾川	体　重	161kg（43貫）
初土俵	昭和52年3月場所	得意手	右四つ、寄り切り
十両昇進	昭和56年1月場所		
入　幕	昭和57年3月場所		
最終場所	平成3年9月場所		

大関も期待された力士だが、ひざの故障で大成を逸した。元大関大麒麟の押尾川親方が育てた“子飼い”の関取第1号。入幕4場所目には横綱北の湖を堂々と破り注目されたが、昭和58年初場所前の大鵬部屋での二所ノ関一門連合稽古でひざを痛め、三段目まで後退した。不屈の闘志で再入幕を果たしたものの、晩年は両ひざとも悪くして、最後の場所は土俵には上がらなかったが、番付は序二段だった。これからという時期のけがに泣いた。

斉須（さいす） 稔（みのる）（前頭２枚目）

本　名　斎須稔
生年月日　昭和31年８月16日
出身地　福島県白河市東栃本
四股名　斉須→清勢竜→斉須→鴻國→斉須→寶國
所属部屋　伊勢ヶ濱
初土俵　昭和46年７月場所
十両昇進　昭和53年11月場所
入　幕　昭和57年３月場所
最終場所　昭和61年９月場所
幕内在位　12場所
幕内成績　76勝104敗
勝　率　0.422
身　長　188cm（６尺２寸）
体　重　134kg（35貫500）
得意手　左四つ、寄り切り、上手投け

幕下筆頭で全勝優勝したころは相撲に勢いがあった。すぐにも幕内入りが期待されたが、土俵際の詰めの甘さなどでしばらく伸び悩んだ。新入幕の場所負け越していったん陥落。すぐ十両優勝して再入幕を果たしてからは、立ち合いも厳しくなり先制の突っ張りから左差し一気の寄り、投げの速攻を見せるようになったが、決定的な決め技不足で幕内上位では活躍できなかった。昭和58年名古屋場所新大関の北天佑を破ったのが思い出の一番。引退後は世話人。令和３年８月退職

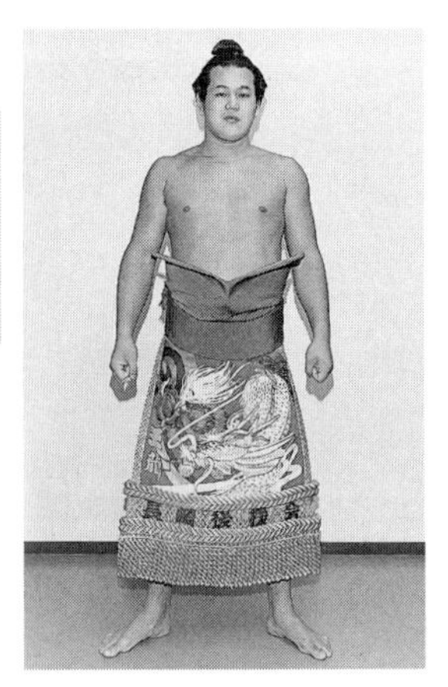

玉龍（たまりゅう） 大蔵（だいぞう）（小結）

本　名　永田大蔵
生年月日　昭和29年７月22日
出身地　長崎県長崎市田中町
四股名　永田→玉龍
所属部屋　片男波
初土俵　昭和45年１月場所
十両昇進　昭和54年５月場所
入　幕　昭和57年５月場所
最終場所　平成４年１月場所
幕内在位　30場所
幕内成績　195勝255敗
勝　率　0.433
身　長　191cm（６尺３寸）
体　重　120kg（32貫）
得意手　右四つ、上手投げ、つり出し

動きのある激しい相撲を取った。立ち合いからの突っ張り、四つ身になっての寄り、投げ、外掛けなど、多彩な技の持ち主だった。二丁投げの奇手で勝ったこともある。幕下生活が長く、十両に上がった後も再び幕下で低迷するなど、新入幕まで12年もかかっている。昭和61年九州場所４日目に千代の富士を下手投げで破った唯一の金星が光る。東前頭５枚目で８勝７敗と勝ち越し、翌場所に小結に。ラッキーな三役昇進だった。その場所初日、横綱北勝海を倒している。

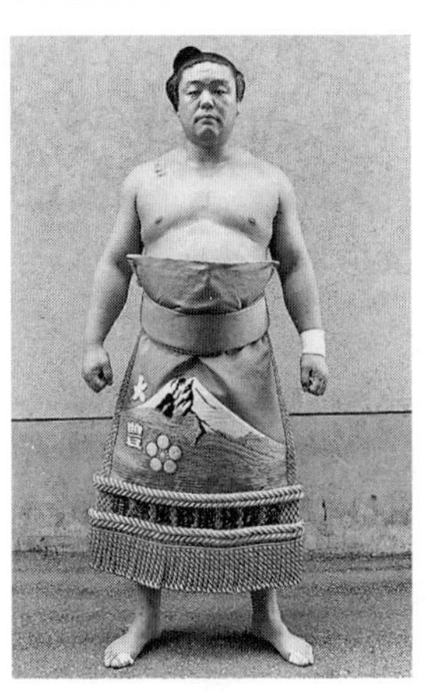

大豊（おおゆたか） 昌央（まさちか）（小結）

本　名　鈴木栄二
生年月日　昭和30年３月29日
出身地　新潟県魚沼市吉水
所属部屋　時津風
初土俵　昭和48年11月場所
十両昇進　昭和56年１月場所
入　幕　昭和57年５月場所
最終場所　昭和62年１月場所
幕内在位　13場所
幕内成績　85勝110敗
勝　率　0.436
身　長　185cm（６尺１寸）
体　重　165kg（44貫）
得意手　右四つ、寄り切り、つり出し
年寄名　荒汐（令和２年３月定年退職）

便々たる太鼓腹。そのまま綱を締めて土俵入りさせたら、さぞ立派だろうと思わせる堂々たる体躯の持ち主だった。右を差して一気に出るときの強さは目を見張らせるものがあったが、受けに回るともろかった。平成14年夏場所後、時津風部屋から独立して荒汐部屋を興した。22年初場所に中国籍の蒼国来を関取に育てた。令和２年春場所後に65歳の定年を迎え、部屋を蒼国来に継承させた。

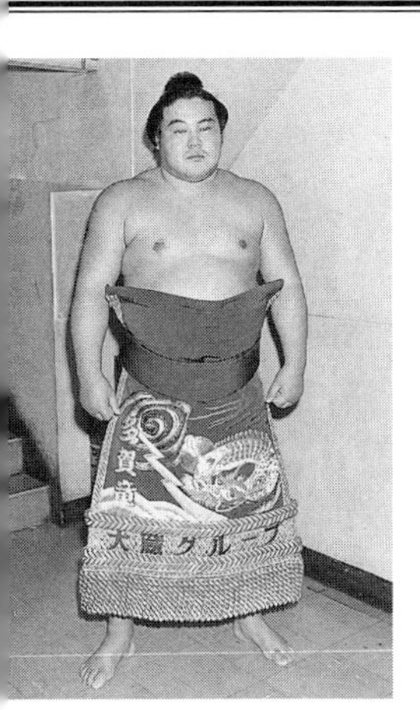

たがりゅう　しょうじ
多賀竜 昇司(関脇)

本　名　黒谷昇
生年月日　昭和33年２月15日
出身地　茨城県日立市本宮町
四股名　黒谷→多賀竜
所属部屋　鏡山
初土俵　昭和49年３月場所
十両昇進　昭和56年１月場所
入　幕　昭和57年５月場所
最終場所　平成３年５月場所
幕内在位　49場所
幕内成績　321勝407敗７休
勝　率　0.441
優　勝　１回
三　賞　敢闘賞１回、技能賞１回
身　長　178cm（５尺８寸５分）
体　重　142kg（38貫）
得意手　右四つ、上手出し投げ
年寄名　勝ノ浦→鏡山（令和５年２月定年、同月再雇用制度適用）

蔵前国技館最後の昭和59年秋場所に劇的な平幕優勝。右四つ、出し投げで相手を崩しての寄りを得意とし、玄人好みの相撲を取った。幕内優勝の後に、十両でも優勝しているが、終始、持病の痛風に悩まされた。師匠（元横綱柏戸）の没後、鏡山部屋を継承、平成15年春場所、長男が同部屋に入門。22年初場所後の役員選挙で理事に選出された。令和３年７月に「鏡山部屋」を閉じた。

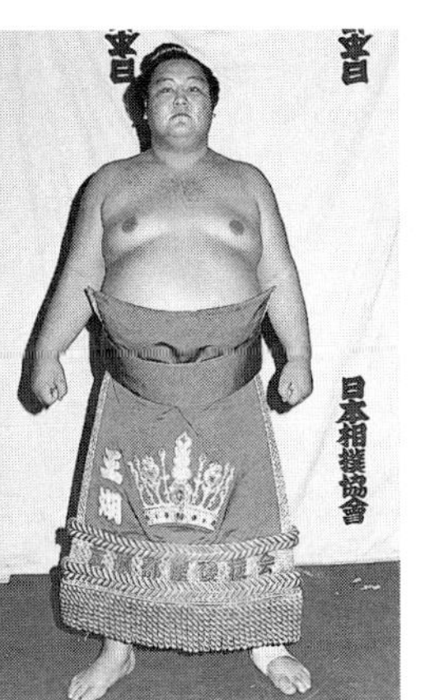

おうこ　いつお
王湖 伊津男(前頭14枚目)

本　名　鈴木伊津男
生年月日　昭和31年８月17日
没年月日　平成25年４月24日
出身地　北海道釧路市春採
四股名　鈴木山→王湖
所属部屋　友綱
初土俵　昭和45年９月場所
十両昇進　昭和56年３月場所
入　幕　昭和57年７月場所
最終場所　昭和60年11月場所
幕内在位　１場所
幕内成績　３勝12敗
勝　率　0.200
身　長　180cm（５尺９寸５分）
体　重　169kg（45貫）
得意手　左四つ、寄り切り

左半身の相撲が多く、長く幕下上位で低迷、十両に上がってからは正攻法の取り口に変わり、体重を生かして立ち合いから思い切って当たっての寄りみが鋭くなった。十両４枚目の昭和57年夏場所、10勝５敗の好成績を収め、場所後挙式、次の名古屋場所には入幕を果たした。内臓疾患のため幕内は１場所で陥落。続く場所も不振で十両１場所で幕下に後退した。力士引退後世話人になった。横綱千代の富士とは同期生。

さかほこ　のぶしげ
逆鉾 伸重(関脇)

本　名　福薗好昭
生年月日　昭和36年６月18日
没年月日　令和元年９月16日
出身地　鹿児島県蛤良市加治木町小山田
四股名　福薗→逆鉾
所属部屋　井筒
初土俵　昭和53年１月場所
十両昇進　昭和56年７月場所
入　幕　昭和57年11月場所
最終場所　平成４年９月場所
幕内在位　57場所
幕内成績　392勝447敗16休
勝　率　0.467
三　賞　殊勲賞５回、技能賞４回
身　長　182cm（６尺）
体　重　124kg（33貫）
得意手　左四つ、もろ差し、寄り切り
年寄名　春日山→井筒

関脇に連続９場所、通算12場所在位した。だが、関脇では２ケタ勝利は１度もなかった。二世力士で父親・元関脇鶴ヶ嶺の井筒親方譲りのもろ差しのうまさで、再三、大物を倒している。兄弟は３人。長男元十両鶴嶺山、次男元関脇逆鉾、末っ子の三男元関脇寺尾の相撲一家だった。師匠定年で井筒部屋を継承。横綱鶴竜を育てた。

わかせがわ　よしみつ
若瀬川 剛充（前頭筆頭）

本　名　佐藤亙
生年月日　昭和37年７月28日
没年月日　平成23年10月９日
出身地　山形県酒田市亀ヶ崎
所属部屋　伊勢ヶ濱
初土俵　昭和53年３月場所
十両昇進　昭和55年９月場所
入　幕　昭和58年１月場所
最終場所　平成４年７月場所

幕内在位　33場所
幕内成績　216勝267敗12休
勝　率　0.447
身　長　189cm（６尺２寸５分）
体　重　148kg（39貫500）
得意手　右四つ、寄り切り

２代目若瀬川の浅香山親方にスカウトされて大相撲入り。中学生時代は剣道の選手で、全国大会団体３位のメンバーの一人だった。前相撲から若瀬川を名乗っている。大乃国や水戸泉と初土俵が一緒で、スピード出世して２人よりも早く関取になり、十両入りしたのは18歳１カ月、新入幕は21歳のときだった。大器と期待されたが、左ひざじん帯を痛めたり、糖尿病に悩まされたりで三役に昇進できなかった。右四つ、左前まわしを取っての寄りが得意だった。

じんがく　たかし
陣岳 隆（小結）

本　名　中山隆
生年月日　昭和34年12月24日
出身地　鹿児島県志布志市志布志
所属部屋　君ヶ浜→井筒
初土俵　昭和52年５月場所
十両昇進　昭和57年７月場所
入　幕　昭和58年１月場所
最終場所　平成３年９月場所
幕内在位　47場所

幕内成績　309勝396敗
勝　率　0.438
身　長　191cm（６尺３寸）
体　重　148kg（39貫500）
得意手　突っ張り、右四つ、つり出し
年寄名　春日山（平成４年９月廃業）

長身を利しての突っ張りに威力があった。右四つに組んでの寄り、投げも得意としたが、攻めの遅いのが欠点だった。俗にいう「相撲が好き」で、長い相撲が多かった。高校時代は剣道の選手で２段の腕前、姉も実業団のバレーボールで活躍し国体に出場している。闘志もあり、稽古熱心、２回小結に上がったがいずれも大きく負け越し、パワー不足で上位陣にはなかなか勝てなかった。体力的にはまだまだ相撲が取れたが、右ひざの負傷が命取りとなり引退した。

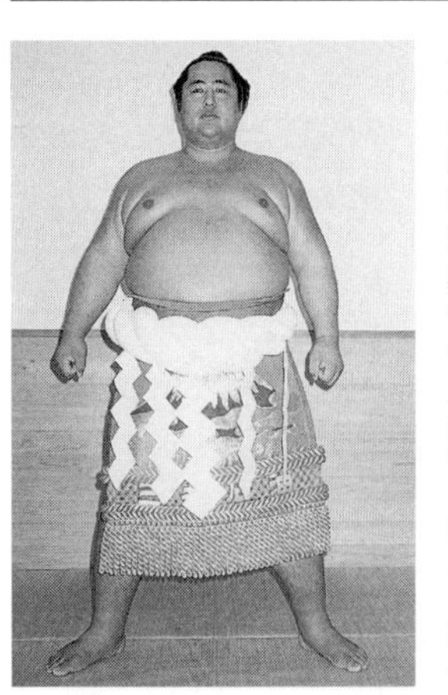

おおのくに　やすし
大乃国 康（横綱）

本　名　青木康
生年月日　昭和37年10月９日
出身地　北海道河西郡芽室町美生
四股名　青木→大ノ国→大乃国
所属部屋　花籠→放駒
初土俵　昭和53年３月場所
十両昇進　昭和57年３月場所
入　幕　昭和58年３月場所
最終場所　平成３年７月場所

幕内在位　51場所
幕内成績　426勝228敗105休
勝　率　0.651
優　勝　２回
三　賞　殊勲賞５回、敢闘賞２回
身　長　189cm（６尺２寸５分）
体　重　203kg（54貫）
得意手　右四つ、寄り切り、上手投げ
年寄名　大乃国→芝田山

横綱に昇進した際は「明治の角聖・常陸山に似ている」と大きな期待を寄せられたが、すぐに考え込む性格は力士向きではなく、けがも重なり28歳の若さで力士生命を終えた。横綱在位中の成績は不本意で、皆勤で７勝８敗と負け越したり４場所連続全休などを記録している。しかし、昭和最後の場所となった63年九州場所千秋楽、千代の富士を寄り倒しで破り、千代の富士の連勝記録を53でストップ。平成11年６月、放駒部屋から独立し47年ぶりに芝田山部屋を復活した。

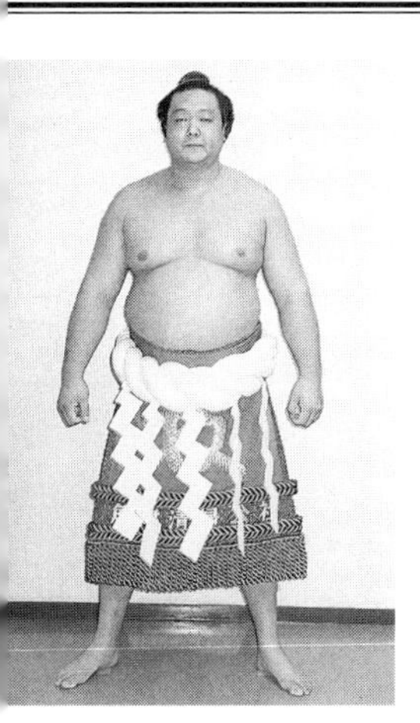

あさひふじ　せいや
旭富士 正也（横綱）

本名　杉野森正也
生年月日　昭和35年7月6日
出身地　青森県つがる市木造曙
四股名　杉野森→旭富士
所属部屋　大島
初土俵　昭和56年1月場所
十両昇進　昭和57年3月場所
入幕　昭和58年3月場所
最終場所　平成4年1月場所
幕内在位　54場所
幕内成績　487勝277敗35休
勝率　0.637
優勝　4回
三賞　殊勲賞2回、敢闘賞2回、技能賞5回
身長　189cm（6尺2寸5分）
体重　143kg（38貫）
得意手　右四つ、寄り切り、上手出し投げ
年寄名　旭富士→安治川→伊勢ヶ濱

柔らかい体、天性の相撲勘のよさで横綱に上がった。高校時代から注目され、青森国体団体優勝の主力。近大に進学したが2年で中退。故郷で漁業に従事した後に大島部屋に入門。横綱在位9場所で引退、安治川部屋を継承、平成20年1月から伊勢ヶ濱に。横綱日馬富士、横綱照ノ富士、関脇安美錦らを育てた。25年初場所後に理事に昇格した。

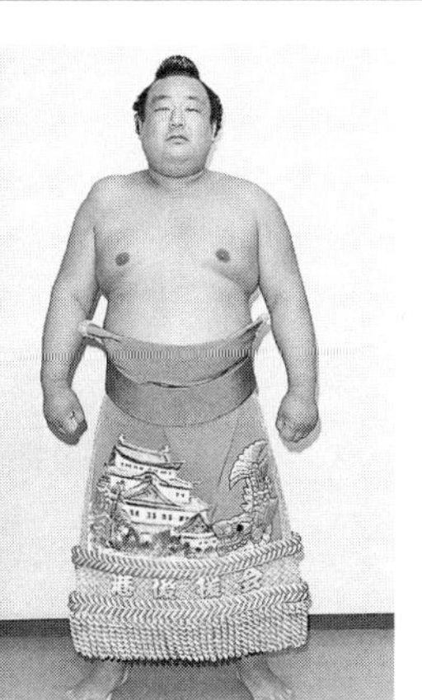

とちつかさ　てつお
栃司 哲史（関脇）

本名　後藤哲雄
生年月日　昭和33年4月25日
出身地　愛知県名古屋市中川区応仁町
所属部屋　春日野
初土俵　昭和56年3月場所幕下最下位格付出
十両昇進　昭和57年1月場所
入幕　昭和58年9月場所
最終場所　平成4年5月場所
幕内在位　32場所
幕内成績　206勝249敗25休
勝率　0.453
三賞　敢闘賞1回、技能賞1回
身長　180cm（5尺9寸5分）
体重　157kg（42貫）
得意手　突き、押し、突き落とし
年寄名　入間川（令和5年4月定年、同月再雇用制度適用）

中学生横綱。日大時代はそれほど派手な活躍はなかったが、「自分の力をまだ出し切っていない」と大相撲入り。稽古熱心で突き、押しに徹して初土俵から16場所目に幕内に上がった。横綱初挑戦で隆の里に勝ったほか、千代の富士、北勝海も倒している。引退後、埼玉県内に入間川部屋を創設。幕内皇司らを育てた。定年1年前の令和5年初場所後に元小結垣添の雷親方が引き継ぐ形で入間川部屋は雷部屋となった。

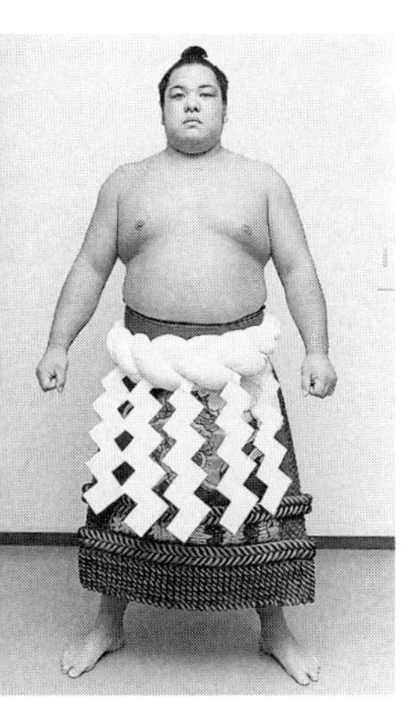

ほくとうみ　のぶよし
北勝海 信芳（横綱）

本名　保志信芳
生年月日　昭和38年6月22日
出身地　北海道広尾郡広尾町東一条
四股名　保志→富士若→保志→北勝海
所属部屋　九重
初土俵　昭和54年3月場所
十両昇進　昭和58年3月場所
入幕　昭和58年9月場所
最終場所　平成4年3月場所（番付は5月場所）
幕内在位　52場所
幕内成績　465勝206敗109休
勝率　0.693
優勝　8回
三賞　殊勲賞3回、敢闘賞3回、技能賞5回
身長　181cm（5尺9寸5分）
体重　151kg（40貫500）
得意手　左四つ、押し、寄り切り
年寄名　北勝海→八角

稽古熱心。千代の富士の胸を借りて強くなった。突き、押し相撲に徹して最高位へ上り詰めた。大関昇進と同時に本名の保志から北勝海と改名。横綱になってからもぶつかり稽古を欠かさなかった。精一杯土俵を務めた努力家だった。引退後八角部屋を興し、海鵬、北勝力、隠岐の海らを育てた。平成24年、理事に昇格。27年11月、北の湖理事長急逝の後を受けて日本相撲協会のトップになった。

大徹 忠晃（小結）
だいてつ ただみつ

本名 南忠晃
生年月日 昭和31年10月29日
出身地 福井県大野市春日
四股名 南→大徹
所属部屋 二所ノ関
初土俵 昭和46年7月場所
十両昇進 昭和55年1月場所
入幕 昭和58年11月場所
最終場所 平成2年9月場所
幕内在位 31場所
幕内成績 209勝256敗
勝率 0.449
身長 193cm（6尺3寸5分）
体重 125kg（33貫500）
得意手 左四つ、つり出し、上手投げ
年寄名 湊川（令和3年10月定年、同月再雇用制度適用）

左四つ、右上手を取ると、つり、寄りで攻めたが、立ち合いがおとなしく、自分十分な体勢に持ち込めないまま後退する相撲が多かった。長いリーチを生かした先制の突っ張りがあれば幕内上位での活躍も可能だったが、手首と肩を痛めていたため突っ張りが出せなかった。初土俵から75場所で新入幕。連続31場所幕内を保ち、小結は1場所。飄々とした取り口で、隠れた人気があった。

小錦 八十吉（大関）
こにしき やそきち

本名 サレバ・ファウリ・アティサノエ→塩田→小錦八十吉
生年月日 昭和38年12月31日
出身地 米国ハワイ州オアフ島
所属部屋 高砂
初土俵 昭和57年7月場所
十両昇進 昭和58年11月場所
入幕 昭和59年7月場所
最終場所 平成9年11月場所
幕内在位 81場所
幕内成績 649勝476敗89休
勝率 0.577
優勝 3回
三賞 殊勲賞4回、敢闘賞5回、技能賞1回
身長 183cm（6尺5分）
体重 284kg（75貫500）
得意手 突き、押し、右四つ、寄り切り
年寄名 佐ノ山（平成10年9月退職）

大相撲史上最重量関取。現役時代の高見山にスカウトされた。スピード出世で幕内2場所目には、千代の富士、隆の里の両横綱に圧勝、大関若嶋津にも勝って12勝3敗。あわや優勝かの活躍をみせ「黒船来襲」と騒がれた。右ひざを痛めなければ横綱も夢ではなかった。晩年は体重増に悩まされて自分の体を持て余していた。年寄佐ノ山を襲名したが、タレントに転向した。

霧島 一博（大関）
きりしま かずひろ

本名 吉永一美
生年月日 昭和34年4月3日
出身地 鹿児島県霧島市牧園町
四股名 吉永→霧島
所属部屋 君ヶ濱→井筒
初土俵 昭和50年3月場所
十両昇進 昭和57年5月場所
入幕 昭和59年7月場所
最終場所 平成8年3月場所
幕内在位 71場所
幕内成績 518勝507敗40休
勝率 0.505
優勝 1回
三賞 殊勲賞3回、敢闘賞1回、技能賞4回
身長 186cm（6尺1寸5分）
体重 130kg（34貫500）
得意手 左四つ、寄り切り、上手出し投げ、うっちゃり
年寄名 錣山→勝ノ浦→陸奥

ワンチャンスを捉え、31歳で大関になった。筋肉マンの美男力士で人気があった。左四つ、出し投げからの攻めが速く、うっちゃりなどの逆転技も。平成2年2月に理事になった。一度、役職を退いた後、令和4年に再び理事に昇格した。

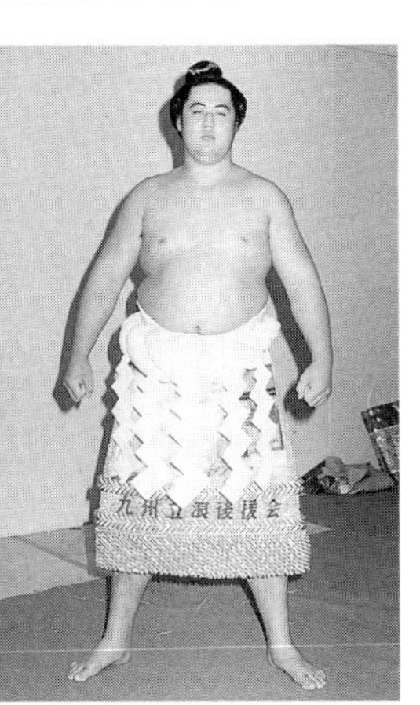

ふたはぐろ こうじ
双羽黒 光司（横綱）

本　名　北尾光司
生年月日　昭和38年８月12日
没年月日　平成31年２月10日
出身地　三重県津市乙部
四股名　北尾→双羽黒
所属部屋　立浪
初土俵　昭和54年３月場所
十両昇進　昭和59年１月場所
入　幕　昭和59年９月場所
最終場所　昭和62年11月場所（番付は63年１月場所）

幕内在位　20場所
幕内成績　197勝87敗16休
勝　率　0.694
三　賞　殊勲賞５回、技能賞２回
身　長　199cm（６尺５寸５分）
体　重　157kg（42貫）
得意手　右四つ、寄り切り、すくい投げ

横綱昇進時に本名の北尾から双羽黒と改名。名門立浪部屋の歴史を作った双葉山と羽黒山を合わせた四股名だったが、肝心の“心”の鍛錬がおろそかになり、師匠立浪親方（元関脇２代目羽黒山）とトラブルを起こし、24歳で１度も優勝経験のないまま角界を去った。内臓疾患のため55歳で生涯を閉じた。

みといずみ まさゆき
水戸泉 眞幸（関脇）

本　名　小泉政人
生年月日　昭和37年９月２日
出身地　茨城県水戸市藤井町
四股名　小泉→水戸泉
所属部屋　高砂
初土俵　昭和53年３月場所
十両昇進　昭和59年５月場所
入　幕　昭和59年９月場所
最終場所　平成12年９月場所

幕内在位　79場所
幕内成績　530勝556敗99休
勝　率　0.488
優　勝　１回
三　賞　殊勲賞１回、敢闘賞６回
身　長　194cm（６尺４寸）
体　重　192kg（51貫）
得意手　左四つ、寄り切り、つり出し
年寄名　錦戸

大きな手のひらで塩をわしづかみ、天井目がけて高々と撒くパフォーマンスは人気があった。平成３年のロンドン公演でも話題となり、そのとき付けられたニックネームが「ソルトシェイカー」。左四つ、右上手を取るとがむしゃらに出ていき、少々不利な体勢でも相手を引っ張り込むといった攻撃相撲に徹していた。何度も両ひざを痛めて休場が多く、地力はあったが、三役に定着できなかった。４年名古屋場所で平幕優勝。引退後、錦戸部屋を創設。

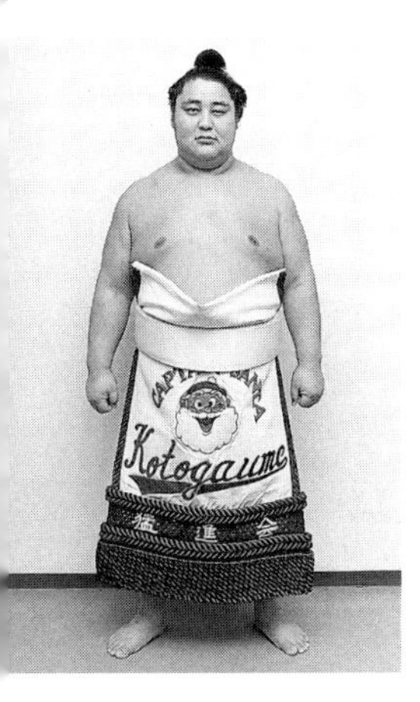

ことがうめ つよし
琴ヶ梅 剛史（関脇）

本　名　北山聡
生年月日　昭和38年10月５日
出身地　富山県富山市八尾町黒田
四股名　北山→琴ヶ梅
所属部屋　佐渡ヶ嶽
初土俵　昭和54年３月場所
十両昇進　昭和59年３月場所
入　幕　昭和60年３月場所
最終場所　平成９年５月場所
幕内在位　52場所

幕内成績　369勝389敗22休
勝　率　0.487
三　賞　殊勲賞１回、敢闘賞４回、技能賞２回
身　長　180cm（５尺９寸５分）
体　重　186kg（49貫500）
得意手　押し出し
年寄名　錣山→大鳴戸（平成19年11月退職）

関脇で２場所連続10勝５敗を記録、あと１場所２ケタ勝利を挙げれば大関昇進というところまで迫りながら実現しなかった。関脇連続６場所、三役在位は通算で20場所に迫り、素質的には申し分なかったが、稽古不足が大関目前の挫折につながった。双羽黒､北勝海らと一緒の「花のサンパチ」組の一人。重心が重く、押し相撲が得意。粘っこい押しで全盛期は前に落ちなかった。

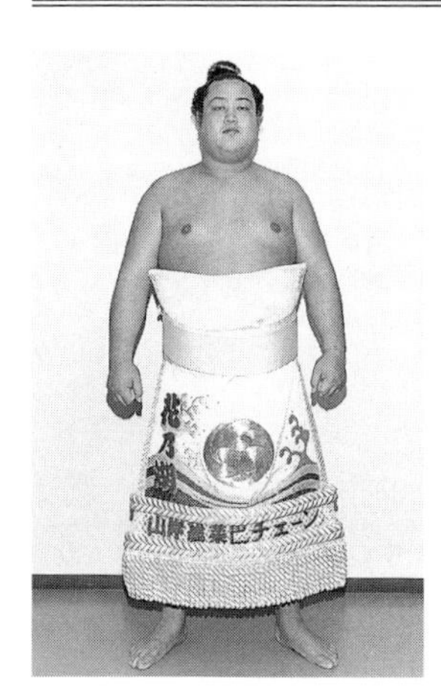

花乃湖 健（小結）
はなのうみ けん

本　名　澤石健
生年月日　昭和35年12月6日
出身地　秋田県南秋田郡井川町井内杉ケ崎
四股名　沢石→音羽嶽→沢風→沢石→魁→大乃海→花乃湖
所属部屋　花籠→放駒
初土俵　昭和51年5月場所
十両昇進　昭和58年9月場所
入　幕　昭和60年3月場所
最終場所　平成元年5月場所（番付は7月場所）
幕内在位　26場所
幕内成績　164勝185敗41休
勝　率　0.470
三　賞　技能賞2回
身　長　181cm（5尺9寸5分）
体　重　139kg（37貫）
得意手　もろ差し、寄り切り、押し出し
年寄名　花籠（平成2年6月廃業）

技能賞を2回受賞。低い立ち合いから左右の強いおっつけでじわじわと攻め右差しからの寄りが鋭かった。離れての押しもみせた。昭和60年九州場所4日目に千代の富士を寄り切りに破ったものの5勝10敗の星だった。同場所、千代の富士は14回目の優勝を記録したが、唯一の黒星がこの一戦であった。2度目の小結のときに腰を痛め、さらに腰痛が悪化して28歳で引退に追い込まれた。

藤ノ川 祐兒（前頭3枚目）
ふじのかわ ゆうじ

本　名　服部祐兒
生年月日　昭和35年8月20日
出身地　愛知県大府市中央町
四股名　服部→藤ノ川→服部
所属部屋　伊勢ノ海
初土俵　昭和58年3月場所幕下最下位格付出
十両昇進　昭和58年9月場所
入　幕　昭和60年3月場所
最終場所　昭和62年7月場所
幕内在位　11場所
幕内成績　75勝90敗
勝　率　0.455
身　長　193cm（6尺3寸5分）
体　重　141kg（37貫500）
得意手　左四つ、寄り切り、小手投げ

アマチュア横綱、学生横綱を各2回。同大4年間で獲得したタイトルは17回を数え、アマチュア相撲史上最強といわれ鳴り物入りで角界に入った。左四つの型にはまれば強かったが、腰に欠陥を抱え、精神面の弱さもあってプロでは大輪を咲かせることはできなかった。幕内在位はわずか11場所で、三役にもなれず大きく期待を裏切った。もともと頭脳明晰で、引退後は大学院に通い、教育現場に立ち、アマチュア相撲隆盛に力を注いでいる。

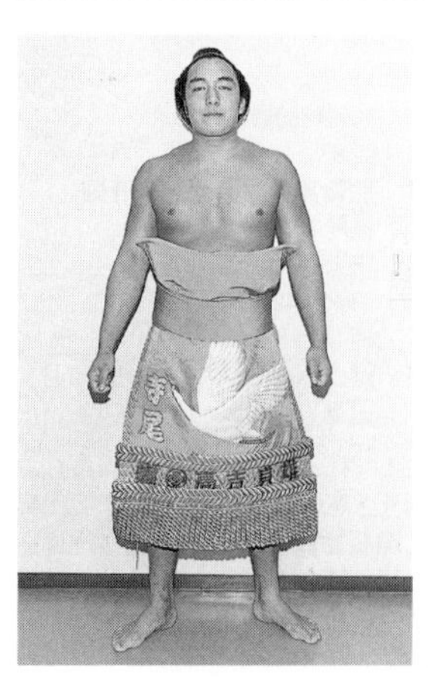

寺尾 常史（関脇）
てらお つねふみ

本　名　福薗好文
生年月日　昭和38年2月2日
出身地　鹿児島県姶良市加治木町小山田
四股名　寺尾→源氏山→寺尾
所属部屋　井筒
初土俵　昭和54年7月場所
十両昇進　昭和59年7月場所
入　幕　昭和60年3月場所
最終場所　平成14年9月場所
幕内在位　93場所
幕内成績　626勝753敗16休
勝　率　0.454
三　賞　殊勲賞3回、敢闘賞3回、技能賞1回
身　長　186cm（6尺1寸5分）
体　重　117kg（31貫）
得意手　突っ張り、右四つ
年寄名　錣山

鶴嶺山（元十両）、逆鉾（元関脇）と並ぶ井筒3兄弟の末弟。回転のいい突っ張り、勘のいいいなし、速い動きで相手を翻弄。ときに自分から右を差しにいって寄りや投げなどで攻めるなどいつまでも若々しい取り口は光った。彫りの深い容貌で特に若い女性に人気があった。母親の死去で高校を中退して角界入り。母方の姓を四股名にした。引退から2年後に錣山部屋を興した。

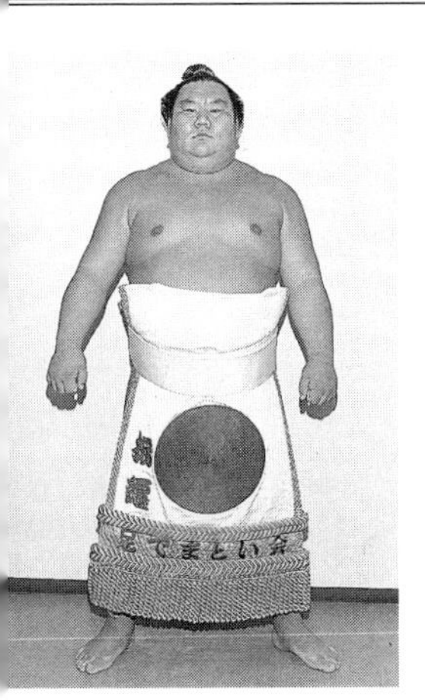

栃纏（とちまとい） 勇光（ゆうこう）（前頭11枚目）

本　名　今井勇治
生年月日　昭和34年1月30日
没年月日　平成24年1月7日
出身地　神奈川県川崎市幸区柳町
四股名　今井山→栃纏
所属部屋　春日野
初土俵　昭和50年1月場所
十両昇進　昭和57年1月場所
入　幕　昭和60年5月場所
最終場所　平成元年3月場所
幕内在位　2場所
幕内成績　7勝23敗
勝　率　0.233
身　長　179cm（5尺9寸）
体　重　175kg（46貫500）
得意手　突き、押し、小手投げ

典型的なアンコ型力士。父親が消防士であったことから栃纏と名乗ったが、「足でまとい会」と書かれた化粧まわしを着けるなど、なかなかのユーモリスト。幕下時代が長く、舛田山の付け人をしていたが、部屋では栃泉（元十両）と並んで“クマ（栃泉）、トラ（栃纏）”の愛称で親しまれた。またソップ型の栃湊と組んでの初っ切りは好評だった。稽古熱心で立ち合いの激しいぶちかまし、突き、押しを武器としたが、痛風の持病があり、大成できなかった。

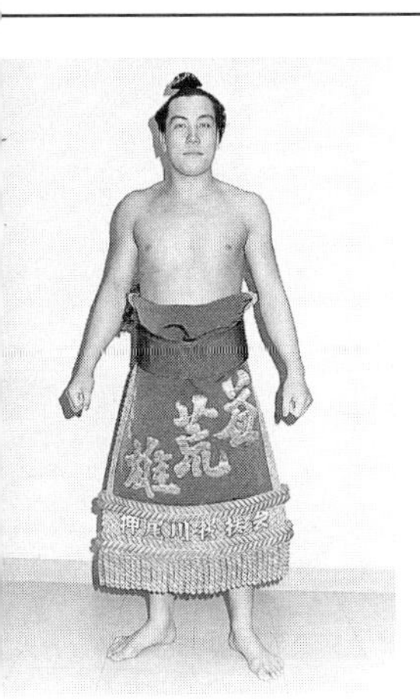

益荒雄（ますらお） 宏夫（ひろお）（関脇）

本　名　手島広生
生年月日　昭和36年6月27日
出身地　福岡県田川郡糸田町大熊
四股名　手島→益荒雄→手島→益荒雄
所属部屋　押尾川
初土俵　昭和54年3月場所
十両昇進　昭和58年7月場所
入　幕　昭和60年9月場所
最終場所　平成2年7月場所
幕内在位　20場所
幕内成績　111勝125敗64休
勝　率　0.470
三　賞　殊勲賞2回、敢闘賞2回、技能賞1回
身　長　188cm（6尺2寸）
体　重　119kg（31貫500）
得意手　右四つ、下手投げ
年寄名　錣山→阿武松→音羽山（令和元年9月退職）

三役昇進当時は大関候補の一番手でもあった。小結だった昭和62年春場所には双羽黒、千代の富士の両横綱と4大関を倒し、続く夏場所にも両横綱を連破して連続殊勲賞。色白の肌、さっそうとした取り口で「白いウルフ」といわれた。だが、両ひざを痛めて活躍した時代は短かった。平成30年の役員選挙で理事に選出されたが、高血圧など体調不良で令和元年秋場所後に退職した。

前乃臻（まえのしん） 康夫（やすお）（小結）

本　名　沢辺康夫
生年月日　昭和36年4月17日
出身地　福岡県飯塚市大分
四股名　沢辺→前の海→前乃臻→前乃森
所属部屋　高田川
初土俵　昭和52年3月場所
十両昇進　昭和59年1月場所
入　幕　昭和60年11月場所
最終場所　平成2年3月場所
幕内在位　10場所
幕内成績　62勝88敗
勝　率　0.413
身　長　185cm（6尺1寸）
体　重　134kg（35貫500）
得意手　左四つ、寄り切り、上手投げ
年寄名　山響（平成9年1月解雇）

龍虎によく似たハンサム力士。初めは前の海と名乗って同期の前の光（後の卓越山）と出世を競ったが、先に関取の座を獲得した。均整のとれた体型で足腰もよく、左四つ、右上手を浅く引いての出し投げ気味の上手投げ、寄りを得意とした。前頭8枚目の昭和62年名古屋場所で11勝を挙げ、翌場所、小結に昇進した。三役経験はその1場所だけで、その後は振るわず、いつの間にか十両に落ちて、まだこれからという28歳の若さで引退した。

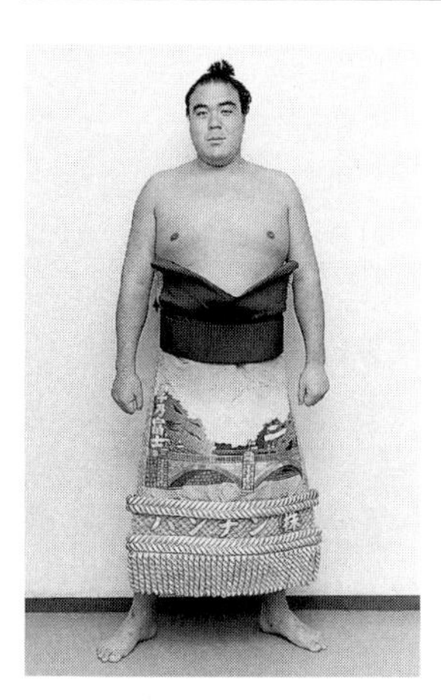

たかのふじ　ただお
孝乃富士 忠雄（小結）

本　名　安田忠夫
生年月日　昭和38年10月９日
出身地　東京都大田区羽田
四股名　安田→富士の森→孝乃富士
所属部屋　九重
初土俵　昭和54年３月場所
十両昇進　昭和60年３月場所
入　幕　昭和61年５月場所
最終場所　平成４年５月場所

幕内在位　33場所
幕内成績　212勝281敗２休
勝　率　0.430
三　賞　敢闘賞１回
身　長　192cm（６尺３寸５分）
体　重　138kg（37貫）
得意手　左四つ、寄り切り、上手投げ

千代の富士の胸を借りて強くなった。懐が深く、左四つ、右上手を取れば万全だった。だが、立ち合いに迫力がないために上位では力を出しきれず、幕内中堅から下位に甘んじた。平成２年夏場所、前頭９枚目で11勝を挙げて敢闘賞。翌場所小結に上がったが、三役はその１場所だけだった。横綱双羽黒には強く、昭和61年秋場所と62年秋場所の２度破って負けなし。横綱北勝海とは同期生で、その太刀持ちを務めた。引退後はプロレスに転向した。

こうりゅう　やすひろ
港龍 安啓（前頭４枚目）

本　名　澤原安啓
生年月日　昭和36年９月12日
出身地　徳島県小松島市中田町
四股名　沢原→港龍
所属部屋　宮城野
初土俵　昭和52年３月場所
十両昇進　昭和58年９月場所
入　幕　昭和61年７月場所
最終場所　昭和63年１月場所

幕内在位　５場所
幕内成績　29勝31敗15休
勝　率　0.483
身　長　175cm（５尺８寸）
体　重　119kg（31貫500）
得意手　右四つ、寄り切り、下手投げ

数少ない徳島県出身の力士。小さな体で実によく稽古した。巡業中の申し合い数では、常に全関取中の１、２を争うほどであった。激しい動きもあり、右でまわしを取るとしぶとく、寄り、投げ、ひねりをみせた。小柄なために右を深く差すと相手に左上手を許して苦しむ場面もあり、むしろ右は上手を浅く引いて頭を付けて出る形が最も理想的な攻めであった。小躯でよく幕内中軸に頑張ったが、腰を痛め手術したものの再起成らず土俵を去った。

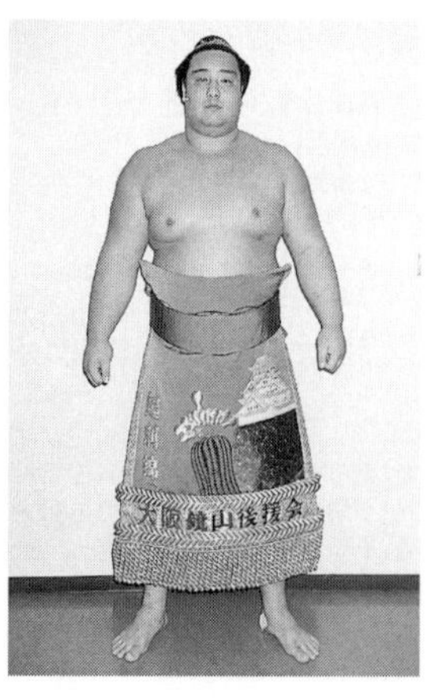

きりにしき　としろう
起利錦 利郎（前頭２枚目）

本　名　山田利郎
生年月日　昭和37年８月31日
出身地　群馬県桐生市広沢町
四股名　山田→山田錦→起利錦
所属部屋　鏡山
初土俵　昭和53年３月場所
十両昇進　昭和61年１月場所
入　幕　昭和61年７月場所
最終場所　平成７年11月場所

幕内在位　34場所
幕内成績　213勝248敗49休
勝　率　0.462
身　長　188cm（６尺２寸）
体　重　178kg（47貫500）
得意手　右四つ、寄り切り
年寄名　立川→浅香山→雷→勝ノ浦

きわめて律儀で礼儀正しい好力士。向学心旺盛、特に歴史小説を読むのが好きで、巡業中は幕末から明治維新のころの史跡をよく訪ねて見学していた。平成３年のロンドン公演では仲間の観光ガイド役を務めていた。下半身にもろさがあったものの、体ごと相手にぶつけて一気に前に出る取り口は迫力に富んでいた。稽古熱心だったが、体力の衰えから７年春場所に幕下に後退、再起へ懸命の努力を続けたが果たせなかった。千代の富士を倒した金星が光る。

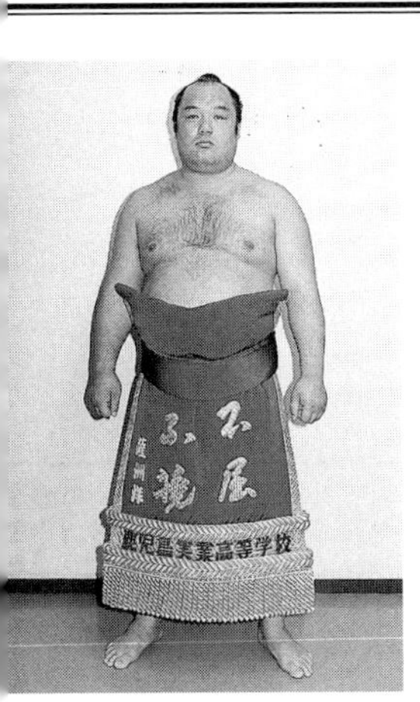

さっしゅうなだ　やすたか
薩洲洋 康貴（前頭筆頭）

本　名　吉崎克幸
生年月日　昭和32年6月7日
出身地　鹿児島県指宿市東方
四股名　吉崎→薩州洋→薩洲洋
所属部屋　君ヶ浜→井筒
初土俵　昭和51年1月場所
十両昇進　昭和59年7月場所
入　幕　昭和61年9月場所
最終場所　平成4年9月場所
幕内在位　19場所
幕内成績　129勝156敗
勝　率　0.453
身　長　183cm（6尺5分）
体　重　150kg（40貫）
得意手　突き、押し
年寄名　錣山→春日山→熊ヶ谷→立田山（令和4年6月定年。同月再雇用制度適用）

回転は速くはないが、1発1発に相手がずしりとこたえる重い効果的な突っ張りを持っていた。突き、押し専門の力士で地味ながら幕内上位まで上がった。ただ、下半身が硬いために、相手に攻められるとすぐに上体が反り、簡単に土俵を割るケースが多かった。そのために相撲が淡白にみえるので損をしていた。引退後は年寄錣山から春日山、熊ヶ谷を経て立田山となり、陸奥部屋で後進を指導している。

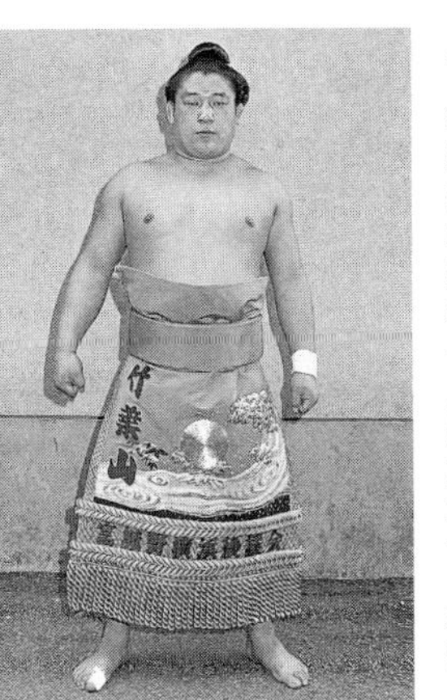

ちくばやま　まさくに
竹葉山 真邦（前頭13枚目）

本　名　田崎誠
生年月日　昭和32年8月21日
出身地　福岡県うきは市浮羽町朝田
四股名　田崎→筑葉山→竹葉山
所属部屋　宮城野
初土俵　昭和48年3月場所
十両昇進　昭和53年11月場所
入　幕　昭和61年9月場所
最終場所　平成元年1月場所
幕内在位　2場所
幕内成績　11勝19敗
勝　率　0.367
身　長　176cm（5尺8寸）
体　重　116kg（31貫）
得意手　押し出し
年寄名　中川→宮城野→熊ヶ谷→宮城野→間垣（令和4年8月定年。同月再雇用制度適用。5年5月退職）

小躯ながら、頭からかましてはずにかかり、一気に押して出る気合相撲。特に右からの攻めが強かった。十両時代小錦に勝ったことがある。師匠（元小結広川）没後に宮城野部屋を継承。横綱白鵬を育てた。定年直前に白鵬の間垣と年寄名跡を替え、部屋を譲った。

ふじのしん　つかさ
富士乃真 司（前頭筆頭）

本　名　矢木哲也
生年月日　昭和35年11月6日
出身地　千葉県船橋市高根台
四股名　矢木→富士光→富士乃真
所属部屋　井筒→九重
初土俵　昭和51年3月場所
十両昇進　昭和60年1月場所
入　幕　昭和61年9月場所
最終場所　平成2年9月場所
幕内在位　15場所
幕内成績　93勝111敗21休
勝　率　0.456
身　長　181cm（5尺9寸5分）
体　重　144kg（38貫500）
得意手　左四つ、寄り切り
年寄名　錦戸→陣幕

童顔で温厚な人柄。非常な汗っかき。稽古場では四股や鉄砲など、よく準備運動を行っていたが、その割にけがが多く、ふくらはぎの肉離れにしばしば悩まされていた。前さばきがよく、こちょこちょと手首から入ってもろ差しになるのがうまかった。師匠の先々代九重親方（元横綱北の富士）いわく「くすぐり相撲」。体調がよくなり、これからという時期に、土俵上の力士が控えにいた富士乃真の左足上に落ちるという不測の事故が原因で休場、結局は引退に追い込まれた。

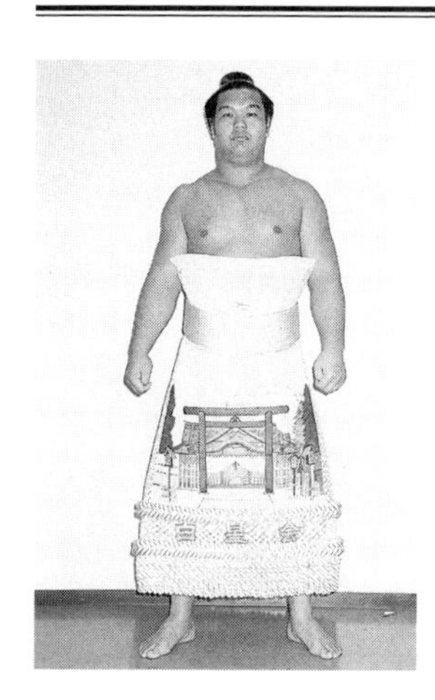

とちのわか　きよたか

栃乃和歌 清隆（関脇）

本　名	綛田清隆	幕内在位	76場所
生年月日	昭和37年5月22日	幕内成績	525勝591敗23休
出身地	和歌山県海南市下津町下津	勝　率	0.470
四股名	綛田→栃乃和歌	三　賞	殊勲賞2回、敢闘賞3回、技能賞1回
所属部屋	春日野		
初土俵	昭和60年3月場所幕下最下位格付出	身　長	189cm（6尺2寸5分）
十両昇進	昭和61年9月場所	体　重	160kg（42貫500）
入　幕	昭和62年1月場所	得意手	右四つ、寄り切り
最終場所	平成11年7月場所	年寄名	竹縄→春日野

「明大相撲部に綛田あり」と学生相撲時代から注目されていた。祖母が大の栃錦ファンで清隆と命名された。体力的に恵まれ上半身の力も強く、出世は順調で大関候補と期待が集まった。右四つ、左上手を引きつけて出る取り口は豪快で、上手投げは強烈。攻められると、残そうというよりも苦し紛れの突き落としに頼る欠点があった。明大相撲部第1号の幕内。先代（元横綱栃ノ海）の定年に伴い、春日野部屋を継承した。平成28年初場所後に理事に昇格した。

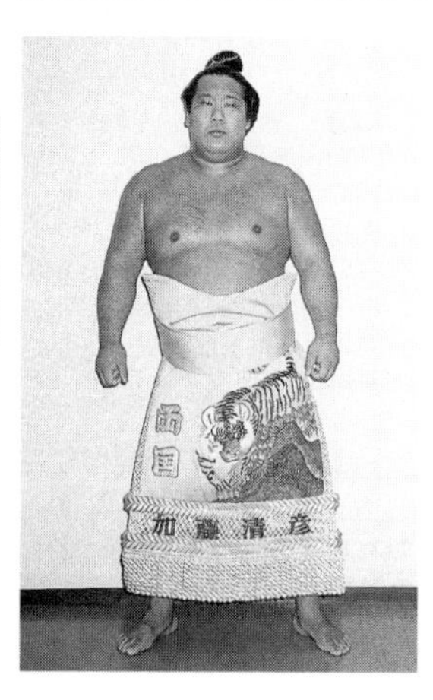

りょうごく　かじのすけ

両国 梶之助（小結）

本　名	小林秀昭	幕内在位	32場所
生年月日	昭和37年7月30日	幕内成績	217勝252敗11休
出身地	長崎県長崎市茂木町	勝　率	0.463
四股名	小林山→両国	三　賞	殊勲賞1回、敢闘賞1回
所属部屋	出羽海	身　長	185cm（6尺1寸）
初土俵	昭和60年3月場所幕下最下位格付出	体　重	174kg（46貫500）
十両昇進	昭和61年3月場所	得意手	右四つ、寄り切り、上手投げ
入　幕	昭和62年3月場所	年寄名	中立→境川
最終場所	平成4年11月場所（番付は5年1月場所）		

日大相撲部出身。明大の綛田（栃乃和歌）とは同期生。右差し、左で浅く上手を引き巨腹をあおって前に出る相撲は迫力があり、左からの投げにも威力があった。一方で、学生時代に腰を痛めたために、後退するともろかった。千代の富士から金星を三つ挙げている。長崎県出身で部屋の由緒ある四股名である両国梶之助を名乗った。引退後独立、中立（後に境川）部屋を興した。指導力が優れ、岩木山、豪栄道、豊響、妙義龍などを育てている。平成28年初場所後に理事に。

ことといなづま　よしひろ

琴稲妻 佳弘（小結）

本　名	田村昌浩	幕内在位	60場所
生年月日	昭和37年4月26日	幕内成績	405勝480敗15休
出身地	群馬県利根郡みなかみ町猿ヶ京	勝　率	0.458
四股名	田村→琴稲妻	三　賞	殊勲賞1回、敢闘賞1回
所属部屋	佐渡ヶ嶽	身　長	181cm（5尺9寸5分）
初土俵	昭和53年3月場所	体　重	137kg（36貫500）
十両昇進	昭和60年5月場所	得意手	突き、押し、右四つ、寄り切り、肩透かし
入　幕	昭和62年11月場所		
最終場所	平成11年7月場所	年寄名	粂川

四股名は第7代横綱稲妻雷五郎にちなんで付けた。地味だが、黙々と稽古を積むタイプ。稽古に厳しい師匠の佐渡ヶ嶽親方（元横綱琴櫻）が「稲妻（琴稲妻）は放っておいてもよくやる」と手放しで褒めていた。離れての突き、押しと左のまわしを取っての攻めが武器。体に恵まれていないだけに動きの中で勝機をみいだす。中堅力士として滋味のある取り口をみせた。同時に部屋でも後輩のよき手本となっていた。不断の稽古が実って、平成7年九州場所に33歳で新小結に。

南海龍（なんかいりゅう） 太郎（たろう）（前頭２枚目）

本　名　キリフィ・サパ
生年月日　昭和40年２月22日
出身地　サモア独立国アピア市
所属部屋　高砂
初土俵　昭和59年９月場所
十両昇進　昭和62年５月場所
入　幕　昭和62年11月場所
最終場所　昭和63年９月場所（番付は11月場所）

幕内在位　６場所
幕内成績　44勝45敗１休
勝　率　0.494
身　長　188cm（６尺２寸）
体　重　153kg（41貫）
得意手　突き、押し

サモアの怪人。筋肉質で足腰もよく、素晴らしい体の持ち主。兄弟子・小錦の胸を借りてめきめき力をつけ、わずか３年足らずで関取の座を獲得した。十両も３場所で突破して入幕した。突き、押しの威力に加えて四つになっても力を発揮、昭和63年夏場所、横綱大乃国に善戦し物言い取り直しとなった一番は四つ身の進境著しいことを印象づけた。大関や横綱を期待されたが、酒好きがたたり、63年秋場所14日目から欠場、そのまま廃業してしまった。

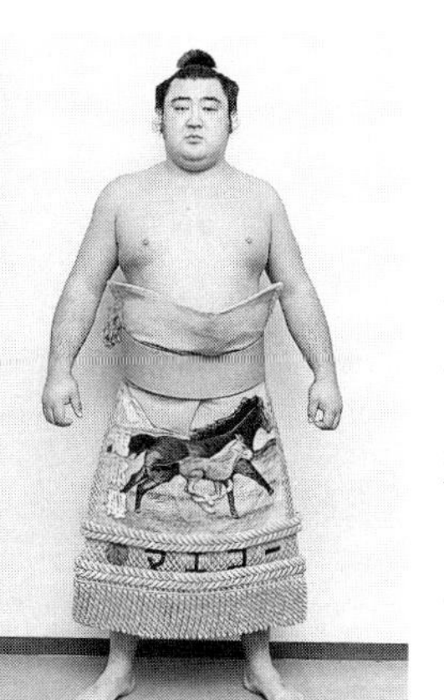

恵那櫻（えなざくら） 徹（とおる）（前頭筆頭）

本　名　早川徹
生年月日　昭和35年７月29日
出身地　岐阜県中津川市坂下町
四股名　早川→恵那櫻
所属部屋　押尾川
初土俵　昭和52年３月場所
十両昇進　昭和61年３月場所
入　幕　昭和62年11月場所
最終場所　平成６年７月場所

幕内在位　26場所
幕内成績　175勝215敗
勝　率　0.449
三　賞　敢闘賞１回
身　長　181cm（５尺９寸５分）
体　重　132kg（35貫）
得意手　突き、押し
年寄名　錣山→竹縄（平成11年７月退職）

板前になるのが目標で角界入り。真面目で稽古熱心。終始回転のいい突っ張りに徹した攻撃相撲で、敢闘型で気合のよさは土俵上の一服の清涼剤だった。昭和63年春場所には、北天佑、朝潮、小錦の３大関を倒している。下位では平成元年夏場所に敢闘賞を受賞するなど２ケタ勝利を記録したこともあるが、体力不足のために三役には届かなかった。晩年はひじの故障で振るわず、連続24場所保った幕内から十両に転落、平成６年名古屋場所限りで引退した。

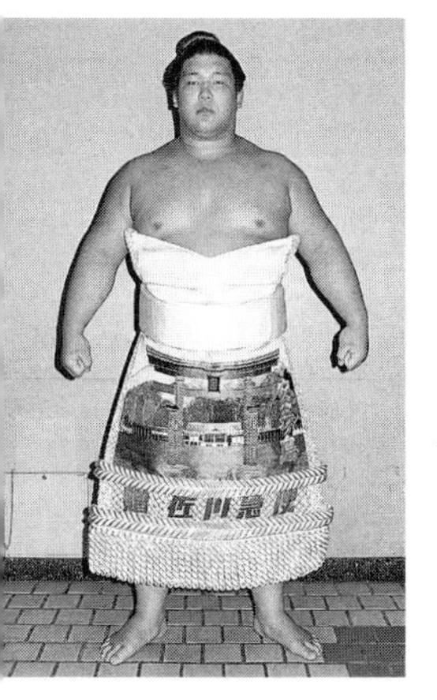

安芸乃島（あきのしま） 勝巳（かつみ）（関脇）

本　名　山中勝巳→宮本勝巳
生年月日　昭和42年３月16日
出身地　広島県東広島市安芸津町三津
四股名　山中→安芸ノ島→安芸乃島
所属部屋　藤島→二子山
初土俵　昭和57年３月場所
十両昇進　昭和62年７月場所
入　幕　昭和63年３月場所
最終場所　平成15年５月場所

幕内在位　91場所
幕内成績　647勝640敗78休
勝　率　0.503
三　賞　殊勲賞７回、敢闘賞８回、技能賞４回
身　長　174cm（５尺７寸５分）
体　重　155kg（41貫500）
得意手　左四つ、寄り切り
年寄名　藤島→千田川→高田川

金星16個は高見山の12個を大きく上回って史上最多の大記録。横綱、大関戦では五分以上の相撲を取った。下位に取りこぼしが多く、三役に定着できなかった。強きをくじき、弱きを助けるという典型的な上位キラー。腰が重く腕力が強く、両上手から挟みつけて攻める取り口が身上。度重なるけがのために大関昇進のチャンスを逸した。二子山部屋と合併前の藤島部屋のリーダーとして「若貴」らを引っ張った。年寄千田川となり、高田川部屋へ移籍、平成21年部屋を継承した。

昭和（戦後）

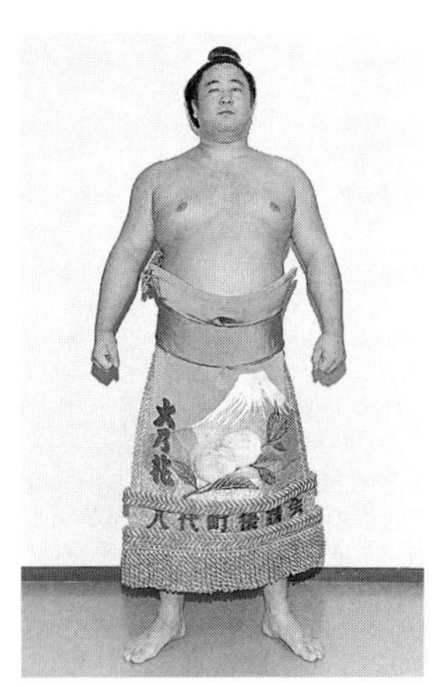

大乃花（おおのはな） 武虎（たけとら）（前頭13枚目）

本　名	大野久好	最終場所	平成２年11月場所
生年月日	昭和33年６月23日	幕内在位	１場所
出身地	山梨県笛吹市八代町	幕内成績	５勝10敗
四股名	大野→鵬龍→大野→大ノ花→大乃花	勝　率	0.333
所属部屋	大鵬	身　長	189cm（６尺２寸５分）
初土俵	昭和49年３月場所	体　重	148kg（39貫500）
十両昇進	昭和58年７月場所	得意手	右四つ、上手投げ
入　幕	昭和63年３月場所	年寄名	佐ノ山→尾上（平成13年４月退職）

初土俵から新十両まで10年57場所、入幕までは14年84場所を要したスロー出世力士。この間にも十両と幕下を４回往復している。十両昇進５回目の昭和61年夏場所に優勝、１場所おいて秋場所にも２度目の優勝を果たして入幕、幕内はこの１場所だけで終わった。しかし、十両は通算30場所経験している。体に恵まれ、右四つになっての上手投げを武器としたものの、立ち合いからはたく癖があり、うまく決まるときもあったが墓穴を掘ることが多かった。

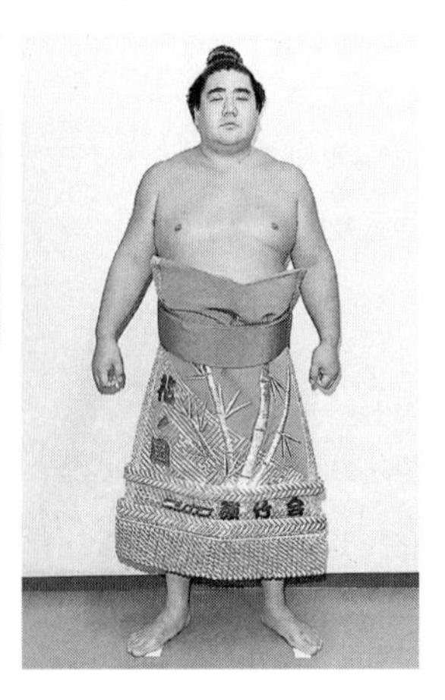

花ノ国（はなのくに） 明宏（あきひろ）（前頭筆頭）

本　名	野口明宏	最終場所	平成６年９月場所
生年月日	昭和34年10月15日	幕内在位	24場所
出身地	大阪府藤井寺市船橋町	幕内成績	159勝189敗12休
四股名	野口→大三杉→花乃国→野口→花乃国→花ノ国	勝　率	0.457
所属部屋	花籠→放駒	三　賞	敢闘賞１回
初土俵	昭和50年３月場所	身　長	185cm（６尺１寸）
十両昇進	昭和58年５月場所	体　重	148kg（39貫500）
入　幕	昭和63年３月場所	得意手	右四つ、寄り切り、上手投げ

右四つ、左で上手を引き付ければ十分という典型的な四つ相撲で、古典的タイプの力士。相撲好きの父親に勧められて花籠部屋に入門。下積み生活が長かったが、放駒部屋に移籍したころからめきめき頭角を現した。横綱北勝海から金星を奪っているが、幕下時代には後の横綱、大関にめっぽう強く、双羽黒には３勝１敗、北勝海には２勝０敗、若嶋津にも２勝０敗。また小錦には幕下、十両で２勝２敗のレコードを残している。引退して若者頭に。

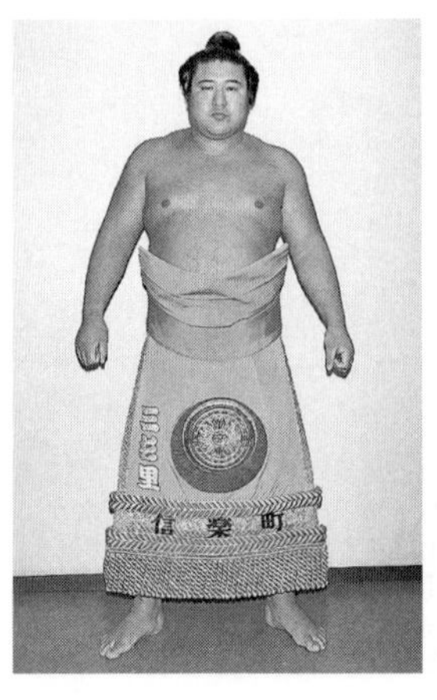

三杉里（みすぎさと） 公似（こうじ）（小結）

本　名	岡本公似	幕内在位	53場所
生年月日	昭和37年７月１日	幕内成績	367勝428敗
出身地	滋賀県甲賀市信楽町西	勝　率	0.462
四股名	岡本→三杉里	三　賞	敢闘賞１回
所属部屋	二子山	身　長	185cm（６尺１寸）
初土俵	昭和54年１月場所	体　重	156kg（41貫500）
十両昇進	昭和59年７月場所	得意手	右四つ、寄り切り、上手投げ
入　幕	昭和63年５月場所	年寄名	三杉里（準年寄）→浜風（平成18年11月退職）
最終場所	平成10年７月場所		

身長185㌢、体重は常時155～156㌔で、ちょうど幕内力士の平均的な体格。固太りでがっしりした体型、高校時代はレスリングの選手だった。右四つの型がよく、投げ技に威力があり、土俵際もしぶとかった。二子山と藤島部屋の合併前、藤島勢キラーとして知られていた。貴乃花には初顔合わせから５連勝、安芸乃島や貴闘力、若乃花にも勝ち越している。平成元年初場所新小結に。８年九州場所十両陥落し、幕内連続在位は51場所で途切れた。準年寄適用第１号だった。

琴富士(ことふじ) 孝也(たかや)（関脇）

本名	小林孝也	幕内在位	37場所
生年月日	昭和39年10月28日	幕内成績	251勝289敗15休
出身地	千葉県千葉市花見川区長作町	勝率	0.465
四股名	小林→琴大杉→琴富士	優勝	1回
所属部屋	佐渡ヶ嶽	三賞	敢闘賞2回
初土俵	昭和55年３月場所	身長	192cm（6尺3寸5分）
十両昇進	昭和61年11月場所	体重	150kg（40貫）
入幕	昭和63年９月場所	得意手	左四つ、寄り切り、上手投げ
最終場所	平成７年９月場所	年寄名	粂川（平成11年７月退職）

素質に恵まれ、入門時より期待されていた。長身で懐が深く、立ち合い突っ張ってから、得意の左四つになって、寄り、投げで攻めるスケールの大きな取り口。新入幕の昭和63年秋場所に敢闘賞を受賞したが、その後は精神面の甘さから伸び悩んだ。しかし、平成３年名古屋場所では横綱旭富士、大関小錦を連破、「戦国場所」を制して見事平幕優勝。だが、マイペースの稽古ぶりで三役定着はならず、30歳の若さで引退した。年寄となり４年程角界に残ったが、その後、タレントに。

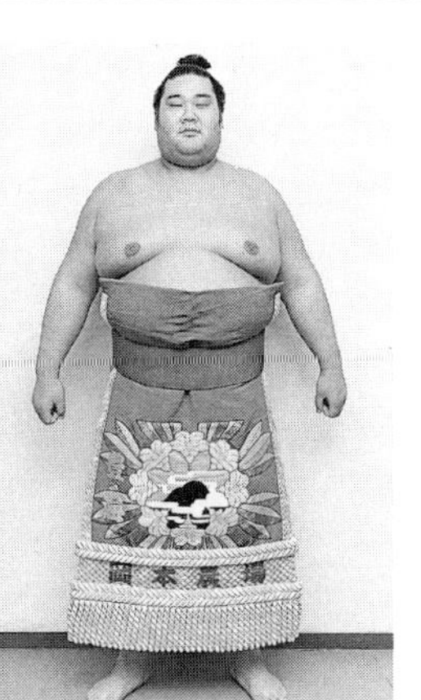

豊ノ海(とよのうみ) 真二(しんじ)（前頭筆頭）

本名	濱田真二	入幕	昭和63年11月場所
生年月日	昭和40年９月22日	最終場所	平成11年３月場所
没年月日	令和３年11月20日	幕内在位	30場所
出身地	福岡県豊前市松江	幕内成績	209勝241敗
四股名	浜田→貴ノ浜→貴乃濱→貴ノ浜→豊ノ海	勝率	0.464
		身長	189cm（6尺2寸5分）
所属部屋	二子山→藤島→二子山	体重	219kg（58貫500）
初土俵	昭和56年３月場所	得意手	左四つ、寄り切り
十両昇進	昭和62年９月場所	年寄名	山響（平成14年６月退職）

元大関貴ノ花（故二子山親方）の内弟子として二子山部屋に入門、藤島部屋独立とともに移籍し、安芸乃島との百番稽古で力をつけて昇進した。200㌔を超える巨漢で、わきは甘いものの両上手から抱えて一気に出る取り口は注目された。ツラ相撲で、本場所の前半は体を持て余して一方的に負けるかと思うと、後半は見違えるように体を生かして勝ち進んだりした。貴ノ浜と名乗っていたが、出身地にちなんで豊ノ海と改めた。平成11年春場所限りで引退した。

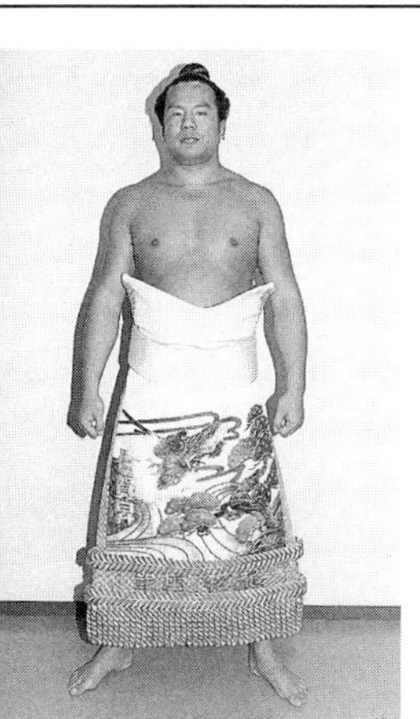

佐賀昇(さがのぼり) 博(ひろし)（前頭14枚目）

本名	林博	幕内在位	１場所
生年月日	昭和36年11月27日	幕内成績	５勝10敗
出身地	佐賀県嬉野市塩田町五町田甲	勝率	0.333
四股名	林→大林→佐賀昇→佐嘉昇	身長	192cm（6尺3寸5分）
所属部屋	押尾川	体重	118kg（31貫500）
初土俵	昭和52年３月場所	得意手	左四つ、下手投げ
十両昇進	昭和61年９月場所		
入幕	昭和63年11月場所		
最終場所	平成８年１月場所		

両親を早くに亡くし、施設で育ったという薄幸の生い立ちだが、逆境にめげず微塵の暗さもない礼儀正しく優しい人柄。体に恵まれなかったが、気力でカバーした。努力を重ねて昭和63年、ご当所の九州場所で入幕を果たし、昭和最後の入幕力士となった。その際、育った施設を訪ね子どもたちを励ましたという美談の持ち主。左を差しての下手投げが十八番だが、下手からの芸に頼るだけに幕内では苦しく、１場所で陥落した。その後は腰を痛め幕内返り咲きはならなかった。

大相撲歴代幕内全力士名鑑　平成編

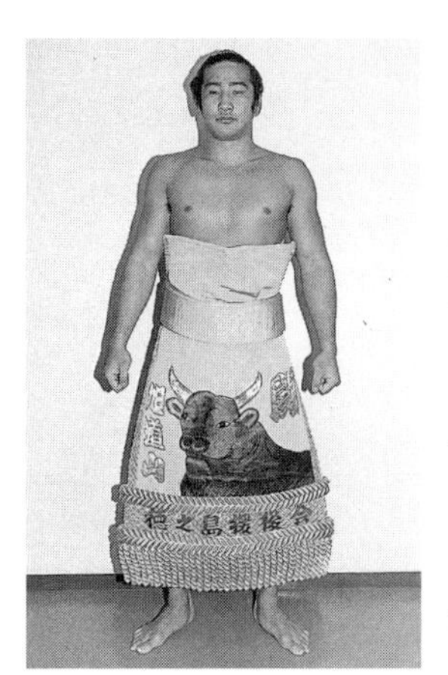

きょくどうざん　かずやす

旭道山 和泰（小結）

本　名　波田和泰
生年月日　昭和39年10月14日
出身地　鹿児島県大島郡徳之島町亀津
所属部屋　大島
初土俵　昭和55年５月場所
十両昇進　昭和63年７月場所
入　幕　平成元年１月場所
最終場所　平成８年９月場所（番付は11月場所）

幕内在位　48場所
幕内成績　325勝380敗
勝　率　0.461
三　賞　殊勲賞２回、敢闘賞２回
身　長　182cm
体　重　107kg
得意手　右四つ、上手投げ

体は細いがなかなかの相撲巧者。右を差してまわしを取ると強みを発揮した
平成２年春場所２日目、千代の富士と対戦し、取り直しの大熱戦を繰り広げた
普段は温厚だが、土俵では闘志を燃やし張り手などをみせることもあり、新小
の４年秋場所２日目には武蔵丸を張り手一発で倒している。ニックネームは「
海のハブ」。８年10月、初の小選挙区比例代表並立制の衆院選挙に新進党（当時
から近畿比例区で立候補、当選した。その後タレントに。

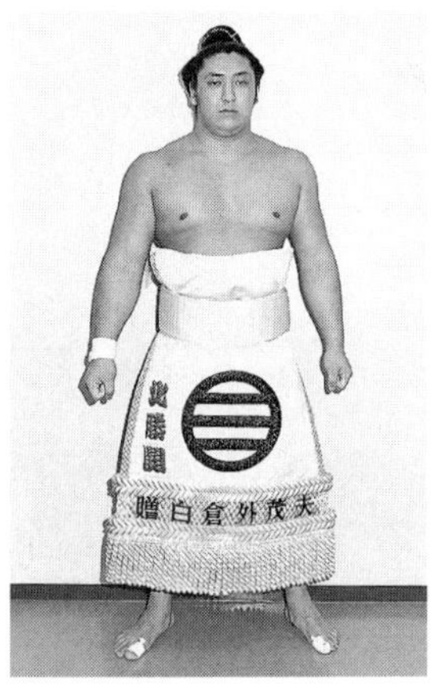

きたかちどき　はやと

北勝鬨 準人（前頭３枚目）

本　名　久我準人
生年月日　昭和41年１月１日
出身地　北海道帯広市大空町
四股名　久我→北勝鬨
所属部屋　伊勢ノ海
初土俵　昭和56年５月場所
十両昇進　昭和62年１月場所
入　幕　平成元年１月場所
最終場所　平成12年７月場所（番付は９月場所）

幕内在位　49場所
幕内成績　331勝389敗15休
勝　率　0.460
身　長　183cm
体　重　158kg
得意手　右四つ、寄り切り
年寄名　勝ノ浦→伊勢ノ海

幕下時代から有望力士として期待されたが、幕内と十両を何度も往復。しばら
くして幕内に定着も、平成10年名古屋場所に十両に陥落。北海道出身の幕内力
士が66年ぶりにいなくなった。また、12年名古屋場所限りで十両の座も明け渡し
“道産子関取”は83年ぶりに途絶えている。23年９月に伊勢ノ海部屋を継承。令
和４年２月の役員改選で理事になった。

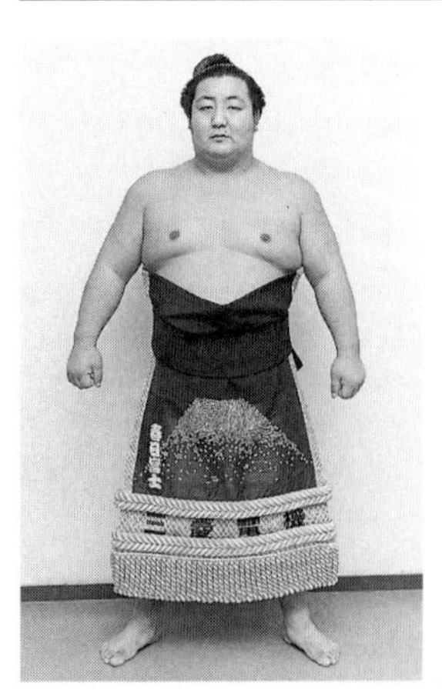

かすがふじ　あきひろ

春日富士 晃大（前頭筆頭）

本　名　岩永祥紀
生年月日　昭和41年２月20日
没年月日　平成29年３月９日
出身地　宮城県石巻市牡鹿町鮎川浜
四股名　岩永→春日富士
所属部屋　春日山→安治川
初土俵　昭和56年３月場所
十両昇進　昭和63年１月場所
入　幕　平成元年３月場所

最終場所　平成８年９月場所
幕内在位　42場所
幕内成績　289勝341敗
勝　率　0.459
三　賞　敢闘賞１回
身　長　177cm
体　重　144kg
得意手　突き、押し
年寄名　春日山→雷（平成24年９月退職

上背不足を気合でカバーした敢闘型力士で、立ち合いからの激しい突き、押
を武器に活躍した。国技館で行われた相撲の全国中学選手権に出場。春日山親
（元前頭筆頭大昇）にスカウトされた。師匠の定年退職で、元関脇の陸奥嵐が
方の安治川部屋に移籍したが、引退後に春日山部屋を再建。韓国出身の幕内、
日王を育てた。40歳代で協会理事になったものの、不倫騒動のスキャンダルで
成24年秋場所中に角界を去った。

平成

たかのみね　あきひこ
貴ノ嶺 明彦（前頭12枚目）

本　名　岡崎明彦
生年月日　昭和34年１月23日
出身地　福岡県遠賀郡水巻町吉田
四股名　岡崎→貴ノ嶺
所属部屋　君ヶ濱→井筒
初土俵　昭和49年９月場所
十両昇進　昭和63年９月場所
入　幕　平成元年３月場所
最終場所　平成３年５月場所
幕内在位　１場所
幕内成績　４勝11敗
勝　率　0.267
身　長　185cm
体　重　102kg
得意手　右四つ、つり出し、上手投げ

体力に恵まれず下積みが長く、幕下時代には何度も辞めようと思ったという。しかし、苦節14年、「一度は関取に」の夢が叶って85場所目に十両に昇進すると、十両をわずか３場所で突破し入幕を果たして周囲を驚かせた。軽量のために相手に一気に出られると苦しかったが、抜群の運動神経の持ち主で、立ち合い変わって、左上手を取って振り回すような上手投げを見せた。円満な人柄で、部屋では面倒みのいい兄貴分だった。「忍」の１字を体現したような力士だった。

ことにしき　かつひろ
琴錦 功宗（関脇）

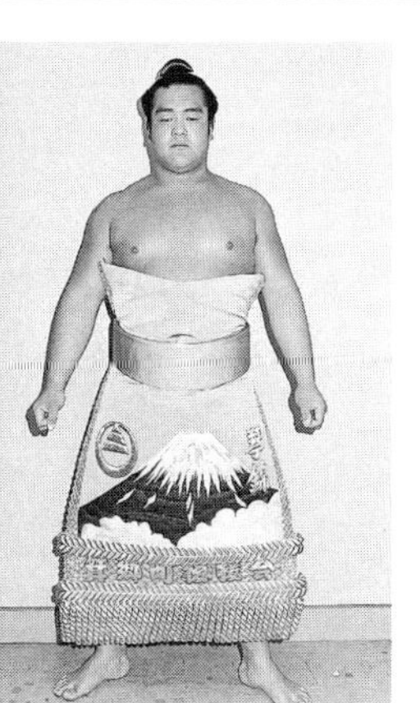

本　名　松澤英行
生年月日　昭和43年６月８日
出身地　群馬県高崎市箕郷町高岡
四股名　松沢→琴松沢→琴錦
所属部屋　佐渡ヶ嶽
初土俵　昭和59年３月場所
十両昇進　昭和63年３月場所
入　幕　平成元年５月場所
最終場所　平成12年９月場所
幕内在位　66場所
幕内成績　506勝441敗43休
勝　率　0.534
優　勝　２回
三　賞　殊勲賞７回、敢闘賞３回、技能賞８回
身　長　177cm
体　重　142kg
得意手　もろ差し、寄り切り
年寄名　琴錦（準年寄）→若松→竹縄→浅香山→荒磯→秀ノ山→中村→朝日山

ダッシュ力を生かした鋭い立ち合い。突き、押しともろ差し一気の速攻で関脇通算21場所。２度の平幕優勝は琴錦１人だけ。10年以上の幕内生活で勝率は５割を超し、実績は並の大関以上。年寄名跡取得に苦労したが、平成28年秋場所後に念願の相撲部屋を立ち上げた。

平成

くしまうみ　けいた
久島海 啓太（前頭筆頭）

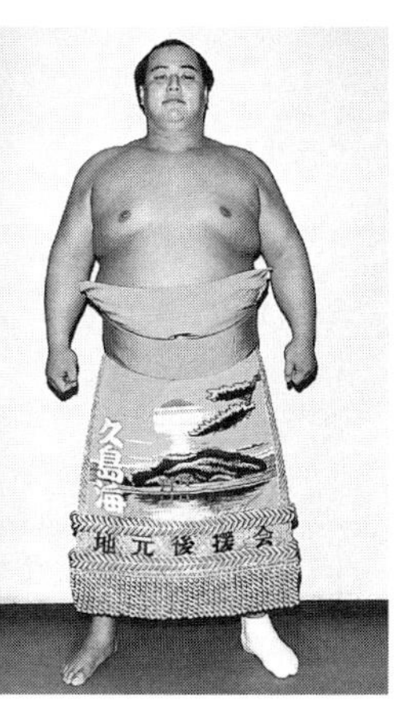

本　名　久嶋啓太
生年月日　昭和40年８月６日
没年月日　平成24年２月13日
出身地　和歌山県新宮市新宮
四股名　久嶋→久島海
所属部屋　出羽海
初土俵　昭和63年１月場所幕下最下位格付出
十両昇進　平成元年３月場所
入　幕　平成元年７月場所
最終場所　平成10年９月場所（番付は11月場所）
幕内在位　35場所
幕内成績　237勝273敗15休
勝　率　0.465
三　賞　敢闘賞２回
身　長　187cm
体　重　201kg
得意手　右四つ、極め出し、小手投げ
年寄名　久島海（準年寄）→田子ノ浦

日大相撲部出身。高校３年時にアマ横綱になったのをはじめ、３年連続学生横綱などタイトル獲得は28個。右四つ、左上手を引いて巨体を利しての寄りを武器としていたが、わきが甘く、出足の鋭さもいまひとつ。入幕後も平幕で低迷、最高位は前頭筆頭。平成12年２月に田子ノ浦部屋をスタート。23年にはブルガリア出身の碧山を関取に育てた。24年２月に心不全で急逝。46歳の若さで他界した。

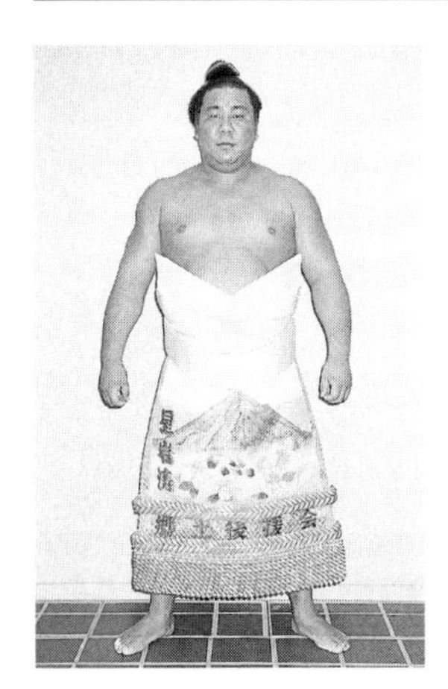

星岩涛 祐二（前頭14枚目）
ほしいわと　ゆうじ

本　名	野口祐二	入　幕	平成元年7月場所
生年月日	昭和30年7月25日	最終場所	平成3年1月場所
出身地	鹿児島県指宿市開聞川尻	幕内在位	1場所
四股名	野口→開聞嶽→星兜→薩摩冨士→薩摩富士→星薩摩→大岩濤→星岩涛→星甲→星岩涛	幕内成績	4勝11敗
		勝　率	0.267
		身　長	182cm
所属部屋	井筒→陸奥	体　重	137kg
初土俵	昭和45年5月場所	得意手	左四つ、上手投げ、けたぐり
十両昇進	昭和56年11月場所	年寄名	陸奥（平成9年12月退職）

初土俵から実に115場所かかって入幕を果たした超スローの出世記録保持者。十両まで11年半かかっているのも遅い方だ。十両昇進した後に幕下に落ちて、十両復帰後も「十両の主」のような存在だったが、師匠（元幕内星甲）の定年を前に奮起、1場所だけだったが幕内を務めている。立派な体に似合わない半端相撲で、けたぐりを得意とした。師匠の定年に伴って陸奥部屋を継承、アルゼンチン出身の星誕期、星安出寿を続けて関取に育てたが、平成9年12月退職した。

駒不動 大助（前頭13枚目）
こまふどう　だいすけ

本　名	新木数人	幕内在位	1場所
生年月日	昭和40年9月15日	幕内成績	5勝10敗
出身地	富山県富山市水橋新町	勝　率	0.333
四股名	新木→花乃若→駒不動	身　長	182cm
所属部屋	花籠→放駒	体　重	137kg
初土俵	昭和59年1月場所	得意手	左四つ、つり出し、寄り切り
十両昇進	昭和63年11月場所		
入　幕	平成元年9月場所		
最終場所	平成7年11月場所		

元横綱輪島が現役時代に富山でスカウトした弟子で、輪島は常日ごろ新木（駒不動）の自慢話をしていた。元大関北天佑を小型にしたような体型で、ももが太く足腰は強靱で腕力も強かった。ただ相撲ぶりは、相手に攻め込まれてからのうっちゃりやつりを得意とするなど、力に頼りすぎるきらいがあり、けがも多かった。1度入幕してから幕下まで転落、その後は十両と幕下を往復、平成7年九州場所限り廃業した。

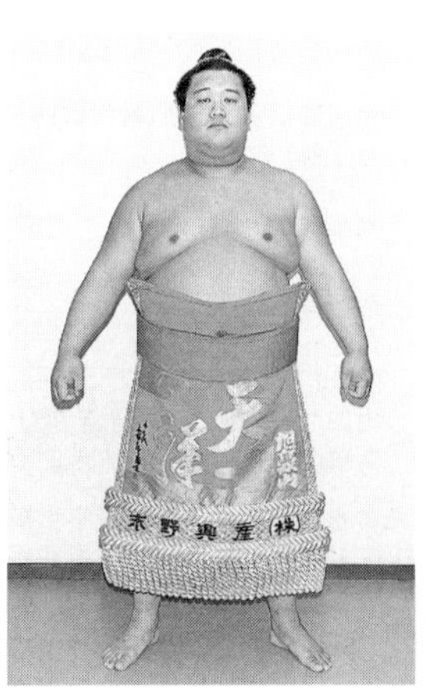

旭豪山 和泰（前頭9枚目）
きょくごうざん　かずやす

本　名	木村泰山	幕内在位	6場所
生年月日	昭和43年9月18日	幕内成績	27勝63敗
出身地	千葉県市川市中国分	勝　率	0.300
四股名	木村川→旭泰山→旭豪山	身　長	182cm
所属部屋	大島	体　重	176kg
初土俵	昭和59年3月場所	得意手	突き、押し
十両昇進	昭和63年11月場所		
入　幕	平成元年11月場所		
最終場所	平成8年9月場所		

元関脇琴錦と初土俵同期。ずんぐりむっくり型で、押し相撲には持ってこいの体型。事実、体型を生かした押しの威力はなかなかのもので、押しの型にはまれば強いものがあった。しかし、足首の故障で十分に稽古を積めなかったことから、あまりにももろく前に落ちるケースが多かった。元大関旭國の大島部屋からは旭富士、旭道山に次いで3人目の幕内力士。突き、押しを得意にしていたが、中学時代は柔道の選手だった。

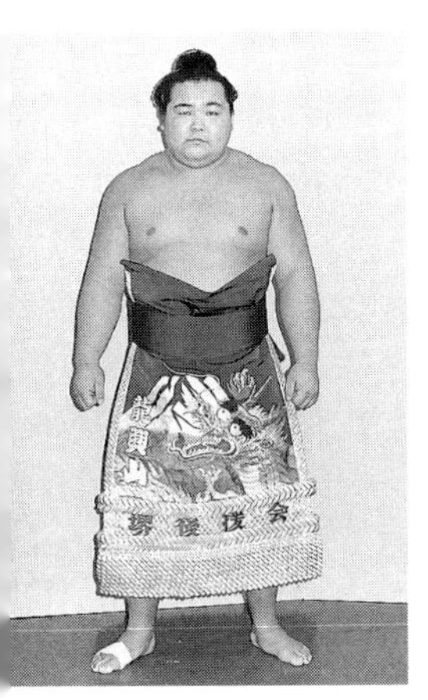

龍興山 一人（前頭５枚目）
りゅうこうざん　かずと

本　名　宮田一人
生年月日　昭和42年６月23日
没年月日　平成２年２月２日（現役中）
出身地　大阪府堺市西区浜寺元町
四股名　宮田→龍興山
所属部屋　出羽海
初土俵　昭和58年３月場所
十両昇進　平成元年７月場所
入　幕　平成２年１月場所
最終場所　平成２年１月場所（番付は３月場所）
幕内在位　２場所
幕内成績　９勝６敗
勝　率　0.600
身　長　188cm
体　重　170kg
得意手　右四つ、寄り切り

元大関琴風を彷彿とさせるような重い腰が特徴。幕下時代は攻めが遅かったものの、関取になってからはがぶって前へ出ることを覚え、勝ちみも速くなり、相撲ぶりも琴風二世と期待を集めた。同部屋の小城ノ花とは十両昇進も入幕も同時で、２人の出世争いは大いに注目された。新入幕で９勝を挙げた平成２年初場所後、部屋での稽古を終えた直後に急性心臓疾患で急死したのは惜しまれる。四股名は大阪場所での部屋の宿舎、利休ゆかりの龍興山南宗寺にちなんでいる。

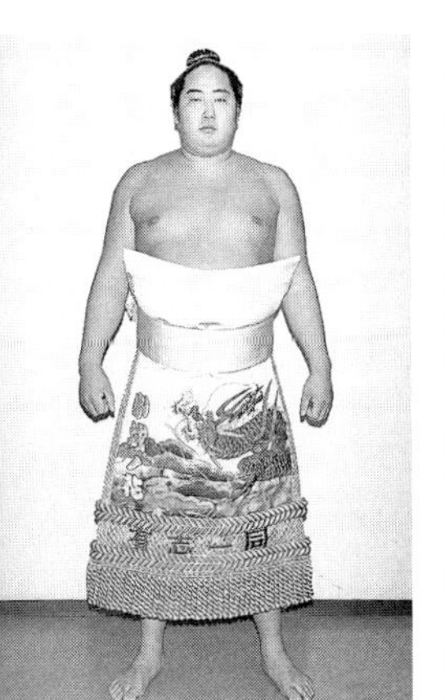

小城ノ花 昭和（前頭２枚目）
おぎのはな　あきかず

本　名　小岩井昭和
生年月日　昭和42年11月18日
出身地　千葉県市川市大野町
四股名　小岩井→小城ノ花→小城乃花
所属部屋　出羽海
初土俵　昭和58年７月場所
十両昇進　平成元年７月場所
入　幕　平成２年１月場所
最終場所　平成10年７月場所
幕内在位　26場所
幕内成績　169勝216敗５休
勝　率　0.439
身　長　187cm
体　重　146kg
得意手　左四つ、上手投げ
年寄名　小城乃花（準年寄）→高崎→出羽海

父はもろ差し速攻の技能力士で元関脇小城ノ花の高崎親方。弟は元小結小城錦（現中立親方）。左差し、右上手を取っての上手投げは腰の回転もよく、２代目横綱若乃花を想起させる切れ味をみせた。投げ技は鋭いものがあったが、入幕同期の龍興山の急死で気落ち。大成を逸した。引退後、部屋付き親方として後進を指導していたが、平成26年初場所後に名門出羽海部屋を継承。28年初場所後の選挙で理事になった。

旭里 憲治（前頭14枚目）
あさひさと　けんじ

本　名　増田憲治
生年月日　昭和40年11月９日
出身地　大阪府池田市呉服町
四股名　増田→旭里→旭天佑→旭里
所属部屋　大島
初土俵　昭和56年３月場所
十両昇進　平成元年１月場所
入　幕　平成２年３月場所
最終場所　平成10年１月場所
幕内在位　４場所
幕内成績　21勝39敗
勝　率　0.350
身　長　186cm
体　重　140kg
得意手　右四つ、寄り切り、上手投げ
年寄名　熊ヶ谷→中川

体が柔らかく均整がとれていた。幕下時代から有望視されていたが、思うように伸びず幕内はわずか４場所。十両は45場所。素質的には申し分なかっただけに期待外れに終わった一人だった。年寄熊ヶ谷から中川を襲名。追手風部屋所属の親方として後進の指導に当たっていたが、平成29年春場所前に部屋消滅の旧春日山部屋を引き継いで中川部屋として部屋を興したものの、令和２年７月に弟子たちへの不適切な指導が発覚、部屋は閉鎖された。

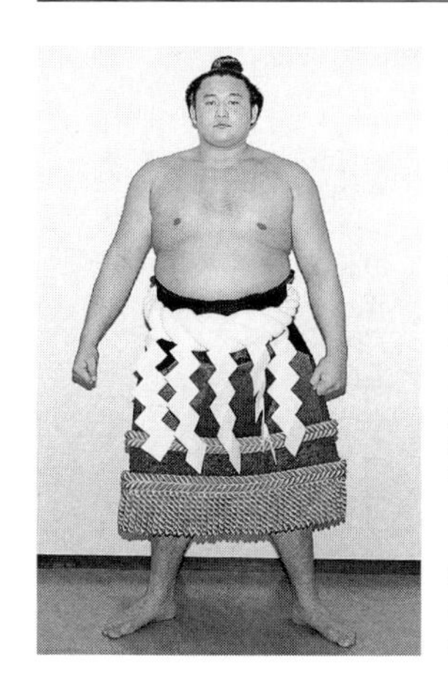

貴乃花 光司（横綱）
たかのはな こうじ

本名	花田光司
生年月日	昭和47年８月12日
出身地	東京都中野区本町
四股名	貴花田→貴ノ花→貴乃花
所属部屋	藤島→二子山
初土俵	昭和63年３月場所
十両昇進	平成元年11月場所
入幕	平成２年５月場所
最終場所	平成15年１月場所
幕内在位	75場所
幕内成績	701勝217敗201休
勝率	0.764
優勝	22回
三賞	殊勲賞４回、敢闘賞２回、技能賞３回
身長	185cm
体重	160kg
得意手	右四つ、寄り切り、上手投げ
年寄名	貴乃花（一代年寄、平成30年10月退職）

優勝22回。現役時代には数々の史上最年少昇進記録を打ち立てるなど、一世を風靡。大相撲人気の頂点に立った横綱は引退後に“一代年寄”として後進の指導に当たり、若くして理事になったが、相撲協会の運営について執行部と対立高い理想を持ったが、それに行動が伴わず孤立。「平成の大横綱」は自ら平成3年秋場所後に退職して角界と縁を切った。46歳の決別だった。

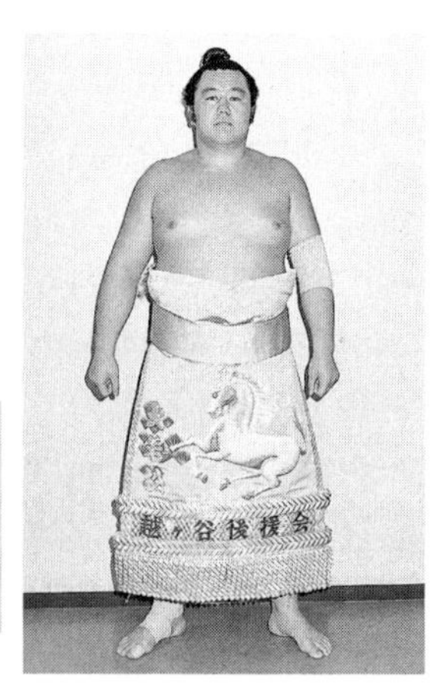

大若松 好弘（前頭13枚目）
おおわかまつ よしひろ

本名	若松好弘
生年月日	昭和41年11月17日
出身地	埼玉県越谷市平方
四股名	大若松→大若松
所属部屋	大鵬
初土俵	昭和57年３月場所
十両昇進	昭和63年９月場所
入幕	平成２年７月場所
最終場所	平成８年３月場所
幕内在位	４場所
幕内成績	24勝32敗４休
勝率	0.429
身長	187cm
体重	148kg
得意手	左四つ、上手投げ
年寄名	音羽山→浅香山（平成15年２月退職）

稽古熱心で大変な汗っかき。二所一門の連合稽古では、いつも大善と２人で土俵を独占するほどだった。左四つになって上手からの投げが強く寄りもみせた。勝ちみがやや遅いために、入幕すると星を残せず、幕内と十両とのエレベーターを繰り返した。平成３年九州場所で４度目の入幕、相撲に積極性が増し前半は勝ち進んだ。しかし、足を痛める不運に見舞われ途中休場。十両に落ちた後も故障がちで幕下に低迷、引退。しばらく年寄として残っていたが退職した。

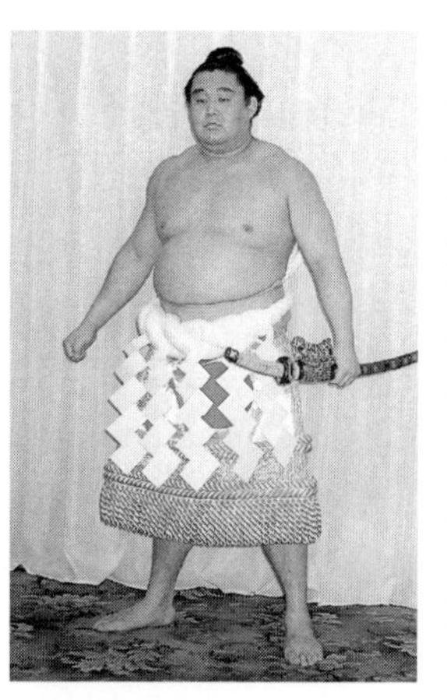

若乃花 勝（横綱）
わかのはな まさる

本名	花田勝
生年月日	昭和46年１月20日
出身地	東京都中野区本町
四股名	若花田→若ノ花→若乃花
所属部屋	藤島→二子山
初土俵	昭和63年３月場所
十両昇進	平成２年３月場所
入幕	平成２年９月場所
最終場所	平成12年３月場所
幕内在位	58場所
幕内成績	487勝250敗124休
勝率	0.661
優勝	５回
三賞	殊勲賞３回、技能賞６回
身長	180cm
体重	134kg
得意手	左四つ、寄り切り、上手投げ
年寄名	藤島（平成12年12月退職）

小兵で、しぶとさ、うまさは天下一品。“ずるい”という声もあったが、立ち合いの呼吸をはかるテクニックは他の力士にはまねのできない芸当だった。左右からのおっつけは強烈で、相手の体を浮き上がらせてからの攻めは速かった。実弟の貴乃花思いの「お兄ちゃん」だが、平成７年九州場所の優勝決定戦で初の兄弟対決、弟を破り賜杯を手にした。うまさに強さが加わり、10年春、夏連続優勝して横綱に昇進、不知火型の土俵入りを披露したが、在位11場所と短かった。

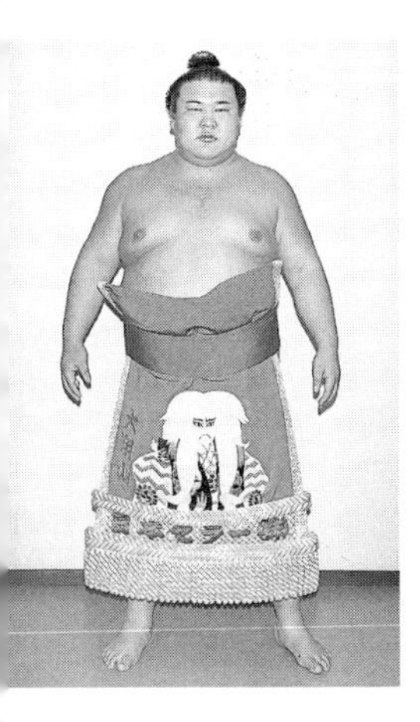

大翔山 直樹（前頭２枚目）
だいしょうやま なおき

本　名	山崎直樹
生年月日	昭和41年７月７日
出身地	石川県鳳珠郡穴水町川島
四股名	山崎→大翔山
所属部屋	立浪
初土俵	平成元年１月場所幕下最下位格付出
十両昇進	平成２年５月場所
入　幕	平成２年９月場所
最終場所	平成７年11月場所
幕内在位	22場所
幕内成績	153勝176敗１休
勝　率	0.465
三　賞	敢闘賞１回
身　長	182cm
体　重	186kg
得意手	右四つ、寄り切り、下手投げ
年寄名	中川→追手風

日大相撲部時代には、学生横綱とアマチュア横綱。右半身となって、腰の重さを生かしての下手投げが十八番。ただ、半身からの技のために腰に負担がかかることから、師匠や親方衆からは左を使って正対して出るようにと指導を受けていた。明るく陽気な力士向きの性格をしていたものの、結局は半身での取り口が直らず、腰痛もあって三役になれずに終わった。中川親方（元追風山）の長女と結婚、追手風部屋を再興し、追風海、遠藤、大栄翔らを育てている。

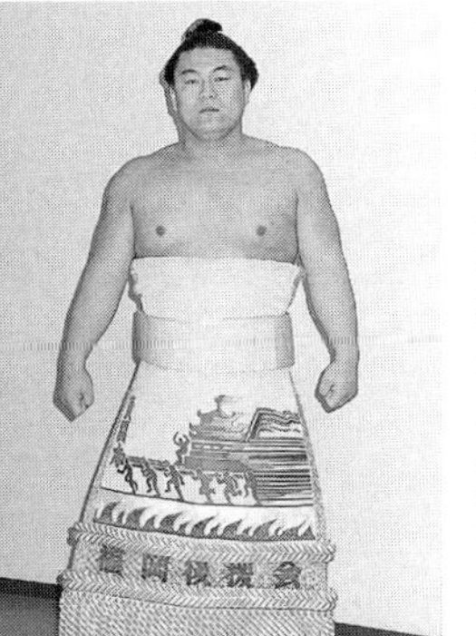

貴闘力 忠茂（関脇）
たかとうりき ただしげ

本　名	鎌苅→納谷忠茂→鎌苅
生年月日	昭和42年９月28日
出身地	兵庫県神戸市兵庫区東出町
四股名	鎌苅→貴闘力
所属部屋	藤島→二子山
初土俵	昭和58年３月場所
十両昇進	平成元年５月場所
入　幕	平成２年９月場所
最終場所	平成14年９月場所
幕内在位	67場所
幕内成績	505勝500敗
勝　率	0.502
優　勝	１回
三　賞	殊勲賞３回、敢闘賞10回、技能賞１回
身　長	180cm
体　重	149kg
得意手	突き、押し、二丁投げ
年寄名	大嶽（平成22年７月解雇）

闘志の塊のような力士だった。平成12年春場所には幕尻に後退。前頭14枚目で見事に平幕優勝を飾っている。大鵬親方の三女と結婚。引退後は年寄・大嶽を名乗り、大鵬親方の定年に伴って大嶽部屋の師匠となった。だが、野球賭博などのギャンブルで世間を騒がせ、相撲協会を解雇された。令和４年初場所新入幕の王鵬は横綱大鵬の孫だが、貴闘力の三男でもある。

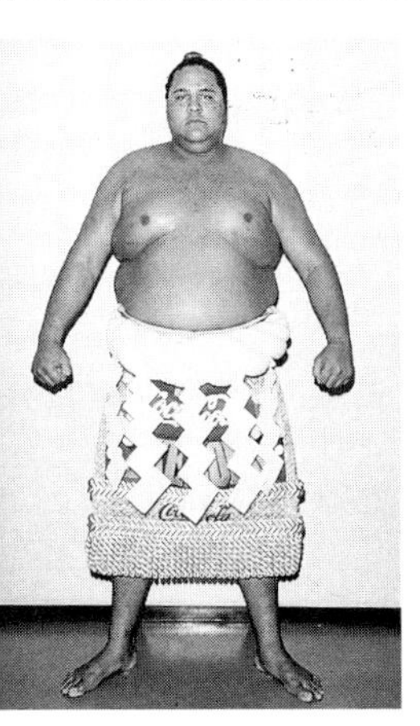

曙 太郎（横綱）
あけぼの たろう

本　名	ローウェン・チャド・ジョージ・ハヘオ→曙太郎
生年月日	昭和44年５月８日
出身地	米国ハワイ州オアフ島
四股名	大海→曙→曙
所属部屋	東関
初土俵	昭和63年３月場所
十両昇進	平成２年３月場所
入　幕	平成２年９月場所
最終場所	平成13年１月場所
幕内在位	63場所
幕内成績	566勝198敗181休
勝　率	0.741
優　勝	11回
三　賞	殊勲賞４回、敢闘賞２回
身　長	204cm
体　重	235kg
得意手	突き、押し、右四つ、寄り切り、上手投げ
年寄名	曙（平成15年11月退職）

貴乃花、若乃花と同期生で互いに出世を競い合って昇進した。長いリーチを生かした突っ張りの破壊力は抜群だった。入門以来、18場所連続勝ち越しの記録も持ち、また、すこぶる素直で稽古熱心。外国人初の横綱で、平成８年夏場所前に日本国籍取得。引退後、後進を指導していたが、退職してプロ格闘家に転身した。その後、体調を崩して闘病生活に。

琴ノ若 晴将(関脇)

ことのわか てるまさ

本　名　今野→鎌谷満也
生年月日　昭和43年5月15日
出身地　山形県尾花沢市尾花沢
四股名　琴今野→琴の若→琴乃若→琴乃若→琴ノ若
所属部屋　佐渡ヶ嶽
初土俵　昭和59年5月場所
十両昇進　平成2年7月場所
入　幕　平成2年11月場所
最終場所　平成17年11月場所

幕内在位　90場所
幕内成績　608勝657敗84休
勝　率　0.481
三　賞　殊勲賞2回、敢闘賞5回
身　長　192cm
体　重　176kg
得意手　右四つ、寄り切り、上手投げ
年寄名　佐渡ヶ嶽

立ち合い突っ張ってから相手を十分に組み止めて出るスケールの大きな相撲が魅力満点だった。相撲の遅いのが難点だった。左からの強烈な上手投げで朝青龍を裏返しにしたこともあった。夫人は師匠（元横綱琴櫻）の長女。師匠の定年で佐渡ヶ嶽部屋を継承。実子が「琴ノ若」を名乗り、幕内に上がった。令和4年の役員選挙で理事に昇格。

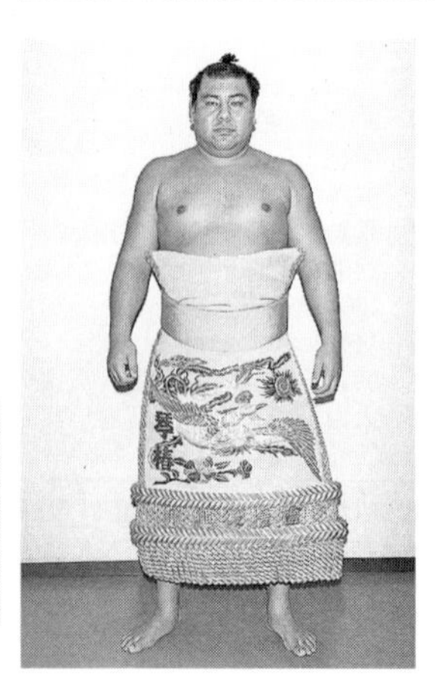

琴椿 克之(前頭3枚目)

ことつばき かつゆき

本　名　渡嘉敷克之
生年月日　昭和35年12月6日
出身地　沖縄県那覇市住吉町
四股名　渡嘉敷→琴椿
所属部屋　佐渡ヶ嶽
初土俵　昭和51年3月場所
十両昇進　昭和60年11月場所
入　幕　平成3年1月場所
最終場所　平成7年3月場所

幕内在位　15場所
幕内成績　100勝104敗21休
勝　率　0.490
身　長　188cm
体　重　147kg
得意手　右四つ、寄り切り、上手投げ
年寄名　白玉→山分→白玉

遅咲きで大器晩成型。9年半かかって十両昇進を果たしたが、すぐに幕下落ち。一度は廃業を決意したが、師匠の「もう1場所頑張れ」の言葉に励まされ、雌伏4年、見事にカムバック。以後は体も充実して力もつき30歳で入幕した。上半身の力が強く稽古場では強かったが、下半身の硬さと精神的にも硬くなるタイプで本場所で力が出せなかった。しかし、真面目な努力が実を結び幕内で活躍した。引退後は佐渡ヶ嶽部屋のよきコーチ格。

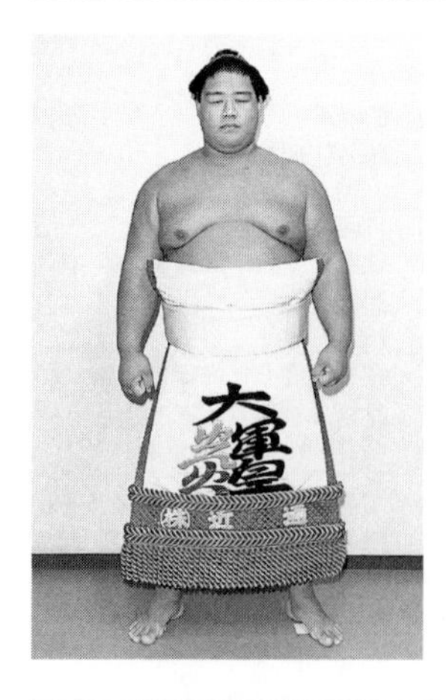

大輝煌 正人(前頭15枚目)

だいきこう まさと

本　名　林正人
生年月日　昭和42年9月15日
没年月日　平成21年6月6日
出身地　和歌山県御坊市薗
四股名　林→大輝煌→林→輝ノ海
所属部屋　武蔵川
初土俵　平成2年3月場所幕下最下位格付出
十両昇進　平成2年11月場所

入　幕　平成3年1月場所
最終場所　平成5年3月場所(番付は5月場所)
幕内在位　1場所
幕内成績　5勝10敗
勝　率　0.333
身　長　186cm
体　重　171kg
得意手　右四つ、寄り切り

近大相撲部出身で、学生横綱となり鳴り物入りで入門。期待に違わず順調に昇進したものの、入幕を果たしてから頸椎、左肩、右ひじ、足首などのけがのために振るわず、ずるずると幕下まで後退した。その後も十両と幕下の往復を続け土俵を去った。柔らかい体と重心の低い重い腰に恵まれていたが、けがが多かったことが致命傷となった。相撲ぶりも一度相手に攻め込まれてからの逆襲が多く立ち合いからの積極性に欠ける面があった。

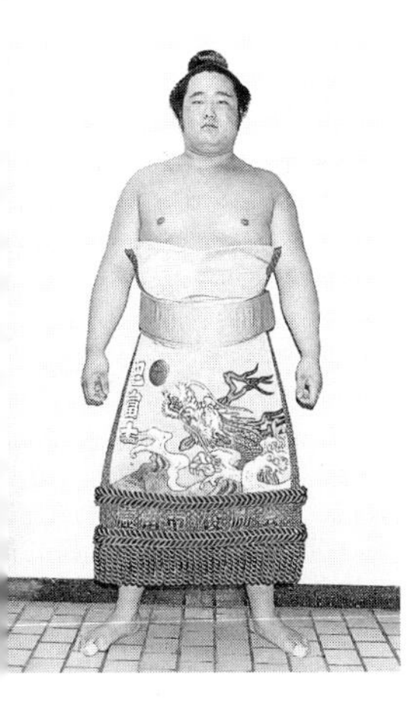

巴冨士 俊英（小結）
ともえふじ　としひで

本　名	黒澤俊英	幕内在位	17場所
生年月日	昭和46年１月27日	幕内成績	112勝117敗26休
出身地	秋田県鹿角市十和田	勝　率	0.489
四股名	黒澤→巴富士→巴冨士	三　賞	敢闘賞１回
所属部屋	九重	身　長	192cm
初土俵	昭和61年５月場所	体　重	153kg
十両昇進	平成２年７月場所	得意手	左四つ、下手投げ、寄り切り
入　幕	平成３年１月場所		
最終場所	平成10年９月場所		

千代の富士、北勝海の両横綱に鍛えられた。腰が重く、右でも左でも、上手でも下手でも、投げは強い。師匠からは「そんな下手投げは幕内力士は食わない」と注意されていたが、これが実際の場所になると面白いように決まった。投げにこだわるよりも、大きな体を利しての前へ出る相撲を身に付けることが望まれた。中学同期の若乃花と弟の貴乃花には下のころからライバル意識を燃やしていたが、ひざのけがのため関取の座を明け渡した。

常の山 勝正（前頭12枚目）
つねのやま　かつまさ

本　名	下村→橋本重和	幕内在位	５場所
生年月日	昭和38年１月29日	幕内成績	29勝46敗
出身地	鹿児島県西之表市国上	勝　率	0.387
四股名	下村→西の龍→西乃龍→常の山	身　長	182cm
所属部屋	出羽海	体　重	117kg
初土俵	昭和55年７月場所	得意手	右四つ、下手投げ
十両昇進	昭和63年３月場所		
入　幕	平成３年３月場所		
最終場所	平成５年３月場所		

初めて関取に昇進した際の四股名は西乃龍、その後に常の山を名乗った。体は小さかったが、非常に勝ち気で稽古熱心。食い下がるとしぶとく、投げ技もなかなかのものがあった。しかし、無駄な動きが多く、勝ちみが遅く、立ち合いの当たりの強さももうひとつだった。その立ち合いにもっと厳しさがあれば、上位を望めたのだが…。長男が力士になっている。

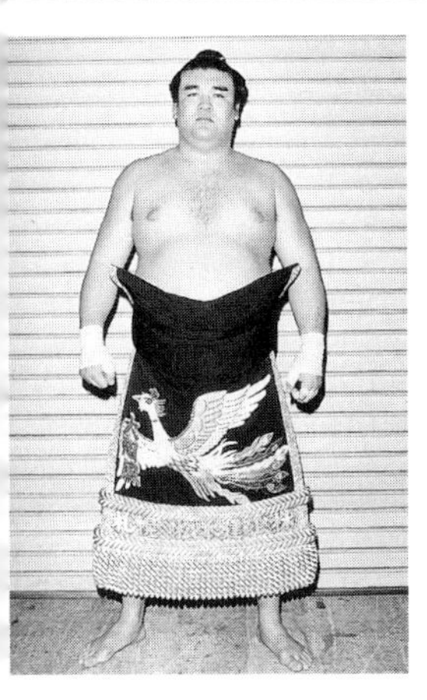

大翔鳳 昌巳（小結）
だいしょうほう　まさみ

本　名	村田昌巳	最終場所	平成11年５月場所（番付は７月場所）
生年月日	昭和42年５月７日	幕内在位	34場所
没年月日	平成11年12月４日	幕内成績	222勝261敗27休
出身地	北海道札幌市豊平区平岸一条	勝　率	0.460
四股名	村田→大翔鳳	三　賞	敢闘賞２回
所属部屋	立浪	身　長	187cm
初土俵	平成２年１月場所幕下最下位格付出	体　重	148kg
十両昇進	平成３年１月場所	得意手	突っ張り、右四つ、上手投げ
入　幕	平成３年７月場所	年寄名	大翔鳳（準年寄）

日大相撲部出身。立ち合いから突っ張りで攻め、その後の押し、右四つに組み止めての寄り、さらに上手投げと積極性があった。大学相撲関係者の期待を上回る活躍をみせ、入幕まで負け越しなしは立派な記録だ。平成５年初場所で小結に昇進するなど元気あふれる土俵をみせたが、下半身が硬いために攻め込まれるともろい面があった。スイ臓がんのため32歳の若さで亡くなった。

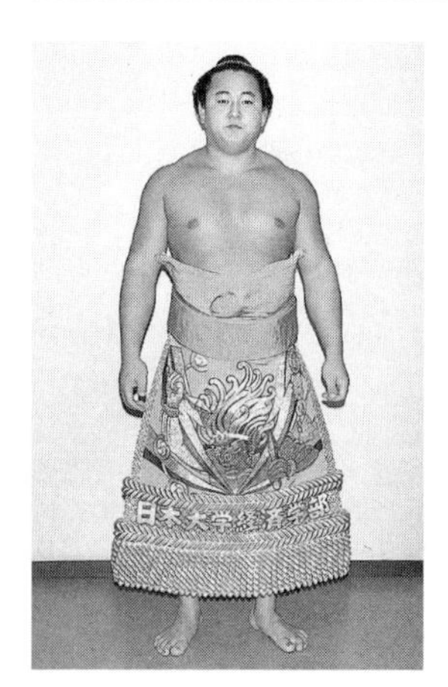

まいのうみ　しゅうへい

舞の海 秀平（小結）

本　名　長尾秀平
生年月日　昭和43年２月17日
出身地　青森県西津軽郡鰺ヶ沢町舞戸町
四股名　長尾→舞の海
所属部屋　出羽海
初土俵　平成２年５月場所幕下最下位格付出
十両昇進　平成３年３月場所
入　幕　平成３年９月場所

最終場所　平成11年11月場所
幕内在位　36場所
幕内成績　241勝287敗12休
勝　率　0.456
三　賞　技能賞５回
身　長　170cm
体　重　100kg
得意手　左四つ、下手投げ、内無双、切り返し

人呼んで「技のデパート」。日大相撲部出身。１度は新弟子検査に落ち、頭に埋め物を入れて再検査で合格した。入門以来、負け越しなしで入幕、連続技能賞を受賞した。平成６年秋場所に小結。立ち合いの駆け引きに長けており、猫だまし、相手を一瞬みてから身を沈めて潜り込み、あるいは後ろへ下がる、飛び上がるなどして眩惑。左で下手を取れば下手投げ、内掛け、内無双、切り返し、足取り、三所攻めと実に多彩な攻めをみせた。引退後タレント、大相撲解説者に。

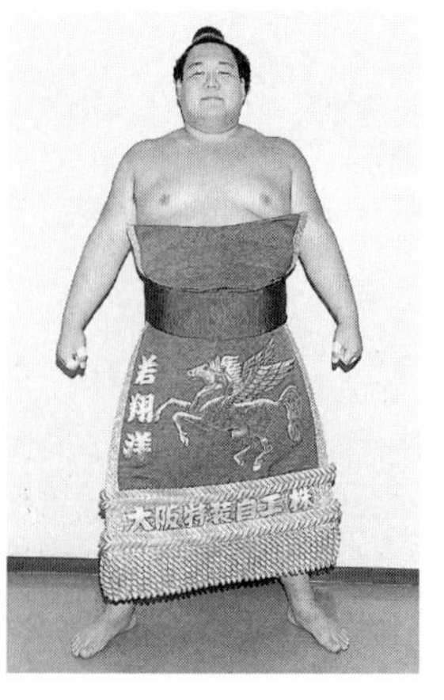

わかしょうよう　しゅんいち

若翔洋 俊一（関脇）

本　名　馬場口洋一
生年月日　昭和41年３月８日
出身地　東京都中野区弥生町
四股名　馬場口→紫電隆→馬場口→若翔洋
所属部屋　二子山
初土俵　昭和56年５月場所
十両昇進　平成３年５月場所
入　幕　平成３年９月場所

最終場所　平成９年11月場所
幕内在位　23場所
幕内成績　144勝185敗15休
勝　率　0.438
三　賞　敢闘賞２回
身　長　180cm
体　重　168kg
得意手　左四つ、寄り切り、小手投げ
年寄名　音羽山（平成12年３月退職）

わきが甘く相手が十分になる相撲が多いが、それでも巨体を生かして思い切って攻める取り口のために勝つことができた。決まり手をみても、小手投げや腕ひねりなどの逆転技が多い。幕下上位で腰を痛め、一時は序二段まで転落したものの、摂生と稽古に努めたことで、関取の座をつかんだ。新入幕の平成３年秋場所は大きく負け越したが１場所でカムバック、５年夏場所には関脇まで進んだ。大きな体と思い切りのよさが武器だった。

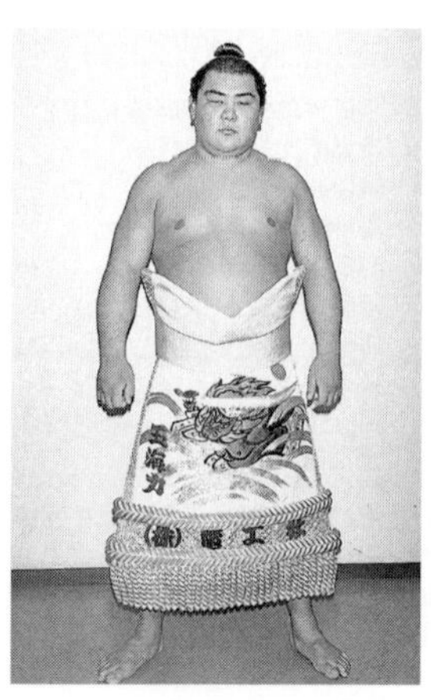

たまかいりき　つよし

玉海力 剛（前頭８枚目）

本　名　河辺幸夫
生年月日　昭和41年７月16日
出身地　東京都渋谷区恵比寿
四股名　玉桜→玉海力
所属部屋　片男波
初土俵　昭和57年３月場所
十両昇進　平成元年９月場所
入　幕　平成３年９月場所
最終場所　平成８年３月場所

幕内在位　８場所
幕内成績　43勝75敗２休
勝　率　0.364
身　長　183cm
体　重　144kg
得意手　右四つ、上手投げ

上半身の力は抜群で、玉海力というよりも「玉怪力」の方がぴったり。右四つ、左で上手を取れば、相手構わず投げにいくだけに決まれば豪快だった。下半身の硬さと勝ちみの遅さが欠点で、また、じっくり取るタイプだけに速攻相撲に弱い面があった。幕内では相手のうまい立ち合いに制せられて苦戦を強いられた。片男波部屋の牽引者であったが、利き腕である右腕を痛め、握力がほとんどなくなるという不運もあって三段目まで陥落し、廃業した。

平成

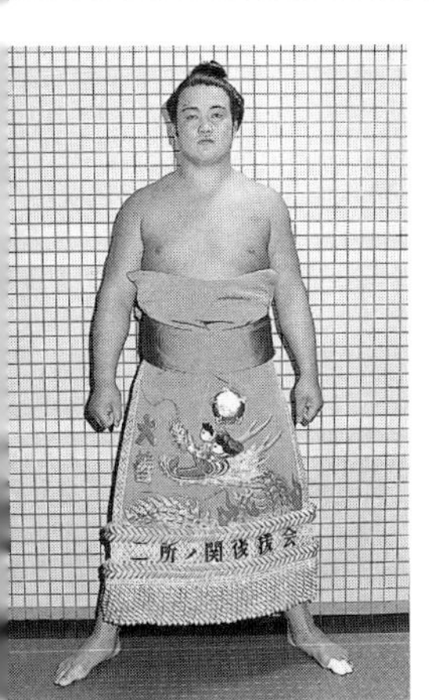

大善(だいぜん) 尊太(たかひろ)（小結）

本名　高橋徳夫
生年月日　昭和39年12月14日
出身地　大阪府大阪市浪速区元町
四股名　高橋→高橋山→大善
所属部屋　二所ノ関
初土俵　昭和56年３月場所
十両昇進　昭和63年３月場所
入幕　平成３年11月場所
最終場所　平成15年３月場所
幕内在位　35場所
幕内成績　235勝290敗
勝率　0.448
身長　189cm
体重　160kg
得意手　左四つ、寄り切り
年寄名　富士ヶ根

父は元宮城野部屋の三段目力士。実家は春場所開催の大阪府立体育会館のすぐ近くだった。高校では野球部の選手だった。柔軟性に乏しく、肉体的な素質には恵まれていなかったが、きわめて稽古熱心で努力家だった。一門外の出羽海部屋などにも積極的に足を運び汗を流していた。平成６年春場所に小結に昇進、故郷に錦を飾った。二所ノ関部屋が消滅、麒麟児の北陣親方らと行動を別にして春日野部屋に移った。

武蔵丸(むさしまる) 光洋(こうよう)（横綱）

本名　フィヤマル・ペニタニ→武蔵丸光洋
生年月日　昭和46年５月２日
出身地　米国ハワイ州オアフ島
所属部屋　武蔵川
初土俵　平成元年９月場所
十両昇進　平成３年７月場所
入幕　平成３年11月場所
最終場所　平成15年11月場所
幕内在位　73場所
幕内成績　706勝267敗115休
勝率　0.726
優勝　12回
三賞　殊勲賞１回、敢闘賞１回、技能賞２回
身長　190cm
体重　237kg
得意手　突き、押し、右四つ、寄り切り
年寄名　武蔵丸→振分→大島→武蔵川

外国人力士２人目の横綱。ギョロリとした瞳、東京・上野の西郷隆盛像を思わせる風貌、バランスのとれた固太りの体躯。突き、押しの威力はもとより、組んでもなかなかの力を発揮した。大関でしばらく低迷したが、平成11年夏場所後に横綱昇進。優勝12回、連続勝ち越し55場所を記録した。師匠三重ノ海の武蔵川親方定年後の25年２月に武蔵川を襲名。同年夏場所前に新しく武蔵川部屋を興した。

平成

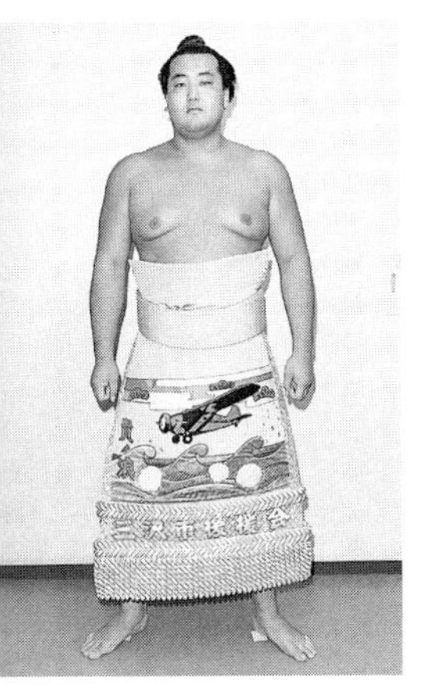

貴ノ浪(たかのなみ) 貞博(さだひろ)（大関）

本名　浪岡貞博
生年月日　昭和46年10月27日
没年月日　平成27年６月20日
出身地　青森県三沢市淋代
四股名　浪岡→貴ノ浪
所属部屋　藤島→二子山→貴乃花
初土俵　昭和62年３月場所
十両昇進　平成３年３月場所
入幕　平成３年11月場所
最終場所　平成16年５月場所
幕内在位　76場所
幕内成績　647勝473敗８休
勝率　0.578
優勝　２回
三賞　敢闘賞３回
身長　197cm
体重　169kg
得意手　左四つ、寄り切り、上手投げ、河津掛け
年寄名　音羽山

長身で懐が深く、右で上手を引けば強力な投げ技を持っていた。入門以来４年半で入幕したが、師匠（元大関貴ノ花）は「これでも期待よりは１年遅かった」という。新入幕の平成３年九州場所は初日から７連勝して脚光を浴びた。武蔵丸と同時大関昇進。８年初場所初優勝。スケールの大きな取り口で横綱も期待されたが、足首などを痛めて最後は平幕で引退。心不全により43歳で急逝した。

鬼雷砲(きらいほう) 良蔵(りょうぞう)（前頭４枚目）

本　名　内間良三
生年月日　昭和41年１月５日
出身地　神奈川県横浜市南区中村町
四股名　内間→前秀峰→秀峰→浜千鳥→鬼雷砲
所属部屋　高田川
初土俵　昭和56年３月場所
十両昇進　昭和63年３月場所
入　幕　平成３年11月場所
最終場所　平成８年７月場所
幕内在位　25場所
幕内成績　177勝198敗
勝　率　0.472
身　長　189cm
体　重　159kg
得意手　左四つ、寄り切り
年寄名　佐ノ山→山響（平成11年３月退職）

前乃臻に続く高田川部屋２人目の幕内力士。鬼＋雷電＋大砲の取り合わせという、いかにも強そうな四股名だが、その前は浜千鳥という優しい四股名を名乗っていた。十両と幕下の往復をしばらく繰り返したが、体が一回り大きくなってから、体を生かして前に出る正攻法の取り口が光り、体の柔らかさとともに、差し身のよさも目立った。兄も力士だったが、幕下で廃業。兄弟関取はならなかった。鬼雷砲は引退して年寄佐ノ山から山響となった。平成11年に角界を去った。

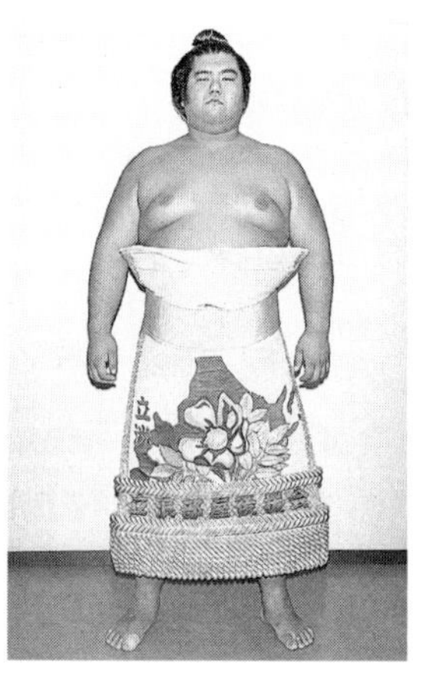

立洸(たつひかり) 熊五郎(くまごろう)（前頭６枚目）

本　名　石橋義光
生年月日　昭和44年10月25日
没年月日　平成23年２月24日
出身地　北海道斜里郡斜里町遠音別
四股名　石橋→立洸
所属部屋　立浪
初土俵　昭和60年３月場所
十両昇進　平成３年１月場所
入　幕　平成４年１月場所
最終場所　平成11年３月場所
幕内在位　８場所
幕内成績　45勝75敗
勝　率　0.375
身　長　192cm
体　重　191kg
得意手　左四つ、寄り切り

北海道知床の出身で愛称は「熊」。熊の絵をあしらった化粧まわしを愛用したこともあり、四股名の熊五郎も自分で付けたという。体力に恵まれ、腰の重さは角界でも１、２を争った。立ち合いに相手に攻め込まれても、右でも左でもいったんまわしを取れば、土俵際からじわじわ攻め返して、逆転するという地力の持ち主。のんびりした性格で稽古に打ち込むタイプではなかったが、大翔山、大翔鳳の進出に刺激されて欲が出て入幕した。体調を崩して関取の座を失った。

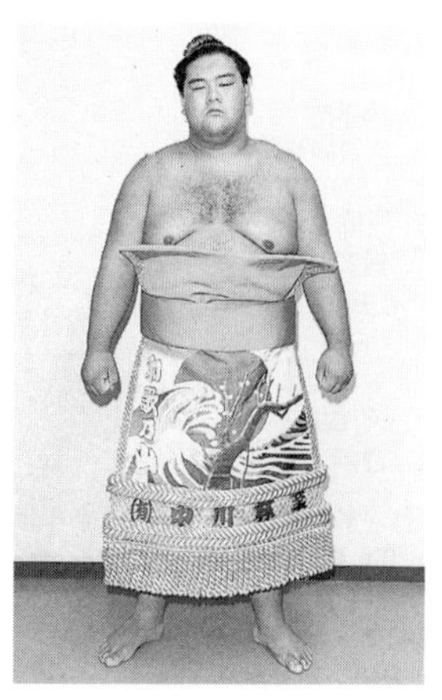

和歌乃山(わかのやま) 洋(ひろし)（小結）

本　名　西崎洋
生年月日　昭和47年５月12日
出身地　和歌山県御坊市島
四股名　西崎→和歌乃山
所属部屋　武蔵川
初土俵　昭和63年３月場所
十両昇進　平成３年７月場所
入　幕　平成４年５月場所
最終場所　平成17年７月場所（番付は９月場所）
幕内在位　32場所
幕内成績　204勝254敗22休
勝　率　0.445
三　賞　敢闘賞１回
身　長　178cm
体　重　164kg
得意手　押し
年寄名　山分（平成22年９月退職）

中学相撲で活躍し、全国大会で３位に入賞している。その大会を見ていた武蔵川親方（元横綱三重ノ海）の熱心なスカウトで大相撲入りした。曙、貴乃花、若乃花、魁皇と同期。重心が低く、押し相撲が得意。相手に引かれても前に落ちなかった。内臓の病気から幕下まで陥落。しかし、精神的に腐らず、その後精進、努力を重ね、平成11年名古屋場所、実に29場所ぶりに幕内に返り咲き、13年春場所には小結にまで昇進した。

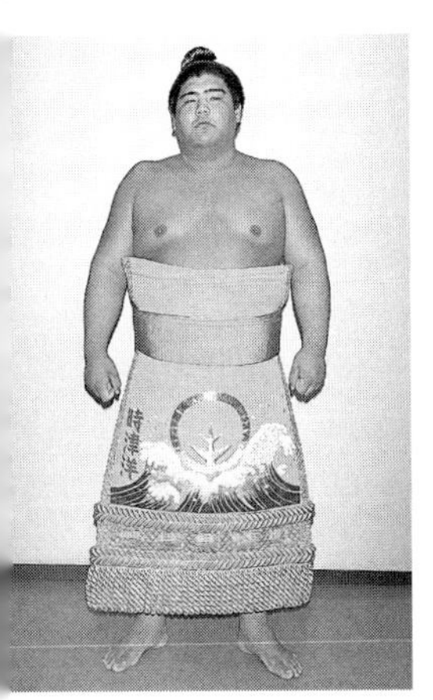

時津洋 宏典（前頭４枚目）
ときつなだ ひろのり

本　名　吉岡宏典
生年月日　昭和44年８月２日
没年月日　平成31年２月14日
出身地　徳島県美馬市脇町
四股名　吉岡→時津洋
所属部屋　時津風
初土俵　昭和60年３月場所
十両昇進　平成２年９月場所
入　幕　平成４年５月場所

最終場所　平成11年９月場所
幕内在位　19場所
幕内成績　127勝155敗３休
勝　率　0.450
身　長　187cm
体　重　186kg
得意手　右四つ、寄り切り
年寄名　時津洋（準年寄、平成13年９月退職）

名門時津風部屋から、久しぶりに誕生した幕内力士。十両を２場所務めた後に幕下に落ちたのは、少々慢心があったようだ。４場所かかって再十両入りした、今度は気持ちを引き締めて４場所勝ち越しを続け、待望の幕内に昇進した。大きな体を利して、がむしゃらに前に出る相撲を取っていた。立ち合いの厳しさが出てくれば上位進出も可能だった。性格は明るく、細かいことは気にしない太っ腹のところがあった。協会退職後に一時荒汐部屋のコーチを務めた。

剣晃 敏志（小結）
けんこう さとし

本　名　星村敏志
生年月日　昭和42年６月27日
没年月日　平成10年３月10日（現役中）
出身地　大阪府守口市佐太中町
四股名　星村→剣晃
所属部屋　高田川
初土俵　昭和59年11月場所
十両昇進　平成３年３月場所
入　幕　平成４年７月場所

最終場所　平成10年３月場所
幕内在位　28場所
幕内成績　181勝224敗15休
勝　率　0.447
三　賞　殊勲賞１回、敢闘賞１回
身　長　191cm
体　重　150kg
得意手　左四つ、寄り切り、上手投げ

高田川親方（元大関前の山）の中学校時代の恩師が、剣晃の通っていた中学校の教頭だったことから入門。中学３年の11月に３日間の体験入門をした際は大相撲入りの決心はつかなかったが、高校２年のとき「自分の力を試したい」と角界に飛び込んだ。左四つ、つり、寄り、上手投げが得意。立ち合いからの積極的な攻めで貴乃花、若乃花を破るなどの活躍。平成７年夏場所、小結に昇進。大成が期待されたが、原因不明の発熱が続く奇病に冒され30歳の若さで闘病死した。

大刀光 電右ヱ門（前頭15枚目）
たちひかり でんえもん

本　名　河原修
生年月日　昭和38年９月12日
出身地　千葉県千葉市花見川区検見川町
四股名　河原→太刀光→大刀光
所属部屋　友綱
初土俵　昭和57年１月場所
十両昇進　昭和63年７月場所
入　幕　平成４年７月場所

最終場所　平成６年１月場所
幕内在位　１場所
幕内成績　７勝８敗
勝　率　0.467
身　長　195cm
体　重　148kg
得意手　右四つ、上手投げ、はりま投げ

東京の安田学園高校で相撲を取っていたが、同高の１年先輩には寺尾がいる。「稽古をつけてもらいました」という寺尾先輩に新入幕の場所に対戦して勝利を収め、立派に"恩返し"した。いかつい風貌で、長いもみあげが似合った力士だった。長身で左右どちらでも上手を取ると強さを発揮したものの、立ち合いが大まかで、自ら先手を取ることが少なかった。奇手のはりま投げを十八番としていた。平成６年に廃業して、プロレスに転向した。

なみのはな　かずたか
浪之花 教隆（小結）

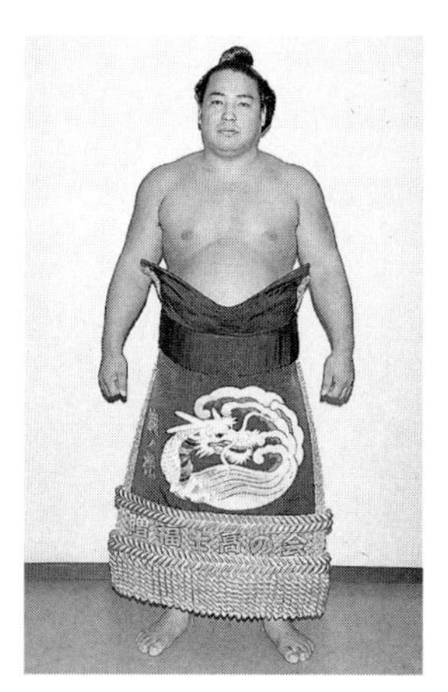

本　名	工藤和博	最終場所	平成９年３月場所
生年月日	昭和44年３月19日	幕内在位	18場所
出身地	青森県青森市浪岡	幕内成績	117勝153敗
四股名	工藤→浪ノ花→浪乃花→浪之花	勝　率	0.433
所属部屋	二子山	三　賞	敢闘賞１回
初土俵	昭和59年５月場所	身　長	179cm
十両昇進	平成２年11月場所	体　重	133kg
入　幕	平成４年９月場所	得意手	押し

元横綱初代若乃花の二子山親方が育てた最後の幕内力士。元横綱隆の里とは同郷で中学校の先輩に当たった。相撲の盛んな土地柄で小学校時代から相撲を取り、町の相撲大会ではいつも優勝していたという。大学を出て教師になるのが夢だったが、師匠から直接勧誘され、一夜で心境が変わり高校進学を断念して力士になった。張り手を交えた突き押しを武器に闘志あふれる相撲で活躍したが、ひじを痛めたのが原因で土俵を去った。

ことべっぷ　ようへい
琴別府 庸陛（前頭筆頭）

本　名	三浦要平	幕内在位	25場所
生年月日	昭和40年10月17日	幕内成績	159勝200敗16休
出身地	大分県別府市亀川浜田町	勝　率	0.443
四股名	三浦→琴別府	三　賞	敢闘賞１回
所属部屋	佐渡ヶ嶽	身　長	178cm
初土俵	昭和56年３月場所	体　重	192kg
十両昇進	平成元年７月場所	得意手	突き、押し、もろ差し、寄り切り
入　幕	平成４年11月場所		
最終場所	平成９年11月場所		

「地獄」から這い上がった七転び八起きの相撲人生だった。新十両は風邪をこじらせて急性腎炎に。１勝しか挙げられず８日目から休場、ドクターストップがかかってそのまま入院。全休が続いて番付はあっという間に序ノ口へ。人工透析の寸前まで悪化した大病を不屈の根性で克服。再出発の序ノ口を６勝１敗、序二段を７戦全勝し、着実に復活への道を歩み、再十両から幕内に昇進した。その強い精神力に脱帽せざるを得ない。平成９年九州場所を最後に土俵を去った。

あおぎやま　ひでき
蒼樹山 秀樹（前頭筆頭）

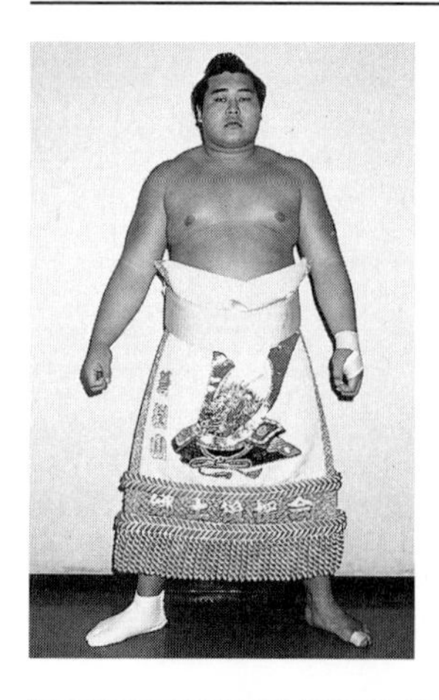

本　名	寺木秀樹	幕内在位	38場所
生年月日	昭和45年２月18日	幕内成績	223勝314敗33休
出身地	滋賀県彦根市後三条町	勝　率	0.415
四股名	寺木→蒼樹山	三　賞	敢闘賞１回
所属部屋	時津風	身　長	182cm
初土俵	昭和60年３月場所	体　重	151kg
十両昇進	平成３年11月場所	得意手	突き、押し
入　幕	平成５年３月場所	年寄名	枝川
最終場所	平成15年11月場所		

激しい突き押しを武器に、徹底的に離れて取る攻撃相撲で、小気味よい取り口だった。幕下時代の平成元年に左手首骨折、十両２枚目と幕内を目前とした４年秋場所には左足関節捻挫と二度のけがに見舞われたが、５年春場所に十両優勝を土産に入幕を果たした。滋賀県からは三杉里以来の幕内力士。突っ張りの威力を増し、９年名古屋場所では横綱貴乃花を破って初金星を獲得した。24年、審判委員となった。

平成

栃乃藤（とちのふじ） 達之（たつゆき）（前頭11枚目）

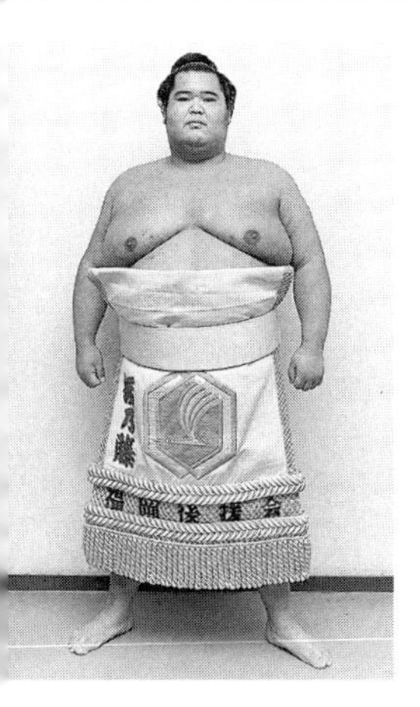

本　名　草野達之
生年月日　昭和44年11月15日
出身地　福岡県糸島郡志摩町野北
四股名　草野→栃ノ藤→栃乃藤
所属部屋　春日野
初土俵　昭和60年３月場所
十両昇進　平成４年７月場所
入　幕　平成５年３月場所
最終場所　平成12年11月場所（番付は13年１月場所）
幕内在位　２場所
幕内成績　12勝18敗
勝　率　0.400
身　長　176cm
体　重　199kg
得意手　押し、左四つ、寄り切り

200㌔近い巨漢。立ち合い一気に押し込むのではなく、体力を利してモコモコと押していく相撲で、左四つ、右で上手を取ると、肩幅を生かしての寄り身もあった。十両で４場所勝ち越しを続けて入幕を果たし、新入幕の平成５年春場所に勝ち越した。しかし、翌夏場所に負け越した後は、内臓の病もあって十両と幕下の間を往復した。なかなか稽古熱心だったが、上体を起こされるともろかった。性格は温厚で几帳面、平成13年１月１日付で若者頭に採用された。

日立龍（ひたちりゅう） 栄一（えいいち）（前頭14枚目）

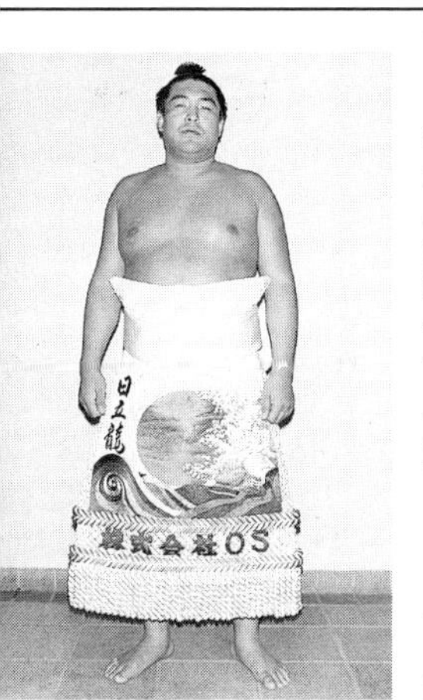

本　名　脇坂栄一
生年月日　昭和44年10月19日
出身地　茨城県日立市東成沢町
四股名　脇坂→日立龍
所属部屋　押尾川
初土俵　昭和60年３月場所
十両昇進　平成３年５月場所
入　幕　平成５年３月場所
最終場所　平成８年９月場所
幕内在位　３場所
幕内成績　12勝18敗15休
勝　率　0.400
身　長　180cm
体　重　133kg
得意手　右四つ、寄り切り、けたぐり

若いころはどちらかといえば半端相撲で、立ち合いにけたぐりを多用していた。しかし、体も徐々に大きくなるにつれて取り口も両前まわしを引きつけて前に出るようになり、平成３年初場所、幕下で全勝優勝して十両入り。しばらく十両で一進一退が続いたが、４年秋場所で11勝してから開花、５年春場所に入幕。同じ部屋の幕内大至は同窓で、日立市多賀中学の１年先輩。口数が少なくあまり目立たない方だった。足の故障で幕下に落ち廃業した。

肥後ノ海（ひごのうみ） 直哉（なおや）（前頭筆頭）

本　名　坂本直人
生年月日　昭和44年９月23日
出身地　熊本県熊本市西区河内町白浜
四股名　坂本山→肥後ノ海
所属部屋　三保ヶ関
初土俵　平成４年１月場所幕下最下位格付出
十両昇進　平成４年７月場所
入　幕　平成５年３月場所
最終場所　平成14年11月場所
幕内在位　53場所
幕内成績　335勝417敗43休
勝　率　0.445
身　長　183cm
体　重　150kg
得意手　左四つ、寄り切り、上手投げ
年寄名　木瀬

日大相撲部４年の時に学生横綱となり、デビュー以来８場所連続勝ち越しを続けた。三役には上がれなかったが、入幕してから連続53場所幕内を務めた。引退後、木瀬部屋を興し短期間に臥牙丸ら３人の関取を育てたが、暴力団へ“たまり席”入場の便宜を図ったことが発覚。平成22年夏場所後、木瀬部屋は消滅。北の湖部屋に吸収合併させられたが、２年後の24年４月に再興が認められた。同時に力士も北の湖部屋から再移籍。

魁皇(かいおう) 博之(ひろゆき)（大関）

本　名	古賀博之	幕内在位	107場所
生年月日	昭和47年７月24日	幕内成績	879勝581敗141休
出身地	福岡県直方市頓野	勝　率	0.602
四股名	古賀→魁皇	優　勝	５回
所属部屋	友綱	三　賞	殊勲賞10回、敢闘賞５回
初土俵	昭和63年３月場所	身　長	184cm
十両昇進	平成４年１月場所	体　重	175kg
入　幕	平成５年５月場所	得意手	左四つ、寄り切り、上手投げ
最終場所	平成23年７月場所	年寄名	浅香山

曙、貴乃花、若乃花らと一緒の初土俵。平成22年春場所には前人未到の幕内在位100場所とし、現役最後の場所となった23年名古屋場所には、元横綱千代の富士の持つ通算1045勝を更新、1047勝で歴代１位（当時）の大記録を樹立した。大関在位65場所も千代大海と並んで歴代１位タイ。怪力。強烈な右上手投げ、小手投げを得意にした。優勝５回は横綱昇進者以外では最多。26年初場所後に浅香山部屋を興した。

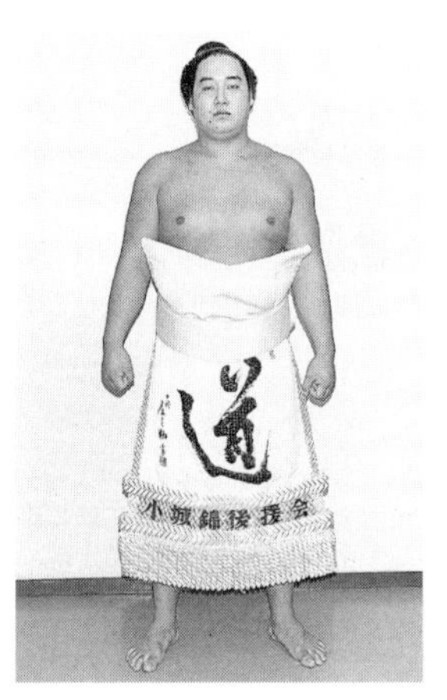

小城錦(おぎにしき) 康年(やすとし)（小結）

本　名	小岩井康年	幕内在位	47場所
生年月日	昭和46年７月８日	幕内成績	299勝359敗47休
出身地	千葉県市川市大野町	勝　率	0.454
四股名	小岩井→小城ノ洲→小城錦	三　賞	殊勲賞１回、敢闘賞１回、技能賞２回
所属部屋	出羽海		
初土俵	昭和62年３月場所	身　長	185cm
十両昇進	平成３年11月場所	体　重	142kg
入　幕	平成５年５月場所	得意手	左四つ、寄り切り
最終場所	平成16年１月場所	年寄名	中立

父親は技能力士の元関脇小城ノ花（元高崎親方）、兄は元幕内２枚目小城ノ花の現出羽海親方。親子・兄弟関取で兄弟同時幕内は史上４組目。中学時代はサッカーの選手だったが、自ら志願しての大相撲入り。兄は体調を崩して平幕止まりだったが、力士向きの気性をしている小城錦はしばしば大物を倒して三役昇進を果たした。相撲巧者で、左差し、右で前まわしを引いて出足速一気の寄りを得意にした。左肩の故障などで苦しんだ。

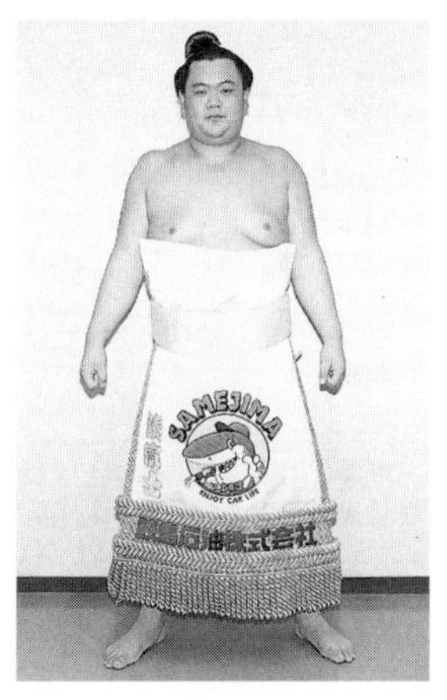

湊富士(みなとふじ) 孝行(たかゆき)（前頭２枚目）

本　名	三浦孝行	幕内成績	302勝371敗17休
生年月日	昭和43年７月６日	勝　率	0.449
出身地	群馬県安中市中宿	三　賞	敢闘賞１回
所属部屋	湊	身　長	186cm
初土俵	昭和59年３月場所	体　重	172kg
十両昇進	平成４年１月場所	得意手	右四つ、下手投げ
入　幕	平成５年７月場所	年寄名	立田川→湊
最終場所	平成14年９月場所		
幕内在位	46場所		

勝ちみが遅く、十両に昇進してからも一進一退が続いた。しかし、藤島→二子山部屋に出稽古するようになってからはメキメキ力をつけ、相撲に積極性が加わって平成５年夏場所に十両優勝を遂げて入幕した。さらに、新入幕の名古屋場所でも勝ち越して幕内中堅に進出した。柔らかい体で、対戦した小錦は「マシュマロみたいだ」と評していた。22年名古屋場所後に湊を襲名。体調を崩した先代（元小結豊山）から部屋を引き継いだ。

智乃花　伸哉（小結）
とものはな　しんや

本　名　成松伸哉
生年月日　昭和39年６月23日
出身地　熊本県八代市高下東町
四股名　成松→智ノ花→智乃花
所属部屋　立浪
初土俵　平成４年３月場所幕下最下位格付出
十両昇進　平成４年11月場所
入　幕　平成５年７月場所
最終場所　平成13年９月場所（番付は11月場所）
幕内在位　16場所
幕内成績　104勝121敗15休
勝　率　0.462
三　賞　技能賞２回
身　長　175cm
体　重　115kg
得意手　右四つ、下手投げ、下手ひねり
年寄名　智乃花（準年寄）→浅香山→玉垣

高校教師の職をなげうち、妻子を抱えてのプロ入りで話題になった。日大相撲部ではキャプテン。高校教師時代にアマチュア横綱のタイトルを獲得したが、日大相撲部後輩・舞の海の活躍に刺激されて“裸一貫”立浪部屋に入門。27歳の時だった。舞の海と異なり正攻法を基本とし、右四つ、食い下がっての投げ、ひねりで活躍。負け越し知らずで幕内に昇進。小結まで上がったが、その後は年齢的なハンディもあり、けがも重なって低迷した。「先生」の愛称で人気があった。

武双山　正士（大関）
むそうやま　まさし

本　名　尾曽武人
生年月日　昭和47年２月14日
出身地　茨城県水戸市見川町
四股名　尾曽→武双山
所属部屋　武蔵川
初土俵　平成５年１月場所幕下最下位格付出
十両昇進　平成５年５月場所
入　幕　平成５年９月場所
最終場所　平成16年11月場所
幕内在位　68場所
幕内成績　520勝367敗122休
勝　率　0.586
優　勝　１回
三　賞　殊勲賞５回、敢闘賞４回、技能賞４回
身　長　184cm
体　重　177kg
得意手　突き押し、左四つ、寄り切り
年寄名　藤島

少年時代から父親に相撲の英才教育を受けた。専大３年の時アマチュア横綱を獲得、中退してプロ入り。初土俵から５場所目には幕内に昇進。パワーあふれる正攻法の取り口で「平成の怪物」の異名を取った。一時低迷したが、幕内40場所目に大関になった。腰痛のため２場所で大関から落ちたものの、すぐに返り咲いた。平成22年秋場所後に武蔵川部屋を継承。「藤島部屋」としてスタートを切った。

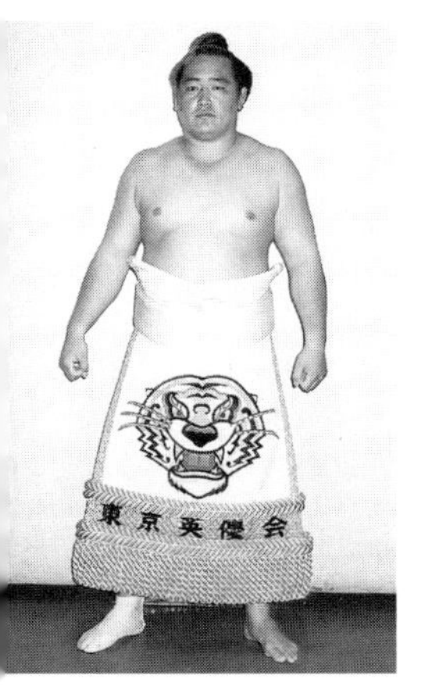

濱ノ嶋　啓志（小結）
はまのしま　けいし

本　名　濱洲圭志
生年月日　昭和45年３月21日
出身地　熊本県宇土市浦田町
四股名　濱洲→濱ノ嶋
所属部屋　三保ヶ関
初土俵　平成４年１月場所幕下最下位格付出
十両昇進　平成５年１月場所
入　幕　平成６年１月場所
最終場所　平成16年５月場所
幕内在位　44場所
幕内成績　293勝367敗
勝　率　0.444
三　賞　殊勲賞１回
身　長　179cm
体　重　131kg
得意手　両前まわしを取っての寄り
年寄名　尾上

日大相撲部の出身。肥後ノ海とは、高校、大学が一緒の同期生。同時に三保ヶ関部屋に入門。熊本県相撲連盟理事長などを歴任した父親の下で、子どものころから相撲を教えられた。小兵だが、低い姿勢から両前まわしを引き、拝むような形で寄り立てる、なかなか玄人受けする技能相撲だった。引退後はしばらく三保ヶ関部屋付きの親方をしていたが、平成18年名古屋場所後に自らスカウトした把瑠都や里山らを引き連れて「尾上部屋」を興した。

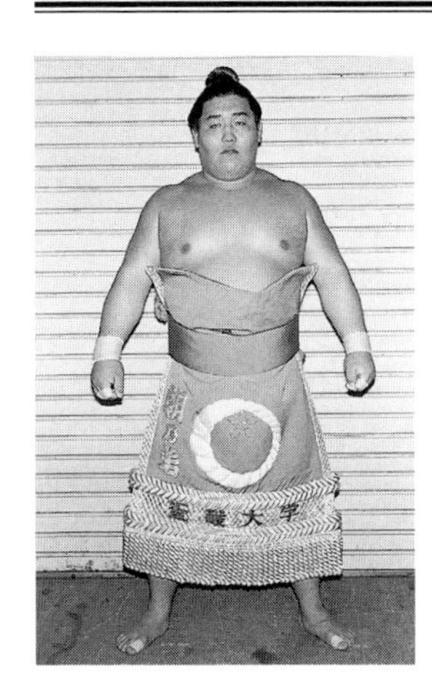

あさのわか　たけひこ

朝乃若 武彦（前頭筆頭）

- 本　名　足立武彦
- 生年月日　昭和44年12月11日
- 出身地　愛知県一宮市丹陽町三ツ井
- 四股名　若足立→朝乃若
- 所属部屋　若松→高砂
- 初土俵　平成４年３月場所幕下最下位格付出
- 十両昇進　平成５年１月場所
- 入　幕　平成６年３月場所
- 最終場所　平成17年３月場所（番付は５月場所）
- 幕内在位　54場所
- 幕内成績　346勝434敗
- 勝　率　0.444
- 身　長　177cm
- 体　重　150kg
- 得意手　突き出し、押し出し、はたき込み
- 年寄名　若松

近大相撲部出身。近大の先輩である元大関朝潮の若松部屋に入門した。高校相撲出身の朝乃涛と同時に十両昇進。突き押し、機をみてのはたきと徹底的に離れて取る相撲で健闘、平成４年九州場所十両優勝、６年春場所入幕。新入幕場所は９勝６敗。波に乗ると勝ち進む一方で連敗癖もあった。立ち合いの当たりといなしは強烈。15年秋場所５日目に、初土俵から無休の連続1000回出場を記録、引退まで皆勤は立派。

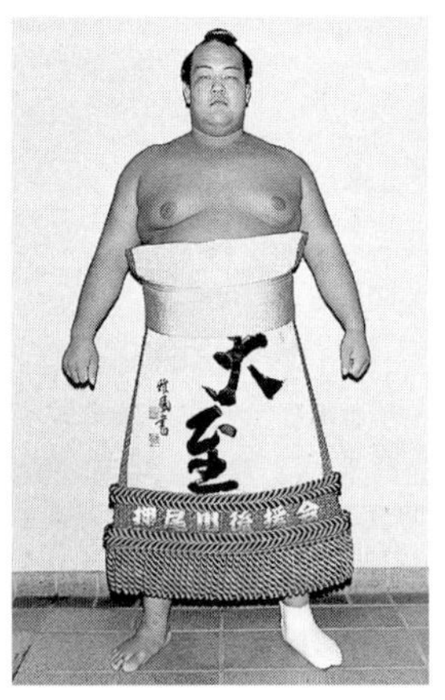

だいし　のぶゆき

大至 伸行（前頭３枚目）

- 本　名　高野伸行
- 生年月日　昭和43年８月23日
- 出身地　茨城県日立市鮎川町
- 四股名　高野→大至
- 所属部屋　押尾川
- 初土俵　昭和59年３月場所
- 十両昇進　平成５年５月場所
- 入　幕　平成６年７月場所
- 最終場所　平成14年３月場所
- 幕内在位　23場所
- 幕内成績　145勝191敗９休
- 勝　率　0.432
- 身　長　181cm
- 体　重　172kg
- 得意手　右四つ、寄り切り
- 年寄名　大至（準年寄、平成15年６月退職）

琴錦と同期生。小学校３年のころからスポーツ少年団で相撲の指導を受けている。入幕では先を越されたが、同じ押尾川部屋の弟弟子・日立龍は同じ少年団の１年後輩。中学では水泳や陸上の大会にも参加、砲丸投げの日立市記録をつくり県大会に出場している。相撲でも全国大会個人ベスト16に入り、元大関大麒麟の押尾川親方にスカウトされた。押し相撲が得意で頭から当たるため前髪が擦り切れていた。相撲甚句のうまさは天下一品で、退職して歌手に転向した。

しきしま　かつもり

敷島 勝盛（前頭筆頭）

- 本　名　吉種弘道
- 生年月日　昭和45年12月15日
- 出身地　千葉県船橋市日の出
- 四股名　吉種→敷島
- 所属部屋　立田川→陸奥
- 初土俵　平成元年１月場所
- 十両昇進　平成５年５月場所
- 入　幕　平成６年11月場所
- 最終場所　平成13年５月場所
- 幕内在位　28場所
- 幕内成績　175勝228敗17休
- 勝　率　0.434
- 身　長　185cm
- 体　重　186kg
- 得意手　左四つ、寄り切り
- 年寄名　敷島（準年寄）→立田川→富士ヶ根→錦島→小野川→谷川→安治川→浦風

元関脇青ノ里の立田川部屋第１号幕内力士。時津風部屋の元力士を通して立田川親方を紹介された。高校では柔道２段の選手で、高校３年の１月に初土俵を踏んでいる。「中学卒業と同時に入門しようと思ったが、周囲の説得で高校に進学した。高校ではみっちり柔道をやったおかげで体ができた」と語っている。幕下と十両で優勝を果たした。右上手を取ると強みを発揮し、平成10年春、夏場所と横綱貴乃花を連破した。13年夏場所、心臓疾患のため引退した。

あさひゆたか　かつてる

旭豊 勝照（小結）

本　名　市川→安念→市川耐治
生年月日　昭和43年９月10日
出身地　愛知県春日井市岩成台
四股名　市川→旭豊
所属部屋　大島
初土俵　昭和62年３月場所
十両昇進　平成５年11月場所
入　幕　平成７年３月場所
最終場所　平成11年１月場所

幕内在位　24場所
幕内成績　160勝198敗
勝　率　0.447
三　賞　殊勲賞１回、敢闘賞１回
身　長　191cm
体　重　146kg
得意手　左四つ、上手投げ、肩透かし
年寄名　旭豊（準年寄）→立浪

長身と柔らかい足腰を利しての寄り、投げを武器に昇進、幕下で２度全勝優勝して関取の座を獲得した。十両では一進一退が続いたものの、８場所目に優勝し平成７年春場所に入幕。一門の総帥であった立浪親方（元関脇羽黒山）に見初められ女婿に。その立浪親方の定年退職で双葉山が育った名門部屋を引き継いだ。その後、先代立浪親方長女と離婚。部屋継承に絡むトラブルから裁判沙汰になったが、旭豊側が勝訴した。

あさのしょう　はじめ

朝乃翔 嵓矢（前頭２枚目）

本　名　大澤→小塚一
生年月日　昭和44年12月23日
出身地　神奈川県小田原市鴨宮
四股名　大澤→朝相洋→大澤→朝乃翔
所属部屋　若松
初土俵　平成４年３月場所幕下最下位格付出
十両昇進　平成５年３月場所
入　幕　平成７年３月場所
最終場所　平成13年11月場所（番付は平成14年１月場所）

幕内在位　32場所
幕内成績　213勝248敗19休
勝　率　0.462
身　長　185cm
体　重　148kg
得意手　突き出し、左四つ
年寄名　朝乃翔（準年寄）→若松→佐ノ山→関ノ戸→押尾川→若藤（平成20年１月退職）

近大相撲部出身。立ち合いからの先制突っ張りを武器に活躍した。平成９年春場所、自己最高位の前頭２枚目で横綱曙、大関魁皇を終盤戦に倒して14日目まで７勝７敗。勝ち越しに王手をかけたが、千秋楽に無念の敗戦。三賞と翌場所の三役昇進の夢は破れた。引退後、社会人として実業団相撲チームの総監督となった。30年春、公益財団法人の相撲協会評議員に選ばれた。

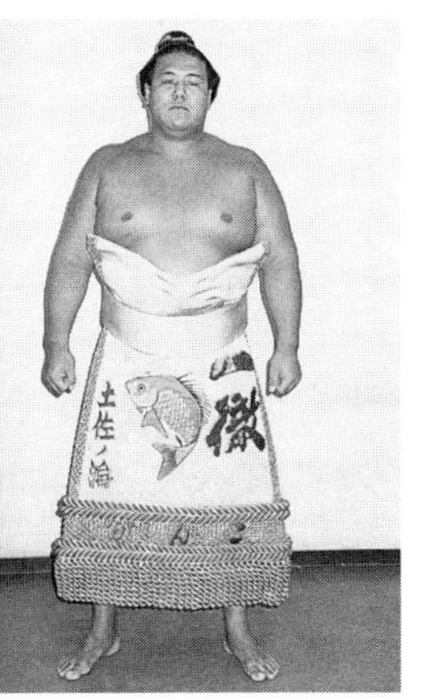

とさのうみ　としお

土佐ノ海 敏生（関脇）

本　名　山本敏生
生年月日　昭和47年２月16日
出身地　高知県安芸市本町
所属部屋　伊勢ノ海
初土俵　平成６年３月場所幕下最下位格付出
十両昇進　平成６年11月場所
入　幕　平成７年７月場所
最終場所　平成23年１月場所

幕内在位　80場所
幕内成績　569勝615敗16休
勝　率　0.481
三　賞　殊勲賞７回、敢闘賞５回、技能賞１回
身　長　186cm
体　重　166kg
得意手　突き、押し
年寄名　立川

同志社大学相撲部出身。学生時代は「東の尾曽（武双山）、西の山本（土佐ノ海）」と並び称された。期待に違わず幕下付出から、トントン拍子で出世。十両筆頭の平成７年夏場所に14勝１敗で優勝し、翌名古屋場所に一躍前頭７枚目に入幕。初日いきなり大関若乃花、２日目に横綱貴乃花と対戦。この場所は１点負け越したが、翌秋場所は大関貴ノ浪を倒すなど11勝を挙げ敢闘賞を獲得した。その後は体も大きくなって三役に昇進、いつまでも若々しい相撲で頑張っていた。

玉春日 良二（関脇）
たまかすが りょうじ

本　名　松本→秋山良二
生年月日　昭和47年１月７日
出身地　愛媛県西予市野村町惣川
所属部屋　片男波
初土俵　平成６年１月場所幕下最下位格付出
十両昇進　平成７年３月場所
入　幕　平成８年１月場所
最終場所　平成20年９月場所

幕内在位　67場所
幕内成績　444勝537敗24休
勝　率　0.453
三　賞　殊勲賞１回、敢闘賞２回、技能賞２回
身　長　181cm
体　重　154kg
得意手　突き出し、押し出し
年寄名　楯山→片男波

中大相撲部からは豊國（元小結）に次ぐ２人目の幕内。大学時代は華々しい活躍はなく、体重別大会での優勝があるくらいの平凡な選手だった。大学の「同期の桜」には武双山、土佐ノ海らがいる。突き、押し一筋の徹底して前へ出る取り口で、大相撲入りして急速に伸びた。平成８年初場所新入幕で敢闘賞、９年夏場所横綱貴乃花を破って殊勲賞を受賞。名古屋場所には関脇に昇進した。22年２月師匠の片男波親方（元関脇玉ノ富士）と名跡を交換。片男波部屋を引き継いだ。

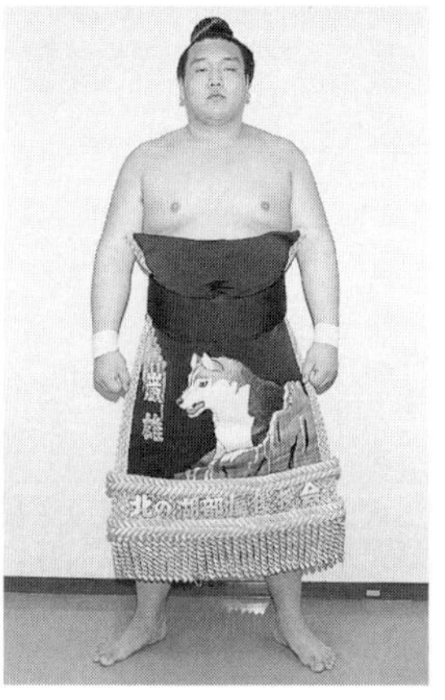

巌雄 謙治（前頭筆頭）
がんゆう けんじ

本　名　平野健司→兼司
生年月日　昭和45年８月６日
出身地　兵庫県姫路市勝原区宮田
四股名　平野→厳雄→巌雄
所属部屋　北の湖
初土俵　昭和61年３月場所
十両昇進　平成４年１月場所
入　幕　平成８年３月場所
最終場所　平成12年３月場所（番付は５月場所）

幕内在位　23場所
幕内成績　144勝195敗６休
勝　率　0.425
身　長　184cm
体　重　173kg
得意手　左四つ、寄り切り
年寄名　巌雄（準年寄）→小野川→山響

新十両場所に３勝12敗と大敗。その後三段目まで後退したが、20場所かけて関取カムバックを果たした。再十両から４場所連続の勝ち越しで北の湖部屋第１号幕内となる。北の湖理事長の急逝で、部屋付き親方だった巌雄の山響親方が「山響部屋」として“北の湖部屋”を引き継いだ。その直後の理事選に出馬。大方の予想を覆して理事になった。

力櫻 猛（前頭４枚目）
りきおう たけし

本　名　井上猛
生年月日　昭和47年12月20日
出身地　奈良県桜井市初瀬
四股名　井上→二子桜→力桜→力櫻
所属部屋　二子山→鳴戸
初土俵　昭和63年３月場所
十両昇進　平成５年７月場所
入　幕　平成８年７月場所
最終場所　平成９年９月場所

幕内在位　８場所
幕内成績　54勝51敗15休
勝　率　0.514
身　長　191cm
体　重　153kg
得意手　右四つ、上手投げ

師匠は元横綱隆の里の鳴戸親方。その鳴戸部屋の第１号幕内力士。奈良県出身の幕内力士は珍しく、昭和18年夏場所の高津山以来だ。高校に進学しラグビー選手を目指していたが、隆の里の鳴戸親方に口説かれて角界入りした。同じ場所で初土俵を踏んだ仲間に貴乃花、曙らがいる。右四つ、左上手を引くと力を発揮した。平成９年秋場所、師匠と感情的にこじれて休場。そのまま土俵に上がらなかった。これから、という時の引退で惜しまれたが、その後はプロレスラーに。

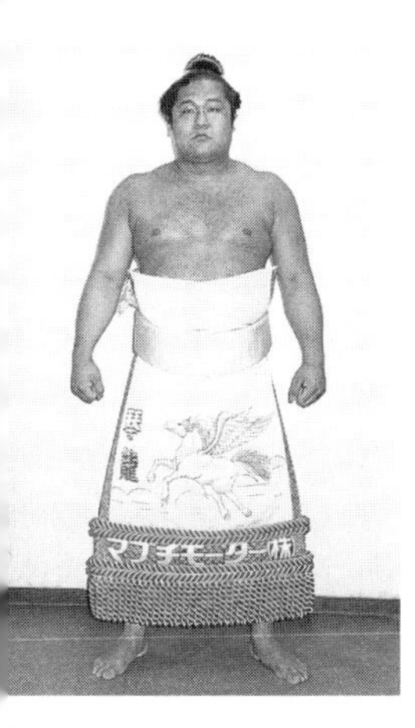

ことりゅう　ひろお

琴龍 宏央（前頭筆頭）

本　名	中野克巳	幕内在位	51場所
生年月日	昭和47年３月２日	幕内成績	325勝378敗62休
出身地	兵庫県高砂市曽根町	勝　率	0.462
四股名	琴中野→琴龍	三　賞	敢闘賞１回
所属部屋	佐渡ヶ嶽	身　長	184cm
初土俵	昭和62年３月場所	体　重	148kg
十両昇進	平成６年７月場所	得意手	突き、押し、左四つ、上手投げ、つり出し
入　幕	平成８年７月場所		
最終場所	平成17年３月場所（番付は５月場所）	年寄名	琴龍（準年寄、平成18年４月退職）

父親は井筒部屋の元幕下力士。「オレの果たせなかった関取の座を勝ち取ってくれ」という父親の夢をかなえた。「三段目のときにオヤジが現役時代に使っていたシャツとステテコをくれました。それから番付が上がり、体が大きくなって着られなくなったけれども、大事にしまってあります」と語っていた。体力的には恵まれなかったが、積極的に攻撃する活気のある取り口で活躍した。

きょくしゅうざん　のぼる

旭鷲山 昇（小結）

本　名	ダヴァー・バトバヤル	幕内在位	62場所
生年月日	昭和48年３月８日	幕内成績	408勝507敗２休
出身地	モンゴル国ウランバートル市ロド区	勝　率	0.446
所属部屋	大島	三　賞	殊勲賞１回、敢闘賞２回、技能賞２回
初十俵	平成４年３月場所	身　長	102cm
十両昇進	平成７年３月場所	体　重	144kg
入　幕	平成８年９月場所	得意手	右四つ、上手投げ、外無双、内無双、小またすくい
最終場所	平成18年11月場所		

モンゴルの広い大地を駆け回った強靭な足腰は、現在の日本人の少年たちにない貴重な財産。外国人幕内力士の先輩に当たるハワイ勢は恵まれた巨体が武器だったが、旭鷲山は「技のデパートモンゴル支店」のニックネームどおり投げ技、引き技、足技など多彩な技を駆使して小結に昇進。体が大きくなるにつれて正攻法の相撲も身に付け、モンゴル力士の先輩として長く幕内上位から中堅で活躍した。平成18年九州場所で突如引退、帰国して20年モンゴル国会議員に当選。

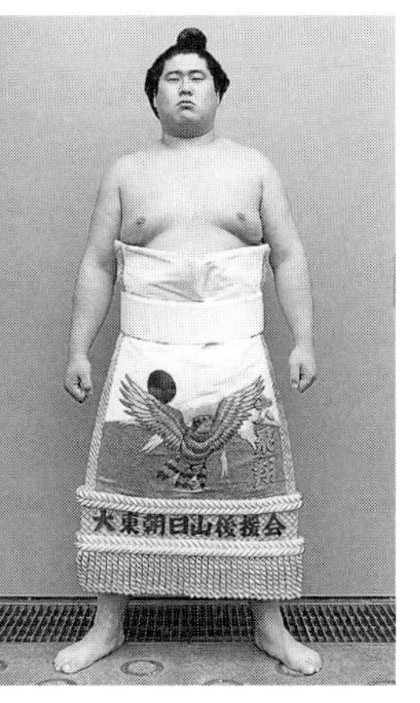

だいひしょう　せいじ

大飛翔 誠志（前頭10枚目）

本　名	小椋誠志	幕内在位	４場所
生年月日	昭和48年８月30日	幕内成績	29勝31敗
出身地	大阪府茨木市片桐町	勝　率	0.483
四股名	小椋→大飛翔→小椋→大飛翔	身　長	198cm
所属部屋	朝日山	体　重	168kg
初土俵	平成４年９月場所	得意手	右四つ、上手投げ、寄り切り
十両昇進	平成７年３月場所		
入　幕	平成８年９月場所		
最終場所	平成13年３月場所		

朝日山部屋からは昭和45年の琉王以来26年ぶりの幕内力士だった。高校相撲部で活躍した後、「大学の相撲部はメチャクチャ厳しいから嫌。趣味でのんびり相撲をやりたい」のが理由で、束縛の少ない実業団で選手を続けることにした。しかし、幸か不幸か就職した会社は朝日山部屋の春場所（大阪）に宿舎を提供していた。「プロで頑張れ。駄目だったら戻ってこい！」という社長のツルの一声で入門が決まった。腰痛などで幕下に後退したまま土俵を去った。

栃東(とちあずま) 大裕(だいすけ)（大関）

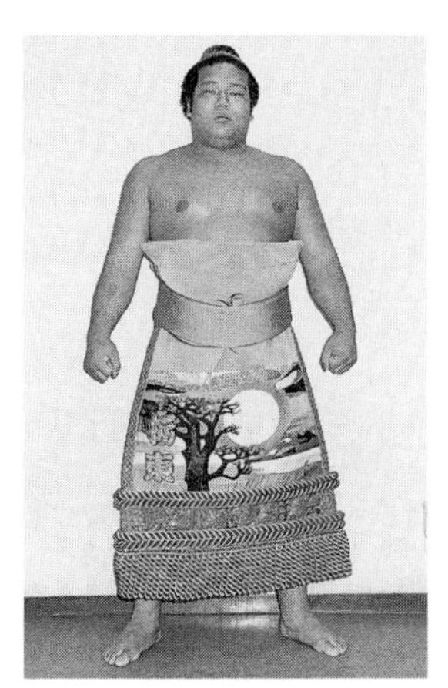

本　名	志賀太祐	幕内在位	63場所
生年月日	昭和51年11月９日	幕内成績	483勝296敗166休
出身地	東京都足立区梅田	勝　率	0.620
四股名	志賀→栃東	優　勝	３回
所属部屋	玉ノ井	三　賞	殊勲賞３回、敢闘賞２回、技能賞７回
初土俵	平成６年11月場所	身　長	180cm
十両昇進	平成８年５月場所	体　重	155kg
入　幕	平成８年11月場所	得意手	押し出し、右四つ、寄り切り
最終場所	平成19年３月場所（番付は５月場所）	年寄名	栃東→玉ノ井

東京・明大中野高校で高校横綱。幕下以下各段で７戦全勝優勝。十両でも３場所目に12勝３敗で優勝して入幕。平成14年初場所、新大関で優勝、史上２組目の父子幕内優勝が実現した。体力的にはあまり恵まれていなかったが、強烈な左右のおっつけで、相手を下から押し上げて前に出る相撲が身上。師匠であり実父の先代玉ノ井親方（元関脇栃東）の定年で、21年秋場所部屋を引き継いだ。

大和(やまと) 剛(ごう)（前頭12枚目）

本　名	カリマ・ジョージ・ヘイウッド	幕内在位	７場所
生年月日	昭和44年12月17日	幕内成績	42勝48敗15休
出身地	米国ハワイ州オアフ島	勝　率	0.467
所属部屋	間垣	身　長	189cm
初土俵	平成２年11月場所	体　重	194kg
十両昇進	平成７年３月場所	得意手	突き出し、押し出し
入　幕	平成９年１月場所		
最終場所	平成10年９月場所		

高見山、小錦、曙、武蔵丸に次いで５人目のハワイ出身の幕内力士。師匠は元横綱の２代目若乃花。その間垣親方が育てた第１号幕内でもある。ワイキキのあるオアフ島出身で、曙とは同級生で幼稚園から高校まで一緒。大和は高校を卒業して２年間、米国本土で働いていたが、大学を１年で中退して東関部屋に入った曙の活躍に刺激されて、自ら大相撲入りした。体力に恵まれていたが、少々気の弱さがあって稽古場の実力を本場所で十分に出せなかった。

出島(でじま) 武春(たけはる)（大関）

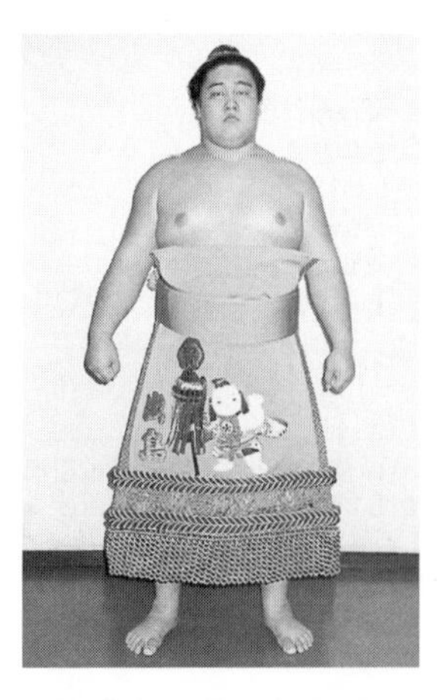

本　名	出島武春	幕内成績	546勝478敗98休
生年月日	昭和49年３月21日	勝　率	0.533
出身地	石川県金沢市山の上町	優　勝	１回
所属部屋	武蔵川	三　賞	殊勲賞３回、敢闘賞４回、技能賞３回
初土俵	平成８年３月場所幕下最下位格付出	身　長	180cm
十両昇進	平成８年９月場所	体　重	161kg
入　幕	平成９年３月場所	得意手	押し出し、右四つ、寄り切り
最終場所	平成21年７月場所	年寄名	大鳴戸
幕内在位	75場所		

出世が早く、大銀杏（おおいちょう）を結えないうちに貴乃花、曙から金星を挙げる大活躍で一躍人気力士に。立ち合い鋭く一気に攻める速攻相撲で、三役に駆け上がった。中学時代から注目され、高校横綱の後中大進学。大学時代は優勝11回。一人っ子で「プロには行かない」と語っていたが、学生横綱などのビッグタイトルに無縁だったことから大相撲の門をたたいた。平成11年名古屋場所に初優勝して大関に上がったが、足の故障などから２年でその座を明け渡した。

ごじょうろう かつひろ

五城楼 勝洋（前頭3枚目）

本　名	小島章朋	最終場所	平成17年11月場所
生年月日	昭和48年8月18日	幕内在位	17場所
出身地	宮城県仙台市青葉区霊屋下	幕内成績	113勝135敗7休
四股名	小島→若小島→若仙竜→若展竜→五城楼	勝　率	0.456
		身　長	191cm
所属部屋	間垣	体　重	157kg
初土俵	平成元年11月場所	得意手	突き、押し、左四つ、寄り切り
十両昇進	平成7年7月場所		
入　幕	平成9年3月場所	年寄名	五城楼（準年寄）→濱風

けがの連続に泣いたが、平成14年秋場所、幕下からはい上がり、21場所ぶりの幕内復帰は立派だった。高校を1年で中退して大相撲入りした。入門前は剣道、柔道がそれぞれ2段の実力者だった。天性の柔軟な足腰は早くから注目されていたが、関取目前で左ひざじん帯を断裂して4場所連続休場するなどの不運に見舞われた。五城楼の四股名は序二段から再出発の場所に改名。仙台市在住の作家が命名した。間垣部屋からはハワイ出身の大和に次ぐ2人目の幕内。

とちのなだ たいいち

栃乃洋 泰一（関脇）

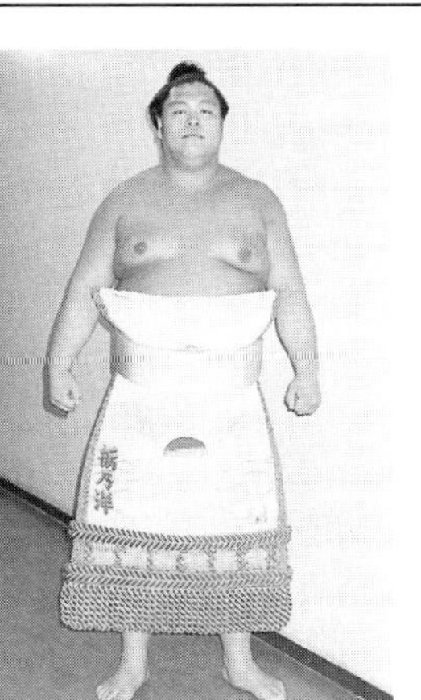

本　名	後藤泰一	幕内在位	81場所
生年月日	昭和49年2月26日	幕内成績	556勝628敗31休
出身地	石川県七尾市石崎町	勝　率	0.470
四股名	後藤→栃乃洋	三　賞	殊勲賞3回、敢闘賞2回、技能賞1回
所属部屋	春日野		
初土俵	平成8年1月場所幕下最下位格付出	身　長	187cm
十両昇進	平成8年11月場所	体　重	167kg
入　幕	平成9年5月場所	得意手	左四つ、すくい投げ、寄り切り
最終場所	平成24年1月場所	年寄名	竹縄

幕下付出の初土俵から負け越し知らずで三役まで駆け上がった。出島とは同郷の石川県の同級生で、高校は別だったが、国体ではともに石川県代表選手に選ばれて団体優勝に貢献。拓大では3年時に学生横綱、4年時にアマチュア選手権で準優勝。高校、大学の先輩千賀ノ浦親方（元関脇舛田山）を頼って春日野部屋入り。左下手からの投げは強烈。三役定着はならなかったが、大物キラーで、平成20年名古屋場所朝青龍から、歴代2位タイの12個目の金星を奪った。

ちよたいかい りゅうじ

千代大海 龍二（大関）

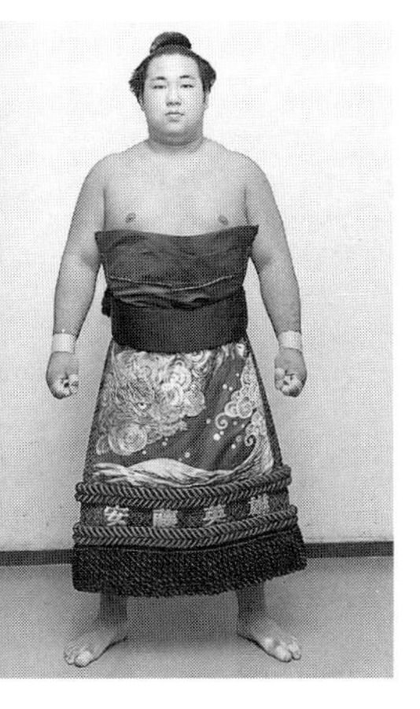

本　名	廣嶋→須藤龍二	幕内成績	597勝402敗115休
生年月日	昭和51年4月29日	勝　率	0.598
出身地	大分県大分市住吉町	優　勝	3回
四股名	廣嶋→千代大海	三　賞	殊勲賞1回、敢闘賞1回、技能賞3回
所属部屋	九重		
初土俵	平成4年11月場所	身　長	181cm
十両昇進	平成7年7月場所	体　重	158kg
入　幕	平成9年9月場所	得意手	突き出し、押し出し
最終場所	平成22年1月場所	年寄名	佐ノ山→九重
幕内在位	75場所		

元横綱千代の富士の九重親方が育てた初の幕内力士。入幕9場所目の平成11年初場所、初優勝を飾り大関に昇進。気合のいい突き、押し相撲で優勝3回も、不安定な成績でカド番ワースト1位の14回を記録。大関在位65場所も歴代1位だが、現役最後の場所は関脇だった。平成28年7月、九重親方の急逝で九重の名跡を継いだ。

わかのじょう　むねひこ
若ノ城 宗彦（前頭6枚目）

本　名　阿嘉宗彦
生年月日　昭和48年4月13日
出身地　沖縄県那覇市古波蔵
四股名　阿嘉→若ノ城
所属部屋　間垣
初土俵　平成4年1月場所
十両昇進　平成7年9月場所
入　幕　平成9年9月場所
最終場所　平成16年5月場所

幕内在位　12場所
幕内成績　78勝102敗
勝　率　0.433
身　長　192cm
体　重　159kg
得意手　右四つ、上手投げ
年寄名　若ノ城（準年寄）→西岩（平成19年5月退職）

琉王、琴椿に次いで沖縄出身3人目の幕内力士。評判の柔道少年で、高校1年生でインターハイに出場。チームは見事に団体優勝した。「沖縄の星」として、将来はオリンピック代表選手と期待がかけられたが、横綱2代目若乃花の間垣親方の強烈なアタックに根負けして進路を変更。黒帯をまわしに代えた。新十両の場所にいきなり優勝。少し低迷したが2年後に幕内昇進。右四つ、上手投げを得意に活躍した。その後腰痛などで序二段まで後退して引退した。

あきのしゅう　のりみつ
安芸ノ州 法光（前頭9枚目）

本　名　今田賢二
生年月日　昭和44年1月17日
出身地　広島県広島市中区富士見町
四股名　今田→安芸ノ竜→安芸ノ州→安芸乃州
所属部屋　井筒
初土俵　昭和59年9月場所
十両昇進　平成9年1月場所
入　幕　平成9年9月場所

最終場所　平成13年1月場所
幕内在位　7場所
幕内成績　44勝61敗
勝　率　0.419
身　長　179cm
体　重　119kg
得意手　突き、押し

入門以来、78場所目で幕内に上がった苦労人。兄弟子の寺尾のように回転の速い突っ張りから先手必勝の取り口で、軽量をカバーしていた。十両昇進は28歳。4場所連続勝ち越しで幕内の座をつかんだ。野球少年で、甲子園出場を目指して高校野球の名門・広島商に進学したが、1年の夏に方向転換。父親の知人の勧めもあって井筒部屋へ入門し、すっぱりと野球をあきらめた。広島県出身の幕内力士は少なく、戦後入幕は安芸乃島に次いで安芸ノ州が2人目。

きょくてんほう　まさる
旭天鵬 勝（関脇）

本　名　ニャムジャブ・ツェベクニャム→太田勝
生年月日　昭和49年9月13日
出身地　モンゴル国ナライハ市
所属部屋　大島→友綱
初土俵　平成4年3月場所
十両昇進　平成8年3月場所
入　幕　平成10年1月場所
最終場所　平成27年7月場所

幕内在位　99場所
幕内成績　697勝773敗15休
勝　率　0.474
優　勝　1回
三　賞　敢闘賞7回
身　長　192cm
体　重　155kg
得意手　右四つ、寄り切り、上手投げ
年寄名　大島→友綱→大島

旭鷲山に続く2人目のモンゴル出身の幕内力士。平成24年夏場所、同星決戦で栃煌山を下し、12勝3敗で平幕優勝。37歳8カ月での賜杯獲得だった。26年秋場所前日に40歳の誕生日。1年6場所制になってから40歳現役幕内は初めて。日本国籍を取得。年寄大島として第二の人生をスタート。29年夏場所後に友綱部屋を継承した。令和4年2月、年寄名跡を友綱から大島に戻し、部屋の看板も「大島部屋」とした。

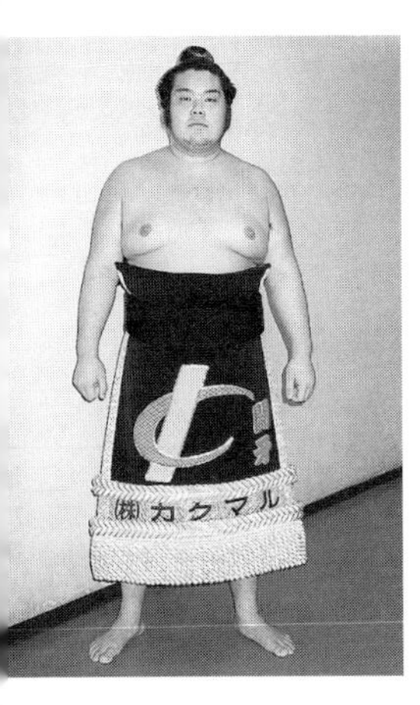

闘牙 進（小結）

とうき すすむ

本　名　玉城順
生年月日　昭和49年7月4日
出身地　千葉県市川市香取
四股名　玉城→闘牙
所属部屋　高砂
初土俵　平成3年1月場所
十両昇進　平成9年7月場所
入　幕　平成10年5月場所
最終場所　平成18年3月場所（番付は5月場所）

幕内在位　38場所
幕内成績　249勝303敗18休
勝　率　0.451
身　長　190cm
体　重　177kg
得意手　突き、押し、はたき込み
年寄名　闘牙（準年寄）→佐ノ山→浅香山→押尾川→千田川（令和5年8月退職）

二世力士で、関取にはなれなかったものの父親も高砂部屋に所属していた。柔道での五輪出場を夢見て金メダリスト山下泰裕氏の母校・東海大相模高校柔道部に進学したが、熱心なスカウトにあって1年生の秋に高砂部屋に入門した。少々腰高な点が欠点だったが、先手必勝の激しい突っ張りの攻めが武器だった。高砂部屋では昭和62年九州場所の南海龍以来の幕内昇進。

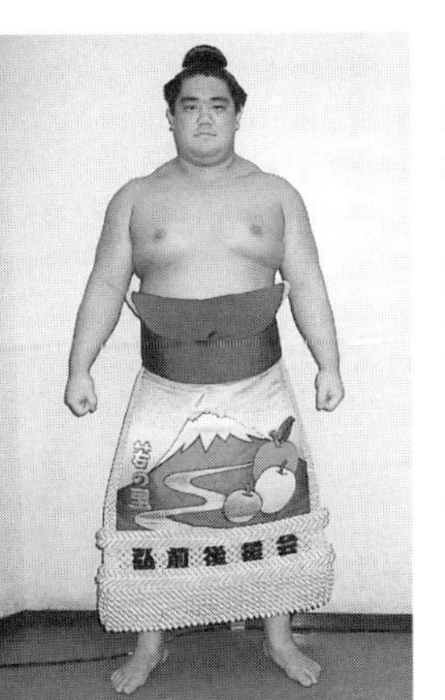

若の里 忍（関脇）

わかのさと しのぶ

本　名　古川忍
生年月日　昭和51年7月10日
出身地　青森県弘前市青女子
四股名　古川→若の里
所属部屋　鳴戸→田子ノ浦
初土俵　平成4年3月場所
十両昇進　平成9年11月場所
入　幕　平成10年5月場所
最終場所　平成27年7月場所（番付は9月場所）

幕内在位　87場所
幕内成績　613勝568敗124休
勝　率　0.519
三　賞　殊勲賞4回、敢闘賞4回
　　　　技能賞2回
身　長　185cm
体　重　160kg
得意手　右四つ、寄り切り、すくい投げ
年寄名　西岩

元横綱隆の里の鳴戸親方が育てた2人目の幕内力士。幕下まで本名の古川（こがわ）で土俵に上がったが、関取昇進と同時に師匠の師匠である元二子山親方の「若乃花」と直接の師匠である「隆の里」の両横綱の名を合わせて、「若の里」という四股名にした。大関まであと一歩もひざの故障などで後退した。平成30年2月に「西岩部屋」を興した。

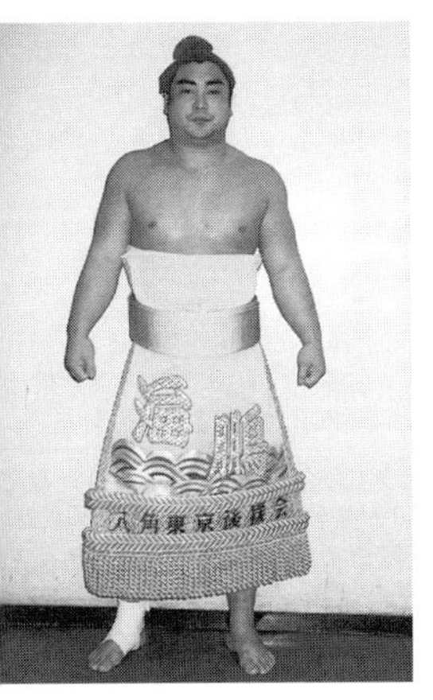

海鵬 涼至（小結）

かいほう りょうじ

本　名　熊谷涼至
生年月日　昭和48年4月17日
出身地　青森県西津軽郡深浦町北金ヶ沢
四股名　熊谷→海鵬
所属部屋　八角
初土俵　平成8年1月場所幕下最下位格付出
十両昇進　平成9年5月場所
入　幕　平成10年5月場所

最終場所　平成22年7月場所
幕内在位　49場所
幕内成績　326勝377敗32休
勝　率　0.464
三　賞　技能賞2回
身　長　177cm
体　重　128kg
得意手　左四つ、下手投げ、内掛け
年寄名　谷川（平成23年4月解雇）

幕下付出でいきなり7戦全勝優勝の好スタートを切った。日大では東日本学生選手権制覇をはじめ、大学4年間に獲得した優勝回数は14回。同期の出島、栃乃洋をはるかにしのいでいた。ひざを痛めるなどして幕下上位で低迷、少々道草を食った。得意は左下手からの寄り、下手出し投げ、時に内掛けをみせるなど多彩な攻めには定評があった。細かい技に頼らず、積極的に前へ出る相撲を心がけてスランプを脱出した。

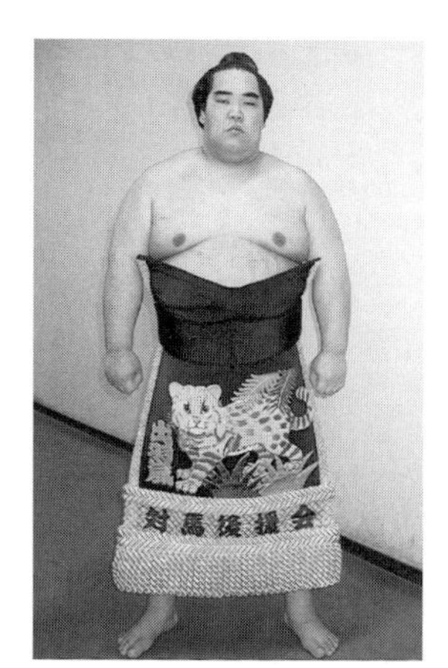

でわあらし　だいすけ
出羽嵐 大輔（前頭14枚目）

本　名　須川清
生年月日　昭和45年7月28日
没年月日　平成22年3月30日
出身地　長崎県対馬市上県町佐護
四股名　須川→対馬灘→出羽嵐
所属部屋　出羽海
初土俵　平成元年3月場所
十両昇進　平成8年7月場所
入　幕　平成10年7月場所
最終場所　平成12年11月場所
幕内在位　2場所
幕内成績　10勝17敗3休
勝　率　0.370
身　長　186cm
体　重　191kg
得意手　右四つ、寄り切り

韓国に近い国境の島・対馬出身の幕内力士は大正時代の大関對馬洋以来で、実に82年ぶり。郷土の後援会から贈られた化粧まわしには「ツシマヤマネコ」の図柄が刺繍されていた。高校の柔道部で活躍していたが、柔道部顧問の先生が法大相撲部出身で長崎県の元国体代表選手だったこともあり、恵まれた体を見込まれて大相撲入りした。立ち合いの甘さはあったが、巨体を利しての突き、寄りは鋭いものを持っていた。糖尿病を患い幕下に陥落した。

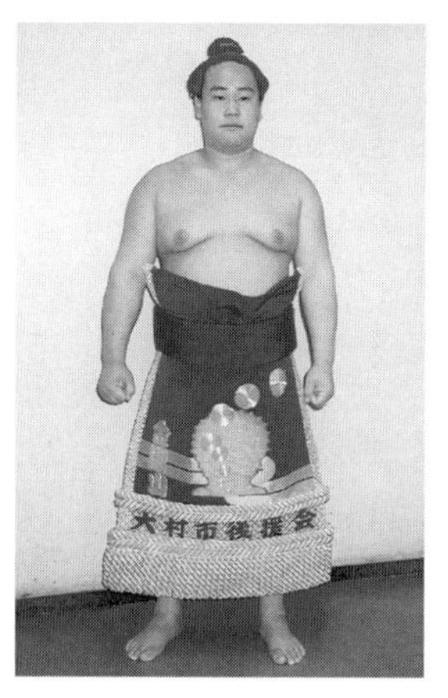

きんかいやま　りゅう
金開山 龍（前頭6枚目）

本　名　金→松山龍水
生年月日　昭和51年1月7日
出身地　長崎県大村市東大村
四股名　金の海→金開山
所属部屋　出羽海
初土俵　平成3年3月場所
十両昇進　平成10年1月場所
入　幕　平成10年7月場所
最終場所　平成18年5月場所
幕内在位　17場所
幕内成績　102勝146敗7休
勝　率　0.411
身　長　183cm
体　重　151kg
得意手　右四つ、寄り切り
年寄名　金開山(準年寄)→関ノ戸→稲川→千田川→田子ノ浦→岩友→三保ヶ関→高崎

小学校4年生の時、地元のちびっ子相撲大会で優勝している。中学卒業と同時に出羽海部屋に入門。新弟子時代はそれほど目立った存在ではなかったが、体が柔らかく、勝負勘もよく、徐々に力を付けていった。左上手を浅く引いての寄りの速攻にみるべきものがあった。西幕下3枚目で4勝3敗。ラッキーな十両昇進だったが、その新十両の場所に12勝3敗で優勝して注目された。立ち合いの甘さから幕内と十両を何度も往復していた。

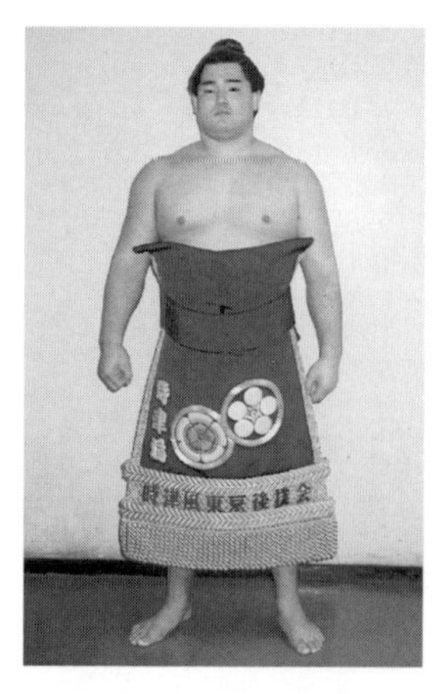

ときつうみ　まさひろ
時津海 正博（前頭3枚目）

本　名　坂本正博
生年月日　昭和48年11月8日
出身地　長崎県五島市下大津町
四股名　時津海→時津海
所属部屋　時津風
初土俵　平成8年3月場所幕下最下位格付出
十両昇進　平成9年5月場所
入　幕　平成10年9月場所
最終場所　平成19年9月場所
幕内在位　50場所
幕内成績　322勝385敗43休
勝　率　0.455
三　賞　技能賞4回
身　長　185cm
体　重　133kg
得意手　右四つ、寄り切り、上手投げ
年寄名　時津風(令和3年2月解雇)

長崎県は五島の産。東農大出身。大学時代にタイトルはなく、大相撲入りしてから実力アップ。右前まわしを取っての寄り、投げが鋭かった。平成19年10月、元小結双津竜の時津風親方が新弟子死亡事件の不祥事で相撲協会を解雇され、当時現役だった時津海が第16代時津風を襲名した。名門時津風部屋の再興を託されたが、不注意な行動から一連の野球賭博や新型コロナウイルス感染症への対応などで、協会からけん責処分を受けている。令和3年2月に角界を去った。

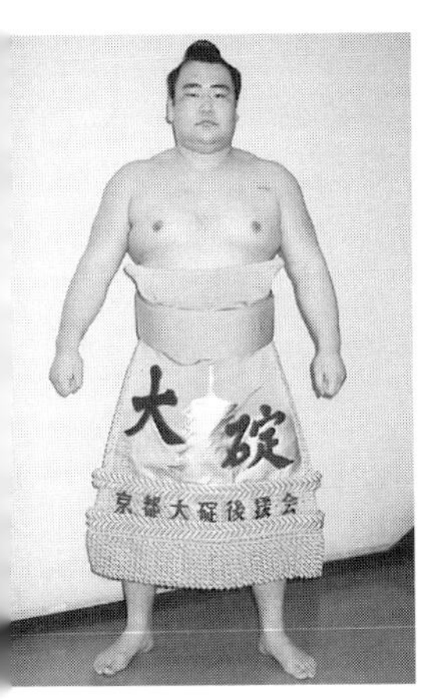

大碇(おおいかり) 剛(つよし)（前頭11枚目）

本　名　斎藤剛
生年月日　昭和47年6月16日
出身地　京都府京都市西京区大原野南春日町
所属部屋　伊勢ノ海
初土俵　平成7年3月場所幕下最下位格付出
十両昇進　平成9年5月場所
入　幕　平成10年11月場所

最終場所　平成16年11月場所
幕内在位　7場所
幕内成績　45勝60敗
勝　率　0.429
身　長　177cm
体　重　135kg
得意手　突き、押し
年寄名　大碇（準年寄）→甲山

藤ノ川、土佐ノ海に次いで同大相撲部出身3人目の幕内。同大時代には学生選手権で準優勝。「大碇」は伊勢ノ海部屋の由緒ある四股名。東京相撲では大関だが、京都の五条家からは“横綱”を許されている。京都出身の幕内は昭和41年九州場所の大文字（元西岩親方）以来実に32年ぶり。徹底した攻撃相撲で、気っぷのいい突き、押しが得意だった。本場所の一番で左目の下を骨折。十両から幕下に陥落するなど、一時は力士生命を危ぶまれたが、見事に再起を果たした。

千代天山(ちよてんざん) 大八郎(だいはちろう)（小結）

本　名　角大八郎
生年月日　昭和51年2月6日
出身地　大阪府大阪市東住吉区住道矢田
四股名　角→千代天山
所属部屋　九重
初土俵　平成3年3月場所
十両昇進　平成9年1月場所
入　幕　平成11年1月場所

最終場所　平成20年1月場所
幕内在位　23場所
幕内成績　144勝181敗20休
勝　率　0.443
三　賞　殊勲賞1回、敢闘賞2回
身　長　184cm
体　重　154kg
得意手　右四つ、寄り切り、上手投げ

初土俵は大関千代大海より1年先に踏んでいる。ノンビリした性格だったが、弟弟子千代大海の活躍に刺激されて11年初場所に新入幕。いきなり敢闘賞を受賞して注目され、続く春場所も敢闘賞。さらに幕内3場所目の夏場所には若乃花から金星を奪うなどして殊勲賞を獲得した。新入幕から3場所連続三賞受賞は史上初。名古屋場所には一気に小結に昇進した。勝負度胸の良さと体の柔らかさが身上だったが、左踵骨折などで幕下まで後退、最後は三段目だった。

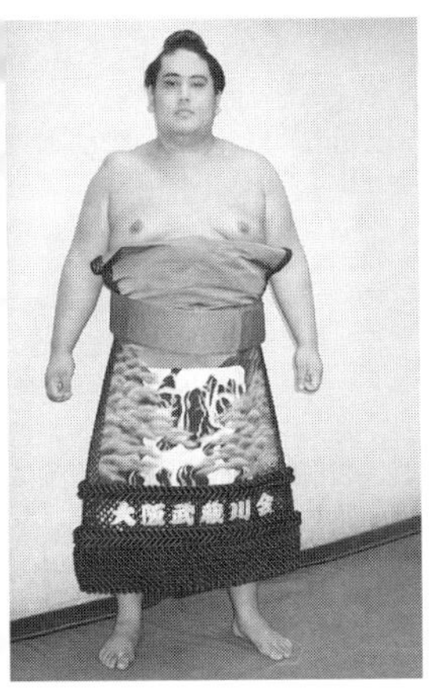

雅山(みやびやま) 哲士(てつし)（大関）

本　名　竹内雅人
生年月日　昭和52年7月28日
出身地　茨城県水戸市見川
四股名　竹内→雅山
所属部屋　武蔵川→藤島
初土俵　平成10年7月場所幕下最下位格付出
十両昇進　平成10年11月場所
入　幕　平成11年3月場所
最終場所　平成25年3月場所

幕内在位　82場所
幕内成績　599勝563敗68休
勝　率　0.515
三　賞　殊勲賞2回、敢闘賞5回、技能賞1回
身　長　188cm
体　重　186kg
得意手　右四つ、寄り切り
年寄名　二子山

明大相撲部中退で大相撲入り。いきなり幕下2場所、十両2場所連続優勝。幕内でも快進撃は止まらず、ワンチャンスで大関に昇進。「20世紀最後の大物！」と騒がれたが、よかったのはそこまで。足の負傷などで大関の地位を8場所で明け渡した。野球賭博で出場停止処分を受け、平成22年秋場所に十両降格。1度は幕内に戻ったものの、最盛期の勢いは戻らず、25年春場所に再度十両に落ちて引退した。30年夏場所前に「二子山部屋」を興した。

おおひので　たかあき
大日ノ出 崇揚（前頭９枚目）

本　名　西田崇晃
生年月日　昭和45年１月19日
出身地　兵庫県宍粟市千種町
四股名　西田山→大日ノ出
所属部屋　立浪
初土俵　平成４年１月場所幕下最下位格付出
十両昇進　平成９年１月場所
入　幕　平成11年３月場所
最終場所　平成12年９月場所
幕内在位　６場所
幕内成績　42勝48敗
勝　率　0.467
身　長　183cm
体　重　151kg
得意手　右四つ、寄り切り、上手投げ

日大相撲部出身。日大同期生は肥後ノ海、濱ノ嶋。アマチュア選手権大会で３位入賞の実績はあるが、層の厚い日大では準レギュラーだった。けがなどもあって、出世は遅々として進まなかったが、腐らずに精進した努力が実って、足掛け８年44場所かけて幕内昇進を果たした。幕下付出の学生相撲出身者としては新入幕までの最長記録。病のためドクターストップがかかって引退した。姉は語学が堪能で国際相撲連盟事務局に勤務していた。

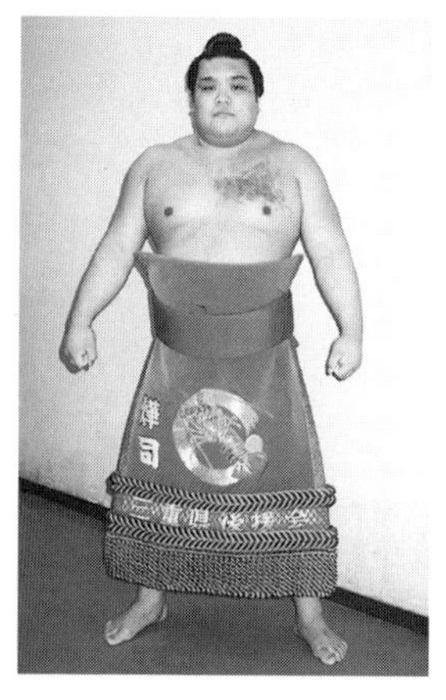

ようつかさ　だい
燁司 大（前頭11枚目）

本　名　鈴木大司
生年月日　昭和48年９月25日
出身地　三重県松阪市上川町
四股名　鈴木→燁司
所属部屋　入間川
初土俵　平成８年１月場所幕下最下位格付出
十両昇進　平成10年５月場所
入　幕　平成11年５月場所
最終場所　平成17年11月場所
幕内在位　８場所
幕内成績　49勝59敗12休
勝　率　0.454
身　長　177cm
体　重　157kg
得意手　突き、押し
年寄名　燁司（準年寄）→二十山→若藤→関ノ戸→小野川→千田川→竹縄（平成24年１月退職）

三重県からは双羽黒以来の幕内で、日大相撲部からは16人目の幕内力士。師匠は日大相撲部先輩、元関脇栃司の入間川親方。その入間川親方の薫陶を受けて、部屋第１号の幕内となった。日大同期には海鵬、他大学同期生は中大・出島、拓大・栃乃洋、東農大・時津海がいる。「四つになったらなんにもない」と徹底した突き、押し相撲を取っていた。新入幕の場所、中盤３連敗のあと終盤５連勝して勝ち越すなど連勝、連敗のツラ相撲力士だった。

おうつかさ　のぶひで
皇司 信秀（前頭４枚目）

本　名　大内信英
生年月日　昭和46年２月18日
出身地　兵庫県三木市福井
四股名　大内→皇司
所属部屋　入間川
初土俵　平成５年３月場所幕下最下位格付出
十両昇進　平成８年１月場所
入　幕　平成11年９月場所
最終場所　平成21年３月場所
幕内在位　30場所
幕内成績　184勝266敗
勝　率　0.409
身　長　176cm
体　重　150kg
得意手　押し、もろ差し、寄り、投げ
年寄名　若藤

入間川部屋第２号の幕内。兵庫県・市川高校－日大相撲部と大日ノ出の後輩に当たる。初土俵から18場所目に十両に昇進したが、１場所で関取の座を明け渡した。再十両の後も幕下に後退するなど辛酸をなめたが、日大先輩（大日ノ出）、後輩（燁司）の相次いでの入幕に刺激を受けて、平成11年夏場所に十両優勝。その翌場所も勝ち越して新入幕を決めた。相手と間隔を保って技を仕掛けるうまさは抜群だった。コツコツ稽古にはげみ、38歳まで土俵を務めた。

たかのわか　ゆうき
隆乃若　勇紀（関脇）

本　名　尾崎勇記
生年月日　昭和51年４月２日
出身地　長崎県平戸市生月町壱部浦
四股名　尾崎→隆尾崎→隆乃若
所属部屋　鳴戸
初土俵　平成４年３月場所
十両昇進　平成11年５月場所
入　幕　平成11年11月場所
最終場所　平成19年９月場所
幕内在位　34場所
幕内成績　229勝242敗39休
勝　率　0.486
三　賞　敢闘賞３回
身　長　191cm
体　重　152kg
得意手　左四つ、上手投げ

父親は元プロ野球の選手でヤクルトの捕手だった。その父親に「目標を持って生きろ」と教えられたという。中学時代はバスケットボール部員だったが、３年の時、相撲大会に出て５人抜きをするなど大活躍。知人から紹介された鳴戸親方（元横綱隆の里）は「自分と同時に入門した間垣親方（元横綱２代目若乃花）と同じ体付きをしている」と熱心に口説いてスカウトした。しなやかな筋肉は魅力的でサラブレッドを思わせたが、左ひざ、肩の故障で関脇止まりで終わった。

はやてうみ　ひでひと
追風海　英飛人（関脇）

本　名　斎藤直飛人
生年月日　昭和50年７月５日
出身地　青森県北津軽郡板柳町掛落林
四股名　斎藤→追風海
所属部屋　友綱→追手風
初土俵　平成10年３月場所幕下最下位格付出
十両昇進　平成11年１月場所
入　幕　平成12年３月場所
最終場所　平成18年１月場所
幕内在位　22場所
幕内成績　126勝127敗77休
勝　率　0.498
三　賞　技能賞１回
身　長　183cm
体　重　130kg
得意手　左四つ、寄り切り、上手投げ

強靱な足腰。相撲のセンスもよく、なかなかの男前。スターの素質を持ち合わせていたが、いかんせんけがが多すぎた。日大時代のタイトルは学生横綱など15回。新十両の場所に右ひざのじん帯損傷。４カ月の重傷を負った。幕内に上がってからは左右のひざを痛めた。左で前まわしを引くと強く関脇まで昇進したが、その後もけがに泣かされ、再浮上できずに終わった。引退後は故郷青森県に帰り、板柳町議から県議になった。

平成

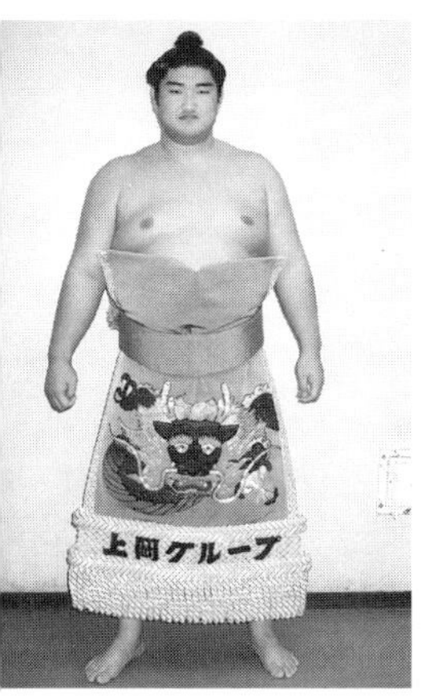

ことみつき　けいじ
琴光喜　啓司（大関）

本　名　田宮啓司
生年月日　昭和51年４月11日
出身地　愛知県岡崎市細川町
四股名　琴田宮→琴光喜
所属部屋　佐渡ヶ嶽
初土俵　平成11年３月場所幕下最下位格付出
十両昇進　平成11年11月場所
入　幕　平成12年５月場所
最終場所　平成22年５月場所（番付は７月場所）
幕内在位　59場所
幕内成績　492勝343敗50休
勝　率　0.589
優　勝　１回
三　賞　殊勲賞２回、敢闘賞４回、技能賞７回
身　長　182cm
体　重　160kg
得意手　右四つ、寄り切り、上手出し投げ、内無双

「“琴”の名前を“光”らせて、ファンの皆さんに“喜”んでもらえるように」と師匠先代佐渡ヶ嶽親方（元横綱琴櫻）が直々に命名した四股名である。日大相撲部時代のタイトル獲得はアマチュア横綱など27回。平成13年秋場所では前頭２枚目で初優勝。19年名古屋場所後、戦後最年長大関に。22年夏場所中の野球賭博疑惑報道で警察の事情聴取を受け、名古屋場所前に相撲協会を解雇された。

栃乃花 仁（小結）
とちのはな ひとし

本　名　谷地仁
生年月日　昭和48年２月28日
出身地　岩手県久慈市山形荷軽部
四股名　谷地→栃乃花
所属部屋　春日野
初土俵　平成７年３月場所
十両昇進　平成11年１月場所
入　幕　平成12年５月場所
最終場所　平成20年１月場所

幕内在位　24場所
幕内成績　155勝194敗11休
勝　率　0.444
三　賞　敢闘賞２回、技能賞２回
身　長　184cm
体　重　153kg
得意手　右四つ、寄り切り、上手投げ
年寄名　二十山

明大３年の時、全国学生選手権で３位入賞。この時の準優勝は土佐ノ海、同じ３位は出島だった。ところが幕下付出の資格が得られずに前相撲からスタートを切り、５年の歳月をかけて幕内にたどり着いた。そのうっ憤を晴らすかのように新入幕の場所に大爆発。千代大海、貴ノ浪の両大関を正攻法の相撲で倒すなど12勝３敗で敢闘賞、技能賞を受賞。秋場所再度技能賞を受ける大活躍で三役に昇進した。その後腰痛などのため幕下まで後退したが、努力を重ね再入幕。

十文字 昭憲（前頭６枚目）
じゅうもんじ あきのり

本　名　十文字友和
生年月日　昭和51年６月９日
出身地　青森県三戸郡階上町道仏
四股名　十文字→階ケ嶽→十文字
所属部屋　立田川→陸奥
初土俵　平成４年11月場所
十両昇進　平成10年１月場所
入　幕　平成12年５月場所
最終場所　平成23年１月場所

幕内在位　34場所
幕内成績　222勝286敗２休
勝　率　0.437
身　長　186cm
体　重　160kg
得意手　右四つ、寄り切り

師匠の元関脇青ノ里とは同郷。「高校進学」が両親との入門約束だったために、立田川部屋から東京の高校に通った。だが「同時入門の仲間に差を付けられるのが悔しくて」半年で中退して初土俵。敷島に続いて立田川部屋２人目の幕内。平成10年初場所、十両に上がった時の四股名は「階ケ嶽」。１場所で幕下に陥落、しばらく低迷したが、10場所かけて再十両の後は３場所連続勝ち越して幕内昇進を決めた。立田川親方の定年後、陸奥部屋に移籍。

高見盛 精彦（小結）
たかみさかり せいけん

本　名　加藤精彦
生年月日　昭和51年５月12日
出身地　青森県北津軽郡板柳町灰沼
四股名　加藤→高見盛
所属部屋　東関
初土俵　平成11年３月場所幕下最下位格付出
十両昇進　平成12年１月場所
入　幕　平成12年７月場所
最終場所　平成25年１月場所

幕内在位　58場所
幕内成績　408勝446敗16休
勝　率　0.478
三　賞　殊勲賞１回、敢闘賞２回、技能賞２回
身　長　188cm
体　重　140kg
得意手　右四つ、寄り切り
年寄名　振分→東関

制限時間いっぱいになると顎をたたき、胸をたたき、両肩を派手に揺する。きつく締めたまわしの脇腹のあたりをパンパンとたたく。闘志を鼓舞するためだが、そのパフォーマンスが受け、人気者だった。意図的でなく、無意識のジェスチャーなので嫌味がない。取り口は単調。ただひたすら右四つを得意にしていた。新入幕場所に敢闘賞受賞。一芸に秀でた“ロボコップ”だった。令和２年初場所後に東関部屋を継承したが、わずか１年で部屋を消滅させてしまった。

せんとりゅう　へんり
戦闘竜　扁利（前頭12枚目）

本　名	ヘンリー・アームストロング・ミラー	入　幕	平成12年７月場所
生年月日	昭和44年７月16日	最終場所	平成15年11月場所
出身地	米国ミズーリ州セントルイス市エーバグリーン街	幕内在位	３場所
四股名	戦闘竜→魁心山→戦闘竜	幕内成績	19勝26敗
所属部屋	友綱	勝　率	0.422
初土俵	昭和63年７月場所	身　長	175cm
十両昇進	平成６年11月場所	体　重	144kg
		得意手	突き、押し

父親は米国人、母親は日本人。生まれたのは米空軍立川基地内の病院。米国の高校を卒業してから、母親の知人を頼って相撲界入りした。太い首、丸太のような二の腕、筋肉隆々の見事な体。“褐色の弾丸”の形容がぴったりの立ち合いからの突き、押し相撲が得意だった。一時スランプに陥り、再十両になるまで足掛け５年26場所かかったが、稽古に励んだ甲斐があって、初土俵から76場所目に入幕を果たした。アキレスけんの切断など、けがが多かったのは気の毒だった。

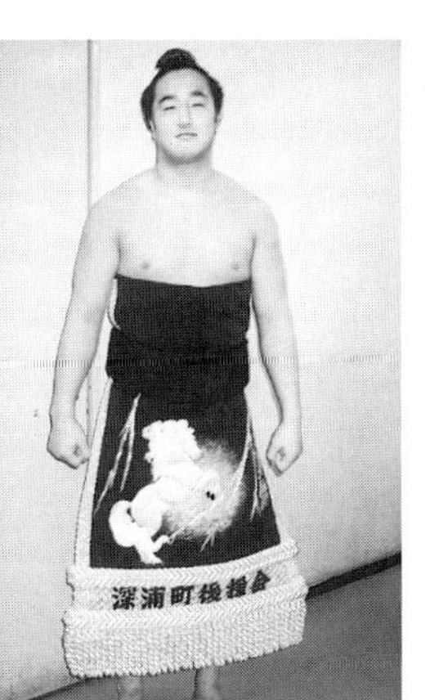

あみにしき　りゅうじ
安美錦　竜児（関脇）

本　名	杉野森竜児	幕内在位	97場所
生年月日	昭和53年10月３日	幕内成績	678勝730敗47休
出身地	青森県西津軽郡深浦町北金ケ沢	勝　率	0.482
四股名	杉野森→安美錦	三　賞	殊勲賞４回、敢闘賞２回、技能賞６回
所属部屋	安治川→伊勢ヶ濱	身　長	184cm
初土俵	平成９年１月場所	体　重	141kg
十両昇進	平成12年１月場所	得意手	右四つ、出し投げ、寄り切り、外掛け
入　幕	平成12年７月場所	年寄名	安治川
最終場所	令和元年７月場所		

師匠（元横綱旭富士）とは縁戚関係にある。柔軟な体、前さばきのいい相撲巧者。貴乃花最後の一番に勝っている。三賞、三役の常連だった。両ひざのけがなど度重なるアクシデントに悩まされたが、幕内在位97場所は高見山と並んで歴代３位。40歳７カ月まで土俵に上がった。兄弟関取で元幕内安壮富士は実兄。令和４年九州場所後に「安治川部屋」をスタートさせた。

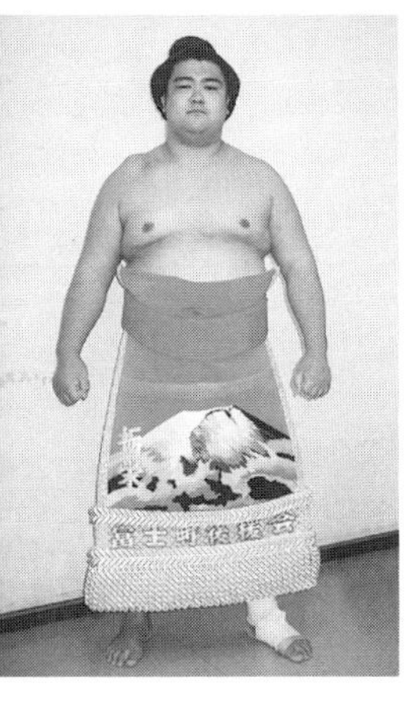

とちさかえ　あつし
栃栄　篤史（前頭筆頭）

本　名	岡本篤	最終場所	平成20年１月場所
生年月日	昭和49年６月27日	幕内在位	26場所
出身地	佐賀県佐賀市富士町栗並	幕内成績	149勝188敗53休
四股名	岡本→栃ノ巌→岡本→栃ノ巌→栃栄	勝　率	0.442
所属部屋	春日野	身　長	185cm
初土俵	平成５年１月場所	体　重	158kg
十両昇進	平成10年３月場所	得意手	突き、押し
入　幕	平成12年９月場所	年寄名	竹縄→清見潟→三保ヶ関

平成４年の“高校横綱”。高校横綱獲得者が大学に進まず即、大相撲入りしたのは栃栄が第１号である。期待にたがわず序二段、三段目、幕下で優勝するなど、順調に番付を上げていったが、蓄膿症の手術ミスで体調を狂わせて長いスランプに。３度目の十両昇進をした平成12年春場所あたりから本来の突き、押し相撲に磨きがかかり、初土俵から８年かけようやく幕内に上がった。立ち合いの当たりは鋭く、前に出る取り口にはひたむきさが感じられた。

わかこうしょう　たいへい
若光翔　大平（前頭14枚目）

本　名　三浦太平
生年月日　昭和50年３月４日
出身地　兵庫県西脇市和田町
四股名　三浦→若光翔
所属部屋　松ヶ根
初土俵　平成２年５月場所
十両昇進　平成12年１月場所
入　幕　平成12年11月場所
最終場所　平成17年３月場所
幕内在位　２場所
幕内成績　13勝17敗
勝　率　0.433
身　長　185cm
体　重　182kg
得意手　右四つ、寄り切り、上手投げ

元大関若嶋津（現二所ノ関親方）が二子山部屋から独立して、松ヶ根部屋を創設したのは平成２年初場所後。その松ヶ根部屋からの第１号幕内力士。人気者舞の海と初土俵が一緒。11年九州場所、その舞の海との十両・幕下入れ替え戦で勝って翌初場所の十両昇進を決めた。舞の海にとっては最後の一番の相手であった。体力を生かした右四つ、左上手を取っての寄りを得意とした。十両を５場所で突破したが、幕内２場所で逆戻り。その後、十両に低迷したあと幕下に陥落した。

たまのしま　あらた
玉乃島　新（関脇）

本　名　岡部新
生年月日　昭和52年９月15日
出身地　福島県西白河郡泉崎村
四股名　玉ノ洋→玉乃島
所属部屋　片男波
初土俵　平成10年３月場所幕下最下位格付出
十両昇進　平成11年９月場所
入　幕　平成12年11月場所
最終場所　平成23年11月場所
幕内在位　56場所
幕内成績　395勝441敗４休
勝　率　0.472
三　賞　敢闘賞５回、技能賞１回
身　長　187cm
体　重　162kg
得意手　突っ張り、右四つ、寄り切り
年寄名　西岩→放駒

父親は元プロボクサーのチャンピオン、母親は元大関清國（元伊勢ヶ濱親方）の実妹。東洋大相撲部を２年で中退して大相撲入り。２歳上で同じ東洋大相撲部を卒業した兄の玉光国（元十両）と片男波部屋に入門。引退後に元若嶋津の松ヶ根部屋に移籍。師匠定年後に放駒部屋として新スタートを切った。

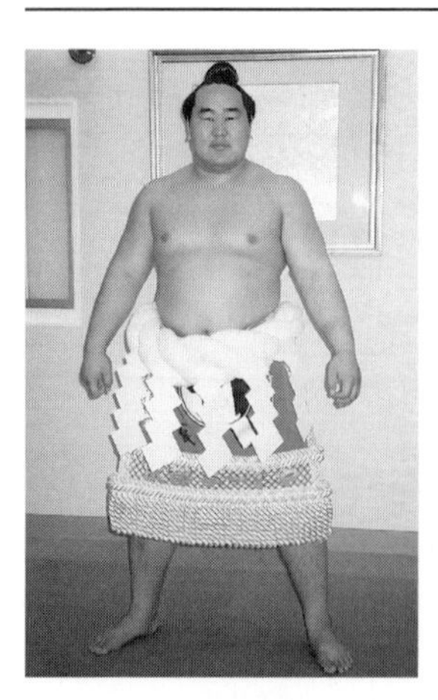

あさしょうりゅう　あきのり
朝青龍　明徳（横綱）

本　名　ドルゴルスレン・ダグワドルジ
生年月日　昭和55年９月27日
出身地　モンゴル国ウランバートル市
所属部屋　若松→高砂
初土俵　平成11年１月場所
十両昇進　平成12年９月場所
入　幕　平成13年１月場所
最終場所　平成22年１月場所
幕内在位　55場所
幕内成績　596勝153敗76休
勝　率　0.796
優　勝　25回
三　賞　殊勲賞３回、敢闘賞３回
身　長　184cm
体　重　148kg
得意手　突っ張り、左四つ、投げ

モンゴル人では初、外国人では３人目の横綱。初土俵から所要25場所、１年６場所制になってからは第１位のスピード出世。強靭な足腰、離れてよし、組んでよしの自在な取り口で前人未到の７場所連続優勝、６場所完全制覇などの記録を作ったが、一方で度重なる不祥事を起こした。一般人への暴力行為が明るみに出て、平成22年初場所後に29歳で突然に引退表明。"格闘家"としては優れていたが、精神的には未熟でモンゴル大草原の野生児のままだった。

平成

玉力道（たまりきどう） 栄来（ひでき）（前頭８枚目）

本　名	安本栄来	最終場所	平成22年１月場所
生年月日	昭和49年４月19日	幕内在位	11場所
出身地	東京都江戸川区西葛西	幕内成績	65勝93敗７休
所属部屋	片男波	勝　率	0.411
初土俵	平成９年３月場所幕下最下位格付出	身　長	185cm
		体　重	140kg
十両昇進	平成11年９月場所	得意手	押し、もろ差し、寄り切り
入　幕	平成13年１月場所	年寄名	荒磯→二所ノ関→松ヶ根

明大中野高校では金沢大会など３大会に優勝、明大相撲部時代は東日本学生選手権など４タイトル。またメーンの全国学生選手権準優勝、全日本選手権３位とアマチュア時代の実績はなかなかのものがある。突きもあり、左右のおっつけからの押し、もろ差しになっての寄りと攻めは多彩で、巧者ぶりを発揮していたが、ひざ、肩、腰と故障が多く、その後幕下に後退。幕内には戻れなかった。平成26年九州場所後に「松ヶ根」に名跡を変更。同時に片男波部屋から元大関若嶋津が継いだ「二所ノ関部屋」に移籍した。

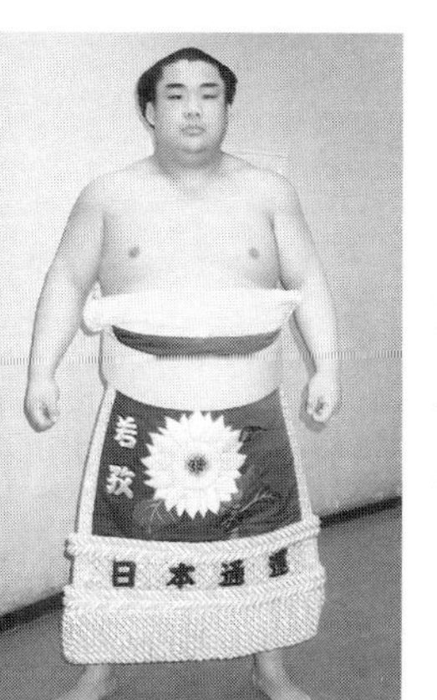

若孜（わかつとむ） 浩気（ひろき）（前頭12枚目）

本　名	中尾浩規	最終場所	平成18年７月場所
生年月日	昭和48年２月13日	幕内在位	３場所
出身地	和歌山県和歌山市田中町	幕内成績	17勝28敗
四股名	中尾→若孜→中尾→若孜	勝　率	0.378
所属部屋	松ヶ根	身　長	171cm
初土俵	平成７年11月場所幕下最下位格付出	体　重	163kg
		得意手	突き出し、押し出し
十両昇進	平成11年３月場所		
入　幕	平成13年５月場所		

171㌢と上背がないが、アマチュア相撲の実績を買われての新弟子検査合格である。明大中野中学相撲部では貴乃花と同期生。明大中野高校、中大を卒業した後、日本通運相撲部選手として半年のサラリーマン生活を経てプロ入りした。中大では出島の１年先輩。立ち合いの当たりは鋭くないが、低い重心を生かしてモコモコ前に出る取り口が身上だった。けがのため平成14年秋場所には三段目に後退。その後幕下優勝するなどしたが、関取返り咲きはならなかった。

濵錦（はまにしき） 竜郎（たつろう）（前頭11枚目）

本　名	高濵竜郎	最終場所	平成24年１月場所（番付は３月場所）
生年月日	昭和51年11月23日		
出身地	熊本県熊本市南区八幡	幕内在位	７場所
四股名	高濵→濵錦→高濵→濵錦	幕内成績	44勝61敗
所属部屋	追手風	勝　率	0.419
初土俵	平成11年３月場所幕下最下位格付出	身　長	181cm
		体　重	131kg
十両昇進	平成12年７月場所	得意手	右四つ、寄り切り、下手投げ
入　幕	平成13年５月場所	年寄名	春日山（平成29年１月退職）

日大時代のタイトル獲得は12。卒業後は九州電力への就職が決まっていたが、大学同期でライバルでもあった田宮（琴光喜）、加藤（高見盛）の大相撲入り表明に刺激を受けて「俺も相撲で完全燃焼したい」と周囲の反対を押し切ってプロの門をたたいた。相撲巧者で前さばきがよかったが、パワー不足で幕内在位は７場所で終わっている。平成24年初場所後に引退。春日山部屋を継承したが、諸般の事情で28年九州場所を前に部屋を閉じ、翌29年初場所途中で角界を去った。

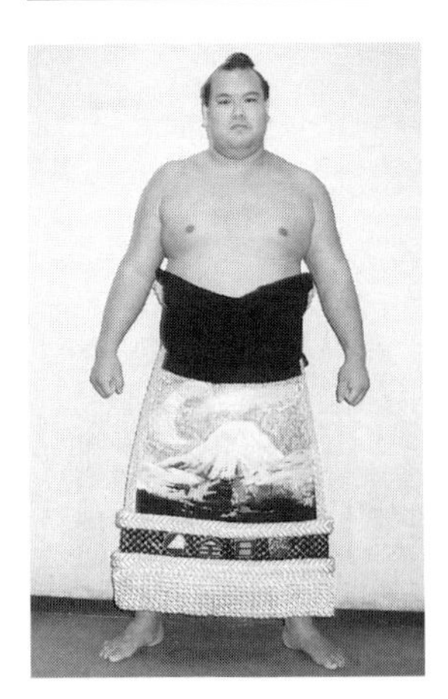

きたざくら ひでとし
北桜 英敏（前頭9枚目）

本　名　向英俊
生年月日　昭和46年12月15日
出身地　広島県広島市安佐北区可部
四股名　向→北桜→向→北桜
所属部屋　北の湖
初土俵　昭和62年3月場所
十両昇進　平成10年7月場所
入　幕　平成13年7月場所
最終場所　平成22年3月場所
幕内在位　12場所
幕内成績　70勝110敗
勝　率　0.389
身　長　190cm
体　重　178kg
得意手　右四つ、寄り切り
年寄名　小野川→式秀

北の湖部屋からは巌雄（現山響親方）以来2人目の幕内。初土俵から15年目の新入幕というスロー出世。同期生は貴ノ浪と小城錦。新入幕の場所の千秋楽、大関から陥落していた貴ノ浪と対戦、すくい投げで勝った。実弟は陸奥部屋の豊桜。その兄弟の父親は元時津風部屋の三段目力士という相撲一家。巨体を利しての右四つ、寄りを得意にしていた。平成25年初場所前に元大潮の式秀部屋を引き継いだ。

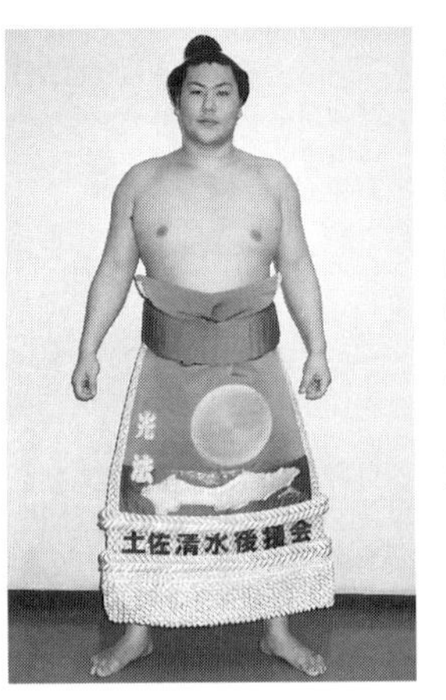

こうぼう けんいち
光法 賢一（前頭9枚目）

本　名　峯山賢一
生年月日　昭和48年8月18日
没年月日　令和3年7月1日
出身地　鹿児島県熊毛郡南種子町島間
四股名　峯山→光法
所属部屋　宮城野
初土俵　平成元年3月場所
十両昇進　平成11年1月場所
入　幕　平成13年11月場所
最終場所　平成19年11月場所（番付は20年1月場所）
幕内在位　4場所
幕内成績　21勝39敗
勝　率　0.350
身　長　183cm
体　重　141kg
得意手　左四つ、下手投げ
年寄名　安治川→二子山→立田川→西岩→音羽山（平成30年1月退職）

宮城野部屋からは竹葉山以来15年ぶりの幕内力士。18歳で幕下に上がったがその後伸び悩んで7年間も幕下の地位に“安住”した。平成22年初場所後の役員選挙で一門外の貴乃花親方に投票。所属する宮城野部屋から離れ、貴乃花一門の一員になり、元大関貴ノ浪の音羽山親方急逝後に「音羽山」を襲名。審判委員に抜擢されたが、30年初場所前に退職。

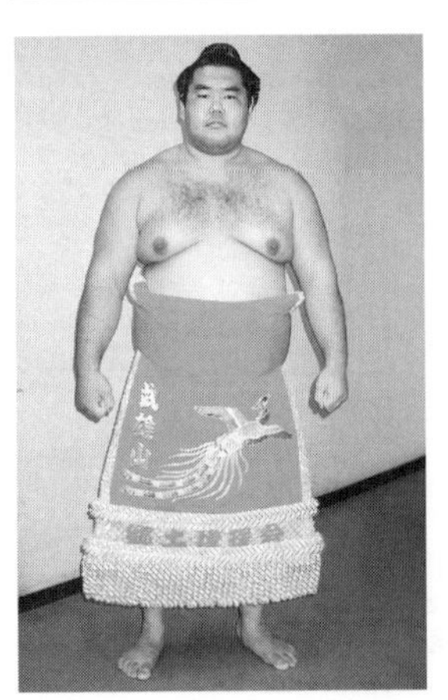

ぶゆうざん たけよし
武雄山 喬義（前頭筆頭）

本　名　富永丈喜
生年月日　昭和49年7月29日
出身地　愛知県豊橋市長瀬町
四股名　富永山→武雄山
所属部屋　武蔵川
初土俵　平成9年3月場所幕下最下位格付出
十両昇進　平成12年5月場所
入　幕　平成13年11月場所
最終場所　平成19年11月場所
幕内在位　25場所
幕内成績　167勝196敗12休
勝　率　0.460
三　賞　敢闘賞2回
身　長　181cm
体　重　164kg
得意手　突き、押し
年寄名　大鳴戸→関ノ戸→山分

愛工大名電高校出身。同高校の超有名人に野球のイチロー選手がいる。明大相撲部では玉力道と同期。全日本ベスト8で幕下付出の資格を得たが高校、大学で優勝経験はない。実兄の勧めもあって大相撲入りに人生を賭けた。中学3年生の時、愛知県の大会で1年生の琴光喜と対戦、年下の琴光喜にぶん投げられたのがきっかけで相撲に本腰を入れるようになった。平成13年名古屋場所では9勝6敗の8人による十両優勝決定戦を制している。新入幕早々、敢闘賞を受賞した。

霜鳳 典雄（小結）
しもとり のりお

本　名　霜鳥典雄
生年月日　昭和53年３月18日
出身地　新潟県妙高市上新保
四股名　霜鳥→霜鳳（しもおおとり→しもとり）
所属部屋　時津風
初土俵　平成12年５月場所幕下最下位格付出
十両昇進　平成13年５月場所
入　幕　平成14年３月場所
最終場所　平成23年１月場所
幕内在位　37場所
幕内成績　231勝273敗51休
勝　率　0.458
三　賞　敢闘賞１回
身　長　189cm
体　重　152kg
得意手　右四つ、上手投げ、寄り切り

幕内３場所目の平成14年名古屋場所13日目、横綱初挑戦で武蔵丸を倒す金星で一躍脚光を浴びた。奇しくも師匠時津風親方（元大関豊山）定年前の最後の場所でもあり、敢闘賞受賞で花を添えた。学生相撲出身。東農大からの幕内は大関豊山、小結豊山（湊→立田川親方）と前頭３枚目時津海（前時津風親方）に次いで４人目。スケールの大きい正統派の四つ相撲で右四つ、左上手を引いての寄りを得意にしていた。

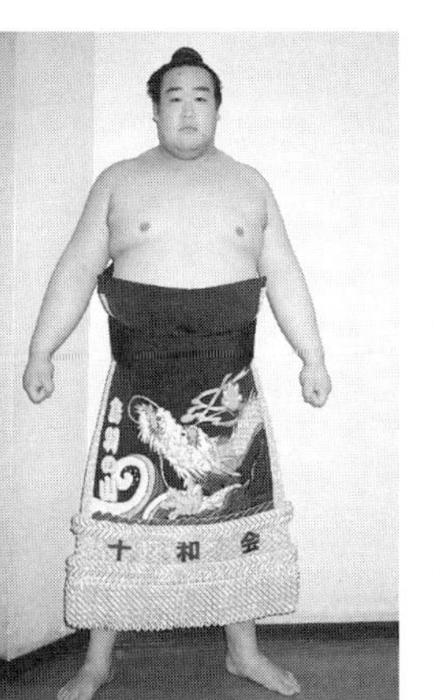

鳥羽の山 喜充（前頭13枚目）
とわのやま よしみつ

本　名　小林昭仁
生年月日　昭和52年７月10日
出身地　東京都豊島区東池袋
四股名　小林山→大鷹山→鳥羽の山
所属部屋　出羽海
初土俵　平成５年11月場所
十両昇進　平成11年５月場所
入　幕　平成14年３月場所
最終場所　平成27年１月場所
幕内在位　１場所
幕内成績　０勝１敗14休
勝　率　0.000
身　長　190cm
体　重　205kg
得意手　右四つ、寄り切り、すくい投げ

新入幕、初日朝のけいこで右ひざを痛めるという不運に泣いた。初日は不戦敗。２日目から休場で結局１不戦敗14休み。１日も幕内の土俵に上がれずに、その地位を明け渡した。新入幕時に200㌔超の体重はハワイ出身の小錦以来史上２人目。巨体を武器に右四つ、寄りを得意にしていた。幕下に陥落したが、再起へ向けて努力を重ねいったんは十両に復帰したものの、再び右ひざを痛めて序二段まで番付を落とした。カムバックへ必死の土俵も幕下で力士人生を終えた。

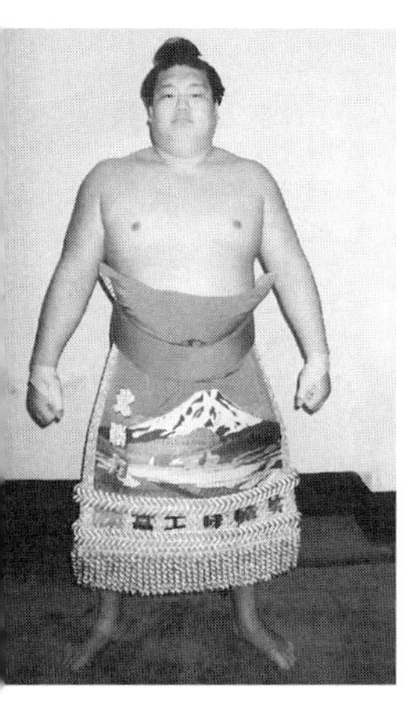

北勝力 英樹（関脇）
ほくとうりき ひでき

本　名　木村英樹
生年月日　昭和52年10月31日
出身地　栃木県大田原市黒羽町大豆田
所属部屋　九重→八角
初土俵　平成５年３月場所
十両昇進　平成14年１月場所
入　幕　平成14年５月場所
最終場所　平成23年５月技量審査場所
幕内在位　49場所
幕内成績　329勝383敗23休
勝　率　0.462
三　賞　殊勲賞１回、敢闘賞３回
身　長　183cm
体　重　154kg
得意手　突き、押し、引き落とし
年寄名　谷川

入門のきっかけは街の銭湯。「僕、いい体をしているなあ。相撲取りにならないか。君のような立派な体ならすぐに関取になるよ」という“甘い勧誘”に乗せられた。裸商売の力士と風呂屋は縁があるようで、戦前には横綱羽黒山がそうだし、武蔵川親方の元横綱三重ノ海も銭湯でスカウトされて入門している。徹底した突き、押し相撲が魅力。十両を２場所で通過して入幕、新入幕の場所も11勝４敗で敢闘賞を受賞、平成16年夏場所には朝青龍の連勝を35でストップさせた。

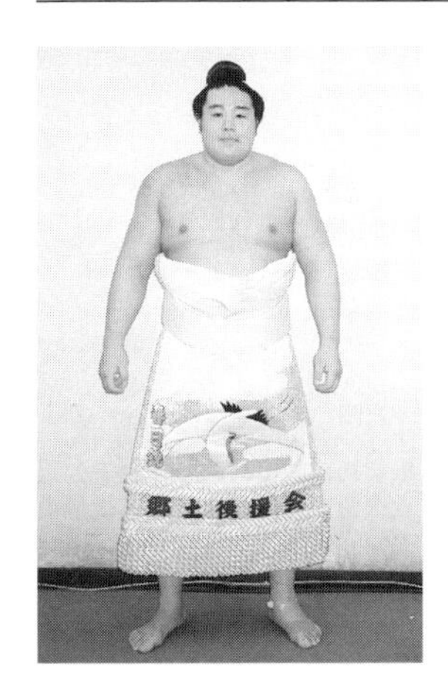

春日錦（かすがにしき） 孝嘉（たかひろ）（前頭5枚目）

本　名　鈴木孝洋
生年月日　昭和50年8月22日
出身地　千葉県いすみ市岬町長者
所属部屋　春日野
初土俵　平成3年3月場所
十両昇進　平成11年7月場所
入　幕　平成14年9月場所
最終場所　平成23年1月場所
幕内在位　20場所
幕内成績　107勝156敗37休
勝　率　0.407
身　長　187cm
体　重　154kg
得意手　突き、押し、右四つ、寄り切り
年寄名　竹縄（平成23年4月退職）

「稽古場では強いのだが、肝心の本場所でその結果を出せない」と師匠の先代春日野親方（元横綱栃ノ海）を嘆かせていた。地力がありながら十両、幕内での低迷は下半身が硬く度々のけがに泣かされたから。十両時代の平成14年夏場所には不戦勝3個を記録している。野球賭博で謹慎。その後、没収された携帯電話から“八百長メール事件”が発覚。相撲界未曽有の大事件となり、その主犯格として世間を騒がせた。

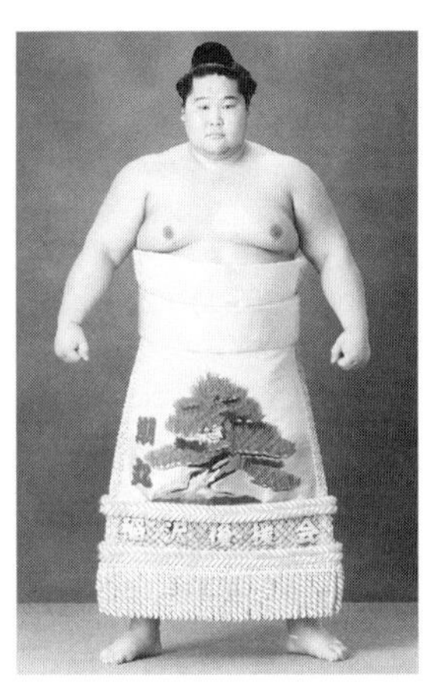

潮丸（うしおまる） 元康（もとやす）（前頭10枚目）

本　名　佐野元泰
生年月日　昭和53年5月11日
没年月日　令和元年12月13日
出身地　静岡県静岡市葵区南安倍
四股名　高見佐野→天福→潮丸
所属部屋　東関
初土俵　平成6年3月場所
十両昇進　平成14年1月場所
入　幕　平成14年9月場所
最終場所　平成21年5月場所
幕内在位　12場所
幕内成績　68勝92敗20休
勝　率　0.425
身　長　177cm
体　重　170kg
得意手　突き、押し、もろ差し、寄り切り
年寄名　小野川→東関

曙、高見盛に次ぐ東関部屋3人目の幕内力士。曙に徹底的に鍛えられた。関取の少ない静岡県出身。戦後では2人目の幕内力士だった。師匠は元高見山の東関親方。親方の65歳定年に伴って東関部屋を継承した。平成21年夏場所後のことである。部屋を継いで10年。「勝負はこれから！」という矢先に病に倒れて令和元年12月に41歳という若さで急逝した。病名は血管肉腫。一種のがんだった。

岩木山（いわきやま） 竜太（りゅうた）（小結）

本　名　對馬竜太
生年月日　昭和51年3月2日
出身地　青森県弘前市岩木町如来瀬
四股名　對馬→岩木山
所属部屋　中立→境川
初土俵　平成12年7月場所幕下最下位格付出
十両昇進　平成14年3月場所
入　幕　平成14年11月場所
最終場所　平成22年9月場所
幕内在位　43場所
幕内成績　293勝318敗34休
勝　率　0.480
三　賞　敢闘賞1回、技能賞1回
身　長　185cm
体　重　180kg
得意手　左四つ、寄り切り
年寄名　関ノ戸

青森大学相撲部出身の第1号幕内。2年間、社会人生活を経験した後に大相撲入り。きっかけは高校時代の相撲部友人の急死だった。弘前実業高校出身で、高見盛の1年先輩になる。大学時代のタイトルは一つ、社会人になってからは国体など3大会で優勝している。幕下付出でスタート。ひざを痛めて三段目に後退したが、その三段目で優勝してからは順調に番付を上げていった。体力を生かした立ち合いからの破壊力ある攻めは鋭く、三役に突入した。

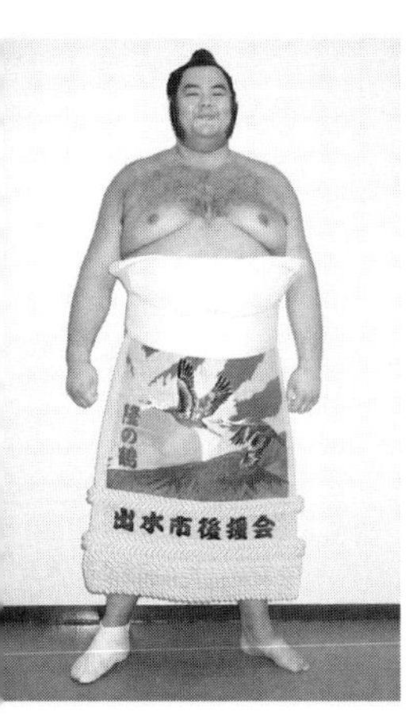

たかのつる　しんいち
隆の鶴 伸一（前頭８枚目）

本　名	積山伸一	幕内在位	５場所
生年月日	昭和51年６月18日	幕内成績	26勝45敗４休
出身地	鹿児島県出水市今釜町	勝　率	0.366
四股名	積山→隆の鶴	身　長	188cm
所属部屋	鳴戸	体　重	175kg
初土俵	平成４年３月場所	得意手	左四つ、寄り切り
十両昇進	平成13年３月場所	年寄名	隆の鶴（準年寄）→西岩→鳴戸→田子ノ浦
入　幕	平成15年１月場所		
最終場所	平成18年５月場所		

若の里、隆乃若と一緒の初土俵。闘牙そっくりの長いモミアゲがトレードマークで、幕内２場所目に“そっくりさん対決”があり、館内を大いに沸かせた。結果は“弟分”の隆の鶴が“兄貴”に寄り切りで勝っている。三段目時代、右足を痛め５場所連続休場。１度は番付から名前が消えたが、逆境をはね返して幕内の座を勝ち取った。平成23年11月、九州場所直前の師匠鳴戸親方（元横綱隆の里）の急逝で鳴戸部屋（後に田子ノ浦部屋と名跡を変更）を引き継いだ。

かすがおう　かつまさ
春日王 克昌（前頭３枚目）

本　名	金成澤	幕内在位	32場所
生年月日	昭和52年７月１日	幕内成績	199勝272敗９休
出身地	韓国ソウル市	勝　率	0.423
四股名	金→春日王	三　賞	敢闘賞１回
所属部屋	春日山	身　長	184cm
初土俵	平成10年11月場所	体　重	154kg
十両昇進	平成14年７月場所	得意手	右四つ、寄り切り、小手投げ
入　幕	平成15年１月場所		
最終場所	平成23年１月場所		

韓国相撲シルムの学生チャンピオン。選択肢としてプロのシルム選手に転向も考えられたが、噂を聞いて駆け付けた春日山親方（元前頭筆頭春日富士）の「日本の相撲で強くなればいくらでも稼げる。母親孝行ができる！」という勧誘に、大学を３年で中退して日本の大相撲入りを選んだ。新入幕でいきなり敢闘賞受賞。パワフルな取り口が身上だったが、受け身になると小手投げなど力任せの一発逆転を狙うのが悪い癖だった。

平成

あさせきりゅう　たろう
朝赤龍 太郎（関脇）

本　名	バダルチ・ダシニャム	幕内成績	410勝442敗33休
生年月日	昭和56年８月７日	勝　率	0.481
出身地	モンゴル国ウランバートル市	三　賞	殊勲賞１回、敢闘賞１回、技能賞２回
所属部屋	若松→高砂	身　長	185cm
初土俵	平成12年１月場所	体　重	145kg
十両昇進	平成14年７月場所	得意手	右四つ、寄り切り、下手投げ
入　幕	平成15年３月場所	年寄名	錦島→高砂
最終場所	平成29年５月場所		
幕内在位	59場所		

モンゴル出身４人目の幕内。同じ高砂部屋の兄弟子・朝青龍は気性が荒かったが、弟弟子の朝赤龍は柔和な性格。その分覇気に欠け、攻めの遅さが目立った。名門・高砂部屋は朝赤龍の幕下陥落で関取ゼロになったこともある。令和２年12月に、師匠定年に伴い８代目高砂親方を襲名した。その矢先に朝乃山の“不祥事”で謹慎処分を受けた。

たけかぜ　あきら

豪風 旭（関脇）

本　名	成田旭	幕内在位	86場所
生年月日	昭和54年6月21日	幕内成績	590勝669敗31休
出身地	秋田県北秋田市森吉町米内沢	勝　率	0.469
四股名	成田→豪風	三　賞	敢闘賞2回
所属部屋	尾車	身　長	171cm
初土俵	平成14年5月場所幕下15枚目格付出	体　重	144kg
十両昇進	平成14年9月場所	得意手	突き、押し、内掛け
入　幕	平成15年3月場所	年寄名	押尾川
最終場所	平成31年1月場所		

35歳2カ月での新関脇は戦後1位の高齢昇進。昭和62年春場所に元大関琴風が興した尾車部屋からは初めての関脇誕生。中大相撲部出身の学生横綱。中大からの幕内は豊國、玉春日、出島、若務に次いで5人目。上背はないが、突き、押しを得意とし、短躯を生かした重心の低い攻めが武器だった。引退後に独立して押尾川部屋を再興した。

かきぞえ　とおる

垣添 徹（小結）

本　名	垣添徹	幕内在位	43場所
生年月日	昭和53年8月12日	幕内成績	299勝343敗3休
出身地	大分県宇佐市上時枝	勝　率	0.466
所属部屋	武蔵川→藤島	三　賞	技能賞1回
初土俵	平成13年9月場所幕下15枚目格付出	身　長	176cm
十両昇進	平成15年3月場所	体　重	138kg
入　幕	平成15年9月場所	得意手	突き、押し
最終場所	平成24年3月場所（番付は5月場所）	年寄名	押尾川→雷

日体大から初めての幕内力士。学生横綱のほか、世界選手権無差別級優勝など大学時代のタイトル獲得は17。幕下15枚目格付出でスタートもひざのけがで関取昇進まで9場所かかった。69連勝の大横綱双葉山と同郷。小学生のころ、NHKテレビの「双葉山物語」で少年時代の双葉山を演じている。令和5年初場所後に元関脇栃司の入間川部屋を引き継ぎ「雷部屋」をスタートさせた。

わかとば　ひろみ

若兎馬 裕三（前頭11枚目）

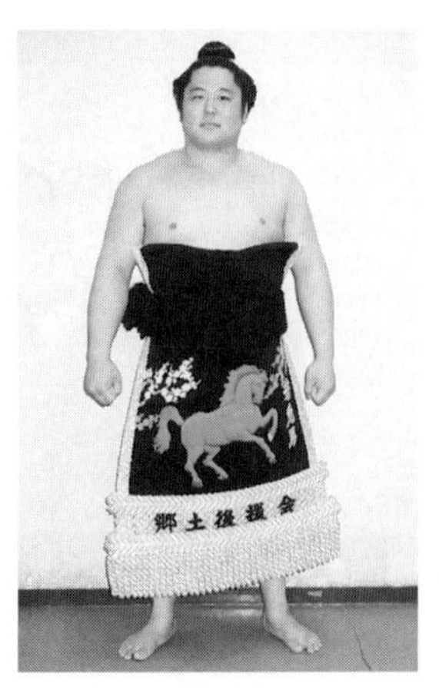

本　名	山田裕三	幕内在位	7場所
生年月日	昭和52年6月15日	幕内成績	39勝66敗
出身地	東京都府中市住吉町	勝　率	0.371
四股名	山田→若兎馬	身　長	176cm
所属部屋	押尾川→尾車	体　重	140kg
初土俵	平成5年3月場所	得意手	突き、押し、右四つ、上手投げ
十両昇進	平成13年5月場所	年寄名	押尾川（平成22年8月退職）
入　幕	平成15年9月場所		
最終場所	平成19年7月場所（番付は9月場所）		

十両昇進と同時に「若兎馬」と改めた。師匠の押尾川親方（元大関大麒麟）が命名。「三国志」に出てくる名馬・赤兎馬にちなんだものだった。少年時代から地元の相撲クラブに通っていて、小学生の時に東京都大会で優勝の経験がある。18歳で幕下に上がったものの右ひざのけがでしばらく低迷したが、その後めきめき力をつけた。得意は突き、押し相撲で右四つからの寄り、上手投げにも威力があった。師匠押尾川親方の退職に伴い、尾車部屋に移籍した。

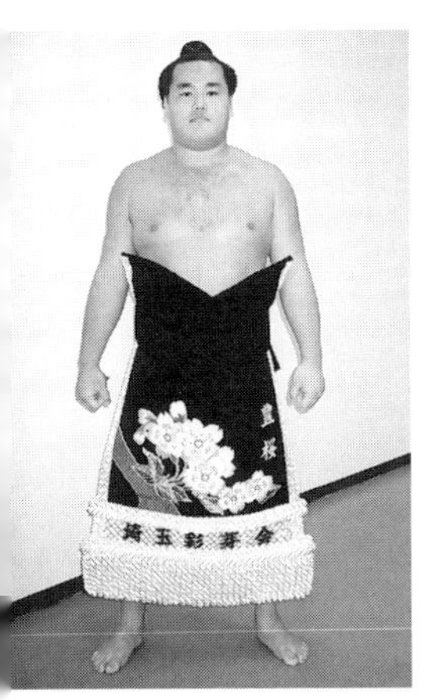

豊桜 俊昭（前頭５枚目）
とよざくら　としあき

本　名	向　俊昭	幕内在位	17場所
生年月日	昭和49年３月12日	幕内成績	97勝158敗
出身地	広島県広島市安佐北区可部	勝　率	0.380
四股名	向→豊櫻→豊桜	三　賞	敢闘賞１回
所属部屋	立田川→陸奥	身　長	183cm
初土俵	平成元年３月場所	体　重	138kg
十両昇進	平成10年９月場所	得意手	突っ張り、押し、引き落とし
入　幕	平成15年11月場所		
最終場所	平成23年１月場所		

“二世力士”“兄弟同時関取”で父親は元時津風部屋の三段目力士の豊桜。３歳違いの兄は北の湖部屋の北桜。豊桜は父親と時津風部屋で兄弟弟子だった間柄の元関脇青ノ里の立田川部屋に入った。その後師匠の定年で所属が元大関霧島が親方の陸奥部屋に。四つ相撲を得意にしていた北桜とは対照的に突き、押しを武器に気っ風のいい相撲を取った。３度目の入幕の平成16年名古屋場所に12勝３敗で敢闘賞受賞。

黒海 太（小結）
こっかい　ふとし

本　名	ツァグリア・メラブ・レヴァン	幕内在位	45場所
生年月日	昭和56年３月10日	幕内成績	312勝363敗
出身地	ジョージア共和国トビリシ市	勝　率	0.462
所属部屋	追手風	三　賞	敢闘賞２回
初土俵	平成13年５月場所	身　長	189cm
十両昇進	平成15年５月場所	体　重	165kg
入　幕	平成16年１月場所	得意手	突き、押し、左四つ、寄り切り
最終場所	平成24年９月場所		

貴乃花引退の平成15年初場所、６勝１敗の７人による決定戦を制して幕下優勝、翌場所の十両昇進を決めた。「貴乃花関のように強くなりたい」とブルーの瞳を輝かせた。欧州勢台頭の口火を切っての関取第１号だった。アマチュアレスリング出身。「レスリングの試合はポイントを取り返せば勝てる。だけど相撲は一度の失敗も許されない。難しいスポーツだ」と口にしていた。怪力を生かして上位キラーとして活躍した。

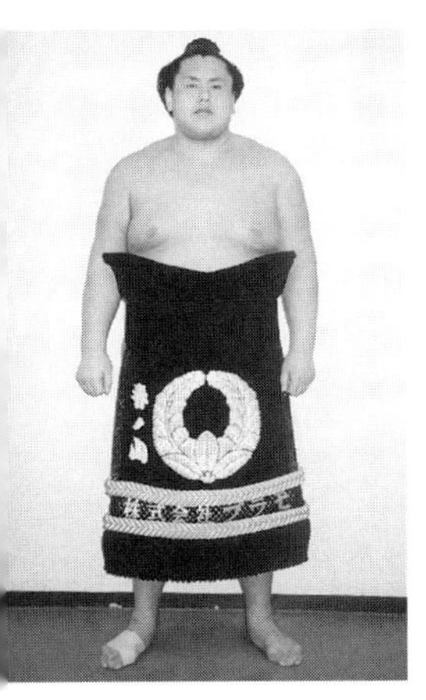

春ノ山 竜尚（前頭10枚目）
はるのやま　たつなお

本　名	春山竜尚	幕内在位	４場所
生年月日	昭和51年８月２日	幕内成績	16勝29敗15休
出身地	愛知県豊田市白山町	勝　率	0.356
四股名	春山→豊毅竜→春山→春ノ山	身　長	187cm
所属部屋	松ヶ根	体　重	189kg
初土俵	平成４年３月場所	得意手	左四つ、寄り切り
十両昇進	平成12年11月場所	年寄名	春ノ山（準年寄）→竹縄（平成20年１月退職）
入　幕	平成16年３月場所		
最終場所	平成18年11月場所		

初土俵同期には鳴戸部屋の若の里、隆乃若、モンゴルの旭鷲山、旭天鵬。それに学生相撲出身の智乃花、朝乃若らがいる。12年かけてやっとつかんだ幕内の座だった。松ヶ根部屋からは若光翔、若孜に次いで３人目の幕内。新入幕の場所は大きな体を生かして前に出る積極相撲で９勝をマーク。“大器晩成”かと期待を抱かせたが、その後２場所連続大きく負け越して十両に後退。１度再入幕したが、１場所で陥落した。勝ちみが遅いのが欠点だった。

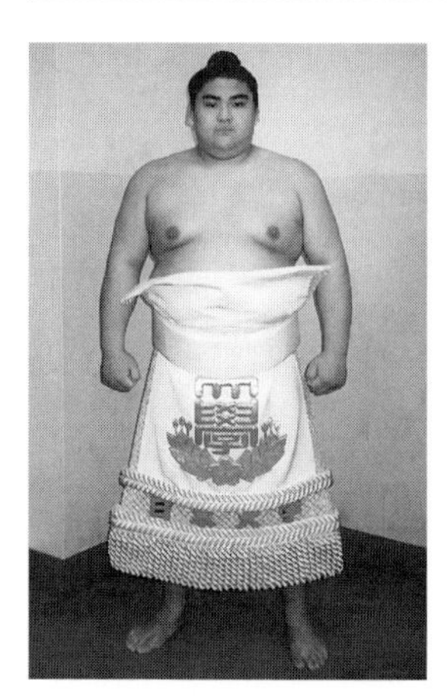

普天王（ふてんおう） 水（いづみ）（小結）

本　名　内田水
生年月日　昭和55年８月26日
出身地　熊本県玉名市天水町小天
四股名　内田→普天王
所属部屋　出羽海
初土俵　平成15年１月場所幕下15枚目格付出
十両昇進　平成15年５月場所
入　幕　平成16年３月場所
最終場所　平成23年１月場所
幕内在位　33場所
幕内成績　231勝260敗４休
勝　率　0.470
三　賞　敢闘賞１回、技能賞１回
身　長　181cm
体　重　159kg
得意手　左四つ、寄り切り
年寄名　稲川

日大２年でアマチュア横綱。２場所連続６勝１敗で十両入り。平成17年秋場所の新小結初日、横綱朝青龍に快勝している。しばらく幕内上位で活躍していたが、その後、左ひじを痛めるなどして不振に陥り、20年九州場所から22年夏場所まで連続10場所負け越し。名古屋場所の幕下落ちで大横綱常陸山の十両昇進以来112年続いた名門出羽海部屋の関取は途切れた。再起を図ろうとした矢先の名古屋場所に野球賭博で謹慎処分を受けた。

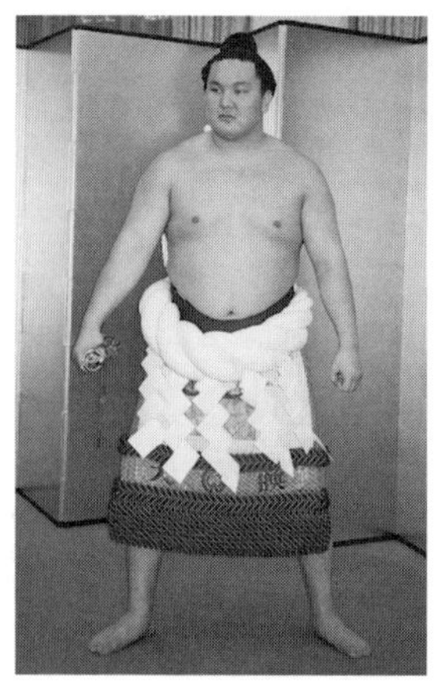

白鵬（はくほう） 翔（しょう）（横綱）

本　名　ムンフバト・ダヴァジャルガル→白鵬翔
生年月日　昭和60年３月11日
出身地　モンゴル国ウランバートル市
所属部屋　宮城野
初土俵　平成13年３月場所
十両昇進　平成16年１月場所
入　幕　平成16年５月場所
最終場所　令和３年９月場所
幕内在位　103場所
幕内成績　1093勝199敗253休
勝　率　0.846
優　勝　45回
三　賞　殊勲賞３回、敢闘賞１回、技能賞２回
身　長　192cm
体　重　154kg
得意手　右四つ、寄り切り、上手投げ
年寄名　間垣→宮城野

双葉山の69連勝に次ぐ63連勝を記録。優勝45回は歴代最多。入門先が決まらず、故郷モンゴルへの帰国寸前に宮城野部屋に“拾われた”エピソードは語り草だ。序ノ口は負け越しスタートの劣等生が大きく化けて、角界を背負う大横綱になった。平成19年夏場所後に外国出身４人目の横綱になった。横綱在位84場所で引退。年寄間垣を襲名。師匠（元前頭竹葉山）定年後に宮城野部屋を継承。

時天空（ときてんくう） 慶晃（よしあき）（小結）

本　名　アルタンガダス・フチットバータル→時天空慶晃
生年月日　昭和54年９月10日
没年月日　平成29年１月31日
出身地　モンゴル国トゥブ県アルタンボラグ
所属部屋　時津風
初土俵　平成14年７月場所
十両昇進　平成16年３月場所
入　幕　平成16年７月場所
最終場所　平成28年７月場所（番付は９月場所）
幕内在位　63場所
幕内成績　431勝494敗20休
勝　率　0.466
三　賞　技能賞１回
身　長　186cm
体　重　149kg
得意手　右四つ、上手投げ、二枚蹴り、内掛け
年寄名　間垣

「しっかり勉強、モンゴルの農業のために役立ちたかった」の志を持ってモンゴル農大から東農大に留学したが、モンゴルでの少年時代に柔道仲間だった朝青龍の活躍に刺激されて22歳で初土俵。足技などを得意に小結３場所。日本国籍を取得したが、悪性リンパ腫の発病で現役を断念。引退半年後に37歳で急逝した。

琴欧洲 勝紀（大関）
ことおうしゅう かつのり

本　名　カロヤン・ステファノフ・マハリャノフ→安藤カロヤン
生年月日　昭和58年２月19日
出身地　ブルガリア共和国ベリコタロノボ市
四股名　琴欧州→琴欧洲
所属部屋　佐渡ヶ嶽
初土俵　平成14年11月場所
十両昇進　平成16年５月場所
入　幕　平成16年９月場所
最終場所　平成26年３月場所

幕内在位　57場所
幕内成績　466勝322敗63休
勝　率　0.591
優　勝　１回
三　賞　殊勲賞２回、敢闘賞３回
身　長　204cm
体　重　160kg
得意手　右四つ、寄り切り、上手投げ
年寄名　琴欧洲→鳴戸

負け越し知らずで序ノ口から11場所目に入幕。幕内９場所目の平成18年初場所に大関昇進。白鵬の対抗馬として横綱も期待されたが、右ひざの故障などで47場所保った大関から後退して引退。平成29年３月に、佐渡ヶ嶽部屋から独立して鳴戸部屋を興し、令和４年名古屋場所で新十両力士を育てた。

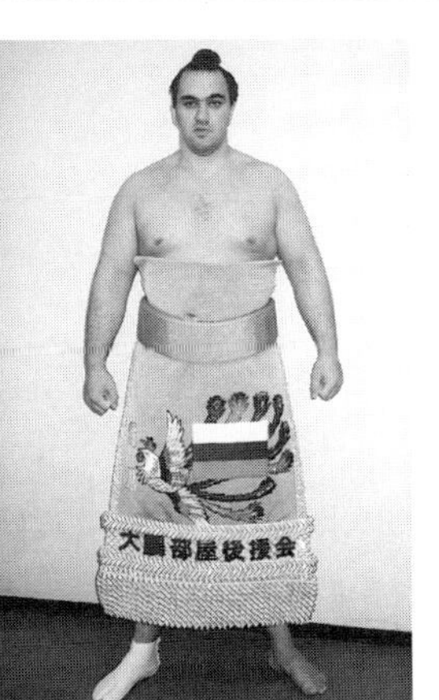

露鵬 幸生（小結）
ろほう ゆきお

本　名　ボラーゾフ・ソスラン・フェーリクソヴィッチ
生年月日　昭和55年３月９日
出身地　ロシア連邦ウラジカフカス市
所属部屋　大鵬→大嶽
初土俵　平成14年５月場所
十両昇進　平成16年１月場所
入　幕　平成16年９月場所
最終場所　平成20年７月場所（番付は20年９月場所、20年９月解雇）

幕内在位　24場所
幕内成績　182勝160敗18休
勝　率　0.532
三　賞　敢闘賞１回
身　長　192cm
体　重　147kg
得意手　右四つ、寄り切り、投げ

大鵬親方が育てた最後の関取。ロシア出身で弟の白露山と一緒に初土俵を踏んだ。18歳の時にアマレスの世界ジュニア選手権に優勝している。その後相撲を始め、世界選手権などに出場した。初土俵から２年で幕内に上がるなどスピード出世したが、土俵上での実力アップに精神的成長が伴わなかった。平成18年名古屋場所では相撲取材カメラマンとトラブルを起こして、３日間の出場停止処分を受け、20年９月大麻吸引が発覚し、白露山とともに相撲協会を解雇された。

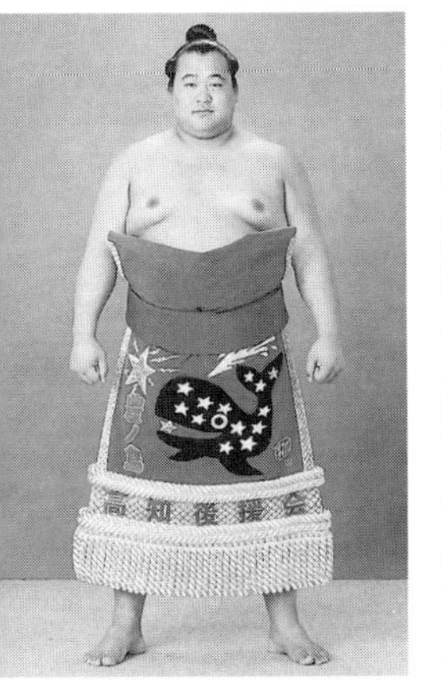

豊ノ島 大樹（関脇）
とよのしま だいき

本　名　梶原大樹
生年月日　昭和58年６月26日
出身地　高知県宿毛市小深浦
四股名　梶原→豊ノ島
所属部屋　時津風
初土俵　平成14年１月場所（第２検査）
十両昇進　平成16年５月場所
入　幕　平成16年９月場所
最終場所　令和２年３月場所

幕内在位　71場所
幕内成績　493勝524敗48休
勝　率　0.485
三　賞　殊勲賞３回、敢闘賞３回、技能賞４回
身　長　170cm
体　重　145kg
得意手　左四つ、寄り切り、下手投げ
年寄名　井筒（令和５年１月退職）

「第２検査」で勝ち上がった第１号幕内力士。全国中学校選手権大会で優勝している。高校では高知県国体団体優勝の一員。十両を２場所で卒業しての入幕だったが、体力不足で一進一退を繰り返した。琴奨菊とは高校時代からのライバル。平成22年九州場所は前頭９枚目で14勝１敗。優勝決定戦で白鵬に敗れ、惜しくも平幕優勝のチャンスを逃している。左足アキレス腱断裂などで幕下に降下したが、30年九州場所で２年ぶりに関取に返り咲いた。

平成

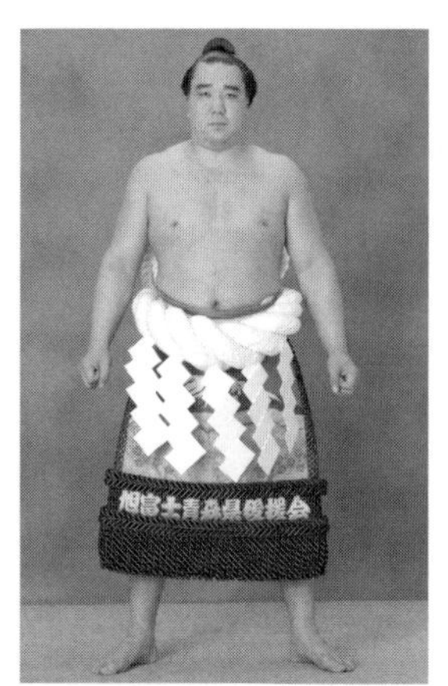

日馬富士（はるまふじ） 公平（こうへい）(横綱)

本　名　ダワーニャム・ビャンバドルジ
生年月日　昭和59年４月14日
出身地　モンゴル国ゴビアルタイ県
四股名　安馬→日馬富士
所属部屋　安治川→伊勢ヶ濱
初土俵　平成13年１月場所
十両昇進　平成16年３月場所
入　幕　平成16年11月場所
最終場所　平成29年11月場所
幕内在位　78場所
幕内成績　712勝373敗85休
勝　率　0.656
優　勝　９回
三　賞　殊勲賞４回、敢闘賞１回、技能賞５回
身　長　185cm
体　重　135kg
得意手　突っ張り、左四つ、寄り切り

朝青龍、白鵬に次いでモンゴル人関取３人目の横綱。「一生懸命に取ればお客さんが喜んでくれる。自分を磨いてもっともっと拍手をもらいたい」というひたむきさ、プロ根性が細い体を支えていた。厳しい稽古で鍛えた瞬発力と柔軟な足腰で真っ向勝負は気持ちがよかった。平成21年初場所、大関昇進と同時に日馬富士と改名。24年秋場所後に第70代横綱、29年九州場所後に引退。

稀勢の里（きせのさと） 寛（ゆたか）(横綱)

本　名　萩原寛
生年月日　昭和61年７月３日
出身地　茨城県牛久市さくら台
四股名　萩原→稀勢の里
所属部屋　鳴戸→田子ノ浦
初土俵　平成14年３月場所
十両昇進　平成16年５月場所
入　幕　平成16年11月場所
最終場所　平成31年１月場所
幕内在位　85場所
幕内成績　714勝453敗97休
勝　率　0.612
優　勝　２回
三　賞　殊勲賞５回、敢闘賞３回、技能賞１回
身　長　188cm
体　重　171kg
得意手　突き、押し、左四つ、寄り切り
年寄名　荒磯→二所ノ関

平成29年初場所後に若乃花（第66代横綱）以来19年ぶりの“純国産横綱”になった。しかし日馬富士戦で左胸強打の負傷。新横綱場所優勝もその後は振るわず、横綱在位12場所も皆勤はわずかに２場所だけだった。年寄名跡を荒磯から二所ノ関に変えて、二所ノ関部屋とした新スタートを切った。

平成

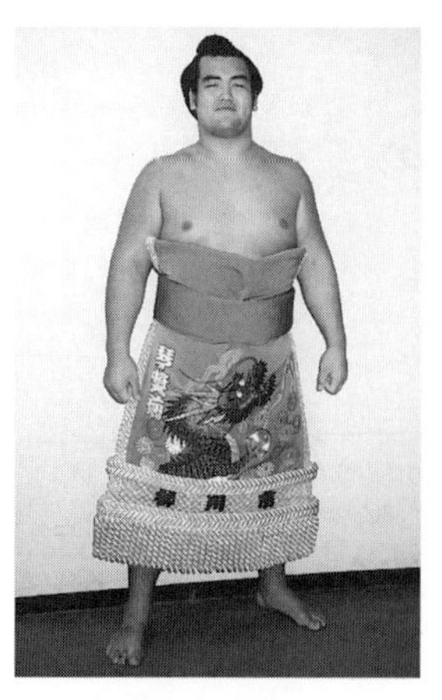

琴奨菊（ことしょうぎく） 和弘（かずひろ）(大関)

本　名　菊次一弘
生年月日　昭和59年１月30日
出身地　福岡県柳川市佃町
四股名　琴菊次→琴奨菊
所属部屋　佐渡ヶ嶽
初土俵　平成14年１月場所
十両昇進　平成16年７月場所
入　幕　平成17年１月場所
最終場所　令和２年11月場所
幕内在位　92場所
幕内成績　718勝621敗41休
勝　率　0.536
優　勝　１回
三　賞　殊勲賞３回、技能賞４回
身　長　180cm
体　重　178kg
得意手　左四つ、寄り切り
年寄名　秀ノ山

福岡県出身。中学から高知県の明徳義塾中学、高校と進み、中学横綱、高校ではタイトル７個獲得。出足を利かせた左四つからのがぶり寄りを武器に平成23年秋場所後に大関昇進。28年初場所には日本人力士として10年ぶりの幕内優勝をした。大関陥落後も平幕で健闘したが、令和２年11月場所で十両落ち。同場所で引退し、年寄秀ノ山を襲名した。

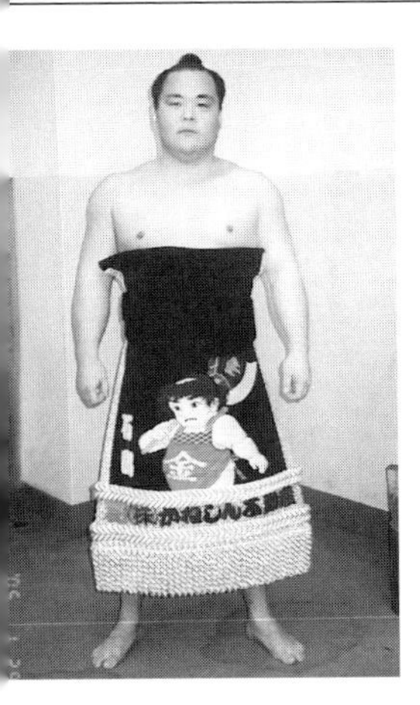

<ruby>駿傑<rt>しゅんけつ</rt></ruby> <ruby>悠志<rt>ゆうじ</rt></ruby>（前頭12枚目）

本　名　石出祐二
生年月日　昭和51年7月13日
出身地　埼玉県三郷市鷹野
四股名　石出→駒光→石出→駿傑
所属部屋　放駒
初土俵　平成4年3月場所
十両昇進　平成13年1月場所
入　幕　平成17年3月場所
最終場所　平成20年3月場所
幕内在位　5場所
幕内成績　32勝43敗
勝　率　0.427
身　長　176cm
体　重　123kg
得意手　左四つ、寄り切り

駒光の四股名で十両に昇進した。十両東筆頭まで上がった後に体調を崩して幕下陥落。本名の石出に戻して再出発し、幕下生活8場所を経て3度目の十両入りは平成16年九州場所。そこで十両優勝。初土俵から79場所目の17年春場所に新入幕。小柄だが「足腰がいい。度胸もあり、力強い相撲を取る」と解説の北の富士さん。幕下優勝、十両優勝のゲンのいい九州場所に石出から「駿傑」と改名した。恵まれない体力を旺盛な闘志で補った力士だった。

<ruby>片山<rt>かたやま</rt></ruby> <ruby>信次<rt>しんじ</rt></ruby>（前頭13枚目）

本　名　片山伸次
生年月日　昭和54年9月6日
出身地　静岡県焼津市本中根
所属部屋　阿武松
初土俵　平成14年3月場所
十両昇進　平成16年7月場所
入　幕　平成17年5月場所
最終場所　平成21年1月場所
幕内在位　6場所
幕内成績　36勝54敗
勝　率　0.400
身　長　179cm
体　重　146kg
得意手　押し

専大相撲部出身。大学4年の第50回全日本選手権大会で3位入賞。翌年春場所、前相撲からスタートした。序ノ口では7戦全勝優勝したが、幕下では7戦全敗の屈辱も味わっている。苦労しながら徐々に番付を上げていき、平成17年夏場所に新入幕。阿武松部屋第1号の幕内力士となった。体には恵まれていなかったが、突き、押しの正攻法の取り口で活躍した。高々と脚を上げての四股は見事で拍手喝采を浴びていた。ただ二の矢の攻撃がなく、幕内では思うように勝てなかった。

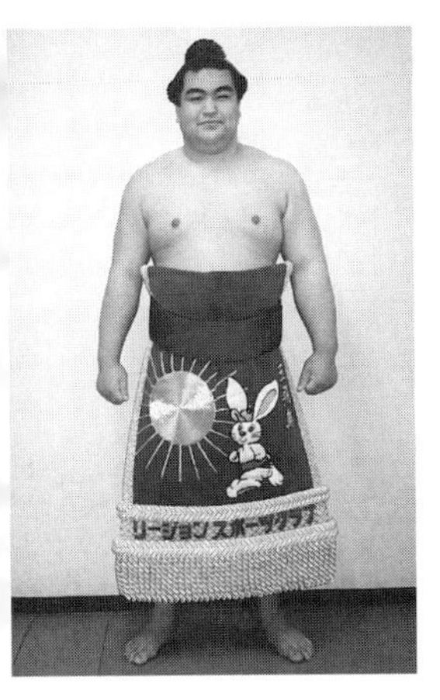

<ruby>玉飛鳥<rt>たまあすか</rt></ruby> <ruby>大輔<rt>だいすけ</rt></ruby>（前頭9枚目）

本　名　高橋大輔
生年月日　昭和58年1月26日
出身地　愛知県名古屋市熱田区青池町
所属部屋　片男波
初土俵　平成10年3月場所
十両昇進　平成16年11月場所
入　幕　平成17年7月場所
最終場所　平成28年9月場所
幕内在位　12場所
幕内成績　54勝109敗17休
勝　率　0.331
身　長　185cm
体　重　145kg
得意手　押し
年寄名　荒磯→熊ヶ谷

平成9年の全国大会で“中学生横綱”のタイトルを獲得。中学卒業と同時に大相撲入りした。愛知県から関取はかなりいるが、名古屋市出身の幕内は元関脇栃司（現入間川親方）以来22年ぶりだ。その栃司も全国大会優勝の中学横綱でもあった。四股名は初めから「玉飛鳥」を名乗った。相撲好きだった父親の命名だが、その父親は息子の片男波部屋入門の直前に心臓発作で急逝、初土俵を見ることはできなかった。突き、押しから左を差しての寄りを得意にしていた。

白露山 佑太（前頭２枚目）
（はくろざん　ゆうた）

本　名	ボラーゾフ・バトラズ・フェーリクソヴィッチ	幕内在位	15場所
生年月日	昭和57年２月６日	幕内成績	97勝128敗
出身地	ロシア連邦ウラジカフカス市	勝　率	0.431
所属部屋	二十山→北の湖	身　長	189cm
初土俵	平成14年５月場所	体　重	142kg
十両昇進	平成16年９月場所	得意手	右四つ、寄り、投げ
入　幕	平成17年７月場所		
最終場所	平成20年７月場所（番付は20年９月場所、20年９月解雇）		

実兄は先に幕内入りした露鵬（大鵬→大嶽部屋）。同時に初土俵を踏んでいる。「一緒の部屋に入れるものと思っていた。別々の部屋に入れられてちょっと寂しかったが、連絡を取り合って励ましあった」という。２歳年上の兄露鵬より５場所遅れての入幕だった。外国人力士の兄弟同時幕内は史上初めて。元大関北天佑の二十山親方が育てた第１号関取だった。親方の急逝で北の湖部屋へ。平成20年９月、大麻吸引が発覚し、兄露鵬とともに相撲協会を解雇された。

嘉風 雅継（関脇）
（よしかぜ　まさつぐ）

本　名	大西雅継	幕内在位	79場所
生年月日	昭和57年３月19日	幕内成績	561勝600敗24休
出身地	大分県佐伯市上灘区	勝　率	0.483
四股名	大西→嘉風	三　賞	殊勲賞２回、敢闘賞４回、技能賞４回
所属部屋	尾車	身　長	178cm
初土俵	平成16年１月場所	体　重	135kg
十両昇進	平成17年７月場所	得意手	突き、押し
入　幕	平成18年１月場所	年寄名	中村
最終場所	令和元年９月場所		

日体大３年の平成14年に全日本選手権大会で優勝。アマチュア横綱のタイトルを手にしたが、最上級生の４年ではビッグタイトルに縁がなかった。過去１年の成績に限定される付出資格改定で“特権”は行使できずに、アマチュア横綱経験者としては初めて前相撲からのスタートだったが､序ノ口から12場所目に入幕。回転の速い小刻みな突っ張りで勝機をつかむ取り口を得意にしていた。30歳を過ぎて三役に定着。相撲巧者として人気があった。

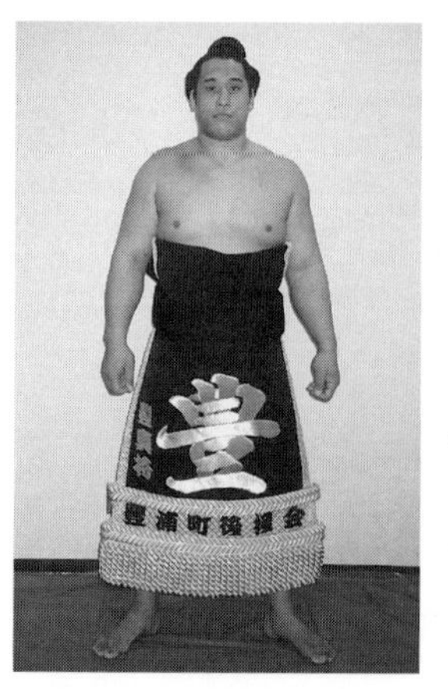

豊真将 紀行（小結）
（ほうましょう　のりゆき）

本　名	山本洋介	幕内在位	46場所
生年月日	昭和56年４月16日	幕内成績	309勝304敗78休
出身地	山口県下関市豊浦町	勝　率	0.504
四股名	山本→豊真将	三　賞	敢闘賞５回、技能賞２回
所属部屋	錣山	身　長	186cm
初土俵	平成16年３月場所	体　重	149kg
十両昇進	平成18年１月場所	得意手	右四つ、寄り切り
入　幕	平成18年５月場所	年寄名	立田川
最終場所	平成27年１月場所		

山口県出身だが、埼玉栄高校に相撲留学後に日大に。すぐにレギュラーになるなど順風満帆の相撲人生だったが、１年生の秋に蜂窩織炎の悪化で相撲部退部。一度は好きな相撲をあきらめたが、４年生になって大学同期の里山らが大相撲入りの新聞記事を読み、相撲への情熱がよみがえり、元関脇寺尾がスタートさせたばかりの錣山部屋に入門した。山口県からの幕内は魁傑に次いで戦後２人目。勝ち負けに関係なく、きちんと礼をする土俵態度は全力士の鑑ともいえた。

把瑠都 凱斗（大関）
ばると かいと

本　名	カイド・ホーヴェルソン
生年月日	昭和59年11月5日
出身地	エストニア共和国ラクヴェレ県
所属部屋	三保ヶ関→尾上
初土俵	平成16年5月場所
十両昇進	平成17年9月場所
入　幕	平成18年5月場所
最終場所	平成25年7月場所（番付は9月場所）
幕内在位	41場所
幕内成績	330勝197敗88休
勝　率	0.626
優　勝	1回
三　賞	殊勲賞1回、敢闘賞5回、技能賞1回
身　長	198cm
体　重	177kg
得意手	右四つ、寄り、投げ

"エストニアの怪人"といわれた。出身地のエストニアはバルト海に面した旧ソ連邦。そこから「把瑠都」の四股名が付けられた。十両で15戦全勝優勝するなど持ち前の体力と怪力で番付を上げていった。平成24年初場所に初優勝。すぐにも横綱昇進が期待されたが、左ひざの負傷などで大望ならず、15場所保った大関の地位を明け渡した。その後、平幕で全休。十両に陥落して土俵を去った。足掛け10年の現役生活だった。

大真鶴 健司（前頭16枚目）
だいまなづる けんじ

本　名	大前健司
生年月日	昭和52年1月16日
出身地	奈良県吉野郡川上村西河
四股名	大前→二瀬若→大真鶴
所属部屋	朝日山
初土俵	平成4年5月場所
十両昇進	平成16年1月場所
入　幕	平成18年7月場所
最終場所	平成22年1月場所
幕内在位	1場所
幕内成績	2勝13敗
勝　率	0.133
身　長	189cm
体　重	167kg
得意手	右四つ、寄り切り

晩成型で初土俵以来85場所所要は、スロー出世記録の史上6位。朝日山部屋からの新入幕は平成8年秋場所の大飛翔以来。また、元大受が朝日山部屋を継承してからは初めての幕内となる。奈良県からの幕内も珍しく力桜（鳴戸部屋）以来戦後2人目。大きな体を生かして右四つ、寄りを得意の正攻法の取り口だが、立ち合いの厳しさがいまひとつで攻めの遅さも目立った。せっかくの新入幕の場所は2勝しか挙げられず、その後ずるずると幕下まで後退した。

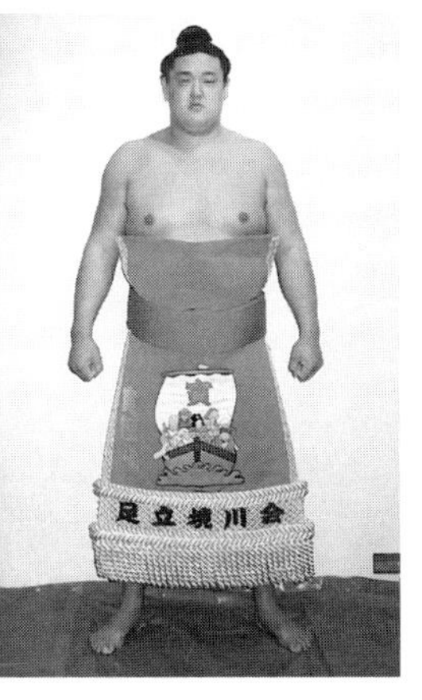

寶智山 幸観（前頭14枚目）
ほうちやま こうかん

本　名	棟方幸観
生年月日	昭和57年1月18日
出身地	青森県弘前市鬼沢
四股名	棟方→寶智山→寶千山
所属部屋	中立→境川
初土俵	平成12年3月場所
十両昇進	平成18年3月場所
入　幕	平成18年9月場所
最終場所	平成25年11月場所（番付は26年1月場所）
幕内在位	6場所
幕内成績	27勝63敗
勝　率	0.300
身　長	189cm
体　重	145kg
得意手	右四つ、寄り切り
年寄名	君ヶ濱→振分

高校相撲の名門・青森県木造高校の先輩・相撲解説者でタレントの舞の海に「君は大学で相撲を続けるより、プロに向いている。大相撲で勝負をしたほうがいい」とスカウトされ、元小結両国の中立部屋入りした。序ノ口優勝。序二段、幕下で優勝同点を経験。十両2場所目で優勝同点、3場所目には13勝2敗の好成績で優勝して十両を3場所で通過した。体力的に恵まれていたが、決め手不足で一進一退を繰り返し、最後の場所は三段目だった。

琉鵬（りゅうほう） 正吉（まさよし）（前頭 16 枚目）

本　名　浦崎桂助
生年月日　昭和52年６月18日
出身地　沖縄県中頭郡中城村当間
四股名　浦崎→琉鵬
所属部屋　立田川→陸奥
初土俵　平成５年３月場所
十両昇進　平成14年11月場所
入　幕　平成18年９月場所
最終場所　平成24年５月場所

幕内在位　１場所
幕内成績　４勝11敗
勝　率　0.267
身　長　183cm
体　重　151kg
得意手　押し、左四つ、寄り切り

「相撲はあまり興味がなかったが、東京に行ってみたかったので叔父に連れられて東京見物をするつもりだった」。両国国技館は閉門後だったが、興味本位で思わず柵を乗り越えてしまい協会関係者を驚かせる一幕も。翌日のスポーツ新聞に“押しかけ入門”の記事が載り、沖縄に帰ったら中学校の廊下にその新聞が貼られていた。「もう引き下がれない」と観念して、叔父の勧める元関脇青ノ里の立田川部屋に入門した。沖縄県からは４人目の幕内力士。

鶴竜（かくりゅう） 力三郎（りきさぶろう）（横綱）

本　名　マンガラジャラブ・アナンダ
生年月日　昭和60年８月10日
出身地　モンゴル国スフバートル県
所属部屋　井筒→鏡山→陸奥
初土俵　平成13年11月場所
十両昇進　平成17年11月場所
入　幕　平成18年11月場所
最終場所　令和３年３月場所
幕内在位　85場所

幕内成績　645勝394敗231休
勝　率　0.621
優　勝　６回
三　賞　殊勲賞２回、技能賞７回
身　長　187cm
体　重　155kg
得意手　突っ張り、右四つ、下手投げ
年寄名　鶴竜

「力士になりたい」と相撲協会に売り込みの手紙を出し、たまたま井筒部屋への入門が決まった。井筒部屋からは大正時代の３代目西ノ海以来の横綱誕生。前さばきの良さと立ち合いからの突っ張りを得意とする速攻相撲が身上。師匠（元関脇逆鉾）の死去により井筒部屋は消滅。時津風一門の鏡山部屋に一時預かりの後に元大関霧島の陸奥部屋に転籍した。令和２年 12 月に日本国籍が認められたが、腰痛などが悪化して３年３月場所途中で引退。

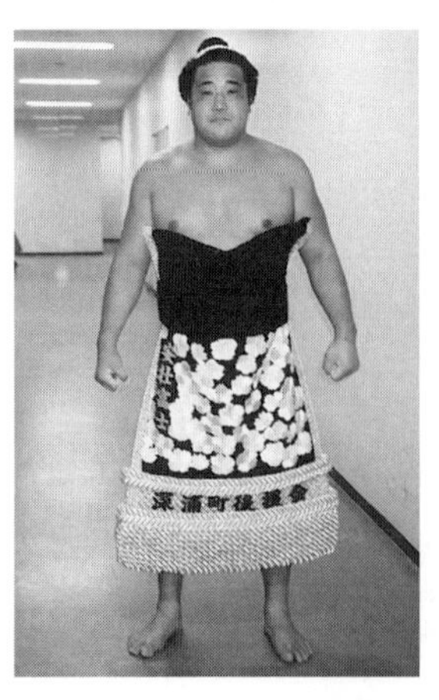

安壮富士（あそうふじ） 清也（せいや）（前頭 13 枚目）

本　名　杉野森清寿
生年月日　昭和51年１月17日
出身地　青森県西津軽郡深浦町北金ケ沢
四股名　杉野森→安壮富士
所属部屋　安治川→伊勢ヶ濱
初土俵　平成６年１月場所
十両昇進　平成15年９月場所
入　幕　平成18年11月場所

最終場所　平成23年１月場所
幕内在位　２場所
幕内成績　10勝20敗
勝　率　0.333
身　長　178cm
体　重　125kg
得意手　右四つ、投げ、突き、押し

本名杉野森で師匠伊勢ヶ濱親方（元横綱旭富士）と同姓。安壮富士の父親は師匠のいとこ。そして幕内きっての技能派安美錦は実弟だ。高校相撲経験者だが、伸び悩んでいる間に３年後に入門の安美錦にアッという間に追い抜かれた。安壮富士が十両昇進の平成 15 年秋場所には安美錦は既に幕内力士として三賞を獲得するなど活躍していた。安壮富士は幕下陥落などで一進一退の後、18 年九州場所にやっと新入幕。兄弟同時幕内が実現した。

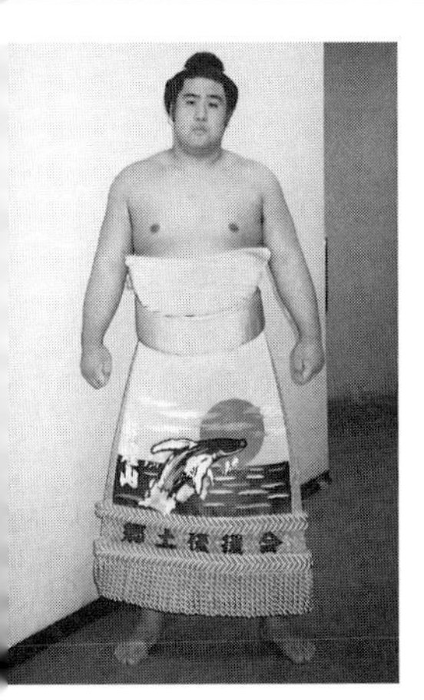

とちおうざん　ゆういちろう
栃煌山 雄一郎（関脇）

本　名　影山雄一郎
生年月日　昭和62年３月９日
出身地　高知県安芸市本町
四股名　影山→栃煌山
所属部屋　春日野
初土俵　平成17年１月場所
十両昇進　平成18年９月場所
入　幕　平成19年３月場所
最終場所　令和２年３月場所（番付は７月場所）

幕内在位　77場所
幕内成績　573勝563敗19休
勝　率　0.504
三　賞　殊勲賞２回、敢闘賞２回、技能賞２回
身　長　189cm
体　重　150kg
得意手　右四つ、寄り切り
年寄名　清見潟

中学では全国都道府県大会。高校では世界ジュニア選手権の重量級で優勝している。少年時代からのライバルに豪栄道がいた。その豪栄道と一緒の初土俵。スピード出世でデビューから14場所目に入幕。右四つ、速攻の寄りを得意とする正攻法で大関以上を期待されたが、いったん守勢に回ると残り腰がなく、別人のようなもろさを見せ、大成を逸した。幕内在位77場所で勝率５割超は立派。

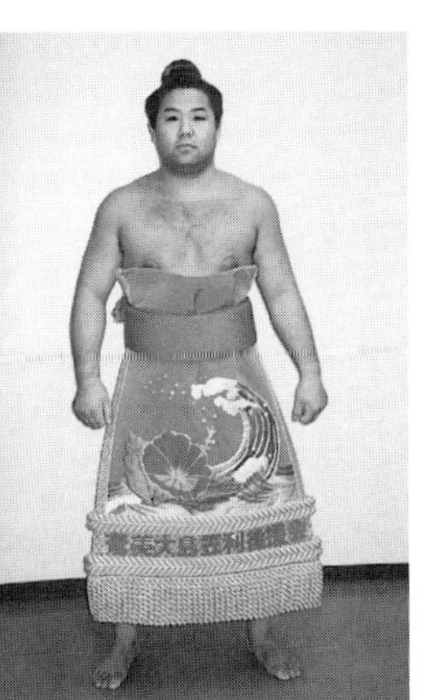

さとやま　こうさく
里山 浩作（前頭12枚目）

本　名　里山浩作
生年月日　昭和56年５月31日
出身地　鹿児島県奄美市笠利町
所属部屋　三保ヶ関→尾上
初土俵　平成16年３月場所
十両昇進　平成18年１月場所
入　幕　平成19年５月場所
最終場所　平成30年11月場所
幕内在位　６場所

幕内成績　31勝59敗
勝　率　0.344
身　長　177cm
体　重　124kg
得意手　左四つ、下手投げ、伝え反り
年寄名　佐ノ山→千賀ノ浦

日大相撲部時代に全日本体重別無差別級で優勝しているが、層の厚い日大相撲部では目立った存在でなく、準レギュラー格だった。小さな体で大相撲挑戦は高校の恩師（二度アマチュア横綱に輝いた禧久昭広氏。"小さな巨人"といわれた）のひと言だった。「悩んでいるなら大相撲に行け。信念を貫け。後で後悔はするな」。そんなアドバイスに後押しされてのプロ入りだった。奄美育ちの精悍な風貌。激しい突き、押し、左を差しての寄り、出し投げを得意としていた。

平成

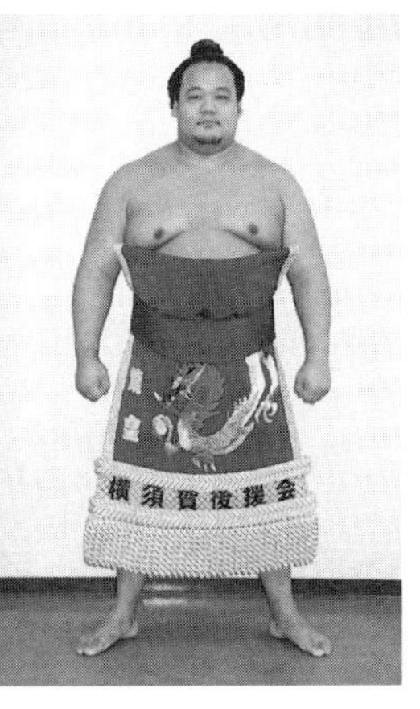

りゅうおう　のぼる
龍皇 昇（前頭８枚目）

本　名　エレヘムーオチル・サンチルボルド
生年月日　昭和58年３月11日
出身地　モンゴル国ウランバートル市
所属部屋　宮城野
初土俵　平成12年３月場所
十両昇進　平成18年７月場所
入　幕　平成19年５月場所
最終場所　平成25年７月場所

幕内在位　４場所
幕内成績　23勝37敗
勝　率　0.383
身　長　176cm
体　重　150kg
得意手　突き、押し

同じ部屋の横綱白鵬より１年早い入門だった。白鵬が幕下に上がるまで番付面でリードしていたが、白鵬は幕下５場所をすべて勝ち越して一気に関取に。そして最高位に駆け上がった。一方の龍皇は幕下２場所目には優勝決定戦に進出したものの、その後低迷して幕下生活22場所。兄弟弟子ではあっても立場はガラッと変わった。精神的に落ち込んだ時期もあったが、一念発起、弟弟子の胸を借りて突き、押し相撲に磨きがかかった。白鵬より丸３年遅い入幕だった。

豊響 隆太（前頭２枚目）

とよひびき　りゅうた

本　名　門元隆太
生年月日　昭和59年11月16日
出身地　山口県下関市豊浦町
四股名　門元→豊響
所属部屋　境川
初土俵　平成17年１月場所
十両昇進　平成19年１月場所
入　幕　平成19年７月場所
最終場所　令和３年５月場所（番付は７月場所）
幕内在位　52場所
幕内成績　347勝403敗30休
勝　率　0.463
三　賞　敢闘賞３回
身　長　185cm
体　重　185kg
得意手　突き、押し
年寄名　山科

脱サラ力士。高校卒業後、２年間の社会人生活を経て大相撲へのトラバーユだった。高校相撲では結構鳴らしていた。大学相撲部からの勧誘の手が伸びたが「勉強が嫌いで、最初から進学する気はなかった」そうだ。肉体労働の仕事をしながら、趣味程度に相撲は続けていた。人生の転機は埼玉国体出場でベスト16に入ったことから。「相撲に人生を賭けてもいいかな」。騒がれて入門の豪栄道と同部屋、同期。新十両優勝、新入幕敢闘賞。

豪栄道 豪太郎（大関）

ごうえいどう　ごうたろう

本　名　澤井豪太郎
生年月日　昭和61年４月６日
出身地　大阪府寝屋川市高倉
四股名　澤井→豪栄道
所属部屋　境川
初土俵　平成17年１月場所
十両昇進　平成18年11月場所
入　幕　平成19年９月場所
最終場所　令和２年１月場所
幕内在位　73場所
幕内成績　587勝442敗66休
勝　率　0.570
優　勝　１回
三　賞　殊勲賞５回、敢闘賞３回、技能賞３回
身　長　183cm
体　重　156kg
得意手　右四つ、寄り切り
年寄名　武隈

大阪出身だが、“相撲留学”で埼玉栄高校相撲部に。高校横綱になり、その年のアマチュア全日本選手権大会で３位に入った。20歳で新入幕。関脇連続14場所の記録があり、大関在位は33場所。15戦全勝優勝が１度。しかし、好成績が続かずに横綱昇進はならなかった。令和４年初場所後に武隈部屋を創設。中大相撲部出の“内弟子”をすぐに関取に育てた。

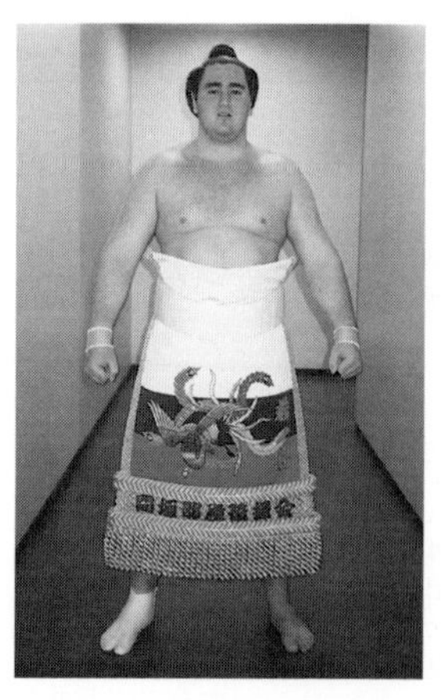

若ノ鵬 寿則（前頭筆頭）

わかのほう　としのり

本　名　ガグロエフ・ソスラン・アレキサンドロヴィッチ
生年月日　昭和63年７月８日
出身地　ロシア連邦アラギル市
所属部屋　間垣
初土俵　平成17年３月場所
十両昇進　平成19年１月場所
入　幕　平成19年11月場所
最終場所　平成20年７月場所（20年８月解雇）
幕内在位　５場所
幕内成績　39勝36敗
勝　率　0.520
身　長　195cm
体　重　156kg
得意手　突き出し、右四つ、寄り切り

ロシア“第三の男”が19歳４カ月で幕内に上がった。初土俵から17場所目の入幕は白鵬の20場所目を凌ぐ。アマレスの選手で15歳の時に120㌔級のロシア・ジュニアチャンピオンになった。露鵬の口利きで、当時外国人力士枠に空きがあった間垣部屋を紹介された。体力には恵まれており、取り口は荒削りで力任せだったが、左上手を取れば怪力を発揮した。平成20年８月大麻所持で逮捕され、現役力士として初めて相撲協会を解雇された。

若麒麟（わかきりん） 真一（しんいち）（前頭９枚目）

本　名　鈴川真一
生年月日　昭和58年９月21日
出身地　兵庫県川西市見野
四股名　鈴川→若麒麟
所属部屋　押尾川→尾車
初土俵　平成11年３月場所
十両昇進　平成16年９月場所
入　幕　平成19年11月場所
最終場所　平成21年１月場所（21年２月解雇）
幕内在位　３場所
幕内成績　20勝25敗
勝　率　0.444
身　長　186cm
体　重　135kg
得意手　突っ張り

十両に昇進した平成16年秋場所に本名の鈴川から若麒麟と改名。師匠は元大関大麒麟の押尾川親方。期待が込められての命名だった。その場所は10勝５敗。前途洋々だったが、その後押尾川部屋の閉鎖、尾車部屋吸収や膝のけがも重なり幕下に後退。一進一退を繰り返していたが、19年夏場所に２度目の幕下全勝優勝で自信を取り戻し、十両を２場所で通過し新入幕を決めた。回転の速い突っ張りを得意にしていた。21年１月場所後、大麻所持で逮捕され、協会を解雇された。

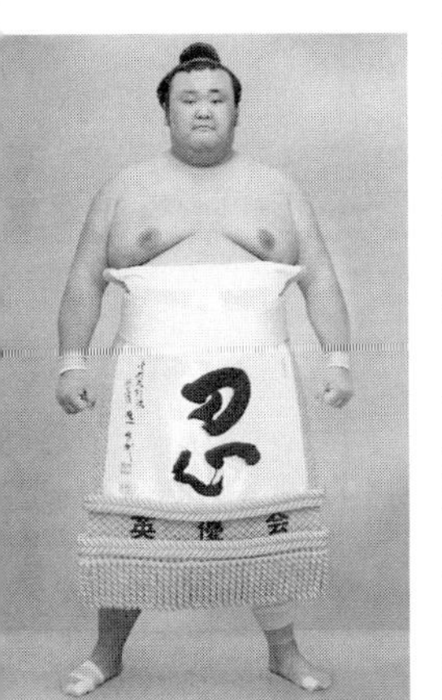

清瀬海（きよせうみ） 孝行（たかゆき）（前頭13枚目）

本　名　市原孝行
生年月日　昭和59年８月16日
出身地　愛知県名古屋市中村区八社
四股名　市原→清瀬海
所属部屋　木瀬→北の湖
初土俵　平成19年１月場所幕下10枚目格付出
十両昇進　平成19年11月場所
入　幕　平成20年１月場所
最終場所　平成23年１月場所
幕内在位　２場所
幕内成績　８勝９敗13休
勝　率　0.471
身　長　183cm
体　重　186kg
得意手　突き、押し、はたき込み

わんぱく相撲で小学生時代に国技館の土俵を踏み、中学横綱、高校横綱、そして日大４年で国体優勝、さらにアマチュア横綱の２冠に輝いて幕下10枚目格付出、プロ入り前の実績は見事だったが、野球賭博で出場停止処分を受け、さらに“八百長疑惑”で角界を追放された。十両を１場所で通過。新入幕場所も８勝７敗と勝ち越したが、幕内２場所目に右ひざを痛め、その後精彩を欠き相撲人生を終えた。

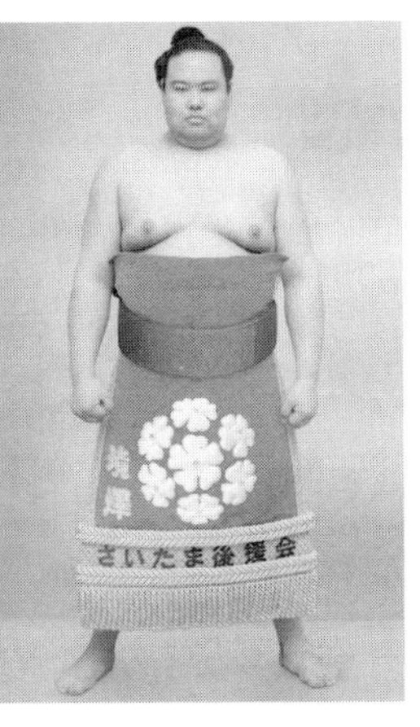

境澤（さかいざわ） 賢一（けんいち）（前頭15枚目）

本　名　境澤賢一
生年月日　昭和58年４月11日
出身地　埼玉県さいたま市南区曲本
所属部屋　三保ヶ関→尾上
初土俵　平成18年３月場所
十両昇進　平成19年７月場所
入　幕　平成20年３月場所
最終場所　平成23年１月場所
幕内在位　１場所
幕内成績　３勝５敗７休
勝　率　0.375
身　長　189cm
体　重　160kg
得意手　右四つ、寄り切り

鳥取城北高校から日大とアマ相撲のエリートコースを経て大相撲入り。高校時代には対戦した琴奨菊に勝っている。日大では東日本学生選手権制覇など優勝４回。前相撲からのスタートで９場所目に十両昇進。13場所目に幕内に上がった。だが、新入幕場所７日目の垣添戦で左ひざを痛め翌日から休場。十両１場所で幕下に陥落した。柔軟な足腰が取り柄だったが、専守防衛の守りの取り口で大成しなかった。

栃ノ心 剛史（大関）
とちのしん　つよし

本　名　レヴァニ・ゴルガゼ
生年月日　昭和62年10月13日
出身地　ジョージア共和国ムツケタ市
所属部屋　春日野
初土俵　平成18年３月場所
十両昇進　平成20年１月場所
入　幕　平成20年５月場所
最終場所　令和５年５月場所
幕内在位　80場所
幕内成績　557勝573敗70休
勝　率　0.493
優　勝　１回
三　賞　殊勲賞２回、敢闘賞６回、技能賞３回
身　長　192cm
体　重　155kg
得意手　右四つ、上手投げ

平成30年夏場所後に大関昇進。同年初場所に14勝1敗で旭天鵬（現大島親方）以来34場所ぶりの平幕優勝を飾り、その後10勝、13勝の成績で大関に駆け上がった。ヨーロッパ勢としては、琴欧洲（現鳴戸親方）、把瑠都に次いで３人目の大関。右四つ、つり、寄りを得意にしていた。大関に上がってからは故障がちで実力を発揮できず、その地位を保てなかった。現役最後は十両で迎えた。

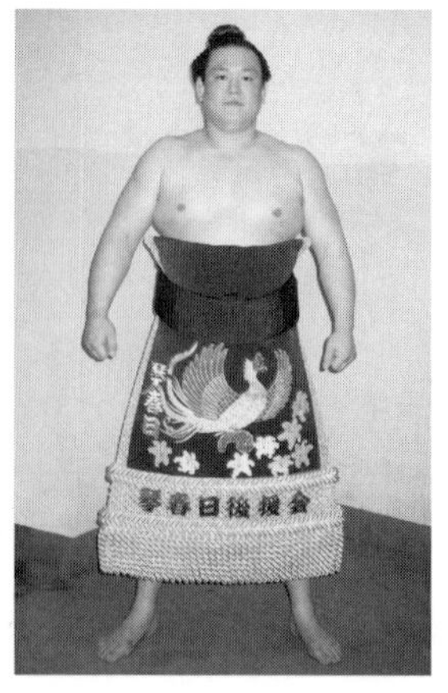

琴春日 桂吾（前頭７枚目）
ことかすが　けいご

本　名　山田桂吾
生年月日　昭和52年８月25日
出身地　福岡県春日市小倉
四股名　琴ノ山→琴春日
所属部屋　佐渡ヶ嶽
初土俵　平成５年３月場所
十両昇進　平成16年11月場所
入　幕　平成20年５月場所
最終場所　平成23年１月場所
幕内在位　４場所
幕内成績　26勝34敗
勝　率　0.433
身　長　183cm
体　重　142kg
得意手　突き、押し、左四つ、寄り切り

史上２位、91場所を要しての入幕だった。30歳7カ月の入幕は戦後10位の高齢記録。十両、幕下を３度往復。一時は現役生活を断念しかけたが、そんな本人に師匠佐渡ヶ嶽親方（元関脇琴ノ若）は「幕内を狙える力はある。勝負はこれからだ」と励まし続けた。「自分にとっては、その師匠の声が勇気になった。あきらめないでよかった」。新入幕場所は4勝11敗。1場所で十両に落ちたが、そこでくじけず平成22年秋場所に14場所ぶり幕内に返り咲いた。

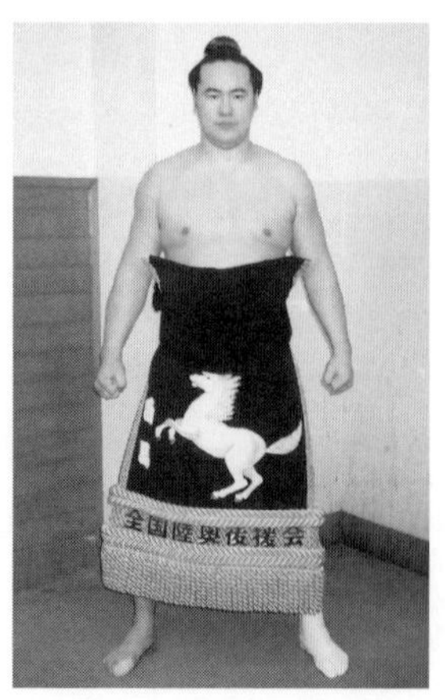

白馬 毅（小結）
はくば　たけし

本　名　アリオンバヤル・ウヌルジャラガラ
生年月日　昭和58年５月５日
出身地　モンゴル国ウランバートル市
所属部屋　立田川→陸奥
初土俵　平成12年１月場所
十両昇進　平成19年１月場所
入　幕　平成20年５月場所
最終場所　平成23年１月場所
幕内在位　８場所
幕内成績　55勝65敗
勝　率　0.458
身　長　187cm
体　重　121kg
得意手　左四つ、寄り切り

元大関霧島の陸奥部屋としては豊桜、琉鵬に次いで３人目の幕内だが、入門したのは元関脇青ノ里の立田川部屋だった。立田川親方の定年で豊桜らと一緒に陸奥部屋に移籍。モンゴル10人目の幕内。柔軟な体型、相撲センスもいい。右ひざ半月板損傷の古傷を抱えており、新入幕の場所では大敗して十両に後退したが平成22年初場所に再入幕。３場所連続勝ち越して、同年名古屋場所小結に昇進した。

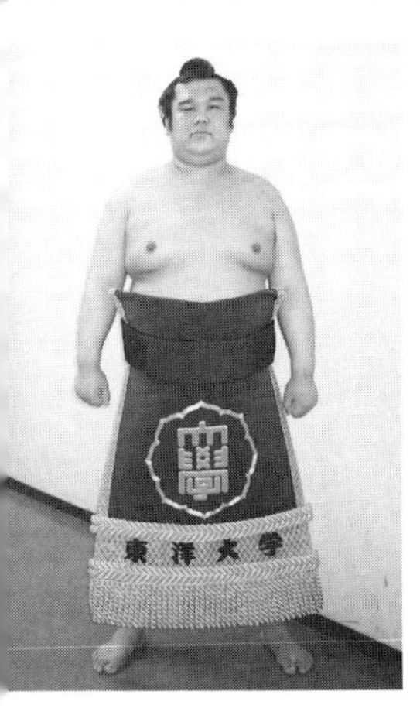

木村山 守（前頭7枚目）
きむらやま　まもる

本　名　木村守
生年月日　昭和56年7月13日
出身地　和歌山県御坊市島
所属部屋　春日野
初土俵　平成16年3月場所
十両昇進　平成20年1月場所
入　幕　平成20年7月場所
最終場所　平成26年1月場所
幕内在位　16場所

幕内成績　101勝139敗
勝　率　0.421
身　長　181cm
体　重　167kg
得意手　押し出し、突き落とし
年寄名　岩友

小学1年生から相撲を取り始めた。中学から全国大会にも出場。高校では東西対抗重量級で優勝。東洋大では4年生の時に全国学生選手権大会個人3位、全日本選手権ベスト16の戦績を残している。同郷和歌山県出身で箕島高校の先輩でもある春日野親方（元関脇栃乃和歌）の熱心な誘いで大相撲の道に進んだ。幕下が18場所と長かったが、十両2場所目にプロ初V。翌場所も2ケタ勝利で幕内昇進を決めた。突き、押し相撲も出足不足で幕内上位の壁を破れなかった。

光龍 忠晴（前頭11枚目）
こうりゅう　ただはる

本　名　エルデネスフ・ムンフオルギル
生年月日　昭和59年2月4日
出身地　モンゴル国ウランバートル市
所属部屋　花籠
初土俵　平成12年11月場所
十両昇進　平成19年1月場所
入　幕　平成20年7月場所
最終場所　平成23年1月場所

幕内在位　8場所
幕内成績　44勝76敗
勝　率　0.367
身　長　186cm
体　重　155kg
得意手　突っ張り、押し

平成19年初場所新十両。元関脇大寿山の花籠部屋初めての関取誕生だった。少年時代はモトクロス、バスケットボールに熱中。相撲にはまったく興味を持たなかったが、ウランバートル市内で行われた大相撲力士志願者の選考会に冷やかし気分で参加。勝ち残って「合格」、日本行きが決まった。幕内、十両を往復し、幕内7場所目の22年九州場所に初めて8勝7敗と勝ち越した。幕内での勝ち越しはその1場所だけ。

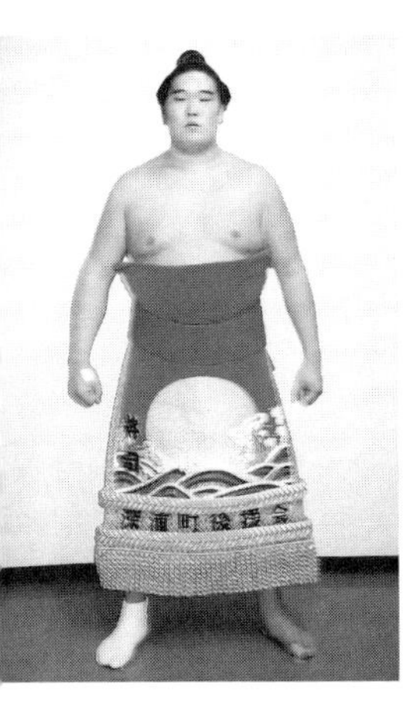

将司 昂親（前頭8枚目）
まさつかさ　こうしん

本　名　小野正仁
生年月日　昭和59年6月7日
出身地　青森県西津軽郡深浦町風合瀬
四股名　小野→将司
所属部屋　入間川
初土俵　平成15年1月場所
十両昇進　平成17年9月場所
入　幕　平成20年7月場所
最終場所　平成23年1月場所

幕内在位　6場所
幕内成績　32勝43敗15休
勝　率　0.427
身　長　183cm
体　重　141kg
得意手　突き、押し、右出し投げ

青森県の五所川原農高3年生、国体少年の部では団体準優勝。インターハイでは個人ベスト16だった。いきなり序ノ口優勝するなど入門から2年足らずで十両に上がった。その後は一進一退を繰り返し、新十両から新入幕まで要した場所数は17。"万年十両"で終わりそうな雰囲気だったが、愛児の交通事故死という不幸に発奮。出番直前まで首に数珠をかけて土俵に上がり、必死の土俵で幕内の座をつかんだ。

ちよはくほう　だいき

千代白鵬　大樹（前頭６枚目）

本　名　柿内大樹
生年月日　昭和58年４月21日
出身地　熊本県山鹿市大字山鹿
四股名　柿内→千代白鵬
所属部屋　九重
初土俵　平成11年３月場所
十両昇進　平成17年３月場所
入　幕　平成20年７月場所
最終場所　平成23年１月場所

幕内在位　６場所
幕内成績　41勝39敗10休
勝　率　0.513
身　長　180cm
体　重　136kg
得意手　突き、押し

中学生のころは柔道選手で、３年の時、中体連ベスト８。有望視されながらけ がが多く、出世は遅かった。いったん上がった十両からもすぐ落ち、幕下に1 場所低迷してようやく十両に復活、苦労を重ねた。きっぷのいい突き、押し相撲 を磨いて力を付け、平成20年名古屋場所十両優勝して11枚目から一気に入幕。 新入幕の場所前「２ケタ勝って敢闘賞を」と公言し、中盤まで順調に勝ち進んだが 途中右ひじを痛め８勝に終わった。野球賭博で謹慎処分。

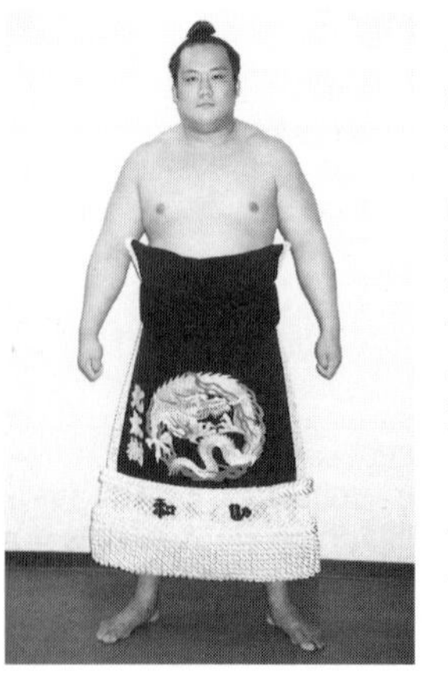

きたたいき　あけよし

北太樹　明義（前頭２枚目）

本　名　讃岐明義
生年月日　昭和57年10月５日
出身地　東京都町田市本町田
四股名　讃岐→北大樹→北太樹
所属部屋　北の湖→山響
初土俵　平成10年３月場所
十両昇進　平成19年７月場所
入　幕　平成20年９月場所
最終場所　平成30年１月場所

幕内在位　38場所
幕内成績　255勝315敗
勝　率　0.447
身　長　185cm
体　重　144kg
得意手　左四つ、寄り切り、外掛け、うっちゃり
年寄名　小野川

巌雄、北桜に次いで北の湖部屋３人目の幕内力士。本名で初土俵を踏み北大樹 に。命名したのは父親。「地に根を張って、上に向かって大きく育つように」と いう願いが込められている。「１画足すことでさらによくなる」と、これも父親 の意向で北太樹と変わった。左四つ、寄りを得意としていたが、土俵際がしぶとく、 うっちゃりもあった。師匠・北の湖親方が平成27年九州場所中に急逝。千秋楽 を白星で飾り「北の湖部屋」の最後を締めくくった。

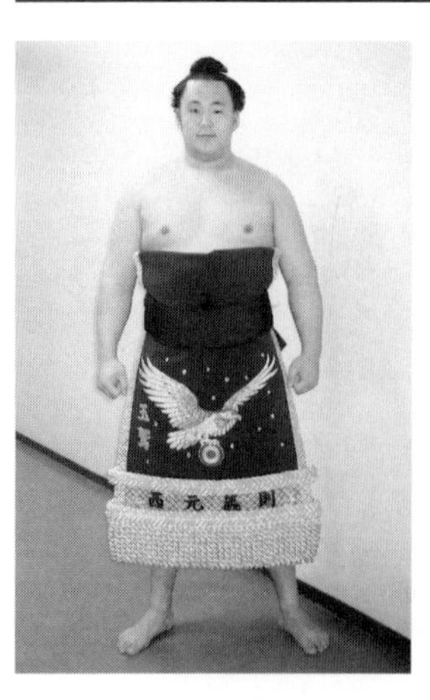

たまわし　いちろう

玉鷲　一朗（関脇）

本　名　バトジャルガル・ムンフオリギル
生年月日　昭和59年11月16日
出身地　モンゴル国ウランバートル市
所属部屋　片男波
初土俵　平成16年１月場所
十両昇進　平成20年１月場所
入　幕　平成20年９月場所
幕内在位　85場所
幕内成績　609勝664敗２休
勝　率　0.478

優　勝　２回
三　賞　殊勲賞２回、敢闘賞１回、技能賞１回
身　長　190cm
体　重　156kg
得意手　突き、押し

190㌢の上背は魅力。体重も申し分なく、体力的には恵まれている。モンゴル 人関取にしては四つ身不得手。突き、押しに徹し、30歳過ぎて関脇に昇進。平成 31年初場所、令和４年秋場所の２回、平幕優勝を飾っている。２回目の優勝は 37歳10カ月の高齢だった。

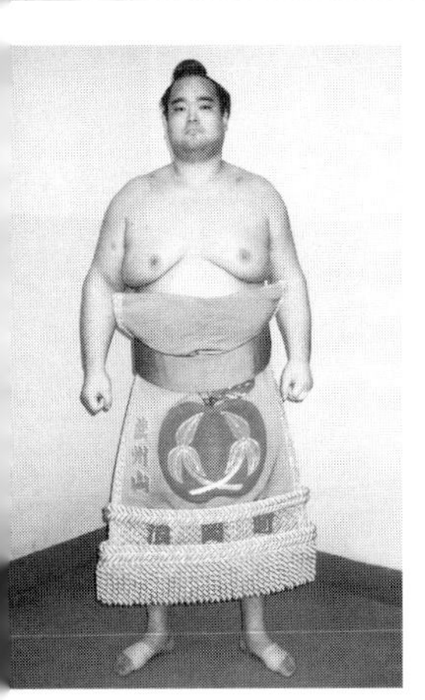

ぶしゅうやま　たかし

武州山　隆士（前頭３枚目）

本　名	山内隆志
生年月日	昭和51年５月21日
出身地	青森県青森市浪岡
四股名	山内→武州山
所属部屋	武蔵川→藤島
初土俵	平成11年１月場所幕下最下位格付出
十両昇進	平成15年11月場所
入　幕	平成20年11月場所
最終場所	平成25年１月場所
幕内在位	11場所
幕内成績	63勝102敗
勝　率	0.382
身　長	190cm
体　重	170kg
得意手	左四つ、寄り切り
年寄名	小野川→清見潟→春日山→待乳山

大東文化大学相撲部で活躍。４年生の時に学生選抜宇佐大会で優勝している。準決勝ではアマチュア・学生横綱の日大の田宮（元大関琴光喜）を引き落としに破り、決勝では同じ日大の加藤（元小結高見盛）に寄り切りで勝って大学唯一のタイトルを獲得している。個人戦では常に上位で活躍。その年、平成10年の大学相撲番付では上位から７番目の東小結にランクされていた。幕下付出デビューから足かけ10年、32歳の新入幕。大学同期の琴光喜、高見盛にやっと追い付いた。

あらん　はくとら

阿覧　欧虎（関脇）

本　名	ガバライエフ・アラン
生年月日	昭和59年１月31日
出身地	ロシア連邦ウラジカフカス市
所属部屋	三保ヶ関→春日野
初土俵	平成19年１月場所
十両昇進	平成20年７月場所
入　幕	平成20年11月場所
最終場所	平成25年９月場所（番付は11月場所）
幕内在位	29場所
幕内成績	196勝239敗
勝　率	0.451
三　賞	敢闘賞２回
身　長	187cm
体　重	141kg
得意手	押し出し、右四つ、寄り切り

世界相撲選手権大会ではロシアチームの代表として出場。日本人選手を寄せ付けない圧倒的な強さで無差別級個人制覇。団体戦も優勝させた。初土俵から11場所目での入幕。気性が激しく、力強い攻めが身上。相手のマゲをつかんでの反則負けも何度かある。露鵬らに次いでロシア出身４人目の幕内。平成25年秋場所限りで三保ヶ関部屋閉鎖。翌九州場所から春日野部屋への転籍が決まったが、「気力が失せた」と三保ヶ関部屋消滅を機に引退。

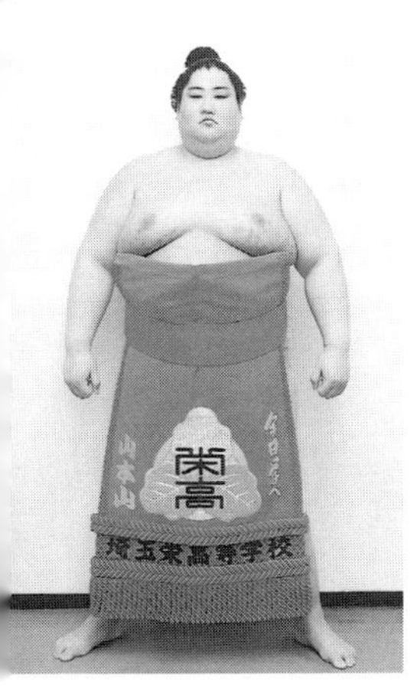

やまもとやま　りゅうた

山本山　龍太（前頭９枚目）

本　名	山本龍一
生年月日	昭和59年５月８日
出身地	埼玉県さいたま市西区大字佐知川
所属部屋	尾上
初土俵	平成19年１月場所
十両昇進	平成20年９月場所
入　幕	平成21年１月場所
最終場所	平成23年１月場所
幕内在位	５場所
幕内成績	29勝41敗５休
勝　率	0.414
身　長	191cm
体　重	258kg
得意手	突き、押し、右四つ、寄り切り

新弟子検査の時は233㌔だった。新入幕時の体重は252㌔（身長は191㌢）。ハワイ出身小錦（元大関、現タレント）が最も重かった時の280㌔強には及ばないが、日本人最重量関取と話題になった。日大相撲部出身で学生時代のタイトルは五つ。巨体に似合わず動きは俊敏。性格はプロ向きで明るいキャラクター。四股名も覚えやすく、たちまち人気力士の仲間入りをした。しかし、ひざを痛めたのが致命傷となって三段目まで落ちた。

翔天狼（しょうてんろう） 大士（たいし）（前頭２枚目）

本　名　ダグダンドルジ・ニャマスレン→松平翔
生年月日　昭和57年１月31日
出身地　モンゴル国ホブド県
四股名　武蔵龍→翔天狼
所属部屋　武蔵川→藤島
初土俵　平成13年３月場所
十両昇進　平成20年11月場所
入　幕　平成21年３月場所
最終場所　平成29年11月場所（番付は30年１月場所）
幕内在位　25場所
幕内成績　164勝196敗15休
勝　率　0.456
三　賞　敢闘賞１回
身　長　189cm
体　重　154kg
得意手　突き、押し、もろ差し、寄り切り
年寄名　春日山→北陣→錦島

モンゴル13人目の幕内力士。初土俵は白鵬と一緒。スタート時は序ノ口から６場所、翔天狼が番付で白鵬の上だった。その後ひざのけがなどもあって出世が遅れた。だが、前頭２枚目の自己最高に上がった平成21年秋場所、初対戦の同期生白鵬から金星の殊勲星を奪った。29年秋場所前に日本国籍が認められた。夫人は友綱親方（元関脇旭天鵬）の妹。

猛虎浪（もうこなみ） 栄（さかえ）（前頭６枚目）

本　名　ガンボルド・バザルサド→市川栄
生年月日　昭和59年４月５日
出身地　モンゴル国ザブハン県
所属部屋　立浪
初土俵　平成13年３月場所
十両昇進　平成18年１月場所
入　幕　平成21年７月場所
最終場所　平成23年１月場所
幕内在位　10場所
幕内成績　71勝79敗
勝　率　0.473
身　長　187cm
体　重　148kg
得意手　左四つ、寄り切り、突っ張り

モンゴル人力士のパイオニアである旭鷲山の世話で大相撲入り。外国出身の幕内力士としては戦後30人目。同期生は白鵬、翔天狼。その翔天狼を抜いて初土俵から49場所目の新入幕。所要場所数２番目のスロー出世である。立浪部屋からの幕内は現師匠（元小結旭豊）になってから２人目で、大日ノ出（平成11年春場所新入幕）以来10年ぶり。ちなみに十両から大幅アップの前頭７枚目昇進も11年春場所の雅山以来だった。

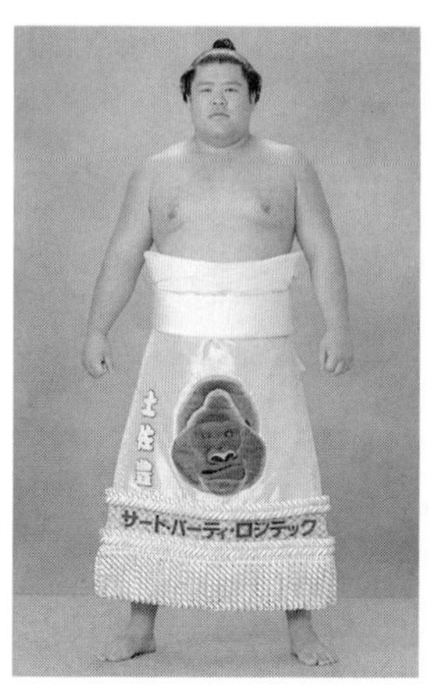

土佐豊（とさゆたか） 祐哉（ゆうや）（前頭筆頭）

本　名　森下祐哉
生年月日　昭和60年３月10日
出身地　高知県土佐市宇佐
四股名　森下→土佐豊
所属部屋　時津風
初土俵　平成19年３月場所
十両昇進　平成20年３月場所
入　幕　平成21年７月場所
最終場所　平成28年１月場所
幕内在位　15場所
幕内成績　90勝111敗24休
勝　率　0.448
身　長　179cm
体　重　141kg
得意手　右四つ、上手投げ、うっちゃり
年寄名　安治川→佐ノ山→間垣→時津風

高知工高で高校横綱。東農大ではアマチュア横綱を決める全日本選手権大会で２度３位になっている。大学時代のタイトル獲得は４回。だが最終学年でのビッグタイトルがなく、前相撲からスタート。序ノ口では６勝１敗とつまずいたが、序二段、三段目、幕下と３場所連続の全勝優勝。所要６場所でのスピード出世で十両に昇進。将来を嘱望されたがひざの故障などで大成を逸した。前時津風親方（元前頭時津海）の退職により、令和３年２月に時津風の名跡と部屋を引き継いだ。

若荒雄（わかこうゆう） 匡也（まさや）（小結）

本　名　八木ヶ谷匡也
生年月日　昭和59年２月24日
出身地　千葉県船橋市宮本
四股名　八木ヶ谷→若荒雄
所属部屋　阿武松
初土俵　平成11年３月場所
十両昇進　平成20年１月場所
入　幕　平成21年７月場所
最終場所　平成26年９月場所

幕内在位　14場所
幕内成績　89勝106敗15休
勝　率　0.456
三　賞　敢闘賞１回
身　長　178cm
体　重　160kg
得意手　突き、押し、はたき
年寄名　不知火

師匠は元関脇益荒雄の阿武松親方。阿武松部屋からの幕内は片山（最高位前頭13枚目）に次いで２人目。「師匠のように横綱、大関を倒すような存在感のある力士になりたい」と夢は大きかったが、活躍期間は短かった。徹底して離れる取り口で、突き、押しを武器にしていたが、引き技が目立ち、前に出る迫力は欠けていた。前頭９枚目で12勝３敗。唯一の三賞（敢闘賞）受賞だが、12勝のうち７勝が引き落とし、はたき込みだった。野球賭博で謹慎処分を受けている。

隠岐の海（おきのうみ） 歩（あゆみ）（関脇）

本　名　福岡歩
生年月日　昭和60年７月29日
出身地　島根県隠岐郡隠岐の島町
四股名　福岡→隠岐の海→福岡→隠岐の海
所属部屋　八角
初土俵　平成17年１月場所
十両昇進　平成21年３月場所
入　幕　平成22年３月場所

最終場所　令和５年１月場所
幕内在位　75場所
幕内成績　517勝565敗34休
勝　率　0.478
三　賞　殊勲賞１回、敢闘賞4回
身　長　190cm
体　重　151kg
得意手　右四つ、寄り
年寄名　君ヶ濱

日本海に浮かぶ隠岐の島から初めての幕内力士。島根県からの新入幕力士は大正時代の若常陸、太刀ノ海以来で昭和以降では第１号でもある。地元の水産高校に通い、航海士を目指したが、小学生時代から始めた相撲に方向転換。「電車もない、コンビニもない」大自然が少年の日々の遊び場。海に素潜りしてのアワビやサザエ採りが運動神経に磨きをかけた。長身でハンサムガイ。野球賭博で謹慎処分。

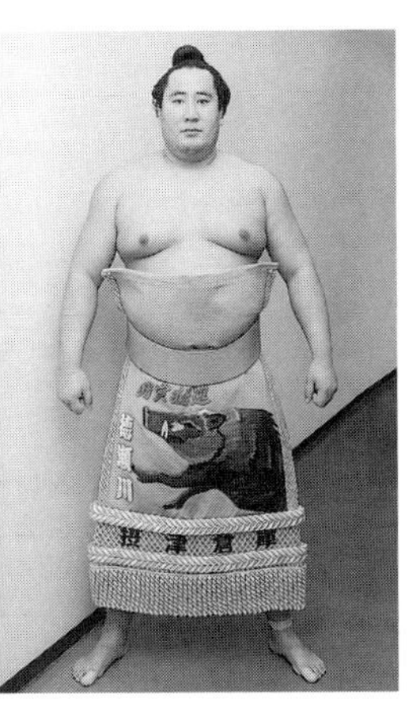

德瀬川（とくせがわ） 正直（まさなお）（前頭筆頭）

本　名　バダムサンボー・ガンボルド
生年月日　昭和58年８月６日
出身地　モンゴル国オブス県
所属部屋　桐山→朝日山
初土俵　平成15年７月場所
十両昇進　平成21年７月場所
入　幕　平成22年３月場所
最終場所　平成23年１月場所
幕内在位　６場所

幕内成績　48勝42敗
勝　率　0.533
身　長　191cm
体　重　154kg
得意手　右四つ、寄り

桐山部屋（元小結黒瀬川）最初で最後の幕内力士。モンゴル相撲経験者。大学を半年で中退して“ジャパン・ドリーム”を追って角界入り。入門してすぐに「德瀬川正直」と命名された。「德」は旧字で“心”の上に「一」が引かれている。師匠・桐山親方の「心を低く、德を持ってほしい」との願いが込められていた。そして力士道を真っ直ぐ進むようにと「正直」の名が与えられた。小細工なしの右四つ正攻法の取り口はスケールが大きかった。

平成

磋牙司 洋之（前頭９枚目）

さがつかさ ひろゆき

本　名　磯部洋之
生年月日　昭和56年12月21日
出身地　静岡県三島市谷田
四股名　磯部→磋牙司
所属部屋　入間川
初土俵　平成16年３月場所
十両昇進　平成19年11月場所
入　幕　平成22年３月場所
最終場所　令和３年７月場所
幕内在位　６場所
幕内成績　33勝50敗７休
勝　率　0.398
身　長　167cm
体　重　130kg
得意手　押し、食い下がり、出し投げ

身長が足りず、第２検査合格で初土俵。東洋大学相撲部の出身で、団体戦全国制覇のメンバーの一員だったが、個人では幕下付出資格が取れずに前相撲からスタートした。大学時代はいまひとつぱっとしなかったが、中、高校時代は全国都道府県中学生相撲選手権の優勝と高校横綱のビッグタイトルを取っている。十両昇進と同時に「磋牙司」に改名。「磋」には物事に励んで向上に努めるという意味が込められている。低く当たって攻めるために前髪が擦り切れていた。

臥牙丸 勝（小結）

ががまる まさる

本　名　ジュゲリ・ティムラズ
生年月日　昭和62年２月23日
出身地　ジョージア共和国トビリシ市
所属部屋　木瀬→北の湖→木瀬
初土俵　平成17年11月場所
十両昇進　平成21年11月場所
入　幕　平成22年７月場所
最終場所　令和２年11月場所
幕内在位　36場所
幕内成績　242勝298敗
勝　率　0.448
三　賞　敢闘賞１回
身　長　185cm
体　重　202kg
得意手　突き、押し

黒海、栃ノ心についで３人目のジョージア出身幕内力士。両国国技館で行われたアマチュア相撲の世界ジュニア選手権大会に出場。そこで同郷の黒海にプロ入りを相談。大会１カ月後に日大相撲部OBの元前頭筆頭肥後ノ海の木瀬部屋に入門した。四股名の由来は、愛称の“ガガ”を漢字に置き換えて名付けられたものだ。巨体を利しての突進力が身上だった。平成24年春場所にジョージア出身３人目の三役力士になった。

蒼国来 栄吉（前頭２枚目）

そうこくらい えいきち

本　名　恩和图布新→エンクー・トプシン
生年月日　昭和59年１月９日
出身地　中国内蒙古自治区
四股名　蒼國来→蒼国来
所属部屋　荒汐
初土俵　平成15年９月場所
十両昇進　平成22年１月場所
入　幕　平成22年９月場所
最終場所　令和２年３月場所
幕内在位　25場所
幕内成績　170勝190敗15休
勝　率　0.472
三　賞　技能賞１回
身　長　186cm
体　重　128kg
得意手　右四つ、寄り、投げ
年寄名　荒汐

一連の八百長メール事件で一度は角界を追放されたが、解雇処分不当の裁判で勝訴。平成25年名古屋場所、旧地位の幕内西15枚目で２年ぶりに本場所復帰を果たした。元小結大豊の荒汐部屋の第１号幕内力士。軽量ながら正攻法の四つ相撲を取るのが身上。序ノ口、三段目で優勝。十両４場所負け越しなしで幕内に上がった。29年初場所、12勝３敗で技能賞受賞。令和元年秋場所前に日本国籍取得。師匠（元小結大豊）の定年に伴って、２年春場所後に荒汐部屋を継承した。

きょくなんかい　じょういちろう
旭南海 丈一郎（前頭16枚目）

本　名	健博一	幕内在位	1場所
生年月日	昭和52年12月14日	幕内成績	4勝11敗
出身地	鹿児島県大島郡天城町	勝　率	0.267
四股名	健→旭南海	身　長	180cm
所属部屋	大島	体　重	139kg
初土俵	平成5年3月場所	得意手	左四つ、寄り
十両昇進	平成17年7月場所		
入　幕	平成22年9月場所		
最終場所	平成23年1月場所		

初土俵から17年の歳月をかけて幕内にたどり着いた。幕内昇進前の名古屋場所は十両12枚目で10勝5敗。本来なら7、8枚のアップだが、番付昇降には運、不運がある。野球賭博で元大関雅山ら幕内力士多数が謹慎処分。多くの“空席”が生じたことによる幸運の抜擢昇進となった。32歳8カ月の晴れ舞台だった。部屋の兄弟子でチョンマゲ代議士となった旭道山（現タレント）と同郷の奄美・徳之島出身。

とちのわか　みちひろ
栃乃若 導大（前頭筆頭）

本　名	李大源	幕内在位	18場所
生年月日	昭和63年4月6日	幕内成績	106勝156敗8休
出身地	兵庫県尼崎市崇徳院	勝　率	0.405
四股名	李→栃乃若	身　長	196cm
所属部屋	春日野	体　重	180kg
初土俵	平成19年1月場所	得意手	左四つ、寄り
十両昇進	平成22年9月場所		
入　幕	平成23年5月技量審査場所		
最終場所	平成26年11月場所（番付は27年1月場所）		

高校相撲の名門、報徳学園時代に高校横綱になった。在日韓国人三世。初土俵からしばらくの間「李」の本名で土俵に上がった。体力的に恵まれて柔軟性もある。受け身の立ち合いで勝ち上がってきたが、受け身の立ち合いを是正することができず、精神的にも落ち込んで「自分のイメージする相撲が取れない」と、平成26年九州場所後に突然のリタイア。三役以上が期待された逸材だったが、心の病で大成がならなかった。

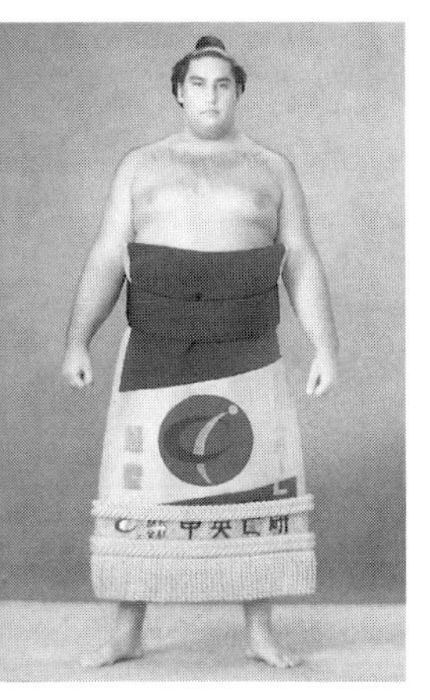

かいせい　いちろう
魁聖 一郎（関脇）

本　名	リカルド・スガノ→菅野リカルド	幕内在位	60場所
生年月日	昭和61年12月18日	幕内成績	406勝457敗37休
出身地	ブラジル国サンパウロ市	勝　率	0.470
所属部屋	友綱→大島	三　賞	敢闘賞3回
初土俵	平成18年9月場所	身　長	194cm
十両昇進	平成22年7月場所	体　重	180kg
入　幕	平成23年5月技量審査場所	得意手	右四つ、寄り、押し
最終場所	令和4年7月場所（番付は9月場所）	年寄名	友綱

南米ブラジル出身最初の幕内力士。日本で開催された平成16年の世界ジュニア選手権大会無差別級3位入賞をきっかけに大相撲入りした。柔道少年だったが、周囲の日系人に誘われて相撲を始めた。ブラジルから大相撲入りした元十両若東が帰国。サンパウロ市内の道場で指導を受けた。恵まれた体力は魅力だった。28年夏場所新小結。ブラジル初の三役力士となる。26年11月日本国籍を取得。

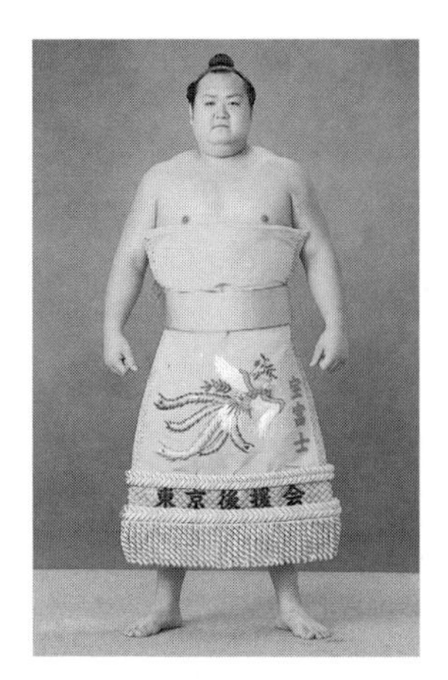

宝富士（たからふじ） 大輔（だいすけ）（関脇）

本　名	杉山大輔	勝　率	0.468
生年月日	昭和62年２月18日	三　賞	敢闘賞１回
出身地	青森県北津軽郡中泊町	身　長	185cm
所属部屋	伊勢ヶ濱	体　重	159kg
初土俵	平成21年１月場所	得意手	左四つ、寄り
十両昇進	平成22年９月場所		
入　幕	平成23年７月場所		
幕内在位	71場所		
幕内成績	498勝567敗		

初土俵から所要 10 場所で十両に上がった。入門時の記者会見で「２年で関取になる」と抱負を語ったが、有言実行で現実のものとした。近大相撲部出身。近大からは７人目の関取。そして幕内は５人目。大学時代の戦績は全国学生選手権大会（インカレ）準優勝のほか、大学・実業団対抗和歌山大会優勝など。四股名は「角界の宝になれ！」との願いを込めた師匠（元横綱旭富士）の命名だ。初土俵から休場なし、通算連続出場は 1100 回を超えている。

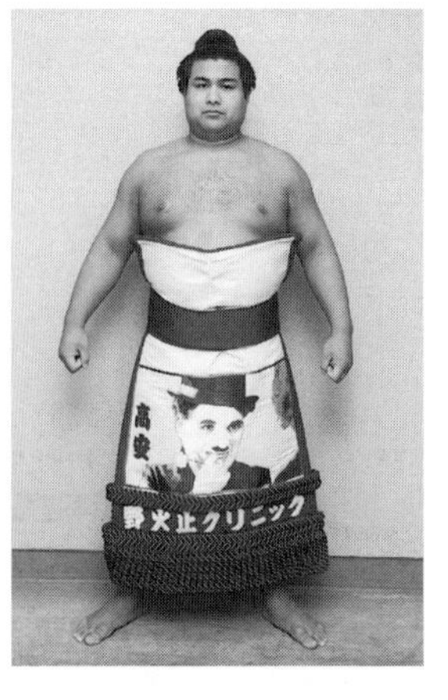

高安（たかやす） 晃（あきら）（大関）

本　名	高安晃	勝　率	0.564
生年月日	平成２年２月28日	三　賞	殊勲賞４回、敢闘賞６回、技能賞２回
出身地	茨城県土浦市東崎町	身　長	185cm
所属部屋	鳴戸→田子ノ浦	体　重	164kg
初土俵	平成17年３月場所	得意手	突き、押し、左四つ、寄り
十両昇進	平成22年11月場所		
入　幕	平成23年７月場所		
幕内在位	74場所		
幕内成績	553勝428敗129休		

平成生まれ最初の幕内力士。そして平成生まれ一番手の三役。その勢いで平成第１号の大関も期待された。これは照ノ富士に先を越された。だが、申し分ない体力で、気迫も十分。兄弟子稀勢の里に次いでの横綱も夢ではなかった。ところが、意外と小心で大事な一番で星を落とすことが多く、故障の連続でパワーが衰えたこともあり、30 歳を前にあっけなく大関の地位を明け渡した。何度も優勝のチャンスを逸しているのがもどかしい。

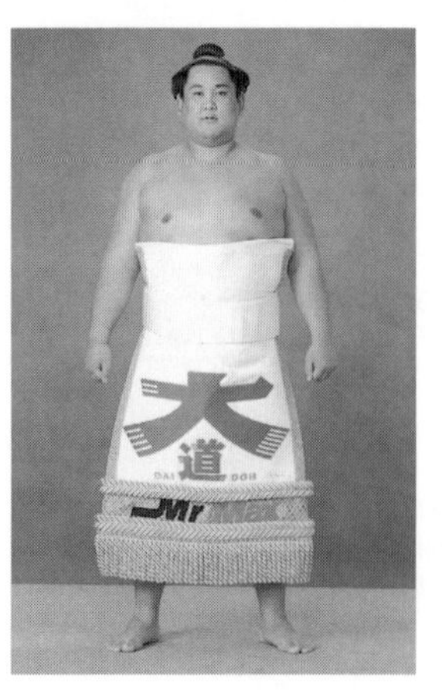

大道（だいどう） 健二（けんじ）（前頭８枚目）

本　名	中西健二	幕内在位	13場所
生年月日	昭和57年８月21日	幕内成績	87勝108敗
出身地	東京都葛飾区立石	勝　率	0.446
四股名	中西→大道	身　長	187cm
所属部屋	阿武松	体　重	161kg
初土俵	平成17年３月場所	得意手	右四つ、寄り、上手投げ
十両昇進	平成22年３月場所	年寄名	小野川→音羽山→阿武松
入　幕	平成23年７月場所		
最終場所	平成28年１月場所		

専修大学相撲部からは片山（最高位前頭 13 枚目、阿武松部屋）に次ぐ２人目の幕内。大学４年、東日本学生体重別無差別級で優勝。幕下付出の資格はなく前相撲からのスタート。本名の「中西」で初土俵。十両昇進を機に、相撲を始めた原点である出身中学校の校名“大道”を四股名にした。体調を崩した元関脇益荒雄の阿武松親方が令和元年秋場所後に突然退職。部屋付き親方だった音羽山親方が阿武松部屋を継承した。

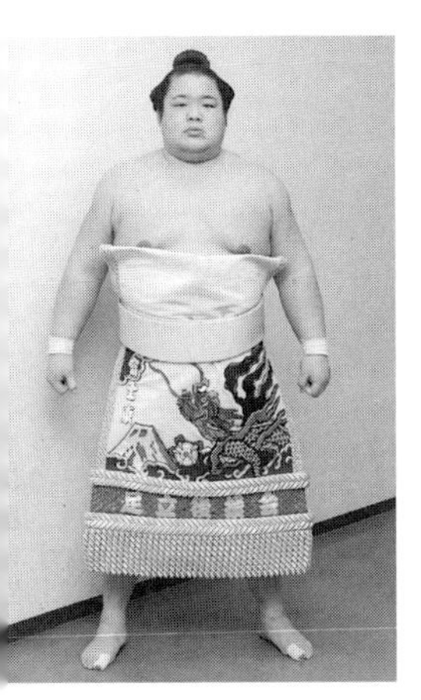

ふじあずま　かずよし
富士東 和佳（前頭４枚目）

本　名　渋谷和由
生年月日　昭和62年４月19日
出身地　東京都足立区関原
四股名　渋谷→富士東
所属部屋　玉ノ井
初土俵　平成15年３月場所
十両昇進　平成23年１月場所
入　幕　平成23年７月場所

幕内在位　17場所
幕内成績　105勝135敗15休
勝　率　0.438
身　長　181cm
体　重　183kg
得意手　押し

“わんぱく相撲”で活躍。小学生時代から実家近くの玉ノ井部屋に通っていた。「中学２年生の時に大相撲入りを決意したが、当然入門先は玉ノ井部屋と決めていた」。いわば“子飼い”の力士で、平成21年９月に元大関栃東が実父の先代（元関脇栃東）から部屋を譲り受けて最初の関取。丸い体を生かした押し相撲を得意にしている。四股名は本名の渋谷から先代師匠の命名で富士東に改名。しばらく幕内にいたが、その後幕下に後退。十両にカムバックしたものの令和２年７月場所に15戦全敗を記録した。

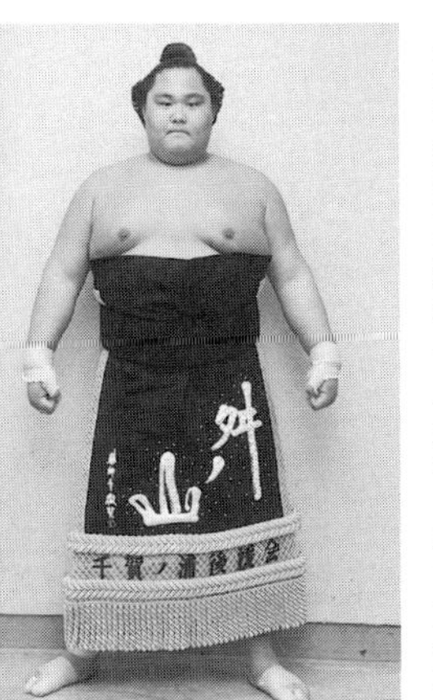

ますのやま　ともはる
舛ノ山 大晴（前頭４枚目）

本　名　加藤大晴
生年月日　平成２年11月１日
出身地　千葉県印旛郡栄町
四股名　舛ノ山→舛乃山→舛ノ山
所属部屋　千賀ノ浦→常盤山
初土俵　平成18年７月場所
十両昇進　平成22年11月場所
入　幕　平成23年９月場所
最終場所　令和３年５月場所

幕内在位　13場所
幕内成績　84勝97敗14休
勝　率　0.464
三　賞　敢闘賞１回
身　長　180cm
体　重　180kg
得意手　突き、押し

わんぱく相撲全国大会、都道府県中学大会などで千葉県代表選手として両国国技館の土俵を踏んでいるが、その後母親（マリア・クリスティーナさん）の故郷であるフィリピンで生活、地元の中学校を卒業。ハングリー精神を土俵にぶつけ19歳で関取昇進を果たした。平成16年９月に春日野部屋から独立した千賀ノ浦部屋の第１号関取。新入幕場所は５日目から休場。再入幕の24年名古屋場所に11勝で敢闘賞を受賞した。ひざのけがなどで序ノ口まで落ちた。

よしあずま　ひろし
芳東 洋（前頭12枚目）

本　名　石原洋
生年月日　昭和52年５月26日
出身地　熊本県上益城郡嘉島町
所属部屋　玉ノ井
初土俵　平成８年１月場所
十両昇進　平成19年11月場所
入　幕　平成23年９月場所
幕内在位　３場所
幕内成績　11勝34敗
勝　率　0.244

身　長　197cm
体　重　166kg
得意手　右四つ、寄り

初土俵以来所要93場所での新入幕は、星岩涛、旭南海に次いで史上３位のスロー昇進。そして34歳３カ月での新入幕は小野錦の34歳11カ月に次いで戦後２番目の高齢昇進。元大関栃東の師匠玉ノ井親方とは１歳しか年齢が違わない。長身を生かして左上手を取れば強さを発揮するが、立ち合いの厳しさ不足。攻め込まれての上手では幕内は務まらない。

平成

隆の山 俊太郎（前頭12枚目）
たかのやま しゅんたろう

本　名　パヴェル・ボヤル
生年月日　昭和58年２月21日
出身地　チェコ国プラハ市
所属部屋　鳴戸→田子ノ浦
初土俵　平成13年11月場所
十両昇進　平成23年７月場所
入　幕　平成23年９月場所
最終場所　平成26年７月場所
幕内在位　５場所
幕内成績　26勝49敗
勝　率　0.347
身　長　185cm
体　重　98kg
得意手　もろ差し、投げ、足技

新入幕場所前の体重測定は98㌔。100㌔を割った幕内力士は舞の海（現相撲解説者、タレント）以来と話題になった。舞の海のような“技のデパート”が期待されたが、幕内デビュー場所は５勝10敗と振るわなかった。新十両の翌場所に幕内昇進は１場所15日制になって５人目。チェコ出身の幕内は初めて。鳴戸部屋からは７人目の関取。３度目の入幕をした平成24年名古屋場所に５勝10敗。相手に取り口を覚えられたこともあって、８場所連続負け越し。十両には戻れたが、幕内カムバックはならずに土俵を去った。

妙義龍 泰成（関脇）
みょうぎりゅう やすなり

本　名　宮本泰成
生年月日　昭和61年10月22日
出身地　兵庫県高砂市荒井町
所属部屋　境川
初土俵　平成21年５月場所幕下15枚目格付出
十両昇進　平成22年１月場所
入　幕　平成23年11月場所
幕内在位　69場所
幕内成績　484勝520敗31休
勝　率　0.482
三　賞　技能賞６回
身　長　187cm
体　重　140kg
得意手　押し

十両２場所連続優勝で幕内昇進を決めた。兵庫県の出身だが、埼玉栄高校に“相撲留学”して頭角を現した。そして日体大に進んだ後に角界入り。高校時代は豪栄道と同級生。日体大４年生で国体成年の部優勝など５タイトルを獲得。幕下15枚目格付出。所要４場所で十両昇進を果たしたが、新十両の場所に左ひざを痛めて途中休場。手術をして３場所全休。三段目下位の再スタートから７場所目で幕内入りした。鋭い出足を生かした突き、押し相撲を得意にしている。

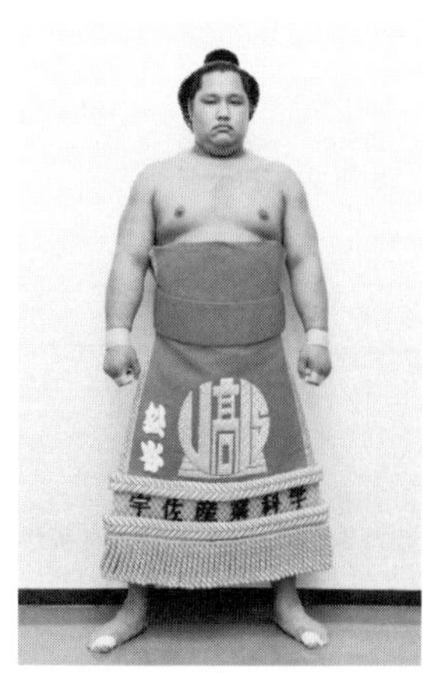

松鳳山 裕也（小結）
しょうほうざん ゆうや

本　名　松谷裕也
生年月日　昭和59年２月９日
出身地　福岡県築上郡築上町
四股名　松谷→松鳳山
所属部屋　松ヶ根→二所ノ関→放駒
初土俵　平成18年３月場所
十両昇進　平成22年５月場所
入　幕　平成23年11月場所
最終場所　令和４年５月場所（番付は７月場所）
幕内在位　51場所
幕内成績　350勝415敗
勝　率　0.458
三　賞　殊勲賞１回、敢闘賞３回
身　長　177cm
体　重　134kg
得意手　突き、押し

野球賭博の“申告漏れ”から２場所連続出場停止処分を受けた。３場所務めた十両から幕下51枚目まで番付を落として再出発。平成23年初場所、周囲の厳しい視線に耐えて土俵に上がり、いきなりの幕下優勝。続く５月技量審査場所でも幕下で優勝して関取カムバック。「再び相撲を取れる幸せを感じて」と本人。災い転じて、取り口に迷いが消えた。師匠二所ノ関親方（元大関若嶋津）と同様に肌が浅黒く、ニックネームは「褐色の弾丸」だった。

平成

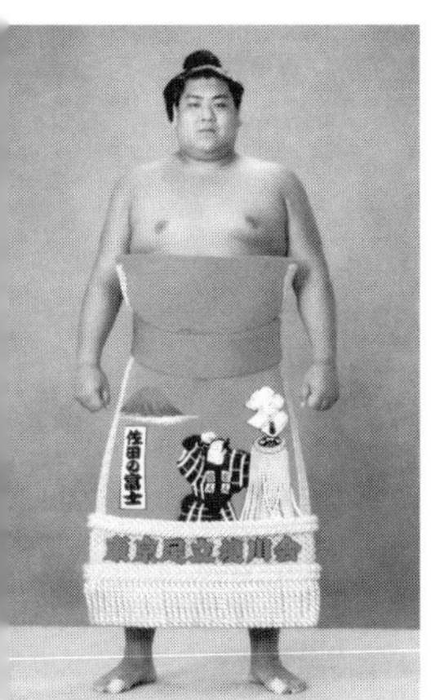

さだのふじ　あきひろ

佐田の富士　哲博（前頭２枚目）

本　名　山本哲博
生年月日　昭和59年12月25日
出身地　長崎県南島原市加津佐町
所属部屋　境川
初土俵　平成15年１月場所
十両昇進　平成22年３月場所
入　幕　平成23年11月場所
最終場所　平成29年５月場所
幕内在位　22場所

幕内成績　137勝193敗
勝　率　0.415
身　長　189cm
体　重　194kg
得意手　突き、押し
年寄名　中村→山科→出来山

相撲には全く縁がなく柔道一直線の少年だった。高校では県大会準優勝の実績がある。柔道の黒帯からマワシ１本の相撲への転向はよくある話で、同じ長崎県の高校で境川親方（元小結両国）に相撲を指導していた先生からの誘い。入門時から投げ技封印で突き、押し相撲に徹している。豪栄道、豊響ら高校相撲経験者に先を越されて発奮。入幕前の平成23年秋場所は、敢闘精神を評価するマークシートで十両トップだった。

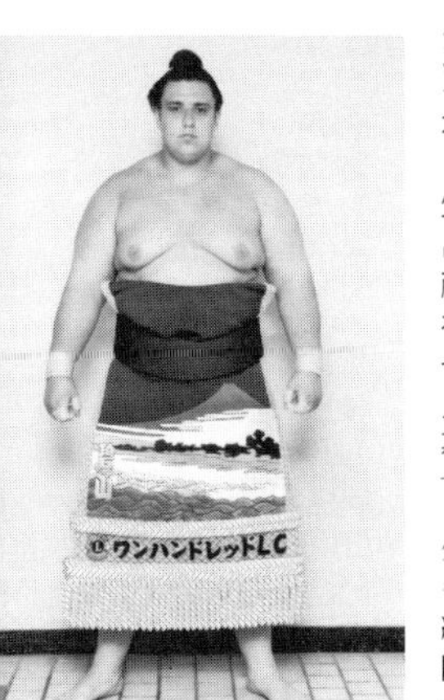

あおいやま　こうすけ

碧山　亘右（関脇）

本　名　ダニエル・イヴァノフ→古田亘右
生年月日　昭和61年6月19日
出身地　ブルガリア国エルホヴァ
所属部屋　田子ノ浦→春日野
初土俵　平成21年７月場所
十両昇進　平成23年７月場所
入　幕　平成23年11月場所
幕内在位　70場所

幕内成績　504勝521敗25休
勝　率　0.494
三　賞　敢闘賞４回、技能賞１回
身　長　190cm
体　重　196kg
得意手　右四つ、寄り

元幕内久島海の田子ノ浦部屋から初めての幕内力士。大関琴欧洲の紹介で当時外国人力士のいなかった田子ノ浦部屋に入門した。ブルガリアではアマレスの選手として活躍。その後、体重増から相撲に転向。世界ジュニア選手権出場などを経て角界入り。琴欧洲に次いでブルガリア２人目の幕内。目標は当然ながら「琴欧洲」だ。がむしゃらに前に出る取り口で、師匠には「投げ技は駄目」と指導されていたが、その師匠の急逝で、平成24年春場所前に春日野部屋に転籍。

つるぎだけ　てるき

剣武　輝希（前頭16枚目）

本　名　宮本一輝
生年月日　昭和54年２月７日
出身地　埼玉県秩父郡小鹿野町
四股名　宮本→武甲山→宮本→武甲→剣武
所属部屋　武蔵川→藤島
初土俵　平成13年３月場所
十両昇進　平成22年11月場所
入　幕　平成23年11月場所

最終場所　平成24年３月場所（番付は5月場所）
幕内在位　１場所
幕内成績　４勝11敗
勝　率　0.267
身　長　181cm
体　重　163kg
得意手　突き、押し

日体大相撲部では垣添と同期生。大学４年の選抜高知大会で優勝している。エリート垣添とは対照的に前相撲からスタート。序ノ口優勝をして１年で幕下に上がったが、その後一進一退を繰り返し、丸６年も幕下生活を余儀なくされた。十両昇進まで58場所所要のスロー出世だった。ただ、十両昇進後は番付運のよさに恵まれた。幕下に落とされても当然なのに、“首の皮”１枚で関取の地位を確保。６勝９敗と負け越しても番付４枚アップ。その幸運を入幕に結び付けた。

平成

千代の国(ちよのくに) 憲輝(としき)（前頭筆頭）

本　名	澤田憲輝	幕内成績	199勝216敗95休
生年月日	平成２年７月10日	勝　率	0.480
出身地	三重県伊賀市服部町	三　賞	敢闘賞２回
所属部屋	九重	身　長	183cm
初土俵	平成18年５月場所	体　重	139kg
十両昇進	平成23年７月場所	得意手	突き、押し
入　幕	平成24年１月場所	年寄名	佐ノ山
最終場所	令和５年７月場所		
幕内在位	34場所		

平成24年初場所の新入幕場所、13日目の栃ノ心戦で右肩関節脱臼。残り２日間は無念の休場だったが、既に９勝をマーク。敢闘賞候補に挙げられる活躍をみせた。突き、押しを武器に積極的に攻める激しい取り口は魅力で、敢闘精神評価のアンケートでは常に上位にランクされた。父親は僧侶。お寺育ちで受け答えが折り目正しい好青年。元千代の富士の九重親方が育てた４人目の幕内力士。無駄な動きが目立ち、それがけがの多さにつながった。

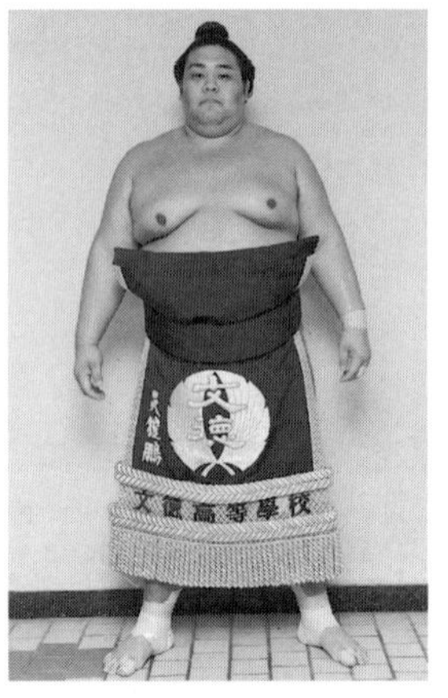

天鎧鵬(てんかいほう) 貴由輝(たかゆき)（前頭８枚目）

本　名	南貴由輝	幕内在位	７場所
生年月日	昭和59年10月15日	幕内成績	38勝63敗４休
出身地	熊本県玉名市天水町	勝　率	0.376
四股名	南→天鎧鵬	身　長	183cm
所属部屋	尾上	体　重	191kg
初土俵	平成19年１月場所	得意手	右四つ、寄り
十両昇進	平成23年７月場所	年寄名	秀ノ山→音羽山→佐ノ山→北陣
入　幕	平成24年１月場所		
最終場所	平成31年３月場所		

日大相撲部出身。同期生にはアマチュア横綱の市原（元幕内清瀬海）、学生横綱の森（元十両大翔湖）、そして山本（元幕内山本山）がいたこともあって準レギュラーだった。だが、大相撲入りして先を走っていた同期生は八百長メール事件などで挫折。大学時代タイトルに無縁だった天鎧鵬はじわじわと番付を上げていき、前相撲から丸５年かけて幕内昇進を果たした。日大相撲部からは28人目の幕内力士。

旭秀鵬(きょくしゅうほう) 滉規(こうき)（前頭４枚目）

本　名	トゥムルバートル・エルデネバートル	幕内成績	127勝153敗20休
生年月日	昭和63年８月９日	勝　率	0.454
出身地	モンゴル国ウランバートル市	身　長	190cm
所属部屋	大島→友綱	体　重	155kg
初土俵	平成19年５月場所	得意手	右四つ、寄り
十両昇進	平成23年９月場所		
入　幕	平成24年１月場所		
最終場所	令和４年１月場所		
幕内在位	20場所		

長身に甘いマスク。“イケメン力士”として女性ファンに人気があったが、度重なる故障で大成せずに終わった。モンゴルで育った少年時代はバスケットボールに夢中だったが、日本の高校に留学。柔道部員だった。モンゴル出身37人目の幕内力士となった。期待された新入幕の場所は３勝12敗。幕内には通算20場所いたが、マスコミをにぎわすほどの活躍はできなかった。

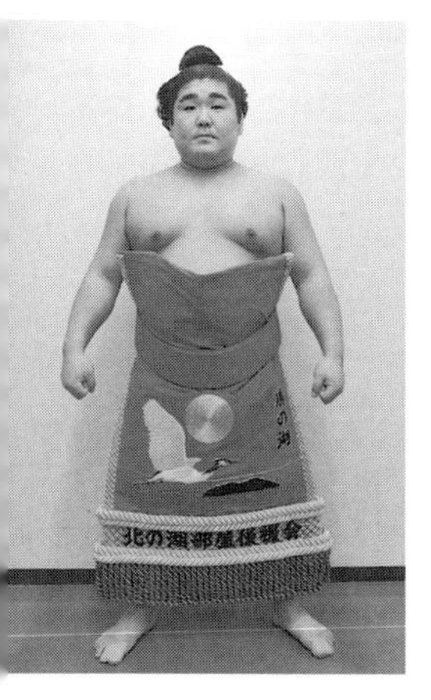

鳰の湖（におのうみ） 真二（しんじ）（前頭16枚目）

本　名　田中真二
生年月日　昭和61年12月16日
出身地　滋賀県大津市観音寺
所属部屋　北の湖→山響
初土俵　平成14年３月場所
十両昇進　平成23年１月場所
入　幕　平成24年１月場所
幕内在位　１場所
幕内成績　５勝10敗

勝　率　0.333
身　長　173cm
体　重　144kg
得意手　押し

身長不足で第２新弟子検査を受けて合格。豊ノ島、磋牙司に次ぐ“第三の男”である。低い重心を生かしての突き、押し相撲を得意にしている。三段目時代に病気で１カ月入院。闘病生活で「絶対に勝ってやる！という気持ちが強くなった」という。四股名の“鳰の湖”は出身地、滋賀県を代表する琵琶湖の古名。滋賀県からは平成５年春場所の蒼樹山（最高位前頭筆頭、現枝川親方）以来、戦後４人目の幕内力士。

勢（いきおい） 翔太（しょうた）（関脇）

本　名　東口翔太
生年月日　昭和61年10月11日
出身地　大阪府交野市星田
所属部屋　伊勢ノ海
初土俵　平成17年３月場所
十両昇進　平成23年11月場所
入　幕　平成24年３月場所
最終場所　令和３年５月場所（番付は７月場所）

幕内在位　44場所
幕内成績　308勝352敗
勝　率　0.467
三　賞　敢闘賞４回
身　長　192cm
体　重　155kg
得意手　右四つ、寄り
年寄名　春日山

平成24年３月の春場所、地元に凱旋の新入幕だったが、連日の大声援がプレッシャーとなって初日から５連敗。結局５勝10敗。十両２場所通過の“勢い”はひとまずストップした。相撲少年で、大関の豪栄道とは町の相撲道場で一緒に稽古した仲だった。「勢」の命名者は先代伊勢ノ海親方（元関脇藤ノ川）。四股名のように勢いのある速攻相撲が身上だった。四股名１文字の幕内力士は２年秋場所の曙（元横綱）以来。昭和以降では２人目である。

平成

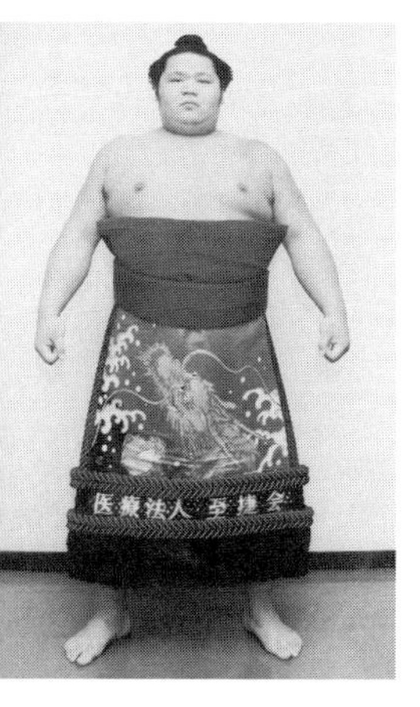

千代大龍（ちよたいりゅう） 秀政（ひでまさ）（小結）

本　名　明月院秀政
生年月日　昭和63年11月14日
出身地　東京都荒川区西尾久
四股名　明月院→千代大龍
所属部屋　九重
初土俵　平成23年５月技量審査場所幕下15枚目格付出
十両昇進　平成24年１月場所
入　幕　平成24年５月場所
最終場所　令和４年11月場所

幕内在位　58場所
幕内成績　383勝432敗48休
勝　率　0.470
三　賞　技能賞１回
身　長　180cm
体　重　167kg
得意手　突き、押し、はたき

元小結垣添（現雷親方）に次いで日体大２人目の学生横綱。日体大相撲部からは垣添、嘉風、妙義龍、剣武に次いで５人目の幕内。幕下付出の初土俵は０勝３敗４休とつまずいたが、すぐに軌道修正して５場所目に十両昇進。新十両は13勝２敗で優勝。翌場所11勝。２場所で十両を卒業した。突き、押し相撲は強烈だが、多用の“はたき”がその後の成長を妨げた。平成26年秋場所新小結。

皇風（きみかぜ） 俊司（としじ）（前頭13枚目）

本　名　直江俊司
生年月日　昭和61年９月23日
出身地　東京都調布市佐須町
四股名　直江→皇風
所属部屋　尾車
初土俵　平成21年１月場所
十両昇進　平成23年９月場所
入　幕　平成24年５月場所
最終場所　平成26年５月場所
幕内在位　１場所
幕内成績　５勝８敗２休
勝　率　0.385
身　長　183cm
体　重　134kg
得意手　突き、押し、はたき

戦前の双葉山時代に活躍した元関脇笠置山以来、77年ぶりの早大出身の幕内。えんじの早大カラーの化粧まわしは話題になり、応援のため早大ＯＢの森元首相も国技館の砂かぶりに駆け付けていた。新入幕場所は終盤に右太ももを痛めたこともあって５勝８敗２休。１場所で幕内の座を明け渡した。勝負度胸は良かったが、立ち合いの変化などで勝機を見いだす“ハンパ相撲”。地力不足もあって十両２場所で幕下に陥落した。線香花火的相撲人生。力士生活６年であっさりリタイアした。

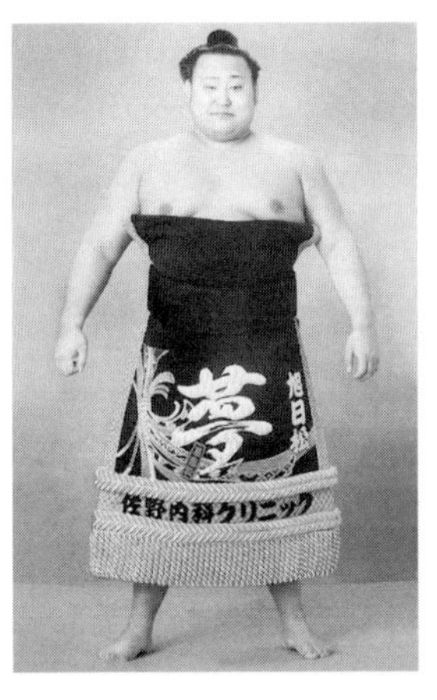

旭日松（あさひしょう） 広太（こうた）（前頭11枚目）

本　名　松嶋広太
生年月日　平成元年７月21日
出身地　千葉県野田市木間ヶ瀬
四股名　松嶋→旭日松
所属部屋　大島→友綱
初土俵　平成17年３月場所
十両昇進　平成23年11月場所
入　幕　平成24年９月場所
最終場所　令和３年５月場所（番付は７月場所）
幕内在位　４場所
幕内成績　23勝35敗２休
勝　率　0.397
身　長　174cm
体　重　140kg
得意手　突き、押し
年寄名　桐山

少年レスリングで全国大会優勝。地元の新聞に「相撲が好き」の談話が載った。それがきっかけで大島親方（元大関旭国）にスカウトされた。身長170ｾﾝﾁで第２検査の合格だった。初土俵が一緒の同期生には大関の高安らがいる。幕下12枚目で全勝優勝。ワンチャンスで十両入り。明るい性格。幕内昇進と同時に派手な塩まきパフォーマンスで館内をわかせた。友綱部屋に移ってからの入幕だが、入門時の師匠大島親方にとっては11人目の幕内だった。

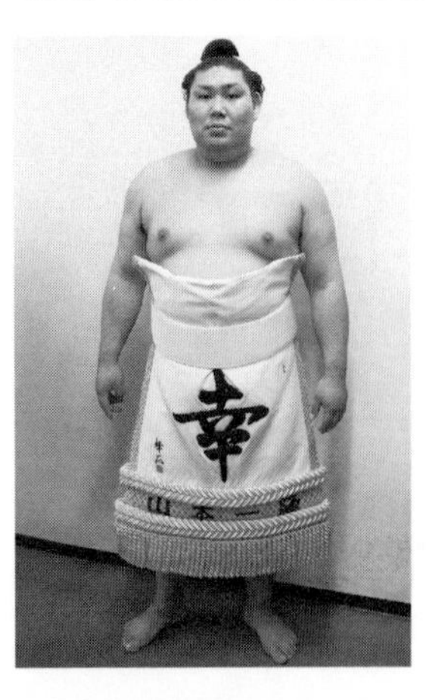

常幸龍（じょうこうりゅう） 貴之（たかゆき）（小結）

本　名　佐久間貴之
生年月日　昭和63年８月７日
出身地　東京都北区東十条
四股名　佐久間山→常幸龍
所属部屋　北の湖→木瀬
初土俵　平成23年５月技量審査場所
十両昇進　平成24年５月場所
入　幕　平成24年11月場所
最終場所　令和４年９月場所
幕内在位　15場所
幕内成績　92勝121敗12休
勝　率　0.432
身　長　186cm
体　重　162kg
得意手　右四つ、寄り、上手投げ

日大相撲部出身。２年生の時に学生横綱のタイトルを獲得。だが、大相撲の幕下付出規約は「入門前１年間での優勝」が条件。４年の時は無冠だったので、前相撲からスタートしている。序ノ口、序二段、三段目と７戦全勝優勝。前相撲から所要９場所で幕内に上がった。「佐久間山」で初土俵。十両昇進時に「常幸龍」と改名した。幕内に上がってからは一進一退を繰り返しながら小結まで番付を上げたものの、痛めたひざの治療が中途半端で三段目まで後退。幕内復帰はならなかった。

ことゆうき　かずよし
琴勇輝　一巖（関脇）

本　名　榎本勇起
生年月日　平成３年４月２日
出身地　香川県小豆郡小豆島町
四股名　琴榎本→琴勇輝
所属部屋　佐渡ヶ嶽
初土俵　平成20年３月場所
十両昇進　平成23年９月場所
入　幕　平成25年１月場所
最終場所　令和３年３月場所

幕内在位　33場所
幕内成績　207勝229敗59休
勝　率　0.475
三　賞　殊勲賞１回
身　長　175cm
体　重　155kg
得意手　突き、押し
年寄名　君ヶ濱→北陣→荒磯

香川県からは昭和33年九州場所の若三杉（後の関脇大豪）以来54年ぶりに誕生した幕内力士。名作映画「二十四の瞳」の舞台になった瀬戸内海に浮かぶ小豆島からは初めてである。もっとも生まれは若三杉と同じ丸亀市だが、小豆島の中学に進み、同地の高校を１年で中退しての大相撲入り。「島民の期待に応えたい」と出身地を最初から小豆島にした。小柄だが、気合十分の突き、押し相撲を得意にしていた。

そうたいりゅう　りょうぞう
双大竜　亮三（前頭15枚目）

本　名　高橋亮三
生年月日　昭和57年７月26日
出身地　福島県福島市蓬莱町
四股名　高橋→双大竜
所属部屋　時津風
初土俵　平成17年５月場所
十両昇進　平成21年９月場所
入　幕　平成25年３月場所
最終場所　平成30年１月場所

幕内在位　１場所
幕内成績　４勝11敗
勝　率　0.267
身　長　178cm
体　重　122kg
得意手　突き、押し

東農大相撲部出身。大学４年生になってすぐに腹膜炎でダウン。小腸を50センチほど切除する大手術を受けた。相撲選手として大学４年の１年間を棒に振ったが、卒業を前に「一度だけの人生。好きなことを全うしたい」と周囲の大反対を押し切って角界入りした。小兵だが変化に頼らず、激しい突き、押し相撲の正攻法の取り口に徹していた。東農大相撲部からの幕内は７人目。入幕時の体重は122キロ。１場所だけだが、横綱日馬富士を抜いて幕内最軽量力士となった。

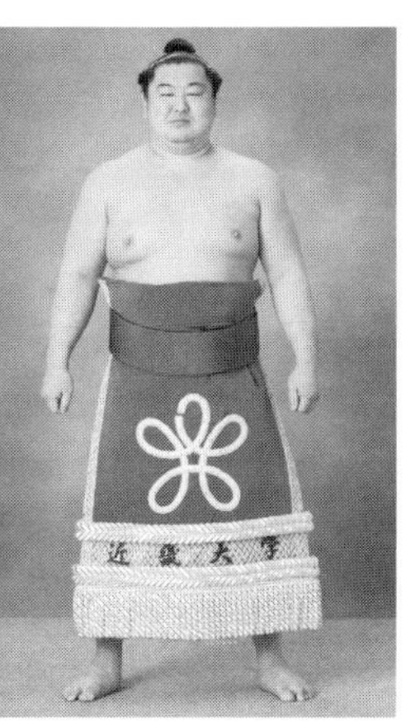

おおいわと　よしゆき
大岩戸　義之（前頭16枚目）

本　名　上林義之
生年月日　昭和56年５月18日
出身地　山形県鶴岡市藤島町
四股名　上林→大岩戸
所属部屋　八角
初土俵　平成16年３月場所幕下15枚目格付出
十両昇進　平成17年５月場所
入　幕　平成25年３月場所

最終場所　平成30年３月場所（番付は５月場所）
幕内在位　１場所
幕内成績　５勝10敗
勝　率　0.333
身　長　178cm
体　重　145kg
得意手　突き、押し

近大相撲部出身。平成15年の学生横綱。近大からの学生横綱には吉村道明（後プロレスラー）、長岡末弘（元大関朝潮）らがいる。16年春場所幕下付出の初土俵から８場所目に十両に上がった。押し相撲を得意にしていたが、勝負どころの詰めの甘さが克服できずに低迷。最初の十両入りから入幕まで所要46場所は史上２位タイのスロー昇進である。八角部屋からは隠岐の海以来の、また山形県からは琴ノ若（現佐渡ヶ嶽親方）以来の幕内力士。

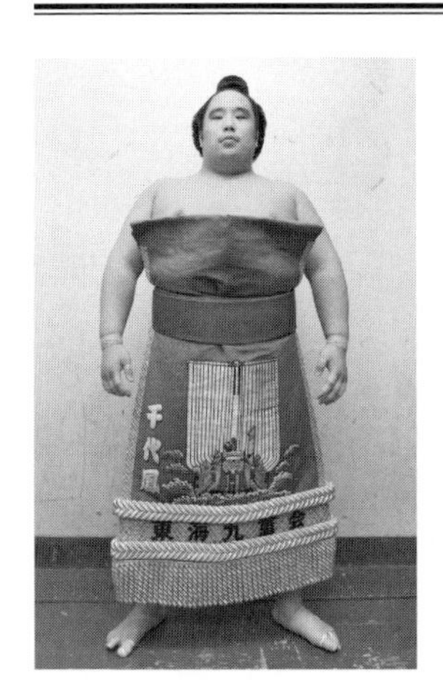

千代鳳 祐樹（小結）
ちよおおとり ゆうき

本　名　木下祐樹
生年月日　平成４年10月11日
出身地　鹿児島県志布志市志布志町
四股名　大木下→千代鳳
所属部屋　九重
初土俵　平成20年５月場所
十両昇進　平成24年３月場所
入　幕　平成25年５月場所
最終場所　令和３年11月場所
幕内在位　19場所

幕内成績　125勝138敗22休
勝　率　0.475
身　長　179cm
体　重　173kg
得意手　右四つ、突き、押し
年寄名　佐ノ山→大山

19歳４カ月で十両昇進。ハイティーン関取は平成に入って15人目だった。歳２カ月の貴乃花をはじめ“お兄ちゃん”の若乃花、それに朝青龍、白鵬、日富士が横綱に、魁皇、稀勢の里ら５人が大関に上がっている。そうそうたるメバーが大相撲の歴史を作っている。実兄は平成26年春場所新入幕の千代丸。弟同時幕内は史上８組目だが、千代鳳は肩のけがなどで三段目まで後退。

誉富士 歓之（前頭６枚目）
ほまれふじ よしゆき

本　名　三浦歓之
生年月日　昭和60年５月６日
出身地　青森県西津軽郡鯵ヶ沢町
所属部屋　伊勢ヶ濱
初土俵　平成20年１月場所
十両昇進　平成24年１月場所
入　幕　平成25年５月場所
最終場所　令和元年９月場所
幕内在位　10場所

幕内成績　56勝83敗11休
勝　率　0.403
身　長　181cm
体　重　166kg
得意手　突き、押し
年寄名　楯山

平成

「パンダ」の化粧まわしを付けての十両土俵入り。館内が沸いて人気を呼んだ。“撲どころ”津軽（青森県）の出身で小学生のころに「将来は力士になる」と決ていた。自身は中学卒業と同時に大相撲入りを希望したが、周囲の説得で高校大学と進んでからのプロ入り。しばらく伸び悩んだが同郷、近大相撲部１年後の宝富士に抜かれて発奮。３度目の十両昇進から３場所連続10勝５敗の２ケ勝利で入幕を決めた。左肩手術。序二段まで降下した。

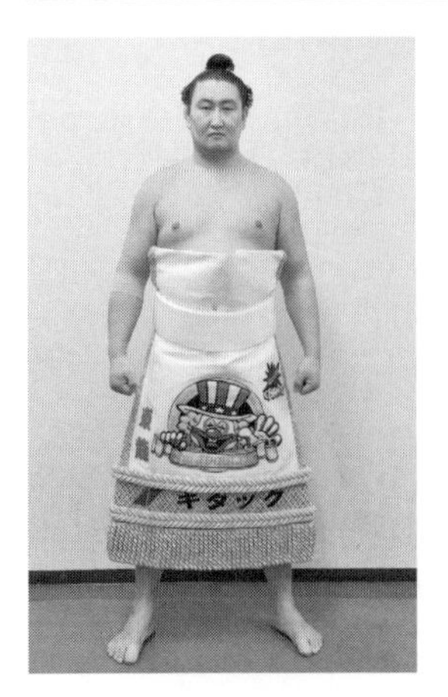

東龍 強（前頭11枚目）
あずまりゅう つよし

本　名　サンドゥイジャブ・トドビレグ
生年月日　昭和62年５月12日
出身地　モンゴル国ウランバートル市
所属部屋　玉ノ井
初土俵　平成21年１月場所
十両昇進　平成25年１月場所
入　幕　平成25年５月場所
幕内在位　11場所
幕内成績　62勝88敗15休

勝　率　0.413
身　長　191cm
体　重　149kg
得意手　右四つ、寄り、上手投げ

母国モンゴルのテレビで見た大相撲に刺激を受けて、朝青龍の母校でもある知の明徳義塾高校に“相撲留学”。その後九州情報大学相撲部で活躍。西日本生個人体重別無差別級優勝、西日本学生選手権準優勝などの戦歴がある。大学３年で中退して大相撲入りした。同大学からは初の関取。十両を２場所で通モンゴル出身17人目の幕内。四股名の東龍は師匠（玉ノ井親方、元大関栃東と朝青龍をミックス、自ら名乗った。

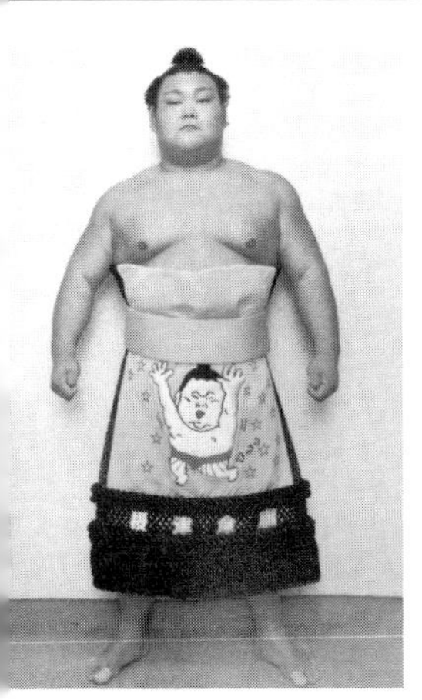

大喜鵬 将大（前頭16枚目）

だいきほう まさひろ

本　名	山口雅弘	入　幕	平成25年５月場所
生年月日	平成元年５月13日	最終場所	令和元年９月場所
出身地	福岡県飯塚市川島	幕内在位	１場所
四股名	山口→大喜鵬→山口→大喜鵬	幕内成績	３勝12敗
所属部屋	宮城野	勝　率	0.200
初土俵	平成24年３月場所幕下15枚目格付出	身　長	182cm
		体　重	154kg
十両昇進	平成24年９月場所	得意手	突き、押し

鳥取城北高校から日大相撲部のコースは元大関琴光喜と同じ。琴光喜と親交があった白鵬が“内弟子”として宮城野部屋に入門させた。大学時代のタイトルは19。それも１年生の時に５回と期待は大きかったが、アマチュア横綱、学生横綱にはなれなかった。国体優勝でかろうじて幕下15枚目格付出の資格を得た。８場所目に入幕とまずまずだったが、新入幕場所３勝しか挙げられず、その後はすっかり精彩を欠き、十両を１年務めた後に幕下に後退した。その後三段目まで落ちて土俵を去った。

徳勝龍 誠（前頭２枚目）

とくしょうりゅう まこと

本　名	青木誠	幕内在位	32場所
生年月日	昭和61年８月22日	幕内成績	211勝269敗
出身地	奈良県奈良市田中町	勝　率	0.440
四股名	青木→徳勝龍	優　勝	１回
所属部屋	木瀬→北の湖→木瀬	三　賞	殊勲賞１回、敢闘賞１回
初土俵	平成21年１月場所	身　長	183cm
十両昇進	平成23年11月場所	体　重	175kg
入　幕	平成25年７月場所	得意手	突き、押し
最終場所	令和５年９月場所	年寄名	千田川

奈良県出身だが、“相撲留学”した高知の明徳義塾高校では２年の時にインターハイ団体優。チームメイトに栃煌山がいた。近大に進学。同学年に宝富士がいた。大学時代のタイトル獲得は高知大会など５個。近大相撲部出身の幕内は徳勝龍が９人目。奈良県出身は戦後３人目。幕内、十両を往復していたが、令和２年初場所に大爆発。幕尻で14勝１敗の初優勝。千秋楽には結びの一番で大関貴景勝に圧勝している。最後は幕下に落ちて苦戦した。

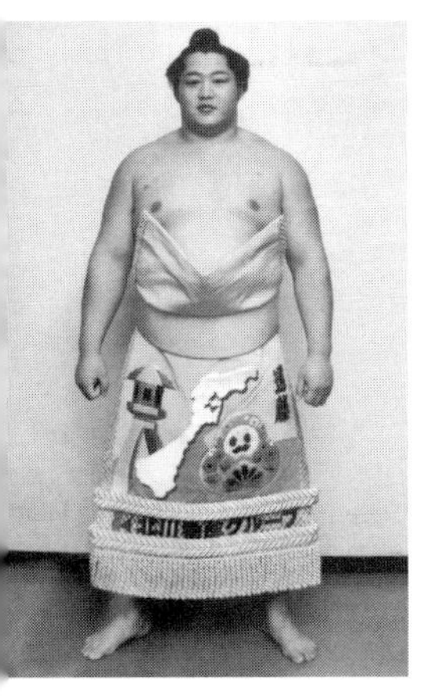

遠藤 聖大（小結）

えんどう しょうた

本　名	遠藤聖大	勝　率	0.502
生年月日	平成２年10月19日	三　賞	殊勲賞１回、敢闘賞１回、技能賞４回
出身地	石川県鳳珠郡穴水町	身　長	184cm
所属部屋	追手風	体　重	143kg
初土俵	平成25年３月場所幕下10枚目格付出	得意手	左四つ、寄り
十両昇進	平成25年７月場所		
入　幕	平成25年９月場所		
幕内在位	60場所		
幕内成績	423勝419敗58休		

日大相撲部出身で、平成24年度のアマチュア横綱。幕下２場所で十両昇進。その新十両場所に14勝１敗で優勝。プロ初タイトルを手にして、デビュー４場所目で幕内に上がった。得意は左四つ、寄りだが、前哨戦の突っ張りにも威力があり、攻守のバランスが取れているのが魅力。人気先行もパワー不足で足踏み。幕内上位の壁をなかなか破れずにいたが、30年夏場所に三役昇進を果たした。

おおすなあらし　きんたろう
大砂嵐　金崇郎（前頭筆頭）

本　名	アブデラハム・アラー・エルディン・モハメッド・アハメッド・シャーラン	最終場所	平成30年１月場所（番付は３月場所）
生年月日	平成４年２月10日	幕内在位	17場所
出身地	エジプト・アラブ共和国ダカハレヤ県	幕内成績	112勝100敗43休
所属部屋	大嶽	勝　率	0.528
初土俵	平成24年３月場所	身　長	188cm
十両昇進	平成25年７月場所	体　重	156kg
入　幕	平成25年11月場所	得意手	突き、押し

初のアフリカ大陸出身関取。相撲の世界ジュニア選手権大会に出場の後に大相撲入り。初土俵から所要８場所で十両に。平成26年名古屋場所には横綱初挑戦で鶴竜、日馬富士から金星を挙げた。だが、力任せの荒っぽい取り口でけがが多く、三役には届かず幕内を長く務められなかった。無免許運転で事故を起こす不祥事から角界を去った。

かがみおう　なんじ
鏡桜　南二（前頭９枚目）

本　名	バットフー・ナンジッダ	幕内成績	43勝62敗
生年月日	昭和63年２月９日	勝　率	0.410
出身地	モンゴル国ウブルハンガイ	身　長	182cm
所属部屋	鏡山→伊勢ノ海	体　重	138kg
初土俵	平成15年７月場所	得意手	右四つ、寄り
十両昇進	平成25年１月場所		
入　幕	平成26年１月場所		
最終場所	令和５年３月場所		
幕内在位	７場所		

師匠は元関脇の多賀竜。所属する鏡山部屋は力士２名という超ミニ部屋。もう一人は鏡山親方の長男で最高位は幕下。それはともかく、元小結旭鷲山の紹介で角界入り。同期生には徳瀬川（元幕内、廃業）らがいた。入門10年目で関取昇進のスロー出世だったが、十両は１年で通過した。右四つ、寄りが得意。「師匠のような右まわしを取っての寄り、出し投げを身に付けたい」と言っていた。少年時代はバスケットボールの選手で、全国大会出場の経験がある。

たかのいわ　よしもり
貴ノ岩　義司（前頭２枚目）

本　名	アディア・バーサンドルジ	幕内成績	140勝157敗18休
生年月日	平成２年２月26日	勝　率	0.471
出身地	モンゴル国ウランバートル市	三　賞	殊勲賞１回、敢闘賞１回
所属部屋	貴乃花→千賀ノ浦	身　長	182cm
初土俵	平成21年１月場所	体　重	148kg
十両昇進	平成24年７月場所	得意手	右四つ、寄り
入　幕	平成26年１月場所		
最終場所	平成30年11月場所（番付は31年１月場所）		
幕内在位	21場所		

平成30年の九州巡業中、付き人に暴力をふるったことが明るみに出て角界を去った。その１年前には自身が横綱日馬富士から体罰を受け、大騒動を巻き起こしたばかり。日馬富士が野に下り、今度は貴ノ岩が土俵を去った。貴乃花部屋第１号幕内力士。初対戦の白鵬から金星を挙げている。岩のようながっしりした体躯を誇り、三役も期待された力士だったが…。

照ノ富士（てるのふじ） 春雄（はるお）（横綱）

本　名	ガントルガ・ガンエルデネ→杉野森正山	幕内在位	45場所
生年月日	平成３年11月29日	幕内成績	337勝192敗146休
出身地	モンゴル国ウランバートル市	勝　率	0.637
四股名	若三勝→照ノ富士	優　勝	８回
所属部屋	間垣→伊勢ヶ濱	三　賞	殊勲賞３回、敢闘賞３回、技能賞３回
初土俵	平成23年５月技量審査場所	身　長	192cm
十両昇進	平成25年９月場所	体　重	178kg
入　幕	平成26年３月場所	得意手	右四つ、寄り

両ひざの故障、内臓疾患で大関から序二段まで急降下したが、不屈の闘志で大復活を遂げ、幕内にカムバックするとすぐに平幕優勝。その勢いで一気に横綱まで駆け上がった。もちろん、大関から序二段まで落ちての最高位獲得は大相撲史上初の快挙だった。新横綱場所にも優勝した。最初、横綱２代目若乃花の間垣部屋に入門したが、師匠が体調を崩して部屋が閉じられたため、伊勢ヶ濱部屋に移籍した。

千代丸（ちよまる） 一樹（かずき）（前頭５枚目）

本　名	木下一樹	幕内在位	31場所
生年月日	平成３年４月17日	幕内成績	201勝262敗２休
出身地	鹿児島県志布志市志布志町	勝　率	0.434
四股名	木下→千代丸	身　長	178cm
所属部屋	九重	体　重	183kg
初土俵	平成19年５月場所	得意手	押し
十両昇進	平成25年９月場所		
入　幕	平成26年３月場所		

千代鳳（現佐ノ山親方）との兄弟幕内。「先に弟（千代鳳）が関取になった。嬉しさもあったけれど、それ以上に悔しさがあった。負けられない、という気持ちが強かった」。１歳下の弟にいい意味のライバル心をぶつけての幕内昇進だった。平成25年九州場所は千代鳳が13勝２敗で十両優勝。そして続く26年初場所は千代丸が13勝２敗で十両優勝。兄弟２場所連続十両制覇は大相撲史上初めてである。「名は体を表す」で真ん丸い体つきにはピッタリの四股名。突き、押し相撲で前進あるのみだ。

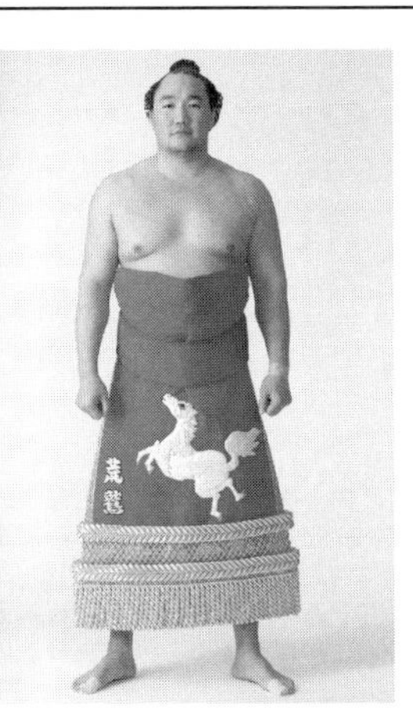

荒鷲（あらわし） 毅（つよし）（前頭２枚目）

本　名	エレヘバヤル・ドゥルゴゥーン	幕内成績	138勝173敗４休
生年月日	昭和61年８月21日	勝　率	0.444
出身地	モンゴル国ホブド	身　長	185cm
所属部屋	荒磯→花籠→峰崎	体　重	137kg
初土俵	平成14年11月場所	得意手	右四つ、寄り、上手投げ
十両昇進	平成26年１月場所		
入　幕	平成26年５月場所		
最終場所	令和２年１月場所		
幕内在位	21場所		

元小結二子岳の荒磯部屋に入門。その後花籠部屋を経て峰崎部屋に転籍した。その峰崎部屋からは初めての幕内力士。初土俵から所要68場所で幕内に上がったが、初土俵同期は元大関琴欧洲（現鳴戸親方）。幕内での対戦はならずに荒鷲新入幕の１場所前に引退している。足腰の強さと思い切りの良さが身上だった。平成29年初場所、鶴竜、白鵬の２横綱から金星獲得。

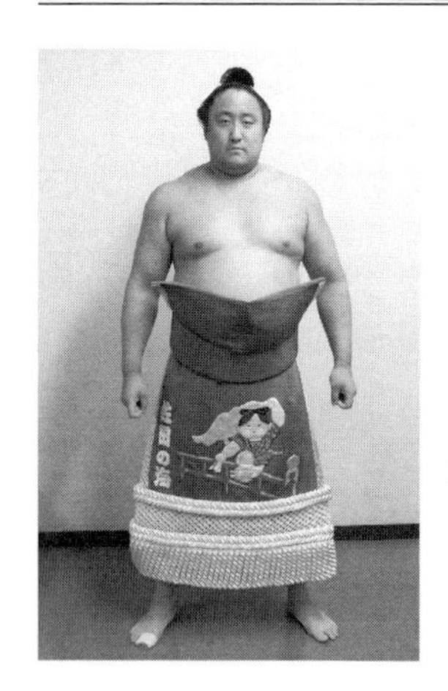

佐田の海（さだのうみ） 貴士（たかし）（前頭筆頭）

本　名　松村要
生年月日　昭和62年５月11日
出身地　熊本県熊本市東区
四股名　松村→佐田の海
所属部屋　境川
初土俵　平成15年３月場所
十両昇進　平成22年７月場所
入　幕　平成26年５月場所
幕内在位　49場所
幕内成績　344勝386敗５休
勝　率　0.471
三　賞　敢闘賞２回
身　長　183cm
体　重　136kg
得意手　右四つ、寄り

父親は元小結佐田の海。史上８組目の父子幕内。先代の父親佐田の海は新入幕場所に11勝４敗で敢闘賞受賞。そして息子の２代目佐田の海も新入幕10勝で敢闘賞。父子２代の新入幕三賞獲得は史上初めての快挙。柔軟性のある体、前さばきのよさはまさに父親譲り。人気キャラクター“くまモン”刺繍の化粧まわしも話題を呼んだ。父親と同じように右差し一気の速攻を得意にしている。

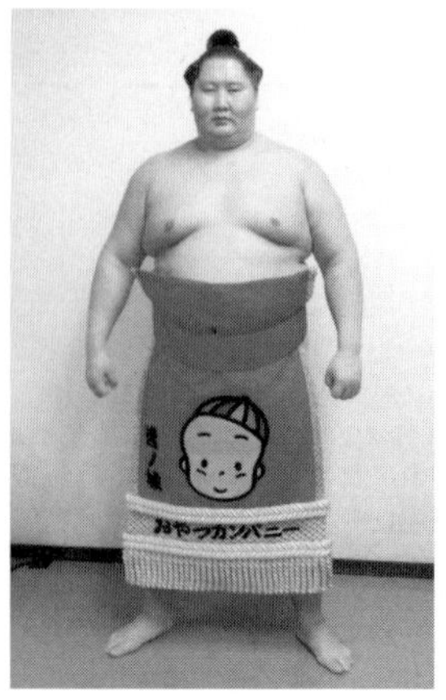

逸ノ城（いちのじょう） 駿（たかし）（関脇）

本　名　アルタンホヤグ・イチンノロブ→三浦駿
生年月日　平成５年４月７日
出身地　モンゴル国アルハンガイ県
所属部屋　湊
初土俵　平成26年１月場所幕下15枚目格付出
十両昇進　平成26年５月場所
入　幕　平成26年９月場所
最終場所　令和５年３月場所（番付は５月場所）
幕内在位　47場所
幕内成績　334勝298敗73休
勝　率　0.528
優　勝　１回
三　賞　殊勲賞３回、敢闘賞１回
身　長　192cm
体　重　199kg
得意手　右四つ、寄り

入門前に全日本実業団選手権で優勝。外国人入門者として初の幕下15枚目格付出で初土俵を踏んだ。５場所目に新入幕。いきなり13勝２敗で周囲を驚かせた。だが、その後、腰痛などで苦戦。一度十両に後退した。再入幕して平幕優勝を飾ったが、令和５年夏場所前に突然の引退をした。師弟の“確執”がうわさされ、余力を残しての土俵への決別だった。

阿夢露（あむうる） 光大（みつひろ）（前頭５枚目）

本　名　イワノフ・ニコライ・ユーリィヴィッチ
生年月日　昭和58年８月25日
出身地　ロシア連邦レソザボズク
所属部屋　阿武松
初土俵　平成14年５月場所
十両昇進　平成24年１月場所
入　幕　平成26年11月場所
最終場所　平成30年５月場所
幕内在位　９場所
幕内成績　58勝73敗４休
勝　率　0.443
身　長　192cm
体　重　128kg
得意手　左四つ、寄り

露鵬、白露山、若ノ鵬、阿覧に次いでロシア出身５人目の幕内力士。大麻吸引などで角界を追放された露鵬、白露山兄弟と一緒の初土俵。既に角界を去っている若ノ鵬、阿覧はずうっと後輩で、まさに苦節10年余の幕内昇進となった。新十両の場所、10勝１敗と快調に飛ばしたが、12日目に右ひざ十字靭帯断裂で暗転。５場所連続全休の後に序二段優勝。７場所かけて再十両を果たし、十両４場所でやっと幕内にたどり着いた。角界を離れた後は日本に残り、スポーツトレーナーとして再出発。

平成

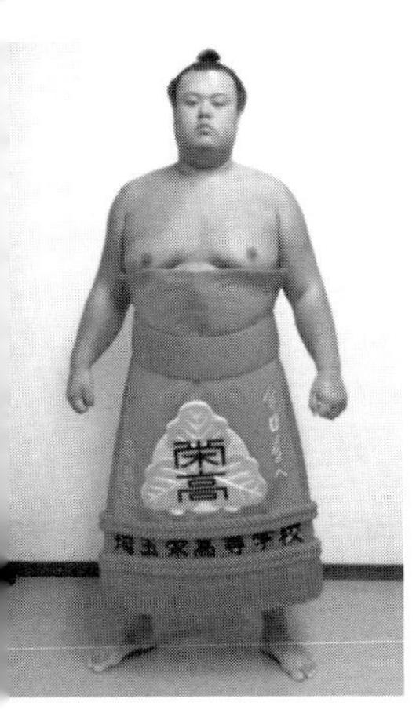

英乃海　拓也（前頭６枚目）

ひでのうみ　たくや

本　名　岩崎拓也
生年月日　平成元年６月11日
出身地　東京都江戸川区西小岩
四股名　岩崎→英乃海
所属部屋　木瀬
初土俵　平成24年５月場所
十両昇進　平成26年11月場所
入　幕　平成27年７月場所
幕内在位　12場所
幕内成績　68勝97敗15休
勝　率　0.412
身　長　185cm
体　重　160kg
得意手　右四つ、寄り

日大相撲部出身。大学時代の実績はほとんどゼロだったが、その無念さをバネに幕内の座を勝ち取った。185㌢、160㌔の体で右四つ、左上手を取っての寄りを得意とするオーソドックスな取り口。兄弟同時幕内力士。弟は小兵でめまぐるしく動き回る翔猿。日大相撲部の後輩でもあるが、新入幕敢闘賞の弟の活躍に刺激されて、令和３年３月場所に３年ぶりの幕内返り咲きを決めた。

青狼　武士（前頭14枚目）

せいろう　たけし

本　名　アムガー・ウヌボルド
生年月日　昭和63年８月18日
出身地　モンゴル国ボルガン県
所属部屋　錣山
初土俵　平成17年７月場所
十両昇進　平成25年７月場所
入　幕　平成27年７月場所
最終場所　令和２年３月場所（番付は７月場所）
幕内在位　３場所
幕内成績　19勝26敗
勝　率　0.422
身　長　186cm
体　重　139kg
得意手　右四つ、寄り

人気力士だった元関脇寺尾の錣山部屋からは豊真将に次いで２人目の幕内。父親が知り合いだったという元横綱朝青龍の橋渡しで、当時外国人力士のいなかった錣山部屋に紹介された。四股名の「青狼」は角界入りの“恩人”朝青龍の「青」とモンゴルで強さの象徴である「狼」を組み合わせて師匠が命名。前まわしを取っての寄り、投げを得意にしていた。相撲巧者だが、出足不足で幕内に定着できなかった。

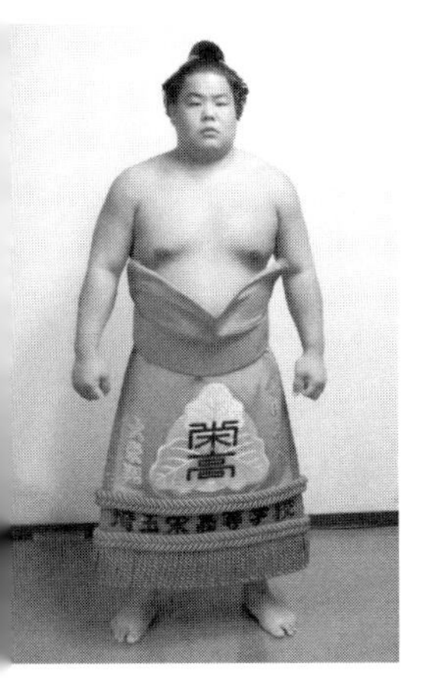

大栄翔　勇人（関脇）

だいえいしょう　はやと

本　名　高西勇人
生年月日　平成５年11月10日
出身地　埼玉県朝霞市幸町
所属部屋　追手風
初土俵　平成24年１月場所
十両昇進　平成26年７月場所
入　幕　平成27年９月場所
幕内在位　46場所
幕内成績　362勝326敗２休
勝　率　0.526
優　勝　１回
三　賞　殊勲賞５回、技能賞２回
身　長　180cm
体　重　148kg
得意手　突き、押し

高校出と大学出の差はあるものの、入門が後の遠藤に先を越されて発奮。埼玉栄高校時代は全国大会レベルの個人優勝はなかったが、始めからプロ入り志願。入門から２年半で関取に昇進した。十両には７場所いて少々もたついたが、平成５年11月生まれ、21歳での入幕である。遠藤の後を追い掛けての幕内入り。きっぷのいい突き、押し相撲で令和３年初場所に見事平幕優勝を飾った。埼玉県出身力士として初の快挙だった。

みたけうみ　ひさし
御嶽海 久司（大関）

本　名　大道久司
生年月日　平成４年12月25日
出身地　長野県木曽郡上松町
所属部屋　出羽海
初土俵　平成27年３月場所幕下10枚目格付出
十両昇進　平成27年７月場所
入　幕　平成27年11月場所
幕内在位　48場所

幕内成績　393勝314敗13休
勝　率　0.556
優　勝　３回
三　賞　殊勲賞６回、敢闘賞１回、技能賞３回
身　長　178cm
体　重　145kg
得意手　押し

東洋大相撲部で学生横綱、アマチュア横綱になる。名門・出羽海部屋からは三重ノ海以来で約半世紀ぶり、出身地の長野県からは２世紀以上昔、江戸時代の雷電に次いで２人目の大関。平成30年名古屋場所に初優勝した時には、すぐにでも最高位まで突き進むかと思わせたが、守勢に回ると残り腰がなく、安定した成績をマークできずに伸び悩んだ。29歳１カ月で大関に昇進したが、在位４場所で関脇に逆戻りした。

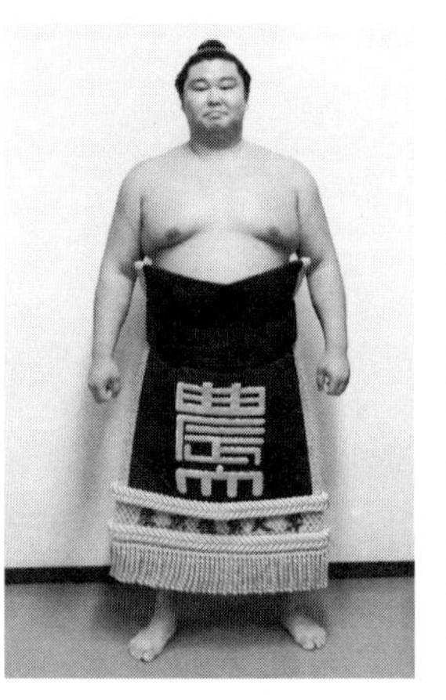

しょうだい　なおや
正代 直也（大関）

本　名　正代直也
生年月日　平成３年11月５日
出身地　熊本県宇土市神馬町
所属部屋　時津風
初土俵　平成26年３月場所
十両昇進　平成27年９月場所
入　幕　平成28年１月場所
幕内在位　47場所

幕内成績　361勝334敗10休
勝　率　0.519
優　勝　１回
三　賞　殊勲賞１回、敢闘賞６回
身　長　183cm
体　重　159kg
得意手　右四つ、寄り

東農大２年で学生横綱も、最終学年で実績が残せず前相撲からスタート。新入幕敢闘賞。柔軟な足腰で勝負度胸も満点。差し身がよくもろ差しからの速攻もあり、令和２年秋場所に初優勝。大関昇進を決めた。明治42年夏場所に現行の優勝制度ができてから、熊本県から誕生した初めての優勝力士。しかし、取り口が定まらずに大関に上がってからは安定した成績を上げることができず、期待を裏切っている。５度目のカド番だった令和４年九州場所で負け越して大関から陥落した。

かがやき　だいし
輝 大士（前頭３枚目）

本　名　達綾哉
生年月日　平成６年６月１日
出身地　石川県七尾市石崎町
四股名　達→輝
所属部屋　高田川
初土俵　平成22年３月場所
十両昇進　平成26年11月場所
入　幕　平成28年１月場所
幕内在位　40場所

幕内成績　271勝329敗
勝　率　0.452
身　長　193cm
体　重　158kg
得意手　突き、押し

中学の全国大会で日本一。かつて“蔵前の星”といわれて時代を作った石川県出身の横綱輪島大士の遠縁にあたり、新弟子時代から注目されていた。四股名の「大士」はもちろん輪島からのものだ。もっとも輪島は「ひろし」、輝は「だいし」で読み方は違う。長いリーチを生かした突っ張りに活路を見いだしたかったが少々非力。突っ張りを生かせず、三役には手が届かずに中途半端な取り口で低迷している。

大翔丸 翔伍（前頭５枚目）
だいしょうまる しょうご

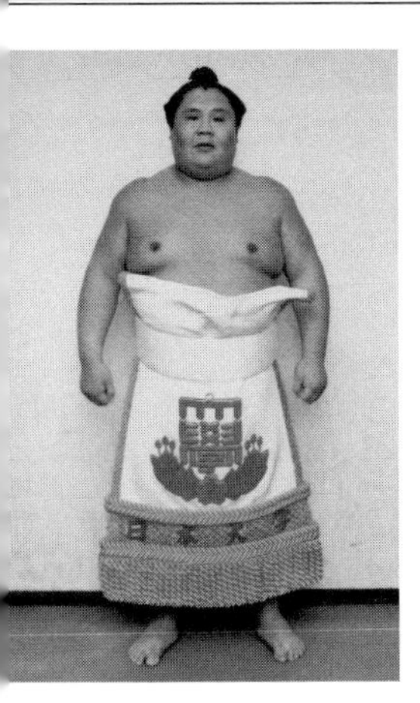

本　名　川端翔伍
生年月日　平成３年７月10日
出身地　大阪府大阪市平野区加美北
四股名　川端→大翔丸
所属部屋　追手風
初土俵　平成26年３月場所幕下15枚目格付出
十両昇進　平成27年５月場所
入　幕　平成28年３月場所
幕内在位　19場所
幕内成績　127勝158敗
勝　率　0.446
身　長　175cm
体　重　149kg
得意手　突き、押し

大阪出身だが、高知県の明徳義塾中学に、高校は石川県の金沢学院に“相撲留学”。そして金沢学院高校１年先輩の遠藤を追って日大相撲部の門をくぐっている。その遠藤が日本一のタイトルを獲得した翌年にアマチュア横綱に輝いた。幕下15枚目格の付け出しから８場所目に十両入り。１度幕下に逆戻りしたが、幕下全勝優勝してすぐに関取カムバック。初土俵から丸２年かけての幕内入り。上背はないが、丸い体を生かし低い重心からの突き、押しを得意にしている。

明瀬山 光彦（前頭12枚目）
あきせやま みつひこ

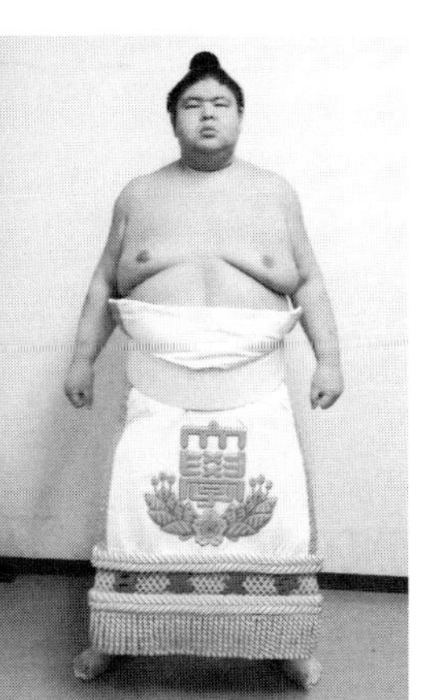

本　名　深尾光彦
生年月日　昭和60年７月18日
出身地　愛知県春日井市
所属部屋　木瀬→北の湖→木瀬
初土俵　平成20年１月場所
十両昇進　平成22年11月場所
入　幕　平成28年３月場所
最終場所　令和５年７月場所（番付は９月場所）
幕内在位　４場所
幕内成績　21勝32敗７休
勝　率　0.396
身　長　182cm
体　重　175kg
得意手　左四つ、寄り
年寄名　井筒

日大３年でアマチュア選手権準優勝。決勝の相手は高校、大学の１年先輩になる市原（後の幕内清瀬海。メール事件で廃業）だった。全国学生選手権大会でも３位。学生時代は実力Ａクラスだった。大相撲入りしてからの苦戦は立ち合いの厳しさの不足。積極的な攻撃相撲ではなく、腰の重さで相手の攻めをしのいでの“持久戦”で勝利を呼び込んでいた。30歳で新入幕も１場所で明け渡し、直近の十両でも１勝14敗で幕下に後退。しかし、令和３年初場所に35歳で再入幕。９勝マークの大健闘をした。

錦木 徹也（小結）
にしきぎ てつや

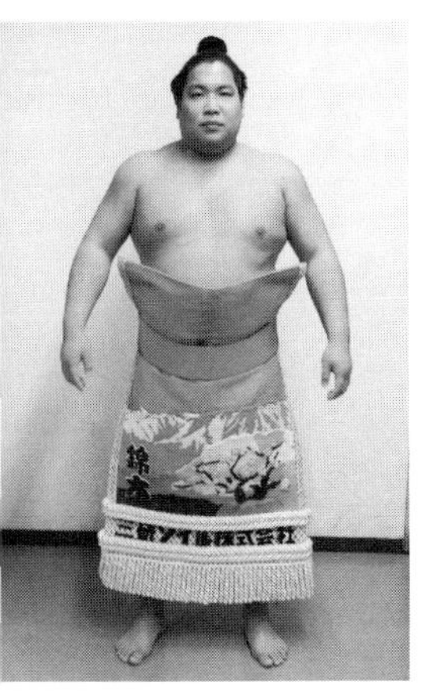

本　名　熊谷徹也
生年月日　平成２年８月25日
出身地　岩手県盛岡市桜台
所属部屋　伊勢ノ海
初土俵　平成18年３月場所
十両昇進　平成27年５月場所
入　幕　平成28年５月場所
幕内在位　34場所
幕内成績　235勝273敗２休
勝　率　0.463
三　賞　殊勲賞１回
身　長　186cm
体　重　169kg
得意手　左四つ、寄り、押し

「錦木」は歴史のある伊勢ノ海部屋ゆかりの四股名で、初代は江戸時代の大関。現役は９代目となる。令和５年夏場所、前頭４枚目で８日目から８連勝。続く名古屋場所には自己最高位の前頭筆頭で初日新大関霧島の不戦勝を含め６連勝。２場所にかけて14連勝を記録した。７日目に小結琴ノ若に敗れて「三役以上総なめ」は逸したが、10勝５敗。幕内32場所目で初の三賞（殊勲賞）を受賞した。秋場所には33歳の新三役となった。

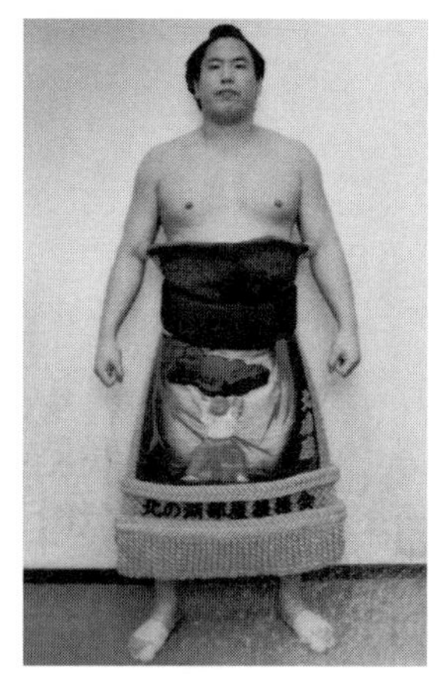

北播磨(きたはりま) 聖也(せいや)(前頭15枚目)

本　名　嶋田聖也
生年月日　昭和61年7月28日
出身地　兵庫県たつの市揖保町
四股名　嶋田→北播磨
所属部屋　北の湖→山響
初土俵　平成14年3月場所
十両昇進　平成24年1月場所
入　幕　平成28年7月場所
幕内在位　1場所

幕内成績　6勝9敗
勝　率　0.400
身　長　182cm
体　重　126kg
得意手　突き、押し

平成28年名古屋場所入幕時点で120㌔台の体重は、北播磨1人だけだった。体重は軽いが取り口は正攻法。頭から当たって果敢に攻める相撲は一服の清涼剤。攻めきれずに土俵際の惜敗も多いが、いつも全力投球の敢闘型力士。十両昇進後何度も幕下に陥落。苦労人だが、小細工に頼らず突き、押し相撲に徹しての前向きな気持ちで幕内の座をつかみ取った。師匠北の湖親方（元横綱北の湖）存命中に“新入幕”の朗報を聞かせられなかったことが唯一の心残りだろう。

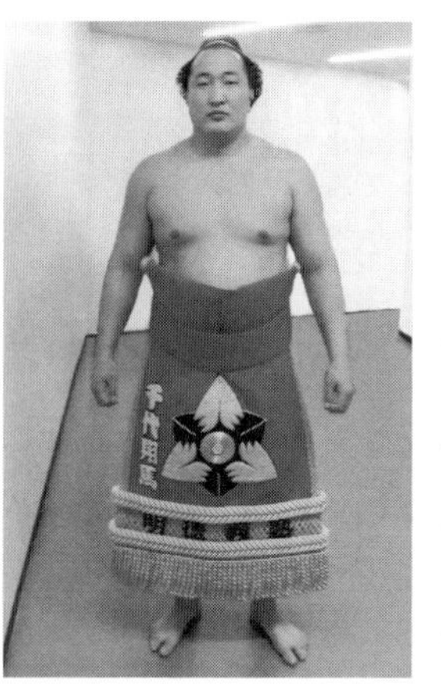

千代翔馬(ちよしょうま) 富士雄(ふじお)(前頭2枚目)

本　名　ガンバータル・ムンクサイハン
生年月日　平成3年7月20日
出身地　モンゴル国ウランバートル市
四股名　翔馬→千代翔馬
所属部屋　九重
初土俵　平成21年7月場所
十両昇進　平成28年1月場所
入　幕　平成28年9月場所

幕内在位　35場所
幕内成績　230勝280敗15休
勝　率　0.451
身　長　183cm
体　重　130kg
得意手　左四つ、寄り

青狼に次いでモンゴル出身24人目の幕内。元横綱朝青龍の紹介で九重部屋に入門。初土俵同期にブルガリア出身の碧山がいる。序ノ口の最初の取り組みで対戦、寄り倒しで敗れている。碧山7戦全勝の優勝。千代翔馬は6勝1敗だった。その後大差をつけられたが、「早く本場所で碧山に雪辱したい」で、やっと同じ幕内の土俵に上がった。師匠千代の富士の九重親方を亡くして無念の新入幕だが、「親方みたいな前まわしを取って一気に攻める相撲」を目標にしている。

天風(あまかぜ) 浩一(こういち)(前頭13枚目)

本　名　川成健人
生年月日　平成3年7月7日
出身地　香川県仲多度郡琴平町
四股名　川成→天風
所属部屋　尾車→押尾川
初土俵　平成19年3月場所
十両昇進　平成27年3月場所
入　幕　平成28年9月場所
幕内在位　1場所

幕内成績　5勝10敗
勝　率　0.333
身　長　184cm
体　重　203kg
得意手　左四つ、寄り

新十両場所に10勝5敗。すぐにも幕内入りかと期待されたが、翌場所からまさかの5場所連続負け越し。入幕どころか番付がずるずると後退。大きな体を持て余していたが、同じ尾車部屋のベテラン豪風、嘉風の頑張りに発奮。十両下位で目を覚ましての13勝2敗優勝。ワンチャンスで幕内に上がった。巨体を生かして前に出る取り口に徹したい。明るい性格だけにプロ向き。7月7日の七夕生まれから「天風」の四股名が付いた。ひざの故障などで序二段まで後退した。

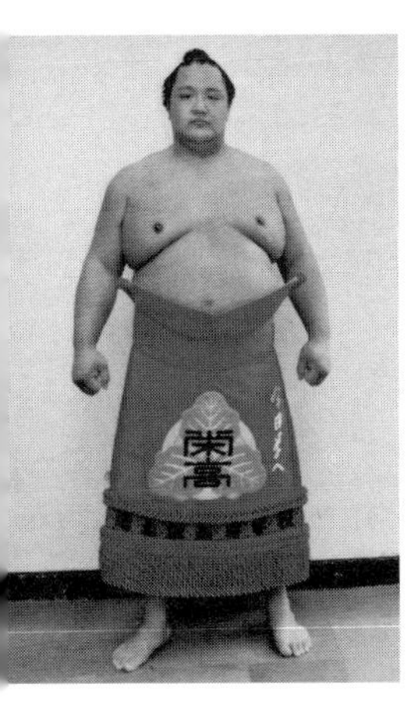

北勝富士（ほくとふじ） 大輝（だいき）（小結）

本　名	中村大輝	幕内成績	322勝294敗14休
生年月日	平成4年7月15日	勝　率	0.523
出身地	埼玉県所沢市久米	三　賞	敢闘賞1回、技能賞2回
四股名	大輝→北勝富士	身　長	183cm
所属部屋	八角	体　重	159kg
初土俵	平成27年3月場所	得意手	突き、押し
十両昇進	平成28年7月場所		
入　幕	平成28年11月場所		
幕内在位	42場所		

入幕を機に「北勝富士」に改名。直接の師匠八角親方（元横綱北勝海）の“北勝”とその八角親方の師匠だった元横綱北の富士の“富士”をミックス。少々欲張った四股名。果たして周囲の期待に応えられるかどうか。高校横綱。学生横綱のアマ相撲エリートの大学最終年でビッグタイトルが取れずに前相撲からスタート。その無念さを晴らして初土俵から所要10場所での入幕。日体大からの幕内は千代大龍に次いで6人目。

石浦（いしうら） 将勝（まさかつ）（前頭5枚目）

本　名	石浦将勝	幕内在位	26場所
生年月日	平成2年1月10日	幕内成績	161勝186敗43休
出身地	鳥取県鳥取市西品治	勝　率	0.464
所属部屋	宮城野	三　賞	敢闘賞1回
初土俵	平成25年1月場所	身　長	173cm
十両昇進	平成27年3月場所	体　重	110kg
入　幕	平成28年11月場所	得意手	右四つ、下手投げ
最終場所	令和5年5月場所（番付は7月場所）	年寄名	間垣

日大相撲部出身。準レギュラーで大学卒業後は、自分の可能性を求めてオーストラリアに語学留学した。勉強の合間に見ていた大相撲のネット中継で相撲熱が再燃。「オレはこのままでいいのだろうか」と一念発起。留学を3カ月で切り上げ、白鵬の“内弟子”として宮城野部屋に入門した。鳥取県からの幕内は横綱琴桜以来で、平成年代では初めて。気合のいい取り口でそれなりに存在感はあった。頚椎を痛めて力士生命を絶たれた。父親は高校相撲部の監督。逸ノ城らを育てている。

平成

貴景勝（たかけいしょう） 貴信（たかのぶ）（大関）

本　名	佐藤貴信	幕内成績	338勝196敗81休
生年月日	平成8年8月5日	勝　率	0.633
出身地	兵庫県芦屋市	優　勝	4回
四股名	佐藤→貴景勝	三　賞	殊勲賞3回、敢闘賞2回、技能賞2回
所属部屋	貴乃花→千賀ノ浦→常盤山	身　長	173cm
初土俵	平成26年9月場所	体　重	160kg
十両昇進	平成28年5月場所	得意手	突き、押し
入　幕	平成29年1月場所		
幕内在位	41場所		

貴乃花部屋からは貴ノ岩に次いで2人目の関取。埼玉栄高校3年生の時にジュニア世界選手権無差別級で優勝している。幕内昇進時に本名の「佐藤」から「貴景勝」と改名。平成30年9月に師匠貴乃花親方が突然の廃業。「千賀ノ浦部屋」に移籍したばかりの11月九州場所、小結で初優勝。平成最後の春場所にワンチャンスで大関昇進を決めた。173ｾﾝﾁと短身だが、丸い体を生かした突き、押し相撲を得意にしている。

ちよのおう　みよひと
千代ノ皇　王代仁（前頭14枚目）

本　名　基王代仁
生年月日　平成３年５月29日
出身地　鹿児島県大島郡与論町
四股名　基→千代皇→千代ノ皇
所属部屋　九重
初土俵　平成22年3月場所
十両昇進　平成25年５月場所
入　幕　平成29年１月場所
幕内在位　４場所
幕内成績　21勝35敗４休
勝　率　0.375
身　長　179cm
体　重　155kg
得意手　右四つ、寄り

鹿児島・奄美群島からの関取は横綱朝潮をはじめ数多く出ているが、与論島から は初めての幕内力士。沖縄の中部農林高校相撲部に進んだ後に「プロでどれだけ通用するか挑戦したかった」と、相撲部監督の勧めもあって九重部屋入り。初土俵から３年で十両に上がったもののその後足踏み。伸び悩んでいたが、師匠（元横綱千代の富士）の急逝で大発奮。師匠亡き後３場所連続勝ち越して幕内昇進を決めた。令和３年名古屋場所、４年ぶりに再入幕。

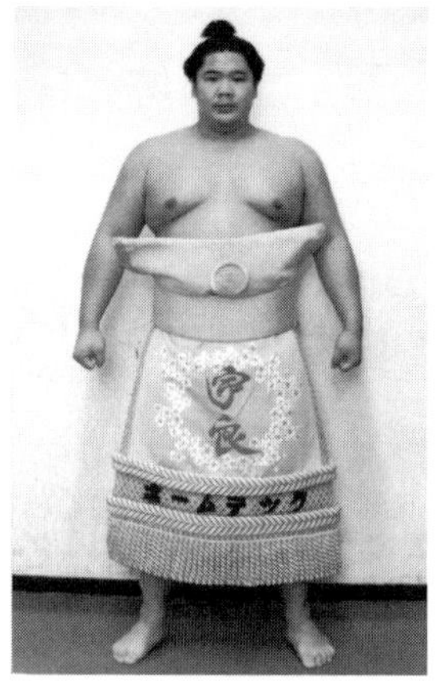

うら　かずき
宇良　和輝（前頭筆頭）

本　名　宇良和輝
生年月日　平成４年６月22日
出身地　大阪府寝屋川市
所属部屋　木瀬
初土俵　平成27年３月場所
十両昇進　平成28年５月場所
入　幕　平成29年３月場所
幕内在位　20場所
幕内成績　141勝131敗28休
勝　率　0.518
三　賞　技能賞１回
身　長　173cm
体　重　128kg
得意手　突き、押し、そり技

大学相撲界では「Ｂクラス」の関西学院大初の関取。前相撲の初土俵から丸２年での幕内昇進だった。学生時代には体重別の65㌔未満級での優勝など、軽量、小兵で“マイナー”な選手だった。周囲から見てもとても大相撲に挑戦など考えられなかったが、徹底した自己管理で初志貫徹。プロ入り前には「居ぞり」などの変則技の使い手として注目されたが、正攻法を磨いて番付を上げていった。“技のデパート”といわれた舞の海とは異質のテクニシャンで、土俵上では目を離せない。入幕４場所目、平成29年秋場所３日目の貴景勝戦で右ひざを負傷。その後休場が続いて序二段まで番付を落とした。令和３年名古屋場所再入幕。

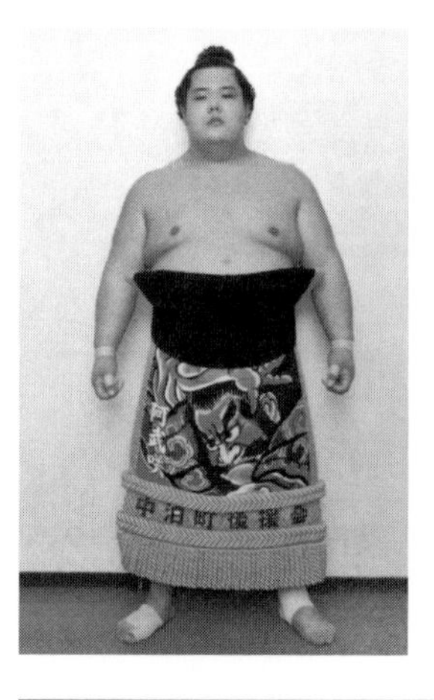

おうのしょう　ふみや
阿武咲　奎也（小結）

本　名　打越奎也
生年月日　平成８年７月４日
出身地　青森県北津軽郡中泊町
所属部屋　阿武松
初土俵　平成25年１月場所
十両昇進　平成27年１月場所
入　幕　平成29年５月場所
幕内在位　38場所
幕内成績　271勝264敗35休
勝　率　0.507
三　賞　殊勲賞１回、敢闘賞３回
身　長　176cm
体　重　160kg
得意手　突き、押し

少年時代から相撲の“強豪選手”。中学の全国大会で２連覇。三本木農高に進み、１年でいきなり国体個人優勝。「国体優勝で自信を付け」１年中退で大相撲入りの道を選んだ。初土俵から負け越しがなく、弱冠18歳で十両に上がった。快進撃のまま幕内までノンストップかと期待されたが、土俵際の詰めの甘さなどもあって１度は幕下落ちの悲哀を味わった。結局、新十両から新入幕まで２年以上も足踏みをした。それでも幕内昇進は20歳だった。

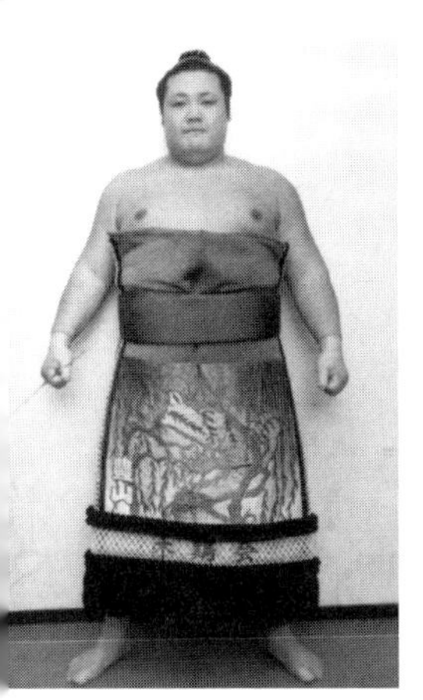

ゆたかやま　りょうた
豊山 亮太（前頭筆頭）

本　名　小柳亮太
生年月日　平成5年9月22日
出身地　新潟県新潟市北区
四股名　小柳→豊山
所属部屋　時津風
初土俵　平成28年3月場所三段目最下位格付出
十両昇進　平成28年11月場所
入　幕　平成29年5月場所
最終場所　令和4年11月場所
幕内在位　26場所
幕内成績　165勝215敗10休
勝　率　0.434
三　賞　敢闘賞1回
身　長　185cm
体　重　178kg
得意手　突き、押し

新潟県出身だが、石川県の高校へ“相撲留学”をした後に東農大に進んだ。東日本選手権、世界選手権重量級優勝などがあり三段目最下位格付出で初土俵。所要7場所、連続勝ち越して幕内に上がった。東農大からは正代に次いで9人目の幕内となり、入幕と同時に本名の小柳から、時津風部屋の“出世名”豊山に改名した。初土俵が一緒の同期には近大出の朝乃山がいて、十両、幕内昇進とも豊山が早かったが、その後は幕内下位で一進一退。期待を裏切った。

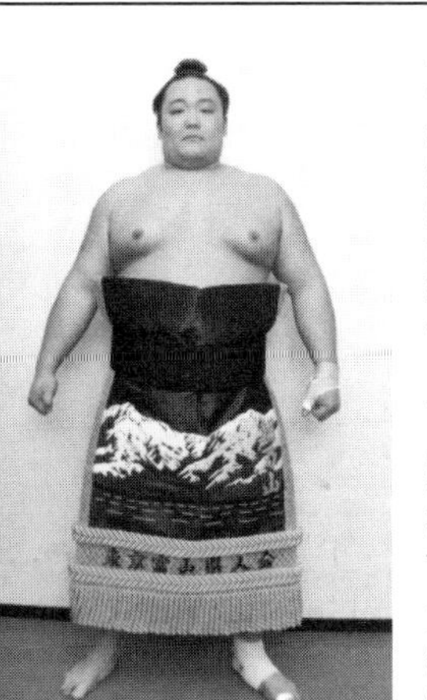

あさのやま　ひろき
朝乃山 広暉（大関）

本　名　石橋広暉
生年月日　平成6年3月1日
出身地　富山県富山市
四股名　石橋→朝乃山
所属部屋　高砂
初土俵　平成28年3月場所三段目最下位格付出
十両昇進　平成29年3月場所
入　幕　平成29年9月場所
幕内在位　29場所
幕内成績　223勝142敗70休
勝　率　0.611
優　勝　1回
三　賞　殊勲賞2回、敢闘賞3回、技能賞1回
身　長　189cm
体　重　162kg
得意手　右四つ、寄り、押し

令和元年最初の夏場所に平幕優勝。富山県からの優勝力士は大正時代の横綱太刀山以来で103年ぶり。1年後の夏場所には一気に大関になっている。横綱も期待されるホープと注目されたが、コロナ禍の最中に“夜の街”を出歩き、令和3年名古屋場所から6場所出場停止処分を受けた。三段目から再スタートを切った。

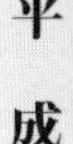

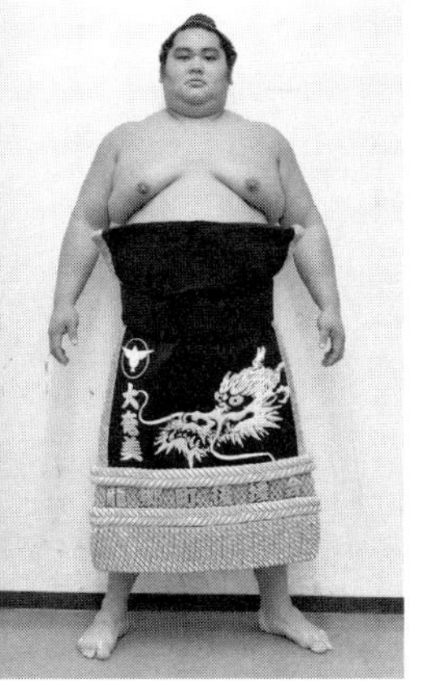

だいあまみ　げんき
大奄美 元規（前頭11枚目）

本　名　坂元元規
生年月日　平成4年12月15日
出身地　鹿児島県大島郡龍郷町
四股名　坂元→大奄美
所属部屋　追手風
初土俵　平成28年1月場所幕下15枚目格付出
十両昇進　平成29年1月場所
入　幕　平成29年11月場所
幕内在位　11場所
幕内成績　66勝95敗4休
勝　率　0.410
身　長　185cm
体　重　186kg
得意手　右四つ、寄り

日大相撲部出身。少年時代から相撲一筋。わんぱく相撲で“国技館初土俵”は小学4年生の時だった。わんぱく相撲では全国3位。中学大会は2位。高校では金沢大会で優勝。しかし、日大では選抜宇和島大会制覇だけ。元々プロ志望だったが、ビッグタイトルに無縁で卒業後は日大職員。その社会人1年目に全日本実業団選手権で優勝。幕下付出の資格を得て大相撲入りに踏み切った。平成年代の鹿児島県からの幕内は、旭道山から数えて大奄美は10人目。

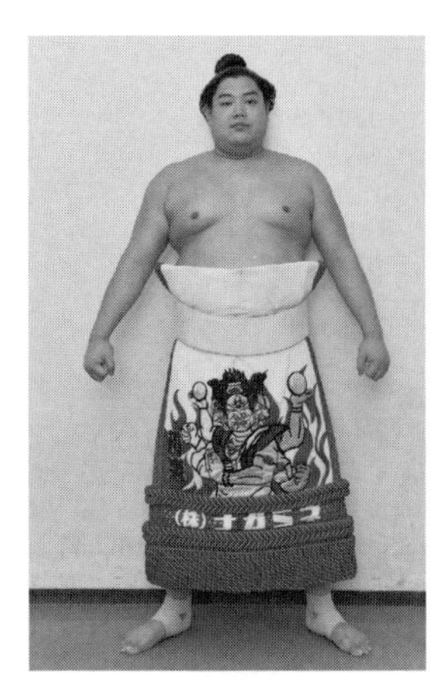

阿炎（あび） 政虎（まさとら）（関脇）

本　名　堀切洸助
生年月日　平成６年５月４日
出身地　埼玉県越谷市
四股名　堀切→阿炎
所属部屋　錣山
初土俵　平成25年５月場所
十両昇進　平成27年１月場所
入　幕　平成30年１月場所
幕内在位　29場所
幕内成績　219勝178敗38休

勝　率　0.552
優　勝　１回
三　賞　殊勲賞１回、敢闘賞４回
身　長　187cm
体　重　140kg
得意手　突き、押し

師匠（錣山親方＝元関脇寺尾）譲りの回転の速い突っ張りを得意に、活気のあ
る取り口が魅力。初対戦で白鵬から金星を挙げている。コロナ騒動の自粛中に“夜
の街”通いが発覚。３場所出場停止処分を受けた。幕下下位からの再出発だったが
連続幕下優勝などですぐに幕内に返り咲いた。道草は食ったが、勝負はこれから
だ。令和４年九州場所、前頭９枚目で12勝３敗の平幕優勝を飾った。

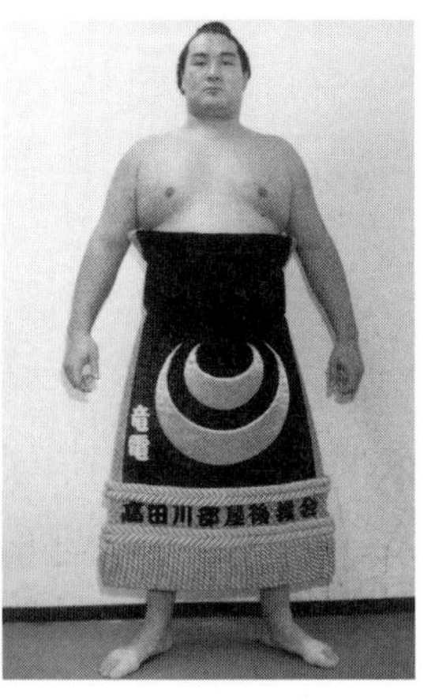

竜電（りゅうでん） 剛至（ごうし）（小結）

本　名　渡邊裕樹
生年月日　平成２年11月10日
出身地　山梨県甲府市
所属部屋　高田川
初土俵　平成18年３月場所
十両昇進　平成24年11月場所
入　幕　平成30年１月場所
幕内在位　28場所
幕内成績　198勝207敗15休

勝　率　0.489
三　賞　敢闘賞１回、技能賞１回
身　長　189cm
体　重　150kg
得意手　もろ差し、寄り切り

幕下で全勝優勝して21歳11カ月で十両昇進。だが、新十両の場所に股関節を
負傷して途中休場。１場所で関取の地位を明け渡した。その後１年以上も休場が
続いて序ノ口から再出発。不屈の闘志で新十両場所から４年の歳月をかけて関取
にカムバック。そして幕内に駆け上がった。山梨県からの幕内は昭和63年３月
入幕の大乃花（大鵬部屋）以来。平成年代では初。コロナ禍で不要不急の外出を
続け、３場所休場のペナルティーを科せられた。

旭大星（きょくたいせい） 託也（たくや）（前頭８枚目）

本　名　大串拓也
生年月日　平成元年10月18日
出身地　北海道旭川市
四股名　大串→旭大星
所属部屋　大島→友綱
初土俵　平成20年１月場所
十両昇進　平成26年７月場所
入　幕　平成30年５月場所
幕内在位　４場所

幕内成績　19勝23敗18休
勝　率　0.452
三　賞　敢闘賞１回
身　長　184cm
体　重　145kg
得意手　もろ差し、寄り、足技

平成10年名古屋場所に北勝関（現伊勢ノ海親方）が十両に後退してから北海
道出身の幕内力士は皆無だった。実に北勝関以来20年ぶりの“道産子”幕内力
士の誕生である。新十両は26年の名古屋場所。期待されながら一進一退。３度
目の十両入りでやっと落ち着いた。そして２年の歳月をかけて幕内にたどり着い
た。下半身に軽さがあるが、気合の入った取り口で足技を見せるなど器用さも持
ち合わせている。新入幕で敢闘賞受賞。

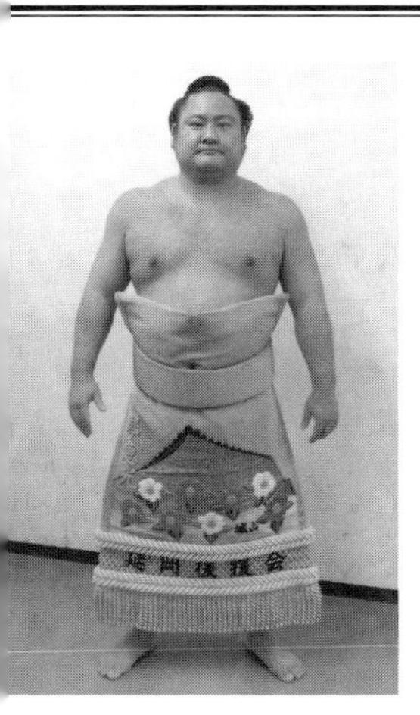

琴恵光 充憲（前頭４枚目）

ことえこう　みつのり

本　名　柏谷充隆
生年月日　平成３年11月20日
出身地　宮崎県延岡市
四股名　琴柏谷→琴恵光
所属部屋　佐渡ヶ嶽
初土俵　平成19年３月場所
十両昇進　平成26年11月場所
入　幕　平成30年７月場所
幕内在位　29場所
幕内成績　188勝238敗９休
勝　率　0.441
身　長　177cm
体　重　137kg
得意手　押し、左四つ、寄り

祖父は昭和30年代に十両に上がった立浪部屋の松恵山（十両在位４場所、最高位十両17枚目）。四股名は初土俵から本名に琴を付けた「琴柏谷」だったが、その後、祖父の松恵山から“恵”をもらい、「より光らせるように」という意味を込めて「琴恵光」と命名。祖父の地位に追い付き、そして幕内に上がるという目標を立派に果たした。宮崎県からの幕内は昭和50年代に活躍した金城（元関脇、春日野部屋）以来で、平成年代に入ってからは初めて。

明生 力（関脇）

めいせい　ちから

本　名　川畑明生
生年月日　平成７年７月24日
出身地　鹿児島県大島郡瀬戸内町
所属部屋　立浪
初土俵　平成23年５月技量審査場所
十両昇進　平成28年11月場所
入　幕　平成30年７月場所
幕内在位　30場所
幕内成績　214勝229敗７休
勝　率　0.483
三　賞　殊勲賞１回、敢闘賞１回
身　長　180cm
体　重　144kg
得意手　右四つ、寄り

相撲の盛んな鹿児島県・奄美大島の出身。５歳のころから地元の相撲クラブに通った。早くから力士志願ではあったが、中学卒業時に進学か大相撲入りかで悩んだ。だが、父親の後押しもあって八百長騒動で激震の平成23年５月の技量審査場所で初土俵を踏んだ。自ら“荒波”に飛び込んだ意志の強さもあって初土俵から２年、17歳で幕下に上がっている。その後一進一退もあったが、21歳で関取になった。立浪部屋の幕内は21年名古屋場所新入幕のモンゴル出身猛虎浪以来。

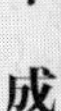

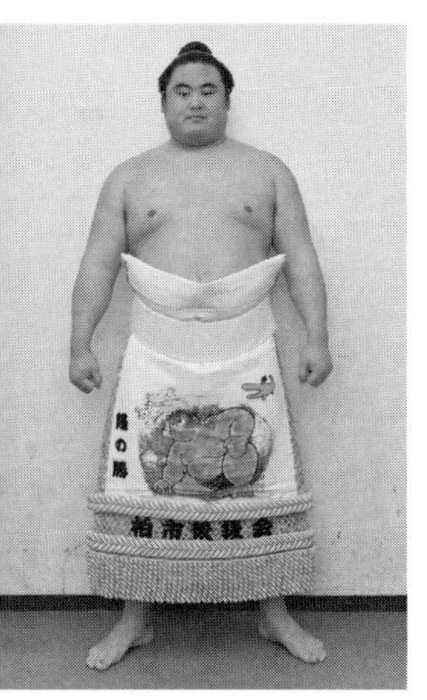

隆の勝 伸明（関脇）

たかのしょう　のぶあき

本　名　石井伸明
生年月日　平成６年11月14日
出身地　千葉県柏市
四股名　舛ノ勝→舛の勝→隆の勝
所属部屋　千賀ノ浦→常盤山
初土俵　平成22年３月場所
十両昇進　平成29年11月場所
入　幕　平成30年９月場所
幕内在位　26場所
幕内成績　193勝185敗12休
勝　率　0.511
三　賞　殊勲賞１回、敢闘賞２回
身　長　182cm
体　重　156kg
得意手　押し

元関脇舛田山の先代千賀ノ浦親方にスカウトされて中学卒業と同時に大相撲入り。中学３年の夏、国技館で行われた「全国都道府県中学相撲大会」に千葉県代表選手として出場、団体戦で３位に入った。先代親方定年で元小結隆三杉が千賀ノ浦部屋を引き継ぎ、十両昇進の時に「舛の勝」から「隆の勝」と改名した。千賀ノ浦部屋からは「舛ノ山」（最高位前頭４枚目）に次いで２人目の幕内。激しい突き、押し相撲を得意にしている。

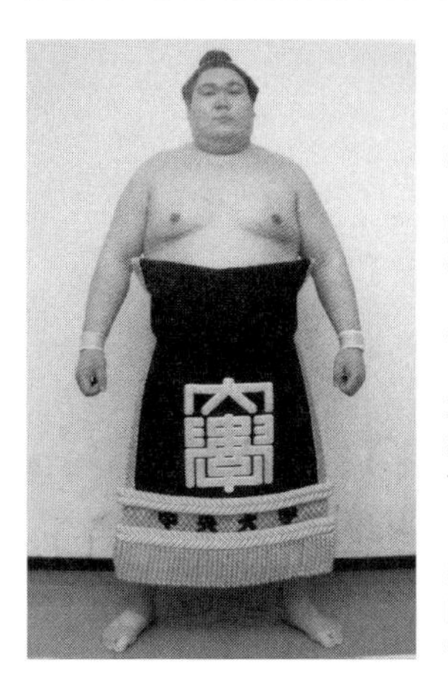

矢後（やご） 太規（たかのり）（前頭10枚目）

本　名　矢後太規
生年月日　平成６年７月８日
出身地　北海道河西郡芽室町
所属部屋　尾車→押尾川
初土俵　平成29年５月場所幕下15枚目格付出
十両昇進　平成29年９月場所
入　幕　平成31年１月場所
幕内在位　４場所
幕内成績　25勝35敗
勝　率　0.417
身　長　187cm
体　重　175kg
得意手　左四つ、寄り

平成28年度のアマチュア横綱。中大相撲部出身で、大学時代のタイトルは他に東日本体重別115㌔以上級がある。中大からの幕内は豪風（現押尾川親方）に次いで６人目。体力があり、がむしゃらな寄りに活路を見いだしていたが、学生時代から痛めていたひざの欠陥で腰が割れず、土俵際の詰めの甘さもあって伸び悩み、幕内を数場所勤めただけで十両、幕下に後退した。

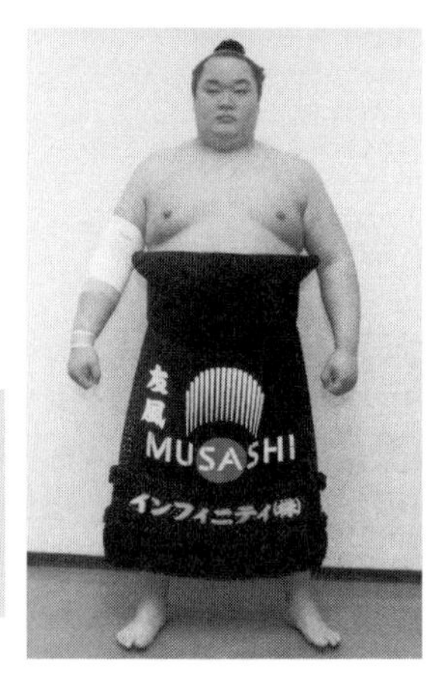

友風（ともかぜ） 勇太（ゆうた）（前頭３枚目）

本　名　南友太
生年月日　平成６年12月２日
出身地　神奈川県川崎市川崎区
四股名　南→友風
所属部屋　尾車→二所ノ関
初土俵　平成29年５月場所
十両昇進　平成30年11月場所
入　幕　平成31年３月場所
幕内在位　６場所
幕内成績　42勝36敗12休
勝　率　0.538
三　賞　殊勲賞１回
身　長　183cm
体　重　180kg
得意手　突き、押し

日体大相撲部出身。前相撲からスタート。所要９場所で十両に昇進。いきなり新十両優勝。十両２場所で幕内に上がった。その間、負け越しはない。少年時代に音大進学を目指したほどで、ピアノの腕前は素人離れという。幕内３場所目に足首骨折で序二段まで番付を下げた。令和５年九州場所再入幕。23場所ぶりの幕内返り咲きだった。

照強（てるつよし） 翔輝（しょうき）（前頭３枚目）

本　名　福岡翔輝
生年月日　平成７年１月17日
出身地　兵庫県南あわじ市
所属部屋　伊勢ヶ濱
初土俵　平成22年３月場所
十両昇進　平成29年１月場所
入　幕　平成31年３月場所
幕内在位　16場所
幕内成績　145勝185敗
勝　率　0.439
三　賞　敢闘賞１回
身　長　169cm
体　重　118kg
得意手　右前まわしを取っての寄り

平成７年１月17日。関西地方を襲ったマグニチュード（M）7.3の「阪神・淡路大震災」が発生した日である。照強はその当日に淡路島で誕生した。そんな運命を背負っての挑戦は初土俵の時からマスコミに取り上げられた。170㌢に満たない小柄な体。前まわしを取っての寄り、出し投げと小気味のいい取り口で順調に番付を上げていき、地元大阪の春場所で幕内昇進の錦を飾った。入幕３場所目の名古屋場所に12勝３敗で敢闘賞を受賞した。令和４年九州場所、幕尻で15戦全敗。連続16場所保った幕内の座を明け渡した。

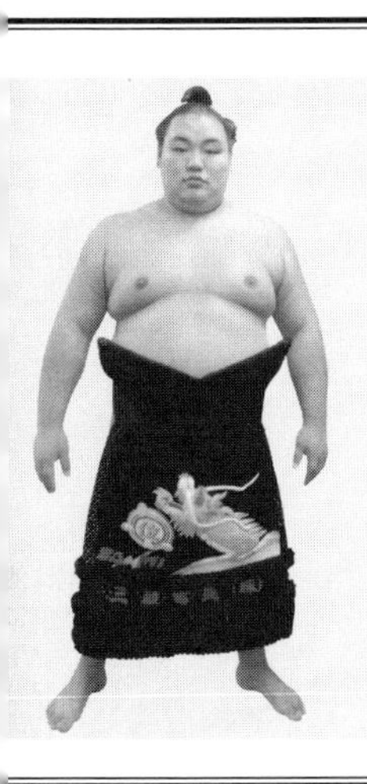

<ruby>だいしょうほう</ruby> <ruby>きよひろ</ruby>

大翔鵬　清洋（前頭９枚目）

本　名	チミデレゲゼン・シジルバヤル	幕内成績	53勝82敗
生年月日	平成６年８月28日	勝　率	0.393
出身地	モンゴル国ウランバートル市	身　長	183cm
所属部屋	追手風	体　重	177kg
初土俵	平成25年３月場所	得意手	右四つ、寄り
十両昇進	平成28年11月場所		
入　幕	平成31年３月場所		
幕内在位	９場所		

平成29年名古屋場所に幕下西７枚目で４勝３敗。それから10場所連続勝ち越しで幕内昇進を決めた。10歳まではモンゴルで過ごしたが、父親の仕事の関係で来日。千葉県柏市の小学校に転校。中学、高校と日本の学校に進んだ。地元の相撲クラブに通い、高校の相撲部に入った。阿炎は同じ高校相撲部の同期生。追手風部屋では人気の遠藤と初土俵が一緒。体力的には恵まれているが、立ち合いの厳しさ不足で一度は関取の座を明け渡した。令和３年夏場所再十両。

大相撲歴代幕内全力士名鑑　令和編

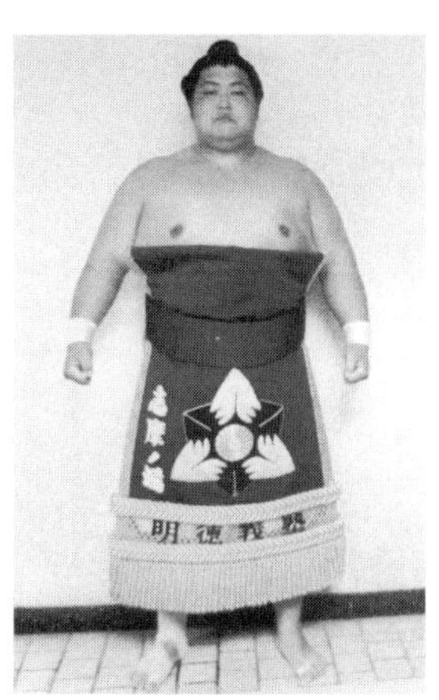

<ruby>志摩ノ海 航洋</ruby>（前頭３枚目）

しまのうみ こうよう

本　名　濱口→福薗航洋
生年月日　平成元年７月11日
出身地　三重県志摩市
四股名　濱口→志摩ノ海
所属部屋　木瀬
初土俵　平成24年５月場所
十両昇進　平成28年７月場所
入　幕　令和元年５月場所
幕内在位　19場所
幕内成績　128勝153敗４休
勝　率　0.456
三　賞　敢闘賞２回
身　長　178cm
体　重　157kg
得意手　突き、押し

近大相撲部出身。初土俵から負け越しなしで幕下４枚目まで上がったが、平成25年名古屋場所にひざを痛めて途中休場。その後、５場所全休で序ノ口から再スタートを切り、31年初場所、春場所に連続十両優勝で幕内昇進を決めた。令和４年６月に元関脇逆鉾（故人）の長女と結婚。直後の名古屋場所は１勝14敗と振るわず、連続19場所保った幕内の座を明け渡した。

炎鵬 晃（前頭４枚目）

えんほう あきら

本　名　中村友哉
生年月日　平成６年10月18日
出身地　石川県金沢市
所属部屋　宮城野
初土俵　平成29年３月場所
十両昇進　平成30年３月場所
入　幕　令和元年５月場所
幕内在位　９場所
幕内成績　61勝74敗
勝　率　0.452
三　賞　技能賞１回
身　長　168cm
体　重　100kg
得意手　左四つ、下手投げ

石川県の金沢学院大学相撲部の出身。白鵬の“内弟子”として宮城野部屋に入門。入幕時、100㌔に満たない軽量で巨漢力士を手玉に取り、新入幕技能賞を受賞。「小よく大を制す」大相撲の醍醐味を満喫させ、一躍人気力士の仲間入りをした。身長も170㌢に満たず、「令和の牛若丸」と話題を呼んだ。だが、体力のなさから壁にぶつかり、令和２年には年間最多敗となって十両に後退した。さらに、５年夏場所には西十両３枚目で初日から９連敗して10日目から休場。翌名古屋場所には幕下に陥落した。

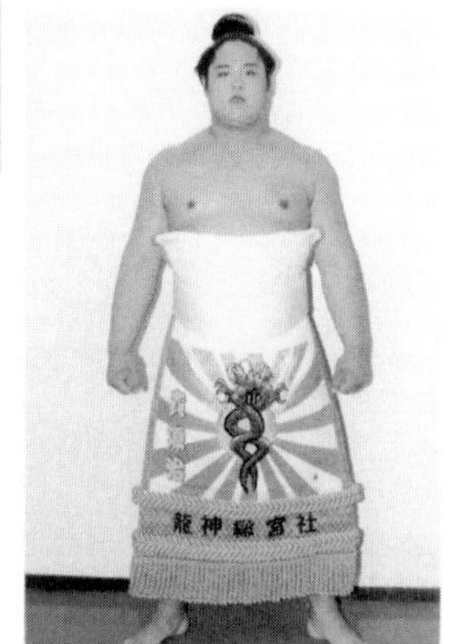

貴源治 賢（前頭10枚目）

たかげんじ さとし

本　名　上山→染谷賢
生年月日　平成９年５月13日
出身地　栃木県小山市
所属部屋　貴乃花→千賀ノ浦
初土俵　平成25年３月場所
十両昇進　平成29年５月場所
入　幕　令和元年７月場所
最終場所　令和３年７月場所
幕内在位　２場所
幕内成績　８勝22敗
勝　率　0.267
身　長　191cm
体　重　172kg
得意手　突き、押し

一卵性双生児の双子の弟。兄は同じ部屋の元十両貴ノ富士で、令和元年最初の夏場所には貴源治は十両、貴ノ富士は幕下で同時優勝を飾っている。貴乃花部屋から師匠の退職により千賀ノ浦部屋に移籍したが、旧師貴乃花親方にとっては３人目の幕内力士となる。恵まれた体力。相撲経験はなかったが、19歳で十両に上がった。早くから注目されていた逸材だったが、令和３年７月に大麻吸引が発覚。名古屋場所後に角界を懲戒免職。

剣翔（つるぎしょう） 桃太郎（ももたろう）（前頭7枚目）

本　名　安彦剣太郎
生年月日　平成3年7月27日
出身地　東京都葛飾区
四股名　安彦→剣翔
所属部屋　追手風
初土俵　平成26年1月場所
十両昇進　平成28年1月場所
入　幕　令和元年9月場所
幕内在位　17場所

幕内成績　111勝132敗12休
勝　率　0.457
三　賞　敢闘賞1回
身　長　184cm
体　重　175kg
得意手　右回り、寄り、上手投げ

十両生活が22場所連続と長かった。体力的には恵まれていたが、立ち合いがおとなしくなかなか先手必勝とはいかなかった。埼玉栄高校から日大相撲部とエリートコースを進んだ。日大同期にはアマチュア横綱になった本名川端の大翔丸がいて、同じ追手風部屋に入門。大翔丸は幕下15枚目格付出だったが、日大で無冠の剣翔は当然のように前相撲からの出発だった。下積み生活を経て、5年かけての幕内ゴールだった。序ノ口、序二段、幕下、十両優勝。新入幕で敢闘賞を受賞した。

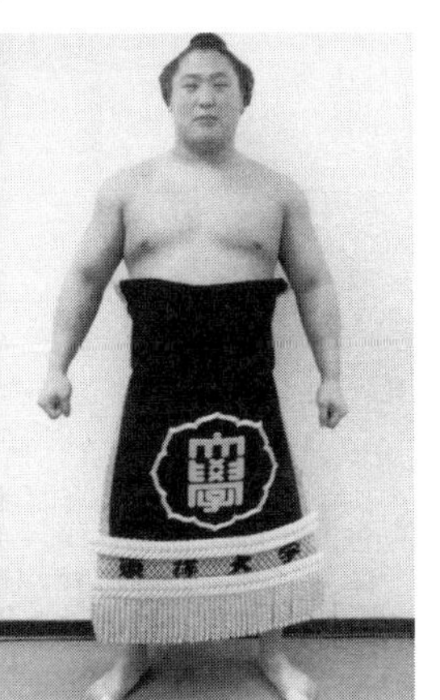

若隆景（わかたかかげ） 渥（あつし）（関脇）

本　名　大波渥
生年月日　平成6年12月6日
出身地　福島県福島市
所属部屋　荒汐
初土俵　平成29年3月場所三段目100枚目格付出
十両昇進　平成30年5月場所
入　幕　令和元年11月場所

幕内在位　20場所
幕内成績　146勝98敗56休
勝　率　0.598
優　勝　1回
三　賞　技能賞4回
身　長　181cm
体　重　125kg
得意手　右四つ、寄り

荒汐部屋からは蒼国来に次いで2人目、東洋大相撲部からは御嶽海以来で4人目の幕内。父親は元力士の「相撲一家」に育ち、若隆景は末っ子の三男（長兄は若隆元、次男は若元春）。3人兄弟とも荒汐部屋で出世を競っている。当然、大相撲入りは3兄弟で最後だが、関取昇進は一番乗りを果たした。東洋大4年生の時に学生選手権で団体戦全国制覇。2－2の大将戦で貴重な勝利を収めている。個人戦でも準優勝。実業団で相撲を続けるつもりだったが、自信を付けての大相撲入りだった。

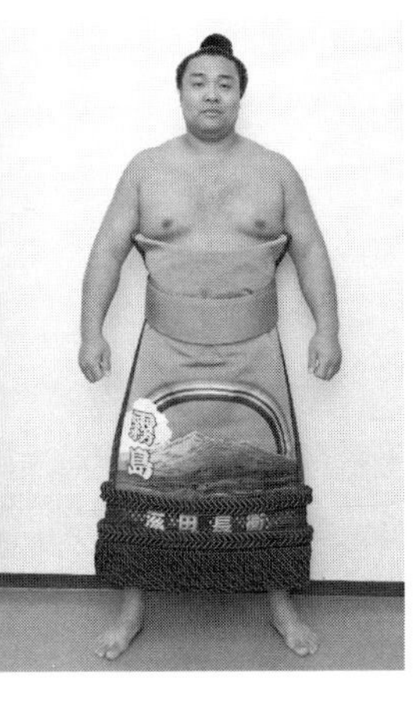

霧島（きりしま）　鐵力（てつお）（大関）

本　名　ビャンブチュルン・ハグワスレン
生年月日　平成8年4月24日
出身地　モンゴル国ウランバートル市
四股名　霧馬山→霧島
所属部屋　陸奥
初土俵　平成27年5月場所
十両昇進　平成31年3月場所
入　幕　令和2年1月場所

幕内在位　23場所
幕内成績　196勝145敗4休
勝　率　0.575
優　勝　2回
三　賞　敢闘賞1回、技能賞3回
身　長　184cm
体　重　129kg
得意手　左四つ、寄り

大関昇進と同時に師匠の現役名である「霧島」を継いだ。モンゴル出身令和の第1号。ウランバートル近郊の遊牧民。足腰の強靭なバネは少年時代の馬上生活で培われた。均整の取れた体で元横綱日馬富士に似た体型。当然のように「目標は日馬富士関」と言う。師匠は元大関の霧島。過去に陸奥部屋からは十文字ら何人もの幕内が出ているが、いずれも他の部屋からの移籍組だった。その意味で霧島の陸奥親方が初めて育てた“子飼い”の幕内力士である。

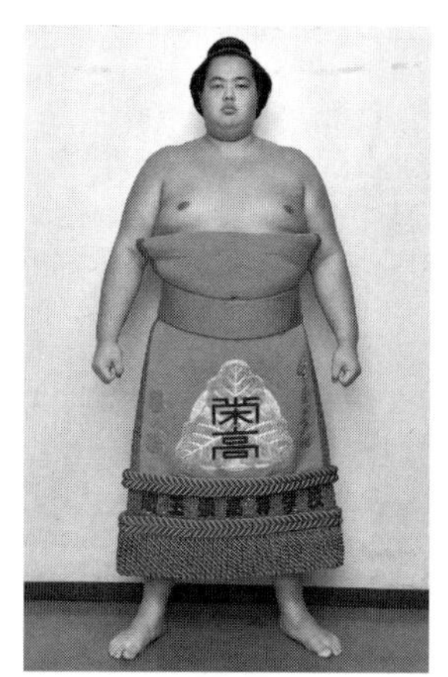

琴ノ若 傑太（関脇）
ことのわか まさひろ

本　名	鎌谷将且	幕内成績	175勝126敗14休
生年月日	平成９年11月19日	勝　率	0.581
出身地	千葉県松戸市	三　賞	敢闘賞５回
四股名	琴鎌谷→琴ノ若	身　長	188cm
所属部屋	佐渡ヶ嶽	体　重	173kg
初土俵	平成27年11月場所	得意手	右四つ、寄り
十両昇進	令和元年７月場所		
入　幕	令和２年３月場所		
幕内在位	21場所		

父親は師匠の佐渡ヶ嶽親方で元関脇の先代琴ノ若。祖父は元横綱の琴桜。サラブレッドの血を引き父子幕内は史上９組目。幕下２枚目、３勝３敗の給金相撲で勝ち越して十両昇進。翌新十両場所は十両最下位の地位で５勝７敗の後に３連勝で関取の地位を守った。入幕直前の場所は千秋楽に８勝７敗と勝ち越し。２枚目での８勝だったが、大関豪栄道の引退で“空席”のできた幕内に滑り込み入幕。令和５年秋場所関脇に昇進した。

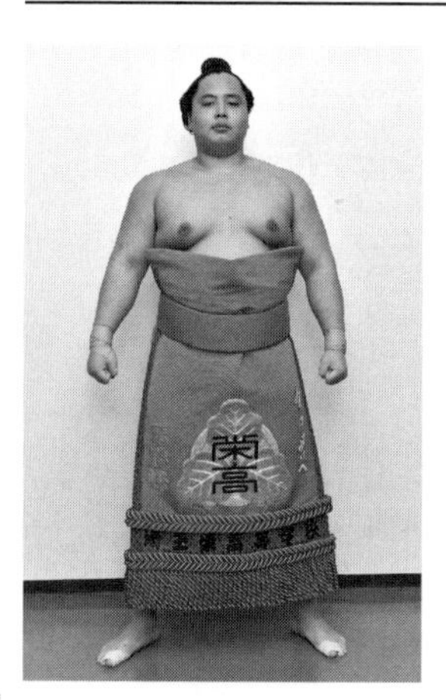

琴勝峰 吉成（前頭３枚目）
ことしょうほう よしなり

本　名	手計富士紀	幕内成績	94勝116敗15休
生年月日	平成11年８月26日	勝　率	0.422
出身地	千葉県柏市	三　賞	敢闘賞１回
所属部屋	佐渡ヶ嶽	身　長	190cm
初土俵	平成29年11月場所	体　重	165kg
十両昇進	令和元年11月場所	得意手	右四つ、寄り、突き、押し
入　幕	令和２年７月場所（番付は５月場所）		
幕内在位	15場所		

埼玉栄高校相撲部では元横綱大鵬の孫・納谷と高校同期。その納谷より１場所早く初土俵を踏んでいる。わんぱく相撲で早くから両国国技館の土俵に上がり、高校相撲の名門校に進んだ。素質的にはいいものを持っていて、全国規模での団体戦優勝は何度も経験していたが、高校時代には個人戦でトップに立ったことはなかった。だが、大相撲入りして一気に素質が開花。十両優勝が初めてのタイトル。弱冠20歳であっさりと新入幕を決めた。

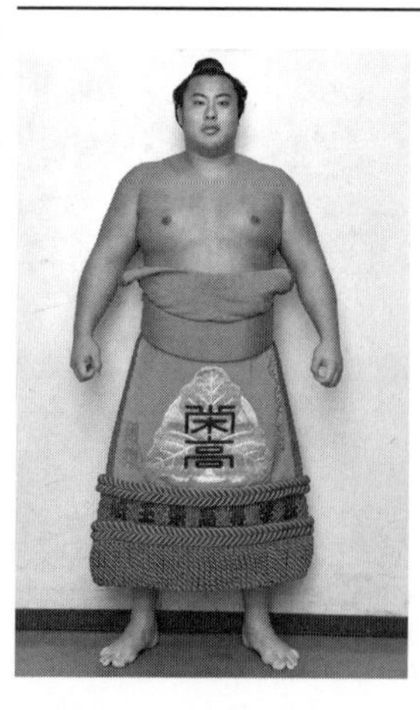

翔猿 正也（小結）
とびざる まさや

本　名	岩崎正也	幕内成績	147勝151敗２休
生年月日	平成４年４月24日	勝　率	0.493
出身地	東京都江戸川区西小岩	三　賞	殊勲賞１回、敢闘賞１回
四股名	岩崎→翔猿	身　長	174cm
所属部屋	追手風	体　重	128kg
初土俵	平成27年１月場所	得意手	押し
十両昇進	平成29年７月場所		
入　幕	令和２年９月場所		
幕内在位	20場所		

兄弟幕内。実兄は木瀬部屋の英乃海。あえて違う部屋を選んでの大相撲入りだ。英乃海は185㌢の長身だが、弟の翔猿は174㌢の小兵。その分、大まかな相撲を取る兄とは違って“翔猿”の四股名のとおりに動きの速い取り口が身上。兄弟ともに日大相撲部出身である。新入幕に敢闘賞受賞。自己最高位の前頭筆頭に上がった令和４年秋場所２日目に照ノ富士から金星を奪い、その勢いで勝ち越して三役昇進を決めた。

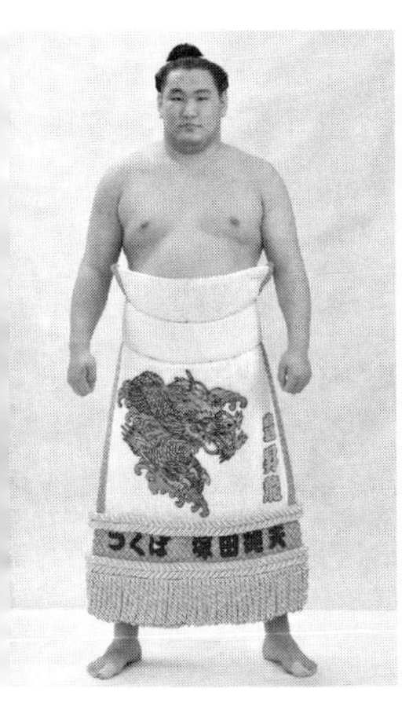

ほうしょうりゅう　ともかつ
豊昇龍 智勝（大関）

本　名　スカラグチャー・ビャンバスレン
生年月日　平成11年５月22日
出身地　モンゴル国ウランバートル市
所属部屋　立浪
初土俵　平成30年１月場所
十両昇進　令和元年11月場所
入　幕　令和２年９月場所
幕内在位　20場所

幕内成績　175勝123敗２休
勝　率　0.587
優　勝　１回
三　賞　敢闘賞１回、技能賞２回
身　長　185cm
体　重　127kg
得意手　右四つ、上手投げ

元横綱朝青龍の甥っ子。朝青龍の長兄の息子である。アマチュアレスリングでオリンピック出場を夢見ていた。「アスリート・コースの特待生」として日本への高校留学もレスリング選手としての入学だったが、すぐに進路変更、相撲部に入った。軽量だったが、持ち前の足腰の強さで実力を付け、高校３年のインターハイで準優勝。初土俵は平成30年初場所。大横綱だった大鵬の孫である納谷と同期で、入門時から注目された。令和５年名古屋場所に初優勝して大関に昇進した。

あくあ　しょうま
天空海 翔馬（前頭10枚目）

本　名　高畠祐貴
生年月日　平成２年11月６日
出身地　茨城県東茨城郡大洗町
四股名　豊乃浪→天空海
所属部屋　立浪
初土俵　平成22年11月場所
十両昇進　平成30年１月場所
入　幕　令和２年11月場所
幕内在位　６場所

幕内成績　36勝54敗
勝　率　0.400
身　長　184cm
体　重　168kg
得意手　突き、押し

出身地の茨城県大洗町にある「アクアワールド」という水族館にちなんだ四股名で「天空海」の字を当てたもの。すなわち、“天照（あまてらす）”の「あ」、“空気（くうき）”の「く」、そして“海女（あま）”の「あ」で「天空海（あくあ）」。判じ物みたいだが、幕内に上がって知名度を上げることができるか。いずれにしろ珍名の四股名である。茨城県からは高安に次いでの幕内力士。幕下時代に、巡業などで「初っ切り」をやっていた。

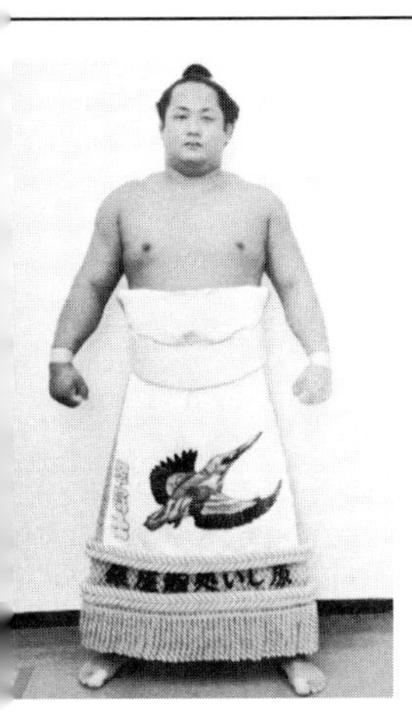

みどりふじ　かずなり
翠富士 一成（前頭筆頭）

本　名　庵原一成
生年月日　平成８年８月30日
出身地　静岡県焼津市
所属部屋　伊勢ヶ濱
初土俵　平成28年９月場所
十両昇進　令和２年３月場所
入　幕　令和３年１月場所
幕内在位　13場所
幕内成績　93勝87敗15休
勝　率　0.517

三　賞　技能賞１回
身　長　171cm
体　重　114kg
得意手　押し、肩透かし

近大相撲部１年生の時に全国100㌔未満級で優勝も２年で中退。郷里の焼津市に帰ってバイト生活をしていたところを近大相撲部の先輩でもある伊勢ヶ濱親方（元横綱旭富士）にスカウトされた。大学中退→帰郷→大相撲入りは伊勢ヶ濱親方と全く同じコース。気の強さが取り柄で、小兵だが正攻法の相撲は魅力がある。関取の少ない静岡県からは戦後５人目の幕内力士だ。

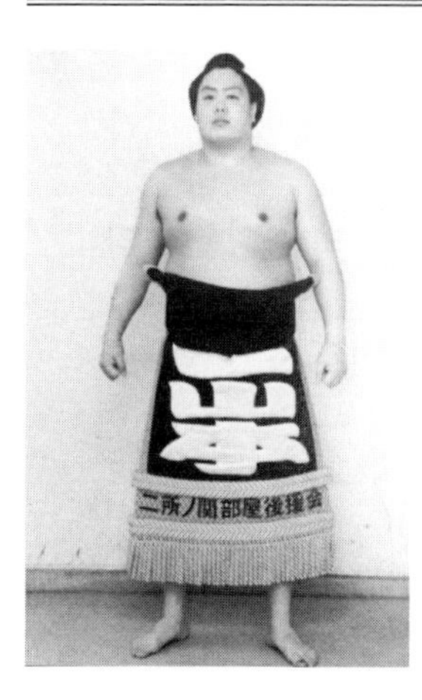

いちやまもと　だいき
一山本 大生（前頭８枚目）

本　名　山本大生
生年月日　平成５年10月１日
出身地　北海道岩内郡岩内町
所属部屋　二所ノ関→放駒
初土俵　平成29年１月場所
十両昇進　令和元年７月場所
入　幕　令和３年７月場所
幕内在位　12場所
幕内成績　81勝93敗６休

勝　率　0.466
三　賞　敢闘賞１回
身　長　187cm
体　重　136kg
得意手　突き、押し

幕内昇進直近の場所は８枚目で10勝５敗。番付上位に勝ち越しが少なくラ
キーな新入幕となった。大学相撲出身で卒業後は故郷・北海道に帰り、松前町
役場に就職。公務員を経ての角界入りだった。師匠・若嶋津の二所ノ関部屋か
は５人目の幕内。中央大学からの幕内は豊国、玉春日、出島、若孜、豪風、矢
に次いで７人目。大学時代の戦績は全国学生選手権16強が自己ベスト。不完
燃焼だった学生時代の同期生には朝乃山、豊山がいた。

わかもとはる　みなと
若元春 港（関脇）

本　名　大波港
生年月日　平成５年10月５日
出身地　福島県福島市
四股名　荒大波→剛士→若元春
所属部屋　荒汐
初土俵　平成23年11月場所
十両昇進　平成31年３月場所
入　幕　令和４年１月場所

幕内在位　12場所
幕内成績　107勝73敗
勝　率　0.594
三　賞　技能賞１回
身　長　186cm
体　重　138kg
得意手　左四つ、寄り、突き押し

３兄弟そろっての力士で、真ん中の次男。末っ子の三男・若隆景が先に関取
なっている。兄弟同時幕内は史上10組目だ。若隆景が東洋大から入門の際に
当時師匠だった先代荒汐親方（元小結大豊）が戦国武将毛利元就の“三本の矢
の故事にちなんで３兄弟に、長男は毛利隆元から若隆元（現役幕下）、次男は
川元春から若元春、そして三男は小早川隆景から若隆景の四股名を付けている
祖父は元小結の若葉山、父親は元幕下の相撲一家である。令和５年初場所新小結
兄弟同時の三役となる。

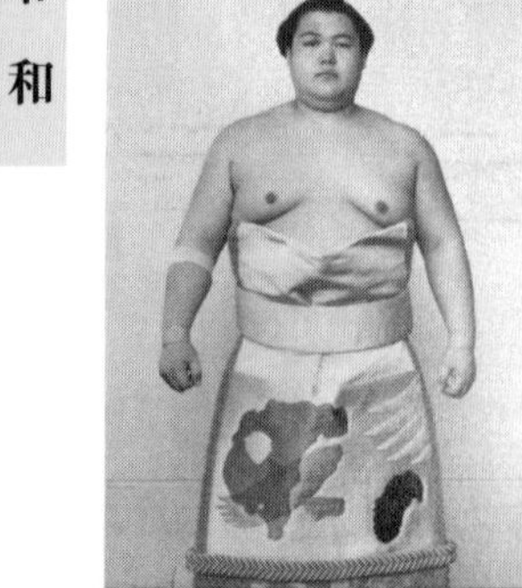

おうほう　こうのすけ
王鵬 幸之介（前頭６枚目）

本　名　納谷幸之介
生年月日　平成12年２月14日
出身地　東京都江東区
四股名　納谷→王鵬
所属部屋　大嶽
初土俵　平成30年１月場所
十両昇進　令和３年１月場所
入　幕　令和４年１月場所

幕内在位　11場所
幕内成績　79勝86敗
勝　率　0.479
身　長　191cm
体　重　181kg
得意手　突き、押し

優勝32回の横綱大鵬の孫である。新入幕を決めた令和３年九州場所では快
撃の初日から９連勝。ひょっとしたら15戦全勝優勝も、と注目されたがその
に４連敗。スタミナ切れに周囲の期待を裏切った。課題をいっぱい背負っての
内昇進だったが、勝ち越しに後１勝となってから終盤５連敗で７勝８敗。関取
王鵬一人の大嶽部屋。けいこ相手不足がネックとなっている。場所後半に馬力
持続させるには今の２倍、３倍のけいこ量を積むことだ。祖父の名を背負って
戦いが続く。

令和

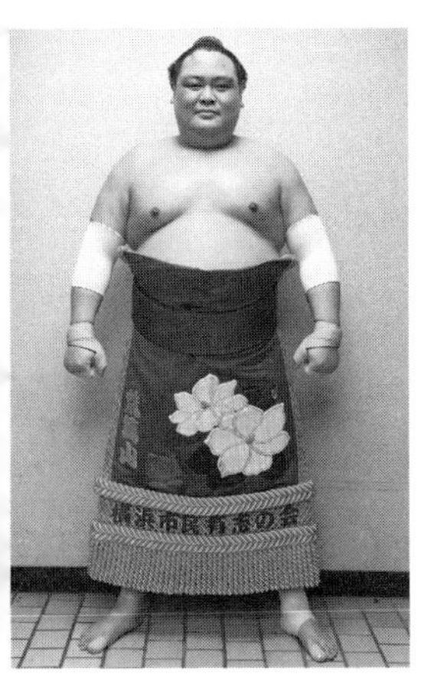

荒篤山 太郎（前頭16枚目）

こうとくざん たろう

本　名	寺井ジャスパーケネス	勝　率	0.300
生年月日	平成6年3月11日	身　長	181cm
出身地	神奈川県横浜市緑区	体　重	161kg
四股名	寺井→荒篤山	得意手	押し
所属部屋	荒汐		
初土俵	平成21年9月場所		
十両昇進	令和3年7月場所		
入　幕	令和4年3月場所		
幕内在位	2場所		
幕内成績	9勝21敗		

父親は日本人だが、母親はフィリピン人。フィリピンで育ち、中学1年生の途中から日本での生活が始まった。父親の勧めで平成21年3月、横浜市内の中学を卒業と同時に角界入り。日本国籍取得まで“研修生”として半年間待って、同年9月に初土俵を踏んだ。十両1場所で幕下に後退したが、すぐに関取カムバック。再十両から2場所連続2ケタ勝利で幕内昇進を決めた。

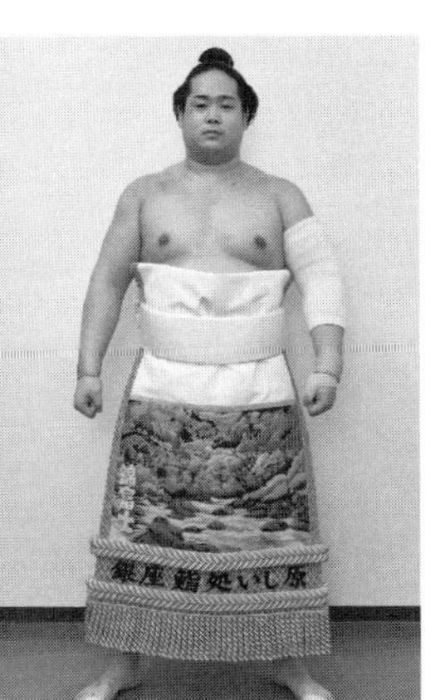

錦富士 隆聖（前頭3枚目）

にしきふじ りゅうせい

本　名	小笠原隆聖	幕内成績	62勝73敗
生年月日	平成8年7月22日	勝　率	0.459
出身地	青森県十和田市	三　賞	敢闘賞1回
四股名	小笠原→錦富士	身　長	184cm
所属部屋	伊勢ヶ濱	体　重	150kg
初土俵	平成28年9月場所	得意手	左四つ、寄り
十両昇進	令和2年9月場所		
入　幕	令和4年7月場所		
幕内在位	9場所		

高校相撲の三本木農校から近大に進んだが、2年で中退してのプロ入り。高校の恩師と安美錦の安治川親方が同級生。その縁で伊勢ヶ濱部屋入門が決まった。一足早く大相撲の世界に飛び込んだ阿武咲は高校の同期。伊勢ヶ濱部屋からは令和3年1月場所の翠富士以来の幕内だが、同じ近大を2年中退で同時にプロのスタートを切っている。新入幕場所、不戦勝3個の幸運もあって10勝5敗で敢闘賞受賞。

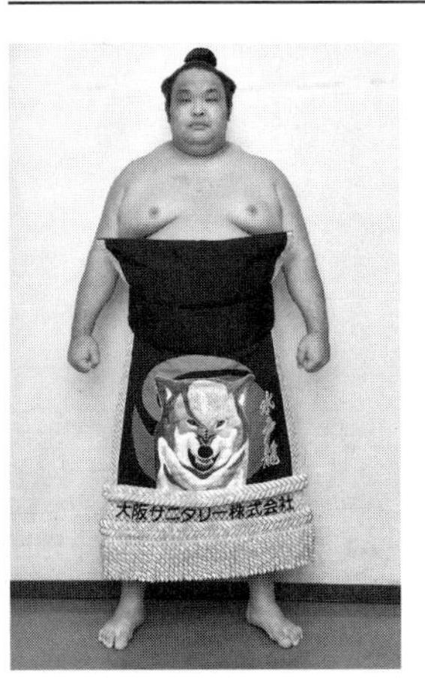

水戸龍 聖之（前頭15枚目）

みとりゅう たかゆき

本　名	バーサンスレン・トゥルボルド	幕内在位	4場所
生年月日	平成6年4月25日	幕内成績	25勝35敗
出身地	モンゴル国ウランバートル市	勝　率	0.417
所属部屋	錦戸	身　長	190cm
初土俵	平成29年5月場所幕下15枚目格付出	体　重	198kg
十両昇進	平成30年1月場所	得意手	寄り切り
入　幕	令和4年9月場所		

十両を27場所で“卒業”しての幕内昇進。モンゴルからは28人目の幕内。横綱照ノ富士、関脇逸ノ城と同じ飛行機で「力士になるために」日本にやってきた。鳥取城北高校から日大に進み、3年生の時に外国出身としては史上初めてのアマチュア横綱に輝き、4年生で学生横綱になっている。期待されての大相撲入りだった。右四つ、寄りを得意にしているが、持病の腰痛のために守勢に回ると別人のようなもろさがあり、長く十両で低迷した。

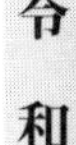

ひらどうみ　ゆうき
平戸海 雄貴（前頭５枚目）

本　名　坂口雄輝
生年月日　平成12年４月20日
出身地　長崎県平戸市
四股名　坂口→平戸海
所属部屋　境川
初土俵　平成28年３月場所
十両昇進　令和３年11月場所
入　幕　令和４年９月場所
幕内在位　８場所
幕内成績　61勝59敗

勝　率　0.508
身　長　178cm
体　重　138kg
得意手　突き、押し

十両８枚目で10勝５敗。ラッキーな新入幕となった。長崎県からは横綱佐田の山らが出ているが、平戸海は戦後15人目の幕内。元小結両国の境川部屋からは８人目。「故郷の名を挙げたい」と気合は十分。178㌢、138㌔と体は大きくないが、けいこ熱心は誰もが認めるところ。攻撃一本の取り口は見ていてさわやかだ。

あたみふじ　さくたろう
熱海富士 朔太郎（前頭８枚目）

本　名　武井朔太郎
生年月日　平成14年９月３日
出身地　静岡県熱海市
所属部屋　伊勢ヶ濱
初土俵　令和２年11月場所
十両昇進　令和４年３月場所
入　幕　令和４年11月場所
幕内在位　３場所
幕内成績　26勝19敗

勝　率　0.578
三　賞　敢闘賞２回
身　長　185cm
体　重　165kg
得意手　突き、押し

元横綱旭富士が師匠の伊勢ヶ濱部屋からは令和４年名古屋場所の錦富士に次いで８人目、出身地の静岡県からは翠富士以来６人目の幕内力士。高校は翠富士と同じ飛竜高校。コロナ禍で高校３年生の時に大会中止が相次ぎ、その無念さを晴らすため、迷わず大相撲の門をたたいた。新十両の場所に７勝８敗と負け越したが、初土俵から丸２年、20歳での幕内昇進を決めた。185㌢、165㌔の丸い体を生かした突き、押し相撲を得意にしている。

きんぽうざん　はるき
金峰山 晴樹（前頭５枚目）

本　名　バルタグル・イェルシン
生年月日　平成９年６月24日
出身地　カザフスタン共和国アルマティ
所属部屋　木瀬
初土俵　令和３年11月場所三段目100枚目格付出
十両昇進　令和４年９月場所

入　幕　令和５年３月場所
幕内在位　５場所
幕内成績　39勝36敗
勝　率　0.520
三　賞　敢闘賞１回
身　長　192cm
体　重　179kg
得意手　突き出し

中央アジアの国カザフスタンからは初めての幕内力士だ。母国では柔道を習っていたが、元横綱朝青龍の紹介で日大付属高校に留学。高校から相撲を始めた。巨体を生かした突き、押し相撲で東日本学生選手権優勝のほか、アマチュア横綱を決める全日本選手権準優勝、全国学生選手権３位などの好成績を収め、三段目最下位格付出で初土俵を踏んだ。四股名の「金峰山晴樹」は師匠木瀬親方（元前頭筆頭肥後ノ海）の出身地にある火山と、20歳で亡くなった日大時代の同期生の名をもらったものだ。

ぶしょうざん　こたろう
武将山 虎太郎（前頭14枚目）

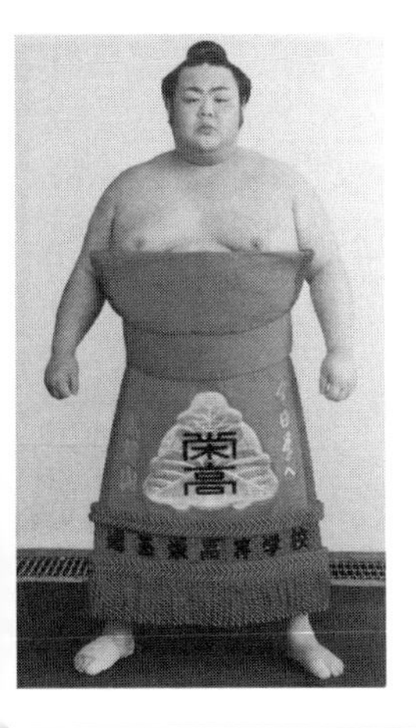

本　名	藤原虎太郎	幕内成績	8勝22敗
生年月日	平成7年12月6日	勝　率	0.267
出身地	茨城県水戸市	身　長	172cm
四股名	虎太郎→武将山	体　重	182kg
所属部屋	藤島	得意手	押し
初土俵	平成26年1月場所		
十両昇進	令和3年3月場所		
入　幕	令和5年3月場所		
幕内在位	2場所		

元大関武双山の藤島親方にとっては初めての“子飼い”の幕内力士である。藤島親方の父親が道場主の「尾曾相撲道場」に小学生時代から通った。わんぱく相撲の全国大会では4年生、6年生で“8強”に入り、全日本小学生優勝大会では3位入賞の記録を残している。埼玉栄高校では選抜大会団体戦優勝のメンバーとして活躍。貴景勝は埼玉栄高校の1年後輩。「早く対戦できる地位に上がりたい」と闘志を燃やしている。

ほくせいほう　おさむ
北青鵬 治（前頭6枚目）

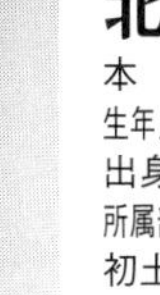

本　名	アリューナー・ダワーニンジ	幕内在位	5場所
生年月日	平成13年11月12日	幕内成績	39勝36敗
出身地	北海道札幌市東区	勝　率	0.520
所属部屋	宮城野	身　長	204cm
初土俵	令和2年3月場所	体　重	182kg
十両昇進	令和3年9月場所	得意手	右四つ、寄り
入　幕	令和5年3月場所		

相撲協会への届けは「北海道」になっているが、生まれはモンゴル。両親の仕事の関係で5歳から北海道で生活を始めている。小学1年生の時の札幌巡業で白鵬に会い、相撲を勧められて札幌市のスポーツ少年団に通った。その後、相撲留学で鳥取県の中学、高校に通い、必然的に白鵬の弟子になった。19歳で関取になったが、四股名は最初から北青鵬。北海道の「北」、モンゴルの空から「青」、そして白鵬の「鵬」。2㍍を超す長身。相手の肩越しに上手まわしを引き付けてのスケールの大きな取り口は魅力だが、攻めが遅く受け身の相撲はけがにもつながり気になるところだ。

ごうのやま　とうき
豪ノ山 登輝（前頭4枚目）

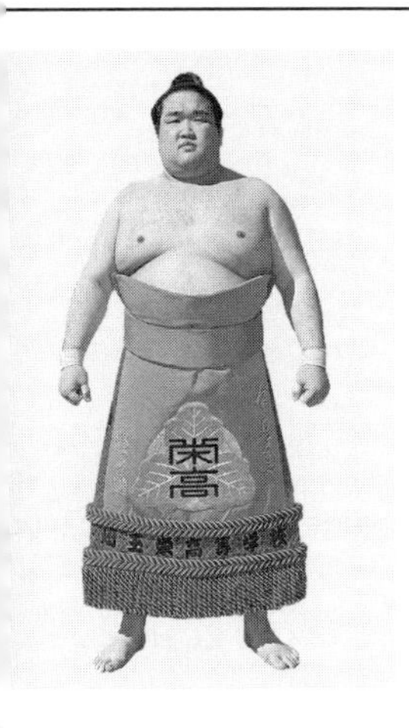

本　名	西川登輝	幕内在位	3場所
生年月日	平成10年4月7日	幕内成績	27勝18敗
出身地	大阪府寝屋川市	勝　率	0.600
四股名	西川→豪ノ山	三　賞	敢闘賞1回
所属部屋	境川→武隈	身　長	177cm
初土俵	令和3年3月場所三段目100枚目格付出	体　重	156kg
十両昇進	令和4年7月場所	得意手	突き、押し
入　幕	令和5年7月場所		

元大関豪栄道が興した「武隈部屋」から初めて誕生した幕内力士。わんぱく相撲から始まって埼玉栄高校、中央大学相撲部を経ての大相撲入り。大学時代は3年生の時に九州大会優勝。4年生の全国学生選手権で準優勝して三段目付出の資格を得た。同じ大阪府寝屋川市ということで武隈親方を慕って境川部屋に入門。武隈親方の独立に伴って行動を共にした。まわしにこだわらず徹底して前に出る相撲が魅力だ。埼玉栄高校では貴景勝の2年後輩。

しょうなんのうみ　ももたろう
湘南乃海 桃太郎（前頭５枚目）

本　名　谷松　将人
生年月日　平成10年４月８日
出身地　神奈川県中郡大磯町
所属部屋　高田川
初土俵　平成26年３月場所
十両昇進　令和５年１月場所
入　幕　令和５年７月場所
幕内在位　３場所
幕内成績　24勝21敗

勝　率　0.533
三　賞　敢闘賞１回
身　長　193cm
体　重　186kg
得意手　左四つ、寄り

野球少年だった。初めは周囲の「大きな体を生かして相撲界に入れ」の声に反発していたが、テレビドラマ「千代の富士物語」を見て大相撲への印象ががらりと変わり、高田川部屋に稽古見物して角界入りを決心した。18歳で幕下に上がった。しばらく伸び悩んだが、恵まれた体力を生かして、積極的に前に出る取り口に徹するようになって低迷期を脱した。地元らしい四股名をということで初土俵から「湘南乃海」を名乗った。

はくおうほう　てつや
伯桜鵬 哲也（前頭９枚目）

本　名　落合哲也
生年月日　平成15年８月22日
出身地　鳥取県倉吉市
四股名　落合→伯桜鵬
所属部屋　宮城野
初土俵　令和５年１月場所幕下15枚目格付出
十両昇進　令和５年３月場所

入　幕　令和５年７月場所
幕内在位　２場所
幕内成績　11勝４敗15休
勝　率　0.733
三　賞　敢闘賞１回、技能賞１回
身　長　181cm
体　重　162kg
得意手　押し出し

“令和の怪物”のニックネームがぴったりの快進撃。幕下15枚目格付出のデビューから３場所で幕内に上がった。初土俵から３場所での新入幕は、現役の遠藤（石川県出身、追手風部屋）と並んで昭和以降１位タイのスピード昇進だ。遠藤は大学でアマチュア日本一になってプロ入りしたが、落合改め伯桜鵬は鳥取城北高校卒、１年で実業団選手権優勝。幕下付出の資格を得るとそのまま大相撲の世界に飛び込んだ。10代での新入幕はロシア出身の若ノ鵬（平成19年11月場所入幕）以来。入幕２場所目の前に左肩を手術して全休。振り出しに戻った。

令
和

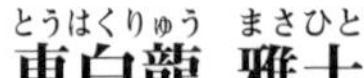

とうはくりゅう　まさひと
東白龍 雅士（前頭15枚目）

本　名　白石雅仁
生年月日　平成８年４月17日
出身地　東京都墨田区
四股名　白石→東白龍
所属部屋　玉ノ井
初土俵　令和元年５月場所三段目100枚目格付出
十両昇進　令和３年１月場所

入　幕　令和５年11月場所
幕内在位　１場所
幕内成績　５勝10敗
勝　率　0.333
身　長　182cm
体　重　134kg
得意手　突き、押し、はたき込み

元大関栃東の玉ノ井部屋からは富士東、芳東、東龍に次いで４人目の幕内。時に突き、押しを得意に気合の入った相撲を見せるが、相手を土俵の外に出すより、はたき多用の突き、押しが目立つ。結局、中途半端な取り口で伸び悩み、初土俵から５年かかっての入幕だった。タイミングのよい“はたき”も一つの技能だが、突き、押しに徹しないと幕内では苦戦しそうだ。わんぱく相撲から取り始め、高校では国体少年の部で優勝。東洋大では東日本学生選手権優勝など実績は申し分ない。東洋大からは玉乃島（２年中退）、御嶽海、若隆景ら６人目。

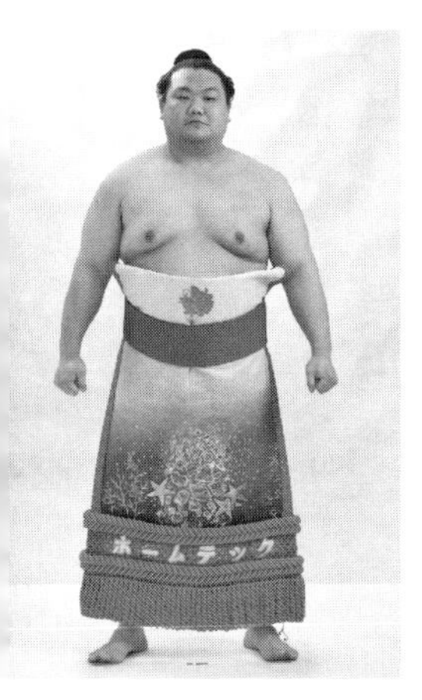

美ノ海 義久（前頭15枚目）

ちゅらのうみ よしひさ

本名	木崎信志	入幕	令和5年11月場所
生年月日	平成5年5月6日	幕内在位	1場所
出身地	沖縄県うるま市	幕内成績	9勝6敗
四股名	木崎→美ノ海	勝率	0.600
所属部屋	木瀬	身長	177cm
初土俵	平成28年3月場所	体重	139kg
十両昇進	平成30年7月場所	得意手	押し

兄弟関取だった。実弟の木崎海（本名木崎伸之助、日大相撲部、木瀬部屋）と切磋琢磨して幕内を目指していたが、首を痛めた木崎海は志半ばで無念のリタイア。十両3枚目が最高位で、十両在位6場所だった。兄の信志は本名の木崎で土俵に上がっていたが、十両昇進を機に沖縄にちなんだ「美ノ海」に改名した。鳥取城北高校から日大に進学。高校では金沢大会優勝、大学では選抜宇佐大会優勝などのキャリアがある。同期生には朝乃山や引退した豊山がいる。「幕内では弟の分も頑張りたい。もちろん沖縄のためにも」。30歳での遅咲き入幕。沖縄からの幕内は平成18年秋場所入幕の琉鵬以来で5人目。

狼雅 外喜義（前頭16枚目）

ろうが ときよし

本名	アマルトゥブシン・アマルサナー	幕内在位	1場所
生年月日	平成11年3月2日	幕内成績	5勝10敗
出身地	ロシア共和国トゥヴァ	勝率	0.333
所属部屋	二子山	身長	186cm
初土俵	平成30年11月場所	体重	155kg
十両昇進	令和4年11月場所	得意手	右四つ、寄り
入幕	令和5年11月場所		

阿夢露以来のロシア出身6人目の幕内。父親はロシア人だが、母親はモンゴル人。小学生時代はロシアで過ごしたが、中学2年生の時にモンゴルのウランバートル市に転居している。モンゴルチームの一員として白鵬杯に出たりした後、鳥取城北高校に留学。高校横綱になったが、決勝は“外国人選手”との対戦となり、負かした相手は後の豊昇龍だった。気の弱さもあって少々出世が遅れたが、幕内に上がって最初の夢は本場所での豊昇龍との“再戦”だ。師匠は元大関雅山の二子山親方。平成30年4月に創設された二子山部屋からは初めての幕内力士誕生だ。

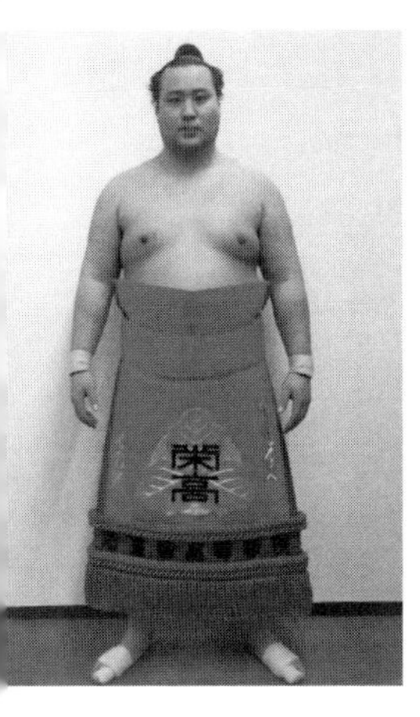

北の若 大輔（前頭17枚目）

きたのわか だいすけ

本名	斎藤大輔	勝率	0.333
生年月日	平成12年11月12日	身長	191cm
出身地	山形県酒田市	体重	148kg
所属部屋	八角	得意手	突っ張り、右四つ、寄り、上手投げ
初土俵	平成31年3月場所		
十両昇進	令和4年1月場所		
入幕	令和5年11月場所		
幕内在位	1場所		
幕内成績	5勝10敗		

高校横綱から騒がれての角界入り。というのは、大相撲の元横綱北の富士さんが自ら乗り出してのスカウトで、北の富士さんの弟子だった元北勝海の八角部屋に入門させたいきさつがあるからだ。均整の取れた体つきでマスクもよし。幕内で活躍すればたちまち人気力士になるだろう。十両に11場所。しばらくは持てる素質におぼれ、上手投げなど小手先の取り口が多かったが、4場所連続の勝ち越しでようやく幕内のスタートラインに立った。勝負はこれからだ。

資料編

歴代横綱一覧

	横綱名	出身地	生年月日	横綱昇進場所	最終場所	没年月日
初代	明石志賀之助	栃木県宇都宮市(?)	不明	不明	不明	不明
2代	綾川五郎次	栃木県栃木市(?)	不明	不明	不明	明和2年1月23日
3代	丸山権太左ヱ門	宮城県登米市米山町中津山	正徳3年	寛延2年8月(?)	現役中没	寛延2年11月14日
4代	谷風梶之助	宮城県仙台市若林区霞目	寛延3年8月8日	寛政元年11月	現役中没	寛政7年1月9日
5代	小野川喜三郎	滋賀県大津市京町	宝暦8年	寛政元年11月	寛政9年10月	文化3年3月12日
6代	阿武松緑之助	石川県鳳珠郡能登町七見	寛政3年	文政11年3月	天保6年10月	嘉永4年12月29日
7代	稲妻雷五郎	茨城県稲敷市阿波崎	享和2年	文政12年10月	天保10年11月	明治10年3月29日
8代	不知火諾右ヱ門	熊本県宇土市栗崎町	享和元年	天保11年11月	天保15年1月	嘉永7年7月27日
9代	秀ノ山雷五郎	宮城県気仙沼市最知川原	文化5年	弘化2年11月	嘉永3年3月	文久2年5月19日
10代	雲龍久吉	福岡県柳川市大和町皿垣開	文政6年	文久元年10月	元治2年2月	明治23年6月15日
11代	不知火光右ヱ門	熊本県菊池郡大津町陣内	文政8年3月3日	文久3年11月	明治2年11月	明治12年2月24日
12代	陣幕久五郎	島根県八束郡東出雲町下意東	文政12年5月3日	慶応3年4月	慶応3年11月	明治36年10月21日
13代	鬼面山谷五郎	岐阜県養老郡養老町鷲巣	文政9年	明治2年3月	明治3年11月	明治4年7月23日
14代	境川浪右ヱ門	千葉県市川市高谷	天保12年4月8日	明治10年1月	明治14年1月	明治20年9月16日
15代	梅ヶ谷藤太郎(初代)	福岡県朝倉市杷木志波	弘化2年2月9日	明治17年5月	明治18年5月	昭和3年6月15日
16代	西ノ海嘉治郎(初代)	鹿児島県薩摩川内市高城町	安政2年1月3日	明治23年5月	明治29年1月	明治41年11月30日
17代	小錦八十吉	千葉県山武郡横芝光町横芝	慶応3年10月15日	明治29年5月	明治34年1月	大正3年10月22日
18代	大砲万右ヱ門	宮城県白石市大鷹沢三沢	明治2年11月28日	明治34年5月	明治41年1月	大正7年5月27日
19代	常陸山谷右ヱ門	茨城県水戸市城東	明治7年1月19日	明治37年1月	大正3年5月	大正11年6月19日
20代	梅ヶ谷藤太郎(2代)	富山県富山市水橋大町	明治11年3月11日	明治37年1月	大正4年6月	昭和2年9月2日
21代	若島権四郎	千葉県市川市原木	明治9年1月19日	明治38年6月	明治40年1月	昭和18年10月23日
22代	太刀山峰右ヱ門	富山県富山市吉作	明治10年8月15日	明治44年6月	大正7年1月	昭和16年4月3日
23代	大木戸森右ヱ門	兵庫県神戸市東灘区魚崎	明治9年5月13日	大正2年1月	大正3年1月	昭和5年11月7日
24代	鳳谷五郎	千葉県印西市大森	明治20年4月3日	大正4年6月	大正9年5月	昭和31年11月16日
25代	西ノ海嘉治郎(2代)	鹿児島県西之表市西之表	明治13年2月6日	大正5年5月	大正7年5月	昭和6年1月27日
26代	大錦卯一郎	大阪府大阪市中央区島之内	明治24年11月25日	大正6年5月	大正12年1月	昭和16年5月13日
27代	栃木山守也	栃木県栃木市藤岡町赤麻	明治25年2月5日	大正7年5月	大正14年5月	昭和34年10月3日
28代	大錦大五郎	愛知県弥富市稲元	明治16年7月22日	大正7年5月	大正11年1月	昭和18年5月18日
29代	宮城山福松	岩手県一関市山目町	明治28年2月27日	大正11年5月	昭和6年1月	昭和18年11月19日

	横綱名	出身地	生年月日	横綱昇進場所	最終場所	没年月日
0代	西ノ海嘉治郎(3代)	鹿児島県霧島市隼人町真孝	明治23年11月２日	大正12年５月	昭和３年10月	昭和８年７月28日
1代	常ノ花寛市	岡山県岡山市北区中山下	明治29年11月23日	大正13年５月	昭和５年５月	昭和35年11月28日
2代	玉錦三右ヱ門	高知県高知市農人町	明治36年12月15日	昭和８年１月	現役中没	昭和13年12月15日
3代	武蔵山武	神奈川県横浜市港北区日吉本町	明治42年12月５日	昭和11年１月	昭和14年５月	昭和44年３月15日
4代	男女ノ川登三	茨城県つくば市磯部	明治36年９月17日	昭和11年５月	昭和17年１月	昭和46年１月20日
5代	双葉山定次	大分県宇佐市下庄	明治45年２月９日	昭和13年１月	昭和20年11月	昭和43年12月16日
6代	羽黒山政司	新潟県新潟市西蒲区羽黒	大正３年11月18日	昭和17年１月	昭和28年９月	昭和44年10月14日
7代	安藝ノ海節男	広島県広島市南区宇品海岸	大正３年５月30日	昭和18年１月	昭和21年11月	昭和54年３月25日
8代	照國万蔵	秋田県湯沢市雄勝町秋ノ宮	大正８年１月10日	昭和18年１月	昭和28年１月	昭和52年３月20日
9代	前田山英五郎	愛媛県八幡浜市保内町喜木	大正３年５月４日	昭和22年11月	昭和24年10月	昭和46年８月17日
0代	東富士謹壱	東京都台東区台東	大正10年10月28日	昭和24年１月	昭和29年９月	昭和48年７月31日
1代	千代の山雅信	北海道松前郡福島町福島	大正15年６月２日	昭和26年９月	昭和34年１月	昭和52年10月29日
2代	鏡里喜代治	青森県三戸郡三戸町斗内	大正12年４月30日	昭和28年３月	昭和33年１月	平成16年２月29日
3代	吉葉山潤之輔	北海道石狩市厚田	大正９年４月３日	昭和29年３月	昭和33年１月	昭和52年11月26日
4代	栃錦清隆	東京都江戸川区南小岩	大正14年２月20日	昭和30年１月	昭和35年５月	平成２年１月10日
5代	若乃花幹士(初代)	青森県弘前市青女子	昭和３年３月16日	昭和33年３月	昭和37年３月	平成22年９月１日
6代	朝潮太郎	鹿児島県大島郡徳之島町亀津	昭和４年11月13日	昭和34年５月	昭和37年１月	昭和63年10月23日
7代	柏戸剛	山形県鶴岡市櫛引町桂荒俣	昭和13年11月29日	昭和36年11月	昭和44年７月	平成８年12月８日
8代	大鵬幸喜	北海道川上郡弟子屈町跡佐登	昭和15年５月29日	昭和36年11月	昭和46年５月	平成25年１月19日
9代	栃ノ海晃嘉	青森県南津軽郡田舎館村川部	昭和13年３月13日	昭和39年３月	昭和41年11月	令和３年１月29日
0代	佐田の山晋松	長崎県南松浦郡新上五島町有川郷	昭和13年２月18日	昭和40年３月	昭和43年３月	平成29年４月27日
1代	玉の海正洋	愛知県蒲郡市水竹町	昭和19年２月５日	昭和45年３月	現役中没	昭和46年10月11日
2代	北の富士勝昭	北海道旭川市十条通	昭和17年３月28日	昭和45年３月	昭和49年７月	
3代	琴櫻傑将	鳥取県倉吉市鍛冶町	昭和15年11月26日	昭和48年３月	昭和49年５月	平成19年８月14日
4代	輪島大士	石川県七尾市石崎町	昭和23年１月11日	昭和48年７月	昭和56年３月	平成30年10月８日
5代	北の湖敏満	北海道有珠郡壮瞥町滝之町	昭和28年５月16日	昭和49年９月	昭和60年１月	平成27年11月20日
6代	若乃花幹士(2代)	青森県南津軽郡大鰐町居土	昭和28年４月３日	昭和53年７月	昭和58年１月	令和４年７月16日
7代	三重ノ海剛司	三重県松阪市本町	昭和23年２月４日	昭和54年９月	昭和55年11月	
8代	千代の富士貢	北海道松前郡福島町塩釜	昭和30年６月１日	昭和56年９月	平成３年５月	平成28年７月31日
9代	隆の里俊英	青森県青森市浪岡女鹿沢	昭和27年９月29日	昭和58年９月	昭和61年１月	平成23年11月７日
0代	双羽黒光司	三重県津市乙部	昭和38年８月12日	昭和61年９月	昭和62年11月	平成31年２月10日

	横綱名	出身地	生年月日	横綱昇進場所	最終場所	没年月日
61代	北勝海信芳	北海道広尾郡 広尾町東一条	昭和38年６月22日	昭和62年７月	平成４年３月	
62代	大乃国康	北海道河西郡 芽室町美生	昭和37年10月９日	昭和62年11月	平成３年７月	
63代	旭富士正也	青森県つがる市 木造曙	昭和35年７月６日	平成２年９月	平成４年１月	
64代	曙太郎	米国ハワイ州 オアフ島	昭和44年５月８日	平成５年３月	平成13年１月	
65代	貴乃花光司	東京都中野区本町	昭和47年８月12日	平成７年１月	平成15年１月	
66代	若乃花勝	東京都中野区本町	昭和46年１月20日	平成10年７月	平成12年３月	
67代	武蔵丸光洋	米国ハワイ州 オアフ島	昭和46年５月２日	平成11年７月	平成15年11月	
68代	朝青龍明徳	モンゴル国 ウランバートル市	昭和55年９月27日	平成15年３月	平成22年１月	
69代	白鵬翔	モンゴル国 ウランバートル市	昭和60年３月11日	平成19年７月	令和３年９月	
70代	日馬富士公平	モンゴル国 コビアルタイ県	昭和59年４月14日	平成24年11月	平成29年11月	
71代	鶴竜力三郎	モンゴル国 スフバートル県	昭和60年８月10日	平成26年５月	令和３年３月	
72代	稀勢の里寛	茨城県牛久市 さくら台	昭和61年７月３日	平成29年３月	平成31年１月	
73代	照ノ富士春雄	モンゴル国 ウランバートル市	平成３年11月29日	令和３年９月		

優勝・三賞力士一覧

優勝制度は明治42年夏場所から、三賞制度は昭和22年秋場所から制定。
力士名後の○数字は優勝・三賞受賞回数。

場所	優勝
明治42年夏	高見山西之助(前7・高砂)7勝3分
明治43年春	常陸山谷右ヱ門(横綱・出羽海)7勝2分1休
夏	太刀山峰右ヱ門①(大関・友綱)9勝1分
明治44年春	太刀山峰右ヱ門②(大関・友綱)8勝1分1預
夏	太刀山峰右ヱ門③(横綱・友綱)10戦全勝
明治45年春	太刀山峰右ヱ門④(横綱・友綱)8勝1敗1分
夏	太刀山峰右ヱ門⑤(横綱・友綱)10戦全勝
大正2年春	鳳谷五郎①(大関・宮城野)7勝1分1預1休
夏	太刀山峰右ヱ門⑥(横綱・友綱)10戦全勝
大正3年春	太刀山峰右ヱ門⑦(横綱・友綱)10戦全勝
夏	両國勇治郎(前14・出羽海)9勝1休
大正4年春	鳳谷五郎②(大関・宮城野)10戦全勝
夏	太刀山峰右ヱ門⑧(横綱・友綱)10戦全勝
大正5年春	西ノ海嘉治郎(2代)(大関・井筒)8勝1分1休
夏	太刀山峰右ヱ門⑨(横綱・友綱)9勝1敗
大正6年春	大錦卯一郎①(大関・出羽海)10戦全勝
夏	栃木山守也①(大関・出羽海)9勝1預
大正7年春	栃木山守也②(大関・出羽海)10戦全勝
夏	栃木山守也③(横綱・出羽海)9勝1敗
大正8年春	栃木山守也④(横綱・出羽海)9勝1休
夏	栃木山守也⑤(横綱・出羽海)10戦全勝
大正9年春	大錦卯一郎②(横綱・出羽海)8勝1敗1分
夏	大錦卯一郎③(横綱・出羽海)9勝1敗
大正10年春	大錦卯一郎④(横綱・出羽海)10戦全勝
夏	常ノ花寛市①(大関・出羽海)10戦全勝
大正11年春	鶴ヶ濱増太郎(前4・荒磯)9勝1敗
夏	大錦卯一郎⑤(横綱・出羽海)8勝1敗1分
大正12年春	栃木山守也⑥(横綱・出羽海)8勝1敗1分
夏	常ノ花寛市②(大関・出羽海)9勝1分1預
大正13年春	栃木山守也⑦(横綱・出羽海)9勝1分
夏	栃木山守也⑧(横綱・出羽海)10勝1敗
大正14年春	栃木山守也⑨(横綱・出羽海)10勝1分
夏	西ノ海嘉治郎(3代)(横綱・井筒)9勝2敗
大正15年春	常ノ花寛市③(横綱・出羽海)11戦全勝
夏	大蛇山西之助(前8・錦島)10勝1敗
昭和2年春	宮城山福松①(横綱・高田川)10勝1敗
3月	常ノ花寛市④(横綱・出羽海)10勝1敗
夏	常ノ花寛市⑤(横綱・出羽海)10勝1敗
10月	常ノ花寛市⑥(横綱・出羽海)10勝1敗
昭和3年春	常陸岩英太郎(大関・出羽海)10勝1敗
3月	能代潟錦作(大関・錦島)10勝1分
夏	常ノ花寛市⑦(横綱・出羽海)11戦全勝
10月	宮城山福松②(横綱・高田川)9勝2敗
昭和4年春	玉錦三右エ門①(関脇・二所ノ関)10勝1敗
3月	豊國福馬①(大関・井筒)9勝2敗
夏	常ノ花寛市⑧(横綱・出羽海)10勝1敗
10月	常ノ花寛市⑨(横綱・出羽海)8勝3敗
昭和5年春	豊國福馬②(大関・井筒)9勝2敗
3月	常ノ花寛市⑩(横綱・出羽海)10勝1敗
夏	山錦善次郎(前5・出羽海)11戦全勝
10月	玉錦三右エ門②(大関・二所ノ関)9勝2敗
昭和6年春	玉錦三右エ門③(大関・二所ノ関)9勝2敗
3月	玉錦三右エ門④(大関・二所ノ関)10勝1敗
夏	武蔵山武(小結・出羽海)10勝1敗
10月	綾櫻由太郎(前4・出羽海)10勝1敗
昭和7年春	清水川元吉①(関脇・二十山)8戦全勝
3月	沖ツ海福雄(小結・若藤)9勝1敗
夏	玉錦三右エ門⑤(大関・粂川)10勝1敗
10月	清水川元吉②(大関・二十山)9勝2敗
昭和8年春	男女ノ川登三①(別席・高砂)11戦全勝
夏	玉錦三右エ門⑥(横綱・粂川)10勝1敗
昭和9年春	男女ノ川登三②(関脇・高砂)9勝2敗

資料編

場　所	優　　勝
昭和９年夏	清水川元吉③(大関・二十山)11戦全勝
昭和10年春	玉錦三右エ門⑦(横綱・二所ノ関)10勝１敗
夏	玉錦三右エ門⑧(横綱・二所ノ関)10勝１敗
昭和11年春	玉錦三右エ門⑨(横綱・二所ノ関)11戦全勝
夏	双葉山定兵衛①(関脇・立浪)11戦全勝
昭和12年春	双葉山定次②(大関・立浪)11戦全勝
夏	双葉山定次③(大関・立浪)13戦全勝
昭和13年春	双葉山定次④(横綱・立浪)13戦全勝
夏	双葉山定次⑤(横綱・立浪)13戦全勝
昭和14年春	出羽湊利吉(前17・出羽海)13戦全勝
夏	双葉山定次⑥(横綱・立浪)15戦全勝
昭和15年春	双葉山定次⑦(横綱・立浪)14勝１敗
夏	安藝ノ海節男(関脇・出羽海)14勝１敗
昭和16年春	双葉山定次⑧(横綱・立浪)14勝１敗
夏	羽黒山政司①(大関・立浪)14勝１敗
昭和17年春	双葉山定次⑨(横綱・双葉山)14勝１敗
夏	双葉山定次⑩(横綱・双葉山)13勝２敗
昭和18年春	双葉山定次⑪(横綱・双葉山)15戦全勝
夏	双葉山定次⑫(横綱・双葉山)15戦全勝
昭和19年春	佐賀ノ花勝巳(小結・二所ノ関)13勝２敗
夏	羽黒山政司②(横綱・立浪)10戦全勝
秋	前田山英五郎(大関・高砂)９勝１敗
昭和20年春	備州山大八郎(前１・伊勢ヶ濱)７戦全勝
秋	羽黒山政司③(横綱・立浪)10戦全勝
昭和21年秋	羽黒山政司④(横綱・立浪)13戦全勝
昭和22年夏	羽黒山政司⑤(横綱・立浪)９勝１敗

(注) 優勝制度は新聞社の制定。相撲協会による賜杯授与は大正 15 年春場所から。

場所		優　　勝	殊勲賞	敢闘賞	技能賞
昭和22年	秋	羽黒山政司⑥(横綱・立浪)10勝１敗	出羽錦①(前11)	輝昇①(小結)	増位山(前２)
昭和23年	夏	東富士謹一①(大関・富士ヶ根)10勝１敗	力道山(前２)	大蛇潟(前17)	若瀬川①(前７)
	秋	増位山大志郎①(関脇・出羽海)10勝１敗	増位山(関脇)	千代ノ山(前１)	神風(前１)
昭和24年	春	東富士謹一②(横綱・富士ヶ根)10勝２敗１分	三根山①(前２)	國登(前15)	栃錦①(前３)
	夏	増位山大志郎②(大関・出羽海)13勝２敗	千代ノ山(関脇)	羽島山(前17)	五ツ海(前６)
	秋	千代ノ山雅信①(大関・出羽海)13勝２敗	鏡里(前１)	鏡里(前１)	栃錦②(前７)
昭和25年	春	千代ノ山雅信②(大関・出羽海)12勝３敗	吉葉山①(前３)	若ノ花①(前18)	栃錦③(小結)
	夏	東富士謹一③(横綱・高砂)14勝１敗	吉葉山②(前１)	名寄岩①(前14)	常ノ山①(前14)
	秋	照國万蔵①(横綱・伊勢ヶ濱)13勝２敗	吉葉山③(関脇)	時津山①(前21)	栃錦④(前３)
昭和26年	春	照國万蔵②(横綱・伊勢ヶ濱)15戦全勝	三根山②(関脇)	若ノ花②(前７)	櫻錦(前14)
	夏	千代ノ山雅信③(大関・出羽海)14勝１敗	若葉山(前２)	大昇(前14)	栃錦⑤(小結)
	秋	東富士謹壹④(横綱・高砂)13勝１敗１分	三根山③(関脇)	時津山②(前８)	栃錦⑥(関脇)
昭和27年	春	羽黒山政司⑦(横綱・立浪)15戦全勝	栃錦(関脇)	輝昇②(前８)	栃錦⑦(関脇)
	夏	東富士謹壹⑤(横綱・高砂)13勝２敗	三根山④(関脇)	清水川①(前10)	栃錦⑧(関脇)
	秋	栃錦清隆①(関脇・春日野)14勝１敗	朝潮①(前２)	名寄岩②(前３)	栃錦⑨(関脇)
昭和28年	初	鏡里喜代治①(大関・時津風)14勝１敗	朝潮②(関脇)	玉ノ海①(前９)	常ノ山②(前13)
	春	栃錦清隆②(大関・春日野)14勝１敗	清水川(前２)	三根山①(関脇)	鳴門海(前５)
	夏	時津山仁一(前６・立浪)15戦全勝	三根山⑤(関脇)	時津山③(前６)	北ノ洋①(前９)
	秋	東富士謹壹⑥(横綱・高砂)14勝１敗	國登①(前３)	琴錦(前６)	成山①(前17)

場所		優　　勝	殊勲賞	敢闘賞	技能賞
昭和29年	初	吉葉山潤之輔(大関・高島)15戦全勝	若ノ花①(関脇)	松登(前２)	信夫山①(前６)
	春	三根山隆司(大関・高島)12勝３敗	國登②(前１)	大天竜(張前)	若瀬川②(前６)
	夏	栃錦清隆③(大関・春日野)14勝１敗	松登①(関脇)	北ノ洋(前10)	北ノ洋②(前10)
	秋	栃錦清隆④(大関・春日野)14勝１敗	若ノ花②(関脇)	宮錦(前５)	信夫山②(前４)
昭和30年	初	千代の山雅信④(横綱・出羽海)12勝３敗	朝潮③(前１)	時津山④(前９)	信夫山③(小結)
	春	千代の山雅信⑤(横綱・出羽海)13勝２敗	大内山(関脇)	若ノ海①(前17)	琴ヶ濱①(前５)
	夏	栃錦清隆⑤(横綱・春日野)14勝１敗	時津山①(前１)	若ノ海②(前11)	信夫山④(小結)
	秋	鏡里喜代治②(横綱・時津風)14勝１敗	松登②(関脇)	出羽錦(前８)	若ノ花(関脇)
昭和31年	初	鏡里喜代治③(横綱・時津風)14勝１敗	成山(前１)	清水川②(前20)	鶴ヶ嶺①(前10)
	春	朝汐太郎①(関脇・高砂)12勝３敗	朝汐④(関脇)	若羽黒(前15)	鶴ヶ嶺②(小結)
	夏	若ノ花勝治①(大関・花籠)12勝３敗	鳴門海(前４)	大晃(前９)	琴ヶ濱②(小結)
	秋	鏡里喜代治④(横綱・時津風)14勝１敗	玉乃海①(小結)	三根山②(前10)	若羽黒①(前１)
昭和32年	1月	千代の山雅信⑥(横綱・出羽海)15戦全勝	信夫山(前１)	玉乃海②(関脇)	成山②(前８)
	3月	朝汐太郎②(関脇・高砂)13勝２敗	玉乃海②(関脇)	琴ヶ濱(前８)	北ノ洋③(前11)
	5月	安念山治(小結・立浪)13勝２敗	安念山①(小結)	房錦(前20)	琴ヶ濱③(小結)
	9月	栃錦清隆⑥(横綱・春日野)13勝２敗	北ノ洋①(小結)	若瀬川(前10)	琴ヶ濱④(関脇)
	11月	玉乃海太三郎(前14・二所ノ関)15戦全勝	若羽黒(小結)	玉乃海③(前14)	(該当力士なし)
昭和33年	1月	若乃花勝治②(大関・花籠)13勝２敗	琴ヶ濱①(関脇)	若前田①(小結)	北ノ洋④(前１)
	3月	朝汐太郎③(大関・高砂)13勝２敗	琴ヶ濱②(関脇)	若前田②(小結)	琴ヶ濱⑤(関脇)
	5月	栃錦清隆⑦(横綱・春日野)14勝１敗	鶴ヶ嶺①(前５)	若前田③(関脇)	信夫山⑤(小結)
	7月	若乃花幹士③(横綱・花籠)13勝２敗	安念山②(前４)	信夫山(関脇)	成山③(前５)
	9月	若乃花幹士④(横綱・花籠)14勝１敗	時津山②(前４)	若秩父①(前18)	信夫山⑥(関脇)
	11月	朝汐太郎④(大関・高砂)14勝１敗	北の洋②(前１)	安念山(前２)	若瀬川③(前６)
昭和34年	1月	若乃花幹士⑤(横綱・花籠)14勝１敗	時津山③(関脇)	若秩父②(前４)	若前田(小結)
	3月	栃錦清隆⑧(横綱・春日野)14勝１敗	北の洋③(前１)	柏戸①(前13)	柏戸①(前13)
	5月	若乃花幹士⑥(横綱・花籠)14勝１敗	潮錦(前４)	栃光①(関脇)	房錦①(前１)
	7月	栃錦清隆⑨(横綱・春日野)15戦全勝	岩風①(前４)	富士錦①(前14)	鶴ヶ嶺①(前３)
	9月	若乃花幹士⑦(横綱・花籠)14勝１敗	鶴ヶ嶺②(前１)	柏戸②(前３)	若羽黒②(関脇)
	11月	若羽黒朋明(大関・立浪)13勝２敗	安念山③(張関)	富士錦②(前11)	若ノ海(前２)
昭和35年	1月	栃錦清隆⑩(横綱・春日野)14勝１敗	北の洋④(前３)	大鵬①(前13)	柏戸②(小結)
	3月	若乃花幹士⑧(横綱・花籠)15戦全勝	柏戸①(関脇)	北葉山①(関脇)	北の洋⑤(前１)
	5月	若三杉彰晃(前４・花籠)14勝１敗	若三杉①(前４)	大鵬②(前６)	柏戸③(関脇)
	7月	若乃花幹士⑨(横綱・花籠)13勝２敗	柏戸②(関脇)	岩風(前７)	柏戸④(関脇)
	9月	若乃花幹士⑩(横綱・花籠)13勝２敗	小城ノ花(前２)	北葉山②(関脇)	大鵬(関脇)

場所		優　勝	殊勲賞	敢闘賞	技能賞
昭和35年	11月	大鵬幸喜①(関脇・二所ノ関)13勝２敗	房錦①(前２)	羽黒花(前10)	栃ノ海①(前８)
昭和36年	1月	柏戸剛①(大関・伊勢ノ海)13勝２敗	房錦②(小結)	富士錦③(前４)	鶴ヶ嶺②(前３)
	3月	朝潮太郎⑤(横綱・高砂)13勝２敗	栃光①(前３)	前田川①(前８)	房錦②(小結)
	5月	佐田の山晋松①(前13・出羽海)12勝３敗	北葉山(関脇)	佐田の山(前13)	栃ノ海②(前５)
	7月	大鵬幸喜②(大関・二所ノ関)13勝２敗	佐田の山(前２)	栃光②(小結)	栃ノ海③(小結)
	9月	大鵬幸喜③(大関・二所ノ関)12勝３敗	出羽錦②(前３)	明武谷①(前４)	(該当力士なし)
	11月	大鵬幸喜④(横綱・二所ノ関)13勝２敗	開隆山①(前１)	若三杉①(前５)	栃ノ海④(関脇)
昭和37年	1月	大鵬幸喜⑤(横綱・二所ノ関)13勝２敗	青ノ里(前１)	豊山①(前９)	栃ノ海⑤(関脇)
	3月	佐田の山晋松②(関脇・出羽海)13勝２敗	栃光②(小結)	豊國(前２)	佐田の山(関脇)
	5月	栃ノ海晃嘉①(関脇・春日野)14勝１敗	栃光③(関脇)	栃ノ海(関脇)	栃ノ海⑥(関脇)
	7月	大鵬幸喜⑥(横綱・二所ノ関)14勝１敗	出羽錦③(前１)	廣川(前13)	鶴ヶ嶺⑤(前７)
	9月	大鵬幸喜⑦(横綱・二所ノ関)13勝２敗	豊山①(前２)	豊山②(前２)	(該当力士なし)
	11月	大鵬幸喜⑧(横綱・二所ノ関)13勝２敗	豊山②(関脇)	豊山③(関脇)	小城ノ花(関脇)
昭和38年	1月	大鵬幸喜⑨(横綱・二所ノ関)14勝１敗	豊山③(関脇)	豊山④(関脇)	海乃山①(前８)
	3月	大鵬幸喜⑩(横綱・二所ノ関)14勝１敗	富士錦①(前１)	海乃山①(前１)	鶴ヶ嶺⑥(前６)
	5月	大鵬幸喜⑪(横綱・二所ノ関)15戦全勝	岩風②(前５)	逆鉾(前14)	鶴ヶ嶺⑦(前１)
	7月	北葉山英俊(大関・時津風)13勝２敗	富士錦②(前３)	若浪①(前９)	(該当力士なし)
	9月	柏戸健志②(横綱・伊勢ノ海)15戦全勝	岩風③(前３)	琴櫻①(前９)	(該当力士なし)
	11月	栃ノ海晃嘉②(大関・春日野)14勝１敗	琴櫻①(前１)	沢光(前12)	海乃山②(前６)
昭和39年	1月	大鵬幸喜⑫(横綱・二所ノ関)15戦全勝	大豪②(関脇)	北の富士(前10)	清國①(前13)
	3月	大鵬幸喜⑬(横綱・二所ノ関)15戦全勝	開隆山②(前２)	若見山(前２)	鶴ヶ嶺⑧(前９)
	5月	栃ノ海晃嘉③(横綱・春日野)13勝２敗	沢光(前４)	若浪②(前８)	北の富士①(前５)
	7月	富士錦猛光(前９・高砂)14勝１敗	明武谷①(前１)	富士錦④(前９)	富士錦(前９)
	9月	大鵬幸喜⑭(横綱・二所ノ関)14勝１敗	開隆山③(前５)	明武谷②(前１)	前田川(前６)
	11月	大鵬幸喜⑮(横綱・二所ノ関)14勝１敗	明武谷②(関脇)	青ノ里(前３)	北の富士②(前１)
昭和40年	1月	佐田の山晋松③(大関・出羽海)13勝２敗	明武谷③(関脇)	若杉山(前13)	清國②(前１)
	3月	大鵬幸喜⑯(横綱・二所ノ関)14勝１敗	玉乃島①(前３)	大豪②(前１)	清國③(小結)
	5月	佐田の山晋松④(横綱・出羽海)14勝１敗	玉乃島②(小結)	前田川②(前９)	(該当力士なし)
	7月	大鵬幸喜⑰(横綱・二所ノ関)13勝２敗	清國①(小結)	栃王山(前12)	(該当力士なし)
	9月	柏戸剛③(横綱・伊勢ノ海)12勝３敗	琴櫻②(前１)	明武谷③(前５)	長谷川①(前2)
	11月	大鵬幸喜⑱(横綱・二所ノ関)13勝２敗	明武谷④(小結)	大豪③(前６)	鶴ヶ嶺⑨(前７)
昭和41年	1月	柏戸剛④(横綱・伊勢ノ海)14勝１敗	北の富士①(関脇)	玉乃島①(前８)	海乃山③(前11)
	3月	大鵬幸喜⑲(横綱・二所ノ関)13勝２敗	北の富士②(関脇)	高鉄山(前９)	浅瀬川(前2)
	5月	大鵬幸喜⑳(横綱・二所ノ関)14勝１敗	麒麟児①(前５)	玉乃島②(関脇)	北の富士③(関脇)

場所		優　勝	殊勲賞	敢闘賞	技能賞
昭和41年	7月	大鵬幸喜㉑(横綱・二所ノ関)14勝1敗	玉乃島③(関脇)	鶴ヶ嶺①(前11)	鶴ヶ嶺⑩(前11)
	9月	大鵬幸喜㉒(横綱・二所ノ関)13勝2敗	玉乃島④(関脇)	禊鳳(前12)	麒麟児①(前4)
	11月	大鵬幸喜㉓(横綱・二所ノ関)15戦全勝	琴櫻③(小結)	鶴ヶ嶺②(前10)	高鉄山(前4)
昭和42年	1月	大鵬幸喜㉔(横綱・二所ノ関)15戦全勝	麒麟児②(小結)	明武谷④(前4)	豊國(前4)
	3月	北の富士勝明①(大関・九重)14勝1敗	藤ノ川(前4)	陸奥嵐①(前14)	藤ノ川①(前4)
	5月	大鵬幸喜㉕(横綱・二所ノ関)14勝1敗	麒麟児③(小結)	長谷川①(前7)	麒麟児②(小結)
	7月	柏戸剛⑤(横綱・伊勢ノ海)14勝1敗	長谷川①(小結)	琴櫻②(関脇)	若浪①(前6)
	9月	大鵬幸喜㉖(横綱・二所ノ関)15戦全勝	琴櫻④(関脇)	海乃山②(前6)	(該当力士なし)
	11月	佐田の山晋松⑤(横綱・出羽海)12勝3敗	海乃山(関脇)	福の花①(前5)	(該当力士なし)
昭和43年	1月	佐田の山晋松⑥(横綱・出羽海)13勝2敗	清國(関脇)②	高見山①(前9)	(該当力士なし)
	3月	若浪順(前8・立浪)13勝2敗	麒麟児④(小結)	龍虎①(前9)	若浪②(前8)
	5月	玉乃島正夫①(大関・片男波)13勝2敗	栃東①(前2)	藤ノ川①(前5)	栃東①(前2)
	7月	琴櫻傑将①(大関・佐渡ヶ嶽)13勝2敗	若二瀬(前4)	陸奥嵐②(前5)	陸奥嵐(前5)
	9月	大鵬幸喜㉗(横綱・二所ノ関)14勝1敗	栃東②(前3)	高見山②(前3)	栃東②(前3)
	11月	大鵬幸喜㉘(横綱・二所ノ関)15戦全勝	(該当力士なし)	大竜川①(前11)	二子岳(前7)
昭和44年	1月	大鵬幸喜㉙(横綱・二所ノ関)15戦全勝	清國③(小結)	戸田(前7)	藤ノ川②(前2)
	3月	琴櫻傑将②(大関・佐渡ヶ嶽)13勝2敗	龍虎①(前9)	龍虎②(前9)	藤ノ川③(小結)
	5月	大鵬幸喜㉚(横綱・二所ノ関)13勝2敗	龍虎②(前2)	前の山①(前1)	清國④(関脇)
	7月	清國勝雄(大関・伊勢ヶ濱)12勝3敗	前乃山①(関脇)	藤ノ川②(前5)	藤ノ川④(前5)
	9月	玉乃島正夫②(大関・片男波)13勝2敗	栃東③(前2)	大竜川②(前8)	栃東③(前2)
	11月	北の富士勝昭②(大関・九重)13勝2敗	麒麟児⑤(関脇)	龍虎③(前6)	栃東④(小結)
昭和45年	1月	北の富士勝昭③(大関・九重)13勝2敗	栃東④(小結)	黒姫山①(前5)	栃東⑤(小結)
	3月	大鵬幸喜㉛(横綱・二所ノ関)14勝1敗	前乃山②(関脇)	陸奥嵐③(前4)	錦洋(前4)
	5月	北の富士勝昭④(横綱・九重)14勝1敗	前乃山③(関脇)	福の花②(前4)	大受①(前6)
	7月	北の富士勝昭⑤(横綱・九重)13勝2敗	三重ノ海①(小結)	前乃山②(関脇)	大麒麟③(関脇)
	9月	玉の海正洋③(横綱・片男波)14勝1敗	貴ノ花①(小結)	龍虎④(前11)	大麒麟④(関脇)
	11月	玉の海正洋④(横綱・片男波)14勝1敗	長谷川②(前2)	福の花③(前4)	(該当力士なし)
昭和46年	1月	大鵬幸喜㉜(横綱・二所ノ関)14勝1敗	(該当力士なし)	陸奥嵐④(前4)	大受②(前5)
	3月	玉の海正洋⑤(横綱・片男波)14勝1敗	大受①(関脇)	福の花④(前6)	貴ノ花①(前5)
	5月	北の富士勝晃⑥(横綱・九重)15戦全勝	貴ノ花②(小結)	輪島①(前12)	大受③(関脇)
	7月	玉の海正洋⑥(横綱・片男波)15戦全勝	貴ノ花③(小結)	義ノ花(前7)	黒姫山(前5)
	9月	北の富士勝晃⑦(横綱・九重)15戦全勝	長谷川③(関脇)	三重ノ海(前4)	貴ノ花②(関脇)
	11月	北の富士勝晃⑧(横綱・九重)13勝2敗	黒姫山①(前2)	輪島②(前1) 富士櫻①(前6)	三重ノ海①(小結)
昭和47年	1月	栃東知頼(前5・春日野)11勝4敗	輪島①(小結)	福の花⑤(前3)	栃東⑥(前5)

資料編

場所		優　勝	殊勲賞	敢闘賞	技能賞
昭和47年	3月	長谷川勝敏(関脇・佐渡ヶ嶽)12勝３敗	魁傑①(前７)	長谷川②(関脇)	魁傑(前７)
	5月	輪島博①(関脇・花籠)12勝３敗	輪島②(関脇)	魁傑①(小結)	貴ノ花③(小結)
	7月	高見山大五郎(前４・高砂)13勝２敗	高見山①(前４)	貴ノ花①(関脇)	貴ノ花④(関脇)
	9月	北の富士勝昭⑨(横綱・九重)15戦全勝	輪島③(関脇)	貴ノ花②(関脇)	旭國①(前３)
	11月	琴櫻傑将③(大関・佐渡ヶ嶽)14勝１敗	高見山②(前１)	福の花⑥(前14)	増位山①(前４)
昭和48年	1月	琴櫻傑将④(大関・佐渡ヶ嶽)14勝１敗	三重ノ海②(前３)	魁傑②(前１)	大受④(前１)
	3月	北の富士勝昭⑩(横綱・九重)14勝１敗	大受②(小結)	北の湖(前５)	三重ノ海②(小結)
	5月	輪島大士②(大関・花籠)15戦全勝	大受③(関脇)	鷲羽山①(前13)	大受⑤(関脇)
	7月	琴櫻傑将⑤(横綱・佐渡ヶ嶽)14勝１敗	大受④(関脇)	大受(関脇)	大受⑥(関脇)
	9月	輪島大士③(横綱・花籠)15戦全勝	大錦(前11)	大錦(前11)	大錦(前11)
	11月	輪島大士④(横綱・花籠)12勝２敗１休	北の湖①(関脇)	黒姫山②(前５)	富士櫻①(前２)
昭和49年	1月	北の湖敏満①(関脇・三保ヶ関)14勝１敗	北の湖②(関脇)	魁傑③(小結)	富士櫻②(小結)
	3月	輪島大士⑤(横綱・花籠)12勝３敗	高見山③(前１)	長谷川③(前２)	旭國②(前９)
	5月	北の湖敏満②(大関・三保ヶ関)13勝２敗	荒瀬(前６)	豊山①(前３)	増位山②(前４)
	7月	輪島大士⑥(横綱・花籠)13勝２敗	高見山④(関脇)	高見山③(関脇)	長谷川②(前５)
	9月	輪島大士⑦(横綱・花籠)14勝１敗	金剛①(前１)	荒瀬①(前３)	若三杉①(前３)
	11月	魁傑将晃①(小結・花籠)12勝３敗	魁傑②(小結)	福の花⑦(前頭10)	若三杉②(小結)
昭和50年	1月	北の湖敏満③(横綱・三保ヶ関)12勝３敗	三重ノ海③(前６)	麒麟児①(前１)	若三杉③(関脇)
	3月	貴ノ花健士①(大関・二子山)13勝２敗	三重ノ海④(前１)	荒瀬②(前２)	麒麟児①(小結)
	5月	北の湖敏満④(横綱・三保ヶ関)13勝２敗	金剛②(前９)	麒麟児②(小結)	旭國③(前４)
	7月	金剛正裕(前１・二所ノ関)13勝２敗	金剛③(前１)	青葉城(前５)	旭國④(小結)
	9月	貴ノ花健士②(大関・二子山)12勝３敗	麒麟児①(関脇)	鷲羽山②(前７)	旭國⑤(関脇)
	11月	三重ノ海五郎①(関脇・出羽海)13勝２敗	三重ノ海⑤(関脇)	青葉山①(前11)	三重ノ海③(関脇)
昭和51年	1月	北の湖敏満⑤(横綱・三保ヶ関)13勝２敗	高見山⑤(小結)	旭國(関脇)	鷲羽山①(前６)
	3月	輪島大士⑧(横綱・花籠)13勝２敗	北瀬海①(前11)	鷲羽山③(小結)	旭國⑥(関脇)
	5月	北の湖敏満⑥(横綱・三保ヶ関)13勝２敗	北瀬海②(小結)	魁傑④(前６)	鷲羽山②(関脇)
	7月	輪島大士⑨(横綱・花籠)14勝１敗	麒麟児②(前４)	若獅子(前６)	麒麟児②(前４)
	9月	魁傑将晃②(前４・花籠)14勝１敗	麒麟児③(関脇)	魁傑⑤(前４)	若三杉④(関脇)
	11月	北の湖敏満⑦(横綱・三保ヶ関)14勝１敗	若三杉①(関脇)	魁傑⑥(関脇)	鷲羽山③(前４)
昭和52年	1月	輪島大士⑩(横綱・花籠)13勝２敗	若三杉②(関脇)	魁傑⑦(関脇)	(該当力士なし)
	3月	北の湖敏満⑧(横綱・三保ヶ関)15戦全勝	(該当力士なし)	金城①(前７)	北瀬海(前１)
	5月	若三杉寿人①(大関・二子山)13勝２敗	黒姫山②(関脇)	栃赤城①(前12)	鷲羽山④(前４)
	7月	輪島大士⑪(横綱・花籠)15戦全勝	(該当力士なし)	(該当力士なし)	鷲羽山⑤(前１)
	9月	北の湖敏満⑨(横綱・三保ヶ関)15戦全勝	高見山⑥(小結)	豊山②(前６)	荒勢(関脇)

場所		優　勝	殊勲賞	敢闘賞	技能賞
昭和52年	11月	輪島大士⑫(横綱・花籠)14勝1敗	琴風①(前1)	隆ノ里①(前11)	大潮(前3)
昭和53年	1月	北の湖敏満⑩(横綱・三保ヶ関)15戦全勝	豊山(前5)	玉ノ富士①(小結) 蔵間(前3)	(該当力士なし)
	3月	北の湖敏満⑪(横綱・三保ヶ関)13勝2敗	富士櫻①(前4)	尾形(前11)	蔵間①(小結)
	5月	北の湖敏満⑫(横綱・三保ヶ関)14勝1敗	琴風②(前6)	千代の富士(前5)	(該当力士なし)
	7月	北の湖敏満⑬(横綱・三保ヶ関)15戦全勝	富士櫻②(前2)	出羽の花①(前9)	(該当力士なし)
	9月	北の湖敏満⑭(横綱・三保ヶ関)14勝1敗	(該当力士なし)	播竜山(前3)	麒麟児③(前5)
	11月	若乃花幹士②(横綱・二子山)15戦全勝	麒麟児④(小結)	黒姫山③(前10)	青葉山(前4)
昭和54年	1月	北の湖敏満⑮(横綱・三保ヶ関)14勝1敗	黒姫山③(前3)	長岡①(前6) 金城②(前7)	富士櫻③(前4)
	3月	北の湖敏満⑯(横綱・三保ヶ関)15戦全勝	黒姫山④(前1)	栃赤城②(前4)	(該当力士なし)
	5月	若乃花幹士③(横綱・二子山)14勝1敗	(該当力士なし)	魁輝(小結) 巨砲(前9)	(該当力士なし)
	7月	輪島大士⑬(横綱・花籠)14勝1敗	栃赤城①(関脇)	出羽の花②(前11)	(該当力士なし)
	9月	北の湖敏満⑰(横綱・三保ヶ関)13勝2敗	玉ノ富士(前1)	朝汐②(前14)	増位山③(小結)
	11月	三重ノ海剛司②(横綱・出羽海)14勝1敗	栃赤城②(前1)	玉ノ富士②(小結)	増位山④(関脇)
昭和55年	1月	三重ノ海剛司③(横綱・出羽海)15戦全勝	栃赤城③(関脇)	琴風①(前14)	増位山⑤(関脇)
	3月	北の湖敏満⑱(横綱・三保ヶ関)13勝2敗	朝汐①(前2)	琴風②(前1)	千代の富士①(前3)
	5月	北の湖敏満⑲(横綱・三保ヶ関)14勝1敗	琴風③(関脇) 朝汐②(小結)	栃光③(前10) 舛田山(前13)	(該当力士なし)
	7月	北の湖敏満⑳(横綱・三保ヶ関)15戦全勝	朝汐③(関脇)	栃赤城③(前2) 隆の里②(前12)	千代の富士②(前2)
	9月	若乃花幹士④(横綱・二子山)14勝1敗	隆の里①(前1)	隆の里③(前1) 青葉山②(前10)	千代の富士③(小結)
	11月	輪島大士⑭(横綱・花籠)14勝1敗	隆の里②(関脇) 舛田山①(前3)	佐田の海①(前12)	千代の富士④(関脇)
昭和56年	1月	千代の富士貢①(関脇・九重)14勝1敗	千代の富士(関脇)	富士櫻②(前6) 若島津①(前12)	千代の富士⑤(関脇)
	3月	北の湖敏満㉑(横綱・三保ヶ関)13勝2敗	栃赤城④(前2)	高見山④(前7)	巨砲(小結)
	5月	北の湖敏満㉒(横綱・三保ヶ関)14勝1敗	朝汐④(小結)	北天佑①(前2)	蔵間②(前1)
	7月	千代の富士貢②(大関・九重)14勝1敗	朝汐⑤(関脇)	高見山⑤(前7)	(該当力士なし)
	9月	琴風豪規①(関脇・佐渡ヶ嶽)12勝3敗	巨砲①(前2)	大寿山①(前1)	琴風(関脇)
	11月	千代の富士貢③(横綱・九重)12勝3敗	朝汐⑥(小結)	隆の里④(関脇) 栃赤城④(前5)	佐田の海(前4)
昭和57年	1月	北の湖敏満㉓(横綱・三保ヶ関)13勝2敗	佐田の海(小結)	隆の里⑤(関脇)	若島津①(前2)
	3月	千代の富士貢④(横綱・九重)13勝2敗	出羽の花(関脇)	麒麟児③(前5)	出羽の花①(関脇)
	5月	千代の富士貢⑤(横綱・九重)13勝2敗	朝汐⑦(小結)	朝汐③(小結)	出羽の花②(関脇)
	7月	千代の富士貢⑥(横綱・九重)12勝3敗	朝汐⑧(関脇)	闘竜(前2)	高望山①(前11)
	9月	隆の里俊英①(大関・二子山)15戦全勝	大寿山(前1)	若島津②(関脇) 北天佑②(前5)	若島津②(関脇)
	11月	千代の富士貢⑦(横綱・九重)14勝1敗	北天佑①(小結)	大潮(前8)	若島津③(関脇)
昭和58年	1月	琴風豪規②(大関・佐渡ヶ嶽)14勝1敗	朝潮⑨(関脇)	北天佑③(小結)	朝潮(関脇)
	3月	千代の富士貢⑧(横綱・九重)15戦全勝	朝潮⑩(関脇)	北天佑④(関脇)	出羽の花③(前1)
	5月	北天佑勝彦①(関脇・三保ヶ関)14勝1敗	北天佑②(関脇)	出羽の花③(関脇)	北天佑(関脇)

場所		優　勝	殊勲賞	敢闘賞	技能賞
昭和58年	7月	隆の里俊英②(大関・二子山)14勝1敗	舛田山②(小結)	飛騨ノ花(前11)	(該当力士なし)
	9月	隆の里俊英③(横綱・二子山)15戦全勝	巨砲②(前4)	富士櫻③(前10)	栃剣(前12)
	11月	千代の富士貢⑨(横綱・九重)14勝1敗	大ノ国①(前3)	保志①(前7)	高望山②(前7)
昭和59年	1月	隆の里俊英④(横綱・二子山)13勝2敗	大ノ国②(関脇)	保志②(小結)	出羽の花④(前6)
	3月	若嶋津六夫①(大関・二子山)14勝1敗	大乃国③(関脇)	大乃国①(関脇)	逆鉾①(前10)
	5月	北の湖敏満㉔(横綱・三保ヶ関)15戦全勝	逆鉾①(前3)	栃司(前9)	(該当力士なし)
	7月	若嶋津六夫②(大関・二子山)15戦全勝	大乃国④(前1)	霧島(前12)	逆鉾②(関脇)
	9月	多賀竜昇司(前12・鏡山)13勝2敗	小錦①(前6)	小錦①(前6) 多賀竜(前12)	多賀竜(前12)
	11月	千代の富士貢⑩(横綱・九重)14勝1敗	北尾①(前3)	旭富士①(前5)	保志①(前1)
昭和60年	1月	千代の富士貢⑪(横綱・九重)15戦全勝	保志①(関脇)	出羽の花④(前9) 水戸泉①(前10)	北尾①(小結)
	3月	朝潮太郎(大関・高砂)13勝2敗	北尾②(小結)	佐田の海②(前13)	旭富士①(前1)
	5月	千代の富士貢⑫(横綱・九重)14勝1敗	大乃国⑤(関脇)	小錦②(小結)	花乃湖①(前6)
	7月	北天佑勝彦②(大関・三保ヶ関)13勝2敗	北尾③(前1)	大乃国②(関脇)	保志②(小結) 北尾②(前1)
	9月	千代の富士貢⑬(横綱・九重)15戦全勝	北尾④(関脇)	琴ヶ梅①(前7)	旭富士②(前2)
	11月	千代の富士貢⑭(横綱・九重)14勝1敗	北尾⑤(関脇)	小錦③(前9)	保志③(関脇)
昭和61年	1月	千代の富士貢⑮(横綱・九重)13勝2敗	旭富士①(関脇)	琴ヶ梅②(前1)	保志④(関脇)
	3月	保志延芳①(関脇・九重)13勝2敗	保志②(関脇)	小錦④(小結) 水戸泉②(前12)	保志⑤(関脇) 小錦(小結)
	5月	千代の富士貢⑯(横綱・九重)13勝2敗	旭富士②(小結)	保志③(関脇)	(該当力士なし)
	7月	千代の富士貢⑰(横綱・九重)14勝1敗	保志③(関脇)	水戸泉③(前6)	琴ヶ梅①(小結)
	9月	千代の富士貢⑱(横綱・九重)14勝1敗	小錦②(前4)	寺尾①(前8)	逆鉾③(小結)
	11月	千代の富士貢⑲(横綱・九重)13勝2敗	小錦③(関脇)	益荒雄①(前13)	霧島①(前7)
昭和62年	1月	千代の富士貢⑳(横綱・九重)12勝3敗	小錦④(関脇)	(該当力士なし)	益荒雄(前4)
	3月	北勝海信芳②(大関・九重)12勝3敗	益荒雄①(小結)	栃乃和歌①(前13)	花乃湖②(前1)
	5月	大乃国康①(大関・放駒)15戦全勝	益荒雄②(小結)	小錦⑤(関脇)	旭富士③(関脇)
	7月	千代の富士貢㉑(横綱・九重)14勝1敗	栃乃和歌(小結)	出羽の花⑤(前10)	旭富士④(関脇)
	9月	北勝海信芳③(横綱・九重)14勝1敗	逆鉾②(前4)	旭富士②(関脇)	旭富士⑤(関脇)
	11月	千代の富士貢㉒(横綱・九重)15戦全勝	逆鉾③	(該当力士なし)	栃司(前6)
昭和63年	1月	旭富士正也①(大関・大島)14勝1敗	逆鉾④(関脇)	琴ヶ梅③(前7)	(該当力士なし)
	3月	大乃国康②(横綱・放駒)13勝2敗	(該当力士なし)	麒麟児④(前7)	(該当力士なし)
	5月	千代の富士貢㉓(横綱・九重)14勝1敗	琴ヶ梅(関脇)	太寿山②(小結) 水戸泉④(前8)	(該当力士なし)
	7月	千代の富士貢㉔(横綱・九重)15戦全勝	逆鉾⑤(関脇)	安芸ノ島①(前10)	(該当力士なし)
	9月	千代の富士貢㉕(横綱・九重)15戦全勝	水戸泉(小結) 安芸ノ島①(前2)	花ノ国(前9) 琴富士①(前12)	(該当力士なし)
	11月	千代の富士貢㉖(横綱・九重)14勝1敗	(該当力士なし)	(該当力士なし)	霧島②(前6)
平成元年	1月	北勝海信芳④(横綱・九重)14勝1敗	寺尾(前1)	旭道山(前12)	逆鉾④(関脇)

場所		優　勝	殊勲賞	敢闘賞	技能賞
平成元年	3月	千代の富士貢㉗(横綱・九重)14勝1敗	板井(前7)	安芸ノ島②(前1) 益荒雄②(前14)	板井(前7)
	5月	北勝海信芳⑤(横綱・九重)13勝2敗	霧島①(前1)	恵那櫻(前12)	(該当力士なし)
	7月	千代の富士貢㉘(横綱・九重)12勝3敗	(該当力士なし)	琴ヶ梅④(関脇) 太寿山③(前8)	寺尾(前3)
	9月	千代の富士貢㉙(横綱・九重)15戦全勝	(該当力士なし)	寺尾②(関脇)	琴ヶ梅②(関脇)
	11月	小錦八十吉①(大関・高砂)14勝1敗	両国(前3)	水戸泉⑤(小結)	霧島③(小結)
平成2年	1月	千代の富士貢㉚(横綱・九重)14勝1敗	霧島②(小結)	栃乃和歌②(前4)	(該当力士なし)
	3月	北勝海信芳⑥(横綱・九重)13勝2敗	霧島③(関脇) 安芸ノ島②(前2)	両国(前6) 久島海①(前14)	霧島④(関脇)
	5月	旭富士正也②(大関・大島)14勝1敗	安芸ノ島③(前1)	琴錦①(前6) 孝乃富士(前9)	安芸ノ島①(前1)
	7月	旭富士正也③(大関・大島)14勝1敗	琴錦①(前1)	安芸ノ島③(関脇) 春日富士(前12)	(該当力士なし)
	9月	北勝海信芳⑦(横綱・九重)14勝1敗	琴錦②(小結)	貴闘力①(前13)	(該当力士なし)
	11月	千代の富士貢㉛(横綱・九重)13勝2敗	琴錦③(関脇) 安芸ノ島④(前1)	曙①(前7)	琴錦①(関脇)
平成3年	1月	霧島一博(大関・井筒)14勝1敗	曙①(前1)	巴富士(前15)	琴錦②(関脇)
	3月	北勝海信芳⑧(横綱・九重)13勝2敗	曙②(小結) 貴闘力(前1)	貴花田①(前13)	貴花田①(前13)
	5月	旭富士正也④(横綱・大島)14勝1敗	貴花田①(前1)	貴闘力②(小結) 安芸ノ島④(前1)	(該当力士なし)
	7月	琴富士孝也(前13・佐渡ヶ嶽)14勝1敗	貴花田②(小結)	貴闘力③(小結) 琴富士②(前13)	貴花田②(小結)
	9月	琴錦功宗①(前5・佐渡ヶ嶽)13勝2敗	若花田①(前3)	栃乃和歌③(前1) 琴錦②(前5)	若花田①(前3) 舞の海①(前12)
	11月	小錦八十吉②(大関・高砂)13勝2敗	琴錦④(小結)	武蔵丸(前12)	舞の海②(前9)
平成4年	1月	貴花田光司①(前2・藤島)14勝1敗	曙③(小結) 貴花田③(前2)	曙②(小結) 貴花田②(前2)	若花田②(前1) 貴花田③(前2)
	3月	小錦八十吉③(大関・高砂)13勝2敗	栃乃和歌②(小結) 安芸ノ島⑤(前2)	安芸ノ島⑤(前2)	栃乃和歌(小結)
	5月	曙太郎①(関脇・東関)13勝2敗	曙④(関脇)	三杉里(前1)	若花田③(前7)
	7月	水戸泉政人(前1・高砂)13勝2敗	旭道山①(前2)	水戸泉⑥(前1)	武蔵丸①(小結)
	9月	貴花田光司②(小結・藤島)14勝1敗	貴花田④(小結)	旭道山②(小結) 大翔鳳①(前8)	(該当力士なし)
	11月	曙太郎②(大関・東関)14勝1敗	(該当力士なし)	琴別府(前14)	琴錦③(小結)
平成5年	1月	曙太郎③(大関・東関)13勝2敗	(該当力士なし)	若翔洋①(前3) 大翔山(前14)	若花田④(前3)
	3月	若花田勝①(小結・二子山)14勝1敗	若花田②(小結) 旭道山②(前2)	若翔洋②(小結)	若花田⑤(小結)
	5月	貴ノ花光司③(大関・二子山)14勝1敗	若ノ花③(関脇)	貴ノ浪①(小結)	貴闘力(前6)
	7月	曙太郎④(横綱・東関)13勝2敗	安芸ノ島⑥(前10)	琴錦③(前1)	若ノ花⑥(関脇)
	9月	曙太郎⑤(横綱・東関)14勝1敗	(該当力士なし)	久島海②(前13)	智ノ花①(前10) 舞の海③(前14)
	11月	曙太郎⑥(横綱・東関)13勝2敗	武蔵丸(関脇)	小城錦(前16)	智ノ花②(前2)
平成6年	1月	貴ノ花光司④(大関・二子山)14勝1敗	武双山①(前3)	貴ノ浪②(関脇)	武蔵丸②(関脇)
	3月	曙太郎⑦(横綱・東関)12勝3敗	魁皇①(前1)	寺尾③(前2) 貴闘力④(前12)	琴錦④(関脇) 小城錦①(前6)
	5月	貴ノ花光司⑤(大関・二子山)14勝1敗	寺尾②(小結)	貴闘力⑤(前1)	舞の海④(前12)
	7月	武蔵丸光洋①(大関・武蔵川)15戦全勝	濱ノ嶋(前2)	貴闘力⑥(小結)	舞の海⑤(前4)
	9月	貴ノ花光司⑥(大関・二子山)15戦全勝	武双山②(関脇) 琴稲妻(前5)	武双山①(関脇)	(該当力士なし)

場所		優　　勝	殊勲賞	敢闘賞	技能賞
平成6年	11月	貴乃花光司⑦(大関・二子山)15戦全勝	(該当力士なし)	浪乃花(前15)	(該当力士なし)
平成7年	1月	貴乃花光司⑧(横綱・二子山)13勝２敗	魁皇②(関脇)	安芸乃島⑥(小結) 大翔鳳②(前 11)	(該当力士なし)
	3月	曙太郎⑧(横綱・東関)14勝１敗	寺尾③(前６)	安芸乃島⑦(関脇)	(該当力士なし)
	5月	貴乃花光司⑨(横綱・二子山)14勝１敗	武双山③(前４)	武双山②(前４)	(該当力士なし)
	7月	貴乃花光司⑩(横綱・二子山)13勝２敗	琴錦⑤(前１) 剣晃(前４)	琴の若①(小結)	武双山(関脇)
	9月	貴乃花光司⑪(横綱・二子山)15戦全勝	魁皇③(関脇)	琴稲妻(前１) 土佐ノ海①(前９)	琴錦⑤(小結)
	11月	若乃花勝②(大関・二子山)12勝３敗	土佐ノ海①(前１)	魁皇①(関脇) 湊富士(前５)	土佐ノ海(前１)
平成8年	1月	貴ノ浪貞博①(大関・二子山)14勝１敗	魁皇④(関脇)	貴闘力⑦(前１) 剣晃(前５) 玉春日①(前 16)	(該当力士なし)
	3月	貴乃花光司⑫(横綱・二子山)14勝１敗	旭豊(前６)	琴の若②(前４)	武双山②(関脇)
	5月	貴乃花光司⑬(横綱・二子山)14勝１敗	魁皇⑤(関脇)	(該当力士なし)	玉春日(前６)
	7月	貴乃花光司⑭(横綱・二子山)13勝２敗	魁皇⑥(関脇) 琴の若①(前２)	貴闘力⑧(小結)	(該当力士なし)
	9月	貴乃花光司⑮(横綱・二子山)15戦全勝	(該当力士なし)	貴闘力⑨(関脇) 旭豊(前１)	琴錦⑥(小結)
	11月	武蔵丸光洋②(大関・武蔵川)11勝４敗	土佐ノ海②(前１)	魁皇②(関脇) 栃東①(前 15)	(該当力士なし)
平成9年	1月	若乃花勝③(大関・二子山)14勝１敗	土佐ノ海③(前１)	琴龍(前11)	旭鷲山①(前３)
	3月	貴乃花光司⑯(横綱・二子山)12勝３敗	魁皇⑦(前１)	玉春日②(前６) 出島①(前 13)	出島①(前13)
	5月	曙太郎⑨(横綱・東関)13勝２敗	玉春日(前１)	土佐ノ海②(関脇) 栃東②(前６)	小城錦②(前５)
	7月	貴乃花光司⑰(横綱・二子山)13勝２敗	貴闘力②(前１)	栃乃洋①(前11)	栃東①(小結)
	9月	貴乃花光司⑱(横綱・二子山)13勝２敗	出島①(前１)	栃乃洋②(前２)	栃東②(関脇) 出島②(前１)
	11月	貴ノ浪貞博②(大関・二子山)14勝１敗	(該当力士なし)	武双山③(前６)	(該当力士なし)
平成10年	1月	武蔵丸光洋③(大関・武蔵川)12勝３敗	栃東①(関脇)	武双山④(関脇)	琴錦⑦(小結)
	3月	若乃花勝④(大関・二子山)14勝１敗	魁皇⑧(小結)	土佐ノ海③(前６) 蒼樹山(前７)	千代大海①(前１)
	5月	若乃花勝⑤(大関・二子山)12勝３敗	琴錦⑥(前２) 小城錦(前３)	出島②(前 11) 若の里①(前 15)	安芸乃島②(小結)
	7月	貴乃花光司⑲(横綱・二子山)14勝１敗	出島②(前４)	琴の若③(前９)	千代大海②(関脇)
	9月	貴乃花光司⑳(横綱・二子山)13勝２敗	琴乃若②(前２)	(該当力士なし)	千代大海③(関脇)
	11月	琴錦功宗②(前12・佐渡ヶ嶽)14勝１敗	琴錦⑦(前12)	土佐ノ海④(前９)	栃東③(前１) 琴錦⑧(前 12)
平成11年	1月	千代大海龍二①(関脇・九重)13勝２敗	千代大海(関脇) 武双山④(関脇)	千代大海(関脇) 千代天山①(前 14)	安芸乃島③(前３)
	3月	武蔵丸光洋④(大関・武蔵川)13勝２敗	安芸乃島⑦(小結)	雅山①(前７) 千代天山②(前９)	(該当力士なし)
	5月	武蔵丸光洋⑤(大関・武蔵川)13勝２敗	土佐ノ海④(前１) 千代天山(前３)	魁皇③(関脇)	若の里①(前10)
	7月	出島武春(関脇・武蔵川)13勝２敗	出島③(関脇)	出島③(関脇) 土佐ノ海⑤(小結)	出島③(関脇)
	9月	武蔵丸光洋⑥(横綱・武蔵川)12勝３敗	栃東②(前１)	安芸乃島⑧(前３)	安芸乃島④(前３)
	11月	武蔵丸光洋⑦(横綱・武蔵川)12勝３敗	土佐ノ海⑤(小結)	魁皇④(関脇)	栃東④(関脇)
平成12年	1月	武双山正士(関脇・武蔵川)13勝２敗	武双山⑤(関脇) 雅山①(小結)	隆乃若①(前 12) 旭天鵬①(前 13)	武双山③(関脇)
	3月	貴闘力忠茂(前14・二子山)13勝２敗	貴闘力③(前14)	雅山②(関脇) 貴闘力⑩(前 14)	武双山④(関脇)

場所		優　勝	殊勲賞	敢闘賞	技能賞
平成12年	5月	魁皇博之①(小結・友綱)14勝１敗	魁皇⑨(小結)	雅山③(関脇) 魁皇⑤(小結) 栃乃花①(前 12)	栃乃花①(前12)
	7月	曙太郎⑩(横綱・東関)13勝２敗	魁皇⑩(関脇)	高見盛①(前 11) 安美錦①(前 13)	栃東⑤(関脇)
	9月	武蔵丸光洋⑧(横綱・武蔵川)14勝１敗	(該当力士なし)	若の里②(前10)	追風海(前２) 栃乃花②(前７)
	11月	曙太郎⑪(横綱・東関)14勝１敗	若の里①(小結) 琴光喜①(前９)	琴光喜①(前９)	琴光喜①(前９)
平成13年	1月	貴乃花光司㉑(横綱・二子山)14勝１敗	若の里②(関脇)	和歌乃山(前３)	栃乃洋(小結)
	3月	魁皇博之②(大関・友綱)13勝２敗	栃乃洋①(関脇) 栃東③(小結)	玉乃島(前10)	琴光喜②(前３)
	5月	貴乃花光司㉒(横綱・二子山)13勝２敗	朝青龍①(小結)	(該当力士なし)	琴光喜③(小結)
	7月	魁皇博之③(大関・友綱)13勝２敗	若の里③(小結)	玉乃島②(前７)	栃東⑥(関脇) 時津海①(前 13)
	9月	琴光喜啓司(前２・佐渡ヶ嶽)13勝２敗	琴光喜②(前２)	朝青龍①(前１)	琴光喜④(前２) 海鵬①(前４)
	11月	武蔵丸光洋⑨(横綱・武蔵川)13勝２敗	(該当力士なし)	朝青龍②(小結) 若の里③(前１) 武雄山①(前 15)	栃東⑦(関脇)
平成14年	1月	栃東大裕①(大関・玉ノ井)13勝２敗	(該当力士なし)	武雄山②(前８)	琴光喜⑤(関脇) 時津海②(前 11)
	3月	武蔵丸光洋⑩(横綱・武蔵川)13勝２敗	朝青龍②(関脇)	隆乃若②(前11)	安美錦①(前６)
	5月	武蔵丸光洋⑪(横綱・武蔵川)13勝２敗	(該当力士なし)	朝青龍③(関脇) 北勝力①(前 14)	旭鷲山②(前10)
	7月	千代大海龍二②(大関・九重)14勝１敗	朝青龍③(関脇) 土佐ノ海⑥(小結)	霜鳥(前８)	高見盛①(前２)
	9月	武蔵丸光洋⑫(横綱・武蔵川)13勝２敗	(該当力士なし)	琴光喜②(前７)	(該当力士なし)
	11月	朝青龍明徳①(大関・高砂)14勝１敗	(該当力士なし)	隆乃若③(小結) 貴ノ浪③(前１) 岩木山(前 11)	(該当力士なし)
平成15年	1月	朝青龍明徳②(大関・高砂)14勝１敗	(該当力士なし)	若の里④(小結) 春日王 (前 13)	(該当力士なし)
	3月	千代大海龍二③(大関・九重)12勝３敗	(該当力士なし)	旭天鵬②(前１)	高見盛②(前２)
	5月	朝青龍明徳③(横綱・高砂)13勝２敗	旭鷲山(前３)	旭天鵬③(小結)	安美錦②(前７)
	7月	魁皇博之④(大関・友綱)12勝３敗	高見盛(前３)	(該当力士なし)	時津海③(前７)
	9月	朝青龍明徳④(横綱・高砂)13勝２敗	若の里④(関脇)	高見盛②(前１) 旭天鵬④(前２)	岩木山(前５)
	11月	栃東大裕②(大関・玉ノ井)13勝２敗	栃乃洋②(前１) 土佐ノ海⑦(前２)	玉乃島③(前３)	(該当力士なし)
平成16年	1月	朝青龍明徳⑤(横綱・高砂)15戦全勝	(該当力士なし)	琴光喜③(前４)	垣添(前５)
	3月	朝青龍明徳⑥(横綱・高砂)15戦全勝	朝赤龍(前12)	琴ノ若④(前13)	朝赤龍①(前12)
	5月	朝青龍明徳⑦(横綱・高砂)13勝２敗	北勝力(前１)	北勝力②(前１) 白鵬(前 16)	玉乃島(前５)
	7月	朝青龍明徳⑧(横綱・高砂)13勝２敗	(該当力士なし)	豊桜(前14)	(該当力士なし)
	9月	魁皇博之⑤(大関・友綱)13勝２敗	栃乃洋③(前３)	琴ノ若⑤(前９) 露鵬(前 15)	(該当力士なし)
	11月	朝青龍明徳⑨(横綱・高砂)13勝２敗	白鵬①(前１)	琴欧州①(前10)	若の里②(関脇)
平成17年	1月	朝青龍明徳⑩(横綱・高砂)15戦全勝	(該当力士なし)	(該当力士なし)	白鵬①(小結)
	3月	朝青龍明徳⑪(横綱・高砂)14勝１敗	(該当力士なし)	玉乃島④(前７)	海鵬②(前 10) 安馬①(前 11)
	5月	朝青龍明徳⑫(横綱・高砂)15戦全勝	(該当力士なし)	旭鷲山①(前９) 普天王(前 10)	琴光喜⑥(小結)

場所		優　勝	殊勲賞	敢闘賞	技能賞
平成17年	7月	朝青龍明徳⑬（横綱・高砂）13勝２敗	琴欧州①（小結）	黒海①（前６）	普天王（前３）
	9月	朝青龍明徳⑭（横綱・高砂）13勝２敗	（該当力士なし）	琴欧州②（関脇） 稀勢の里①（前16）	（該当力士なし）
	11月	朝青龍明徳⑮（横綱・高砂）14勝１敗	琴欧州②（関脇）	琴欧州③（関脇） 雅山④（前４） 栃乃花②（前14）	時天空（前７）
平成18年	1月	栃東大裕③（大関・玉ノ井）14勝１敗	白鵬②（関脇）	北勝力③（前11）	時津海④（前14）
	3月	朝青龍明徳⑯（横綱・高砂）13勝２敗	白鵬③（関脇）	旭鷲山②（前13）	白鵬②（関脇） 安馬②（前２）
	5月	白鵬翔①（大関・宮城野）14勝１敗	雅山②（関脇）	朝赤龍（前２） 把瑠都①（前11）	雅山（関脇）
	7月	朝青龍明徳⑰（横綱・高砂）14勝１敗	（該当力士なし）	玉乃島⑤（前10）	玉春日②（前12）
	9月	朝青龍明徳⑱（横綱・高砂）13勝２敗	稀勢の里①（小結）	安馬（前６）	安美錦③（前３）
	11月	朝青龍明徳⑲（横綱・高砂）15勝全勝	（該当力士なし）	豊真将①（前11）	琴奨菊①（前２） 豊真将①（前11）
平成19年	1月	朝青龍明徳⑳（横綱・高砂）14勝１敗	（該当力士なし）	豊ノ島①（前12）	豊ノ島①（前12）
	3月	白鵬翔②（大関・宮城野）13勝２敗	（該当力士なし）	栃煌山①（前14）	豊真将②（前５）
	5月	白鵬翔③（大関・宮城野）15戦全勝	安美錦①（前４）	出島④（前10）	朝赤龍②（前８）
	7月	朝青龍明徳㉑（横綱・高砂）14勝１敗	安美錦②（前４）	琴光喜④（関脇） 豊響①（前14）	琴光喜⑦（関脇）
	9月	白鵬翔④（横綱・宮城野）13勝２敗	安馬①（小結） 豊ノ島①（前５）	旭天鵬⑤（前12） 豪栄道①（前14）	（該当力士なし）
	11月	白鵬翔⑤（横綱・宮城野）12勝３敗	安馬②（小結）	把瑠都②（前16）	琴奨菊②（小結）
平成20年	1月	白鵬翔⑥（横綱・宮城野）14勝１敗	安馬③（関脇） 稀勢の里②（前１）	豪風①（前７）	鶴竜①（前８）
	3月	朝青龍明徳㉒（横綱・高砂）13勝２敗	琴奨菊①（関脇）	黒海②（前５） 把瑠都③（前７）	栃煌山（前12）
	5月	琴欧洲勝紀（大関・佐渡ヶ嶽）14勝１敗	安美錦③（前４）	稀勢の里②（小結） 豊ノ島②（前５）	安馬③（関脇）
	7月	白鵬翔⑦（横綱・宮城野）15戦全勝	豊ノ島②（小結）	豊響②（前13）	安馬④（関脇）
	9月	白鵬翔⑧（横綱・宮城野）14勝１敗	安馬④（関脇）	豪栄道②（前５）	（該当力士なし）
	11月	白鵬翔⑨（横綱・宮城野）13勝２敗	安美錦④（小結）	嘉風①（前12）	安馬⑤（関脇）
平成21年	1月	朝青龍明徳㉓（横綱・高砂）14勝１敗	（該当力士なし）	豊真将②（前16）	豪栄道①（前３）
	3月	白鵬翔⑩（横綱・宮城野）15戦全勝	（該当力士なし）	豊真将③（前７）	鶴竜②（前１）
	5月	日馬富士公平①（大関・伊勢ヶ濱）14勝１敗	（該当力士なし）	稀勢の里③（前４）	鶴竜③（小結）
	7月	白鵬翔⑪（横綱・宮城野）14勝１敗	（該当力士なし）	翔天狼（前10）	安美錦④（前５）
	9月	朝青龍明徳㉔（横綱・高砂）14勝１敗	（該当力士なし）	把瑠都④（小結）	鶴竜④（前３）
	11月	白鵬翔⑫（横綱・宮城野）15戦全勝	（該当力士なし）	栃ノ心①（前８） 雅山⑤（前９）	豊ノ島②（前５）
平成22年	1月	朝青龍明徳㉕（横綱・高砂）13勝２敗	把瑠都（関脇）	豊響③（前16）	安美錦⑤（前６）
	3月	白鵬翔⑬（横綱・宮城野）15戦全勝	（該当力士なし）	把瑠都⑤（関脇）	把瑠都（関脇）
	5月	白鵬翔⑭（横綱・宮城野）15戦全勝	（該当力士なし）	栃ノ心②（前２） 阿覧①（前10）	（該当力士なし）
	7月	白鵬翔⑮（横綱・宮城野）15戦全勝	（該当力士なし）	阿覧②（前２） 豊真将④（前13）	鶴竜⑤（前６）
	9月	白鵬翔⑯（横綱・宮城野）15戦全勝	（該当力士なし）	嘉風②（前11） 豪風②（前12）	栃煌山②（関脇）
	11月	白鵬翔⑰（横綱・宮城野）14勝１敗	稀勢の里③（前１）	豊ノ島③（前９）	豊ノ島③（前９）

場所		優　勝	殊勲賞	敢闘賞	技能賞
平成23年	1月	白鵬翔⑱(横綱・宮城野)14勝1敗	稀勢の里④(関脇)	隠岐の海①(前13)	琴奨菊③(関脇)
	3月	(八百長メール発覚で中止)			
	5月	白鵬翔⑲(横綱・宮城野)13勝2敗	(該当力士なし)	栃ノ心③(前6) 魁聖①(前16)	鶴竜⑥(小結) 豪栄道㈪(前1)
	7月	日馬富士公平②(大関・伊勢ヶ濱)14勝1敗	琴奨菊②(関脇)	豊真将⑤(前9)	(該当力士なし)
	9月	白鵬翔⑳(横綱・宮城野)13勝2敗	琴奨菊③(関脇) 稀勢の里⑤(関脇)	臥牙丸①(前11)	琴奨菊④(関脇)
	11月	白鵬翔㉑(横綱・宮城野)14勝1敗	(該当力士なし)	若荒雄(前9) 碧山①(前16)	稀勢の里(関脇)
平成24年	1月	把瑠都凱斗(大関・尾上)14勝1敗	鶴竜①(関脇)	臥牙丸②(前10)	妙義龍①(前5)
	3月	白鵬翔㉒(横綱・宮城野)13勝2敗	鶴竜②(関脇)	豪栄道③(前6)	鶴竜⑦(関脇) 豊ノ島④(前4)
	5月	旭天鵬勝(前7・友綱)12勝3敗	豪栄道①(関脇)	栃煌山②(前4) 旭天鵬⑥(前7)	妙義龍②(前2)
	7月	日馬富士公平③(大関・伊勢ヶ濱)15戦全勝	(該当力士なし)	魁聖②(前8) 舛ノ山(前13)	妙義龍③(小結)
	9月	日馬富士公平④(大関・伊勢ヶ濱)15戦全勝	栃煌山①(前5)	(該当力士なし)	妙義龍④(関脇)
	11月	白鵬翔㉓(横綱・宮城野)14勝1敗	(該当力士なし)	松鳳山①(前2)	豪栄道③(関脇)
平成25年	1月	日馬富士公平⑤(横綱・伊勢ヶ濱)15戦全勝	(該当力士なし)	高安①(前7)	(該当力士なし)
	3月	白鵬翔㉔(横綱・宮城野)15戦全勝	(該当力士なし)	隠岐の海②(前7)	(該当力士なし)
	5月	白鵬翔㉕(横綱・宮城野)15戦全勝	(該当力士なし)	(該当力士なし)	妙義龍⑤(前1)
	7月	白鵬翔㉖(横綱・宮城野)13勝2敗	高安①(前1)	(該当力士なし)	(該当力士なし)
	9月	白鵬翔㉗(横綱・宮城野)14勝1敗	豪栄道②(関脇)	松鳳山②(前1)	(該当力士なし)
	11月	日馬富士公平⑥(横綱・伊勢ヶ濱)14勝1敗	(該当力士なし)	勢①(前6)	千代大龍(前6)
平成26年	1月	白鵬翔㉘(横綱・宮城野)14勝1敗	(該当力士なし)	遠藤(前10)	(該当力士なし)
	3月	鶴竜力三郎①(大関・井筒)14勝1敗	豪栄道③(関脇)	嘉風③(前4)	(該当力士なし)
	5月	白鵬翔㉙(横綱・宮城野)14勝1敗	豪栄道④(関脇)	勢②(前5) 佐田の海①(前17)	(該当力士なし)
	7月	白鵬翔㉚(横綱・宮城野)13勝2敗	豪栄道⑤(関脇)	高安②(前11)	(該当力士なし)
	9月	白鵬翔㉛(横綱・宮城野)14勝1敗	逸ノ城①(前10)	逸ノ城(前10)	安美錦⑥(前6)
	11月	白鵬翔㉜(横綱・宮城野)14勝1敗	高安②(前3)	栃ノ心④(前8) 旭天鵬⑦(前11)	(該当力士なし)
平成27年	1月	白鵬翔㉝(横綱・宮城野)15戦全勝	(該当力士なし)	照ノ富士①(前2)	(該当力士なし)
	3月	白鵬翔㉞(横綱・宮城野)14勝1敗	照ノ富士①(関脇)	照ノ富士②(関脇)	(該当力士なし)
	5月	照ノ富士春雄①(関脇・伊勢ヶ濱)12勝3敗	(該当力士なし)	照ノ富士③(関脇)	(該当力士なし)
	7月	白鵬翔㉟(横綱・宮城野)14勝1敗	栃煌山②(関脇)	嘉風④(前8)	(該当力士なし)
	9月	鶴竜力三郎②(横綱・井筒)12勝3敗	嘉風①(前1)	栃ノ心⑤(小結) 勢③(前12)	嘉風①(前1)
	11月	日馬富士公平⑦(横綱・伊勢ヶ濱)13勝2敗	(該当力士なし)	勢④(前4) 松鳳山③(前10)	嘉風②(小結)
平成28年	1月	琴奨菊和弘(大関・佐渡ヶ嶽)14勝1敗	豊ノ島③(前7)	正代①(前12)	(該当力士なし)
	3月	白鵬翔㊱(横綱・宮城野)14勝1敗	琴勇輝(前1)	(該当力士なし)	(該当力士なし)
	5月	白鵬翔㊲(横綱・宮城野)15戦全勝	(該当力士なし)	御嶽海(前8)	栃ノ心①(前4)
	7月	日馬富士公平⑧(横綱・伊勢ヶ濱)13勝2敗	嘉風②(前5)	宝富士(前2) 貴ノ岩(前10)	高安①(小結)

平成23年5月は技量審査場所として実施

場所		優　勝	殊勲賞	敢闘賞	技能賞
平成28年	9月	豪栄道豪太郎（大関・境川）15戦全勝	隠岐の海（前１）	高安③（関脇）	遠藤①（前14）
	11月	鶴竜力三郎③（横綱・井筒）14勝１敗	（該当力士なし）	正代②（前３） 石浦（前 15）	玉鷲（小結）
平成29年	1月	稀勢の里寛①（大関・田子ノ浦）14勝１敗	貴ノ岩（前10）	高安④（小結）	御嶽海①（前１） 蒼国来（前 10）
	3月	稀勢の里寛②（横綱・田子ノ浦）13勝２敗	高安③（関脇）	貴景勝①（前13）	（該当力士なし）
	5月	白鵬翔㊳（横綱・宮城野）15戦全勝	御嶽海①（小結）	阿武咲①（前14）	高安②（関脇） 嘉風③（小結）
	7月	白鵬翔㊴（横綱・宮城野）14勝１敗	御嶽海②（関脇）	碧山②（前８）	（該当力士なし）
	9月	日馬富士公平⑨（横綱・伊勢ヶ濱）11勝４敗	貴景勝①（前５）	阿武咲②（前３） 朝乃山①（前 16）	嘉風④（関脇）
	11月	白鵬翔㊵（横綱・宮城野）14勝１敗	貴景勝②（前１）	隠岐の海③（前 12） 安美錦②（前 13）	北勝富士①（前３）
平成30年	1月	栃ノ心剛史（前３・春日野）14勝１敗	栃ノ心①（前３）	阿炎①（前 14） 竜電（前 16）	栃ノ心②（前３）
	3月	鶴竜力三郎④（横綱・井筒）13勝２敗	栃ノ心②（関脇）	魁聖③（前６）	遠藤②（前１）
	5月	鶴竜力三郎⑤（横綱・井筒）14勝１敗	松鳳山（前２）	栃ノ心⑥（関脇） 千代の国①（前 11） 旭大星（前 15）	栃ノ心③（関脇）
	7月	御嶽海久司①（関脇・出羽海）13勝２敗	御嶽海③（関脇）	豊山（前９） 朝乃山②（前 13）	御嶽海②（関脇）
	9月	白鵬翔㊶（横綱・宮城野）15戦全勝	（該当力士なし）	（該当力士なし）	（該当力士なし）
	11月	貴景勝光信①（小結・千賀ノ浦）13勝２敗	貴景勝③（小結）	貴景勝②（小結） 阿武咲③（前 13）	（該当力士なし）
平成31年	1月	玉鷲一朗①（関脇・片男波）13勝２敗	玉鷲①（関脇） 御嶽海④（小結）	玉鷲（関脇）	貴景勝①（関脇）
	3月	白鵬翔㊷（横綱・宮城野）15戦全勝	逸ノ城②（前４）	碧山③（前７）	貴景勝②（関脇）
令和元年	5月	朝乃山英樹（前８・高砂）12勝３敗	朝乃山①（前8）	阿炎②（前４） 朝乃山③（前８） 志摩ノ海①（前 12）	竜電（前5）
	7月	鶴竜力三郎⑥（横綱・井筒）14勝１敗	友風（前7）	照強（前16）	遠藤③（前２） 炎鵬（前 14）
	9月	御嶽海久司②（関脇・出羽海）12勝３敗	御嶽海⑤（関脇） 朝乃山②（前２）	隠岐の海④（前８） 剣翔（前 14）	（該当力士なし）
	11月	白鵬翔㊸（横綱・宮城野）14勝１敗	大栄翔①（前１）	正代③（前10）	朝乃山（小結）
令和2年	1月	徳勝龍誠（前 17・木瀬）14 勝 1 敗	遠藤（前１） 徳勝龍（前 17）	正代④（前４） 霧馬山（前 17） 徳勝龍（前 17）	北勝富士②（前2）
	3月	白鵬翔㊹（横綱・宮城野）13 勝２敗	阿武咲（前５）	隆の勝①（前９）	碧山（前 13）
	5月	（新型コロナウイルス感染症拡大のため中止）			
	7月	照ノ富士春雄②（前 17・伊勢ヶ濱）13 勝２敗	御嶽海⑥（関脇） 大栄翔②（小結） 照ノ富士②（前 17）	正代⑤（関脇）	照ノ富士①（前 17）
	9月	正代直也（関脇・時津風）13 勝２敗	正代（関脇）	正代⑥（関脇） 翔猿（前 14）	（該当力士なし）
	11月	貴景勝光信②（大関・千賀ノ浦）13 勝２敗	（該当力士なし）	千代の国②（前 14） 志摩ノ海②（前 17）	照ノ富士②（小結）
令和3年	1月	大栄翔勇人（前1・追手風）13 勝２敗	大栄翔③（前1）	（該当力士なし）	照ノ富士③（関脇） 大栄翔①（前1） 翠富士（前 14）
	3月	照ノ富士春雄③（関脇・伊勢ヶ濱）12 勝３敗	照ノ富士③（関脇）	明生（前3） 碧山④（前 12）	若隆景①（前2）
	5月	照ノ富士春雄④（大関・伊勢ヶ濱）12 勝3敗	（該当力士なし）	（該当力士なし）	若隆景②（前1） 遠藤④（前8）

場所		優　勝	殊勲賞	敢闘賞	技能賞
令和3年	7月	白鵬翔㊺(横綱・宮城野)15戦全勝	(該当力士なし)	琴ノ若①(前11)	豊昇龍①(前5)
	9月	照ノ富士春雄⑤(横綱・伊勢ヶ濱)13勝2敗	大栄翔④(前4)	(該当力士なし)	妙義龍⑥(前10)
	11月	照ノ富士春雄⑥(横綱・伊勢ヶ濱)15戦全勝	(該当力士なし)	隆の勝②(前2) 阿炎③(前15)	宇良(前7)
令和4年	1月	御嶽海久司③(関脇・出羽海)13勝2敗	阿炎(前6)	琴ノ若②(前14)	御嶽海③(関脇)
	3月	若隆景渥(関脇・荒汐)12勝3敗	(該当力士なし)	琴ノ若③(前6) 髙安⑤(前7)	若隆景③(関脇)
	5月	照ノ富士春雄⑦(横綱・伊勢ヶ濱)12勝3敗	大栄翔⑤(小結) 隆の勝(前4)	佐田の海②(前12)	(該当力士なし)
	7月	逸ノ城駿(前2・湊)12勝3敗	逸ノ城③(前2)	錦富士(前17)	(該当力士なし)
	9月	玉鷲一朗②(前3・片男波)13勝2敗	翔猿(前1) 玉鷲②(前3)	髙安⑥(前4)	若隆景④(関脇)
	11月	阿炎政虎(前9・錣山)12勝3敗	高安④(前1)	阿炎④(前9)	豊昇龍②(関脇)
令和5年	1月	貴景勝光信③(大関・常盤山)12勝3敗	(該当力士なし)	琴勝峰(前13)	霧馬山①(小結)
	3月	霧馬山鐵雄①(関脇・陸奥)12勝3敗	(該当力士なし)	金峰山(前14)	霧馬山②(関脇) 大栄翔②(小結)
	5月	照ノ富士春雄⑧(横綱・伊勢ヶ濱)14勝1敗	明生(前6)	(該当力士なし)	霧馬山③(関脇) 若元春(関脇)
	7月	豊昇龍智勝(関脇・立浪)12勝3敗	錦木(前1)	豊昇龍(関脇) 琴ノ若④(小結) 北勝富士(前9) 豪ノ山(前13) 湘南乃海(前14) 伯桜鵬(前17)	伯桜鵬(前17)
	9月	貴景勝貴信④(大関・常盤山)11勝4敗	(該当力士なし)	熱海富士①(前15)	(該当力士なし)
	11月	霧島鐵力②(大関・陸奥)13勝2敗	(該当力士なし)	琴ノ若⑤(関脇) 熱海富士②(前8) 一山本(前14)	(該当力士なし)

昭和・平成・令和十両力士一覧

幕内昇進者は除く。

場所	力士名	出身地	本名	部屋	最高位	在位場所数	備考
大正12年春	小金山幸一郎	栃木県	山中幸一郎	出羽海	8枚目	7	
	長良川彦三郎	岐阜県	吉村彦三郎	出羽海	11枚目	4	（金華山）
大正13年夏	開心　栄	新潟県	野沢　国栄	宮城野	8枚目	5	（弥彦山）
大正14年春	大矢崎信哉	秋田県	木越　信哉	花　籠	2枚目	10	
	乙女川定吉	秋田県	宮城　定吉	浦　風	6枚目	5	（羽後錦）
夏	鳥ヶ峰吉五郎	東京都	天野吉五郎	宮城野	2枚目	21	（天野）
昭和2年春	鹿島崎健太郎	石川県	飴谷　勇松	小野川	5枚目	1	
	片ノ濱軍兵	大分県	尾割　軍平	千田川	9枚目	1	
	源武山源右エ門	山形県	荒木　繁治	朝日山	2枚目	3	（源氏山）
	瀬戸山要蔵	福岡県	安永　要蔵	陣　幕	2枚目	8	年寄・高崎
	栃ノ花善次郎	東京都	原　善次郎	春日野	2枚目	4	
夏	立汐唯五郎	青森県	長谷川唯五郎	振　分	5枚目	4	（鷹ヶ汐）
	雷光山鶴男	北海道	山本　鶴男	伊勢ノ海	8枚目	4	（駒ヶ峰）
10月	荒浪源四郎	石川県	向　源四郎	立　浪	5枚目	4	
昭和3年春	荒山卯三郎	鳥取県	小泉宇三郎	花　籠	6枚目	3	
	常昇　正	岡山県	門野　正	出羽海	筆頭	12	
	三池山大五郎	福岡県	松井　善次	陸　奥	9枚目	1	
	羽後響助松	秋田県	武石　助松	出羽海	筆頭	8	
夏	浪ノ音藤美	青森県	奈良岡藤美	振　分	10枚目	2	
昭和4年春	霞ヶ浦忠男	茨城県	今泉　忠	出羽海	5枚目	8	（諏訪錦）
	大鶴多喜之助	北海道	宮川　勇	春日野	7枚目	6	
夏	栃ノ森昇治	栃木県	室井　昇二	出羽海	10枚目	2	（那須昇）
	八剣山鐘太郎	愛知県	加藤鐘太郎	高　砂	11枚目	2	
昭和5年春	石山源太郎	滋賀県	武田源次郎	春日野	6枚目	2	
昭和6年春	呉錦　三郎	広島県	金谷　三郎	出羽海	6枚目	4	
	伊勢錦　清	三重県	井上　清	清見潟	9枚目	2	年寄・清見潟
夏	愛ノ花初義	愛媛県	宮川　初義	押尾川	2枚目	9	
	大高山十郎	福岡県	葉山　十郎	山　分	11枚目	2	

場　所	力士名	出身地	本　名	部　屋	最高位	在　位 場所数	備　考
昭和７年春	鳴潮　茂生	三重県	太田　茂生	高　砂	６枚目	1	
	鳴海潟陸奥男	青森県	鳴海陸奥男	出羽海	９枚目	1	
	上宮山勇市	鹿児島県	中間　勇一	井　筒	11枚目	1	
2月（春改正）	九紋竜政五郎	大阪府	原　正一	粂　川	２枚目	6	（若紋竜）
	七尾潟直右エ門	石川県	浜田　兵吾	立　浪	筆頭	6	
	秋田嶽由蔵	秋田県	松岡　由蔵	春日野	４枚目	10	（千雄山）
	常陽山恵一	新潟県	楡井　正次	出羽海	筆頭	12	年寄・稲川
	可愛嶽実男	宮崎県	森　実男	出羽海	４枚目	4	（島和泉）
	濱ノ石政吉	長崎県	山口　正喜	出羽海	10枚目	2	（肥州洋）
夏	生汐左衛門	福岡県	近藤儀一郎	陸　奥	６枚目	2	
	磐城　徳松	宮城県	小野　徳松	二十山	２枚目	10	（小野ケ嶽、春風）
	照錦　富治	岩手県	照井　富治	花　籠	４枚目	11	年寄・放駒→花籠→放駒
昭和８年夏	栃ノ峰甚一郎	栃木県	神山甚一郎	春日野	８枚目	3	
	津峰山政雄	徳島県	岩戸　政雄	出羽海	４枚目	4	
	陸奥錦秀二良	青森県	鎌田修二郎	振　分	筆頭	13	年寄・玉ノ井
昭和９年春	豊錦規矩雄	大分県	土田規矩雄	朝日山	８枚目	2	（祝洋）
	神威山力雄	北海道	熊谷　力雄	花　籠	４枚目	7	（神恵山）
	久能山長五郎	静岡県	下山　準一	宮城野	５枚目	3	（三島岳）
夏	布引国太郎	千葉県	伊藤国太郎	粂　川	３枚目	10	（錦岩）
	一ノ濱松雄	北海道	海老田松雄	井　筒	８枚目	2	（谷岩）
昭和10年春	國光鉄太郎	秋田県	奥山鉄太郎	伊勢ヶ濱	２枚目	10	年寄・浜風→谷川→君ケ濱
夏	谷ノ音谷五郎	高知県	竹村　茂	粂　川	６枚目	4	
昭和11年春	荒駒　兵衛	青森県	成田　兵衛	湊　川	７枚目	2	（飛龍洋）
夏	福知海勝美	福岡県	水上　勝美	若　藤	９枚目	1	
	千葉昇隆利	千葉県	長妻　高治	春日野	６枚目	6	（野田ノ里）
	矢筈山剛志	高知県	小野　直憲	友　綱	３枚目	9	（友錦）
	土州灘浪五郎	高知県	石川　久治	二所ノ関	14枚目	1	
昭和12年春	錦竜山宗治	青森県	橋本　浅治	粂　川	13枚目	2	（竜ケ岳）
夏	八幡錦秀尾	福岡県	中村　秀尾	粂　川	６枚目	6	
	平戸灘常吉	佐賀県	松本　政雄	山　分	６枚目	10	（白鷲）
昭和13年春	雲仙嶽光徳	長崎県	福本　光徳	出羽海	３枚目	10	

場　所	力士名	出身地	本　名	部　屋	最高位	在　位 場所数	備　考
昭和13年夏	朝明　重男	三重県	山本　重男	高　砂	3枚目	11	(朝明山)
	陸奥ノ洋光司	青森県	溝口弥二郎	出羽海	14枚目	1	
昭和14年夏	松若　正次	大阪府	門下　政治	中　村	7枚目	1	
	冨田濱正治	三重県	広瀬　正治	高　砂	9枚目	2	
昭和15年春	三船浪盛吉	鹿児島県	有川　盛吉	井　筒	5枚目	5	(錦江洋)
	雷門　嘉吉	東京都	山田　嘉吉	出羽海	3枚目	7	(山田)
	薬師山精進	青森県	斎藤　精作	高　砂	13枚目	1	
	和歌木山栄一	和歌山県	島　栄一	春日野	3枚目	7	(和歌昇)
	山陽山喜久光	岡山県	藤井　浅一	出羽海	3枚目	6	(小藤井)
夏	小役丸勇走	福岡県	小役丸勇走	宮城野	9枚目	1	
昭和16年春	鏡川　四郎	高知県	西山　四郎	二子山	12枚目	3	(土佐光)
	高田山恵助	岩手県	金野　恵助	高　砂	8枚目	2	(岩手川)
	達ノ里寿弥	北海道	工藤　寿弥	振　分	5枚目	9	
	大平山圭四郎	栃木県	斎藤　四郎	春日野	4枚目	9	(鐘ヶ渕) 年寄・山科
夏	郷錦　広治	秋田県	原田　広治	武　隈	14枚目	1	
	照ノ海照光	高知県	北村　照光	二所ノ関	筆頭	11	
昭和17年春	薩摩洋時久	鹿児島県	下家　時久	井　筒	13枚目	1	鶴ヶ嶺実弟
	北見潟政義	北海道	荒木　政義	錦　島	15枚目	2	
	錦竜　栄広	高知県	楠瀬　栄広	二所ノ関	15枚目	1	
夏	相武山信男	神奈川県	橋本　信男	出羽海	2枚目	6	(橋本)
	大泉　隆司	大阪府	真　光弁	武　隈	15枚目	1	
昭和18年春	富久錦武光	北海道	羽賀　武光	二所ノ関	11枚目	2	(富良錦)
夏	宇佐ノ山英栄	大分県	永松　栄作	双葉山	9枚目	5	
	和歌ノ海忠次郎	和歌山県	峰　忠次郎	出羽海	6枚目	3	(峰)
昭和19年春	竜ヶ崎忠雄	茨城県	中山　唯雄	高　砂	12枚目	2	
夏	八幡野平八郎	高知県	西内平八郎	伊勢ヶ濱	5枚目	9	年寄・谷川
	陸奥ノ花亮一	青森県	立花　亮一	湊　川	13枚目	2	
	神竜　定夫	兵庫県	北川　定夫	出羽海	15枚目	1	
秋	智異ノ山正一郎	韓　国	盧　煩于	出羽海	3枚目	3	(咸陽山)
昭和20年夏	前ヶ汐英太郎	愛媛県	徳野　剛	高　砂	11枚目	2	(宇和ヶ島)
秋	新川　完二	東京都	河辺　完二	立　浪	8枚目	2	

場　所	力士名	出身地	本　名	部　屋	最高位	在　位 場所数	備　考
昭和20年秋	越後山重正	新潟県	柳　重政	高　砂	4枚目	2	
昭和21年秋	朝見山峻一郎	愛媛県	水野　元幸	高　砂	13枚目	3	
	一錦周之助	青森県	鳴海周之助	高　島	7枚目	12	(日本錦) 年寄・安治川→友綱
昭和22年夏	泉州山久義	大阪府	川崎　久義	春日野	2枚目	9	年寄・千田川
秋	栃木野竹三郎	栃木県	岩井竹三郎	出羽海	7枚目	3	
	黒瀬川　進	富山県	平島　進	伊勢ヶ濱	5枚目	10	
	瀬戸錦年光	広島県	高橋　年覚	出羽海	9枚目	1	弓取り力士
	九州海清志	福岡県	太田　清	出羽海	8枚目	5	
昭和23年夏	鳳竜　一雄	京都府	沢田　一雄	立　浪	5枚目	4	
	旭國　強	北海道	山田　強	立　浪	12枚目	1	
	津軽富士節三	青森県	工藤　節三	高　島	13枚目	1	
	美楯山　茂	岩手県	田上　茂	時津風	2枚目	16	
昭和24年春	赤城山　晃	群馬県	松田鍬次郎	時津風	10枚目	6	
	松緑貢兵衛	高知県	中山貢兵衛	二所ノ関	5枚目	19	(玉輝) 年寄・尾車
昭和25年春	能登ノ山竜二	石川県	山村　竜三	立　浪	13枚目	5	世話人
夏	大達信太郎	愛媛県	野本　幸重	高　砂	8枚目	9	年寄・芝田山→湊
	七瀬川秀雄	大阪府	高浦　秀雄	時津風	10枚目	1	
	信濃川藤四郎	新潟県	中川藤四郎	鏡　山	11枚目	3	年寄・間垣
	玉ノ川正行	大分県	恵良　正行	二所ノ関	7枚目	3	プロレスラー
	福井山常志	福井県	渡辺　常志	出羽海	5枚目	8	
秋	国若　一男	東京都	佐藤　一男	伊勢ヶ濱	11枚目	8	(若国)
	速浪　武夫	宮城県	佐山　武夫	伊勢ヶ濱	14枚目	1	プロレスラー
昭和26年春	二所錦照生	島根県	大野　輝雄	二所ノ関	13枚目	8	(大見山)
秋	白雄山　昇	秋田県	水沢　昇	伊勢ノ海	4枚目	37	
	大日山廣司	兵庫県	石岡　廣司	時津風	11枚目	5	
	豊ノ花光義	大分県	大見　芳光	時津風	5枚目	18	(滝大蛇) 年寄・荒汐
昭和27年春	照美山英実	兵庫県	栄枝　英実	伊勢ヶ濱	10枚目	9	
	玉風福太郎	群馬県	本多福太郎	若　松	4枚目	18	
	福の守　尚	神奈川県	福守　尚	時津風	15枚目	4	
夏	森ノ里信義	北海道	福田　信義	高　砂	10枚目	20	年寄・尾上
秋	若椿　利信	大阪府	大町　利信	花　籠	2枚目	9	

場所	力士名	出身地	本名	部屋	最高位	在位場所数	備考
昭和28年初	二豊山光良	大分県	金丸　光良	時津風	８枚目	12	
	神雷龍之助	茨城県	海津　正道	伊勢ヶ濱	12枚目	13	
	高瀬山　清	山形県	宮坂　清	若　松	17枚目	1	世話人
春	剣龍　猛虎	福岡県	松本　隆一	時津風	筆頭	16	(陣太刀) 巨砲の実父
夏	常門兵三郎	石川県	小門　宗一	出羽海	６枚目	12	(秀ノ花)
秋	大戸崎勇治郎	秋田県	棚谷　勇治	高　砂	２枚目	24	
昭和29年春	豊光　重信	大分県	和間　重信	時津風	18枚目	2	若者頭
	大柳山一政	福岡県	石橋　一政	立　浪	２枚目	14	(筑後山)
昭和30年初	秀錦　啓光	神奈川県	飯倉　洋	春日野	８枚目	20	
春	伊集院大八	鹿児島県	東　幹男	井　筒	７枚目	28	(鶴波)
	鶴美山侑宏	東京都	近藤　侑宏	井　筒	16枚目	5	若者頭
	松恵山邦治	宮崎県	柏谷　邦治	立　浪	17枚目	4	
夏	伊勢錦貫二郎	三重県	伊藤　徳男	高　島	12枚目	16	若者頭
	福緑　政義	北海道	松井　政義	立　浪	15枚目	9	(松井)
秋	羽咋山勝久	石川県	加藤　寛	立　浪	21枚目	2	
	若ノ里雄三	北海道	山口　雄三	花　籠	５枚目	12	世話人
昭和31年初	滝見山延雄	島根県	藤江　延雄	二所ノ関	４枚目	24	世話人
	佐賀光健吾	佐賀県	太田　健吾	二所ノ関	５枚目	31	若者頭
	栃ノ関雅清	青森県	工藤　勇三	春日野	20枚目	1	
春	柏龍長五郎	静岡県	藤森　経吉	伊勢ノ海	17枚目	6	
	時潮　信雄	熊本県	荒木　信雄	時津風	21枚目	1	
	大潮　英雄	福岡県	広松　英夫	陸　奥	９枚目	8	
夏	朝錦　利則	青森県	工藤　利則	高　砂	12枚目	16	
	黒田山昭二	福岡県	専頭　昭二	立　浪	14枚目	3	
	明ノ海正五郎	秋田県	鈴木正五郎	荒　磯	14枚目	14	
秋	松錦　常市	北海道	松永　常一	中　村	２枚目	21	
昭和32年１月	津軽海伝三	青森県	宇野　伝三	春日野	16枚目	2	若者頭
３月	三笠山　護	北海道	戸田　護	出羽海	13枚目	6	(戸田)
	時津海真佐夫	大分県	大島真佐夫	時津風	17枚目	7	
	鎌錦為之助	熊本県	釜　為助	荒　磯	18枚目	4	
５月	立武蔵市平	東京都	松島　市平	立　浪	７枚目	11	(松嶋)

場　所	力士名	出身地	本　名	部　屋	最高位	在　位 場所数	備　考
昭和32年９月	五ツ潟吉衛	長崎県	坪井　吉衛	出羽海	19枚目	2	(坪井)
	佐久昇染太	長野県	荻原　染太	立　浪	６枚目	27	
昭和33年７月	西中憲四郎	大阪府	西中憲四郎	立　浪	７枚目	9	
	大海　竹郎	秋田県	佐藤　竹郎	花　籠	10枚目	9	(久輝)
	緑岩　三郎	富山県	大城　三郎	立　浪	18枚目	3	弓取り力士
９月	玉乃浦友喜	高知県	林　友喜	二所ノ関	７枚目	10	
	隠岐ノ島恵一	島根県	鋤谷　恵一	時津風	７枚目	10	
11月	公地　次男	秋田県	公地　次男	伊勢ヶ濱	３枚目	30	
昭和34年１月	沢風　富治	秋田県	宮田　富治	花　籠	２枚目	40	
９月	時浪　春樹	愛媛県	石丸　春樹	時津風	３枚目	21	
	若十勝正雄	北海道	高島　正雄	花　籠	10枚目	5	
昭和35年５月	雲仙山尚敏	長崎県	岩永　尚敏	二所ノ関	７枚目	7	弓取り力士
７月	大緑勝五郎	北海道	笊畑　勝成	高　砂	筆頭	17	
	浜ノ海一郎	神奈川県	金子　一郎	伊勢ノ海	10枚目	7	(相模洋)
	常の松　寛	福島県	吉岡　寛	出羽海	13枚目	3	
11月	若美山三雄	北海道	土井　三雄	花　籠	15枚目	3	(土井)
	天山　久晴	島根県	嘉地　久治	中　村	５枚目	11	元プロレスラー
昭和36年１月	青錦大太郎	青森県	新山　景男	高　砂	10枚目	9	(響矢)
	時津浪朋納	青森県	和田　朋納	時津風	４枚目	23	
３月	大矢崎武男	秋田県	木越　武男	伊勢ヶ濱	７枚目	11	
５月	大野咲慎祐	秋田県	鈴木　晋	伊勢ヶ濱	４枚目	8	
昭和37年５月	明石海秀昭	兵庫県	藤本　秀昭	出羽海	11枚目	4	
	吉ノ岩義行	長崎県	吉村熊次郎	二所ノ関	７枚目	7	
	照ノ海十二	秋田県	鈴木　十二	伊勢ヶ濱	17枚目	1	
昭和38年１月	三瓶山征男	島根県	繁田　征夫	中　村	４枚目	24	
３月	大蛇川　覚	福岡県	岡　覚	二所ノ関	４枚目	25	
５月	四季の花範雄	青森県	相内　範雄	宮城野	13枚目	5	(相内)
７月	金剛　巌	佐賀県	中島　敏彦	二所ノ関	10枚目	8	
	伊達錦一成	東京都	広瀬　一成	出羽海	16枚目	4	
	河内山一夫	大阪府	植田　一夫	立　浪	７枚目	11	
11月	幡龍洋賢三	青森県	三戸　賢三	出羽海	17枚目	2	

場　所	力士名	出身地	本　名	部　屋	最高位	在位場所数	備　考
昭和39年１月	三輝山輝男	大阪府	山本　輝男	伊勢ヶ濱	８枚目	6	
	照の花謙二	和歌山県	道脇　謙二	伊勢ヶ濱	９枚目	11	
	代官山康弘	愛知県	水野　康弘	出羽海	11枚目	2	
３月	荒川　文夫	佐賀県	荒川　文夫	二所ノ関	８枚目	12	
	昭光　徳昭	熊本県	五島　徳昭	出羽海	３枚目	12	
５月	松光　峰郎	茨城県	黒沢　政文	若　松	10枚目	5	(松輝)
７月	津軽国芳隆	青森県	秋元　久伍	春日野	３枚目	7	
９月	八竜鉄右衛門	秋田県	桧森鉄右衛門	時津風	15枚目	3	
	前田花英介	岩手県	田畑　友彦	高　砂	４枚目	9	
	宝満山　茂	長崎県	平戸　茂	出羽海	７枚目	12	(隆昌山)
昭和40年１月	開錦　豪蔵	秋田県	土田　房三	時津風	16枚目	1	
	伊藤川　強	山形県	伊藤　強	時津風	５枚目	14	(若葉山) 競輪選手
３月	田代岩弘道	北海道	羽賀　弘道	立　浪	18枚目	1	漫画家
５月	栃忠　通忠	山口県	友景　通忠	春日野	９枚目	9	
	楠ノ海正治	佐賀県	中村　正治	二所ノ関	16枚目	1	
７月	安芸の國一典	広島県	真藤　和典	時津風	９枚目	14	
９月	青ノ海勇三	青森県	太田　勇三	友　綱	６枚目	10	
	熊乃浦忠行	熊本県	山下　忠行	花　籠	９枚目	5	
昭和41年１月	天地山　人	大阪府	林　隆夫	立　浪	12枚目	3	
３月	花筏　健	山形県	三浦　健	立　浪	17枚目	1	
	三晃　一人	東京都	戸田　秀男	高　島	11枚目	2	(若晃)
	大龍　隆寛	三重県	的場　猛	友　綱	６枚目	11	
７月	葉山　健司	神奈川県	中野　健司	宮城野	10枚目	4	
	三鷹山昌吾	東京都	斉藤　昌吾	時津風	17枚目	2	(斎藤川)
９月	柏梁　勝男	岩手県	中村　勝男	伊勢ノ海	３枚目	24	
11月	信山　信幸	東京都	成本　信幸	伊勢ヶ濱	18枚目	1	
昭和42年１月	英錦　匡男	大阪府	中村　匡男	伊勢ヶ濱	18枚目	1	
11月	朝風新一郎	香川県	石川　旻	佐渡ヶ嶽	２枚目	18	
	黒鷲二千郎	三重県	東　二千郎	二所ノ関	３枚目	5	
昭和43年５月	上潮　智也	熊本県	古市　稔伸	高　砂	２枚目	12	
	三山　貞次	山形県	高橋　貞次	立　浪	５枚目	8	(高橋)

場　所	力士名	出身地	本　名	部　屋	最高位	在位場所数	備　考
昭和43年7月	江戸響博昭	東京都	池田　博昭	立　浪	筆頭	9	
昭和44年7月	真鶴　照久	北海道	野村　一久	朝日山	筆頭	8	
9月	萩山　博文	奈良県	萩山　博文	朝日山	8枚目	8	(磐石)
昭和45年1月	株本　義輝	広島県	株本　義久	朝日山	9枚目	4	
3月	大寛　力義	鹿児島県	渕上　重昭	井　筒	4枚目	21	
	春日竜功隠	栃木県	中村　謙吾	春日野	6枚目	4	
	太刀光昭洋	山口県	小戸　昭洋	高　砂	7枚目	3	拓大相撲部
11月	栃櫻　光輝	山形県	高橋　光弥	春日野	4枚目	12	弓取り力士
	栃葉山暁輝	岐阜県	臼井　仁志	春日野	9枚目	4	明大相撲部
昭和46年3月	白法山旺三	山口県	金本　龍雄	春日山	7枚目	6	
	修羅王道心	東京都	江戸　政勝	二子山	4枚目	10	(江戸)
7月	渥美洋正征	愛知県	川合　正彰	伊勢ヶ濱	12枚目	2	
	飛島　正	山形県	高橋　正	伊勢ヶ濱	13枚目	1	
昭和47年3月	白根山宗則	山梨県	深沢　宗則	伊勢ノ海	13枚目	1	
5月	國見山兼初	千葉県	堀木　兼初	伊勢ヶ濱	10枚目	1	
7月	佐賀ノ海輝一	佐賀県	土師　一男	井　筒	11枚目	2	(土師) 元プロ野球投手
9月	貴ノ山英二	北海道	田村　英二	二子山	11枚目	1	
11月	坤龍文一郎	北海道	福本　文一	二所ノ関	12枚目	1	
昭和48年1月	玄武　満	北海道	栗原　満	立　浪	7枚目	10	
3月	松乃山芳正	石川県	小坂　芳正	時津風	6枚目	10	(大車輪)
9月	栃偉山弘行	千葉県	大野　正	春日野	13枚目	1	
11月	千代の海茂夫	北海道	岡部　茂夫	九　重	7枚目	3	弓取り力士
	琴の郷秀樹	北海道	佐々木秀樹	佐渡ヶ嶽	11枚目	3	
昭和49年1月	乾龍初太郎	北海道	吉田　初男	二所ノ関	5枚目	9	世話人
3月	忍の山　剛	島根県	森脇　光範	春日野	8枚目	4	
5月	晃山　昌士	青森県	蒔田　力雄	高　島	筆頭	8	(稜威晃)
	春日洋光二	新潟県	高見　尋	春日野	3枚目	17	
昭和49年7月	清ノ華王誉	中　国	張　礼華	花　籠	5枚目	13	
	輝山　正次	熊本県	中原　正次	春日野	8枚目	7	
11月	若双龍秀三	秋田県	沢田　秀造	二子山	8枚目	5	(若龍児)
昭和50年5月	浪速龍　功	大阪府	吉村　功	片男波	10枚目	2	

資料編

場所	力士名	出身地	本名	部屋	最高位	在位場所数	備考
昭和50年5月	大橋　直松	秋田県	門間　静広	花　籠	13枚目	1	
9月	龍門　孝行	埼玉県	松岡　貴行	出羽海	筆頭	18	
昭和51年11月	琴立山兼滋	富山県	高井　重明	佐渡ヶ嶽	7枚目	9	
昭和52年1月	力駒　雄偉	北海道	相馬　雄偉	宮城野	11枚目	2	
3月	牛若丸悟嘉	埼玉県	江口　悟	伊勢ヶ濱	8枚目	6	
7月	翠竜　輝嘉	千葉県	平井　浩二	立　浪	2枚目	22	
昭和53年3月	北ノ花吉保	青森県	藤井　光雄	二子山	4枚目	4	
5月	常の山日出男	岡山県	鈴木日出夫	出羽海	12枚目	2	鷲羽山実兄
7月	大富士慶二	東京都	伊藤　敬司	九　重	6枚目	10	
9月	貴羽山善之	広島県	高間　善之	宮城野	10枚目	4	
昭和54年1月	頂ノ郷昌登	神奈川県	島野　正巳	大　鵬	12枚目	2	（神の里）
3月	若越　英雄	福井県	島田　英雄	二所ノ関	12枚目	2	
5月	松山　佳弘	東京都	松山　育夫	宮城野	筆頭	19	（松葉山）
	魄龍　弘	山形県	大沼　弘	鏡　山	筆頭	47	若者頭
9月	琴の龍功師	福岡県	真野　誠二	佐渡ヶ嶽	11枚目	1	
昭和55年1月	翔鵬　豪一	新潟県	村山　修一	大　鵬	11枚目	1	
7月	綾の海金太郎	青森県	黒滝　隆男	大　鵬	13枚目	1	
昭和56年5月	富士の岩秀之	福岡県	岩木　秀之	九　重	13枚目	1	
7月	西の富士勝治	宮崎県	下田　勝治	九　重	10枚目	2	
	鶴嶺山宝一	鹿児島県	福薗　好政	井　筒	2枚目	7	（鶴ノ富士） 寺尾長兄
11月	天剛山隆清	新潟県	佐藤　高志	木　瀬	5枚目	12	
昭和57年1月	榛名富士新司	群馬県	飯島　新一	大　鵬	2枚目	14	
	草竹　幸一	宮崎県	草竹　幸一	大　鵬	11枚目	1	
3月	凱皇　仁	新潟県	上村　仁	時津風	7枚目	7	
9月	出羽の洲聖	東京都	前田　聖	出羽海	7枚目	7	
11月	佐ノ藤清彦	北海道	佐藤　清彦	鏡　山	5枚目	6	
	栃泉　隆幸	大阪府	中山　隆幸	春日野	3枚目	5	
昭和58年1月	白岩　政寿	秋田県	佐藤　正敏	伊勢ヶ濱	7枚目	7	若者頭
3月	市ノ渡三四四	青森県	市ノ渡三四四	時津風	5枚目	10	東農大相撲部
5月	輪鵬　和久	石川県	志岐　和久	花　籠	11枚目	1	（玄海鵬）
7月	清王洋好造	兵庫県	畠野　好造	伊勢ヶ濱	9枚目	3	

場　所	力士名	出身地	本　名	部　屋	最高位	在　位 場所数	備　考
昭和58年７月	清美岳　太	山形県	黒沼美佐登	伊勢ヶ濱	13枚目	2	
11月	関の花　勉	茨城県	栗原　勉	伊勢ヶ濱	11枚目	1	
昭和59年１月	桧山　剛志	北海道	池田　正宏	伊勢ヶ濱	13枚目	1	
	周詞　眞吾	大阪府	周詞　眞吾	花　籠	12枚目	2	(花龍)
３月	花嵐　一美	和歌山県	小谷　一美	花　籠	９枚目	3	日大相撲部・学生横綱
５月	若筑波　茂	茨城県	田中　茂	高　砂	８枚目	6	
	富士の里昇	北海道	瀧　文彦	九　重	13枚目	1	
９月	天凰山　豊	愛知県	近藤　英夫	春日山	13枚目	1	
11月	伊予櫻政行	愛媛県	市来　政行	高　砂	11枚目	1	若者頭
昭和60年５月	栃ノ華朝王	台　湾	劉　朝恵	春日野	４枚目	13	
７月	立富士祐司	静岡県	渡辺　裕次	立　浪	11枚目	2	
	卓越山吾郎	大阪府	高木　功	高田川	５枚目	4	プロレスラー
９月	大獅子耕蔵	大阪府	牧野　耕蔵	立　浪	11枚目	1	
	大鷹　雅規	岡山県	定久　正行	大　鵬	４枚目	13	
昭和61年１月	岩手富士祐一	岩手県	鈴木　祐一	朝日山	６枚目	14	(二瀬風)
３月	若ノ海正照	秋田県	高橋　道雄	放　駒	４枚目	5	(花扇)
５月	玉麒麟安正	埼玉県	田上　明	押尾川	６枚目	7	プロレスラー
昭和62年３月	高道　治	北海道	高道　治	立田川	９枚目	6	(森乃里)
５月	維新力浩司	東京都	飯橋　浩司	大鳴戸	筆頭	20	プロレスラー
11月	北吹雪弘士	北海道	伊藤　広泰	立　浪	９枚目	2	
	福龍岳茂生	福岡県	中尾　茂生	出羽海	12枚目	1	世話人
	花ノ藤昭三	熊本県	成松　昭三	放　駒	筆頭	17	日大相撲部
昭和63年３月	大竜　忠博	大阪府	永本　忠博	大　鵬	４枚目	25	年寄・大嶽→佐ノ山→山響→二子山→大嶽
	清乃洋文幸	青森県	坂本　文幸	伊勢ヶ濱	13枚目	1	
５月	出羽の邦真光	埼玉県	畔蒜　敬人	出羽海	３枚目	6	
	秀ノ花行秀	山梨県	菊島　行秀	放　駒	５枚目	2	
平成元年５月	前進山良太	神奈川県	秋元　良太	高田川	２枚目	37	若者頭
９月	福ノ里邦男	岩手県	福田　邦男	立田川	13枚目	1	若者頭
	琴白山俊也	石川県	釜野　俊也	佐渡ヶ嶽	４枚目	8	
11月	龍授山正男	福島県	渡辺　正男	高　砂	８枚目	2	
	剛堅大二朗	兵庫県	森田　耕平	高　砂	５枚目	7	

場　所	力士名	出身地	本　名	部　屋	最高位	在　位 場所数	備　考
平成2年3月	熊翁　博	埼玉県	佐藤　洋之	高　砂	5枚目	15	
5月	豊富士　修	新潟県	鈴木　修	時津風	5枚目	13	大鈴木
7月	芳昇　幸司	福岡県	石原　義幸	熊ヶ谷	4枚目	12	
9月	龍ヶ浜広宣	静岡県	柴田　広宣	時津風	7枚目	5	
	大石田謙治	神奈川県	石田　謙治	大　鵬	13枚目	1	
11月	山錦　喜章	静岡県	冨安　喜章	出羽海	10枚目	2	協会営繕
平成3年1月	栃天晃正嵩	群馬県	島方　守	春日野	4枚目	11	
	大岳　宗正	滋賀県	横江　英樹	時津風	2枚目	11	
3月	盛風力秀彦	青森県	佐藤　秀彦	押尾川	12枚目	2	
9月	剣岳　寛	徳島県	田村　寛	宮城野	11枚目	1	
11月	安芸の嶺良信	広島県	永瀬　良信	三保ヶ関	11枚目	1	
	太晨　光真	大阪府	村井　修二	北の湖	9枚目	2	
平成4年3月	金親　和憲	神奈川県	山村　和行	北の湖	2枚目	24	(月山) 年寄・宮城野→熊ヶ谷
5月	玄海桃太郎	福岡県	田中　研二	朝日山	12枚目	3	
7月	若闘将敏男	千葉県	金本　敏男	間　垣	9枚目	5	
9月	星誕期偉真智	アルゼンチン	イマチ・マロセロ・サロモン→星　誕期	陸　奥	3枚目	16	
	秀ノ海渡累	大阪府	前田　渡	三保ヶ関	9枚目	3	
11月	星安出寿保世	アルゼンチン	ホセ・アントニオ・ホアレス	陸　奥	2枚目	16	
	山中山和洋	栃木県	中山　和洋	間　垣	13枚目	1	
平成5年1月	朝乃涛　誠	青森県	太田　誠	若　松	3枚目	3	
7月	梅の里昭二	茨城県	小泉　昭二	高　砂	13枚目	1	水戸泉実弟
	鳥海龍秀俊	山形県	佐藤　秀俊	鏡　山	9枚目	4	
9月	陸奥北海勝昭	北海道	本間　勝明	安治川	6枚目	10	世話人
	大日岳栄隆	福島県	井戸川栄隆	玉ノ井	7枚目	3	世話人
	清の富士猛	静岡県	薬丸　猛	伊勢ヶ濱	11枚目	2	
	須佐の湖善誉	愛知県	金作　善治	北の湖	2枚目	18	(将兜)
11月	重ノ海博久	鹿児島県	重村　博久	武蔵川	10枚目	1	
平成6年1月	大倭　東洋	石川県	白崎　東洋	入間川	12枚目	1	日大相撲部
3月	隆濤　剛	ブラジル	池森　剛	玉ノ井	8枚目	7	拓大相撲部・学生横綱
	大殿　英武	青森県	伊藤　英武	大　鵬	13枚目	1	
5月	武哲山剛次	兵庫県	栗本　剛	武蔵川	11枚目	7	中大相撲部・アマ横綱

場　所	力士名	出身地	本　名	部　屋	最高位	在位場所数	備　考
平成6年9月	若隼人幸治	鹿児島県	稲子　幸治	宮城野	3枚目	27	
11月	鶴ノ富士智万	鹿児島県	福薗洋一郎	井　筒	9枚目	4	
平成7年3月	五剣山博之	香川県	五藤　博之	二子山	6枚目	11	
9月	大喜　進	米　国	キパパ・パアシー・ポマイカイ	東　関	10枚目	4	
11月	砂浜　正二	米　国	ウイリアム・タイラー・ホプキンス	高　砂	5枚目	10	
	彩豪　一義	埼玉県	墨谷　一義	中　村	5枚目	11	
平成8年1月	琴冠佑源正	北海道	西尾　源正	佐渡ヶ嶽	7枚目	12	
5月	琴嵐　佳史	大阪府	栗　佳史	佐渡ヶ嶽	9枚目	2	
	千代の若秀則	兵庫県	根岸　秀則	九　重	9枚目	4	
平成9年11月	嵐　立磨	広島県	山根　良治	九　重	10枚目	2	
平成10年1月	北勝光康仁	熊本県	堤内　康仁	八　角	10枚目	5	日大相撲部
3月	増健　亘志	高知県	柳川　信行	三保ヶ関	6枚目	14	日大相撲部・学生横綱
5月	出羽平伸一	東京都	平　伸一	出羽海	4枚目	11	日大相撲部
平成11年1月	双筑波勇人	茨城県	廣瀬　昌司	立　浪	13枚目	1	
7月	玉ノ国光国	福島県	岡部　光国	片男波	8枚目	9	東洋大相撲部 玉乃島実兄
9月	琴岩国武士	山口県	藤本　武志	佐渡ヶ嶽	12枚目	3	
平成12年5月	若東龍秀史	茨城県	野寺　秀史	松ヶ根	3枚目	7	
	泉州山喜裕	大阪府	佐藤　喜裕	高　砂	筆頭	26	
7月	富風　悟	愛知県	平川　悟	尾　車	8枚目	7	
9月	国東　始	ブラジル	ヴァンデル・ラモス	玉ノ井	4枚目	10	
	壽山　勝昭	茨城県	石崎　勝昭	押尾川	2枚目	21	
平成13年1月	小緑　貞秀	大阪府	古市　貞秀	阿武松	12枚目	2	近大相撲部（古市）
5月	須磨ノ富士茂雄	兵庫県	足立　茂雄	中　村	9枚目	19	
	若東　吉信	ブラジル	黒田　吉信	玉ノ井	13枚目	1	
11月	若天狼啓介	北海道	上河　啓介	間　垣	2枚目	22	
平成14年3月	北勝岩　治	青森県	原田　治	八　角	10枚目	8	日大相撲部
5月	大翔大豪志	東京都	西野　豪	追手風	筆頭	14	日大相撲部
	琴乃峰篤実	福岡県	堀内　篤実	佐渡ヶ嶽	13枚目	4	
平成15年3月	出羽乃富士智章	長崎県	富永　友和	出羽海	9枚目	7	
	日出ノ国太子郎	栃木県	宮下　成喜	間　垣	13枚目	1	
5月	魁道　康弘	東京都	田中康弘	友　綱	4枚目	11	中大相撲部

場　所	力士名	出身地	本　名	部　屋	最高位	在　位 場所数	備　考
9月	栃不動周二	埼玉県	藤原　周二	春日野	12枚目	3	
平成16年3月	一の谷崇帥	青森県	木田　崇帥	中　村	12枚目	2	
11月	豊乃國大地	新潟県	南　大地	時津風	13枚目	1	
平成17年1月	舞風　昌宏	青森県	佐藤　昌宏	尾　車	10枚目	3	
5月	出羽の郷秀之	埼玉県	川原　秀之	出羽海	14枚目	1	
9月	雷光　肇	大阪府	山口　肇	八　角	11枚目	1	
	白乃波寿洋	熊本県	白石　信広	三保ヶ関 →尾上	4枚目	21	日大相撲部（白石）
	大雷童太郎	福岡県	山口　智史	高田川	2枚目	6	
平成18年5月	出羽鳳太一	大阪府	松本　太一	出羽海	10枚目	3	高校横綱
	皇牙　都嵯	福岡県	森安　篤	高　砂	6枚目	6	弓取り力士
平成19年3月	高見藤英希	岡山県	横山　英希	東　関	13枚目	2	東洋大相撲部・学生横綱・実業団横綱
7月	保志光信一	モンゴル	ドゥブチン・ハグワー	八　角	筆頭	13	
平成20年1月	霧の若太郎	熊本県	岡本　将之	陸　奥	4枚目	13	
3月	北勝国英明	山形県	林　英明	八　角	6枚目	7	
5月	大勇武龍泉	モンゴル	ダワードルジ・オンドラハ	芝田山	10枚目	1	
11月	四ツ車大八	岩手県	山影　誠	伊勢ノ海	8枚目	3	
	大翔湖友樹	東京都	森　友樹	追手風	10枚目	7	日大相撲部・学生横綱
平成21年1月	琴国　晃将	岡山県	作田　幸寛	佐渡ヶ嶽	4枚目	4	
7月	琴禮　巨樹	福岡県	椎葉　巨樹	佐渡ヶ嶽	5枚目	5	
9月	星風　芳宏	モンゴル	ボルド・アマラメンデ	尾　車	3枚目	8	
	徳真鵬元久	三重県	白塚　元久	木瀬→北の湖→木瀬	6枚目	27	朝日大相撲部
平成22年3月	益荒海幸太	愛知県	黒澤　幸太	阿武松	5枚目	10	
9月	仲の国　将	中国	呂　超	湊	12枚目	1	
	城ノ龍康允	モンゴル	エレデンツォグト・オドゲレル→小林光星	中立→境川	筆頭	9	
平成23年7月	華王錦武志	秋田県	村田　武志	東　関	6枚目	2	東洋大相撲部
	飛天龍貴信	福岡県	持丸　貴信	立　浪	13枚目	2	
9月	千代桜右京	東京都	立野　卓	九　重	11枚目	2	日体大相撲部
	千代嵐慶喜	千葉県	渡邊　慶喜	九　重	10枚目	6	
	飛翔富士廣樹	兵庫県	住　洋樹	中　村	13枚目	1	中村→東関
平成24年3月	千昇　秀貴	モンゴル	エンフバートル・バヤルバト	式　秀	14枚目	1	
5月	政風　基嗣	長崎県	北園　基嗣	尾　車	12枚目	3	東洋大相撲部

場　所	力士名	出身地	本　名	部　屋	最高位	在位場所数	備　考
平成24年7月	鬼嵐　力	モンゴル	ウルジーバヤル・ウルジージャルガル	朝日山	7枚目	5	
9月	慶天海孔晴	鹿児島県	慶　孔晴	阿武松	11枚目	1	
	丹蔵　隆浩	石川県	寺下　隆浩	阿武松	6枚目	8	東洋大相撲部
平成25年3月	栃飛龍幸也	静岡県	本間　幸也	春日野	7枚目	5	
5月	希善龍貴司	香川県	亀井　貴司	木瀬→北の湖→木瀬	11枚目	8	日大相撲部
7月	琴弥山幸基	島根県	中倉　幸基	佐渡ヶ嶽	12枚目	2	
11月	肥後ノ城政和	熊本県	緒方　政和	木瀬→北の湖→木瀬	14枚目	1	日体大相撲部
平成26年1月	魁　猛	モンゴル	ヤガーンバートル・バトトゥシグ	芝田山	10枚目	6	放駒→芝田山
7月	若乃島史也	鹿児島県	再田　史也	芝田山	7枚目	7	放駒→芝田山
11月	出羽疾風龍二	愛知県	鈴木　竜一	出羽海	9枚目	6	
平成27年7月	高立　直哉	石川県	高城　立太	木　瀬	13枚目	1	拓大相撲部
11月	朝弁慶大吉	神奈川県	酒井　泰伸	高　砂	7枚目	8	
平成29年1月	力真　樹	熊本県	久保田　樹	立　浪	10枚目	4	
9月	大成道喜悌	青森県	笹山　喜悌	木　瀬	12枚目	2	
平成30年3月	貴公俊　剛	栃木県	上山→染谷　剛	貴乃花→千賀ノ浦	5枚目	4	貴源治と双子の兄弟の兄、貴ノ富士と改名
5月	白鷹山亨将	山形県	齋藤　亨将	高田川	3枚目	17	
7月	千代の海明太郎	高知県	濱町明太郎	九　重	8枚目	15	日体大相撲部
11月	極芯道貴裕	兵庫県	福島　貴裕	錦　戸	13枚目	1	
令和元年5月	彩　尊光	埼玉県	松本　豊	錣　山	11枚目	4	
7月	竜虎　川上	熊本県	川上　竜虎	尾　上	12枚目	2	尾上親方の甥
	木崎海伸之助	沖縄県	木崎伸之助	木　瀬	3枚目	6	日大相撲部
9月	朝玉勢一嗣磨	三重県	玉木一嗣磨	高　砂	12枚目	3	近大相撲部
	魁勝　旦祈	愛知県	本多　旦祈	浅香山	2枚目	12	
令和2年9月	王輝　嘉助	新潟県	小池　一毅	錣　山	13枚目	1	
令和3年3月	貴健斗輝虎	熊本県	水田　健斗	貴乃花→千賀ノ浦→常盤山	4枚目	14	
9月	朝志雄亮賀	三重県	村田　亮	高　砂	13枚目	1	東洋大相撲部
11月	朝乃若　樹	新潟県	寺沢　樹	高　砂	4枚目	6	東洋大相撲部
令和4年1月	紫雷　匠	東京都	芝　匠	木　瀬	11枚目	4	日大相撲部
	琴裕将由拡	奈良県	稲垣　善之	佐渡ヶ嶽	13枚目	2	法大レスリング部中退
3月	島津海　空	鹿児島県	中園　空	松ヶ根→二所ノ関→放駒	2枚目	11	
5月	栃丸　正典	東京都	長谷山正典	春日野	11枚目	3	

場　所	力士名	出身地	本　名	部　屋	最高位	在　位 場所数	備　考
7月	欧勝馬出喜	モンゴル	プレブスレン・ デルゲルバヤル	鳴　戸	3枚目	9	日体大相撲部・ 学生横綱
	千代栄栄太	京都府	岸　栄太	九　重	8枚目	8	
9月	栃武蔵陽太	埼玉県	菅野　陽太	春日野	7枚目	4	中大相撲部・ 学生横綱
11月	對馬洋勝満	長崎県	梅野　勝満	境　川	9枚目	5	日大相撲部
令和5年3月	玉正鳳萬平	モンゴル	エルデンビィール グ・エンクマンライ	片男波	筆頭	5	
5月	藤青雲龍輝	熊本県	東　龍輝	藤　島	6枚目	2	明大相撲部
	時疾風秀喜	宮城県	冨栄　秀喜	時津風	8枚目	3	東農大相撲部
7月	獅司　大	ウクライ ナ	ソコロフスキー・ セルギイ	雷	5枚目	3	
	輝鵬　智貴	熊本県	川副　圭太	宮城野	13枚目	2	日大相撲部・学生 横綱
	勇磨　猛	大阪府	中尾　勇磨	阿武松	13枚目	2	
9月	高橋　優太	福島県	高橋　優太	二所ノ関	9枚目	2	日体大相撲部
	朝紅龍琢馬	大阪府	石崎　拓馬	高　砂	13枚目	2	日体大相撲部
	大の里泰輝	石川県	中村　泰輝	二所ノ関	5枚目	2	日体大相撲部・アマ チュア、学生横綱
	天照鵬真豪	三重県	向中野真豪	宮城野	10枚目	2	
11月	日翔志忠勝	東京都	沢田日登志	追手風	11枚目	1	日大相撲部

資料編

年間最多勝一覧表（1年6場所となった昭和33年以降）

年	力士名	勝数	年	力士名	勝数
昭和33年	若乃花	75勝	平成4年	貴花田	60勝
昭和34年	栃　錦	77勝	平成5年	曙	76勝
昭和35年	大　鵬	66勝	平成6年	貴乃花	80勝
昭和36年	大　鵬	71勝	平成7年	貴乃花	80勝
昭和37年	大　鵬	77勝	平成8年	貴乃花	70勝
昭和38年	大　鵬	81勝	平成9年	貴乃花	78勝
昭和39年	大　鵬	69勝	平成10年	若乃花	67勝
昭和40年	佐田の山	74勝	平成11年	武蔵丸	70勝
昭和41年	柏　戸	71勝	平成12年	曙	76勝
昭和42年	大　鵬	70勝	平成13年	武蔵丸	73勝
	柏　戸	70勝	平成14年	朝青龍	66勝
昭和43年	玉乃島	69勝	平成15年	朝青龍	67勝
昭和44年	北の富士	63勝	平成16年	朝青龍	78勝
昭和45年	北の富士	75勝	平成17年	朝青龍	84勝
	玉の海	75勝	平成18年	朝青龍	67勝
昭和46年	北の富士	73勝	平成19年	白　鵬	74勝
昭和47年	輪　島	63勝	平成20年	白　鵬	79勝
昭和48年	輪　島	77勝	平成21年	白　鵬	86勝
昭和49年	北の湖	73勝	平成22年	白　鵬	86勝
昭和50年	北の湖	71勝	平成23年	白　鵬	66勝（5場所）
昭和51年	輪　島	77勝	平成24年	白　鵬	76勝
昭和52年	北の湖	80勝	平成25年	白　鵬	82勝
昭和53年	北の湖	82勝	平成26年	白　鵬	81勝
昭和54年	北の湖	77勝	平成27年	白　鵬	66勝
昭和55年	北の湖	77勝	平成28年	稀勢の里	69勝
昭和56年	北の湖	69勝	平成29年	白　鵬	56勝
昭和57年	千代の富士	74勝	平成30年	栃ノ心	59勝
昭和58年	隆の里	78勝	平成31年／令和元年	朝乃山	55勝
昭和59年	若嶋津	71勝	令和2年	貴景勝	51勝（5場所）
昭和60年	千代の富士	80勝	令和3年	照ノ富士	77勝
昭和61年	千代の富士	68勝	令和4年	若隆景	57勝
昭和62年	北勝海	74勝	令和5年	霧　島	62勝
昭和63年	旭富士	73勝			
平成元年	北勝海	72勝			
平成2年	旭富士	70勝			
平成3年	霧　島	62勝			

平成・令和年代の大関昇進（令和5年11月現在）

力士名	所属部屋	出身地	大関昇進場所	最終場所での地位
霧島　一博	君ヶ濱→井筒	鹿児島県	平成2年5月	前頭西14枚目
曙　太郎	東　関	米　国	平成4年7月	横　綱
貴乃花　光司	藤島→二子山	東京都	平成5年3月	横　綱
若乃花　勝	藤島→二子山	東京都	平成5年9月	横　綱
貴ノ浪　貞博	藤島→二子山→貴乃花	青森県	平成6年3月	前頭東13枚目
武蔵丸　光洋	武蔵川	米　国	平成6年3月	横　綱
千代大海　龍二	九　重	大分県	平成11年3月	関　脇
出島　武春	武蔵川	石川県	平成11年9月	前頭西13枚目
武双山　正士	武蔵川	茨城県	平成12年5月	大　関
雅山　哲士	武蔵川→藤島	茨城県	平成12年7月	十両東9枚目
魁皇　博之	友　綱	福岡県	平成12年9月	大　関
栃東　大裕	玉ノ井	東京都	平成14年1月	大　関
朝青龍　明徳	若松→高砂	モンゴル	平成14年9月	横　綱
琴欧洲　勝紀	佐渡ヶ嶽	ブルガリア	平成18年1月	関　脇
白鵬　翔	宮城野	モンゴル	平成18年5月	横　綱
琴光喜　啓司	佐渡ヶ嶽	愛知県	平成19年9月	大　関
日馬富士　公平	安治川→伊勢ヶ濱	モンゴル	平成21年1月	横　綱
把瑠都　凱斗	三保ヶ関→尾上	エストニア	平成22年5月	十両東3枚目
琴奨菊　和弘	佐渡ヶ嶽	福岡県	平成23年11月	十両西3枚目
稀勢の里　寛	鳴戸→田子ノ浦	茨城県	平成24年1月	横　綱
鶴竜　力三郎	井筒→鏡山→陸奥	モンゴル	平成24年5月	横　綱
豪栄道　豪太郎	境　川	大阪府	平成26年9月	大　関
照ノ富士　春雄	間垣→伊勢ヶ濱	モンゴル	平成27年7月 （令和3年5月再昇進）	（現役横綱）
高安　晃	鳴戸→田子ノ浦	茨城県	平成29年7月	（現　役）
栃ノ心　剛史	春日野	ジョージア	平成30年7月	十両東5枚目
貴景勝　貴信	貴乃花→千賀ノ浦→常盤山	兵庫県	令和元年5月	（現役大関）
朝乃山　広暉	高　砂	富山県	令和2年7月（番付は5月）	（現　役）
正代　直也	時津風	熊本県	令和2年11月	（現　役）
御嶽海　久司	出羽海	長野県	令和4年3月	（現　役）

力士名	所属部屋	出身地	大関昇進場所	最終場所での地位
霧島　鐵力	陸　奥	モンゴル	令和５年７月	(現役大関)
豊昇龍　智勝	立　浪	モンゴル	令和５年９月	(現役大関)

外国出身の三役力士（昇進順、◎は現役、令和5年11月現在）

力士名	所属部屋	出身国	最高位
高見山　大五郎	高　砂	米　国	関　脇
小錦　八十吉	高　砂	米　国	大　関
曙　太郎	東　関	米　国	横　綱
武蔵丸　光洋	武蔵川	米　国	横　綱
旭鷲山　昇	大　島	モンゴル	小　結
旭天鵬　勝	大島→友綱	モンゴル	関　脇
朝青龍　明徳	若松→高砂	モンゴル	横　綱
朝赤龍　太郎	若松→高砂	モンゴル	関　脇
黒海　太	追手風	ジョージア	小　結
白鵬　翔	宮城野	モンゴル	横　綱
時天空　慶晃	時津風	モンゴル	小　結
琴欧洲　勝紀	佐渡ヶ嶽	ブルガリア	大　関
露鵬　幸生	大鵬→大嶽	ロシア	小　結
日馬富士　公平	安治川→伊勢ヶ濱	モンゴル	横　綱
把瑠都　凱斗	三保ヶ関→尾上	エストニア	大　関
鶴竜　力三郎	井筒→鏡山→陸奥	モンゴル	横　綱
栃ノ心　剛史	春日野	ジョージア	大　関
白馬　毅	立田川→陸奥	モンゴル	小　結
◎玉鷲　一朗	片男波	モンゴル	関　脇
阿覧　欧虎	三保ヶ関→春日野	ロシア	関　脇
臥牙丸　勝	木瀬→北の湖→木瀬	ジョージア	小　結
魁聖　一郎	友綱→大島	ブラジル	関　脇
◎碧山　亘右	田子ノ浦→春日野	ブルガリア	関　脇
◎照ノ富士　春雄	間垣→伊勢ヶ濱	モンゴル	横　綱
逸ノ城　駿	湊	モンゴル	関　脇
◎霧島　鐵力	陸　奥	モンゴル	大　関
◎豊昇龍　智勝	立　浪	モンゴル	大　関

資料編

大学相撲出身三役力士（昇進順、◎は現役、令和5年11月現在）

力士名	所属部屋	出身大学	最高位	力士名	所属部屋	出身大学	最高位
山錦　善治郎	出羽海	関西大	関　脇	追風海　英飛人	友綱→追手風	日本大	関　脇
笠置山　勝一	出羽海	早稲田大	関　脇	琴光喜　啓司	佐渡ヶ嶽	日本大	大　関
豊國　範	時津風	中央大	小　結	栃乃花　仁	春日野	明治大	小　結
豊山　勝男	時津風	東京農大	大　関	高見盛　精彦	東　関	日本大	小　結
輪島　大士	花　籠	日本大	横　綱	玉乃島　新	片男波	東洋大2年中退	関　脇
豊山　廣光	時津風	東京農大	小　結	霜鳳　典雄	時津風	東京農大	小　結
荒勢　永英	花　籠	日本大	関　脇	岩木山　竜太	中立→境川	青森大	小　結
舛田山　靖仁	春日野	拓殖大	関　脇	豪風　旭	尾　車	中央大	関　脇
出羽の花　義貴	出羽海	日本大	関　脇	垣添　徹	武蔵川→藤島	日本体育大	小　結
朝潮　太郎	高　砂	近畿大	大　関	普天王　水	出羽海	日本大	小　結
旭富士　正也	大　島	近畿大1年中退	横　綱	時天空　慶晃	時津風	東京農大	小　結
栃司　哲史	春日野	日本大	関　脇	嘉風　雅継	尾　車	日本体育大	関　脇
栃乃和歌　清隆	春日野	明治大	関　脇	豊真将　紀行	錣　山	日本大1年中退	小　結
両国　梶之助	出羽海	日本大	小　結	◎宝富士　大輔	伊勢ヶ濱	近畿大	関　脇
大翔鳳　昌巳	立　浪	日本大	小　結	◎妙義龍　泰成	境　川	日本体育大	関　脇
舞の海　秀平	出羽海	日本大	小　結	松鳳山　裕也	松ヶ根→二所ノ関	駒沢大	小　結
智乃花　伸哉	立　浪	日本大	小　結	千代大龍　秀政	九　重	日本体育大	小　結
武双山　正士	武蔵川	専修大3年中退	大　関	常幸龍　貴之	北の湖→木瀬	日本大	小　結
濱ノ嶋　啓志	三保ヶ関	日本大	小　結	◎遠藤　聖大	追手風	日本大	小　結
土佐ノ海　敏生	伊勢ノ海	同志社大	関　脇	◎御嶽海　久司	出羽海	東洋大	大　関
玉春日　良二	片男波	中央大	関　脇	◎正代　直也	時津風	東京農大	大　関
出島　武春	武蔵川	中央大	大　関	◎北勝富士　大輝	八　角	日本体育大	小　結
栃乃洋　泰一	春日野	拓殖大	関　脇	◎朝乃山　広暉	高　砂	近畿大	大　関
海鵬　涼至	八　角	日本大	小　結	◎若隆景　渥	荒　汐	東洋大	関　脇
雅山　哲士	武蔵川→藤島	明治大2年中退	大　関	◎翔猿　正也	追手風	日本大	小　結

資料編

出身地別幕内力士一覧 (令和5年11月現在)

(注)地域名の後ろのカッコ内の数字は力士数

地域	力士名（入幕順、カッコ内は最高位）
北海道(66)	三杉磯（善七、関脇）、太刀光（大関）、一ノ濱（前頭４）、旭川（関脇）、巴潟（小結）、松前山（熊義、前頭筆頭）、名寄岩（大関）、四海波（好一郎、前頭 10）、若浪（義光、前頭 19 ＝樺太出身）、輝昇（関脇）、斜里錦（前頭 18）、十勝岩（前頭筆頭）、緑島（英三、前頭４）、千代の山（横綱）、吉葉山（横綱）、藤錦（前頭 18）、大晃（小結）、北の洋（関脇）、櫻國（前頭 11）、双ツ龍（前頭筆頭）、大龍（前頭 19）、羽黒山（礎丞、関脇）、北葉山（大関）、明武谷（関脇）、大鵬（横綱）、羽黒花（関脇）、栗家山（前頭５）、玉嵐（前頭４）、高鉄山（関脇）、沢光（小結）、北の富士（横綱）、北ノ國（前頭 10）、松前山（武士、前頭９）、長谷川（関脇）、大心（前頭８）、禊鳳（前頭２）、藤ノ川（豪人、関脇）、若吉葉（前頭６）、北の花（前頭６）、朝登（前頭２）、旭國（大関）、大雪（前頭３）、大受（大関）、金剛（関脇）、北の湖（横綱）、双津竜（小結）、北瀬海（関脇）、凌駕（前頭 13）、琴乃富士（前頭５）、千代の富士（横綱）、琴ヶ嶽（前頭筆頭）、千代櫻（前頭５）、琴若（前頭２）、北天佑（大関）、琴千歳（前頭５）、騏ノ嵐（前頭２）、王湖（前頭 14）、大乃国（横綱）、北勝海（横綱）、北勝鬨（前頭３）、大翔鳳（小結）、立洸（前頭６）、旭大星（前頭８）、矢後（前頭 10）、一山本（前頭 8）、北青鵬（前頭6、番付は北海道だが出生はモンゴル）
青森県(71)	浪ノ音（関脇）、千年川（小結）、綾浪（関脇）、雲竜（前頭７）、八甲山（前頭４）、十三ノ浦（前頭９）、櫻川（前頭２）、立汐（前頭 13）、小ノヶ崎（前頭５）、綾川（五郎次、関脇）、大ノ高（前頭 10）、大ノ里（大関）、綾錦（由之丞、張出前頭＝筆頭格）、清水川（元吉、大関）、外ヶ濱（前頭筆頭）、潮ヶ濱（前頭 11）、鏡岩（大関）、綾川（五郎次＝綾櫻、関脇）、藤ノ里（前頭５）、綾ノ浪（前頭７）、鷹城山（前頭５）、綾若（前頭５）、松ノ里（前頭３）、櫻錦（小結）、武ノ里（前頭 14）、陸奥ノ里（前頭６）、鏡里（横綱）、鬼竜川（前頭６）、柏農山（前頭 21）、梅錦（前頭 20）、神錦（前頭５）、若乃花（幹士＝初代、横綱）、出羽湊（前頭筆頭）、出羽ノ花（好秀、前頭 13）、大瀬川（前頭６）、芳野嶺（前頭８）、青ノ里（関脇）、栃ノ海（横綱）、追風山（前頭６）、一乃矢（前頭４）、二子岳（小結）、陸奥嵐（関脇）、貴ノ花（大関）、魁罡（前頭５）、栃勇（前頭７）、若獅子（小結）、若乃花（幹士＝２代、横綱）、隆の里（横綱）、魁輝（関脇）、出羽の花（関脇）、三杉磯（拓也、前頭２）、大眈（前頭８）、旭富士（横綱）、舞の海（小結）、貴ノ浪（大関）、浪之花（小結）、若の里（関脇）、海鵬（小結）、追風海（関脇）、十文字（前頭６）、高見盛（小結）、安美錦（関脇）、岩木山（竜太、小結）、寶智山（前頭 14）、安壮富士（前頭 13）、将司（前頭８）、武州山（前頭３）、宝富士（関脇）、誉富士（前頭６）、阿武咲（小結）、錦富士（前頭 3）

資料編

地域	力士名（入幕順、カッコ内は最高位）
岩手県(11)	宮城山（福松、横綱）、柏戸（秀剛、前頭筆頭）、宮錦（小結）、及川（前頭10）、大田山（前頭20）、前田川（関脇）、花光（前頭３）、若ノ海（正照、前頭２）、影虎（前頭11）、栃乃花（小結）、錦木（小結）
宮城県(23)	駒ヶ嶽（大関）、大崎（前頭５）、大戸平（関脇）、真砂石（浜五郎、小結）、宮城山（正見、小結）、駒泉（前頭２）、白岩（前頭２）、小牛田山（前頭２）、真砂石（三郎、前頭５）、綾昇（関脇）、桂川（質郎、前頭筆頭）、富ノ山（前頭４）、伊達ノ花（前頭15）、青葉山（徳雄、前頭４）、廣瀬川（前頭３）、明瀬川（前頭13）、宮城海（前頭15）、扇山（前頭５）、青葉城（関脇）、青葉山（弘年、小結）、高望山（関脇）、春日富士（前頭筆頭）、五城楼（前頭３）
秋田県(37)	男嶋（前頭12）、大蛇潟（粂蔵、関脇）、勝閧（番付外＝前頭８枚目格）、日本海（前頭16）、両國（梶之助＝松ヶ崎、関脇）、一湊（前頭４）、清瀬川（関脇）、能代潟（大関）、光風（小結）、楯錦（前頭筆頭）、大蛇山（前頭筆頭）、新海（関脇）、幡瀬川（関脇）、若瀬川（栄蔵、前頭筆頭）、大浪（前頭３）、出羽湊（関脇）、照國（横綱）、清美川（前頭筆頭）、大ノ森（前頭５）、大ノ海（久光、前頭３）、前ノ山（政三＝醍醐山、前頭13）、大蛇潟（金作、前頭筆頭）、小坂川（前頭17）、緋縅（力弥、前頭10）、白龍山（慶裕、前頭12）、豊山（鬼吉、前頭17）、若ノ海（周治、小結）、平鹿川（前頭13）、大ノ浦（前頭16）、清ノ森（前頭９）、開隆山（関脇）、若駒（前頭８）、清國（大関）、大豪（健嗣、前頭11）、花乃湖（小結）、巴冨士（小結）、豪風（関脇）
山形県(16)	柏山（吾郎、前頭７）、小錦（八十吉＝山泉、小結）、綾瀬川（番付外＝前頭５枚目格）、釋迦ヶ嶽（前頭３）、達ノ矢（前頭２）、朝緑（前頭13）、出羽ヶ嶽（関脇）、岩木山（謙治郎、前頭15）、柏戸（剛、横綱）、蔵玉錦（前頭筆頭）、大ノ海（敬士、前頭４）、神幸（前頭８）、若瀬川（剛充、前頭筆頭）、琴ノ若（関脇）、大岩戸（前頭16）、北の若（前頭17）
福島県(12)	藤見嶽（前頭３）、平ノ石（前頭４）、信夫山（秀之助、前頭２）、時津山（関脇）、信夫山（治貞、関脇）、常錦（前頭筆頭）、栃東（知頼、関脇）、斉須（前頭2）、玉乃島（関脇）、双大竜（前頭15）、若隆景（関脇）、若元春（関脇）
茨城県(23)	常陸山（横綱）、稲瀬川（前頭筆頭）、有村（前頭３）、上ヶ汐（前頭３）、御西山（前頭６）、男女ノ川（横綱）、筑波嶺（前頭２）、鹿嶋洋（前頭筆頭）、常陸海（前頭12）、大内山（大関）、七ツ海（前頭12）、海乃山（関脇）、若浪（順、小結）、多賀竜（関脇）、水戸泉（関脇）、日立龍（前頭14）、武双山（大関）、大至（前頭３）、雅山（大関）、稀勢の里（横綱）、高安（大関）、天空海（前頭10）、武将山（前頭14）
栃木県(９)	若湊（小結）、宇都宮（前頭２）、栃木山（横綱）、岩木山（孫平、前頭６）、阿久津川（前頭筆頭）、八染（前頭16）、玉ノ富士（関脇）、北勝力（関脇）、貴源治（前頭10）
群馬県(６)	白梅（張出前頭・幕尻＝前頭18枚目格）、栃赤城（関脇）、起利錦（前頭２）、琴稲

地域	力士名（入幕順、カッコ内は最高位）
群馬県	妻（小結）、琴錦（功宗、関脇）、湊富士（前頭２）
埼玉県（13）	紅葉川（小結）、若葉山（貞雄、小結）、若秩父（関脇）、栃富士（前頭３）、小沼（前頭９）、大若松（前頭 13）、駿傑（前頭 12）、境澤（前頭 15）、山本山（前頭９）、剣武（前頭 16）、大栄翔（関脇）、北勝富士（小結）、阿炎（関脇）
千葉県（36）	高見山（酉之助、関脇）、紫雲竜（前頭筆頭）、鳳（横綱）、五十嵐（前頭４）、竜ヶ崎（小結）、緋縅（祐光、前頭 17）、稲葉嶽（前頭 14）、千葉ヶ崎（大関）、若葉山（鐘、関脇）、銚子灘（前頭 14）、大ノ濱（前頭４）、金湊（前頭５）、一渡（前頭 18）、竹旺山（前頭 16）、神若（前頭 12）、松登（大関）、星甲（昌男、前頭４）、房錦（関脇）、君錦（前頭３）、麒麟児（関脇）、岩波（前頭８）、富士乃真（前頭筆頭）、琴富士（関脇）、旭豪山（前頭９）、小城ノ花（昭和、前頭２）、大刀光（前頭 15）、小城錦（小結）、敷島（前頭筆頭）、闘牙（小結）、春日錦（前頭５）、若荒雄（小結）、舛ノ山（前頭４）、旭日松（前頭 11）、隆の勝（関脇）、琴ノ若（関脇）、琴勝峰（前頭３）
東京都（49）	伊勢ノ濱（慶太郎、大関）、鶴渡（前頭筆頭）、小常陸（関脇）、石山（前頭筆頭）、玉ノ川（前頭 17）、常陸岩（大関）、駒ノ里（前頭２）、雷山（前頭 12）、小嶋川（前頭５）、神東山（前頭４）、九ヶ錦（前頭３）、有明（前頭 11）、東富士（横綱）、葦葉山（前頭 12）、緑國（前頭９）、三根山（大関）、大岩山（前頭９）、栃錦（横綱）、出羽錦（関脇）、國登（小結）、大江戸（前頭 16）、東海（前頭 14）、岩風（関脇）、宇多川（前頭３）、東錦（前頭 15）、義ノ花（前頭筆頭）、龍虎（小結）、黒瀬川（国由、小結）、若の富士（前頭２）、孝乃富士（小結）、貴乃花（横綱）、若乃花（勝、横綱）、若翔洋（関脇）、玉海力（前頭８）、栃東（大裕、大関）、玉力道（前頭８）、鳥羽の山（前頭 13）、若兎馬（前頭 11）、北太樹（前頭２）、大道（前頭８）、富士東（前頭４）、千代大龍（小結）、皇風（前頭 13）、常幸龍（小結）、英乃海（前頭６）、剣翔（前頭７）、翔猿（小結）、王鵬（前頭 6）、東白龍（前頭 15）
神奈川県（14）	雷ノ峰（前頭３）、武藏山（横綱）、相模川（関脇）、若潮（前頭６）、若羽黒（大関）、金乃花（小結）、廣川（小結）、隆三杉（小結）、栃纒（前頭 11）、鬼雷砲（前頭４）、朝乃翔（前頭２）、友風（前頭３）、荒篤山（前頭 16）、湘南乃海（前頭５）
新潟県（19）	柏戸（宗五郎、小結）、陣立（前頭６）、浦ノ濱（関脇）、藤ノ川（雷五郎、関脇）、柏山（大五郎、関脇）、高ノ花（前頭８）、越ノ海（前頭６）、番神山（前頭２）、羽黒山（政司、横綱）、佐渡ヶ嶋（前頭 12）、起雲山（前頭 19）、豊山（勝男、大関）、黒姫山（関脇）、豊山（廣光、小結）、大錦（一徹、小結）、太寿山（関脇）、大豊（小結）、霜鳳（小結）、豊山（亮太、前頭筆頭）
富山県（22）	梅ヶ谷（２代、横綱）、緑嶋（友之助、小結）、太刀山（横綱）、玉椿（関脇）、小柳（前頭２）、氷見ヶ濱（前頭 13）、黒瀬川（浪之助、関脇）、寒玉子（前頭９）、山田川（前頭 13）、敷嶋（前頭４）、琴ヶ浦（前頭筆頭）、射水川（健太郎、小結）、若太刀（前

資料編

地域	力士名（入幕順、カッコ内は最高位）
富山県	頭６）、吉野山（前頭筆頭）、池田川（前頭４）、剣岳（前頭２）、大八洲（前頭 10）、若見山(関脇)、大旺(前頭４)、琴ヶ梅(関脇)、駒不動(前頭 13)、朝乃山(大関)
石川県（17）	大ノ川（小結）、兼六山（前頭 13）、出羽ノ花（國市、前頭筆頭）、綾錦（久五郎、前頭 11）、小松山（前頭３）、立田野（前頭７）、清恵波（前頭２）、天津風（前頭３）、時葉山（前頭２）、輪島（横綱）、舛田山（関脇）、大翔山（前頭２）、出島（大関）、栃乃洋（関脇）、遠藤（小結）、輝（前頭３）、炎鵬（前頭４）
福井県（６）	大緑（前頭３）、梅ノ花（前頭４）、玉手山（関脇）、福ノ海（前頭 10）、天龍（前頭筆頭）、大徹（小結）
山梨県（９）	甲（前頭４）、若港（前頭３）、甲斐錦（前頭 12）、吉田川（前頭 13）、甲斐ノ山（前頭 10）、富士錦（小結）、富士櫻（関脇）、大乃花（前頭 13）、竜電（小結）
長野県（８）	槍ヶ嶽（前頭９）、太郎山（前頭５）、高登（関脇）、信州山（前頭４）、大昇（前頭筆頭）、若嵐（前頭 18）、大鷲（前頭３）、御嶽海（大関）
岐阜県（８）	羽島山（関脇）、前ヶ潮（前頭 18）、若ノ國（前頭８）、荒岐山（前頭 11）、嵐山（前頭 12）、飛彈乃花（前頭筆頭）、蜂矢（前頭６）、恵那櫻（前頭筆頭）
静岡県（10）	綾鬼（前頭５）、天竜（関脇）、天城山（前頭 17）、駿河海（前頭 14）、和錦（前頭 13）、潮丸（前頭 10）、片山（前頭 13）、磋牙司（前頭９）、翠富士（前頭筆頭）、熱海富士（前頭 8）
愛知県（21）	錦戸（前頭 15）、鯱ノ里（前頭３）、愛知山（前頭４）、若前田（関脇）、栃王山（前頭筆頭）、玉の海（横綱）、若二瀬（小結）、和晃（前頭筆頭）、大飛（前頭２）、鳳凰（関脇）、栃剣（前頭２）、栃司（関脇）、藤ノ川（祐兒、前頭３）、朝乃若（前頭筆頭）、旭豊（小結）、琴光喜（大関）、武雄山（前頭筆頭）、春ノ山（前頭 10）、玉飛鳥（前頭９）、清瀬海（前頭 13）、明瀬山（前頭 12）
三重県（10）	太刀若（前頭６）、十三錦（前頭７）、三濱洋（前頭 20）、三重ノ海（横綱）、琴風（大関）、巨砲（関脇）、双羽黒（横綱）、皣司（前頭 11）、千代の国（前頭筆頭）、志摩ノ海（前頭３）
滋賀県（７）	大鳴門（関脇）、近江富士（小結）、伊吹山（前頭 11）、蔵間（関脇）、三杉里（小結）、蒼樹山（前頭筆頭）、鳰の湖（前頭 16）
京都府（４）	桂川（力蔵、前頭５）、若天龍（前頭筆頭）、大文字（前頭５）、大碇（前頭 11）
大阪府（37）	尼ヶ崎（小結）、碇潟（前頭筆頭）、千船川（番付外＝前頭５枚目格）、鉄甲（番付外＝前頭 15 枚目格）、朝日松（番付外＝前頭筆頭格）、大錦（卯一郎、横綱）、常陸嶋（前頭５）、山錦（関脇）、泉洋（藤太郎、前頭７）、朝光（前頭６）、大嶋（前頭 11）、駒錦（前頭 13）、磐石（関脇）、楯甲（前頭筆頭）、豊嶋（関脇）、二瀬山（前頭２）、島錦（前頭筆頭）、泉洋（辰夫、前頭６）、小野錦（喜三郎、前頭 16）、黒獅子（前頭 12）、淺瀬川（前頭筆頭）、前の山（大関）、朝嵐（前頭 12）、照櫻（前頭７）、佐田

地域	力士名（入幕順、カッコ内は最高位）
大阪府	の海（鴻嗣、小結）、花ノ国（前頭筆頭）、龍興山（前頭５）、旭里（前頭 14）、大善（小結）、剣晃（小結）、大飛翔（前頭 10）、千代天山（小結）、豪栄道（大関）、勢（関脇）、大翔丸（前頭５）、宇良（前頭筆頭）、豪ノ山（前頭４）
兵庫県（39）	神崎（前頭 13）、明石竜（前頭 10）、四海波（太郎、小結）、苅藻川（前頭８）、司天竜（前頭筆頭）、鬼風（前頭付出＝７枚目格）、荒熊（前頭６）、錦城山（前頭２）、伊勢ノ濱（寅之助、前頭６）、錦華山（前頭２）、小野錦（仁之助、前頭 11）、三熊山（前頭 12）、増位山（大志郎＝父、大関）、若瀬川（泰二、小結）、汐ノ海（大関）、清水川（明於、小結）、鳴門海（前頭筆頭）、成山（小結）、羽子錦（前頭 10）、若鳴門（前頭６）、朝岡（前頭 10）、大竜川（前頭筆頭）、大位山（前頭 12）、増位山（太志郎＝子、大関）、播竜山（小結）、闘竜（関脇）、白竜山（憲史、前頭 13）、貴闘力（関脇）、巌雄（前頭筆頭）、琴龍（前頭筆頭）、大日ノ出（前頭９）、皇司（前頭４）、若光翔（前頭 14）、若麒麟（前頭９）、栃乃若（前頭筆頭）、妙義龍（関脇）、北磻磨（前頭 15）、貴景勝（大関）、照強（前頭３）
奈良県（９）	鶴ヶ濱（小結）、真鶴（小結）、大和錦（前頭４）、笠置山（関脇）、二瀬川（関脇）、高津山（関脇）、力櫻（前頭４）、大真鶴（前頭 16）、德勝龍（前頭２）
和歌山県（14）	大湊（前頭３）、相生（関脇）、高ノ山（前頭６）、玉碇（前頭筆頭）、和歌嶋（小結）、双子岩（前頭５）、増巳山（前頭 13）、那智ノ山（前頭 19）、栃乃和歌（関脇）、久島海（前頭筆頭）、大輝煌（前頭 15）、和歌乃山（小結）、若孜（前頭 12）、木村山（前頭７）
鳥取県（4）	因州山（前頭 14）、琴櫻（横綱）、石浦（前頭５）、伯桜鵬（前頭９）
島根県（3）	若常陸（前頭筆頭）、太刀ノ海（前頭３）、隠岐の海（関脇）
岡山県（６）	常ノ花（横綱）、友ノ浦（前頭７）、大邱山（関脇）、常ノ山（前頭２）、岡ノ山（前頭５）、鷲羽山（関脇）
広島県（８）	常陸嶽（前頭２）、安藝ノ海（横綱）、備州山（関脇）、大熊（前頭６）、安芸乃島（関脇）、安芸ノ州（前頭９）、北桜（前頭９）、豊桜（前頭５）
山口県（4）	防長山（前頭 11）、魁傑（大関）、豊真将（小結）、豊響（前頭２）
徳島県（８）	國ヶ岩（番付外＝幕尻・前頭 18 枚目格）、鳴門洋（前頭５）、東雲（小結）、海光山（前頭２）、吉野岩（前頭５）、秀湊（前頭 17）、港龍（前頭４）、時津洋（前頭４）
香川県（９）	八嶋山（前頭２）、錦洋（慶祐、前頭 11）、神風（関脇）、琴錦（登、小結）、琴ヶ濱（大関）、神生山（前頭 15）、大豪（久照、関脇）、琴勇輝（関脇）、天風（前頭 13）
愛媛県（11）	朝潮（太郎＝朝嵐、大関）、朝響（前頭２）、射水川（成吉、前頭４）、前田山（横綱）、朝若（前頭 21）、楯甲（幸男、前頭 18）、前ノ山（政三＝佐田岬、前頭 14）、愛宕山（前頭３）、鯉の勢（前頭 12）、宮ノ花（前頭 12）、玉春日（関脇）
高知県（15）	國見山（大関）、鏡川（前頭２）、土州山（役太郎、前頭筆頭）、加勝山（前頭 14）、

資料編

地域	力士名（入幕順、カッコ内は最高位）
高知県	矢筈山（小結）、玉錦（横綱）、寶川（前頭３）、晴ノ海（前頭 12）、土州山（好一郎、前頭４）、荒勢（関脇）、朝潮（太郎＝長岡、大関）、土佐ノ海（関脇）、豊ノ島（関脇）、栃煌山（関脇）、土佐豊（前頭筆頭）
福岡県（37）	佐賀ノ海（前頭６）、九州山（十郎、大関）、大門岩（関脇）、大潮（又吉、関脇）、福柳（関脇）、開月（前頭 13）、古賀ノ浦（前頭筆頭）、沖ツ海（関脇）、大潮（清治郎、関脇）、九州山（義雄、小結）、竜王山（前頭２）、倭岩（前頭 13）、小戸ヶ岩（前頭15）、豊錦（前頭 18 枚目格）、九州錦（前頭２）、大起（小結）、藤田山（前頭 12）、吉井山（前頭 11）、福ノ里（前頭 13）、豊登（前頭 15）、時錦（小結）、若杉山（前頭筆頭）、若乃洲（前頭５）、大潮（憲司、小結）、丸山（前頭 13）、玉輝山（小結）、益荒雄（関脇）、前乃臻（小結）、竹葉山（前頭 13）、豊ノ海（真二、前頭筆頭）、貴ノ嶺（前頭 12）、栃乃藤（前頭 11）、魁皇（大関）、琴奨菊（大関）、琴春日（前頭７）、松鳳山（小結）、大喜鵬（前頭 16）
佐賀県（11）	松浦潟（小結）、佐賀ノ花（大関）、海山（前頭２）、小城ノ花（正昭、関脇）、天津灘（前頭 18）、宮柱（前頭 11）、荒波（前頭４）、大麒麟（大関）、天ノ山（前頭筆頭）、佐賀昇（前頭 14）、栃栄（前頭筆頭）
長崎県（23）	有明（吾郎、小結）、両國（梶之助＝国岩、小結）、對馬洋（大関）、肥州山（関脇）、常盤野（前頭８）、両國（梶之助＝瓊ノ浦、関脇）、玉ノ海（関脇）、五ツ嶋（大関）、五ツ海（小結）、平ノ戸（前頭 17）、五ツ洋（前頭９）、福田山（前頭４）、佐田の山（横綱）、吉の谷（前頭４）、嗣子鵬（前頭２）、玉龍（小結）、両国（梶之助＝小林山、小結）、出羽嵐（前頭 14）、金開山（前頭６）、時津海（前頭３）、隆乃若（関脇）、佐田の富士（前頭２）、平戸海（前頭 5）
熊本県（25）	阿蘇ヶ嶽（小結）、鞍ヶ嶽（前頭筆頭）、稲ノ森（前頭 14）、八方山（前頭筆頭）、不動岩（関脇）、玉櫻（前頭 20）、潮錦（小結）、栃光（正之、大関）、高錦（前頭 11）、天水山（前頭 10）、福の花（関脇）、吉王山（前頭２）、白田山（前頭４）、牧本（前頭 12）、巌虎（前頭７）、肥後ノ海（前頭筆頭）、智乃花（小結）、濱ノ嶋（小結）、濱錦（前頭 11）、普天王（小結）、千代白鵬（前頭６）、芳東（前頭 12）、天鎧鵬（前頭８）、佐田の海（貴士、前頭筆頭）、正代（大関）
大分県（13）	豊國（福馬、大関）、双葉山（横綱）、双見山（前頭筆頭）、玉乃海（関脇）、豊ノ海（義美、前頭 18）、玉響（前頭２）、豊國（範、小結）、谷嵐（前頭４）、板井（小結）、琴別府（前頭筆頭）、千代大海（大関）、垣添（小結）、嘉風（関脇）
宮崎県（3）	羽黒岩（小結）、栃光（興福、関脇）、琴恵光（前頭４）
鹿児島県（33）	西ノ海（嘉治郎＝２代、横綱）、西ノ海（嘉治郎＝３代、横綱）、逆鉾（盛吉、前頭筆頭）、錦洋（与三郎、関脇）、星甲（實義、前頭２）、國ノ濱（前頭５）、鶴ヶ嶺（道芳、前頭２）、源氏山（前頭 15）、朝潮（太郎＝米川、横綱）、鶴ヶ嶺（昭男、関脇）、太

地域	力士名（入幕順、カッコ内は最高位）
鹿児島県	刀風（前頭20）、朝ノ海（前頭９）、大雄（前頭筆頭）、逆鉾（與治郎、前頭６）、大豜（前頭筆頭）、若嶋津（大関）、逆鉾（伸重、関脇）、陣岳（小結）、霧島（大関）、寺尾（関脇）、薩洲洋（前頭筆頭）、旭道山（小結）、星岩涛（前頭14）、常の山（前頭12）、光法（前頭９）、隆の鶴（前頭８）、里山（前頭12）、旭南海（前頭16）、千代鳳（小結）、千代丸（前頭５）、千代ノ皇（前頭14）、大奄美（前頭11）、明生（関脇）
沖縄県（5）	琉王（前頭筆頭）、琴椿（前頭３）、若ノ城（前頭６）、琉鵬（前頭16）、美ノ海（前頭15）
米国（6）	高見山（大五郎、関脇）、小錦（八十吉、大関）、曙（横綱）、武蔵丸（横綱）、大和（前頭12）、戦闘竜（前頭12）
モンゴル（28）	旭鷲山（小結）、旭天鵬（関脇）、朝青龍（横綱）、朝赤龍（関脇）、白鵬（横綱）、時天空（小結）、日馬富士（横綱）、鶴竜（横綱）、龍皇（前頭８）、白馬（小結）、光龍（前頭11）、玉鷲（関脇）、翔天狼（前頭２）、猛虎浪（前頭６）、徳瀬川（前頭筆頭）、旭秀鵬（前頭４）、東龍（前頭11）、鏡桜（前頭９）、貴ノ岩（前頭２）、照ノ富士（横綱）、荒鷲（前頭２）、逸ノ城（関脇）、青狼（前頭14）、千代翔馬（前頭２）、大翔鵬（前頭９）、霧島（ 鐵力、大関）、豊昇龍（大関）、水戸龍（前頭15）
ロシア（6）	露鵬（小結）、白露山（前頭２）、若ノ鵬（前頭筆頭）、阿覧（関脇）、阿夢露（前頭５）、狼雅（前頭16）
ジョージア（3）	黒海（小結）、栃ノ心（大関）、臥牙丸（小結）
ブルガリア（2）	琴欧洲（大関）、碧山（関脇）
チェコ（1）	隆の山（前頭12）
ブラジル（1）	魁聖（関脇）
サモア（1）	南海龍（前頭２）
エジプト（1）	大砂嵐（前頭筆頭）
エストニア（1）	把瑠都（大関）
カザフスタン（1）	金峰山（前頭５）
中国（１）	蒼国来（前頭２）
韓国（１）	春日王（前頭３）
北朝鮮（１）	力道山（番付は長崎県出身、関脇）

年寄一覧

（令和5年11月現在）

年寄名	現役時代の四股名・最高位	年寄名	現役時代の四股名・最高位
八角理事長	横綱北勝海	高田川	関脇安芸乃島
芝田山理事	横綱大乃国	朝日山	関脇琴錦
陸奥理事	大関霧島	錣　山	関脇寺尾
春日野理事	関脇栃乃和歌	片男波	関脇玉春日
花籠理事	関脇太寿山	立　川	関脇土佐ノ海
佐渡ヶ嶽理事	関脇琴ノ若	谷　川	関脇北勝力
境川理事	小結両国	放　駒	関脇玉乃島
出羽海理事	前頭２小城ノ花	竹　縄	関脇栃乃洋
伊勢ノ海理事	前頭３北勝関	大　島	関脇旭天鵬
藤島副理事	大関武双山	西　岩	関脇若の里
若松副理事	前頭筆頭朝乃若	高　砂	関脇朝赤龍
粂川副理事	小結琴稲妻	押尾川	関脇豪風
伊勢ヶ濱	横綱旭富士	安治川	関脇安美錦
武蔵川	横綱武蔵丸	中　村	関脇嘉風
二所ノ関	横綱稀勢の里	清見潟	関脇栃煌山
鶴　竜	横綱鶴竜	荒　磯	関脇琴勇輝
宮城野	横綱白鵬	春日山	関脇勢
大鳴戸	大関出島	友　綱	関脇魁聖
玉ノ井	大関栃東	君ヶ濱	関脇隠岐の海
九　重	大関千代大海	常盤山	小結隆三杉
浅香山	大関魁皇	玉　垣	小結智乃花
二子山	大関雅山	富士ヶ根	小結大善
鳴　戸	大関琴欧洲	中　立	小結小城錦
武　隈	大関豪栄道	立　浪	小結旭豊
秀ノ山	大関琴奨菊	二十山	小結栃乃花
錦　戸	関脇水戸泉	尾　上	小結濱ノ嶋

年寄名	現役時代の四股名・最高位
関ノ戸	小結岩木山
稲　川	小結普天王
雷	小結垣添
東　関	小結高見盛
不知火	小結若荒雄
立田川	小結豊真将
大　山	小結千代鳳
山　分	前頭筆頭武雄山
三保ヶ関	前頭筆頭栃栄
陣　幕	前頭筆頭富士乃真
木　瀬	前頭筆頭肥後ノ海
枝　川	前頭筆頭蒼樹山
浦　風	前頭筆頭敷島
時津風	前頭筆頭土佐豊
山　響	前頭筆頭巌雄
佐ノ山	前頭筆頭千代の国
勝ノ浦	前頭２起利錦
追手風	前頭２大翔山
湊	前頭２湊富士
出来山	前頭２佐田の富士
小野川	前頭２北太樹
錦　島	前頭２翔天狼
荒　汐	前頭２枚目蒼国来
山　科	前頭２豊響
千田川	前頭２徳勝龍
濱　風	前頭３五城楼
白　玉	前頭３琴椿

年寄名	現役時代の四股名・最高位
待乳山	前頭３武州山
若　藤	前頭４皇司
間　垣	前頭５石浦
高　崎	前頭６金開山
楯　山	前頭６誉富士
岩　友	前頭７木村山
松ヶ根	前頭８玉力道
田子ノ浦	前頭８隆の鶴
阿武松	前頭８大道
北　陣	前頭８天鎧鵬
式　秀	前頭９北桜
熊ヶ谷	前頭９玉飛鳥
甲　山	前頭 11 大碇
桐　山	前頭 11 旭日松
千賀ノ浦	前頭 12 里山
井　筒	前頭 12 明瀬山
中　川	前頭 14 旭里
振　分	前頭 14 寶智山
大　嶽	十両４大竜

以下は相撲協会の「再雇用制度」適用者

湊川（元小結大徹）、峰崎（元前頭２三杉磯）、尾車（元大関琴風）、立田山（元前頭筆頭薩洲洋）、高島（元関脇高望山）、鏡山（元関脇多賀竜）、入間川（元関脇栃司）

（注）再雇用制度により、65 歳の相撲協会定年後も年寄に再雇用が適用されている。

相撲部屋住所録（令和5年11月現在、五十音順）

部屋名（親方現役四股名）	所　在　地
浅香山部屋（大関魁皇）	130-0021 東京都墨田区緑4－21－1
安治川部屋（関脇安美錦）	135-0014 東京都江東区石島4－1
朝日山部屋（関脇琴錦）	273-0128 千葉県鎌ケ谷市くぬぎ山2－1－5
荒汐部屋（前頭2枚目蒼国来）	103-0007 東京都中央区日本橋浜町2－47－2
伊勢ヶ濱部屋（横綱旭富士）	135-0001 東京都江東区毛利1－7－4
伊勢ノ海部屋（前頭3枚目北勝鬨）	112-0011 東京都文京区千石1－22－2
雷部屋（小結垣添）	338-0006 埼玉県さいたま市中央区八王子3－32－12
追手風部屋（前頭2枚目大翔山）	340-0022 埼玉県草加市瀬崎5－32－22
大島部屋（関脇旭天鵬）	130-0002 東京都墨田区業平3－1－9
阿武松部屋（前頭8枚目大道）	275-0014 千葉県習志野市鷺沼5－15－14
大嶽部屋（十両4枚目大竜）	135-0024 東京都江東区清澄2－8－3
押尾川部屋（関脇豪風）	131-0044 東京都墨田区文花3－6－3
尾上部屋（小結濱ノ嶋）	146-0082 東京都大田区池上8－8－8
春日野部屋（関脇栃乃和歌）	130-0026 東京都墨田区両国1－7－11
片男波部屋（関脇玉春日）	130-0011 東京都墨田区石原1－33－9
木瀬部屋（前頭筆頭肥後ノ海）	130-0023 東京都墨田区立川1－16－8
九重部屋（大関千代大海）	124-0022 東京都葛飾区奥戸1－21－14
境川部屋（小結両国）	121-0831 東京都足立区舎人4－3－16
佐渡ヶ嶽部屋（関脇琴ノ若）	270-2215 千葉県松戸市串崎南町39
式秀部屋（前頭9枚目北桜）	301-0032 茨城県龍ヶ崎市佐貫4－17－17
錣山部屋（関脇寺尾）	135-0024 東京都江東区清澄3－6－2
芝田山部屋（横綱大乃国）	168-0072 東京都杉並区高井戸東2－26－9
高砂部屋（関脇朝赤龍）	130-0004 東京都墨田区本所3－5－4
高田川部屋（関脇安芸乃島）	135-0024 東京都江東区清澄2－15－7

部屋名（親方現役四股名）	所　在　地
武隈部屋（大関豪栄道）	145-0067 東京都大田区雪谷大塚町14－22
田子ノ浦部屋（前頭８枚目隆の鶴）	133-0052 東京都江戸川区東小岩4－9－20
立浪部屋（小結旭豊）	111-0023 東京都台東区橋場1－16－5
玉ノ井部屋（大関栃東）	123-0841 東京都足立区西新井4－1－1
出羽海部屋（前頭２枚目小城ノ花）	130-0026 東京都墨田区両国2－3－15
時津風部屋（前頭筆頭土佐豊）	130-0026 東京都墨田区両国3－15－4
常盤山部屋（小結隆三杉）	174-0063 東京都板橋区前野町6－32－3
鳴戸部屋（大関琴欧洲）	130-0033 東京都墨田区向島1－22－16
西岩部屋（関脇若の里）	111-0042 東京都台東区寿4－4－9
錦戸部屋（関脇水戸泉）	130-0014 東京都墨田区亀沢1－16－7
二所ノ関部屋（横綱稀勢の里）	300-1152 茨城県稲敷郡阿見町荒川本郷139－1
八角部屋（横綱北勝海）	130-0014 東京都墨田区亀沢1－16－1
放駒部屋（関脇玉乃島）	121-0073 東京都足立区六町1－1－11
藤島部屋（大関武双山）	116-0014 東京都荒川区東日暮里4－27－1
二子山部屋（大関雅山）	125-0052 東京都葛飾区柴又2－10－13
陸奥部屋（大関霧島）	130-0026 東京都墨田区両国1－18－7
湊部屋（前頭２枚目湊富士）	333-0847 埼玉県川口市芝中田2－20－10
宮城野部屋（横綱白鵬）	130-0005 東京都墨田区東駒形4－6－4
武蔵川部屋（横綱武蔵丸）	132-0021 東京都江戸川区中央4－1－10
山響部屋（前頭筆頭巌雄）	136-0074 東京都江東区東砂6－6－3

歴代会長

初代	福田雅太郎(陸軍大将)	昭和3年1月～5年4月	
2代	尾野実信(陸軍大将)	昭和5年5月～8年1月	＊昭和8年2月～14年4月は空位
3代	竹下勇(海軍大将)	昭和14年5月～20年11月	＊竹下勇氏の辞任で会長職は途絶えた

歴代理事長

初代　廣瀬正徳理事長
(陸軍主計中将)

大正14年12月、東西合併により発足した大日本相撲協会は昭和3年1月、会長に福田雅太郎陸軍大将、理事長に廣瀬正徳陸軍主計中将を招き、その組織と財政の整備を図った。廣瀬氏は6期11年理事を務めた。享年74。

2代　出羽海秀光理事長
(元横綱常ノ花)

昭和19年2月、47歳で理事長就任。当時年寄藤島を名乗り、力士出身として初めて相撲協会のトップに立った。戦中、戦後の混乱期に手腕を発揮して、大相撲の再建に精魂を傾けた。享年64。岡山県出身。

3代　時津風定次理事長
(元横綱双葉山)

昭和32年5月、45歳3カ月の若さで理事長に就任。力士の月給制を確立したり、40年初場所から部屋別総当り制を実施。相撲教習所の設置、行司定年制などの改革を手掛けた。享年56。大分県出身。

4代　武蔵川喜偉理事長
(元前頭筆頭出羽ノ花)

最高位は前頭筆頭。引退後、簿記学校に通うなどして経理を学び、出羽海、時津風両理事長の補佐をして相撲協会の経済的基盤を確立した。昭和43年12月に理事長就任。享年78。石川県出身。

5代　春日野清隆理事長
(元横綱栃錦)

昭和49年2月に理事長に。在職は7期14年の長期政権。相撲内容の充実、大相撲の国際化、相撲の青少年への普及などに努めた。その間の大事業は両国国技館建設。大変な人格者だった。享年64。東京都出身。

6代　二子山勝治理事長
(元横綱初代若乃花)

昭和63年2月に勇退した春日野理事長からバトンを受けて相撲協会トップに。理事長在職は2期4年。土俵の充実をモットーにした。指導者として2横綱、2大関など多くの関取を育てている。享年82。青森県出身。

7代　境川尚理事長
(元横綱佐田の山)

平成4年2月に理事長就任。理事長3期目の8年1月に名跡を出羽海から境川に代えた。巡業改革や年寄名跡の問題などに取り組んだが、志半ばで退任した。4代目理事長武蔵川の女婿。享年79。長崎県出身。

8代　時津風勝男理事長
(元大関豊山)

平成10年2月に境川の後を受け理事長就任。問題山積で大変な時期に、相撲協会リーダーになり、2期4年の間再建に全力を傾けた。大相撲に対する高い理想を抱いていた。新潟県出身。

9代、12代　北の湖敏満理事長
(元横綱北の湖)

新弟子死亡事件、外国人力士の相次ぐ不祥事で一度は協会トップの座を明け渡したが、数年後に再登板。相撲界立て直しに心血を注いだ。平成27年11月、志半ばにして現役理事長のまま62歳で急逝。北海道出身。

10代　武蔵川晃偉理事長
(元横綱三重ノ海)

平成20年9月、北の湖理事長の辞任に伴って、第10代理事長に就任。"土俵のうちそと"でたがの緩んだ規律の引き締めに努力したが、力及ばず22年8月に退陣した。三重県出身。

11代　放駒輝門理事長
(元大関魁傑)

平成22年8月理事長に。「信頼回復のため協会員一丸となって一生懸命に取り組んでいく」と強い決意を語った。現役時代、一日の休場もなく真摯な土俵を務めた。相撲界再生へ努力した。享年66。山口県出身。

13代　八角信芳理事長
(元横綱北勝海)

北の湖理事長が平成27年九州場所中に急逝。その後を引き継いだ。相撲人気が盛り返した矢先の突然のトップ交代。課題が多い角界をどうリードしていくか。手腕が試される。北海道出身。

※野球賭博事件などで武蔵川理事長が謹慎処分を受けたため、平成22年7月、元東京高検検事長の村山弘義氏が理事長代行となり、開催が危ぶまれた名古屋場所を乗り切って放駒理事長にバトンタッチした。

歴代立行司（木村庄之助／式守伊之助）名鑑（旧両国国技館開館以降）

16代　木村　庄之助

「梅・常陸」全盛時代の名行司。晩年は中風のために手先が震えたので「ブル庄」といわれた。若いころは高砂浦五郎と行動をともにして、改正組に加わった。木村新助から龍五郎、誠道を経て16代庄之助に。足掛け15年、立行司を務めた。

本名	柘新助
生年月日	嘉永２年11月12日
没年月日	明治45年１月６日
出身地	愛知県豊橋市舟町
初土俵	文久３年
幕内格	明治11年６月場所
庄之助襲名	明治31年１月場所
最終場所	明治45年１月場所

9代　式守　伊之助

８代伊之助の門人。式守錦之助から錦太夫、与太夫を名乗り、９代目式守伊之助を襲名した。教育家の刀根家の養子となり、「刀根学校」を経営、多くの識者を育てた。

本名	水戸部→刀根福造
生年月日	安政元年６月
没年月日	明治43年６月28日
出身地	栃木県下都賀郡藤岡町
初土俵	明治４年３月場所
幕内格	明治15年１月場所
伊之助襲名	明治31年５月場所
最終場所	明治44年２月場所

17代　木村　庄之助

最初は大阪相撲の竹縄部屋に入り、初名は木村兵丸。明治18年、初代・海山を頼って上京、玉治郎から庄三郎、伊之助を経て、17代庄之助を襲名。大正10年夏場所、大錦－鞍ヶ嶽の微妙な一番が差し違えとなり、その責任を取って辞任。

本名	浪華→酒井兵吉
生年月日	文久２年
没年月日	大正13年７月19日
出身地	徳島県徳島市西横丁
初土俵	明治２年（大阪相撲）
幕内格	明治20年１月場所
庄之助襲名	明治45年５月場所
最終場所	大正10年５月場所

11代　式守　伊之助

京都相撲に入り、行司吉岡一学の養子となった。明治19年上京、木村進と名乗ってしばらくは大関大達に従って地方巡業をし、31年に16代庄之助の門に入って、45年夏場所に11代伊之助となった。大達の千賀ノ浦とは義兄弟にあたる。

本名	吉岡一之進
生年月日	万延元年
没年月日	大正３年３月15日
出身地	京都府京都市中京区
初土俵	明治２年（京都相撲）
幕内格	明治31年５月場所
伊之助襲名	明治45年５月場所
最終場所	大正３年５月場所

12代　式守　伊之助

15歳だった明治７年、東京を脱走した初代高砂のもとに入り、木村誠道（後の16代庄之助）に師事し、木村官司と名乗った。高砂の東京復帰に伴い、東京相撲へ。小市から師名の誠道と改め、伊之助に。引退後は相撲茶屋「西川」を経営した。

本名	小島勘治郎
生年月日	安政６年６月15日
没年月日	昭和12年12月25日
出身地	愛知県名古屋市緑区
初土俵	明治11年６月場所
幕内格	明治26年１月場所
伊之助襲名	大正４年１月場所
最終場所	大正10年５月場所

18代　木村　庄之助

浜風の門に入り、はじめは甚助を名乗り、甚之助から朝之助と改名した。17代が突然引退した後を受けて庄之助を襲名した。書道が巧みで、その顔触れは天下一品と称された。大正14年６月、函館巡業中に脳出血のために急死した。

本名	浅野甚太郎
生年月日	万延元年
没年月日	大正14年６月11日
出身地	石川県金沢市
初土俵	明治16年５月場所
幕内格	明治31年１月場所
庄之助襲名	大正11年１月場所
最終場所	大正14年５月場所

19代　木村　庄之助

９代目伊之助の弟子で、式守多喜太で初土俵を踏み、錦之助から与太夫と改めた。当時の与太夫、錦太夫、勘太夫の３人は「名人３太夫」といわれた。13代伊之助を経て、19代庄之助に。人物、手腕ともに備わった名行司だった。

本名	鬼頭多喜太
生年月日	明治２年
没年月日	昭和７年５月30日
出身地	東京都墨田区両国
初土俵	明治18年１月場所
幕内格	明治33年１月場所
庄之助襲名	大正15年１月場所
最終場所	昭和７年５月場所

14代　式守　伊之助

明治17年夏場所、式守与之吉で番付に付き、32年夏場所には式守勘太夫と改めた。以来37年間、土俵を務め、大正14年６月、18代庄之助の他界に伴って、13代伊之助が庄之助を襲名した際に伊之助に昇格したが、14年暮れに亡くなった。

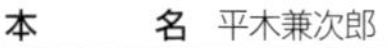

本名	平木兼次郎
生年月日	明治３年
没年月日	大正14年12月26日
出身地	東京都墨田区横網
初土俵	明治17年５月場所
幕内格	明治35年５月場所
伊之助襲名	大正15年１月場所
最終場所	大正15年１月場所(死跡)

20代　松翁　木村　庄之助

昭和10年には「松翁」を名乗ることを許された名行司。識見、土俵態度、裁きともに秀でていた。高木姓だったが、８代伊之助の養子となって後藤姓となった。本名の子之吉から錦太夫、与太夫、15代伊之助を経て庄之助になった。

本名	高木→鯉沼→後藤子之吉
生年月日	明治９年12月３日
没年月日	昭和15年３月９日
出身地	栃木県鹿沼市上奈良部町
初土俵	明治19年１月場所
幕内格	明治35年１月場所
庄之助襲名	昭和８年10月場所
最終場所	昭和15年１月場所

16代　式守　伊之助

９代目伊之助の弟子で、後に養子となった。式守亀司から亀助、錦之助、錦太夫を名乗り、昭和２年に三役格になった際に与太夫と改めた。行司引退後、年寄立田川を襲名、協会理事となった。肥躯、頭脳明晰で、事務能力に長けていた。

本名	刀根亀吉
生年月日	明治25年６月20日
没年月日	昭和23年12月３日
出身地	山形県山形市七日町
初土俵	明治32年５月場所
幕内格	大正11年１月場所
伊之助襲名	昭和７年10月場所
最終場所	昭和13年５月場所

21代　木村　庄之助

その風貌から「蔣介石庄之助」といわれた。与之吉、勘太夫、玉之助を名乗り、昭和14年、松翁の下で伊之助を務め、松翁他界後に庄之助に。行司引退後は年寄立田川を襲名。元双葉山の時津風理事長を補佐し、協会理事、監事を歴任。

本名	楢田→山響→竹内重門
生年月日	明治22年４月１日
没年月日	昭和45年11月25日
出身地	長野県長野市塩崎
初土俵	明治31年１月場所
幕内格	大正11年５月場所
庄之助襲名	昭和15年５月場所
最終場所	昭和26年５月場所

22代　木村　庄之助

大阪相撲の岩井正朝の下に入門。木村錦太夫で幕内格になったが、大正13年に東京に転じ、出羽海部屋に入門。林之助、容堂、玉之助、18代伊之助を経て、戦後庄之助となり、松翁に匹敵する名行司として「栃若時代」の土俵を裁いた。

本名	泉林八
生年月日	明治23年３月１日
没年月日	平成６年４月23日
出身地	香川県高松市牟礼町
初土俵	明治32年６月場所(大阪)
幕内格	明治45年１月場所(大阪)
庄之助襲名	昭和26年９月場所
最終場所	昭和34年11月場所

19代　式守　伊之助

あごに白髭を蓄えた「ひげの伊之助」として親しまれた。昭和33年秋場所初日の北の洋－栃錦戦で強硬に自らの軍配を主張、土俵をたたいて抗議して、出場停止となった。金吾、玉治郎、庄三郎から伊之助に。そそっかしいことでも有名。

本名	高橋金太郎
生年月日	明治19年12月15日
没年月日	昭和41年12月14日
出身地	茨城県ひたちなか市
初土俵	明治33年５月場所
幕内格	大正14年５月場所
伊之助襲名	昭和26年９月場所
最終場所	昭和34年11月場所

23代　木村　庄之助

大阪相撲の名行司木村越後から、その前名の木村正直を譲られ、正直時代が長かったことから「正直庄之助」といわれた。若々しい風貌、派手なジェスチャー、キビキビした土俵態度で人気があった。行司定年制に伴って庄之助に。

本名	吉田→内山等三
生年月日	明治30年12月18日
没年月日	平成６年９月19日
出身地	石川県金沢市横山町
初土俵	明治42年１月場所（大阪）
幕内格	大正13年５月場所（大阪）
庄之助襲名	昭和35年１月場所
最終場所	昭和37年11月場所

24代　木村　庄之助

総髪にしていたことから、「山伏庄之助」「由井正雪」などと呼ばれた。大正15年、巡業先の下関でフグ中毒に罹ったが、奇跡的に一命を取り止めた。その際に亡くなった福柳の名前の伊三郎を名乗ったのは有名。能筆家として知られた。

本名	緑川義
生年月日	明治34年８月15日
没年月日	昭和48年９月19日
出身地	千葉県長生郡白子町
初土俵	明治44年５月場所
幕内格	昭和18年１月場所
庄之助襲名	昭和38年１月場所
最終場所	昭和41年７月場所

25代　木村　庄之助

昭和46年の暮れ、行司一同が協会の改革案に不満で、１日ストに入った時の行司最高責任者として協会幹部の心証を害し、翌47年初場所中日の北の富士－貴ノ花戦の判定を巡って詰め腹を切らされるように引退した。

本名	山田釣吾
生年月日	明治42年９月１日
没年月日	平成３年２月10日
出身地	愛知県名古屋市北区大杉町
初土俵	大正11年１月場所（大阪）
幕内格	昭和16年５月場所
庄之助襲名	昭和41年９月場所
最終場所	昭和47年１月場所

26代　木村　庄之助

式守正から木村正、邦雄、式守与之吉、勘太夫を経て、昭和41年秋に22代伊之助に。48年１月、25代庄之助引退後、５場所空位だった庄之助を襲名した。土俵裁きには定評があり、なかなか風格があった。井筒部屋所属。

本名	浅井正
生年月日	明治45年１月２日
没年月日	昭和59年３月27日
出身地	愛知県額田郡幸田町
初土俵	大正８年５月場所
幕内格	昭和22年11月場所
庄之助襲名	昭和48年１月場所
最終場所	昭和51年11月場所

資料編

27代　木村　庄之助

後に「ひげの伊之助」となった庄三郎の勧めで入門。本名の宗吉から玉治郎となり、昭和49年１月、行司選抜制度の恩恵を受け、先輩を抜いて伊之助に昇格。以後、庄之助として定年を迎えるまで17年間、立行司を務めた。

本名	熊谷宗吉
生年月日	大正14年12月３日
没年月日	令和５年６月22日
出身地	岩手県盛岡市茶畑
初土俵	昭和11年１月場所
幕内格	昭和31年５月場所
庄之助襲名	昭和52年11月場所
最終場所	平成２年11月場所

24代　式守　伊之助

父は元三段目の力士で、四国の素人相撲の行司をしていたところを木村正直（後の23代庄之助）の勧めで入門、20歳で本職の行司になった。正義、正信から、師匠の正直を継いだ。若いころから老けて見えたので、あだ名は「隠居」。

本名	尾崎信雄
生年月日	大正８年４月15日
没年月日	平成25年２月１日
出身地	香川県さぬき市志度
初土俵	昭和10年１月場所
幕内格	昭和29年９月場所
伊之助襲名	昭和52年11月場所
最終場所	昭和59年３月場所

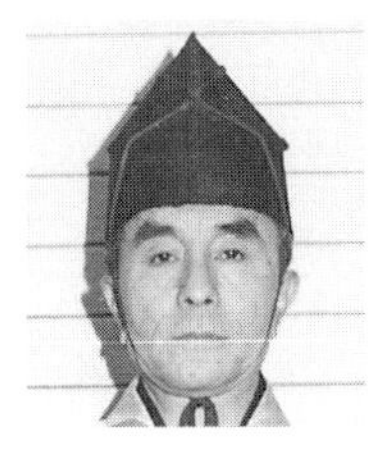

28代　木村　庄之助

幼いころから相撲好きで、小学校３年生のときに担任の勧めで松翁の下に入門、養子となった。松翁の没後、22代庄之助の教えを受けた。研究熱心で相撲の故実に詳しく、土俵態度、事務能力ともに優れ、平成の名行司といわれた。

本名	赤松→後藤悟
生年月日	昭和３年12月15日
没年月日	平成22年４月１日
出身地	山形県鶴岡市本町
初土俵	昭和13年５月場所
幕内格	昭和36年11月場所
庄之助襲名	平成３年１月場所
最終場所	平成５年11月場所

26代　式守　伊之助

宗市、庄次郎から庄二郎と改め、昭和60年１月、三役格に進んだ。端麗な容姿、格調高い名乗り上げ、正確な軍配裁きには定評があり、事務能力も抜群。３代の春日野親方に仕えて、部屋でも能吏としてきこえた。

本名	茶原宗一
生年月日	昭和２年10月22日
没年月日	平成６年３月31日
出身地	熊本県宇城市小川町
初土俵	昭和16年５月場所
幕内格	昭和38年11月場所
伊之助襲名	平成３年１月場所
最終場所	平成４年９月場所

27代　式守　伊之助

13代木村庄太郎の誘いで春日野部屋に入門。英三、善之輔から庄太郎を襲名し、昭和59年１月、三役格となった。地味ながら堅実で、軍配裁きは正確無比、古武士の風格を備えていた。定年後はしばらく部屋のマネジャーを務めていた。

本名	福井栄三
生年月日	昭和３年７月18日
没年月日	平成17年11月２日
出身地	大阪府大阪市港区
初土俵	昭和15年１月場所
幕内格	昭和38年１月場所
伊之助襲名	平成４年11月場所
最終場所	平成５年７月場所

29代　木村　庄之助

終戦直後、二所ノ関部屋に入門、７代目式守錦太夫の養子。本名の春芳から春義、木村真之助、式守慎之助、錦太夫を経て、２場所不在だった立行司に選ばれた。事務能力に秀でており、長く監督として若手行司の指導に当たった。

本名	梯→桜井春芳
生年月日	昭和11年３月26日
出身地	高知県香南市香我美町
初土俵	昭和20年11月場所
幕内格	昭和55年１月場所
庄之助襲名	平成７年１月場所
最終場所	平成13年３月場所

29代　式守　伊之助

本名の貢で初土俵を踏み、庄太郎の前名である善之輔を襲名して、そのまま三役格まで進んだ。優しい人柄で、控えめな性格。しかも部屋に庄太郎（27代伊之助）や庄二郎（26代伊之助）の両先輩がいたため、目立たない存在だった。

本名	池田貢
生年月日	昭和10年８月28日
没年月日	平成16年２月２日
出身地	和歌山県和歌山市餌差
初土俵	昭和21年11月場所
幕内格	昭和52年１月場所
伊之助襲名	平成７年１月場所
最終場所	平成12年７月場所

30代　式守　伊之助

井筒部屋に入門し、26代木村庄之助に師事した。式守文夫から正一郎、与之吉、勘太夫を名乗り30代伊之助を襲名。２場所立行司を務めた。華美な衣裳で目立ち、土俵上で姿勢がよく貫禄十分、声量も豊かだった。

本　名	五反田→竹田文雄
生年月日	昭和11年１月２日
没年月日	平成25年４月14日
出身地	鹿児島県南九州市川辺町古殿
初土俵	昭和28年５月場所
幕内格	昭和59年１月場所
伊之助襲名	平成12年９月場所
最終場所	平成12年11月場所

30代　木村　庄之助

名行司22代庄之助の下に入門、研さんを積んだ。保之助から師匠の前名である林之助、容堂を継ぎ、31代伊之助から30代庄之助に。容姿、軍配裁き、指導力にもすぐれ、故実にも詳しく、能書家で長く番付書きに当たった。

本　名	鵜池保介
生年月日	昭和13年２月１日
出身地	佐賀県神埼市神埼町神埼
初土俵	昭和30年５月場所
幕内格	昭和59年１月場所
庄之助襲名	平成13年11月場所
最終場所	平成15年１月場所

31代　木村　庄之助

「ひげの伊之助」として親しまれた19代式守伊之助の愛弟子。本名の正夫から正三郎、庄三郎を経て、立行司32代伊之助から31代庄之助を襲名した。土俵上の風姿、裁き、事務能力にすぐれ、ことに書の見事さは天下一品といわれた。

本　名	阿部正夫
生年月日	昭和15年12月３日
出身地	北海道上川郡美瑛町本町
初土俵	昭和30年５月場所
幕内格	昭和60年１月場所
庄之助襲名	平成15年５月場所
最終場所	平成17年11月場所

32代　木村　庄之助

30代庄之助とともに、昭和30年５月場所入門、行司部屋独立まで22代庄之助の家で過ごした。本名の郁也から昭和47年３月咸喬と改め48年１月十両格に。控え目な性格だが書に秀れ、土俵の裁き、場内マイク、事務能力すべてが抜群だった。

本　名	澤田郁也
生年月日	昭和16年２月13日
出身地	北海道釧路市鳥取町
初土俵	昭和30年５月場所
幕内格	昭和63年１月場所
庄之助襲名	平成18年１月場所
最終場所	平成18年１月場所

34代　式守　伊之助

木村光彦と名乗っていたが、平成13年１月、三役格に昇進すると同時に「光之助」と改名した。事務能力にたけ、誠実な人柄で信頼を集めた。18年２月に定年を迎えたので、立行司としてはわずか１場所であった。

本　名	棚田好男
生年月日	昭和16年２月10日
没年月日	令和４年１月４日
出身地	北海道赤平市茂尻春日町
初土俵	昭和30年５月場所
幕内格	平成元年１月場所
伊之助襲名	平成18年１月場所
最終場所	平成18年１月場所

33代　木村　庄之助

木村要之助から賢嘉、友一を名乗り、昭和52年11月３代朝之助に。三役格は平成13年１月。１場所式守伊之助を務めて庄之助に昇格した。行司として風采がよく、凛とした土俵態度といい、立ち居、振る舞いは抜群。裁きも正確だった。

本　名	野澤要一
生年月日	昭和17年３月29日
出身地	青森県八戸市中居林
初土俵	昭和30年５月場所
幕内格	平成２年１月場所
庄之助襲名	平成18年５月場所
最終場所	平成19年３月場所

34代　木村　庄之助

最初式守勝治と名乗り、幕内格昇進と同時に式守与太夫を襲名。土俵上での所作、裁きはもちろんだが、特に優れていたのは事務能力。協会の大きな行事では常に準備段階からタッチし、式典、催物での司会、進行役を務めた。

本名	伊藤→金子→伊藤勝治
生年月日	昭和18年４月21日
出身地	東京都江戸川区南小岩
初土俵	昭和31年１月場所
幕内格	平成４年１月場所
庄之助襲名	平成19年５月場所
最終場所	平成20年３月場所

35代　木村　庄之助

初の戦後生まれの立行司。裁き、土俵態度ともすぐれ、指導力に富み、研究心旺盛。立浪部屋に入門。最初木村順一から昭和51年３月旬一、55年５月城之介と改め、59年１月十枚目格、平成６年１月幕内格、19年５月に伊之助に昇進した。

本名	内田順一
生年月日	昭和21年10月29日
出身地	宮崎県延岡市舞野町
初土俵	昭和37年５月場所
幕内格	平成６年１月場所
庄之助襲名	平成20年５月場所
最終場所	平成23年９月場所

36代　木村　庄之助

人格、識見とも申し分なく、土俵態度、裁きに定評があり、師匠の26代庄之助をほうふつとさせる。また能書家でもあり、平成17年９月場所まで番付書きに携わった。敏廣、与之吉、勘太夫を経て20年５月場所伊之助に。

本名	山崎敏廣
生年月日	昭和23年５月16日
没年月日	令和４年11月23日
出身地	鹿児島県枕崎市山手町
初土俵	昭和39年５月場所
幕内格	平成７年１月場所
庄之助襲名	平成23年11月場所
最終場所	平成25年５月場所

37代　木村　庄之助

番付上位の木村玉光が体調を崩し、１人飛び越えての伊之助襲名だった。しばらく空位だった伊之助だが、日馬富士の横綱昇進で三役格から立行司に昇格した。木村三治郎で初土俵を踏み、玉治郎、庄三郎を経て伊之助に。

本名	畠山三郎
生年月日	昭和25年３月16日
没年月日	令和４年７月22日
出身地	青森県上北郡六戸町
初土俵	昭和40年７月場所
幕内格	平成13年１月場所
庄之助襲名	平成25年11月場所
最終場所	平成27年３月場所

40代　式守　伊之助

横綱吉葉山の宮城野部屋に入門。師匠吉葉山潤之輔から「吉之輔」と名乗って初土俵。三役格になって錦太夫に改名。力士志望で肥満体だったが、30㌔以上の減量に成功。スリムな体型にした努力家。一身上の都合により58歳で退職。

本名	野内五雄
生年月日	昭和34年12月23日
出身地	大阪府岸和田市並松町
初土俵	昭和50年３月場所
幕内格	平成17年９月場所
伊之助襲名	平成25年11月場所
最終場所	平成30年５月場所

38代　木村　庄之助

元大関前の山の高田川部屋に入門。平成31年１月41代式守伊之助を襲名。在位５年間で11回の差し違い。庄之助昇格どころか“立行司失格”のうわさも出たほどだが、８年余も庄之助不在ということもあり、想定外の最高位昇進だった。

本名	今岡英樹
生年月日	昭和34年９月22日
出身地	島根県出雲市湖陵町
初土俵	昭和50年５月場所
幕内格	平成17年９月場所
庄之助襲名	令和６年１月場所

令和６年大相撲開催予定

場所	開催地	番付発表	初日〜千秋楽
１月場所	東京・両国国技館	令和５年 12月25日(月)	１月14日〜１月28日
３月場所	大阪・大阪府立体育会館	２月26日(月)	３月10日〜３月24日
５月場所	東京・両国国技館	４月30日(火)	５月12日〜５月26日
７月場所	名古屋・愛知県体育館	７月１日(月)	７月14日〜７月28日
９月場所	東京・両国国技館	８月26日(月)	９月８日〜９月22日
11月場所	福岡・福岡国際センター	10月28日(月)	11月10日〜11月24日

令和７年大相撲開催予定

場所	開催地	番付発表	初日〜千秋楽
１月場所	東京・両国国技館	令和６年 12月23日(月)	１月12日〜１月26日
３月場所	大阪・大阪府立体育会館	２月25日(火)	３月９日〜３月23日
５月場所	東京・両国国技館	４月28日(月)	５月11日〜５月25日
７月場所	名古屋・愛知県体育館	６月30日(月)	７月13日〜７月27日
９月場所	東京・両国国技館	９月１日(月)	９月14日〜９月28日
11月場所	福岡・福岡国際センター	10月27日(月)	11月９日〜11月23日

■本場所開催場所所在地

両国国技館　130-0015 東京都墨田区横網１−３−28
愛知県体育館（ドルフィンズアリーナ）　460-0032 愛知県名古屋市中区二の丸１−1
大阪府立体育会館（エディオンアリーナ大阪）　556-0011 大阪府大阪市浪速区難波中３−４−36
福岡国際センター　812-0021 福岡県福岡市博多区築港本町２−2

年号・西暦対照表

年号	西暦	干支
元治元	1864	甲子
2／慶応元	1865	乙丑
2	1866	丙寅
3	1867	丁卯
4／明治元	1868	戊辰
2	1869	己巳
3	1870	庚午
4	1871	辛未
5	1872	壬申
6	1873	癸酉
7	1874	甲戌
8	1875	乙亥
9	1876	丙子
10	1877	丁丑
11	1878	戊寅
12	1879	己卯
13	1880	庚辰
14	1881	辛巳
15	1882	壬午
16	1883	癸未
17	1884	甲申
18	1885	乙酉
19	1886	丙戌
20	1887	丁亥
21	1888	戊子
22	1889	己丑
23	1890	庚寅
24	1891	辛卯
25	1892	壬辰
26	1893	癸巳
27	1894	甲午
28	1895	乙未
29	1896	丙申
30	1897	丁酉
31	1898	戊戌
32	1899	己亥
33	1900	庚子
34	1901	辛丑
35	1902	壬寅
36	1903	癸卯
37	1904	甲辰
38	1905	乙巳
39	1906	丙午
40	1907	丁未
41	1908	戊申
42	1909	己酉
43	1910	庚戌
44	1911	辛亥
45／大正元	1912	壬子
2	1913	癸丑
3	1914	甲寅
4	1915	乙卯
5	1916	丙辰
6	1917	丁巳

年号	西暦	干支
7	1918	戊午
8	1919	己未
9	1920	庚申
10	1921	辛酉
11	1922	壬戌
12	1923	癸亥
13	1924	甲子
14	1925	乙丑
15／昭和元	1926	丙寅
2	1927	丁卯
3	1928	戊辰
4	1929	己巳
5	1930	庚午
6	1931	辛未
7	1932	壬申
8	1933	癸酉
9	1934	甲戌
10	1935	乙亥
11	1936	丙子
12	1937	丁丑
13	1938	戊寅
14	1939	己卯
15	1940	庚辰
16	1941	辛巳
17	1942	壬午
18	1943	癸未
19	1944	甲申
20	1945	乙酉
21	1946	丙戌
22	1947	丁亥
23	1948	戊子
24	1949	己丑
25	1950	庚寅
26	1951	辛卯
27	1952	壬辰
28	1953	癸巳
29	1954	甲午
30	1955	乙未
31	1956	丙申
32	1957	丁酉
33	1958	戊戌
34	1959	己亥
35	1960	庚子
36	1961	辛丑
37	1962	壬寅
38	1963	癸卯
39	1964	甲辰
40	1965	乙巳
41	1966	丙午
42	1967	丁未
43	1968	戊申
44	1969	己酉
45	1970	庚戌
46	1971	辛亥

年号	西暦	干支
47	1972	壬子
48	1973	癸丑
49	1974	甲寅
50	1975	乙卯
51	1976	丙辰
52	1977	丁巳
53	1978	戊午
54	1979	己未
55	1980	庚申
56	1981	辛酉
57	1982	壬戌
58	1983	癸亥
59	1984	甲子
60	1985	乙丑
61	1986	丙寅
62	1987	丁卯
63	1988	戊辰
64／平成元	1989	己巳
2	1990	庚午
3	1991	辛未
4	1992	壬申
5	1993	癸酉
6	1994	甲戌
7	1995	乙亥
8	1996	丙子
9	1997	丁丑
10	1998	戊寅
11	1999	己卯
12	2000	庚辰
13	2001	辛巳
14	2002	壬午
15	2003	癸未
16	2004	甲申
17	2005	乙酉
18	2006	丙戌
19	2007	丁亥
20	2008	戊子
21	2009	己丑
22	2010	庚寅
23	2011	辛卯
24	2012	壬辰
25	2013	癸巳
26	2014	甲午
27	2015	乙未
28	2016	丙申
29	2017	丁酉
30	2018	戊戌
31／令和元	2019	己亥
2	2020	庚子
3	2021	辛丑
4	2022	壬寅
5	2023	癸卯
6	2024	甲辰

幕内全力士名索引

旧両国国技館が開館した明治 42 年６月場所以降に幕内に在位した全力士を五十音順に掲載。
四股名の後は最高位、現役力士(＊)の場合は令和５年 11 月場所までの最高位を表記。

あ

い

う

え

お

か

き

く

け

こ

さ

し

す

せ

そ

た

ち

つ

て

ほ

ま

み

あとがき

本書は、旧国技館が開館した明治42年６月場所から令和５年11月場所までに、幕内に上がった898人全員の写真、略歴、プロフィルを付した名鑑である。この中には横綱、大関として角界に君臨した力士もいれば、幕内にわずか１場所だけの力士もいるが、これらの力士全員を網羅し、入幕順に配列している。

編集作業では、可能な限りの資料を参照するなどして正確を期してきたが、いまだ力士の略歴は完璧とはいえず、誤謬、脱落なども少なくないと思われる。その点のご理解をいただきたく、また、読者諸賢のご教示を得て、今後とも補完、訂正を続けていくことができれば幸いである。

令和５年12月吉日

京須　利敏

京須利敏
（きょうす・としはる）
昭和18年東京生まれ。法政大学卒業。在学中は相撲部で活躍。昭和46年に共同通信社入社。運動部記者として長年、大相撲を中心に取材。ブラジル相撲連盟との交流のきっかけ作り、アマチュア相撲の国際化に尽力。サンパウロ州教育文化スポーツ功労賞受賞。東京運動記者クラブ会友。著書に『信州の相撲人』（信濃毎日新聞社）などがある。

水野尚文
（みずの・なおふみ）
昭和6年東京生まれ。一橋大学卒業後、昭和29年にＮＨＫ入局。放送総局編成、経営企画室などを経て、相撲雑誌『ＮＨＫ大相撲中継』の編集に従事した。共編著書に『国技遺芳－鰭崎英朋相撲挿絵集』（四季書館）、『土俵の華五十年』（実業之日本社）、『相撲歳時記』（ＴＢＳブリタニカ）などがある。平成26年7月逝去。

令和六年版　大相撲力士名鑑

発行日――2023年12月19日　第1刷発行

編著者――京須利敏／水野尚文　Toshiharu Kyosu, Naofumi Mizuno

編　集――小泉泰紀／**編集協力**　小山昭男

発行人――嶋田正人

発行所――株式会社共同通信社　©Kyodo News, 2023, Printed in Japan

〒105-7208　東京都港区東新橋1-7-1　汐留メディアタワー

電話　03（6252）6021

印刷所――大日本印刷株式会社

乱丁・落丁本は送料小社負担にてお取り換えします。

＊定価はカバーに表示してあります。　ISBN978-4-7641-0741-0　C0075